V&R

PIETISMUS UND NEUZEIT

EIN JAHRBUCH ZUR GESCHICHTE DES NEUEREN PROTESTANTISMUS

Im Auftrag der Historischen Kommission
zur Erforschung des Pietismus
herausgegeben von
Martin Brecht, Friedrich de Boor, Rudolf Dellsperger,
Ulrich Gäbler, Hartmut Lehmann, Arno Sames,
Hans Schneider, Udo Sträter
und Johannes Wallmann

Band 24 – 1998

Beiträge zur Geschichte des
Württembergischen Pietismus

Herausgegeben von
Hermann Ehmer und Udo Sträter

*Festschrift für Gerhard Schäfer
und Martin Brecht*

VANDENHOECK & RUPRECHT IN GÖTTINGEN

BEITRÄGE ZUR GESCHICHTE DES WÜRTTEMBERGISCHEN PIETISMUS

Festschrift für
Gerhard Schäfer zum 75. Geburtstag
am 2. Juni 1998
und Martin Brecht zum 65. Geburtstag
am 6. März 1997

Herausgegeben von
Hermann Ehmer und Udo Sträter

VANDENHOECK & RUPRECHT
IN GÖTTINGEN

Geschäftsführender Herausgeber

Prof. Dr. Udo Sträter, Interdisziplinäres Zentrum für Pietismusforschung, Franckeplatz 1, Haus 24, 06110 Halle (Saale)

Redaktion

Dr. Christel Butterweck, Halle

Anschriften der Autorinnen und Autoren

Prof. Dr. Jörg Baur, Reinkeweg 4, 37085 Göttingen
Prof. Dr. Otto Betz, Rappenberghalde 11, 72070 Tübingen
Reinhard Breymayer M.A., Starenweg 5, 72131 Ofterdingen
Prof. Dr. Roland Edighoffer, 23, Avenue de Bretteville, F-99200 Neuilly-sur-Seine
Dr. Hermann Ehmer, Gänsheidestr. 4, 70184 Stuttgart
Prof. Dr. Ute Gause, Birkenweg 15, 48155 Münster
D. Konrad Gottschick, Heidehofstr. 45, 70184 Stuttgart
Dr. Dieter Ising, Gänsheidestr. 4, 70184 Stuttgart
Prof. Dr. Thomas Kaufmann, Wendl-Dietrich-Str. 10, 80634 München
Dr. Hans-Martin Kirn, Lange Furche 52, 72072 Tübingen
Dr. Beate Köster, Einsteinstr. 22, 48149 Münster
Prof. Dr. Hartmut Lehmann, Hermann-Föge-Weg 11, 37073 Göttingen
Pfr. Wolfgang Schöllkopf, Lämmerbergweg 11, 89081 Ulm
Prof. Dr. Wolfgang Sommer, Sonnenweg 45, 91564 Neuendettelsau
Dr. Walter Stäbler, Kiefernweg 5, 72654 Neckartenzlingen
Prof. Dr. Horst Weigelt, Hennebergerstr. 7, 96049 Bamberg
Prof. Dr. Martin Weyer-Menkhoff, Vogelhofstr. 76, 73525 Schwäbisch Gmünd
Dr. Eberhard Zwink, Kelterstr. 4, 73547 Lorch

ISBN 3-525-55896-1
ISSN 0172-6943

Satz: Satzspiegel, Nörten-Hardenberg. Druck und Bindearbeit: Hubert & Co., Göttingen

Vorwort

Band 24 des Jahrbuchs Pietismus und Neuzeit erscheint als gemeinsame Festschrift für Gerhard Schäfer und Martin Brecht. Die Herausgeber wollen damit den beiden Vorsitzenden der Historischen Kommission zur Erforschung des Pietismus zu ihren Geburtstagen ein Geschenk überreichen, und so, wie beide Jubilare lange Jahre hindurch die Kommission gemeinsam als Vorsitzender und Stellvertretender Vorsitzender geleitet haben, erschien auch die Widmung einer gemeinsamen Festschrift angemessen, zumal beide in besonderer Weise das Thema des Württembergischen Pietismus verbindet.

So ist dem Württembergischen Pietismus ein großer Teil der Beiträge dieses Bandes gewidmet, aber darüber hinaus reicht die thematische Spannweite der zugewidmeten Beiträge von der Lutherischen Orthodoxie Rostocks im ausgehenden 16. Jahrhundert bis zur Rhetorik schwäbisch-pietistischer Erbauungsstunden der Gegenwart.

Mit Rücksicht auf den Umfang enthält dieser Band keine Bibliographie. Diese Entscheidung fiel um so leichter, als in den vergangenen zweieinhalb Jahren, die Bände 21 bis 24 in rascher Folge erschienen sind, um Jahrgang und Erscheinungsjahr des Jahrbuchs wieder in Übereinstimmung zu bringen, und die Pietismus-Bibliographie von Band 23 erst vor wenigen Monaten herausgekommen ist.

Als Gastherausgeber hat an dieser Festschrift Hermann Ehmer mitgewirkt. Ihm sei besonders herzlich gedankt.

Für die Herausgeber: *Udo Sträter*

Inhalt

Vorwort der Herausgeber 5
Laudatio auf Gerhard Schäfer 9
Gerhard Schäfer: Schriftenverzeichnis in Auswahl 13
Laudatio auf Martin Brecht 20
Martin Brecht: Schriftenverzeichnis 23

Aufsätze

Konrad Gottschick: Der Umgang des Christophorus Jacobus Dietlinus mit Arndts *Büchern von wahrem Christenthum* 32
Roland Edighoffer: Mythologia comica. Über Rabelais' Einfluß auf Johann Valentin Andreae 48
Thomas Kaufmann: Die Wittenberger Theologie in Rostock in der zweiten Hälfte des 16. Jahrhunderts 65
Jörg Baur: Der traditionale Widerspruch gegen Gottfried Arnolds Kirchen- und Ketzergeschichte im Werk von Johann Friedrich Corvinus (1701) 88
Beate Köster: „Mit tiefem Respekt, mit Furcht und Zittern". Bibelübersetzungen im Pietismus 95
Horst Weigelt: Georg Matthäus Holbig und die Herrnhuter Brüdergemeine – Der mißlungene Versuch einer Integration in die Brüdergemeine in der Wetterau 116
Otto Betz: Kabbala Baptizata. Die jüdisch-christliche Kabbala und der Pietismus in Württemberg 130
Wolfgang Sommer: Johann Reinhard Hedinger als Hofprediger in Stuttgart 160
Wolfgang Schöllkopf: Im Schatten des Gatten? Christina Barbara Hedinger (1674–1743), die Ehefrau des württembergischen Pietisten Johann Reinhard Hedinger (1664–1704) 186
Martin Weyer-Menkhoff: „Nicht-Verstehen hilft!" Anmerkungen zu Friedrich Christoph Oetingers Pädagogik und Katechetik . . . 197
Walter Stäbler: Nürtingen als Zentrum des von Bengel und Oetinger geprägten württembergischen Pietismus. Philipp Matthäus Hahn und die Lateinschule Nürtingen 216

Hans-Martin Kirn: „Ich sterbe als büßende Christin ..." Zum Suizidverständnis im Spannungsfeld von Spätaufklärung und Pietismus . . . 252
Hartmut Lehmann: „Es gibt zwei gelobte Länder in der Welt, das eine ist das Land Canaan oder Palästina, das andere ist Württemberg". Christian Gottlob Barths württembergische Geschichte aus dem Jahre 1843 . . . 271
Dieter Ising: Eine „Weckstimme durch alle Völker". Die Revolution von 1848/1849 und die Anfänge der Inneren Mission in der Sicht Johann Christoph Blumhardts . . . 286
Ute Gause: Frauen und Frömmigkeit im 19. Jahrhundert: Der Aufbruch in die Öffentlichkeit . . . 309
Eberhard Zwink: Otto Hahn (1828–1904). Stationen auf dem Lebensweg eines Hahn-/Paulus-Nachkommen: Der swedenborgische Einfluß des Großvaters Karl Heinrich Ernst Paulus und Otto Hahns Bestrebungen im Bruderhaus Gustav Werners in Reutlingen . . . 328
Reinhard Breymayer: Mit dem Herzen gesehen: visuell-verbale Rhetorik in einer schwäbisch-pietistischen Erbauungsstunde . . . 354

Register

Personen- und Ortsregister . . . 368

Archivdirektor i. R. Gerhard Schäfer
Photo: Tilman Saniter, Stuttgart

Laudatio auf Gerhard Schäfer

Es ist hier das Werk eines Kirchenarchivars und Kirchenhistorikers zu würdigen, das beides in sich schließt, das Sammeln, Ordnen und Bewahren von Quellen, ebenso wie das Bemühen, diese darzubieten und zum Sprechen zu bringen.

Der Werdegang von Gerhard Schäfer scheint im Rückblick wohl konsequenter auf dieses Werk hinauszugehen, als es bei einem Angehörigen dieser Generation sonst zu vermuten wäre. Geboren in Stuttgart am 2. Juni 1923, wuchs er in die Zeit des Dritten Reichs und des Zweiten Weltkriegs hinein. Nach dem Abitur am Stuttgarter Dillmann-Gymnasium 1942 bewahrten ihn gesundheitliche Probleme vor der Einberufung zum Kriegsdienst, so daß er in Tübingen das Studium der Germanistik, Geschichte und schließlich auch der evangelischen Theologie aufnehmen konnte. Trotz der kriegsbedingten Einschränkungen absolvierte er ein breit angelegtes Studium, das er 1947 mit einer germanistischen Dissertation (bei Hermann Schneider) über Stilformen alter deutscher Balladen und 1949 mit der philologischen Staatsprüfung abschließen konnte.

Eigene Neigung, aber auch die Dienstverpflichtungen während des Krieges zum Aufbau eines Archivs der Reichsstudentenführung und in der Universitätsbibliothek Tübingen, wiesen ihn in die wissenschaftliche Bibliothekslaufbahn, an die freilich unter den Bedingungen der Nachkriegszeit vorerst nicht zu denken war. In den folgenden Jahren war Gerhard Schäfer deshalb bei verschiedenen Verlagen tätig, wo er alle Aspekte des Büchermachens vom Lektorat über die Typographie bis zur Werbung kennenlernte und praktizierte.

Nur vordergründig mochte es als ein Karrierewechsel erscheinen, daß Gerhard Schäfer sich 1956 auf die Stelle des Leiters des Landeskirchlichen Archivs Stuttgart bewarb. In diesem Amt, das auch die Leitung der Bibliothek des Oberkirchenrats einschließt, war mannigfache Aufbauarbeit zu leisten, nicht nur in der Einrichtung der Archivräume im neuen Dienstgebäude des Oberkirchenrats, die alsbald nach seinem Dienstantritt bezogen wurden, sondern auch im Aufbau einer zunächst ehrenamtlichen, dann hauptamtlichen Archivpflege für das gesamte Gebiet der Landeskirche. Eine erste Frucht der Ordnung des Landeskirchlichen Archivs war die Veröffentlichung einer gedruckten Gesamtübersicht 1972.

Es entsprach dem Herkommen, daß der Leiter des Landeskirchlichen Archivs sich an der Arbeit des Vereins für württembergische Kirchengeschichte beteiligte. Dies war um so notwendiger, als die ältere Generation der aktiven Mitglieder am Aussterben und die Kriegsgeneration nahezu ganz ausgefallen war. Zunächst übernahm Gerhard Schäfer den Aufbau einer Geschäftsstelle des Vereins, dann, seit 1959, die Redaktion der *Blätter für württembergische Kirchengeschichte.* Hier konnte er seine praktische Verlagserfahrung unmittelbar einbringen und hat insgesamt 24 Bände der Blätter zwischen 1959 und 1989 redigiert.

Seit 1962 war er Vorsitzender des Vereins und hat dieses Amt bis 1990 bekleidet. Damit oblag ihm die Organisation der Vereinsarbeit mit jährlichen Tagungen, der Redaktion der Zeitschrift und den anderen Veröffentlichungen. Von seinen Vorgängern hatte Gerhard Schäfer die Aufgabe der Schaffung eines württembergischen Pfarrerbuchs angetreten, für das schon beachtliche Datensammlungen vorlagen. Es war allerdings noch ein langer Weg, bis 1981 der erste Band des großangelegten Werks erscheinen konnte.

Gerhard Schäfers Erstling in der eigenen wissenschaftlichen Beschäftigung mit der Landeskirchengeschichte war die 1964 erschienene *Kleine württembergische Kirchengeschichte*, die zweifellos eine Lücke füllte. Zwei Jahrzehnte später, zum Reformationsjubiläum der Landeskirche 1984, legte Gerhard Schäfer eine Gesamtdarstellung der Geschichte der evangelischen Landeskirche Württembergs vor, die von herausragenden Gestalten, von Johannes Brenz bis Theophil Wurm, ausgeht. Einzelfragen der württembergischen Kirchengeschichte, mit denen Gerhard Schäfer sich in einer Reihe von Aufsätzen befaßt hat, betreffen vor allem den Pietismus des 18. und 19. Jahrhunderts sowie Fragen der Kirchenordnung und -verfassung im 19. Jahrhundert.

Die Personalunion in der Leitung des Landeskirchlichen Archivs und des Vereins für württembergische Kirchengeschichte legt dem Betreffenden zweifellos eine besondere Verantwortung auf, eröffnet aber auch ein breites Spektrum von Wirkungsmöglichkeiten, die Gerhard Schäfer nach Kräften ausgeschöpft hat. Eine Reihe von Gedenktagen bedeutender Persönlichkeiten, wie Johannes Brenz, Johann Valentin Andreae, Friedrich Christoph Oetinger, ebenso das Jubiläum der Landeskirche 1984, boten Gelegenheiten zu Symposien, die der Verein veranstaltete, und Ausstellungen, die vom Archiv verantwortet wurden.

In den Zusammenhang der Verantwortung für die württembergische Kirchengeschichte, wie sie Gerhard Schäfer wahrgenommen hat, gehören auch zahlreiche Vorträge zu unterschiedlichen Anlässen, Beiträge zu Festschriften einzelner Gemeinden oder kirchlicher Einrichtungen, zu Sammelwerken und dergleichen. Zu nennen ist hier auch die Unterrichtstätigkeit von Gerhard Schäfer in der Pfarrerausbildung für Spätberufene und der Lehrauftrag für württembergische Kirchengeschichte, den er über mehrere Semester an der Evang.-theol. Fakultät der Universität Tübingen wahrgenommen hat.

Schon früh wurde Gerhard Schäfer auf das Gebiet der Erforschung des Kirchenkampfs gelenkt, mit dem sich für ihn eigene Jugenderinnerungen in der Stuttgarter Petrus-Gemeinde verbanden. 1968 erschien ein erster Quellenband über *Landesbischof D. Wurm und der nationalsozialistische Staat 1940–1945*, zwischen 1972 und 1986 sechs Bände der großangelegten Dokumentation zum Kirchenkampf: *Die evangelische Landeskirche in Württemberg und der Nationalsozialismus.* Für die württembergische Landeskirche hatte Gerhard Schäfer damit das erste umfassende Quellenwerk zum Kirchenkampf geschaffen, das inzwischen für andere dergleichen Unternehmungen zum Vorbild geworden ist. Eine Quellensammlung, die die Geschichte der württembergischen Landeskirche zwischen dem 16. und dem 20. Jahrhundert abdeckt, ist als Lesebuch 1988–1992 in vier Bänden erschienen. Ebenfalls als Quellenbuch erschien eine Sammlung von württembergischen Predigten aus demselben Zeitraum, die den Dialog zwischen Kirche und Welt vorführt.

Gerade auch in den von Gerhard Schäfer betreuten und mitverantworteten Editionen sind seine Verlagserfahrung und die archivarische Aufgabe des Öffnens der Quellen eine glückliche Verbindung eingegangen. Neben dem bereits erwähnten Pfarrerbuch ist hier zu nennen die Ausgabe der Werke von Johannes Brenz, desgleichen die Editionen der Werke von Friedrich Christoph Oetinger und Johann Christoph Blumhardt. Zusammen mit Martin Brecht hat Gerhard Schäfer 1967 die *Quellen und Forschungen zur württembergischen Kirchengeschichte* begründet; seit 1977 ist er an der Herausgabe der Arbeiten, der Bibliographie und der Texte zur Geschichte des Pietismus beteiligt.

Der Ruhestand, in den Gerhard Schäfer 1988 eintrat, war zweifellos ein Stand der Aktivität, nicht zuletzt dadurch, daß er in jenem Jahr den Vorsitz der Historischen Kommission zur Erforschung des Pietismus übernahm, ohne zu ahnen, daß hier zusätzliche, vereinigungsbedingte Aufgaben in Form der Zusammenlegung der Sektionen Ost und West auf ihn zukommen würden. Die Bewältigung dieser Aufgaben war nicht zuletzt dadurch möglich, daß er sich auch im Ruhestand der tatkräftigen Unterstützung der heimischen Kirchenverwaltung sicher sein konnte. Gerhard Schäfer konnte somit auch hier seine wissenschaftsorganisatorische und editorische Erfahrung in einem solchen Maß einbringen, daß er 1993 von der Kommission für weitere sechs Jahre zum Vorsitzenden gewählt wurde.

Zuletzt sollen die Ehrungen, die Gerhard Schäfer für sein Werk zuteil wurden, nicht vergessen werden. Die Evang.-theol. Fakultät verlieh ihm 1981 die Würde eines Doktors der Theologie ehrenhalber. Der Verein für württembergische Kirchengeschichte widmete ihm zum 65. Geburtstag 1988 einen stattlichen Band der *Blätter für württembergische Kirchengeschichte*, ein Novum in der hundertjährigen Geschichte dieser Zeitschrift. Von der Stadt Marbach am Neckar wurde ihm 1989 für die Kirchenkampfdokumentation der an Schillers Geburtstag verliehene Schillerpreis zuerkannt. Der württembergische Landesbischof verlieh ihm zum 70. Geburtstag 1993 die silberne Johannes Brenz-Medaille.

Hermann Ehmer

Gerhard Schäfer: Schriftenverzeichnis in Auswahl

1959

Karte der Prälatur- und Kirchenbezirke der Württembergischen Evangelischen Landeskirche. Stuttgart 1959.

Herausgeber bzw. Mitherausgeber:

Blätter für württembergische Kirchengeschichte 59, 1959–89, 1989.

1961

Archivpflege in der Württembergischen Evangelischen Landeskirche. In: Der Archivar 2, 1961, 119–128.

1962

Das Ringen um neue kirchliche Ordnungen in der württembergischen Landeskirche in der ersten Hälfte des 19. Jahrhunderts. In: BWKG 62, 1962, 282–308.

1964

Kleine Württembergische Kirchengeschichte. Stuttgart 1964. – 194 S.

Zum Gedenken an Ambrosius Blarer. In: Evangelisches Gemeindeblatt für Württemberg 59 Nr. 49, 1964, 9.

1966

„Ein Instrument in der Hand Gottes". In: Evangelisches Gemeindeblatt für Württemberg 61 Nr. 16, 1966, 10.

1967

Die Württembergische Landeskirche und die Deutsche Einigung 1864–1871. In: ZWLG 26, 1967, 421–431.

Herausgeber bzw. Mitherausgeber:

Quellen und Forschungen zur württembergischen Kirchengeschichte. Bde. 1–9. Stuttgart 1967 ff.

1968

Die Aufnahme der Waldenser in die Württembergische Landeskirche. In: Der deutsche Waldenser 1968.

Landesbischof D. Wurm und der nationalsozialistische Staat 1940–1945. Stuttgart 1968. – 507 S.

Ein Praktiker der Kirche. Zum 100. Geburtstag des ersten Landesbischofs Theophil Wurm. In: Südwestpresse 1968, 7. Dez.

1969

Kirchliches Gremium. Über die Bedeutung der Landessynode. In: Südwestpresse 1969, 18. Jan.

Das Ringen um den „Organismus der Kirche". Zum 100jährigen Bestehen der Württembergischen Landessynode. In: Stuttgarter Evangelisches Sonntagsblatt 103 Nr. 45, 3.

1970

Herausgeber bzw. Mitherausgeber:

Johannes Brenz. Werke. Bde. 1–5. Tübingen 1970–1986.

1971

Die Evangelische Landeskirche in Württemberg und der Nationalsozialismus. Eine Dokumentation. 6 Bde. Stuttgart 1971–1986.

1972

Das Entstehen kirchlicher Repräsentationsgremien in der Württembergischen Landeskirche. In: Handbuch für Kirchengemeinderäte. Hg. v. W. Ullrich. Stuttgart 1972, 8–12.

Der Kirchenkampf mit Theophil Wurm. In: Stuttgarter Zeitung 1972, Nr. 163, 6.

Landeskirchliches Archiv Stuttgart: Übersicht über die Bestände und Inventar der Allgemeinen Kirchenakten. Stuttgart 1972. – 126 S.

1973

Bischof Wurm im Widerstand. In: Für Arbeit und Besinnung 1973, Nr. 8, 26f.

Schwäbische Perspektiven. Die Württembergische Landeskirche. Geschichte und Gestalt. Stuttgart 1973. – 23 S.

Vor vierzig Jahren. Ein Überblick über den Kirchenkampf in Württemberg 1933–1945. In: Evangelisches Gemeindeblatt für Württemberg 1973, Nr 18/19, 5.

1974

Das Ringen um einen christlichen Staat. Die Württembergische Landeskirche in der Mitte des 19. Jahrhunderts. In: PuN 1, 1974, 125–158.

Die Württembergische Evangelische Landeskirche. In: Das Land Baden-Württemberg. Amtliche Beschreibung nach Kreisen und Gemeinden. Bd. I: Allgemeiner Teil. Stuttgart 1974, 532–540.

Historischer Atlas von Baden-Württemberg, Karte VIII, 9: Gliederung der Evangelischen Landeskirche in Württemberg um 1840 (mit Beiwort).

Der württembergische Pietismus und die deutsche Schule. Martin Schmidt zum 65. Geburtstag. In: BWKG 73/74, 1973/1974, 136–142.

1975

Historischer Atlas von Baden-Württemberg, Karte VIII, 11: Gliederung der Evangelischen Landeskirche in Württemberg 1945–1966 (mit Beiwort).

1976

Doris Metzger, Gerhard Schäfer: Die Klosterschule im 18. Jahrhundert – Bengels Zeit in Denkendorf. In: Schwäbische Heimat 27 Nr. 2, 1976, 114–125.

Württemberg und die Evangelische Kirche in Deutschland (I.) In: Evangelisches Gemeindeblatt für Württemberg 71 Nr. 17, 1976, 4.

Die Württembergische Landessynode damals und heute. In: Für Arbeit und Besinnung 1976, Nr. 19, 728–733.

1977
Herausgeber bzw. Mitherausgeber:

Texte zur Geschichte des Pietismus. Reihe VII: Friedrich Christoph Oetinger. 3 Bde. Berlin 1977–1998.

1979

Die evangelische Kirche in Württemberg und die Revolution 1848/1849. In: PuN 5, 1979, 39–65.

Friedrich Christoph Oetinger. In: Leben in Gang halten. Metzingen 1979, 67–87.

Kirchenreform nach der Reformation. Vor 325 Jahren starb Johann Valentin Andreä. In: Evangelisches Gemeindeblatt für Württemberg 74 Nr. 25, 1979, 11.

Ludwig Hofacker und die Erweckungsbewegung in Württemberg. In: Bausteine zur geschichtlichen Landeskunde von Baden-Württemberg. Hg. v. Günther Haselier [u. a.]. Stuttgart 1979, 357–379.

Herausgeber bzw. Mitherausgeber:

Texte zur Geschichte des Pietismus. Reihe VIII: Sondergestalten. Bde. 1–4. Berlin 1979–1997.

Johann Christoph Blumhardt: Gesammelte Schriften. Reihe I u. III. Göttingen 1979 ff.

1980

Blumhardt und Bad Boll. In: Unitas Fratrum. Beiheft 3: Die Brüdergemeine und Bad Boll. Hamburg 1980, 21–35.

Das Augsburger Bekenntnis. Die historische Bedeutung im Reich und in der Württembergischen Kirche. In: Gewonnene Freiheit – Verlorene Einheit. Stuttgart 1980, 55–76.

Art. „Albert Knapp". In: NDB 12, 1980, 334.

1981

Herausgeber bzw. Mitherausgeber:

Johann Christoph Blumhardt: Leuchtende Liebe zu den Menschen. Stuttgart 1981. – 107 S.

1982

„Das Gute bewahren, die Abwege aber verhüten". Zur Geschichte des württembergischen Pietismus. In: BWKG 82, 1982, 218–236.

Friedrich Christoph Oetinger. Württembergischer Prälat und Theosoph. In: Für Arbeit und Besinnung 1982, Nr.11, 450–455.

Zum württembergischen Gesangbuch vom Jahr 1791. In: Speculum Sueviae. FS Hansmartin Decker-Hauff. Stuttgart 1982, 400–413.

1983

Württemberg und der Pietismus. In: Das evangelische Württemberg. Gestalt und Geschichte der Landeskirche. Hg. v. Ulrich Fick. Stuttgart 1983, 35–56.

Der Württembergische Pietismus und die Brüdergemeine. In: Unitas Fratrum 13, 1983, 45–63.

1984

Johann Christoph Blumhardt. In: Gestalten der Kirchengeschichte. Bd. 9,1. Hg. v. Martin Greschat. Stuttgart 1984, 344–354.

Zu erbauen und zu erhalten das rechte Heil der Kirche. Eine Geschichte der Evangelischen Landeskirche in Württemberg. Stuttgart 1984. – 386 S.

Herausgeber bzw. Mitherausgeber:

Glaube, Welt und Kirche. Ausstellungskatalog. Stuttgart 1984.

Reformation in Württemberg. Ausstellungskatalog. Stuttgart 1984.

1985

Das Haus Württemberg und die Evangelische Kirche. In: 900 Jahre Haus Württemberg. Hg. v. Robert Uhland. Stuttgart 1985, 482–499.

Theophil Wurm. In: Evangelisches Gemeindeblatt für Württemberg 80 Nr. 5, 1985, 4.

1986

Der Calwer Verlag 1963 bis 1986. Stuttgart 1986. – 50 S.

Art. „Ludwig Hofacker". In: TRE 15, 1986, 467–469.

1987

Die Evangelische Landeskirche und der säkulare Staat von König Friedrich I. von Württemberg. In: Baden und Württemberg im Zeitalter Napoleons. Bd. 2: Aufsätze. Stuttgart 1987, 313–322.

Pietistische Erbauungsliteratur. In: Literatur im deutschen Südwesten. Hg. v. Bernhard Zeller u. Walter Scheffler. Stuttgart 1987, 39–50.

1988
Herausgeber bzw. Mitherausgeber:

Baden-Württembergisches Pfarrerbuch. Bd. II, 1–3. Stuttgart 1981–1993.

Lesebuch zur Geschichte der Württembergischen Landeskirche. 4 Bde. Stuttgart 1988–1992.

1989

Philipp Matthäus Hahn, Pietist und Aufklärer. In: Philipp Matthäus Hahn 1739–1790. Ausstellungen des Württembergischen Landesmuseums Stuttgart und der Städte Ostfildern, Albstadt, Kornwestheim, Leinfelden-Echterdingen. Teil 2: Aufsätze (Quellen und Schriften zu Philipp Matthäus Hahn, 7). Stuttgart 1989, 289–297.

Herausgeber bzw. Mitherausgeber:

In Erwartung der Königsherrschaft Christi. Aus den Tagebüchern von Philipp Matthäus Hahn. Metzingen 1989. – 263 S.

1991

Vom Wort zur Antwort. Dialog zwischen Kirche und Welt in 5 Jahrhunderten. Stuttgart 1991. – 205 S.

Der Spekulative württembergische Pietismus als Hintergrund für Hölderlins Dichten und Denken. In: Turm-Vorträge. Tübingen 1991, 46–78.

1992

Die Bedeutung des Sensus communis für das theologische System des „Lutheraners" Friedrich Christoph Oetinger. In: Luthers Wirkung. FS Martin Brecht zum 60. Geburtstag. Hg. v. Dieter Hauschild. Stuttgart 1992, 233–244.

Non ad omnes, ad nonnullos quidem pertinens. Der Spekulative Pietismus im Württemberg des 18. Jahrhunderts. In: PuN 19, 1993, 70–97.

Wilhelmine Canz. Keine Halbheiten im Dienst für Gott und die Menschen. In: Frauen im deutschen Südwesten. Hg. v. Birgit Knorr u. Rosemarie Wehling. Stuttgart 1993, 163–169.

1994

Michael Hahn. Gotteserkenntnis und Heiligung. Aus seinen Briefen, Betrachtungen, Liedern. Metzingen 1994. – 383 S.

Der spekulative württembergische Pietismus des 18. Jahrhunderts – Systeme und Ausstrahlung. In: Hölderlin und Nürtingen. Hg. v. Peter Härtling u. Gerhard Kunz. Stuttgart 1994 (Schriften der Hölderlin-Gesellschaft, 19), 48–78.

Michael Hahn. In: Aus südwestdeutscher Geschichte. FS Hans-Martin Maurer. Hg. v. Wolfgang Schmierer [u. a.]. Stuttgart 1994, 515–525.

1995

Elemente. Die Welt der großen Schwabenväter des 18. Jahrhunderts und ihre Erben. In: BWKG 95, 1995, 114–132.

Art. „Johann Valentin Andreae". In: DBE 1, 1995, 130.

Baubischof und Bekenntnisbischof. Zum Gedenken an Bischof Martin Haug (1895–1983). In: Evangelisches Gemeindeblatt für Württemberg 90 Nr. 50, 1995, 11.

1996

Theophil Wurm 1868–1953. In: Große Stuttgarter. Gestalten aus fünf Jahrhunderten. Hg. v. Erwin Teufel. Stuttgart 1996, 187–194.

1998

Art. „Friedrich Christoph Oetinger". In: DBE 7, 1998, 473 f.

Laudatio auf Martin Brecht

Unter den Reformationshistorikern seiner Generation gibt es keinen, der auf ähnlich produktive Weise die Pietismusforschung gefördert hat, und unter den Pietismusforschern besitzt keiner so fundierte Kenntnisse der Reformationszeit wie Martin Brecht, dem zusammen mit Gerhard Schäfer dieser Band des Jahrbuchs „Pietismus und Neuzeit" gewidmet ist und der zusammen mit Gerhard Schäfer die Forschungen zur württembergischen Kirchengeschichte seit mehr als dreißig Jahren auf ebenso engagierte wie nachhaltige Weise geprägt hat. Insofern ist es durchaus passend, daß die meisten Beiträge dieses Bandes sich mit württembergischer Kirchengeschichte beschäftigen.

Als Martin Brecht 1978 als geschäftsführender Herausgeber dieses Jahrbuchs tätig wurde, eine Verantwortung, die er mehr als zehn Jahre tragen sollte, brachte er langjährige wertvolle Erfahrungen als Mitherausgeber der „Blätter für württembergische Kirchengeschichte" mit. In die für die Pietismusforschung außerordentlich bedeutsame Edition der Tagebücher von Philipp Matthäus Hahn, die er 1979 und 1983 zusammen mit Rudolf F. Paulus vorlegte, floß das Wissen, das er unter anderem als Mitherausgeber der Quellen und Forschungen zur württembergischen Kirchengeschichte und der Werke von Johannes Brenz gesammelt hatte. Als in der Historischen Kommission zur Erforschung des Pietismus diskutiert wurde, wie die inzwischen weithin überholte Geschichte des Pietismus von Albrecht Ritschl durch ein neues Kompendium ersetzt werden könnte, war allen Beteiligten klar, daß dieses Vorhaben nur gelingen würde, wenn sich Martin Brecht, der bereits verschiedene Sammelbände ediert hatte, daran beteiligte.

Bei der Erfüllung dieser verschiedenen Aufgaben: als Herausgeber des Jahrbuchs, als Herausgeber der Hahn-Tagebücher, als Herausgeber des Handbuchs, hat Martin Brecht Bemerkenswertes geleistet. Alles, was er selbst übernommen hatte, erledigte er pünktlich und in dem verabredeten Rahmen. Anfragen beantwortete er prompt und gründlich. Bei keiner Sitzung fehlte er, in jeder leistete er instruktive und weiterführende Beiträge. Ihn charakterisiert somit die „Treue im Kleinen", die er aus Leben und Werk der „Schwabenväter" kennt, über die er forscht. Wissenschaftliche Klarheit ist ihm stets oberstes Ziel; an andere stellt er die gleichen Anforderungen wie an sich selbst, und wenn sich daraus wissenschaftliche Konflikte ergeben, ist er bereit, diese auch durchzustehen. Als im ersten Band der „Geschichte des Pietismus" einige Beiträge nicht zu-

Prof. D. Dr. Martin Brecht, D. D.
Photo: Matthias Ahlke, Münster

standekamen und die Gefahr bestand, daß sich das ganze Unternehmen wesentlich verzögern würde, zögerte er als Bandherausgeber nicht, diese Stücke selbst zu schreiben. Als Klaus Deppermann, der es übernommen hatte, den zweiten Band der „Geschichte des Pietismus" herauszugeben, überraschend verstarb, war Martin Brecht trotz zahlreicher anderer Verpflichtungen bereit, auch die Fertigstellung und Drucklegung dieses Bandes zu übernehmen.

Doch damit nicht genug: Die Pietismusforschung ist Martin Brecht auch noch in anderer Hinsicht zu großem Dank verpflichtet. In der Historischen Kommission zur Erforschung des Pietismus versah er lange Jahre das Amt des zweiten Vorsitzenden. Er beteiligte sich an der Förderung des wissenschaftlichen Nachwuchses auf dem Gebiet der Pietismusforschung, und er brachte seine umfassenden Kenntnisse nicht nur bei der Betreuung einer ganzen Reihe von Bänden in den „Arbeiten zur Geschichte des Pietismus" mit ein, sondern auch, als es in der Kommission darum ging, in einem nicht immer einfachen Verfahren, intern Stand und Aussichten der verschiedenen Editionsvorhaben zu beurteilen.

1961 wurde Martin Brecht mit einer Studie über „Die Entwicklung der Alten Bibliothek des Tübinger Stifts in ihrem theologie- und geistesgeschichtlichen Zusammenhang. Eine Untersuchung zur württembergischen Theologie" in Tübingen promoviert; 1964 habilitierte er sich an der gleichen Universität mit einer Arbeit über „Die frühe Theologie des Johannes Brenz" (Tübingen 1966). Wenig später legte er eine weitere Untersuchung über „Kirchenordnung und Kirchenzucht in Württemberg vom 16. bis zum 18. Jahrhundert" vor. Diese Forschungen markierten den eindrucksvollen Beginn einer großen wissenschaftlichen Produktion, die inzwischen über 500 größere und kleinere Publikationen umfaßt.

1975 übernahm Martin Brecht an der Universität Münster den Lehrstuhl für Kirchengeschichte, wo er sich vor allem intensiv der Lutherforschung widmete. Seine dreibändige, mehrfach neu aufgelegte Lutherbiographie machte ihn in breiteren Kreisen bekannt. Sie ist inzwischen zu einem Standardwerk der Reformationsgeschichte geworden. Kaum noch zu übersehen sind seine zahlreichen kleineren und stets sehr scharfsinnigen Beiträge zur Reformationsgeschichte. Durch die Festschrift mit dem Titel „Luthers Wirkung", die Wolf-Dieter Hauschild, Wilhelm H. Neuser und Christian Peters aus Anlaß seines 60. Geburtstages 1992 in Stuttgart publizierten, wurde seine große wissenschaftliche Leistung auf dem Gebiet der Lutherforschung ebenso gewürdigt wie durch den Ehrendoktor, den ihm 1990 die Universität von Valparaiso in Indiana in den USA verlieh.

Als Erforscher des Pietismus hat Martin Brecht signifikante Akzente gesetzt. Wie in dem 1997 in Stuttgart erschienenen eindrucksvollen Sammelband mit seinen Arbeiten zum Pietismus unschwer zu ersehen ist, widmete er sich besonders dem württembergischen Pietismus und hier wiederum besonders intensiv den zentralen Aspekten der zentralen Figur: der Erforschung der Theologie Johann Albrecht Bengels. Das war für Brecht, der am 6. März 1932 in Nagold als Sohn eines württembergischen Theologen geboren wurde und der später als Repetent im Tübinger Stift wirkte, vielleicht naheliegend. Wie zahlreiche Studien belegen, war und ist Martin Brechts geistiger Horizont aber stets viel weiter, so sehr er seiner schwäbischen Heimat auch seit der Zeit, in der er im katholisch-westfälischen „Exil" in Münster lebt, stets verbunden blieb. So hat er bemerkenswerte Studien zu Fragen der Theologie der vorspenerschen Zeit vorgelegt, ferner zum Pietismus am Niederrhein und jüngst auch zur Kirchengeschichte von Schleswig-Holstein im 17. Jahrhundert sowie zur Erweckungsbewegung.

Ebenso war und ist ihm stets daran gelegen, die Theologie im Kontext der kulturellen, geistigen und politischen Verhältnisse der jeweiligen Zeit zu verstehen, das heißt, das wechselseitige Verhältnis von Glaubenswelt und Lebenswelt zu begreifen. Dadurch hat er überaus anregend gewirkt auf Historiker, die sich für die Zusammenhänge zwischen der Geschichte von Kirche, Religion und Frömmigkeit und der Geschichte der Literatur, der Kultur und des Geisteslebens interessieren. Schließlich sei nicht vergessen, daß Martin Brecht immer wieder durch neue Quellenfunde überraschte. Er besaß und besitzt nicht nur ein Gespür dafür, wo möglicherweise neue Quellen zu finden sind; stets ist er vielmehr darum bemüht, alle Aussagen, die er trifft, auf eine feste Quellenbasis zu stellen. Als Theologe ist er somit stets Historiker geblieben, freilich als Historiker auch stets Theologe.

Seit einem Jahr ist Martin Brecht emeritiert. Es gibt für ihn als Forscher aber keinen Ruhestand, und das ist gut so. Denn wir erwarten von ihm noch weitere wichtige Beiträge, nicht zuletzt zur Geschichte des Pietismus. Martin Brecht gelten die guten Wünsche seiner Freunde, Kollegen und Schüler.

Hartmut Lehmann

Martin Brecht: Schriftenverzeichnis

Erstellt von Stephan-Martin Stötzel

Der erste Teil des Schriftenverzeichnisses, Nr. 1–366, findet sich in: Luthers Wirkung. FS Martin Brecht z. 60. Geburtstag. Hg. v. Wolf-Dieter Hauschild, Wilhelm H. Neuser u. Christian Peters. Stuttgart 1992, 257–283.

Nachtrag zu 1989

366a. Eine unbekannte Schrift Matthäus Albers: „Ain Sermon oder Predig wie man das leyden Christi nutzbarlich und mit frucht betrachten soll". In: Reutlinger Geschichtsblätter 1989, 27–30.

Nachtrag zu 1990

387a. Die evangelischen Kirchen in und um Calw in der zweiten Hälfte des 19. Jahrhunderts aus der Sicht Hermann Gunderts. In: BWKG 90, 1990, 227–244.

1991

398. Art. „Luther, Martin". In: TRE 21, 1991, 513–530.
399. Philipp Matthäus Hahn 1989/1990. Wissenschaftliche Bilanz eines Jubiläums. In: PuN 17, 1991, 164–177.
400. Via antiqua. Humanismus und Reformation – der Mainzer Theologieprofessor Adam Weiß. In: ZKG 102, 1991, 362–371.
401. Weder leichtfertige Überheblichkeit noch Verzweiflung. Luthers Umgang mit der Schuld. Beobachtung zu einem aktuellen Thema. In: KZG 4, 1991, 462–475.

Rezensionen in JWKG 85, 1991:

402. 372–373: Roni Po-Chia-Hsia: Gesellschaft und Religion in Münster 1535–1618. Münster 1989.
403. 374: Johann Heinrich Jung-Stilling: Tägliche Bibelübungen. Hg. v. Gustav Adolf Benrath. Gießen, Basel 1989.

Rezensionen in PuN 17, 1991:

404. 229–232: Johannes Wallmann: Der Pietismus. Göttingen 1990.

405. 240–243: Erich Trunz: Johann Matthäus Meyfart. Theologe und Schriftsteller in der Zeit des Dreißigjährigen Krieges. München 1987.

Rezension in ThLZ 116, 1991:

406. 749–750: Max Adolf Cramer: Die ersten evangelischen Pfarrer in Badisch und Württembergisch Franken. Karlsruhe 1990.

Rezension in ZWLG 50, 1991:

409. 511–513: Monika Hagenmaier: Predigt und Policey. Der gesellschaftliche Diskurs zwischen Kirche und Obrigkeit in Ulm 1614–1639. Baden-Baden 1989.

1992

410. Antiklerikalismus beim jungen Luther. In: Anticlericalism in Late Medieval and Early Modern Europe. Hg. v. Peter A. Dykema, Heiko A. Oberman. Leiden 1993 (SMRTh, 51), 343–351.
411. Art. „Brenz, Johannes". In: ELThG 1, 1992, 306 f.
412. Art. „Eck, Johann". In: ELThG 1, 1992, 468 f.
413. Art. „Friedrich der Weise". In: ELThG 1, 1992, 648 f.
414. Art. „Pietismus". In: EKL 3, ^{3}1992, 1215–1220.
415. Das gestohlene Manuskript von Luthers Fastenpostille. In: LuJ 59, 1992, 118–127.
416. Lutherische Kirchenzucht bis in die Anfänge des 17. Jahrhunderts im Spannungsfeld von Pfarramt und Gesellschaft. In: SVRG 197, 1992, 400–423.
417. Neue Frömmigkeit und Gemeindesituation bei Martin Moller (1547–1606). In: Krisenbewußtsein und Krisenbewältigung in der Frühen Neuzeit – Crisis in Early Modern Europe. Hg. v. Monika Hagenmaier, Sabine Holtz (FS Hans-Christoph Rublack). Frankfurt [u. a.] 1992, 217–229.
418. Johann Amos Comenius im Zusammenhang der protestantischen Theologie seiner Zeit. In: Jan Amos Comenius 1592–1992. Theologische und pädagogische Deutungen. Hg. v. Klaus Goßmann. Gütersloh 1992, 70–84.
419. Das allersüßeste Wort. Der reformatorische Ansatz Luthers aus dem Jahr 1518. In: Bibel und Kirche 47, 1992, 135–139.
420. Das pietistische Pfarrhaus am Ende des 18. Jahrhunderts im Spiegel der Tagebücher Philipp Matthäus Hahns. In: Das evangelische Pfarrhaus in der Neuzeit. Hg. v. Johann Friedrich Enke. MS Druck: Evangelisches Pfarrhausarchiv Eisenach [1992], 4–17.
421. Die Reform des Wittenberger Horengottesdienstes und die Entste-

hung der Zürcher Prophezei. In: Reformiertes Erbe (FS Gottfried W. Locher). Bd. 1. Hg. v. Heiko A. Oberman, Ernst Saxer, Alfred Schindler und Heinzpeter Stucki. Zürich 1992 (Zwing. 19,1), 49–67.

422. Die starke Arznei des geistlichen Apothekers. In: Luther 63, 1992, 103–111.

Rezension in Das historisch-politische Buch XL, 1992:

423. 287: Hans-Jürgen Prien: Luthers Wirtschaftsethik. Göttingen 1992.

1993

424. Vorwort. In: J. Hesse. Aus Dr. Hermann Gunderts Leben. Stuttgart 1993 [Neudruck der Ausgabe Calw und Stuttgart 1894].
425. Geschichte des Pietismus Bd. 1: Das 17. und frühe 18. Jahrhundert. Hg. v. Martin Brecht. Göttingen 1993; darin 1–10: Einleitung; 113–203: Das Aufkommen der neuen Frömmigkeitsbewegung in Deutschland; 205–240: Die deutschen Spiritualisten des 17. Jahrhunderts; 281–389: Philipp Jakob Spener, sein Programm und dessen Auswirkung; 439–539: August Hermann Francke und der Hallische Pietismus.
426. Sittenzucht. In: 450 Jahre Reformation in Osnabrück. Hg. v. Karl Georg Kaster. Bramsche 1993, 439–442.
427. Martin Luther: The Preservation of the Church. Minneapolis 1993 [Übers. v. Nr. 334].
428. Luther als Schriftsteller. In: Luther Digest 1993, 25–37.
429. „Weder leichtfertige Überheblichkeit noch Verzweiflung". Luthers Umgang mit der Schuld. Beobachtung zu einem aktuellen Thema. In: Luther Digest 1993, 38–40 [Übernahme aus Nr. 402].
430. Theologie oder Theologien der Reformation? In: Die Reformation in Deutschland und Europa. Interpretationen und Debatten. Hg. v. Hans R. Guggisberg u. Gottfried G. Krodel. Berlin 1992 (ARG Sonderband), 99–117.
431. Art. „Hutten, Ulrich von". In: ELThG 2, 1993, 941.
432. Art. „Karlstadt, Andreas Bodenstein von". In: ELThG 2, 1993, 1042.
433. Art. „Luther, Martin". In: ELThG 2, 1993, 1280–1281.
434. Art. „Major, Georg". In: ELThG 2, 1993, 1287–1288.
435. Art. „Melanchthon, Philipp". In: ELThG 2, 1993, 1314–1315.
436. Art. „Majoristischer Streit". In: ELThG 2, 1993, 1288.
437. Bucer und Luther. In: Martin Bucer and Sixteenth Century Europe. Actes du colloque de Strasbourg (28–31 août 1991). Hg. v. Christian Krieger, Marc Lienhard. Leiden [u. a.] 1993 (SMRT, 52), 351–367.

Rezensionen in PuN 19, 1993:

438. 183–195: Endlich eine Geschichte der (religiösen) Lyrik der frühen Neuzeit? Zu Hans-Georg Kemper, Deutsche Lyrik der frühen Neuzeit, Bde. 1–5. Tübingen 1987–1991.
439. 211–215: Markus Matthias: Johann Wilhelm und Johanna Eleonora Petersen. Eine Biographie bis zur Amtsenthebung im Jahre 1692. Göttingen 1992 (AGP, 30).

Rezension in ThLZ 118, 1993:

440. 421–423: Hans Christian Brandy: Die späte Christologie des Johannes Brenz. Tübingen 1991.

Rezension in ZSRG 110 K Abt. 79, 1993:

441. 541–542: Gerhard Müller, Causa Reformationis. In: Beiträge zur Reformationsgeschichte und zur Theologie Luthers. Hg. v. Gottfried Maron, Gottfried Seebaß. Gütersloh 1989.

1994

442. Der Beitrag des Spiritualismus der Reformationszeit zur Erneuerung der lutherischen Kirche im 17. Jahrhundert. In: Wegscheiden der Reformation. Alternatives Denken vom 16. bis zum 18. Jahrhundert. Hg. v. Günter Vogler. Weimar 1994, 369–379.
443. Protestantische Kirchenzucht zwischen Kirche und Staat. Bemerkungen zur Forschungssituation. In: Kirchenzucht und Sozialdisziplinierung im frühneuzeitlichen Europa. Hg. v. Heinz Schilling. 1994 (Zeitschrift für historische Forschung, Beiheft 16), 41–48.
444. „Te Deum" und „Verreterey". Unbekannte gedruckte Schriften von Johannes Brenz. In: Aus südwestdeutscher Geschichte. FS Hans-Martin Maurer. Hg. v. Wolfgang Schneider [u. a.]. Stuttgart 1994, 354–366.
445. „Tosaginge" und „geloven". Neue Einsichten in die frühe Lutherrezeption in Hamburg. In: ARG 85, 1994, 45–67.
446. Martin Luther: Studienausgabe. Bd. 1–3. Stuttgart 1994.
447. Nachruf auf Kurt Aland. In: PuN 20, 1994, 7–10.
448. Etlich durch des Lichts Natur . . . Ein Lehrgedicht aus dem radikalen Pietismus. In: PuN 20, 1994, 75–89.

Rezension in JWKG 88, 1994:

449. 491–492: Eckhard Hagedorn: Erweckung und Konversion. Der Weg des katholischen Priesters Aloys Henhöfer (1789–1862) in die evangelische Kirche. Karlsruhe [u. a.] 1993.

Rezensionen in PuN 20, 1994:

450. 248–250: Die Bibelsammlung der württembergischen Landesbibliothek Stuttgart, 2. Abtl. Bd. 2 Teile 1–3. Beschrieben von Stefan Strohm unter Mitarbeit von Peter Amelung [u. a.]. Stuttgart, Bad Canstatt 1993.
451. 261–263: Geschichte der Evangelischen Kirche der Union. Hg. v. Johann Friedrich Gerhard Goeters, Joachim Rogge. Bd. 1: Die Anfänge der Union unter landesherrlichem Kirchenregiment (1817–1850). Hg. v. Johann Friedrich Gerhard Goeters, Rudolf Mau. Leipzig 1992.

Rezension in ThRv 90, 1994:

452. 310–311: Udo Arnoldi: Pro Iudaeis. Die Gutachten der hallischen Theologen zur Judentoleranz. Berlin 1993.

Rezension in ZBKG 63, 1994:

453. 270–272: Bernhard Steinhauf: Giovanni Ludovico Madruzzo (1532–1600). Katholische Reformation zwischen Kaiser und Papst. Das Konzept zur praktischen Gestaltung der Kirche der Neuzeit im Anschluß an das Konzil von Trient. Münster 1993 (RGST, 132).

Rezensionen in ZKG 105, 1994:

454. 239–241: Melanchthons Briefwechsel. Teil 1: Texte 1–254 (1514–1522). Bearb. v. Richard Wetzel. Hg. v. Heinz Scheible. Stuttgart, Bad Canstatt 1991.
455. 271–274: Philipp Jakob Spener: Briefe aus der Frankfurter Zeit 1666–1686. Bd. 1: 1666–1674. Hg. v. Johannes Wallmann. Tübingen 1992.

Rezension in LuJ 61, 1994:

456. 123–125: Thomas Kaufmann: Die Abendmahlstheologie der Straßburger Reformatoren bis 1528. Tübingen 1992 (BHTh, 81).

1995

457. In Memoriam Kurt Aland. In: LuJ 62, 1995, 9–12.
458. Die Rezeption von Luthers Freiheitsverständnis in der frühen Neuzeit. In: LuJ 62, 1995, 121–151.
459. Ausgewählte Aufsätze. Bd. 1: Reformation. Stuttgart 1995. Darin 188–203: Luthers Angebot an die Gegenwart. – [Ferner sind aufgenommen: Nr. 347 u. 402 (erweitert); Nr. 19, 70, 72, 94, 129, 149,

166, 180, 199, 215, 216, 217, 248, 276, 304, 307, 335, 348, 362, 393, 394, 401].
460. Luther's Reformation. In: Handbook of European History 1400–1600. Late Middle Ages, Renaissance and Reformation. Vol. II: Visions, Programs and Outcomes. Hg. v. Thomas A. Brady, Heiko A. Oberman, James D. Tracy. Leiden [u. a.] 1995, 129–159.
461. Geschichte des Pietismus. Bd. 2: Der Pietismus im achtzehnten Jahrhundert. Hg. v. Martin Brecht. Göttingen 1995; darin 225–295: Der württembergische Pietismus; 319–357: Der Hallische Pietismus in der Mitte des 18. Jahrhunderts – seine Ausstrahlung und sein Niedergang.
462. Art. „Pietismus". In: Lexikon der Aufklärung. Deutschland und Europa. Hg. v. Werner Schneiders. Minden 1995, 31–61.
463. Luther oder nicht Luther. Die nötige Zuordnung der Hände. In: FAZ (20. Dezember 1995), Nr. 296, 6 [Wissenschaftsjahrbuch 1996. Natur und Wissenschaft – Geisteswissenschaften »Frankfurter Allgemeine«. Hg. v. Rainer Flöhl, Henning Ritter. Frankfurt 1996, 406–408].
464. Der Psalmenkommentar des Paracelsus und die Reformation. In: Neue Beiträge zur Paracelsusforschung. Hg. v. Peter Dilg, Hartmut Rudolph. Stuttgart 1995, 71–88.

Rezension in JWKG 89, 1995:

465. 349–350: Manfred Rudersdorf: „Das Glück der Bettler". Justus Möser und die Welt der Armen. Mentalität und soziale Frage im Fürstbistum Osnabrück zwischen Aufklärung und Säkularisation. Münster 1995.

Rezensionen in ZWLG 54, 1995:

466. 465–467: Reuchlin und die Juden. Hg. v. Arno Herzig, Julius H. Schoeps. Sigmaringen 1993 (Pforzheimer Reuchlinschriften, 3).
467. 473–475: Territorialstaat und Calvinismus. Hg. v. Meinard Schaab. Stuttgart 1993 (VKfgLB, 127).

1996

468. Torgau – Stadt der Reformation, Luthers Torgauer Kirchweihe 1544. 450-Jahr-Feier der Einweihung der Schloßkirche auf Schloß Hartenfels. Hg. v. Martin Brecht u. Hansjochen Hancke. Torgau 1996; darin 22–28: Die theologische Konzeption der Torgauer Schloßkirchenkanzel; 29–41: Gottes Wort und Gebet. Was eine Kirche zur Kirche macht.
469. Wie wir mit Gott dran sind. Martin Luthers Bedeutung für die Ge-

genwart. In: Evangelisches Gemeindeblatt für Württemberg 91 Nr. 7 (18. Februar 1996) [Übernahme aus Nr. 458].

470. Der gefressene Tod – Luthers Osterlied „Christ lag in Todesbanden". In: ZdZ 50, 1996, 68–69.

471. Gottes Anspruch und Zuspruch. 1Kön 8, 61 Monatsspruch Juni (Andacht). In: UK 23, 1996, 2.

472. Art. „Luther, Katharina". In: The Oxford Encyclopedia of the Reformation. Vol. 2. New York, Oxford 1996, 460 f.

473. Art. „Luther, Martin". In: The Oxford Encyclopedia of the Reformation. Vol. 2. New York, Oxford 1996, 461–467.

474. Art. „Pietismus". In: TRE 26, 1996, 606–631.

475. Samuel Urlsperger und der Hallische Pietismus. In: Samuel Urlsperger (1685–1772) – Augsburger Pietismus zwischen Außenwirkungen und Binnenwelt. Hg. v. Reinhard Schwarz. Berlin 1996 (Colloquia Augustana, 4), 161–176.

476. Der Streiter Martin Luther. In: Wiss. Kolloquium „Der Mensch Luther und sein Umfeld" (Wartburg, 2.-5. Mai 1996). Hg. von der Wartburg-Stiftung Eisenach. Eisenach 1996 (Wartburg Jahrbuch Sonderband), 120–148.

477. Laudatio anläßlich der Ehrenpromotion von Friedrich Wilhelm Bauts am 4. Juli 1995. In: JWKG 90, 1996, 215–217.

478. Die theologische Diskussion um 1800 und Pestalozzi. In: Pestalozzi – wirkungsgeschichtliche Aspekte. Dokumentationsband zum Pestalozzi-Symposium 1996. Hg. v. Fritz-Peter Hager, Daniel Tröhler. Bern [u. a.] 1996 (Neue Pestalozzi-Studien, 4), 309–327.

479. Martin Luther: Sing mir das Lied gegen den Tod. In: Luther 67, 1996, 52–58.

480. Die Botschaft der Predigt Samuel Urlspergers. In: Samuel Urlsperger (1685–1772) – Augsburger Pietismus zwischen Außenwirkungen und Binnenwelt. Hg. v. Reinhard Schwarz. Berlin 1996 (Colloquia Augustana, 4), 97–130.

481. Die reformatorische Kirche in Philipp Melanchthons ekklesiologischen Reden. In: Humanismus und Wittenberger Reformation (Festgabe anläßlich des 500. Geburtstages des Praeceptor Germaniae Philipp Melanchthon am 16. Februar 1997 – Helmar Junghans gewidmet). Hg. v. Michael Beyer, Günther Wartenberg. Leipzig 1996, 297–312.

482. Art. „Hofacker, Ludwig". In: LThK 5, 1996, 195–196.

483. Probleme der Pietismusforschung. In: NAKG 76, 1996, 227–237.

484. Die theologische Konzeption der Torgauer Schloßkirchenkanzel. In: Torgau – Stadt der Reformation. Luthers Torgauer Kirchweihe 1544. 450-Jahr-Feier der Einweihung der Schloßkirche auf Schloß Hartenfels. Hg. v. Martin Brecht, Hansjochen Hancke. Torgau 1996, 22–28 [s. Nr. 468].

485. Gottes Wort und Gebet. Was eine Kirche zur Kirche macht. Luthers Torgauer Kirchweihe. In: Torgau – Stadt der Reformation, Luthers Torgauer Kirchweihe 1544. 450-Jahr-Feier der Einweihung der Schloßkirche auf Schloß Hartenfels. Hg. v. Martin Brecht, Hansjochen Hancke. Torgau 1996, 29–41 [s. Nr. 468].

Rezension in ZWLG 55, 1996:

486. 448–449: Quellen zur Reformation 1517–1555. Hg. v. Ruth Kastner. Darmstadt 1994 (AQDGNZ. Freiherr vom Stein-Gedächtnisausgabe, 16).

Rezensionen in ZKG 107, 1996:

487. 386–387: Melanchthons Briefwechsel. Teil 2: Texte 255–520 (1523–1526). Bearb. v. Richard Wetzel. Hg. v. Heinz Scheible. Stuttgart, Bad Canstatt 1995.
488. 387–388: Melanchthons Briefwechsel. Regesten. Bd. 7: 6691–8071 (1553–1556). Bearb. v. Heinz Scheible u. Walter Thüringer. Stuttgart, Bad Canstatt 1993.
489. 388: Melanchthons Briefwechsel. Regesten. Bd. 8: 8072–9301 (1557–1560). Bearb. v. Heinz Scheible u. Walter Thüringer. Stuttgart, Bad Canstatt 1995.

Rezension in ZBKG 65, 1996:

490. 311–312: Hellmut Zschoch: Reformatorische Existenz und konfessionelle Identität. Urbanus Rhegius als evangelischer Theologe in den Jahren 1520 bis 1530. Tübingen 1995 (BHTh, 88).

1997

491. Beziehungen Andreas Pestalozzis zu August Hermann Francke und seinen Anstalten? In: Neue Pestalozzi-Blätter 3. Hg. v. Pestalozzianum Zürich 1997, 39–40.
492. Gelebte Taufe nach Martin Luther. In: VLAR 27, 1997, 21–39.
493. Philipp Melanchthon und Georg III. von Anhalt, Coadjutor in geistlichen Sachen zu Merseburg. In: Reformation in Anhalt. Melanchthon – Fürst Georg III. Katalog zur Ausstellung der Anhaltischen Landesbücherei Dessau sowie Veröffentlichung der wissenschaftlichen Beiträge des Kolloquiums vom 5. September 1997 in Dessau. Dessau 1997, 57–66.
494. Der „Freudenspiegel" und sein geistiger Hintergrund. In: Die Pest, der Tod und das Leben – Philipp Nicolai – Spuren der Zeit. Unna 1997, 27–41.
495. Ausgewählte Aufsätze. Bd. 2: Pietismus. Stuttgart 1997 [darin:

Nr. 50, 51, 52, 68, 110, 126, 127, 164, 169, 179, 238, 247, 253, 294, 311, 322, 323, 327, 339, 364, 383, 386, 417].

Rezensionen in ThLZ 122, 1997:

496. 268–269: Helmar Junghans: Martin Luther und Wittenberg. München, Berlin 1996.
497. 582–583: Ricardo Rieth: „Habsucht" bei Martin Luther. Ökonomisches und theologisches Denken, Tradition und soziale Wirklichkeit im Zeitalter der Reformation. Weimar 1996.

498. Pietismus als alternative Geselligkeit. In: Geselligkeit und Gesellschaft im Barockzeitalter. Bd. 1. Hg. v. Wolfgang Adam. Wiesbaden 1997 (Wolfenbütteler Arbeiten zur Barockforschung, 28), 261–273.

Rezension in JWKG 91, 1997:

499. 280–282: Hans Joachim Behr: Franz von Waldeck. Münster 1996.

Konrad Gottschick

Der Umgang des Christophorus Jacobus Dietlinus mit Arndts *Büchern von wahrem Christenthum*

1. Das Buch

Von Generation zu Generation wurde in meiner Familie weitergegeben: Des weiland hocherleuchteten Theologi, Herrn Johann Arndten/General-Superintendenten des Fürstenthums Lüneburg/Sämtliche Geistreiche Bücher vom Wahren Christenthum/... Arnheim/Bey Johann Hillenio, im Jahre Christi/1717.

Auf der ersten Seite der Vorsatzblätter findet sich rechts unten, säuberlich eingerahmt, der Vermerk: Verus Hujus Libri Possessor est, Christophorus Jacobus Dietlinus, SS. Theol. Cultor, Halae, d. 18. Jul. 1726.[1] Der gut erhaltene, in Leder mit Goldschnitt gebundene Band enthält neben Arndts Lebenslauf und den Vorreden auch das 5. und 6. Buch, dazu 6 „unterschiedene Register" (über 1300 Seiten, 19,5 ×12 ×7 cm). C.J. Dietlen hat sich in seiner Weise an die „treue Anweisung" auf dem Titelblatt gehalten, wie man aus Arndts Schriften „seine Erbauung schöpffen möge". Mit zumeist noch ordentlich lesbarer gotischer Schrift hat er Einträge gemacht. Diese werden im Folgenden (Beilage 1–4) wiedergegeben.

2. Verus possessor

C.J. Dietlen stammte aus einer württembergischen Pfarrerfamilie. Der erste im Pfarrdienst stehende Namensträger war 1613 als Kirchhofkaplan in Crailsheim an der Pest gestorben. Der Vater von Christoph Jacob, Heinrich Ludwig (1678–1747), war in der vierten Generation Pfarrer. Unser Christoph Jacob ist 1789 als letztes Glied in dieser Reihe gestor-

[1] Die Vornamen wurden mitunter umgestellt in Jacobus Christophorus, ebenso wurde aus Dietlinus ein Dietlen.

ben, nachdem sein einziger Sohn ihm schon im Jahr 1774 vorangegangen war.

Über den Vater Heinrich Ludwig sind wir durch zwei Aufsätze von Paul Schattenmann unterrichtet.[2] Nach Diakonaten in Freudenstadt, Wildbad und Lorch wurde er, dessen Prüfungspredigt 1700 als „fein" bezeichnet worden war, 1716 Pfarrer in Weiltingen bei Dinkelsbühl, zur Dioecese Heidenheim an der Brenz gehörend. Bis zum Jahr 1810 war Weiltingen württembergisch. Um 1800 gehörten an die 800 Seelen zur Gemeinde, dazu auch katholische Filialisten, die nur zur Privatseelsorge ihren Priester kommen lassen durften. In den Jahren 1734–1737 war der Sohn Christoph Jacob Adjunkt beim „Präceptor" an der Weiltinger Schule. (Es ist unklar, wie es dort, wo sicher kein Latein unterrichtet wurde, zur Amtsbezeichnung Präceptor kommen konnte). Am Ende seiner Amtszeit wurde der Vater vom jüngeren Sohn Georg Friedrich (1718–1770) unterstützt. Da dieser sich bewährt hatte, wurde er Nachfolger seines Vaters. Er war verheiratet mit Johanna Salomea Majer aus Halle (oder Hall?). Er galt als „starker Philologus".

Es ist wichtig, über die Frömmigkeit und die theologischen Interessen von Heinrich Ludwig zu berichten. Er gehörte zu dem kleinen, grenzüberschreitenden Kreis erweckter und mit Herrnhut verbundener Pfarrer im fränkisch-schwäbischen Raum. Bestimmend für diese kleine, zeitenweise wohl nur aus zwei Personen bestehende Kleingruppe war der Pfarrer von Greiselbach: Heinrich Jakob Deubler (dort von 1721–1749). Diese Pfarrer haben sich schwer getan in ihren Gemeinden, deren Zustand sie als „geistlichen Tod" empfanden. Deubler mußte nach der Zeit in Greiselbach noch zweimal die Stelle wechseln, ehe er durch Zinzendorfs Vermittlung im Niederelsaß (Atzenweiler, 1754) unterkommen konnte. Durch Deubler, der ihm trotz gelegentlicher Irritation treu verbunden war, kam Dietlen in Verbindung mit Zinzendorf. Fünf überaus korrekt gehaltene Briefe aus den Jahren 1727–1736 sind erhalten.[3] In ihnen konnte der „starke apocalypticus" sich über seine Studien zur Offenbarung des Johannes äußern und darin auch seine Selbständigkeit gegenüber Bengel betonen. Am 17. September 1736 schrieb er: „Ich habe in der Offenbarung viel mehr gefunden als HE. Bengel, der nichts als den Papst suchet, der freilich mit lebendigen Farben mit seiner unechten Monarchie entworfen ist. Allein es sind noch andere Ungeheuer vorhanden [...]". Dietlens Studien wurden nicht gedruckt, waren aber in der

---

[2] *P. Schattenmann*: Heinrich Jakob Deubler, Pfarrer von Greiselbach (1721–1740) und sein Briefwechsel mit Herrnhut. Ein Beitrag zur Entstehung des Herrnhutertums im fränkisch-schwäbischen Raum. In: ZBKG 34, 1965, 113ff.; *Ders.*: M. Heinrich Ludwig Dietlin, Pfarrer in Weiltingen (1716–1747). Ein Theologe zwischen Zinzendorf und Bengel. In: ZBKG 35, 1966, 47ff.

[3] Nachweis bei *Schattenmann*, s. Anm. 2 (ZBKG 35, 1966, 47 ff.).

Bengelschule bekannt und wurden dort kritisiert. Die Charakterisierung Dietlens durch Schattenmann als eines Theologen zwischen Bengel und Zinzendorf dürfte richtig sein.

Ob und wie die Frömmigkeit und die Studien des Vaters Christoph Jacobs Weg bestimmt haben, ist im Einzelnen nicht bekannt. Daß er für ihn wegweisend gewesen sein mag, zeigt, daß Christoph Jacob – im Unterschied zu seinem jüngeren Bruder Georg Friedrich – nicht in Tübingen studiert hat, sondern in Halle seit 1725.[4] Nach der dortigen Studienzeit erhielt er in Stuttgart die Zulassung zum examen extraordinarium, das er am 19. August 1732, also mit 25 Jahren, ablegen konnte: non male peroravit nec in Examine male stetit. Auch für Schul- und Praeceptorsdienste wurde er zugelassen. Er gehört zu der „Sammlung Derjenig Würtembergischen Herrn Geistlichen, welche entweder auf eigene Kosten studirt, oder sich doch niemals zu einer Magister-Promotion haben zählen lassen" (Stollsches Magisterbuch von 1756). Nach dem Cursus Academicus und der Verwendung als Adjunkt in der Schule von Weiltingen wurde er 1737 Nachfolger des verstorbenen Pfarrers M.G.W. Beyschlag in der Weiltingen benachbarten und noch kleineren Gemeinde Veitsweiler (um 1800 etwa 131 Seelen, ebenfalls zur Dioecese Heidenheim an der Brenz gehörig). Der Vater hatte sich für ihn verwendet. Am 13. Mai 1737 „vocatus et confirmatus ad Pastoratum Veitsweiler, concionem bene dispositam habuit in Ps. 100,3 et thetice bene respondit". Über 51 Jahre hat er den Dienst in Veitsweiler versehen. Zu seinen Amtspflichten gehört, daß er bei allen Abendmahlsfeiern in Weiltingen als dem vorgeordneten Platz zu assistieren hatte. Über seine Geschäftsführung erfahren wir: „Gemäß 25 Kapitels der Cynosura oeconomica eccles. Wirtembergicae wurde mit dem Veitsweilerschen Kirchenkonvent oder Presbyterium von d. ehrwurd. Pfr. Dietlin dahier der Anfang gemacht am 9. Juni 1743. Sämtliche Konventsprotokolle sind bei der hiesigen Registratur u. legen für die segensreichen Wirkungen, welche diese Anstalt unter einem so ernsten religiösen und frommen Mann als Dietlin war, haben mußte, das schönste Zeugnis ab. Da aber späterhin der rechte Geist entschwunden war, scheint nur die leere Form geblieben zu sein [. . .] die Kirchenkonvente (wiewohl sehr verweltlicht) dauerten bis 1810 fort, und gingen dann in Schulkonferenzen über [. . .]"[5].

Im Jahr 1770 hatte Dietlen den Tod seines Bruders in Weiltingen zu beklagen (Söhne von diesem waren in Halle), und 1774 verstarb sein einziger Sohn Johann Friedrich (geb. 1739) als Diakon in Königsbronn an der Brenz. Er hinterließ zwei kleine Töchter.

---

[4] Vgl. Matrikel der Martin-Luther-Universität Halle-Wittenberg. Bd. 1 (1690–1730). U. Mitw. v. *F. Zimmermann* bearb. v. *F. Juntke*. Halle 1960, 120: Dietlin, Christoph Jacob, Wildbadensis Wyrtemberg. 17.4.1725. Theol. – dazu die Erläuterung: *1707, Inform. 1728 u. 1731.

[5] Zit. bei *Schattenmann*, M. Heinrich Ludwig Dietlin [s. Anm. 2], 51.

In den letzten 8 ½ Jahren seiner Amtszeit stand ihm Vikar M.K.F.W. Knapp zur Seite, der dann auch glücklich sein Nachfolger werden konnte (bis 1833).

Der Heidenheimer Dekan berichtet: „J.C. Dietlin, Pfarrer in Veitsweiler, ist am 2. April 1789 abends 6 Uhr an einem Steck- und Schlagfluß im Alter von 81 ½ Jahren verstorben. Er studierte zu Halle, wurde nach zurückgelegten Cursu Academico anno 1734 Schul-Adjunkt zu Weiltingen, und hernach anno 1737 nach einer von einer löbl. Landschaft erhaltenen Nomination auf die Pfarrei Veitsweiler befördert, welchen letzten Dienst er also 51 Jahren hatte. Seine Frau ist bereits vor einem Jahr ihm in die Ewigkeit vorangegangen, wie auch sein einziger Sohn, der ehem. Diaconus in Königsbronn, welcher schon über 16 (!) Jahre todt ist“[6].

3. Einträge

Es ist nicht möglich, Dietlens handschriftliche Einträge zeitlich einzuordnen. Sollte er sie noch als Student gemacht haben, dann darf nicht der strengste Maßstab angelegt werden. Es ist ihm zuzubilligen, daß der erweckte junge Mann, in der Freude der „ersten Liebe“ (Offb 2, 3), einige Sätze etwas zu impulsiv oder auch gesetzlich formuliert hat.

Bei der ersten Durchsicht der Lebensreguln (Beilage 1) mußte ich an Joseph Schaitbergers „Evangelische Christenpflicht“ denken.[7] Dietlen hat die 40 Abschnitte von Schaitberger nicht abgeschrieben, aber er hat sich – beginnend bei dem leitenden Bibelwort Gal 6,16, an diese angelehnt, bzw. sich da und dort anregen lassen. Z. B. Schaitberger 1 „von drei Stücken [. . .]“ (Wort, Glaube, Gottseligkeit). Schaitberger 6 „Betrachtet fleißig die große Liebe [. . .]“ wird übernommen bei Dietlen 6. Weitere Stichworte: Schaitberger 7 „die größte Weisheit“ wird aufgenommen bei Dietlen 3, 2. Hälfte. Oder Schaitberger 13 (Gelegenheit zur Nächstenliebe) klingt an bei Dietlen 8-usf. Dietlen zitiert nur eine Bibelstelle wörtlich (Lk 14,33). Andere Bibelstellen klingen an, z. T. auch durch Schaitberger angeboten.

Es mag sein, daß Dietlen von den Bemühungen des Freundes seines Vaters um die vertriebenen Protestanten gewußt hat, um deren Schicksal

---

[6] Zeugnisbuch J.C. Dietlin. Bd. 2, 21f.

[7] *Joseph Schaitberger*: Evangelische Christen-Pflicht, oder vierzig nützliche Lebens-Regeln zur Erbauung wahrer Gottseligkeit (1702). In: Der Protestantismus des 17. Jahrhunderts. Hg. v. *Winfried Zeller*. Bremen 1962 [Ndr. Wuppertal 1988] (Klassiker des Protestantismus, 5), 328–335. – Zu *Schaitberger* (1658–1733), „geistiges Haupt der Salzburger Emigranten von 1685“, s. ebd., 417.

und ihre Literatur.[8] Beim Stichwort Lebensreguln mag auch an Spener, Pia desideria, gedacht werden: Theologie als *habitus practicus.*[9]

Freilich – ein wesentlicher Unterschied zwischen Schaitberger und seinem Benutzer Dietlen muß deutlich gemacht werden. Schaitberger hat seine Adressaten: „Von Gott geschaffene, durch Jesum erkaufte und mit dem heiligen Geist versiegelte Kinder Gottes"[10]. Er betont die Schuldigkeit des getauften Christen. Seine Leser werden in der Mehrzahl angeredet. Er will sie stärken für ihren mühsamen Weg durch diese Welt. (Woher kommt es wohl, daß er vom Abendmahl nicht redet? Wollte oder mußte er den Vorwurf, nicht rite vocatus zu sein, vermeiden?) Schaitbergers reife Lebens-, Leidens- und Glaubenserfahrung kann bei Dietlen nicht erwartet werden. Bei ihm heißt es „dich" oder „Dir". Das ist Selbstanrede oder Zuwendung an eine ihm nahe stehende Person. Schaitberger kann seine Leute auf ihre Taufe ansprechen, bei Dietlen finden wir betonte Individualisierung des Glaubens. Ihm geht es um seine „Seeligkeit", d. h. um die sichtbaren Kennzeichen seines erneuerten, zur Gotteskindschaft gelangten Seins. Er gibt seine Erfahrungen weiter. Dabei kann er zeigen, wie das Christentum „ins Trockene" geraten kann (2 am Ende). Ausdrucksformen der Mystik sind ihm nicht fremd (keusche, liebe Braut, Seelen-Bräutigam). Insgesamt hat er sich die „hallesche Art" zu eigen gemacht. Ihm geht es um seine Erneuerung, um seinen Weg der Nachfolge, bei dem „tägliche Buße und wirklicher Kampf wider die Sünde" (2. Abschn., 1. Abs.) nötig sind. Vor allem wichtig ist die Bedeutung und Übung des Gebets. Dabei steht er bewußt in der evangelischen Tradition der Fürbitte „für alle Menschen [. . .] für die gantze Christenheit, u. die 3 Hauptstände in derselben". In den durch ihre Schreibweise hervorgehobenen Schlußabschnitten (nach 10) wendet er sich an die Leser von Arndts Buch. In der Schlußvermahnung findet er dann auch zur Mehrzahl in der Anrede.

Unter den in den gedruckten Text eingefügten Anmerkungen finden sich z. T. ganz unerhebliche Vermerke. Von Interesse ist, wie er bei der ersten Anmerkung Arndts Absicht einschätzt, wie er bei ihm den Zusammenhang vom Glauben und Buße kennen gelernt hat. Daß Arndts „Büchlein" (!) „nach den symbol. Büchern unserer Kirche zu verstehen ist", kann eine Floskel oder gar ironisch gemeint sein, kann aber auch als Zeichen eines (durch den akademischen Unterricht geweckten) Problembewußtseins zu erklären sein.

Dietlen nimmt Arndts biblischen Realismus gerne auf, z. B. der Mensch wird zum Tier, er weiß auch sehr genau, was man „muß". Fatal

---

[8] Vgl. *Schattenmann*, Heinrich Jakob Deubler [s. Anm. 2], über Deublers Tätigkeit in Greiselbach.

[9] Vgl. *Ph.J. Spener:* Pia desideria. Hg. v. *Kurt Aland.* Berlin 1964 (KIT, 170), 76 f.

[10] *Schaitberger* [s. Anm. 7], 328.

ist auf S. 47, daß geistlich Kranke, wie sie im 6. und 38. Psalm beschrieben werden „allein des Verdienstes Christi fähig“ sind. Für einen Christenmenschen gibt es zwei Geburtslinien (S. 15). Denkt er dabei, entgegen Luthers simul – simul, um zwei sich zeitlich ablösende Seinsformen?

Das Gebet (Beilage 3) folgt in der Anrede „O gütigster Herr Jesu“ pietistischer Übung. Dietlen will dann zeigen, daß Jesus unsere ganze Menschheit angenommen hat, inwiefern er also ein begreiflicher Gott ist. Durch Jesu objektive Heilsbedeutung erhält der Beter Hilfe zur erbetenen, unbefleckten Nachfolge durch das Halten der Gebote. Man mag fragen, ob die Anführung der ganzen Körperlichkeit Jesu nicht etwas Verzwungenes an sich hat und gewisse Geschmacksgrenzen dabei überschritten sind.

Die beiden Lieder (Beilage 4) zeigen, wie poetische Schulung damals zum Bildungsgang gehört hat. Im Pietismus ist die Freude an der gereimten Selbstaussage des Glaubens gewachsen. Der Welt-gestorbne Sinn mag ein Ideal gewesen sein, aber auch Anlaß zur Selbsttäuschung. Die Rede von Jesu „Kaufmanns-Hütten“ dürfte original Dietlen sein (V 12). Ebenso im zweiten Lied V 5 u. 6 der Vergleich des Christenlebens mit der Pferdezucht.

Beilage 1:
Evangelische Lebensreguln, in welchen kürtzlich, einfältig u. deutlich die richtige Straße, und der warhaftige Weg zum Leben angezeigt wird.
Gal. VI, 16 Wie viel nach dieser [. . .].

Zum Ersten.
Von 3 Stücken laß dich ja niemals abwendig machen: 1.) vom Wort Gottes, 2.) vom Glauben an den Herrn Jesum, 3.) von der wahren Gottseligkeit. Laß Dir die H. Schrift die einzige Regul Deines Glaubens u. Lebens seyn. Liesest Du andere erbauliche Schriften, prüfe alles darinnen nach Gottes Wort und laß Dich durch kein menschl. Buch von diesem theuren Wort abführen, denn dieß Wort zeiget Dir einen heiligen Weg, eine Bahn, da Du frey sicher aufgehen kannst, da auch die Thoren nicht irren mögen. Was dem zuwider ist, sind lauter Irr- u. Abwege, es scheine so gut es wolle. – Glaube an Jesum Christum (ach, daß du den recht erkennest,) u. hoffe die Seeligkeit aus Gnaden allein durch sein Verdienst zu erlangen. Jage allezeit nach der Heiligung, so hast Du Dich vor keinem Irrthum oder Verführung zu fürchten, u. kannst alles, was man fürbringet, Dich irre zu machen, gar leicht in den Wind schlagen. So Du aber von einem derselben abweichest, stehst Du in großer Gefahr Deiner Seeligkeit.

Zweitens.
Drey Übungen zur wahren Gottseeligkeit laß Dir allezeit befohlen seyn: 1. Das Gebet 2. die Betrachtung des Göttl. Worts 3. die Prüfung Deiner selbst oder Deiner Fehler u. Gebrechen. Bete fleißig, und werde nicht laß, bitte aber Gott zuvörderst um dieße theure Gabe: denn Gott schenkt sie nur den wahren

Christen, die Ihn darum anrufen u. sich in seine Ordnung schicken. Denen aber gibt er Sie nicht, die ohne tägliche Buße u. wirkl. Kampf wider die Sünde vor Gott zu treten sich unterstehen. Ja das Gebet eines vorsätzl. Sünders ist selbst Sünde. So oft Du betest, laß Dein Hertz mit ernstlichen Gedanken, Begierden u. Verlangen zu Gott erhoben seyn, als zu dem allgegenwärtigen, allerheiligsten, allergütigsten u. allmächtigen ewigen Wesen u. Deinem lieben Vater in Christo Jesu, so wirst Du ohne gesetzl. Zwang, ohne alles kaltsinnige und fladerhafte Wesen, mit innigstem Vergnügen Deines Hertzens, Gott Deinen Abba u. lieben Vater kennen lernen. Fallen Dir wider Deinen Willen oft viel fremde Gedanken ein, schäme dich deswegen innigst vor Gott, seufze darüber, u. bitte Ihn, daß für deine Schwachheit aufgeholfen sei, u. er dir um derselben willen Deiner Bitte nicht versagen wolle. Laß es nie beym Morgen- u. Abend- u. Tisch-gebet, auch recht andächtiger Lesung der Gebetbücher bewenden, sondern setze Dir täglich eine Zeit, da Du mit Gott ausführl. reden u. Ihm Dein gantzes Hertz im Verborgenen ausschütten könntest. Gewöhne Dich aber auch mitten unter Deiner Berufs-Arbeit Dein Hertz voll heiliger Begierden nach Gott zu heben u. in seiner süßen u. seligen Allgegenwart zu wandeln, so wirst Du recht mit Deinem Gott bekandt werden. Bist Du vieler Zerstreuung unterworfen, so reiß Dich, so oft Du solches merkest, ein wenig loß von Deinen äußerlichen Geschäften, gehe beyseit, u. besprich Dich davon mit Deinem lieben Gott in einfältiger [. . .]. Gehe dann wieder frisch an Deine Arbeit, so wirst Du erfahren, wie frisch u. gesegnet Dir solches werden wird. Vergiß nie die Fürbitte, für alle Menschen, Freunde u. Feinde, für die gantze Christenheit, u. die 3 Hauptstände in derselben. Die gebührende Dancksagung sey das rechte Hauptstück Deines Gebets; denn dieselbe ist das rechte Hertz des Gebets u. ein Englisches Geschäfte u. giebt einem, der sich fleißig darin einübet, das süßeste Vergnügen in der Seelen, u. den Himmel auf Erden. Früh morgens fasse ein Evangel. Nachts sprich aus Gottes Wort in Dein Hertz: ergötze Dich des Tages über an demselben, freue Dich über die süße Gnade Jesu, so Dir darinnen angepriesen wird, damit die Kraft aus demselben Dir in Dein Hertz dringe u. Dich hurtig, u. munter mache. Des Tages rede Du oftmals Dein Hertz also an: Wie steht es um Dein Christenthum? Betest Du noch fleißig: Wie gehst Du mit Gottes Wort um? Liesest Du es? Betrachtest Du es? Folgest Du demselben? Grünet u. blühet auch die Liebe Christi recht in Deinem Hertzen? Oder herrschet die Welt-Liebe, Stoltz, Eigen-Sinn, Geiz u. Wollust in Dir? u[. . .] w[. . .] Ach möchtest du aus dieser löblichen und nützlichen Sache eine rechte Gewohnheit machen! Wie freudig u. wacker würdest Du im Dienst Gottes werden. Des Abends, ehe Du zur Ruhe gehest, prüfe Dich aufrichtig vor Gott u. forsche, was Du von Stund zu Stund im Hertzen gedacht, geredt, gethan, u. sonderlich, was Du Gutes unterlassen hast? Denn die Unterlassungsünden sind oft die grössesten. Was Dir nun beyfällt, daraus mache Dein Abend-Gebet: ists was Gutes dancke Gott in Demuth dafür; ists was Böses, bitte um völlige Vergebung um Christi willen. Zugleich bete um die Kluge Sorgfalt, auch aus Deinen Fehlern einen guten geistl. Nutzen zu ziehen, u. den folgenden Tag desto treuer und vorsichtiger zu werden. So Du in einem von diesen Dingen schläfrig oder säumig wirst, so wisse gewiß, daß Dein Christenthum ins Trockene geräth: Je brünstiger Du aber im Gebet treu wirst, je eifriger u. ruhiger Du Gottes Wort in Deinem Hertzen erwägen wirst, je aufrichtiger u. beständiger du Dich vor Gottes Angesicht prüfen, u. Dein erkanntes Elend für ihm ausschütten wirst, je mehr wirst du auch Gottes Gnade u. Kraft in Deiner Seelen erfahren.

Drittens.
Betrachte fleißig die Liebe, die der Herr Jesus zu Dir getragen, da er sich elendiglich an Deiner Statt hat martern u. peinigen lassen, u. bitte Ihn, daß er Dir Kraft geben wolle, Ihn wieder hertzl. zu lieben. Denn an der Liebe Jesu ist das meiste gelegen: wo diese ist, kann man alles überwinden; u. wo diese nicht ist, da ist keine wahre Gottseeligkeit. Darum wenn Du einmal ein Flämmlein der Liebe Jesu in Deinem Hertzen spürest, so laß es ja nicht verlöschen. Bleibe im Gebet u. jedem Eindruck des Herrn Jesu, so wird er es immer heller brennen, u. in Dir verzehren alles, was dem Herrn Jesu zuwider ist. Das ist die größte Weisheit der Unmündigen die Liebe Christi höher achten, denn alles Wissen, und als eine keusche u. liebe Braut an dem Seelen-Bräutigam Christo Jesu hangen. Darum merke doch dieses wohl u. laß es gar tief in Dein Hertz geschrieben seyn, daß Du Jesu mit reiner Liebe anhangest, u. Dich stets darinnen übest. So wirst Du wachsen wie ein Palmbaum.

Vierdtens.
Viele wollen wohl gute Christen seyn, u. sind von der Wahrheit überzeugt, aber sie wollen nicht an einer wahren Verläugnung, Schmerzen ertragen, daß sie deswegen verachtet u. verspotten werden, hegen noch immer die Liebe des Zeitlichen im Hertzen. Solche lernen immerdar(?) u. kommen nimmer zur Erkenntnis der Wahrheit. Darum bedenke allezeit, was Christus spricht: Luc. 14,33. Wer nicht absagt allem, was er hat, kann nicht mein Jünger seyn. Wenn Du merckest, daß Dein Hertz an diesem oder jenem mit Liebe klebet, so wende Dich bald dringend zu Gott u. bitte Ihn, daß er Dein Hertz davon frey machen wolle. Gieb Dich in ein freundlich Hertzens-Gespräch mit Deinem Heilande, u. ringe mit Jesu in der Liebe bis sich Dein Hertz zufrieden gebe, u. Du Dich Ihm einig u. allein zum Eigenthum aufgeopfert habest. Niemand kann sich selbst aus eigener Kraft verläugnen, wenn aber die Liebe Christi in unser Hertz ausgegossen wird, so achtet man alles für Schaden u. Dreck, daß man nur Christum gewinne. Die Welt rühmet sich auch, daß sie Christum lieb habe, aber es ist eine Ehebrecherische Liebe. Sie haben zugleich Geld u. Gut, Ehre u. Wollust lieb; also haben Sie wenig Freude.

Fünftens.
Gegen Gott halte Dich als ein Ehrerbietiges gehorsames Kind: gegen die Nächsten als eine liebreiche u. mitleidige Mutter: gegen Dich selbst u. Deine Fehler sey ein strenger Richter: daß Du sie nicht entschuldigst noch beschönigst: sondern gerne bekennst u. Gott abbittest.

Sechstens.
Hat dir Gott einen guten Grund ins Hertz gelegt, so schäme dich nicht, denselben zu bekennen, so wird sich dein Heiland, dem Du dienest, Deiner wieder nicht schämen, sondern Dich, als einen getreuen Knecht, hoch ehren, für Seinem Vater u. allen heil. Engeln. Freue Dich, wenn Dich die Welt nicht mehr ehret, sondern Dich für närrisch, scheinheilig u. heuchlerisch hält, u. allerlei

Übels von Dir redet. Weiche um deswillen nicht ein Haarbreit; Gott kennet Dein Hertz, und wie Du es mit Ihm meinest, und wird Dich, als seinen liebreichen Sohn zur Herrlichkeit bringen, u. die Welt gebührend strafen. O welch eine große Seeligkeit ist es, daß man gewürdigt wird um des Namens Christi willen etwas zu leiden.

Siebendes.
Sey ein Prediger in Deinem Hauße, daß Du alles den Deinen mit Lehr u. Loben, ohne Erhebung Dein selbst vorleuchtest. Weiße sie unabläßig auf den rechten Weg, singe u. bete mit Ihnen, so gut Dir Gott die Kraft darreichet, u. bitte Ihn, daß er selbst alle Hertzen zu sich ziehen wolle. Laß an Dir finden ein gutes Muster, dem sie alle nachfolgen können in Demuth, Sanftmuth, herzl. Erbarmen, Geduld u. Freundlichkeit, so wird Dir Gott Segen geben, die Deinigen zu gewinnen.

Achtens.
Wo Dir Gott Gelegenheit zeiget, Liebe zu beweisen, gegen Arme, Krancke, noth Leidende, so laß es ja nicht aus der Hand. Denn wer in der Liebe lebet, der lebet in Gott, u. das ist der rechte Sinn Christi, worin es einem die größeste [. . .] ist, so man andern kan gutes thun.

Neundtens.
Wenn Du gleich in Deinem Hertz nicht allemal Trost u. Freude empfindest, so verunruhige Dich um des willen nicht; sondern sey geduldig, u. harre des Herrn. Gott wird Dich schon zu rechter Zeit wieder erfreuen. Es liegt nicht an Deiner Empfindung; Gott siehet das Hertz an.

Zehendens.
Urtheile von niemand leichtlich.: denn man urtheilet 100mal u. trifft kaum einmal. Was Du nicht begreifst, noch verstehst, das befiehl Gott, der den Einfältigen Verstand giebt. Seelig bist Du, so Du auf diesem Wege einhergehst! Herr Jesu! der Du bist, der Weg, die Wahrheit und das Leben, weise einem jeden, der dieses lieset, den rechten Weg, daß er wanndele in Deiner Wahrheit und erhalten werde zum ewig Leben. Amen. Hallelujah!

a/o
(größer und deutlicher geschrieben als 1.–10.)
Wer dieses Buch im Grund verstehen will, muß wissen, daß die Summa davon dieses ist: der Mensch muß in seinen Augen nichts werden, Gott in Christo lernen, für sein alles halten, und so darin leidsam u. gelassen, Gott alles allein in sich und mit Dir machen lassen. Diese Moral ist der Schlüssel zu dem Christenthum des Seel. Arnds.
Lasset uns alles für Nichts halten, damit wir in Gott alles gewinnen. Laßet uns Nichts für etwas halten, darüber wir das, was unser alles ist, verlieren können. Laßt uns im Leiden Glauben u. gut Gewissen bewahren, so wird uns Gott, der einen kleinen Augenblick Nichts scheint, gar bald wieder Etwas werden, u. zwar Etwas werden, welches wir in Ewigkeit als ein vollkommen vergnügendes alles anbeten u. zugleich genießen wollen.

Beilage 2: Anmerkungen

[Die Anmerkungen von Dietlin sind zumeist an die im Buch an die seitlichen Ränder gedruckten Verweise angefügt. Das von Dietlin Geschriebene ist im folgenden zwischen „ “ gesetzt. Dietlins Rechtschreibung variiert gelegentlich.]

Vor der Vorrede des Autoris an den Christlichen Leser: (S. 11)

„1.) Dieses Buch zu schreiben hat den Seel. Arnd bewogen das gottlose Leben der heutigen meisten Christen.

2.) da theils die Studierenden sich nur auf das Wissen ohne Übung legen,

3.) Theils andere Christen Christi Diener ohne seine Nachfolge seyn wollten.

4.) welches Gottes Zorn u. Straffen nach sich ziehen muß, wo wir nicht bald Buße thun.

5.) Hirzu gibt das Büchlein Unterrichtung, wie man glauben u. heilig leben soll.

6.) Denn aus dem Glauben entspringen alle Tugenden.

7.) Und ohne ernste Buße u. andere Früchte kann kein Glaube seyn.

8.) Davon handelt drum dis Büchlein, welches nach den symbol. Büchern unserer Kirche zu verstehen ist.“

Auf S. 19 ist vor der Vorrede der Rigaischen Edition vermerkt: „welche der selige D. Fischer ververtiget hat.“

Im Inhaltsverzeichnis (Ordnung derer Bücher und Capitel) sind einige Capitel angezeichnet, z. B. I, 19; II, 9, 10; 34; 46; 48; III, 4; 23.

Vor dem „Fünfften Buch“ (S. 47) ist angemerkt: „Liber Confessionis, wie der wahre Glaube mit dem h. Leben verbunden u. die Glaubigen mit Jesu Christo ihrem Haupte vereiniget u. auf die Lehre von der h. Dreyeinigk., von der Person u. Amt Christi, u. von den Wohlthaten des h. Geistes gegründet sey.“

Vor dem Sechsten Buch (S. 48) ist angemerkt: „Liber Demonstrationis: wie die Lehren vom wahren Christenthum widerholet u. verantwortet u. mit Sendschreiben bewährter Lehrer behauptet, auch in den Büchern, die Arndsche Theologie genannt, angewiesen werden.“

Erstes Buch – 1. Capitel, vom Bild Gottes im Menschen:

S. 4: Bild der H. Dreyfaltigkeit in der Seele – dazu: „Je reiner die Seele, je klarer leuchtet Gotts Bild an ihr.“

S. 4: Worin das Bild Gottes „insonderheit“ bestehe.

S. 5: Rechter Gebrauch des Bildes Gottes – dazu „1. Gott aus demselben zu erkennen, wäre vor allen Gütern erforderlich.“

S. 6: In dem Bilde Gottes soll nichts leuchten denn Gott. Dazu: „2. SICH selbst daraus zu erkennen [. . .] (?).“

S. 6: Christus ein vollkommenes Bild Gottes – dazu: „nach seiner Menschheit.“

S. 7: Bild Gottes wird in Demuth bewahret. Dazu: „und Adam sollte es also bewahret haben und Zweytens: daß sich Gott dadurch dem Menschen mittheilen wollte."

S. 8: In der Vereinigung mit Gott die höchste Ruhe. Dazu: „Drittens, daß er in der Vereinigung mit Gott die höchste Ruhe hätte." – Zum Gebet: „um Erneuerung des göttl. Ebenbildes."

II. Capitel, Was der Fall Adams sey?

S. 9: vor 2 Sam 14,25: „wird durch die Sünde Absaloms deutlicher gemacht."

S. 10: Gleiche Sünde Adams und des Satans. Dazu: „dadurch ist der Mensch dem Teufel ähnlich worden." – Weiter: „Aus diesem giftigen Samen wachsen die greulichsten Früchte."

S. 11: Früchte des giftigen Baums – dazu: „die sich schon bey kleinen Kindern regen und durch die Argernisse vermehret werden." – Vor: *Argerniß erwecket Unart im Menschen* steht: „Praedic." und daneben: „subj."

S. 12: Verborgene Boßheit im Menschen – dazu: „dis Gift ist im Hertzen verborgen, bricht aber im Leben hervor." – Weiter: „Darum wird das Ärgerniß so hart verboten." – Zu: *Erbsünde nicht außzureden*, ist vermerkt: „Der Fall und die [. . .] ist."

S. 13: Zu Thierische Menschen heißt es: „Denn der Mensch ist dadurch ein gantz" [. . .] „worden."

Vor Erneuerung hochnöthig heißt es: „und muß in solchem Zustand verlohren gehen." – Gebet: dazu: „Um Erlösung von dem alten Menschen."

III. Capitel, Von der Erneuerung in Christo

S. 15: Was die neue Geburt ist. Dazu: „Die neue Geburt begreift die Rechtfertigung und Heiligung." – Zweyerley Geburt. Dazu: „Es gibt die fleischliche und die geistliche." – Alte und neue Geburt. Dazu: „Daher hat ein Christ 2erley Geburts-Linien."

S. 16: Wie die neue Geburt geschicht. Dazu: „durch das Wort Gottes, welches ist" Saame der neuen Geburt. Dazu: „Ferner durch den H. Geist, Glauben u. H. Tauffe."

S. 17: Esa 11/2. Dazu: „Darum ist Christus Mensch u. mit dem H. Geist gesalbet worden, daß wir in ihm geistlich lebendig u. erneuert werden sollen."

S. 18: Beschreibung der neuen Geburt und ihrer Frucht. Dazu: „die aus Christus entspringet."

S. 19: Neue Geburt. Dazu: „und ein neues Leben."

S. 20: Zweyerlei Frucht des Leydens Christi. Dazu: „Denn es ist beydes zu unserer Versöhnung u. zu unserer Erneuerung geschehen."

S. 21: Gebet: Dazu: „um die neue Geburt."

IV. Capitel: Von wahrer Buße. Keine Vermerke.

V. Capitel: Vom wahren Glauben.

S. 29: Zu Dtn 32, 32. 33: „Der Glaube macht uns reychlich in Christo gerecht und seelig."

S. 31: Der Glaube [. . .] erneuert den Menschen. Dazu: „auch in Christo zum Bild Gottes." – Unten: „auch der schwache Glaube hat Theil an Christo."

VI. Capitel: Wie Gottes Wort im Menschen erfüllet werde.

S. 33: Gottes Wort soll in uns lebendig werden. Dazu: „deswegen und So wol das A. als N. Testament."

S. 36: Christus muß in dir seyn. Dazu: „aber (nach Christus)."

Im Glauben muß alles erfüllet seyn. Dazu: „sodann und werden."

S. 37: Vor: *Alle schrifft gehet auf den Menschen* ist ein „denn" gesetzt. – Christi Wunderwercke geistlich in uns. Dazu: „müssen auch (in uns) geschehen." – Aeusserliche Buchstabe der Schrifft muß im Geist erfüllet werden.

Davor: „Summa:"

VII. Capitel: Wie das Gesetz Gottes in die Hertzen geschrieben.

S. 40 unten: „Davon auch nach dem Fall ein Füncklein übrig geblieben."

S. 43: Abscheulich Laster unter den Christen. Dazu: „rühren daher, weil man Christo nicht folgen will."

S. 44: Zu Joh 12,35: „Daher ihre Verdamnis größer werden wird, als der Heiden."

Zu Hebr 10,26 u.f.: „Nach dem Zeugniß der H. Schrift."

IIX. Capitel: Ohne Busse hat niemand sich Christo zu trösten.

S. 46: Zu Heb 6,1: „Ohne dieselbe hilft die Köstliche Sünden-Arrtzney des Blutes Christi nichts."

S. 47: Geistliche Krancke sind beschrieben im 6. und 38. Psalm. Dazu: „Diese sind allein des Verdienstes Christi fähig."

S. 48: Unbußfertige creutzigen Christum auffs neue. Dazu: „zu ihrem schweren Gericht."

S. 49: Vor: *Sünde wird ohne Buße nit vergeben* ist gesetzt: „Denn die". – Betrogene Christen und falscher Glaube. Dazu: „wo man sich ohne Buße Christi getrösten will."

S. 50: „Man muß der Sünde u. Welt absterben, sonst ist man keine neue Creatur." – Vergeblicher Gottesdienst. Dazu: „ohne diese neue Creatur"

S. 51: Zu einem Satz im Text über das heilige Blut Christi „um des vollgültigen Verdienstes Christi willen."

IX. Capitel: Durch das unchristliche Leben wird Christus verläugnet.

S. 54: zu Mt 21,28: „Und da fehlts am wahren Glauben."

X. Capitel: Das Leben der jetzigen Weltkinder ist gar wider Christum.

S. 55: Leben Christi und der wahren Christen. Dazu: „Denn das [. . .] ist lauter Heiligkeit."

S. 56 unten: „Die Gott am besten kennt."

XI. Capitel: Ein wahrer Christ muß Christo im Leben folgen.

S. 59: „Welcher ihm nicht folgt, bleibt in Finsterniß."

S. 60: Vor: *Teufels Unart in den Unbekehrte* heißt es: „Welches nicht anderes ist als des". – Im Satan leben. Davor: „daher kommts, daß alle Unbußfertigen [. . .]". – Unsere Verderbung hat müssen mit dem höchsten Gut verbessert werden. Davor und dazu: Diese „greuliche" [. . .] „Darum ist Christus Mensch worden, uns mit Gott zu vereinigen."

S. 62: Kampff und Streit mit unserer bösen Natur. Davor: „Dazu gehört täglicher [. . .]". – Das neue Leben ein bitteres Creutz dem Fleisch. Davor: „Daher ist [. . .]".

S. 63: Alles/was im Menschen ist/muß unter das Joch Christi. Davor: „denn". – Was das Joch Christi sey. Dazu: „neml. Verleugnung seines F." (?) – Geistliche und fleischliche Menschen. Dazu: „sind gar voneinander unterschieden."

S. 65: Das Beste soll das Liebste seyn. Dazu: „Christi Leben das Beste, darum soll es uns auch das Liebste seyn." – „Dabei ist ein Lebendiges" Erkäntniß Gottes.

XII. Capitel: Ein wahrer Christ muß der Welt absterben [. . .]

S. 67: Zu Phil 1,21: „Vom natürl. Tod redet P."

S. 68: „Das edle Leben Christi". Davor: „Das kan man auch vom Absterben der Sünde verstehen." – Wie Christus unser Leben u. geistl. Sterben unser Gewinn sey. – Unruhe: Dazu: „Den weltl. Begierden absterben, ehe man Christo leben kan. Ein Bild davon ist Sara." – „Desgleichen" Abraham ein Fürbild des Absterbens der Welt.

Mt 2,20: Dazu: „Wenn Herodes gestorben, kommt Christius an Creutz."

Gal 5,25: Dazu: „Daher muß sich derselbe in Früchten des Geistes beweisen." – Gleichniß. Dazu: „von Bäumen im Winter."

S. 70: Zu 1 Kön 20,42. Dazu: „Viele machens mit der Sünde wie Ahab mit der Syrer König."

S. 71: Der himmlische Jacob hat um uns gedient. Dazu: „so sauer. wer wolte deswegen der Welt nicht absagen?"

XIII. Capitel: Um der Liebe Christi willen

S. 73: Warum man sich und der Welt absterben soll. Dazu: „näml. aus Liebe zu Christo." – Christum lieb haben heißt in Christo leben. Dazu: „Diese Liebe macht alles leicht." – Zu Hebr. 11,24: „Das siehet man an Mose." – Zu Dan. 1,8 im Text steht am Rand betont: „Daniel,".

S. 74: Wunsch der Christen. Dazu „Daher ist dis der [. . .], daß sie sich selbst u. der Welt mögen absterben."

S. 75: Geistliches Leben des fleisches Creutz. Dazu: „Dieses [. . .] ist [. . .]." – Die Welt hasset / die ihr abgestorben sind. Dazu: „Und [. . .] Sie wirft sie, wie das Meer die Todten, aus."

S. 77: Der Mensch ist zu vil höheren Dingen geschaffen/denn zu diser Welt. Dazu: „näml. zum Reich, erlöst u. wiedergeboren." – Adel und Herrlichkeit des Bildes Gottes. Dazu: „Daher ist der M. um des Bildes Gottes willen die edelste Creatur."

S. 78: „Darum ist die" Gröste Thorheit/die unsterbliche Seele geben für das Sterbliche.

XIV. Capitel: Ein wahrer Christ [. . .]

S. 79: Drey Stücke gehören zum Selbst-Haß: 1. daß man der Eigenliebe absage, denn Eigenliebe ist das höchste Gift [. . .]

S. 81: Eigenliebe hindert die Himmlische Weißheit [. . .]

S. 83: „Aber ach, es sind zu" vil „Namen" Christen, aber wenig Nachfolger Christi.

S. 84: „Das macht die Eigen-Liebe, die Wurzel der Unbußfertigkeit u. des eigenen Verderbens."

S. 85: „Eine reine Braut Christi muß eine Jungfrau seyn, u. muß nichts als Christum lieben."

S. 85: Lv 21,14. Dazu: „Wie ehemals die Priester mußten Jungfrauen nehmen." – Lk 14,26. Dazu: „Wilt Du dis seyn, so mußt Du Dich selbst hassen."

XV. Capitel: Der alte Mensch muß sterben [. . .]

S. 87: Zu Eph 4, 22. 23. 24: „Zum Selbst-Haß gehöret, daß man tägl. der Sünde oder dem alten Menschen absterbe."

S. 88: Warum ein Mensch sich selbst verläugnen muß und was das sey. Dazu: „u. wie es gesche?"

S. 89: „Diß wird erläutert durch eine gemachte" Vergleichung eines fleischlichen und geistlichen Menschen. – „In der Verleugnung ist Chr. u. seine Heiligen uns vorangegangen."

S. 90: Creutz Christi. Dazu: „Das ist das rechte [. . .] dem Fleische sehr bitter, denn der gantze M. muß sterben, wenn der Neue soll leben, und das um der Liebe Christi willen." – „weil aber die meisten voll Ehrsucht u. Eigner Liebe sind, so sinds wenig, die das thun."

S. 91: Wer „aber" der Welt „u. sich selbst" abstirbt den erfreue Gott.

In den folgenden Capiteln und Büchern finden sich keine Einträge des Besitzers mehr. Lediglich auf S. 1215 wird beim ersten Send-Schreiben vermerkt, dasselbe sei gerichtet gewesen

„an HH D. Wolfgang Francium, Prof. Theol. zu Wittenberg."

Beilage 3:
Gebet

O gütiger Herr Jesu, voller Gnade und Barmherzigkeit, der Du niemals verschmähest das Seufzgen der Elenden: zu Dir flehe ich, u. bitte Deine Gütigkeit. Auch rede Du vor mich, u. ersetze Du alles vor mich, denn ich bekenne Dir alle meine Sünden: Wasche du durch die lauteren Thränen Deiner Augen alle Flecken meiner sündhaften Augen ab; durch die teure Liebe Deiner gebenedeyten Ohren nimm weg alle Ungerechtigkeit meines Gehörs. Durch die Kraft Deiner süßen Worte Deines gesegneten Mundes wische weg alle Schuld meines befleckten Mundes. Durch die Vollkommenheit Deiner Werke und Creutzigung Deiner Hände thue ab alle Verschuldung meiner gottlosen Hände. Durch die schmertzhafte Abmüdung Deiner heil. Füße u. durch ihre graußame Durchbohrung wasche ab alle Besudelung meiner sündigen Füße. Durch die reine Meynung Deiner [. . .] Gedanken u. durch die brennende Liebe Deines zerstochenen Hertzens wasche ab alle Schuld meiner bösen Gedanken und meines argen Hertzens. Durch die edle Unschuld Deines Lebens u. heiliger Reinigkeit tilge alle Unerfreulichkeit meines verderbten Lebens. Endlich durch das herrl. Bad Deines kostbaren Blutes wasche ab, reinige u. lösche aus alle Sünde meines Hertzens, damit ich durch Dein heiliges Verdienst rein erfunden werde, u. ich dann unbefleckt alle Deine Gebote halten möge, Amen.

Beilage 4: Zwei Lieder.
Erstes Lied

1. Ein Welt-gestorbner Sinn
Legt sich zur Ruhe hin.
Er sammelt sich ins Stille,
Begierden, Wunsch u. Wille
Sind völlig abgekehrt
Von dem, was theilt u. stört.

2. Ein Welt-gestorbner Sinn
Wirft alles Eigne hin
Ergiebt sich nicht den Lüsten,
Die ihm das Herz verwüsten,
Im Herzen wird die Welt
Von ihm zuerst gefällt.

3. Ein Welt-gestorbner Sinn
Ernähret sich dahin,
Daß er, von allen Dingen
Gantz loß sich möge schwingen
Auf Salems Friedens-Höh,
Da ungetheilet steh[n].

4. Ein Welt-gestorbner Sinn
Gafft nimmer um sich hin;
Welt-Gleichheit, Brot u. Wein
Sind nimmer Seine Speisen,
Er nimmt die Kost bey Gott,
Und ißt der Weisheit Brodt.

5. Ein Welt-gestorbner Sinn
Fühlt nichts, u. hält sich inn,
Die Welt mag schelten, loben,
Mag schmeicheln oder toben,
Nichts freut und quält ihn mehr,
Nichts wirft ihn hin und her.

6. Ein Welt-gestorbner Sinn
Hält nichts von dem Gewinn,
Dem unsre Welt nachsetzet,
Und ihn so köstlich schätzet,
Gelt, Wollust, Eitle Ehr
Sind vor ihm gar nichts mehr.

7. Ein Welt-gestorbner Sinn
Wirft alle Sorgen hin,
Er ist mit dem zufrieden,
Was ihm von Gott beschieden.
Weib, Nahrung, andres mehr
Macht ihm das Hertz nicht schwer.

8. Ein Welt-gestorbner Sinn
zieht dann in Himmel hin,

Den Erd- und Welt-Geschäften
Entzieht er Seine Kräften,
Und sammelt Sie im Herrn,
Von aller Unruh fern!

9. Ein Welt-gestorbner Sinn
Stirbt nun das Fleisch dahin,
So wird er erst recht leben,
Und sich im Geist erheben,
Weil Seines Jesu Kraft
Ganz neue Kräfte schafft.

10. Ein Welt-gestorbner Sinn
Geht in Gehorsam hin
Des Herrn, der uns erwählet,
Und zu den Seinen zählet,
Dem dient Er ohne Scheu,
Hält ihm Farb und Treu!

11. Ein Welt-gestorbner Sinn
Wirft sich geduldig hin
Ins Leiden, und ist stille,
Wie es des Herren Wille
In allem mit ihm fügt,
Er bleibt in Gott vergnügt.

12. Ein Welt-gestorbner Sinn
Laßt sich nicht rückwärtsziehn,
Er eilt mit muntren Schritten
Zu Jesu Kaufmanns-Hütten,
Wo er das Kleinod findt
Und nach Verlust gewinnt.

13. Ein Welt-gestorbner Sinn
Bekommt dann zum Gewinn
Die Perlen, die ergötzet,
Die wird ins Hertz gesetzet,
Das alles, was es liebt,
Vor diese Perlen giebt.

14. Ein Welt-gestorbner Sinn
Zieht dann mit Freuden hin
Zu Jesum, dem er Leben,
Hertz, Seel und Muth ergeben,
Er hat, was ewig steht
Und niemahls untergeht!

Zweites Lied

1. Wie wunderbarlich führst Du die Deinen,
O, Du Wunderbarer DU!
Bald mit Jauchzen, bald mit Weinen,
Nach der Ehrenpforten zu,
Bald in Seiden, bald im Strick,
Über diese Lebens Brück,
Diesem schenkst Du reiche Güter,
Stellst den Säuen den zum Hüter.

2. Andre legst Du in die Erden,
Andre stehn vom Lager auf.
So verstellst Du die Gebärden,
So ist Deines Wechsels Lauf.
Bald wirst Du ein Lamm geschaut,
Bald in eines Löwen Haut.
Diesem thust Du schön, und jenen
Machest Du voll Angst und Thränen.

3. O wie ärgert dis uns Narren!
Unser Sinn fragt oftmals Dich:
Warum muß denn ich so harren?
Wie gedenkst Du nicht an mich?
Andre steigen hoch empor,
Ich verwelk im besten Flor.
Aber Dein verborgnes Richten
Lachet unsrer Thorheit Dichten!

4. Wir sind leicht und wetterwendig,
Wir verändern Deinen Blick,
Du bleibst ewiglich beständig,
Wenn Du Trübsal gibst vor Glück.
Brauchst Du doch kein arge List
Als Dir Stern u. Wahrheit ist,
Denn vom Norden oder Westen
Immer kommt zu unserm Besten.

5. Droh uns, Herr, zu unsrem Frommen,
Und so herum (?).
Gib mir, daß ich ungezwungen komme,
Wo es seyn kann, hin zu Dir,
Und freywillig möge fein
Dir, mein Hort, gehorsam seyn,
Wie ein Schatten von der Ruthen
Edle Rosse bringt zum Guten.

6. Säum ich, sporne mir die Stiefel.
Ist mein Fleisch ein harter Gaul.
Der sich nicht will lassen reiten
Von dem Geist, leg ihm ins Maul,
Herr, Dein Creutz-Gebiß u. Zaum,
Daß es bringe stetgen Schaum,
Schwung und Wüten möge lassen,
Und nur geh die enge Straßen.

Roland Edighoffer

Mythologia comica

Über Rabelais' Einfluß auf Johann Valentin Andreae

Einleitung

In der „Mora philologica excusata", die über die Folgen der sogenannten *atra tempestas* berichtet, sagt der Tübinger Professor David Magirus über Johann Valentin Andreae: „Wenn ihn jemand reizt, werden ihm die Stacheln nicht fehlen".[1] Somit wies er schon frühzeitig auf Andreaes satirische Begabung hin, die in so manchen seiner Werke zum Ausdruck kommt und einen erheblichen Teil ihres Reizes ausmacht. Dabei lassen diese Schriften spüren, wie nahe Frömmigkeit und Satire beieinander liegen, wobei letztere als Mittel erscheint, um die bestehenden Verhältnisse zu kritisieren und den höheren Zweck der ersteren zu erfüllen. Aus diesem Blickwinkel erklärt sich das Interesse, das der junge Andreae dem großen französischen Schriftsteller François Rabelais entgegenbrachte.

Andreae gab einer Fabel der „Mythologia christiana" den Titel „Canes" und beschrieb darin berühmte Satiriker wie Lukian, Girolamo Folengo (1491–1544), einen ausgetretenen Mönch, dem wegen seines Küchenlateins der Spottname Merlino Coccaie (= Koch) gegeben wurde, François Rabelais, Johann Fischart, Trajano Boccalini, usw. Der Witz der Fabel besteht aber darin, daß die Bezeichnung als „Hunde" nicht pejorativ ist, insofern diese „Bestien" in der Gesellschaft eine heilsame Rolle spielen. In Wirklichkeit sind sie Wachhunde, die unsere Welt vor den Lastern der Menschheit hüten, und nur die bösen Leute wünschen sie zu entfernen, aber Andreae erinnert daran, daß reinrassige Hunde noch grimmiger werden, wenn man sie an die Kette legt.[2]

Es ist nicht verwunderlich, daß Andreae den italienischen Dichter Trajano Boccalini in diesem Zusammenhang erwähnte: ein Sonderdruck der „Allgemeinen Reformation der gantzen Welt" war 1614 mit der ersten Ausgabe der „Fama Fraternitatis" erschienen, und im Jahre 1619 hängte Andreae ans Ende des ersten Buches der „Mytholsogia christiana" ein „Phoebi Judicium" an, das eine evidente Ähnlichkeit mit der Gene-

[1] *J.V. Andreae*: Gesammelte Schriften. Bd. 2, 278 f.
[2] Mythologia christiana V, 6; vgl. Mythologia christiana I, 40, u. Alethea exul, 342.

ralreformation von Boccalini aufweist. Zudem widmete er in demselben christlichen Fabelbuch dem italienischen Satiriker eine Geschichte, in der er den allgemein menschlichen Wert seiner Kritik anerkannte.

Das Bedürfnis nach einer neuen Reformation bewog auch den elsässischen Schriftsteller Johann Fischart (um 1545–1590) zur Niederschrift von Werken, in denen er den Angriffen der Gegenreformation einen Damm entgegenzusetzen versuchte,[3] aber sein Ruhm wurde vor allem durch seine Bearbeitung des Gargantua und Pantagruel begründet, wobei die Bücher von Rabelais nur die Grundlage waren, auf der er ein ganz neues Gebäude entstehen ließ. Stimmt es, daß Andreae Fischarts zeitkritische Begabung und seine Fähigkeit bewunderte, nicht allein eine Satire auf Mängel und Gebrechen, sondern darüber hinaus eine Satire auf die Satire zu schreiben, so schöpfte er nichtsdestoweniger aus der Urquelle selber, indem er direkten Zugang zu den Werken von Rabelais hatte, die sich unter anderem in der Privatbibliothek seines älteren Freundes Christoph Besold befanden. Allein zwischen 1600 und 1613 waren neun Auflagen der „Œuvres de Rabelais" erschienen, sei es in Lyon oder in Antwerpen, und es ist bemerkenswert, daß die Lyoner Ausgaben seit 1558 von Jean Martin besorgt wurden, der im Jahre 1546 die „Hypnerotomachia Poliphili" von Francesco Colonna übersetzt und veröffentlicht hatte.[4]

1. Rabelais' Rezeption in Andreaes Jugendwerk

Weil die Gesellschaft an Haupt und Gliedern krankte, wurde sie von Andreae in einer Fabel der „Mythologia christiana" als ein riesiges Krankenhaus dargestellt, das von Erasmus, Geiler von Kaisersberg und Sebastian Brant geleitet wird und dessen Chefarzt Rabelais seltsame Heilmethoden gebraucht.[5] Also spielen die Satiriker eine heilende Rolle, indem sie die Fehler der Gesellschaft geißeln und dadurch bessern wollen. Weil sie sich absichtlich für Toren ausgeben, werden sie von der Welt verleumdet, die ihre eigene Schändlichkeit zu maskieren glaubt, indem sie die tollsten Gerüchte in Umlauf setzt: eine Kriegsflotte, deren Admirale Erasmus, Agrippa von Nettesheim, Rabelais, Thomas Morus sind, segle heran, und ihre Besatzung wolle überall die katholische Kirche und die fünfte Monarchie einsetzen! Aber Andreae bemerkt dabei humorvoll, daß die Flotte von Moria, dem Land der guten Torheit, die von Erasmus gelobt wurde, kommt, und daß das Ziel ihrer Fahrt eben das Land Nar-

[3] Bienenkorb des heiligen römischen Immenschwarms und seiner Hummelszellen; Vierhörniges Jesuitenbüchlein; Der Barfüßer Secten- und Kuttenstreit, usw.

[4] Vgl. *J. V. Andreae*: Gesammelte Schriften. Bd. 3.

[5] Mythologia christiana I, 26.

ragonien ist, das an die Narrenliteratur und an das Narrenschiff von Sebastian Brant erinnert.[6]

Seit der *atra tempestas* wußte Andreae wohl um die Macht der „Calumnia".[7] In den „Herculis christiani luctae XXIV", die 1615 erschienen, soll der christliche Herkules das dreiköpfige Ungeheuer der Verleumdung anketten, und im Gegensatz zu diesem Scheusal lobt Andreae die positive Wirkung der Satiriker wie Momus, Pasquinus, Diogenes und Rabelais.[8] Die Komödie „Turbo" zeugt von dem Einfluß, den Rabelais auf den jungen Andreae ausübte. In dem ersten Zwischenspiel wird der Roman „Pantagruel" erwähnt, und der sogenannte Tacitus, der gegen die Sophistik zu Felde zieht, zählt eine Liste von komischen, frei erfundenen Buchtiteln auf, die eine freie Nachahmung des satirischen Katalogs der „Librairie de Saint-Victor" in dem siebenten Kapitel des Romans „Pantagruel" ist. Da Rabelais darin Raimund Lull zitiert hatte, konnte Andreae nicht umhin, sich seinerseits über Nikolaus von Kues lustig zu machen, indem er seinem eigenen Katalog eine „Cavea doctae ignorantiae, cum suggestu Asini" hinzufügte.

Zudem hatte ihn einer der Titel von Rabelais so sehr amüsiert, daß er ihn abschrieb, ohne jedoch den letzten Teil anzuführen, den er wahrscheinlich für allzu gemein hielt: „Antipericatametanaparbeugedamphicribrationes merdicantium" (Das letzte Wort fehlt bei Andreae). Dafür aber versäumte er die Gelegenheit nicht, einen Titel gegen das Hochschulwesen zu erfinden: „Solutio dubii, an Antichristus regnarit in Academiis."[9]

Es ist jedoch überraschend, daß Andreae gewisse Titel von Rabelais nicht verwertete, die seine Aufmerksamkeit hätten erregen können, da der französische Dichter diese imaginären und burlesken Überschriften mehreren Erzfeinden von Luther oder von Erasmus zugeschrieben hatte. Man könnte sich auch fragen, warum Andreae die letzte Angabe des Katalogs von Rabelais nicht aufnahm, die von den Büchern spricht „Desquelz aulcuns sont jà imprimés et les aultres l'on imprime maintenant en cette noble ville de Tubinge".[10] Aber die Antwort liegt wahrscheinlich in dem Umstand, daß „Turbo" mit dem fingierten Druckort „Helicone, juxta Parnassum" erschien, und daß der Verfasser Valentin Andreae sich hinter dem Pseudonym Andreas de Valentia versteckte.

Die Satire auf die Scholastik ist ein Topos der Komödie „Turbo", wie auch der Romane von Rabelais. In aristotelischer Sicht dauert das Studium fast so lange nach dem „Turbo" (zehn Jahre), wie nach Rabelais

---

[6] Mythologia christiana V, 7.
[7] Vgl. Mora [...]. In: Gesammelte Schriften. Bd. 2, 262.
[8] Kap. 18: Cerberus calumniae, 45.
[9] Turbo, 58 f.
[10] *Rabelais*: Œuvres complètes. Paris 1955, 202.

(dreizehn Jahre). Dominus Magister Paedotriba ist der Nachfolger des ehrwürdigen Sophisten Thubal Holopherne, und der in dem ersten Auftritt des „Turbo“ ausgeklügelte Sophismus klingt ebenso lächerlich wie der Syllogismus, den Janotus de Bragmardo erfand, um die Glocken von Notre-Dame wieder zu bekommen, die Gargantua seiner Riesenstute um den Hals gehängt hatte, obwohl Rabelais hier, wie so häufig in seinen Werken, die Gelegenheit beim Schopf ergreift, um die damals in Frankreich ständige Ketzerjagd zu kritisieren: „Mais, nac petitin petetac, ticque torche, lorne, il feut declairé héréticque; nous les faisons comme de cire“.[11] (Aber er wurde kurzerhand und frischweg einen Ketzer gescholten: man macht sie heutzutage im Handumdrehen). In bezug auf die sieben freien Künste vertreten Rabelais und Andreae dieselbe Meinung, indem beide gegen die Logik, die Rhetorik und die Grammatik, aber für das Studium der Geometrie und Arithmetik plädieren.

Im zweiten Aufzug der Komödie von Andreae tritt Panurgus auf. Bei Rabelais wie bei Andreae sieht er arm und zerlumpt aus. Auf die Fragen von Pantagruel antwortet er in vielen verschiedenen Sprachen; in dem „Turbo“ wendet Andreae dasselbe komische Verfahren an und läßt Panurgus seine große Gewandtheit in acht Sprachen beweisen, die nicht immer den von Rabelais ausgewählten Idiomen entsprechen, aber für Italienisch und Spanisch denselben Text wiedergeben, und Panurgus präzisiert jeweils, daß er Französisch kann. Auf die Frage: „[. . .] ne sçavez-vous parler françoys?“ antwortet er: „Si sçay très bien, Seigneur, Dieu mercy. C'est ma langue naturelle et maternelle, car je suis né et ay esté nourry jeune au jardin de France“.[12] Harlekin, der sich als schwäbischer Realist nichts vormachen läßt, betrachtet das Elend des Polyglotten und zieht aus seinem Galimathias folgenden Schluß: „Da seht ihr, wohin wir kommen. Wir geben das Geld, das wir haben, aus, um uns mit Hilfe unserer Sprachenkenntnis solches, das wir nicht mehr haben, erbetteln zu können“.[13]

Auch das vierte Zwischenspiel ist teilweise dem Roman „Pantagruel“ entlehnt. Peregrinus kommt aus dem Elyseum zurück, wie Epistémon, den Panurgus wieder zum Leben gebracht hatte, indem er ihm die „couppe testée“ (komische Umkehrung von tête coupée) wieder auf den Leib klebte, von seinen Erlebnissen in der Unterwelt erzählt. Beider Berichte sind fast dieselben. Nach Epistémon, „ceulx qui avoient esté gros seigneurs en ce monde icy guaingnoient leur pauvre meschante et paillarde vie là-bas. Au contraire, les philosophes et ceulx qui avoient esté indigens en ce monde, de par de là estoient gros seigneurs en leur tour“.[14]

---

[11] *Rabelais*, Œuvres complètes [s. Anm. 10], 59.

[12] *Rabelais*, Œuvres complètes, 212; Turbo, 71.

[13] Turbo, 73.

[14] *Rabelais*, Œuvres complètes [s. Anm. 10], 300.

Peregrinus mußte seinerseits feststellen: „Wie kläglich stand mancher da, dem Weihrauch hier oben gestreut wird, und der unvergängliche Denkmale hinterlassen haben soll".[15] Beide geben eine lange Liste von berühmten Philosophen und Dichtern aus der Antike an, die in der Unterwelt verurteilt sind, lächerliche Aufgaben zu erfüllen, aber außer Cicero, Demosthenes, Epiktet und Diogenes werden bei Rabelais und Andreae nicht dieselben Gelehrten erwähnt und verspottet. Dafür aber soll Peregrinus François Rabelais zusammen mit Momus in der Unterwelt gesehen haben, und er erzählt, wie er beide zeitweise als „Gryphones" dienen sah.[16]

Dieses Wort, das Andreae latinisierte, geht auf das Griechische γρύψ zurück, das den Greif, dieses fabelhafte Tier, bezeichnet und in dem „Prometheus" von Äschylus, bei Herodot, Pausanias und anderen erwähnt wird. In den Visionen des Zosimos von Panopolis, jenes bedeutenden Alchemisten des 3. Jahrhunderts, hat der Myste die Verwandlung aus dem Kupfermenschen zum Silbermenschen und schließlich zum Goldmenschen erfahren.[17] Die Transmutation wurde durch seinen figürlichen Tod und seine Wiedergeburt ermöglicht. Nach Apuleius erschien der Myste dann in einem köstlichen Mantel, „auf dessen beiden Seiten allerhand Tiere von verschiedenen Farben zu sehen waren; hier indische Drachen, dort hyperboreische Greife".[18] Der Greif ist zugleich Löwe und Adler; da er nach Herodot die Goldgruben hütete, galt er traditionsgemäß als Wächter des hermetischen Schatzes.

2. *Rabelais und das Rosenkreuz*

Was mochte den jungen Andreae angeregt haben, François Rabelais in der Unterwelt mit einem Greif zu vergleichen? Bei genauem Hinsehen lassen sich in seinen Romanen ziemlich viele Hinweise auf die Alchemie entdecken, die Andreaes Aufmerksamkeit erregen konnten. Das Fünfte Buch, das 1564 erschienen war, erzählt, wie das Schiff von Pantagruel und Panurgus strandete, aber glücklicherweise dem Schiff von Agrippa von Nettesheim begegnete, so daß beide Fahrzeuge das Reich der Königin „Quintessenz" erreichen können. Der Taufname der Fürstin ist „Entelechie", weil ihr Beichtvater Aristoteles war. Ihre Ahnentafel geht auf Pythagoras und die altägyptischen Priester zurück. Sie vermag mit einer wunderbaren Orgel und mit ihren Gesängen alle Krankheiten zu heilen, und sie bringt Pantagruel zur Besinnung, indem sie ihn mit

---

[15] Turbo, 159.
[16] Turbo, 158.
[17] *C.G.Jung*: Gesammelte Werke. Bd. 13, 73.
[18] *Apuleius*: Metamorphoseos lib. XI. Zit. v. *Jung* [s. Anm. 17], 72 Anm. 15.

ihren Rosen berührt. Dieser wird aufgefordert, das Schloß zu besichtigen; dabei kann er sehen, wie die Edelleute der Königin Allheilmittel benutzen, und seine Bewunderung gilt besonders dem Verjüngungselixier, das so wirksam ist „comme en Phoenix d'Arabie. C'est la vraye Fontaine de Juvence. Là, soubdain, qui vieulx estoit et décrépit, devient jeune, allègre et dispos".[19] Die Alchemie wird ziemlich oft erwähnt, Geber wird häufig zitiert, aber die Alchemisten ziehen den kürzeren und sind wie in dem „Turbo" von Andreae die Zielscheibe des Spottes. Nach dem Essen wird zu Ehren der Königin ein feierliches Ballett organisiert, dessen Gestaltung nicht von Rabelais erfunden wurde, sondern einfach aus der „Hypnerotomachia Poliphili" entlehnt wurde. Der italienische Verfasser dieses schönen, 1499 in Venedig veröffentlichten Romans wurde außerdem von Rabelais in seiner „Briefve Déclaration d'aucunes dictions plus obscures contenues on quatrième Livre des Faicts et Dicts Héroïques de Pantagruel" erwähnt, in der er „Pierre Colonne" (recte: Francesco Colonna) und sein „livre tuscan intitulé Hypnerotomachia Poliphili" wegen seiner vielen Hieroglyphen anführt. Ich habe dieses Märchen in meiner Einleitung zur Edition der Rosenkreuzerschriften im dritten Band der Gesammelten Schriften von J.V. Andreae ausführlich analysiert. Es ist bemerkenswert, daß das Tanzfest, in dem Menschen die Rolle der Figuren in einem Schachspiel übernehmen, hier von Rabelais wieder aufgenommen wird, und daß Andreae am Ende der „Chymischen Hochzeit" ein ähnliches Motiv benutzte.[20]

Zwar ist die Stimmung der „Chymischen Hochzeit" nicht dieselbe wie bei Rabelais. Der Grobianismus des französischen Schriftstellers konnte auf keinen Fall mit der offiziellen Strenge der schwäbischen Orthodoxie übereinstimmen, doch Andreae wußte sich in seiner Zeitkritik und Moralsatire von der Wirklichkeit zu distanzieren und die Umwelt mit einem spöttischen Lächeln zu betrachten, das den Ernst der religiösen Dimension nicht außer Acht ließ. Zum Beispiel wird die Quintessenz von Rabelais halb spöttisch dargestellt, während Andreae in den Rosenkreuzerschriften eher dazu neigte, hierin der Auffassung des Paracelsus zu folgen, der in der ihm zugeschriebenen Schrift „Apokalypsis Hermetis" von der quinta essentia sagt: „Das ist der Geist der Wahrheit, den die Welt nit begreiffen kann, ohne Einsprechen des heiligen Geistes, oder ohne Unterricht, deren die ihn kennen [...]. Er ist die Seel der Welt", ein Allbeweger und Allerhalter. In seiner anfänglichen Erdform (das heißt in seiner ursprünglichen saturnischen Finsternis) ist er unsauber. Während seines Aufstieges durch die wäßrige, luftige und feurige Form

19 *Rabelais*, Œuvres complètes [s. Anm. 10], 808.

20 *Rabelais*, Œuvres complètes: Le cinquiesme Livre, Kap. 24 u. 25. Chymische Hochzeit, 138.

reinigt er sich aber zunehmend. Im fünften Wesen endlich erscheint er im „clarificierten Leib“.[21]

Aber es wäre verfehlt, in „Gargantua“ oder „Pantagruel“ nur Schalkhaftigkeit und grobe Scherze suchen zu wollen, und Rabelais warnt in seinem Vorwort seine Leser vor einem solchen Mißverständnis, in dem er sie auffordert, nicht das Gefäß, sondern den Inhalt zu berücksichtigen, und er veranschaulicht den Zweck seiner Romane mit der Metapher des Hundes, der einen Markknochen frißt: „A l'exemple d'icelluy (chien) vous convient estre saiges pour fleurer, sentir et estimer ces beaulx livres de haulte gresse [. . .] puis par curieuse leçon et méditation frequente, rompre l'os et sucer la substantifique moelle [. . .] car en icelle bien aultre goust trouverez et doctrine plus absconse, laquelle vous révélera de très hauts sacrements et mystères [. . .], tant en ce qui concerne nostre religion que aussi l'estat politique et vie économique“.[22]

In dieser Hinsicht muß man feststellen, daß Rabelais' Romane weit über bloße Loblieder auf Bacchus oder Erzählungen hinausgehen. Die in dem Fünften Buch beschriebene Schiffahrt ist eine Initiationsreise, in der das Symbol der Laterne auf die Erleuchtung hindeutet: Die Mittlerin Bacbuc verspricht ihren Gästen Pantagruel und Panurge, daß Gott ihnen im Lichte der „guten Laterne“ eine bessere Erkenntnis seines göttlichen Wesens und seiner Schöpfung gewähren wird, sie beruft sich auf das Beispiel großer Philosophen wie Zoroaster, Hermes Trismegistos, Orpheus, Plato, Apollonius von Tyana, und sie vergleicht Asklepios, den Gott der Ärzte, mit Mercurius, der bekanntlich als „medicina catholica“ und „alexipharmacon“ der Erhalter der Welt, der „Salvator omnium imperfectorum corporum“ war.[23] Bei Basilius Valentinus wurde der Mercurius „aqua aurea“ genannt, und die „Aurora consurgens“ verglich diese *aqua permanens* mit Wein. Die Seele der Alchemie wird in diesem schönen Text als Braut bezeichnet, die sich nach Jesus Sirach (24, 23–24) als Weinstock darstellt: „Ich bin der Weinstock, der wohlriechende, liebliche Früchte trägt“.[24] Und der Bräutigam verwendet im Anschluß an das Hohe Lied (7, 12–14) dieselbe Metapher: „Komm also, meine Geliebte, laß uns auf dein Feld hinausgehen und in den Gehöften weilen, frühmorgens wollen wir aufstehen zum Weinberg, da die Nacht vorgerückt ist, und der Tag bald naht. [. . .] Mit köstlichem Wein und Salben wollen wir nicht kargen“.[25] Marie-Luise von Franz erinnert in ihrem Kommentar an die biblische Symbolik des Weins und unterstreicht die häufige Verwendung dieses Bildes in der Alchemie: „Die Rebe und die Trauben

---

21 Vgl. *Jung* [s. Anm. 17], 146.

22 *Rabelais*, Œuvres complètes [s. Anm. 10], 4 f.

23 Vgl. *Jung* [s. Anm. 17], 253.

24 Aurora consurgens. Hg. v. *Marie-Luise von Franz*. Olten 1971, 119 f.

25 Aurora consurgens, 127.

spielen schon in der antiken Alchemie eine große Rolle. Hermes ist dort der Winzer (, der „die weißen Sorten seiner Weinlese durch das Feuer rötet"). In den Carmina Heliodori ist der Lapis bezeichnet als weiße Traube, welche, von Hand zerrieben, feurigen, duftenden Wein wie Blut erzeugt. Zosimos deutet dieses selbe Motiv als „Mysterium der Waschung" oder als das ἴος (Rost, Gift). Noch im Lexikon des Rulandus sind die „uvae Hermetis" als das philosophische Wasser, Destillation, Solution usw. interpretiert.[26]

Das Symbol der „dive Bouteille", die zugleich als göttliche (< lat. divinus) Flasche und als reiche, goldene (< lat. dives) Flasche aufgefaßt werden kann, erhält in diesem Sinnbereich eine hermetische Bedeutung: „Die Flasche als *vas hermeticum* der Alchemie war ‚hermetisch' verschlossen (das heißt mit dem Hermeszeichen versiegelt), mußte ein *vitrum* (Glas) und überdies möglichst rund sein, da sie das Weltall, in welchem die Erde geschaffen wurde, darstellen sollte".[27] Seit der Ausgabe von 1565 der Romane von Rabelais hatten die Drucker die Gewohnheit angenommen, für das Loblied auf die „dive Bouteille" die typographische Form einer runden Flasche zu benutzen, so daß der Vergleich mit dem *vas hermeticum* nahelag.

Zudem betont der Kehrreim dieses Lobgesangs den geheimnisvollen Charakter der „dive Bouteille", die sich nicht zufällig in einer runden Kapelle befindet und in einem siebeneckigen Brunnen liegt: „O Bouteille pleine toute de mistères!". Das durchsichtige Glas ist etwas wie solides Wasser oder feste Luft, welche beide Synonyme des „Geistes" sind: „die alchemische Retorte ist daher gleichbedeutend mit der anima mundi, welche das Weltall umhüllt. [...] Auch der ‚geistige' (spiritualis) oder ‚äthergleiche' (aethereus) Stein der Weisen ist ein köstliches vitrum (gelegentlich als vitrum malleabile, hämmerbares Glas, bezeichnet), welches mit dem Goldglas (aurum vitreum) des himmlischen Jerusalems in Beziehung gesetzt wurde".[28] Und die Flüssigkeit, die sie enthält, könnte wohl das *aurum potabile* oder *aurum philosophorum* sein. Die „pontife" Bacbuc scheint diese Deutung zu bekräftigen, als sie sagt: „Vos Académiques l'afferment (affirment), rendans (rendant) l'étymologie de vin, et disent en Grec οἶνος estre comme vis (force, puissance) pour ce qu'il emplist l'âme de toute vérité, tout savoir et toute philosophie".[29] Endlich ist es nicht zu übersehen, daß diese Flasche mehrmals von Rabelais „Bouteille trismégiste" genannt wird und somit die ganze Episode in einen hermetischen Zusammenhang versetzt.

Ist diese Auslegung richtig, dann erhält das Orakel der „dive Bouteille"

---

[26] Aurora consurgens [s. Anm. 24], 376.
[27] *Jung* [s. Anm. 17], 218.
[28] *Jung*, 218.
[29] *Rabelais*, Œuvres complètes [s. Anm. 10], 883.

eine Bedeutung, die in der „Chymischen Hochzeit" von Johann Valentin Andreae einen direkten Anklang findet. Dem „Trinch" (Trink!) von Rabelais entspricht die Aufforderung auf der Tafel, die der Löwe neben dem Brunnen hält: „Bibite fratres, et vivite"[30]. Sehr aufschlußreich sind auch bei Rabelais die Ausführungen der Mittlerin Bacbuc über die Zeit: „[...] par temps ont esté et par temps seront toutes choses latentes inventées, et c'est la cause pourquoy les antiens (anciens) ont appelé Saturne, le Temps, père de Vérité, et Vérité fille eut Temps".[31] Bezieht man sich auf die alchemistische Literatur, so kann man den Sinn dieser Worte genau abmessen. Dem Saturn ist das Blei zugeordnet, in dem das Geheimnis der sapientia und des lapis philosophorum verborgen liegt. Michael Maier schrieb diesbezüglich: „Saturnus pater omnia metalla in se congregat",[32] und er zitierte den arabischen Alchemisten Rhasis, nach welchem Saturn „ein Greis auf einem Berge" ist: „senex supra montem, in eo sunt naturae coniunctae cum complemento: terra, aqua, ignis eius & aer: et omnia haec in Saturno".[33] Als Greis beherrscht Saturn die ganze Zeit, die die Verwandlung des Mercurius und zugleich die mystische Wandlung des artifex ermöglichen wird. Wenn man bedenkt, daß das griechische Wort für die Wahrheit, ἀλήθει α, auf das Verb λανθάνω (verborgen sein) zurückgeht, so sieht man ein, daß die Wahrheit eine „Enthüllung" ist und deswegen mit dem zeitlichen Transmutationsprozeß verglichen werden kann, der stufenweise zur Herstellung des Goldes hinführt. In dieser Hinsicht drängt sich der Vergleich mit der „Chymischen Hochzeit" auf, in der Christian Rosenkreuz bei seiner Einweihung in den Orden der Ritter zum Goldenen Stein ein Goldstück erhält, das auf einer Seite die Aufschrift hatte: Temporis Natura Filia.[34] Nicht mehr die Wahrheit, sondern die Natur, ist die Tochter der Zeit, aber die Etymologie des Wortes Natur deutet auf eine ähnliche Dynamik wie bei der Wahrheit hin, insofern das lateinische Wort *natura* dem Verb *nascor* (entstehen) entspricht, und das entsprechende griechische Substantiv φύσις von dem Verb φύω (gebären, entstehen) abgeleitet wurde.

Ein weiterer Vergleichspunkt ist in beiden Werken die Vorliebe für die Zahl sieben, von der Rabelais sagt: „C'est nombre fort aymé de Nature".[35] Darum ist der Wunderbrunnen, dessen Wasser nach Wein schmeckt und jeden Trinker an einen besonderen Weinberg erinnert, vielfach siebeneckig, und selbst der große Karfunkelstein ist heptagonal.[36]

---

30 Chymische Hochzeit, 74.
31 *Rabelais*, Œuvres complètes [s. Anm. 10], 889.
32 Symbola Aurae Mensae Duodecim Nationum. Francofurti 1617, 531.
33 Symbola [s. Anm. 32], 211.
34 Chymische Hochzeit, 133.
35 *Rabelais*, Œuvres complètes, 876.
36 *Rabelais*, Œuvres complètes, 876.

Die Zahl sieben kommt bekanntlich in der „Chymischen Hochzeit" häufig vor, sei es durch die sieben Jahre, vor denen Christian Rosenkreuz eine Vision hatte,[37] oder durch das siebenmal hinabgelassene Seil in dem Traum des Turris Caecitatis,[38] oder durch die sieben Tage der Handlung, usw. In der „Fama Fraternitatis" ist das Grab des Gründers der Bruderschaft „ein Gewölb von sieben seyten und ecken", und der Verfasser meint, daß „die siebende seyten und die zween siebende Triangel" einen leicht zu entziffernden Sinn hätten. Der „Himmel" des Grabgewölbes war „nach den sieben seyten in dem lichten Centro im Triangel getheilet". Das „lichte Zentrum" wird folgendermaßen erklärt: „[...] ob es wohl von der Sonnen niemahls bescheinet wurde, leuchtet es doch helle von einer andern, so dieses der Sonnen abgelernet und stund zu oberst in dem Centro der Bühnen (der Decke)".[39] In dem fünften Buch von Rabelais wurde der Tempel als heiliger Ort der „dive Bouteille" auch auf wunderbare Weise erleuchtet: „Avant que entrer à l'exposition de la Bouteille, je vous décrirai la figure admirable d'une lampe, moyennant laquelle estoit élargie lumière par tout le temple tant copieuse que, encore qu'il fût soubterrain, on y voyoit comme en plain midy nous voyons le soleil clair et serein, luysant sus terre".[40]

Die Rosenkreuzerschriften und die Romane von Rabelais weisen noch weitere Berührungspunkte auf. In der Schilderung der „läutenden Insel" („Isle sonante"), die eine Satire auf das katholische Rom ist, stellt sich Rabelais an, als glaube er, daß die aufeinander folgenden Päpste, die er „Papegaulx" nennt, nicht wie die übrigen Menschen geboren werden, sondern wie der „Phönix aus Arabien" aus ihrer Asche steigen, und er erwähnt das abendländische Schisma vom Jahre 1378, als zwei Päpste gleichzeitig regierten.[41] Nicht zufällig wählten die Verfasser der „Fama" und der „Confessio Fraternitatis" diese Zeit einer tiefen Krise in der Kirche als Geburtsjahr von Christian Rosenkreuz. Arabien und die Sabäer, die bekanntlich in der Sage der Rosenkreuzer eine Rolle spielen, kommen in den Romanen von Rabelais mehrmals vor, genauso wie Zypern. Fabelwesen wie das Einhorn, Melusine oder der Meergott Proteus erscheinen auch schon. In Unterhaltungen läßt Rabelais manchmal seine Figuren mit Rätseln spielen, die wie die gryphoi der „Chymischen Hochzeit" Zweifel sind, die behoben werden müssen: „[...] à tous ces doutes et questions que vous proposez convient une seule solution", antwortet Pantagruel.[42] Und da seine Reisen in die Kategorie der phantasti-

---

37 Chymische Hochzeit, 5.

38 Chymische Hochzeit, 9 ff.

39 Fama Fraternitatis, 114 f.

40 *Rabelais*, Œuvres complètes [s. Anm. 10], 870.

41 *Rabelais*, Œuvres complètes, 756.

42 *Rabelais*, Œuvres complètes, 716.

schen Literatur gehören, ist es kein Wunder, daß wie in der „Confessio Fraternitatis“ den Menschen einigermaßen die Gabe der Ubiquität verliehen wird.[43]

3. Rabelais und die Reformation

Selbst auf religiösem Gebiet besteht scheinbar eine Verwandtschaft zwischen den Rosenkreuzerschriften und den Romanen von Rabelais, und zwar in der Kritik an Papst und Papsttum. Auf der „Ile sonante“ entdecken Pantagruel und Panurge, daß die römisch-katholischen Geistlichen in Vögel verwandelt wurden, deren Namen, wahrscheinlich mit Bezug auf das Adjektiv „bigott“, alle auf -gaulx, bzw. -gaux oder -gault enden: „Clercygaulx, Monesgaux, Prestregaulx, Abbegaulx, Evesquegaulx, Cardingaulx und Papegault“.[44] Die „Clergaulx“ sind Zugvögel und kommen aus Gegenden der Welt, die „Joursanspain“ oder „Tropdiceulx“ heißen, denn viele Geistliche wurden damals nicht aus innerer Berufung zu Kirchendienern, sondern wegen der Armut in kinderreichen Familien.[45]

Es geht anscheinend hier um keine allzu beißende oder originelle Satire auf Rom, aber das Quart Livre enthält eine schärfere Kritik am Papsttum, und zwar bei der Schilderung der Insel der Papimanen, deren Bewohner den Papst für Gott auf Erden halten und den päpstlichen Dekretalien größeren Wert beilegen, als der Bibel selbst. Schon in dem Roman „Gargantua“ zog Rabelais gegen die „prêcheurs décrétalistes“ zu Felde und warf ihnen vor, von jedem Menschen in Todesgefahr eine Beichte zu verlangen, anstatt ihm sofort zu Hilfe zu kommen.[46] In dem Quart Livre macht er im Namen der Franzosen dem römischen Stuhl denselben Vorwurf, wie Luther im Namen der Deutschen in seinem Aufruf „An den christlichen Adel deutscher Nation“ vom Jahre 1520: nach ihm meinten die Päpste, „die tollen deutschen sollen unendlich todstocknarn bleyben, nur ymer gelt geben, yrem unauszsprechlichem geytz gnug thun“.[47] Auf ähnliche Weise mißbilligt Rabelais die Dekretalien, in deren Namen nach ihm jährlich vierhunderttausend Dukaten von den Franzosen erpreßt werden.[48] Zudem legt er in den Mund eines Papimanen Drohungen, die gar nicht zu der Nächstenliebe passen, denn dieser Mann

---

43 *Rabelais*, Œuvres complètes [s. Anm. 10], 822. Confessio Fraternitatis, 4. Kap.
44 *Rabelais*, Œuvres complètes, 755.
45 *Rabelais*, Œuvres complètes, 758.
46 *Rabelais*, Œuvres complètes, 123.
47 *Luther:* WA 6, 419.
48 *Rabelais*, Œuvres complètes, 684.

wettert „contre les rebelles, hérétiques, protestants désespérés, non obéissants a la sainteté de ce bon Dieu sur terre".[49]

Die katholischen Priester und die Mönche sind eine besondere Zielscheibe seiner Kritik. Auch in diesem Bereich tritt Rabelais in die Fußstapfen Luthers, der besonders gegen die Bettelorden eingestellt war: „Darnach kummen wir auff den großenn hauffen die das viel geloben und das wenig halten. [. . .] es ist die bittere unnd süsße warheit unnd ist: das man yhe nit mehr bettel Closter bawenn lasse. [. . .] Und das man sie uberhebe predigens unnd beychtens [. . .]. Ist doch auß solchem predigen und beychten nit mehr dan eytel haß und neydt zwischen pfaffen und munchen, groß ergerniß und hinderniß des gemeynen volcks erwachßen damit es wirdig wurden und wol vordienet, aufftzuhoren, die weyl sein mag wol geratten werden".[50] In dem „Gargantua" wird bei den Mönchen eine schädliche Mischung von Eingebildetheit und Unbildung angeprangert: „[. . .] magis magnos clericos non sunt magis magnos sapientes".[51]

Nach Rabelais sind diese Mönche in der Gesellschaft vollkommen unnützlich: „Un moyne (j'entends de ces ocieux [oisifs] moynes) ne laboure comme le paysan, ne garde le pays comme l'homme de guerre, ne guérit les malades comme le médecin, ne prêche ny endoctrine le monde comme le bon docteur évangelique et pédagogue, ne porte les commodités et choses nécessaires à la république comme le marchand" (Ein Mönch [darunter verstehe ich die untätigen Mönche] pflügt nicht wie der Bauer, schützt nicht das Land wie der Soldat, heilt nicht die Kranken wie der Arzt, predigt nicht und lehrt nicht das Volk wie der gute, pädagogisch begabte Doktor, treibt nicht Handel wie der Kaufmann). Zwar entgegnet Grandgousier, daß die Mönche für die Gläubigen beten, aber er zieht sich von Gargantua diese Antwort zu: „Ils marmonnent grand renfort de légendes et pseaulmes nullement par eulx entendus; ils content force patenostres entrelardées de longs Ave Maria sans y penser ny entendre, et ce je appelle mocquedieu, non oraison"[52] (Sie murmeln allerlei Legenden der Heiligen und Psalmen, die sie nicht einmal verstehen; sie beten viele Paternoster ab, die mit langen Ave Maria gespickt sind, ohne daran zu denken oder deren Sinn zu begreifen: dies alles nenne ich nicht einmal ein Gebet, sondern geradezu eine Gotteslästerung).

Auch in bezug auf die Pilgerfahrten teilte Rabelais die Meinung von Luther, nach welchem „die einfeltigen menschen [. . .] vorfuret werden in einem falschen wahn und unvorstand gotlicher gebot. Dan sie meynen, das solch wallenn sey ein kostlich gut werck, das doch nit war ist. Es ist ein gering gut werck, zu mehr mallen ein boß, vorfurisch werck,

---

[49] *Rabelais*, Œuvres complètes [s. Anm. 10], 675.
[50] *Luther*, WA 6, 162.
[51] *Luther*, WA 6, 117.
[52] *Luther*, WA 6, 119.

den got hat es nit gepotten".[53] Rabelais gab seinem Pilger den bezeichnenden Namen „Lasdaller" (Müde zu gehen), er verurteilte „jene verhaßten und unnötigen Wallfahrten", die den Pilgern mehr Schaden als Segen erteilen, denn „die Mönche küssen eure Frauen, während ihr nach Rom wallfahrt".[54] Darum gab Grandgousier den Gläubigen folgenden Rat: „Entretenez vos familles, travaillez, chacun en sa vocation, instruisez vos enfants, et vivez comme vous enseigne le bon apôtre saint Paul. Ce faisant, vous aurez la garde de Dieu, des anges et des saints avec vous, et il n'y aura peste ny mal qui vous porte nuysance"[55] (Unterhaltet Eure Familien, arbeitet, jeder nach seinem Beruf, belehrt Eure Kinder und lebt, wie der gute Apostel Paulus es Euch lehrt. Wenn Ihr so handelt, werden Gott, die Engel und die Heiligen Euch in ihren Schutz nehmen, und weder die Pest noch andere Übel werden Euch schaden). Rabelais verfocht also ein evangelisches Christentum, wie es von Faber Stapulensis oder von Erasmus empfohlen wurde: „Tous vrais chrétiens, de tous états, en tous lieux, en tous temps, prient Dieu, et l'Esprit prie et interpelle pour iceulx, et Dieu les prend en grâce".[56]

In dem Quart Livre begegnete Pantagruel Protestanten auf der Insel der „Papefigues", und er schilderte sie als arme und einfache, aber gescheite Leute, die den Teufel zu verhöhnen wissen und ihn zum besten haben, weil sie die Bibel und die Briefe des Apostels Paulus lesen.[57] In der Tat legte Rabelais, wie schon gesehen, besonderen Nachdruck auf die alleinige Autorität der Bibel. Über dem Tor seiner Abbaye de Thélème konnte man folgende Inschriften lesen:

„Cy n'entrez pas, hypocrites, bigots [. . .]
Tirez ailleurs pour vendre vos abus [. . .]
Cy entrez, vous, qui le saint Evangile
En sens agile (exact) annoncez, quoi qu'on gronde [. . .]
Entrez, qu'on fonde ici la foi profonde,
Puis qu'on confonde, et par voix et par rolle (par écrit)
Les ennemis de la sainte Parole".[58]

In dem berühmten Brief, den Gargantua aus Utopien nach Paris an seinen Sohn Pantagruel sandte, empfahl er ihm unter anderem das tägliche Lesen der Heiligen Schrift: „[. . .] visiter les Saintes Lettres, premièrement en grec le Nouveau Testament et Epîtres des Apôtres, et puis en hébreu le Vieux Testament".[59] Tatsächlich wird von Pantagruel in einer

---

[53] *Luther*, WA 6, 158.
[54] *Rabelais*, Œuvres complètes [s. Anm. 10], 132.
[55] *Rabelais*, Œuvres complètes, 132.
[56] *Rabelais*, Œuvres complètes, 119.
[57] *Rabelais*, Œuvres complètes, 664.
[58] *Rabelais*, Œuvres complètes, 151 ff.
[59] *Rabelais*, Œuvres complètes, 206.

besonders mißlichen Lage das Gelübde abgelegt, das Evangelium ohne irgendwelchen Zusatz von seiten der kirchlichen Behörden predigen zu lassen. Da kommt eine Stimme vom Himmel herunter und sagt: „Hoc fac et vinces".[60] Und in der „Pantagrueline Prognostication", die 1533 erschien und dann oft wieder aufgelegt wurde, zitiert Rabelais den Brief des Paulus an die Römer: „Denn von ihm und durch ihn und zu ihm sind alle Dinge", „comme dit la trompette évangélique Monseigneur saint Paul, Ro. XI.".[61]

4. Deutschland und Luther in Rabelais' Romanen

Die Anziehungskraft, die Rabelais auf den jungen Andreae auszuüben schien, war wohl der burlesken und satirischen Ader des französischen Mönches zuzuschreiben, aber auch nicht zuletzt dem Interesse, das er Deutschland und der Reformation entgegenbrachte. Es ist zunächst beachtenswert, daß Rabelais in seinen Romanen die Stadt Tübingen dreimal nennt.[62] Die erste Erwähnung steht am Ende des Katalogs der Librairie de Sainct Victor, der mehrere Titel enthält, die sich auf deutsche Verhältnisse beziehen. Da ist zunächst Magister Ortuinus, ein Kölner Theologe, der gegen Erasmus heftig ankämpfte und von den Humanisten lächerlich gemacht wurde; dann das „Formicarium Artium", von dem es heißt, das es ein deutsches magisches Buch war. Mehrere Titel kreisen um den Schwaben Reuchlin, der eine zeitlang eine Professur an der Universität Orléans innehatte. Die Kölner Theologische Fakultät, besonders der Ketzermeister Jakob Hochstraten, wandte sich gegen ihn als einen Kirchenabtrünnigen, und viele Universitäten bis nach Paris hin wurden zu Gutachten aufgefordert. So erklärt sich, daß Rabelais unter den Büchern der Librairie die „Tarraballationes Doctorum Coloniensium adversus Reuchlin" (Machenschaften der Kölner Doktoren gegen Reuchlin) anführt, und daß er gegen Jakob Hochstraten zu Felde zieht, indem er ihn als „hereticometra" (Ketzermesser) und als Verfasser der „Callabistratorium caffardie" (Vom Petzen der Fotzen) hinstellt. Die Gemeinheit solcher frei erfundenen Titel verwies auf die „Epistolae obscurorum virorum" (Briefe dunkler, das heißt unberühmter Männer), eine scharfe humanistische Satire auf Mönche und Pfaffen, die ein tugendhaftes und frommes Leben vorheuchelten, während sie allzuoft mit Konkubinen und Huren schlemmten. Da ein Briefpartner von Ortuinus in diesem Pamphlet Lupoldus Federfusius heißt, ist es nicht verwunderlich, daß Rabelais ihm in seiner Librairie de Sainct Victor „Lyripipii Sorbonici

60 *Rabelais*, Œuvres complètes [s. Anm. 10], 291.
61 *Rabelais*, Œuvres complètes, 898.
62 *Rabelais*, Œuvres complètes, 202, 801, 898.

Moralisationes“ (Moralisierung des „sorbonnischen“ theologischen Doktorvaters) zuschreibt.

Auch die Gegner von Luther werden hier angegriffen, und zwar in bezug auf die berühmten Ablaßthesen, die zum Ketzerprozeß führten. Ein gewisser Bischof Boudarin soll eine Schrift zugunsten der Ablässe geschrieben haben, die Rabelais nicht „indulgentiae“, sondern „emulgentiae“ nennt, weil letzteres Wort auf das lateinische Verb *emulgere* zurückgeht, das „melken“ bedeutet, wobei er auf die Erpressung der Gläubigen durch die katholische Kirche hindeuten wollte. Ein anderer Buchtitel lautet „La Profiterolle des indulgences“, und spielt dabei mit dem Wort, das sowohl auf die Profitmacherei der Päpste hinwies, als auch eine Art Windbeutel bezeichnen konnte. Zudem wird noch in demselben Katalog der Dominikaner Silvestro Mazzolini de Priero erwähnt, der vom Papst beauftragt wurde, über Luther zu richten, und der nach Rabelais hauptsächlich ein Schmauser war. Ein anderer, viel bekannterer Dominikaner war der päpstliche Legat Kardinal Cajetan, aus Gaeta, dessen Schriften zwischen 1530 und 1539 in Lyon und Paris erschienen waren. Nach Rabelais sind diese Bücher nur Schmöker, und man weiß, daß der thomistische Theologe 1518 auf dem Reichstag zu Augsburg Luther den verlangten Widerruf nicht abzwingen konnte. Ein dritter Erzgegner von Luther wird ausgelacht, indem er als Verfasser der „Manieres ramonandi fournellos“ vorgestellt wird: es handelt sich um Johann Eck aus Ingolstadt, und seine komische Verwandlung in einen Schornsteinfeger erklärt sich dadurch, daß er sich unterstand, die vermeinten Irrungen zu bereinigen und 404 Artikel über Glaubensfragen ausgearbeitet hatte. Er hatte seinen „Errorum lutheranorum CDIV Catalogus“ 1531 in Paris veröffentlicht.

Auch die Pariser Gegner von Luther wurden von Rabelais aufs Korn genommen: der dickleibige Noël Beda, der ein Buch über die Kaldaunen, „De optimitate triparum“, geschrieben haben soll, der Theologe Nicolas Du Chesne, den er Magister de Quebecu (< Quercu) nennt, der Kartäuser Pierre Couturier, auch Sutor genannt, der Erasmus und Lefèvre d'Etaples als Pfuscher betrachtete, und 1531 eine „Apologia adversus damnatam Lutheri haeresim de votis monasticis“ veröffentlichte und Rabelais dazu führte, ihm folgenden Titel zuzuschreiben: „Adversus quemdam qui vocaverat eum fripponatorem, et quod fripponatores non sunt damnati ab Ecclesia“.[63]

Die Kritik an manchen Gewohnheiten der römisch-katholischen Frömmigkeit und das Ideal eines evangelischen Christentums bedeuten jedoch auf keinen Fall, daß Rabelais ganz in das Lager der Reformation übergelaufen war. Literarhistoriker und Theologen richteten ihr Augen-

---

[63] Vgl. hierzu *Lucien Febvre*: Le problème de l'incroyance au XVIe siècle. Paris 1942, 268 ff.

merk auf eine Formulierung, die sich in dem berühmten Brief Gargantuas an seinen Sohn befindet, und Pantagruels Gläubigkeit betrifft: „[. . .] il te convient servir, aymer et craindre Dieu [. . .] et, par foy formée de charité, être à luy adjoint [. . .]".[64] Lucien Febvre wies darauf hin, daß die Formel „fides charitate formata" in der Scholastik geläufig war, und daß sie dem lutherischen „sola fide" widersprach. Stimmt es, daß Luther mit seiner Lehre von der Rechtfertigung allein durch den Glauben an die Gnade Gottes in Christo die Sittlichkeit als Folge und nicht als Ursache betrachtete, so behauptete Gargantua das Gegenteil, indem er die charitas als Grundlage der fides betrachtete. Damit distanzierte sich Rabelais, der wahrscheinlich diese Formulierung in dem Brief an Pantagruel sorgfältig erwogen hatte, sowohl von Luther, als auch von Calvin, der in der Ausgabe von 1541 seiner „Institution chrétienne" geschrieben hatte: „Ce que les Sorboniques enseignent, que la Charité précède la Foy et l'Espérance, n'est que pure rêverie, vu qu'il n'y a que la seule Foi laquelle premièrement engendre charité en nous".[65] Übrigens bekundete Rabelais in seinen Werken keine allzu große Sympathie für Calvin. In seinem Vorwort zum Pantagruel nannte er im gleichen Atemzug die Anhänger der Prädestinationslehre mit den Betrügern und den Verführern,[66] und im Quart Livre zählte er die „Démoniaques Calvins, imposteurs de Genève" zu den Scheinheiligen „et autres monstres difformes et contrefaits".[67] Aber solche nachträglich hinzugefügten Beschimpfungen waren nur die Reaktion auf einen heftigen Angriff von Calvin, der in seiner Schrift „De scandalis" (1550) die Sittenlosigkeit der Werke von Rabelais verurteilte. Deswegen ist es nicht verwunderlich, daß Andreae trotz seiner Bewunderung für Rabelais ihn jedoch in den „Herculis Christiani Luctae XXIV" als „irreligiosor comicus" bezeichnete.[68]

Schlußbetrachtung

Andreaes kritisches Urteil mag auch auf die Auffassung zurückgeführt werden, die Rabelais von der idealen Gesellschaft hatte. Das utopische Denken in seinen Romanen war Andreae nicht entgangen, aber er hat merkwürdigerweise in seinem „Turbo" nur die komischen, oberflächlichen Aspekte der Utopie beibehalten. Als Panurgus seine Sprachkenntnisse zur Schau trägt, wird er von Harlekin ironischerweise gefragt, ob er auch die Sprache kann, die in Utopien gesprochen wird.[69] Bei Gele-

---

64 *Rabelais*, Œuvres complètes [s. Anm. 10], 206.
65 Vgl. *Febvre* [s. Anm. 63], 258 f.
66 *Rabelais*, Œuvres complètes, 168.
67 *Rabelais*, Œuvres complètes, 629.
68 Kap. 18: Cerberus calumniae, 45.
69 *Andreae*, Gesammelte Schriften. Bd. 2, 3, 72.

genheit einer Disputation wird behauptet: „Unter allen staatlichen Gebilden ist Utopien zweifellos als das glücklichste anzusehen". Doch Andreae legt dieses Lob in den Mund eines pedantischen und engstirnigen Scholastikers, dem er nicht zufällig den Namen Graculus Pocosavius (Weißnichtviel) gab.[70]

Die Diskrepanz ist augenscheinlich, und sie rührt von den verschiedenen Auffassungen vom Menschen bei Rabelais und bei Andreae her. Der Gesichtspunkt des Franzosen ist grundsätzlich optimistisch, insofern er seine Abbaye de Thélème als eine Versammlung von freien, wohlgeborenen, gebildeten Menschen auffaßte, die instinktmäßig zur Tugend angeregt werden. Ihre Ordensregel war: „Fais ce que voudras".[71] Schon in der „Utopia" von Thomas Morus spielte die Vernunft eine wichtige Rolle, und die Sittenlehre bestand in einer subtilen Verbindung des Stoizismus mit der epikureischen Lebensauffassung.

Es liegt auf der Hand, daß Andreae diesen Optimismus nicht ganz teilen konnte: um in seine „Christianopolis" aufgenommen zu werden, mußte man „morti consentire", und erst dann durfte man lernen, was „Christi fraternitas" sei. Die „Christianopolis" war dem Namen nach die Veranschaulichung einer echt religiösen Gesellschaft, einer Christenstadt, deren Einwohner wie im *Civis christianus* aus der Finsternis der Welt und dem ständigen, zwecklosen und mühseligen Wandern im Kreise befreit sind.

Dieser christlichen *Regeneratio* wird bei Rabelais die Renaissance als das wesentlichste Moment der Entdeckung der Welt und des Menschen entgegengesetzt. Der Humanismus von Rabelais, der also auf keinen Fall mit Irreligiosität behaftet ist, unterscheidet sich von der Andreae'schen Weltanschauung durch seinen Sensualismus, der sich namentlich in Gargantuas Brief an Pantagruel durch die Freude am Lernen ausdrückt. Das Ich als ein erkennendes und fühlendes Wesen scheint aus eigenen Kräften mit faustischer Sicherheit Himmel und Erde erforschen zu können. Auch bei Andreae, besonders in den Rosenkreuzerschriften, öffnen sich ebenfalls neue Horizonte, aber der Mensch darf sich die Entzifferung der Buchstaben Gottes in der Schöpfung nicht zum Verdienst anrechnen. Für den *Civis christianus* ist die Erforschung der Natur „velut terrenus oculus", weil er ein Wiedergeborener ist: „Da liegt der größte Beweis des menschlichen Scharfsinns oder besser gesagt, das sicherste Zeugnis der göttlichen Mitteilung"[72] Der Hauptunterschied zwischen Rabelais und Andreae liegt zu guter letzt in der Hervorhebung dieser *divina communicatio*.

---

[70] Turbo, 56.
[71] *Rabelais*, Œuvres complètes [s. Anm. 10], 159.
[72] Civis christianus, Kap. 34: Creaturen, 107.

Thomas Kaufmann

Die Wittenberger Theologie in Rostock in der zweiten Hälfte des 16. Jahrhunderts[1]

Der mehr oder weniger vollständige Kollaps der Universitäten im Reich seit den frühen 1520er Jahren[2] ging von der traditionslosen Reformuniversität „am Rande der Zivilisation"[3], Wittenberg, aus. Der mecklenburgische Kanzler von Schönaich brachte es in bezug auf Ro-

---

[1] Dem Beitrag liegt ein Vortrag zugrunde, den ich im Rahmen der 24. Tagung des Theologischen Arbeitskreises für Reformationsgeschichtliche Forschung (TARF) am 21.9.1996 in Eisleben gehalten habe. Einzelne der hier angesprochenen Aspekte berühren sich mit meinem Buch: Universität und lutherische Konfessionalisierung. Die Rostocker Theologieprofessoren und ihr Beitrag zur theologischen Bildung und kirchlichen Gestaltung im Herzogtum Mecklenburg zwischen 1550 und 1675. Gütersloh 1997 (QFRG, 66).

[2] Zur universitätsgeschichtlichen Bedeutung der Reformation vgl. nur: *Gustav Adolf Benrath*: Die Universität der Reformationszeit. In: ARG 57, 1966, 32–51; *Heiko Augustinus Oberman*: University and Society in the threshold of modern times: the German connection. In: Rebirth, Reform and Resilence. Universities in Transition 1300–1700. Ed. by *James M. Kittelson* a. *Pamela Transue*. Columbus/Ohio 1984, 19–41; *Lewis W. Spitz*: The Importance of the Reformation for Universities. In: Rebirth, Reform and Resilence, 42–67; Beiträge zu Problemen deutscher Universitätsgründungen der frühen Neuzeit. Hg. v. *Peter Baumgart* u. *Notker Hammerstein*. Nendeln/Liechtenstein 1978 (Wolfenbütteler Forschungen, 4); Stadt und Universität. Hg. v. *Heinz Duchhardt*. Köln [u. a.] 1993 (Städteforschungen Reihe A, 33); Handbuch der deutschen Bildungsgeschichte. Bd. 1: 15. bis 17. Jahrhundert. Von der Renaissance und der Reformation bis zum Ende der Glaubenskämpfe. Unter Mitw. v. *August Buck* hg. v. *Notker Hammerstein*. München 1996 (darin bes. die Beiträge von *Hammerstein* u. *Arno Seifert*); *Notker Hammerstein*: Universitäten und Reformation. In: HZ 258, 1994, 339–358; noch immer instruktiv: *Herbert Schöffler*: Die Reformation. Eine Einführung in die Geistesgeschichte der deutschen Neuzeit. Bochum 1936; zuletzt erschienen: *Markus Wriedt*: Die theologische Begründung der Schul- und Universitätsreform bei Luther und Melanchthon. In: Humanismus und Wittenberger Reformation. FS Helmar Junghans. Leipzig 1996, 155–183; *Heinz Scheible*: Aristoteles und die Wittenberger Universitätsreform. In: Humanismus und Wittenberger Reformation, 123–144; *Günther Wartenberg*: Melanchthon und die reformatorisch-humanistische Reform der Leipziger Universität. In: Humanismus und Wittenberger Reformation, 409–417.

[3] WA.TR 2, 669,12; ein eindrückliches Porträt der Stadt und ihrer Universität bietet *Martin Brecht*: Martin Luther. Bd. 1. Sein Weg zur Reformation 1483–1521. 3. Aufl. Stuttgart 1989, 111–125; zur Wittenberger Universitätsgründung vgl. *Heinz Scheible*: Gründung und Ausbau der Universität Wittenberg. Zuletzt in: *Ders.*: Melanchthon und die Reformation. Forschungsbeiträge. Hg. v. *Gerhard May* u. *Rolf Decot*. Mainz 1996 (VIEG.B, 41), 353–369; zur Universitätsgeschichte Wittenbergs instruktiv: 700 Jahre Wittenberg. Stadt Universität Reformation. Im Auftr. d. Lutherstadt Wittenberg hg. v. *Stefan Oehmig*. Weimar 1995.

stock auf den Punkt: „dat de Martinianische lere unnd faction sich erhaven unnd by na to der gantzen dudesschen nation inngedrungenn“ ist, sei der Grund dafür, „dat groter deell der steden bewagen, ere kindere heym to holdende unnd in de universiteten nicht gesandt worden seyn [. . .]“[4].

Auch die Kräfte eines Neuaufbaus in den der Reformation zugefallenen Territorialuniversitäten nahmen in einer universitätshistorisch neuartigen Intensität von eben diesem einen Ort, Wittenberg, ihren Ausgang.[5] Für die Konfliktgeschichte der protestantischen Universitätstheologie in der zweiten Jahrhunderthälfte[6] dürfte dem Grad der sachlichen und personellen Prägung durch in der Leucorea gebildete Theologieprofessoren eine Schlüsselfunktion zukommen. Die hinsichtlich ihres Alters und ihrer bildungs- und sozialgeschichtlichen Voraussetzungen wohl einzigartig geschlossene Gruppe der Rostocker Theologen des reformatorischen Neubeginns an der Universität der Warnowstadt stellt eine signifikante Besonderheit in der zeitgenössischen protestantischen Universitätslandschaft dar. Ein sich aus Altersunterschieden oder differenten Anfangs- und Verweilzeiten an der Theologischen Fakultät ergebendes Autoritätsgefälle bzw. ein aus unterschiedlichen akademischen Traditionen entstehendes Konfliktgefüge war im nachreformatorischen Rostock zunächst unbekannt. Die Tatsache, daß keine der theologischen Kontroversen im deutschen Protestantismus der 1550er bis 1570er Jahre von Rostocker Theologen ausging oder maßgeblich mitbestimmt wurde, dürfte wesentlich mit der ausgeprägten bildungsgeschichtlichen Homogenität des theologischen Lehrkörpers zu tun haben.[7] Zugleich scheint

---

[4] Zitiert nach *Heinrich Schnell*: Das Unterrichtswesen der Grossherzogthümer Mecklenburg – Schwerin und – Strelitz. Bd. 3. Berlin 1909 (MGP, 45), 210 f.

[5] Vgl. nur die noch immer unersetzte Studie von *Karl Hartfelder*: Philipp Melanchthon als Praeceptor Germaniae. 2. Aufl. Nieuwkoop 1972 (MGP, 19); zu Melanchthon vgl.: *Heinz Scheible*: Art. „Melanchthon, Philipp (1497–1560)“. In: TRE 22, 1993, 371–410; zur rezeptionsgeschichtlichen Bedeutung v. a. im 16. Jahrhundert vgl.: Melanchthon in seinen Schülern. Hg. v. *Heinz Scheible*. Darmstadt 1997 (Wolfenbütteler Forschungen, 73); vgl. auch die Melanchthon-Biographie *Heinz Scheibles*, München 1997. Zum weiteren Kontext wegweisend: *Leif Grane*: Studia humanitatis und Theologie an den Universitäten Wittenberg und Kopenhagen im 16. Jahrhundert: Komparative Überlegungen. In: Der Humanismus und die oberen Fakultäten. Hg. v. *Gundolf Keil, Bernd Moeller* u. *Winfried Tusen*. Weinheim 1987 (Mitteilungen XIV der Kommission für Humanismusforschung), 65–114.

[6] Vgl. nur die Übersicht von *Bernhard Lohse*: Dogma und Bekenntnis in der Reformation: Von Luther bis zum Konkordienbuch. In: Handbuch der Dogmen- und Theologiegeschichte. Hg. v. *Carl Andresen*. Bd. 2: Die Lehrentwicklung im Rahmen der Konfessionalität. Göttingen 1980/1988, bes. 102–138.

[7] An Literatur zur Universitätsgeschichte Rostocks vgl. außer *Kaufmann* [s. Anm. 1] nur: *Otto Karsten Krabbe*: Die Universität Rostock im 15. und 16. Jahrhundert. Rostock, Schwerin 1854, Neudruck Aalen 1970; *Karl Schmaltz*: Kirchengeschichte Mecklenburgs. Bd. 2, Reformation und Gegenreformation. Schwerin 1936, 93 ff; passim; sowie die beiden Sammelbände: Nathan Chytraeus. Hg. v. *Thomas Elsmann, Hanno Lietz* u. *Sabine Pettke*. Bremen 1991; David und

die äußerliche Bedrängnis der Universität Rostock im Spannungsfeld von Hansestadt und Fürstenmacht[8] die Ausbildung eines korporativen Zusammengehörigkeitsgefühls der Universität im ganzen und der Theologischen Fakultät im besonderen gefördert zu haben.

Ein Kollegium junger, etwa 30jähriger Männer, die alle in Wittenberg, alle bei Melanchthon, ihre wesentlichen Bildungseindrücke empfangen hatten, die sich aus Studientagen kannten und die von dem ersten gravierenden Konflikt nach Luthers Tod, dem interimistischen Streit, durch dic ‚Gnade der späten Geburt' persönlich nicht beschädigt waren, stand am Anfang der Rostocker Theologie in den 1550er und frühen 1560er Jahren. Keiner von ihnen hatte die Lebensentscheidung für die Reformation noch selbst getroffen; sie alle waren vielmehr in ein bereits reformatorisch geprägtes geistig-religiöses Milieu hineingewachsen, das die Wahrung und Sicherung des väterlichen Erbes, die Pflege des Bekenntnisses, als lebensgeschichtliche Verpflichtung einschloß. Die institutionshistorische Dynamik, die davon ausging, daß eine einzige Generation mit ihren spezifischen Erfahrungsbedingungen innerhalb kürzester Zeit die Verantwortung in der Universität übernahm und ihre Geschicke bestimmte, verlieh der Reform der Rostocker Universität eine historische Durchschlagskraft. Als geschichtliches Analogon sei an die Ausgangslage an der Universität Wittenberg nach dem ersten Jahrzehnt ihres Bestehens erinnert,[9] als lauter junge und erstberufene Professoren in die Institution drängten und diese, von einem neuartigen Beziehungsverhältnis zu ihren Studenten getragen, binnen kurzem prägend veränderten. Die spezifischen Generationsbedingungen der ersten Rostocker Theologieprofessoren prägten auch ihren Umgang mit der „Wittenberger Theologie" aufs nachhaltigste.

Die Behandlung des Themas „Die Wittenberger Theologie in Rostock in der zweiten Hälfte des 16. Jahrhunderts" soll unter zwei spezifischen Aspekten erfolgen, die jeweils auf Theologie im Modus ihrer Transformation, einerseits in universitäre Bildungsprozesse (II.), andererseits in homiletische und pastoraltheologische Aktualisierungsvorgänge (III.) bezogen sind. Den eigentlichen Ausführungen zur Rezeption

---

Nathan Chytraeus. Hg. v. *Karl Glaser, Hanno Lietz* u. *Stefan Rhein*. Ubstadt-Weiher 1993, und die instruktive Quellenstücke auch zur Geschichte der Theologischen Fakultät enthaltende Edition von *Sabine Pettke*: Nathan Chytraeus. Quellen zur zweiten Reformation in Norddeutschland. Köln [u. a.] 1994 (Mitteldeutsche Forschungen, 111).

[8] *Klaus Wriedt*: Stadtrat, Bürgertum und Universität am Beispiel norddeutscher Hansestädte. In: Studien zum städtischen Bildungswesen der frühen Neuzeit. Hg. v. *Bernd Moeller, Hans Patze* u. *Karl Stackmann*. Göttingen 1983 (AAWG.PH 3, 137), 499–523; vgl. auch: *Helge bei der Wieden*: Rostock zwischen Abhängigkeit und Reichsunmittelbarkeit. In: Pommern und Mecklenburg. Hg. v. *Roderich Schmidt*. Köln, Wien 1981 (Veröffentlichungen der Historischen Kommission für Pommern V, 19), 111–132.

[9] Dieser Aspekt ist besonders von *Schöffler* [s. Anm. 2], 25 ff., 70 ff., betont worden.

der Wittenberger Theologie am Warnowstrand sind einige knappe biographische Bemerkungen vorgeschaltet (I.). Einige Schlußthesen sollen den weiteren perspektivischen Rahmen, in dem diese Ausführungen stehen, andeuten (IV.).

I.

Wittenberg war der maßgebliche wissenschaftliche Herkunftsort der ersten nachreformatorischen Professorengeneration Rostocks in allen Fakultäten.[10] Personelle Kontinuitäten im Lehrkörper der Rostocker Universität aus der Zeit vor Einführung der Reformation im Herzogtum Mecklenburg gab es nicht. Die ersten Rostocker Theologieprofessoren nach der Reformation in den 1540er und 1550er Jahren, Heinrich Smedenstedt[11], Johannes Aurifaber[12], Tileman Heshusius[13], Johannes Kittel[14], Georg Venetus[15] und Johannes Draconites[16], allesamt in Wittenberg ordiniert bzw. zu Doktoren promoviert und durch Luther oder besonders Melanchthon in ihre mecklenburgische Stellung vermittelt, resignierten jeweils nach wenigen Jahren und scheiterten durchweg an den spannungsreichen Besetzungskonflikten zwischen der Hansestadt und den Landesherren, die erst mit einer 1563 abgeschlossenen Formula Concordiae[17] zu einer gewissen Ruhe kamen. Für die stabile Entwicklung seit

---

[10] Instruktiv dazu: *Stefan Rhein*: „Die Ostseeküste braucht eine blühende Universität": Philipp Melanchthon und die Universität Rostock. In: *Glaser/Lietz/Rhein* [s. Anm. 7], 95–102, 199–202.

[11] Vgl. die Hinweise WA 39,2, 184 ff.; WA.Br 10, 94; *Krabbe* [s. Anm. 7], 441 ff., 454 ff.; ADB 31, 632.

[12] Vgl. *Schmaltz* [s. Anm. 7], 77 f.; RE^3, Bd. 2, 187 f.; *Krabbe* [s. Anm. 7], 457 ff.; RGG^3, Bd. 1, 751 f.; *Martin Stupperich*: Osiander in Preußen 1549–1552. Berlin, New York 1973 (AKG, 44), passim; Andreas Osiander d.Ä. Gesamtausgabe. Hg. v. *Gerhard Müller* u. *Gottfried Seebaß*. Bd. 9. Gütersloh 1994, passim [Lit.].

[13] Zuletzt: *Inge Mager*: Tilemann Heshusen. Geistliches Amt, Glaubensmündigkeit und Gemeindeautonomie. In: *Scheible*, Melanchthon in seinen Schülern [s. Anm. 5], 341–359 [Lit.]; *Irene Dingel*: Concordia controversa. Die öffentlichen Diskussionen um das lutherische Konkordienwerk am Ende des 16. Jahrhunderts. Gütersloh 1996 (QFRG, 63), bes. 334 ff.; passim; The Oxford Encyclopedia [s. Anm. 16], Bd. 2, 1996, 237 f.

[14] *Karl Koppmann*: Dr. Johann Kittel, Professor der Theologie und Superintendent zu Rostock, 1561–1563. In: Jahrbücher des Vereins für mecklenburgische Geschichte und Altertumskunde 59, 1894, 144–176.

[15] ADB 39, 604 f.; Etwas von gelehrten Rostockschen Sachen 1738, 495 ff.; Altes und Neues über den vorletzten Pomesanischen Bischof Georg von Venediger. In: Altpreussische Monatsschrift 37, 1900, 283–305; *Stupperich* [s. Anm. 12]; *Müller/Seebaß* [s. Anm. 12].

[16] NDB 4, 95; RGG^3, Bd. 2, 261; WA 15,54 ff.; The Oxford Encyclopedia of the Reformation. Hg. v. *Hans J. Hillerbrand*. New York, Oxford 1996, Bd. 2, 4.

[17] Eigentlicher Abdruck Formulae Concordiae so anno 1563 den 11. Maij zwischen I.I.F.F. Gn. Gn. denen Hertzogen zu Meckelburg und E.E. Rath der Stadt Rostock wegen der Uni-

den 1560er Jahren dürfte neben den ungewöhnlich langen Amtszeiten Simon Paulis[18], David Chytraeus'[19] und Lucas Bacmeisters[20] wesentlich sein, daß die Männer, die nun rasch nacheinander die Verantwortung als Theologieprofessoren übernahmen, Chytraeus und Pauli als fürstliche, Andreas Martini[21] und Bacmeister I. als städtische Theologieprofessoren, einander durch intensive persönliche Bekanntschaften aus Wittenberger Studientagen nahestanden und die politisch-strukturelle Antinomie zwischen Hansestadt und Fürstenmacht durch Freundschaften und ein ausgeprägtes Gemeinschaftsbewußtsein faktisch abzuschwächen imstande waren. David Chytraeus, schon seit 1551, 21jährig, als artes-Professor in Rostock tätig, war die Schlüsselfigur der Gruppe.

Mit Martini, mit dem er in Studientagen eine Italienreise unternommen hatte, verband ihn eine tiefe Freundschaft,[22] Bacmeister hatte 1548 in Wittenberg Chytraeus' Auslegung der Melanchthonschen „Loci" gehört;[23] Pauli hatte bei ihm in Rostock zu studieren begonnen und seine „Catechesis", das meistgedruckte theologische Buch des Luthertums, das im 16. Jahrhundert in lateinischer Sprache erschienen war, in Wittenberg in den Druck gegeben.[24] Bacmeister und Pauli kannten sich aus Wittenberger Studien-, vielleicht gar aus Lüneburger Schultagen. Dem während der Wittenberger Studienzeiten aufgebauten persönlichen Kontakt der gesamten theologischen Führungselite des deutschen Luthertums der

---

versität darselbst getroffen. Rostock, Keyl 1653 (Wolfenbüttel: Herzog August Bibliothek, 127. 4 Quodl. 67); zur Interpretation vgl. *Kaufmann* [s. Anm. 1], 52 ff.

[18] Vgl. meinen Artikel „Simon Pauli". In: Biographisches Lexikon für Mecklenburg. Hg. v. *Sabine Pettke*. Rostock 1995, 175–180.

[19] Über ihn zuletzt: *Rudolf Keller*: Die Confessio Augustana im theologischen Wirken des Rostocker Professors David Chytraeus (1530–1600). Göttingen 1994 (FKDG, 60) [dort die ältere Literatur]; vgl. dazu die Rezension in ZBKG 65, 1996, 234–239.

[20] Vgl. meinen Artikel „Bacmeister, Lucas [d. Ä. / I]". In: Biographisches Lexikon [s. Anm. 18], 22–26.

[21] *Krabbe* [s. Anm. 7], 531; Etwas von gelehrten Rostockschen Sachen 1738, 560–570, 592.

[22] Vgl. *David Chytraeus*: Funus M. Andreae Martini. 27.9.1561. In: Scripta in Academia Rostochiensi publice proposita, ab anno Christi 1560 usque ad Octobrem anni 1563. Et inde ad initium anni 1567, Pars I. II cum indice. Edidit *Johannes Posselius*. Rostock, Lucius 1567 (Rostock: Universitätsbibliothek, Mk 3972; Kl 353), I, 126v – 128v.

[23] „Propter insignem ejus [sc. David Chytraeus] eruditionem & docendi facultatem in ista iam aetate [sc. 18jährig], quam & ego [sc. Bacmeister] Wittebergam primam veniens 1548, tum docentem & *locos communes* explicantem in frequentissimo Auditorio cum admiratione audivi." *Lucas Bacmeister*: Historia Ecclesiae Rostochiensis. In: Monumenta inedita rerum Germanicarum praecipue Cimbricarum et Megapolensium. Tom. 1. Hg. v. *Ernst Joachim de Westphalen*. Leipzig 1739, 1570 (Göttingen: Staats- und Universitätsbibliothek, 2 H Meckl. 1015: 1 Rara).

[24] *Johann Michael Reu*: Mecklenburgische Katechismen. In: *Ders.*: Quellen zur Geschichte des kirchlichen Unterrichts in der evangelischen Kirche Deutschlands zwischen 1530 und 1600. T. 1,3 1. Abt. 1. Hälfte. Gütersloh 1927. Nachdr. Hildesheim 1976, 353–503; vgl. *Julius Sieden*: Katechismen und Katechismusunterweisung in Mecklenburg. Schwerin 1930, 38–43; bibliographische Hinweise bei *Kaufmann* [s. Anm. 1], Anhang 1.

zweiten Generation dürfte überhaupt eine Schlüsselrolle im Prozeß seiner konfessionellen Formierung zukommen.

Die Rostocker Theologieprofessoren der ersten nachreformatorischen Generation waren allesamt Schüler Melanchthons und verdankten seiner Förderung Wesentliches. Heiratsverbindungen verstärkten die Zusammengehörigkeit der um 1530 geborenen Theologen und stabilisierten ihren sozialen Einfluß im hanseatischen Handelsbürgertum. Ihre Rostocker Theologieprofessuren waren, neben kirchenleitenden Ämtern Paulis als fürstlichem, und Bacmeisters als städtischem Superintendenten, ihre Lebensstellungen, die sie trotz diverser Angebote nicht verließen. Chytraeus, Pauli und Bacmeister waren im Unterschied zu ihren Vorgängern, die allesamt nur wenige Jahre in ihren Ämtern blieben, die ersten Rostocker Doktoren nach der Reformation: die eigene Graduierung an der Warnowuniversität signalisiert die neugewonnene institutionelle Selbständigkeit von der Wittenberger Universitätszentrale von den 1560er Jahren an.[25]

Nur Chytraeus hatte noch selbst prägende Bildungseindrücke beim alten Luther gewonnen. Bacmeister berichtet in seiner Leichenpredigt auf Chytraeus: „Wie aber auch der grosse Man Gottes Lutherus zu der zeit [sc. 1544–1546] noch im leben war / hat Chytraeus denselbigen in predigten und Lectionibus vleissig gehöret / wie er mir dann selbst gesagt / das die außlegung der zehen letzten Capittel Genesis / des ersten Buch Mosi / von jhm gehöret / mir auch vermeldet / wie Lutherus den Hebreischen Text nur mitgebracht in die lection / und aus dem die Lateinische version erstlich gelesen / unn dann mit freidigem reichen Geist / und liblicher zirlicher beredenheit / den abgelesenen text ercleret [...] das jeder menniglich / der ihn gehöret / von Doctorn, Professorn / unnd einer grossen Menge der Studenten / darob ein verwunderung und lust gehabt.“[26] An eine Weihnachtspredigt Luthers über Jes 9,5 f., die der 15jährige Chyrtraeus 1545 selbst gehört hatte, erinnerte er sich noch Jahre später immer wieder. Den guten Teil einer Stunde, so schildert Chytraeus, gegenläufig zum Überlieferungsbestand der Predigtmitschrift, habe Luther über dem Vers „Puer natus est nobis“ bei dem Pronomen „nobis“ verweilt und die Summe der ganzen Theologie in der Auslegung dieses einen Wortes zur Sprache gebracht. Luther habe eindrücklich vor Augen geführt, daß derjenige wahrhaft ein Christ und ein

---

[25] Propositiones complectentes summam fidei & confessionis christianae, de quibus, praeside Reverendo & clarissimo viro D. Georgio Veneto publice respondebunt, pro gradu Doctorum in Theologia [...] *M. David Chytraeus*, *M. Johannes Kittelius*, *M. Simon Pauli*, die Secunda et Tertia Maii, hora septima, Rostochii 1561; vgl. Etwas von gelehrten Rostockschen Sachen 1738, 464 f.

[26] *Lucas Bacmeister [d.Ä./I]*: Leichenpredigt bey dem begräbnuß D. Chytraei. Rostock: S. Müllmann 1600 (VD 16 B 77; Göttingen: Staats- und Universitätsbibliothek, 8 H. Lit. biogr. I, 800: 2), D 3r/v.

„beatus Theologus“ sei, der verstehe, „hunc puerum NOBIS natum esse, hunc dominum esse iustitiam Nostram, peccatum SIBI remitti.“[27] Bacmeister übernimmt diese Applikation Luthers dann in seine Homiletik,[28] Pauli nimmt es in seine Postille auf:[29] die persönliche Erinnerung des Chytraeus an den Prediger Luther entfaltet in der Rostocker Theologie also selbst traditionsbildende Kraft.

Bei Chytraeus' zweitem Wittenberg-Aufenthalt 1548/49 tritt Melanchthon ganz in den Vordergrund seiner geistigen Orientierung. Ihm verdankt er fortan die polyhistorische Weite seines gigantischen literarischen Werkes. Die – soweit ich sehe – bei Chytraeus trotz lebenslanger Loyalität gegenüber Melanchthon seit den späten 1550er Jahren im Horizont der wachsenden Umstrittenheit des Praeceptors intensivierten Anknüpfungen an Luther gründen in den tiefen Eindrücken, die der jugendliche Student zwischen 1545 und 1546 selbst empfangen hatte.[30] Die tiefempfundene persönliche Bindung an beide Wittenberger Reformatoren wurde so etwas wie das wissenschaftlich-theologische Lebensprogramm des Chytraeus und seiner Kombattanten Pauli und Bacmeister, mit einer auf das deutsche Luthertum im ganzen ausstrahlenden Wirkung.

II.

In der Geschichte der im Anschluß an Melanchthons „Brevis discendae theologiae ratio“ von 1529/1530[31] und Luthers Vorrede zur deut-

---

27 *David Chytraeus*: Orationes. Nunc demum in lucem editae a Davide Chytraeo, autoris filio. Hanau, J. Aubrius/Wechel: 1614 (Rostock: Universitätsbibliothek, Cq 1512), 658; vgl. *David Chytraeus*: Regulae studiorum seu de ratione et ordine discendi. Leipzig: H. Grossius 1596 (Göttingen: Staats- und Universitätsbibliothek, 8 Didact 192/29), 15v – 16r; vgl. WA 45, 427, 5–8; s. auch: *David Chytraeus – Simon Pauli*: Orationes in promotione doctorum, licentiati & quinque Baccalaureorum Theologiae habitae. Rostock: Myliander 1564 (Göttingen: Staats- und Universitätsbibliothek, 8 H lit part V, 370/5), B 1v – B 2v.

28 *Lucas Bacmeister [d.Ä.I.]*: De modo concionandi. Simplex informatio eorum, qui ad munus docendi publice in ecclesia aliquando accedent. Wittenberg: Z. Lehmann, W. Lobe 1598, 49v – 50r (Rostock: Universitätsbibliothek, Fk 3141).

29 *Simon Pauli*: Außlegung der Episteln / an Sontagen und fürnemsten Festen / ordentlich und richtig nach der RHETORICA gefasset [...] Das Erste Teil / vom Advent / bis auff den Sontag Trinitatis. Wittenberg: H. Lufft 1579, 54r (Göttingen: Staats- und Universitätsbibliothek, 8 Th. past. 150/88).

30 Zur ersten Wittenberger Studienzeit des Chytraeus noch immer am ausführlichsten: *Otto Karsten Krabbe*: David Chytraeus. Erste Abtheilung. Rostock 1870, 14–21.

31 CR 2, 456–461; MBW 854; vgl. *Hartfelder* [s. Anm. 5], 472–476; zu Melanchthons „Ratio“ an einen unbekannten Autodidakten, der möglicherweise die artes-Studien absolviert hatte und sich zum Studium der Theologie nicht mehr auf einer Universität aufhielt, vgl. zuletzt *Oswald Bayer*: Theologie. Gütersloh 1994 (HST, 1), 136 ff; s. auch *Wilhelm Hammer*: Die Melanchthonforschung im Wandel der Jahrhunderte. Bd. I. Gütersloh 1967 (QFRG, 35), Nr. 34 f., 44 f.; Nr. 1359, 818; zu individuellen Studienplänen aus der Feder Melanchthons vgl. CR 3, 1110–1113; CR 4, 934–936; CR 8, 382–387; CR 10, 100 f., und dazu *Heinz Scheible*: Melan-

schen Gesamtausgabe seiner Schriften von 1539[32] im Luthertum entwickelten „eigenen Literaturgattung“[33] der Anweisungen zum Theologiestudium nimmt David Chytraeus eine Schlüsselrolle ein. Seine einschlägigste Äußerung zur Sache, die erstmals 1560 erschienene „Oratio de studio theologiae inchoando“ ist die verbreitetste Anweisung zum Studium der Theologie im Luthertum des 16. und 17. Jahrhunderts überhaupt.[34] Daß Philipp Jakob Spener in seinen „Pia desideria“ in herausgehobener Weise zustimmend gerade auf David Chytraeus verwies,[35] entspricht also durchaus der historischen Bedeutung dieses wichtigsten lutherischen Universitätsorganisators und Didaktikers des Theologiestudiums nach Melanchthon;[36] in der einschlägigen Literatur zum Theologiestudium und -begriff im 17. Jahrhundert scheint dieser Sachverhalt noch nicht hinreichend gewürdigt zu sein.[37]

---

chthons Bildungsprogramm. In: Melanchthon und die Reformation [s. Anm. 3], 98–114, hier: 110 f.

32 WA 50, 654–661; vgl. *Bayer* [s. Anm. 31], 35 ff.; zum Kontext s. *Martin Brecht*: Martin Luther. Bd. 3. Die Erhaltung der Kirche. 1532–1546. Stuttgart 1987, 144–148.

33 *Oswald Bayer*: Oratio, Meditatio, Tentatio. Eine Besinnung auf Luthers Theologieverständnis. In: LuJ 55, 1988, 7–59, hier: 14 Anm. 41.

34 Insgesamt sind fünf Einzeldrucke und mindestens fünfzehn Nachdrucke in Sammelausgaben nachgewiesen; vgl. *Kaufmann* [s. Anm. 1], Anhang 1; s. auch VD 16 C 2688–2691; 2692–2694; 2725–2731. Im folgenden benutzt wird die Ausgabe: Ad Regulas studiorum Davidis Chytraei Appendix, Continens paraleipOmena, quae cum priori editione coniuncta [. . .] Jenae: T. Steinmann 1595, 9–41 (Göttingen: Staats- und Universitätsbibliothek, 8 Didact 192/29).

35 „So bedörffte es wol / daß deß der Kirchen bestens so hochverständigen D. Dav. Chytraei oration (de studio Theologiae non rixis disputationum sed exercitiis pietatis potius colendo, wie man das Theologische Studium nicht so wol in zancksüchtigen disputationen, als übung der gottseligkeit suchen solte) gleichsam jährlich etliche mahl allen studiosos vorgelesen würde.“ Philipp Jakob Spener: Pia desideria. Hg. v. *Kurt Aland*. 3. Aufl. Berlin 1964 (KIT, 170), 21, 5–10. Spener beruft sich auf ein positives Urteil Johannes Affelmanns, das Heinrich Varenius, der Schüler des Rostocker Theologen, in seiner Arndt-Apologie zitiert hat. Vgl. dazu im ganzen: *Kaufmann* [s. Anm. 1], 269 f. Die von Spener im Anschluß an Varenius zitierte Rede des Chytraeus, mit der dieser seine Lehrtätigkeit als Katechismusprofessor am Pädagogium der Universität Rostock 1551 eröffnet hatte, ist am bequemsten in dessen „Orationes“ [s. Anm. 27], 472–494, zugänglich. Hinsichtlich des Studienkonzepts stimmt diese erste Rostocker Äußerung des Chytraeus mit seiner „Oratio de studio theologiae recte inchoando“ von 1558/1560 weitgehend überein.

36 Vgl. v. a. *Peter Baumgart*: Humanistische Bildungsreform an deutschen Universitäten des 16. Jahrhunderts. In: Humanismus im Bildungswesen des 15. und 16. Jahrhunderts. Hg. v. *Wolfgang Reinhard*. Weinheim 1984 (Mitteilungen XII der Kommission für Humanismusforschung), 171–197.

37 *Johannes Wallmann*: Der Theologiebegriff bei Johann Gerhard und Georg Calixt. Tübingen 1961 (BHTh, 30); *Ders.*: Spener und Dilfeld. Der Hintergrund des ersten pietistischen Streites. Zuletzt in: Theologie und Frömmigkeit im Zeitalter des Barock. Gesammelte Aufsätze. Tübingen 1995, 197–219; *Rudolf Mau*: Programme und Praxis des Theologiestudiums im 17. und 18. Jahrhundert. In: Theologische Versuche XI, 1979, 71–91; *Bayer* [s. Anm. 31 u. 33]; zur Spenerschen Reform des Theologiestudiums vgl. *Martin Brecht*: Philipp Jakob Spener und die Reform des Theologiestudiums. In: PuN 12, 1986, 94–108.

Da die „Oratio“ des Chytraeus, im Unterschied zu Melanchthons „Brevis ratio“ und Hieronymus Wellers „Consilium De studio Theologiae rite instituendo“ (1562)[38], nicht ursprünglich für eine einzelne, in autodidaktischen Studien begriffene Privatperson, sondern für die studentische Öffentlichkeit an den Universitäten konzipiert war, kann Chytraeus geradezu als Schöpfer dieser universitätsdidaktischen Literaturgattung gelten. In bezug auf die Frage nach der Aufnahme der Wittenberger Theologie im Rostock des späteren 16. Jahrhunderts kommt dieser von weiteren einschlägigen Texten des Chytraeus flankierten, konzeptionell auch in die „Catechesis“ aufgenommenen Studienanweisung eine zentrale Bedeutung zu. Sie stellt eine gezielte Synthese aus Luthers praktisch-existentiellem Theologiebegriff und Melanchthons auf die methodische Ordnung und didaktische Vermittelbarkeit der „doctrina“ abzielenden Studienkonzeption dar.

Die Gesamtrichtung des von Chytraeus entwickelten Konzepts von Theologie ist mit Luther an der aus dem 119. Psalm heraus entwickelten Trias von oratio, meditatio und tentatio orientiert.[39] Charakteristisch für Chytraeus ist, daß er den Begriff der vera theologia mit dem von Melanchthon her dominierenden Begriff der doctrina parallelisiert;[40] theologia als gelebter Existenzvollzug, als persönliches Vertrauen in die im Glauben empfangene Sündenvergebung, und doctrina als methodisch reflektierte und didaktisch vermittelbare Wissenschaft der rechten Lehre werden als spannungsreiche Einheit begriffen. Am Anfang aller Studien hat das Gebet zu stehen, und auch die Studenten, die nicht professionelle Theologen werden wollen, haben sich in täglicher Schriftmeditation zu üben.[41] Die Konzeption des Theologiebegriffs wird von Chytraeus ihrer-

[38] *Wellers* „Consilium de studio Theologiae“, datiert auf den 13.9.1561 und ursprünglich als Privatbrief an einen Ungenannten abgefaßt, erschien erstmals 1562 zusammen mit Wellers Homiletik [„De modo et ratione concionandi“] unter dem Titel: „Ratio formandi studij theologici“ in der Nürnberger Offizin U. Neuber, J. Monton; ein Exemplar befindet sich in München: Staatsbibliothek, Th 4. 3736. Noch 1617 und 1717 erfolgten Nachdrucke. Zu dem Luthervertrauten Hieronymus Weller vgl. nur die Hinweise von *Brecht* [s. Anm. 32], bes. 132–134 u.ö.; *Ders.*: Martin Luther Bd. 2. Ordnung und Abgrenzung der Reformation 1521–1532. Stuttgart 1986, bes. 365.

[39] „Itaque singulis, quibus vera pietas & salutaris doctrinae coelestis cognitio cordi est, quotidie, serio & ardenter, nostra studia a Deo iuvari & regi petamus & his ipsis verbis Psal. 119. quem velut normam in studio Theologiae instituendo Lutherus sequendum esse monet [. . .].“ *Chytraeus* [s. Anm. 34], 12v – 13r.

[40] „Et cum Theologia non in speculatione tantum & scientia, sed usu & praxi praecipue sita sit: ad usum transfert sententias scripturae legendo perceptas: & ad veram et salutarem doctrinae coelestis parandam, longe plus adfert utilitatis, quam multi labores discendi“; *Chytraeus* [s. Anm. 34], 13v.

[41] *Chytraeus* [s. Anm. 34], 9r – 18r. „Atque hae tres admonitiones [sc. zum Gebet, zum Bibel- und Locistudium], de studio Theologiae recte instituendo, ad omnes pietatis & salutis suae studiosos pertinent“; 18r.

seits an seiner eigenen Bildungsgeschichte plausibilisiert: durch die biblischen Schriften, Melanchthons „Loci“, die Confessio Augustana und sein persönliches Schülerverhältnis zu Luther und Melanchthon, durch die in ihren Schriften enthaltene „forma et methodus, seu corpus doctrinae“ habe Gott ihn zur Erkenntnis seines Wortes geführt.[42] In der von Spener gepriesenen Eröffnungsrede zu seiner Vorlesung über die „Catechesis“ (1551) hebt Chytraeus, beiden Wittenberger Lehrern verpflichtet, auf die vom Glauben geforderte Haltung eines theologischen Lehrers zu seinen Schülern ab: nicht bloßen Wissensstoff soll er vermitteln, sondern als Vorbild an Frömmigkeit, Geduld und Sanftmut auf die theologische Existenzhaltung einwirken und die Liebe zu Gott und zum Nächsten, wahre pietas, exemplarisch leben.[43]

So nachdrücklich in dem prozeßhaften, die eigene geschichtliche Erfahrung konstitutiv einbeziehenden Verständnis der sich in oratio, meditatio und tentatio existentiell entfaltenden theologia Luthersches Erbe aufgenommen ist, so deutlich knüpft Chytraeus da, wo es um praktische Fragen eines Studienaufbaus geht, direkt an Melanchthon an. Seine entsprechenden Ausführungen von 1560 sind nahtlos, zum größten Teil wörtlich, in die von Chytraeus verfaßten Helmstedter Universitätsstatuten, die eine ausführliche Studienanweisung enthalten, eingegangen.[44] Bei der Frage nach der „Eigenart“ der Helmstedter Theologie,[45] der gemeinhin eine entscheidende Bedeutung für die protestantische Theologiegeschichte des 17. Jahrhunderts zugeschrieben wird, dürfte eine Rückfrage nach den Rostocker Wurzeln ergiebig sein.

Die eigentlichen methodischen Studienanweisungen werden in Gestalt verbindlicher Regeln formuliert.[46] Nach dem Gebet hat die intensive Arbeit am Text der Bibel, morgens und abends je ein Kapitel, zu folgen. Bei 1360 Kapiteln, so rechnet Chytraeus den Studenten vor, komme man in zwei Jahren durch die ganze heilige Schrift. Als Hilfsmit-

---

[42] *Chytraeus*, Orationes [s. Anm. 27], 476: „Quare mediocri fide et diligentia, his triginta annis studui [sc. Chytraeus], hanc summam verae de Deo doctrinae, quam Vitebergae Preceptorum meorum theodidacton Lutheri & Philippi viva voce & scriptis explicatam didici & retinere & propagare. Idque nunc eo studiosius facio & faciam Deo iuvante, quia non solum veram esse doctrinam esse sentio: verum etiam hanc formam & methodon, seu corpus doctrinae in Lutheri & Philippi scriptis constitutum retineri Utilissimum iudico.“.

[43] *Chytraeus*, Orationes [s. Anm. 27], 478.

[44] Der Studien- und Lektionsplan „De studio theologiae recte inchoando et de ratione docendi theologiam“ der von Chytraeus maßgeblich verfaßten Helmstedter Statuten [Die Statuten der Universität Helmstedt. Bearb. v. *Peter Baumgart, Ernst Pitz*. Göttingen 1963 (Veröffentlichungen der Niedersächsischen Archivverwaltung, 15), 80 ff.] weist weitgehend z. T. wörtliche Übereinstimmungen mit der „Oratio de studio theologiae recte inchoando“ von 1560 auf.

[45] *Johannes Wallmann*: Zwischen Reformation und Humanismus. Eigenart und Wirkungen Helmstedter Theologie unter Berücksichtigung Georg Calixts. In: Theologie und Frömmigkeit [s. Anm. 37], 61–86.

[46] Vgl. zum folgenden *Chytraeus* [s. Anm. 34], 18r ff.

tel bei der Lektüre werden neben den Grammatiken eine gebräuchliche lateinische Übersetzung und die Lutherbibel nahegelegt. Die Schriftlektüre soll dem Duktus des Textes folgen und nicht einzelne Sätze in dogmatischer Absicht atomisieren. Sodann soll der Student Vertrautheit mit einer theologischen Lehrsumme, am besten Melanchthons „Loci" oder dem „Examen ordinandorum", erwerben; diese Studien sollen gleichfalls täglich, im Anschluß an die Bibellektüre, getrieben werden, und zwar immer wieder, bis die Studenten sie kennen, wie ihre eigenen Finger. Schrift- und Loci-Studium soll für alle Studenten, nicht allein künftige Theologen, verbindlich sein. Für diese spielt dann insbesondere die kontroverstheologische Kompetenz eine Rolle; dazu sei eine am besten an Melanchthons Dialektik und seiner Rhetorik zu gewinnende und in Disputationen zu übende kategoriale und sprachlogisch-argumentative Schulung unerläßlich. Chytraeus setzt also, ganz konform mit der rekonstruierbaren Studienpraxis zahlloser zeitgenössischer studentischer Bildungsbiographien, ein gleichzeitiges Studium künftiger Pastoren in der artistischen und in der theologischen Fakultät voraus.[47] Er selbst lehrte auch, ganz ähnlich seinem Lehrer Melanchthon, immer wieder in beiden Fakultäten. Der Theologe soll die Schriften in den Ursprachen lesen; als Hilfsmittel werden neben altkirchlichen Auslegungen besonders die Kommentare Luthers und Melanchthons nahegelegt. Das höchste Lob erhält Luthers Galater-Kommentar; ihn zu lesen, sei besser als alle Werke der Väter zusammen.[48] Kirchenhistorische, philosophische, mathematisch-geographische und physikalische Studien werden in ihrer Nützlichkeit deutlich herausgestellt, sind aber gegenüber der intensiven Beschäftigung mit der Bibel und den Auslegungen der Wittenberger Lehrer von deutlich abgestufter Bedeutung.

Für Chytraeus' Gesamtverständnis der Theologie ist entscheidend, daß er die einzeln aufgeführten Wissenschaftsbereiche wie Philosophie, Ethik, Politik, Mathematik und Arithmetik, Physik, Astronomie und Geographie abschließend in einer letzten Studienregel von der Grunderfahrung, die einen Theologen zum Theologen mache, nämlich der

---

[47] Im Lichte normativer Quellen zum theologischen Ausbildungsprofil evangelischer Pastoren scheint es mir erforderlich zu sein, im 16. Jahrhundert von einer bifakultären Ausbildung evangelischer Theologen in der artistischen und der theologischen Fakultät auszugehen. Diese These wird etwa auch durch die Ergebnisse von *Grane* [s. Anm. 5] bestätigt. Im Unterschied dazu spricht *Luise Schorn-Schütte* davon, daß erst „seit dem Ende des 17. Jahrhunderts das Studium aller angehenden Geistlichen an der theologischen Fakultät zum Grundprinzip wurde." In: *Luise Schorn-Schütte*: Evangelische Geistlichkeit in der Frühneuzeit. Deren Anteil an der Entfaltung frühmoderner Staatlichkeit und Gesellschaft. Gütersloh 1996 (QFRG, 62), 226.

[48] „Sed ad eruditionem spiritualem & sapientiam illam Ecclesiae peculiarem & mundo ignotam, de gratia Christi & iustitia fidei recte intelligendam, longe plus conducet unicus Lutheri in Epistolam ad Galatas commentarius, quam multorum Patrum opera in unum collata"; *Chytraeus* [s. Anm. 34], 24v-25r.

„crux“ her gewichtet und beurteilt.[49] Die von der Erfahrung des Kreuzes bestimmte Existenz eines Theologen wird durch „pietas“, „poenitentia“, „fides“, „consolatio“, „patientia“, „invocatio“ und „dilectio Dei et proximi“ expliziert; die „crux“ gibt den intellektuellen Studien im einzelnen ihr Maß und ihre Richtung.[50] Allein die Erfahrung von Kreuz und Anfechtung („tentatio“) erschließt ein Verständnis von Theologie, das falsche dogmatische Sicherheiten fraglich werden läßt und deutlich macht, daß die ganze Lehre des Evangeliums *Trost* ist.[51] Von diesem existentiellen Theologieverständnis her wird plausibel, daß und warum allein Gott Subjekt aller Theologie ist, der Gott, der den Menschen durch die Erfahrung des Kreuzes übt. Die „experientia christiana“ unterscheidet sich darin grundlegend von der „experientia philosophica“, daß in ihr nicht die Erkenntnis der Erfahrung vorangeht, sondern umgekehrt die Glaubenserkenntnis der Erfahrung Gottes im eigenen Leben und in der Begegnung mit seinem Wort folgt.

„Oratio“ und „meditatio“ des biblischen Textes bilden den Einstieg der Studienanweisung des Chytraeus; am Ende seiner „Anweisung“ bringt er sein Theologieverständnis unter dem dritten Leitbegriff der von Luther rezipierten klassischen Trias, der „tentatio“, zur Darstellung. Innerhalb der Leitorientierung an der Vorrede zu Luthers erstem Band seiner deutschen Schriften rezipiert Chytraeus die stärker auf praktische Studiengestaltung ausgerichtete Studienanweisung Melanchthons an den für diesen entscheidenden Punkten, nämlich hinsichtlich der Ermahnung zum Bibel- und zum Loci-Studium.[52] Der erfahrungsbezogenen Grundrichtung reformatorischer Theologie und dem Kontext ihrer akademisch-lehrmäßigen Vermittlung sucht Chytraeus also in gleichem Maße Rechnung zu tragen. Das in sich spannungsreiche Studienkonzept enthält auch darin seine besondere Bedeutung, daß es gerade in der vorkonkordistischen Phase des heftigen Ringens um Luthers und Melanchthons Erbe die Anregungen beider auch persönlichen Wittenberger Lehrer des Chytraeus in einer fruchtbaren Synthese zu verbinden sucht. Gerade die Verbindung des Lutherschen Theologieverständnisses, das sich in seinem innersten Kern aller Lern- und Lehrbarkeit entzieht, mit dem planmäßigen, auf Lehre und Vermittlung ausgerichteten Studienkonzept Melanchthons macht den komplexen und originellen Charakter der Studien-

---

[49] „Sed nec totius orbis terrae, nec astrorum & motuum coelestium cognitio, non linguae, non Patres, non sacrarum literarum lectio & tractatio aßidua, denique non excellens eruditio & eloquentia bonum Theologum faciunt, nisi CRUX accedat, per quam Deus lucem verae agnitionis sui [. . .] probet, expoliat, confirmet & perficiat“; *Chytraeus* [s. Anm. 34], 36r.

[50] *Chytraeus*, 36r.

[51] *Chytraeus*, 37r: „Cum enim tota Evangelij doctrina sit consolatio [. . .] quomodo vel intelliget rectius Evangelion, vel in alijs docendis aut consolandis efficax erit: qui ipse non est in doloribus & aerumnis vim & efficaciam Evangelij expertus?“

[52] *Chytraeus*, 39v–40r; vgl. CR 2, 456.

anweisung des Chytraeus aus. Angesichts des Verbreitungsgrades der Chytraeusschen „Oratio de studio theologiae" dürfte ihr eine zentral wichtige Bedeutung für die lutherische Universitätstheologie des späten 16. und 17. Jahrhunderts und ihre rezeptionsgeschichtliche Bindung an Luther und Melanchthon zukommen.

In der wohl verbreitetsten lutherischen Volldogmatik vor Chemnitzens „Loci theologici"[53], den „Methodi praecipuorum locorum doctrinae ecclesiae" seines Rostocker Fakultätskollegen Simon Pauli,[54] ist das von Chytraeus entfaltete Studienmodell bis ins Detail aufgenommen worden.[55] In der wohl verbreitetsten lutherischen Homiletik des 16. Jahrhunderts, Bacmeisters „De modo concionandi"[56], wird positiv auf sie verwiesen. Das skizzierte Studienkonzept bestimmte also das, was Rostocker Theologie im 16. Jahrhundert genannt werden kann, nachhaltig. Die Rostocker Fakultätsstatuten von 1564 prägte es ohnehin, dort freilich so, daß die Balance zwischen Luther und Melanchthon ein wenig dadurch gestört wurde, daß zwar Melanchthons „Loci" und sein „Examen ordinandorum" als reguläre Grundlage des Dogmatikstudiums angeführt und die CA invariata neben den Schmalkaldischen Artikeln und den altkirchlichen Symbolen als entscheidende Bekenntnisgrundlage genannt, darüber hinaus aber alle Bücher Luthers, des „princeps aller Theologen", als Richtschnur der wahren Lehre betont herausgestellt werden.[57] Diese Hinweise zur Bekenntnisgrundlage gehen deutlich über die Wittenberger Vorlage, die für die lutherischen Universitätsstatuten im ganzen wegweisende zweite Fassung der theologischen Fakultätsstatuten aus der Feder Melanchthons von 1545/1546[58], hinaus, wo außer den

---

[53] Vgl. meinen Beitrag: *Martin Chemnitz* (1522–1586). Zur Wirkungsgeschichte der theologischen Loci. In: *Scheible*, Melanchthon in seinen Schülern [s. Anm. 5], 183–254.

[54] *Simon Pauli*: Methodi aliquot locorum doctrinae ecclesiae Dei, illustratae exordijs et alijs partibus orationis, in quibus monstratur usus dialecticae et rhetoricae, in orationibus, quae pro concione ad plebem habentur. Rostock: J. Lucius 1565 (VD 16 P 1005; Wolfenbüttel: Herzog August Bibliothek, Alvensleben T 175). Bis 1593 erschienen acht weitere Ausgaben; vgl. auch VD 16 P 1005 – 1011; *Kaufmann* [s. Anm. 1], Anhang 1. Ich benutze die Ausgabe Magdeburg: W. Kirchner 1579 (Rostock: Universitätsbibliothek, Fh 3195 [1–4]).

[55] *Pauli* [s. Anm. 54], 3v-7r.

[56] *Bacmeister* [s. Anm. 28], 6r-v: „Tota vero studij Theologici ratio, in oratione quadam erudite & eleganter a Clarißimo viro D. Davide Chytraeo tradita cum omnibus, qui in sacrarum rerum studio versantur, tum ijs praecipue, qui ad munus docendi in Ecclesia se parant, semper in conspectu esse debet." Bacmeisters Homiletik erschien zwischen 1570 und 1599 in insgesamt vier Ausgaben; vgl. *Kaufmann* [s. Anm. 1], Anhang 1.

[57] Edition der Statuten in: *Kaufmann* [s. Anm. 1], Anhang 2.

[58] Edition in: *Walter Friedensburg*: Urkundenbuch der Universität Wittenberg Teil 1 (1502–1611). Magdeburg 1926 (Geschichtsquellen der Provinz Sachsen und des Freistaates Anhalt N.R. 3), Nr. 272, 261–265; vgl. CR 10, 1001–1008; s. auch *Spitz* [s. Anm. 2], 54 f.; *Kurt Aland*: Die Theologische Fakultät Wittenberg und ihre Stellung im Gesamtzusammenhang der Leucorea während des 16. Jahrhunderts. Zuletzt in: Kirchengeschichtliche Entwürfe. Gütersloh 1960, 283–394, hier: 288 ff.

altkirchlichen Symbolen lediglich die CA genannt ist. Noch in anderer Hinsicht gehen die Rostocker gegenüber den Wittenberger Statuten eigene Wege; sie betrifft die zum Abfassungszeitpunkt der Rostocker Statuten – 1564 – dringend gebotenen Hinweise zum Consensus doctrinae aller Fakultätsmitglieder.[59] Man wollte keinen Streit im eigenen Haus haben und verhinderte diesen auch durchaus erfolgreich.

An Melanchthon jedenfalls hielt man, trotz aller seit den 1560er Jahren deutlich hervortretenden Betonung Luthers, im Rostock des späteren 16. Jahrhunderts grundsätzlich fest, ein Sachverhalt, der Chytraeus, verstärkt durch die spätere „Konversion" seines Bruders Nathan zum Reformiertentum,[60] schon zu Lebzeiten und später bei Affelmann und Quenstedt in den Verdacht des Philippismus bzw. Kryptocalvinismus brachte[61] – sachlich-theologisch durchaus zu Unrecht.[62]

III.

Die Präsenz der Wittenberger Theologie im Rostock des späteren 16. Jahrhunderts soll nun noch knapp am Beispiel homiletischer und pastoraltheologischer Umsetzungen veranschaulicht werden.

Die sich eng an Melanchthon anschließende Rhetorik David Chytraeus'[63] gehört zu jenen Werken, die im Gefolge des Wittenberger Praeceptors „Rhetorik und Homiletik in einem"[64] behandeln. Chytraeus

---

[59] „IV. Praecipue quatuor sint ornati gradu Doctorum, ex Illustrißimorum Principorum, et Amplissimi Senatus Theologiae Professoribus, qui Collegium constituant. Hi et concordiam in vinculo pacis inter se colant, atque tueantur, et Collegii negotia communi consilio agant. V. Nemo recipiatur in Collegium Theologicum absque omnium Collegarum consenu, et qui Doctorum in Theologia gradum non habet. VI. Si cui in alia Academia sunt collata insignia Doctorum, non debet recipi, nisi prius suam de omnibus doctrinae coelestis partibus sententiam probarit Collegio, publice disputaverit, et Juramento affirmaverit, se et Concordiam et consensum in doctrina velle cum Collegis constanter tueri [...]" [s. Anm. 57].

[60] Vgl. bes. *Ernst Koch*: Der Weg von Nathan Chytraeus von Rostock nach Bremen auf dem Hintergrund der kirchlichen und theologischen Bewegungen der Zeit. In: *Nathan Chytraeus* [s. Anm. 7], 53–59; *Sabine Pettke*: Die Entlassung des Nathan Chytraeus aus Rostock. In: David und Nathan Chytraeus [s. Anm. 7], 165–170; *Thomas Fuchs*: Das Entlassungsgesuch des Nathan Chytraeus an den Bürgermeister und Rat der Stadt Rostock: David und Nathan Chytraeus, 171–174; *Sabine Pettke*: Nathan Chytraeus [s. Anm. 7], Nr. 6–36, 19 ff.

[61] Vgl. *Thomas Kaufmann*: Die Brüder David und Nathan Chytraeus in Rostock. In: David und Nathan Chytraeus [s. Anm. 7], 103–116; 202–212, hier: 115 f.; 211 f. Anm. 109.

[62] Zu der zeitlebens vitalen Bindung des Chytraeus an Luther *und* Melanchthon vgl. auch *Keller* [s. Anm. 19], bes. 12, 16, 29, 84, 96, 112 f., 126, 128, 152, 173, 176, 188 f.

[63] *David Chytraeus*: Praecepta rhetoricae inventionis, illustrata multis et utilibus exemplis, ex sacra scriptura, et Cicerone sumptis [...] Wittenberg: J. Crato 1556. Acht Nachdrucke des ersten Bandes erschienen bis 1593; vgl. VD 16 C 2712–2717; *Kaufmann* [s. Anm. 1], Anhang 1. Ich benutze den Druck Wittenberg: P. Seitz 1576 (Göttingen: Staats- und Universitätsbibliothek, 8 Ling I, 2644).

[64] *Martin Schian*: Die lutherische Homiletik in der zweiten Hälfte des 16. Jahrhunderts. In:

versteht die Predigt von der Rede her und als Rede. Ähnlich wie Melanchthon hat er selbst zeitlebens nicht gepredigt. Gott habe die Menschen dazu erschaffen, daß sie ihn erkennen und loben. Das Mittel dazu sei die Sprache, deren Formung eine Möglichkeit der natürlichen Vernunft darstelle.[65] Nur wenige herausragende Gestalten der heidnischen Antike wie Cicero, Perikles, Demosthenes und einige wenige „Oratores in Ecclesia Dei" wie Paulus, Basilius und Luther seien mit der Fähigkeit zu außerordentlicher Eloquenz begabt gewesen.[66] Jeder Predigt und jeder Rede soll die Anrufung Gottes voraufgehen. Spezifische Reflexionen über die Predigt im Unterschied zur Rede, über die Ausbildung des Predigers oder die Bindung an den Bibeltext sind in der Rhetorik des Chytraeus nicht ausgeführt, obschon er rhetorische Figuren – ähnlich wie Melanchthon in seiner Rhetorik – auch an biblischen Beispielen verdeutlicht. Die Hinweise sind eher technischer Art: die facultas docendi hat sich in klaren Dispositionen, einer stringenten Ordnung der einzelnen Loci und einer durchsichtigen Verwendung der Exempel zu bewähren.

Bacmeisters „De modo concionandi simplex informatio"[67] verdankt – wie die Chytraeussche Rhetorik – Melanchthon die nachhaltigsten Prägungen. Wichtig ist allerdings, daß er die Predigt als spezifisches Phänomen behandelt, das nicht einfach mit der Rede identisch ist: seine amtliche Doppelstellung als städtischer Theologieprofessor, Pastor und Superintendent an St. Marien ließ ihm – wie auch Pauli – eine größere Nähe zur Predigtpraxis geboten erscheinen. Seine erstmals 1570, bis 1599 in insgesamt vier Druckausgaben erschienene Homiletik ist die erste in einem konfessionstheologisch präzisen Sinne als „lutherisch" zu bezeichnende monographische Abhandlung eines Vertreters der nachreformatorischen Generation und scheint im 16. Jahrhundert die verbreitetste Schrift ihrer Art gewesen zu sein. Sie ist erwachsen aus einer Vorlesung über die Pastoralbriefe[68] und knüpft direkt an die homiletischen Ausführungen in Melanchthons Kommentar zum 1. Timotheusbrief von

---

ThStKr 21, 1899, 62–94, hier: 64. Bibliographisch hilfreich, doch aufgrund des repristinativen Pathos der Darstellung dem historischen Verständnis nur eingeschränkt förderlich: *Johann Anselm Steiger*: Rhetorica sacra seu biblica. Johann Matthäus Meyfart (1590–1642) und die Defizite der heutigen rhetorischen Homiletik. In: ZThK 92, 1995, 517–558. Zum Verhältnis von Rhetorik und Homiletik bei Melanchthon grundlegend: *Uwe Schnell*: Die homiletische Theorie Philipp Melanchthons. Berlin, Hamburg 1968 (AGTL, 20); vgl. auch *Martin Brecht*: Architectus popularis Sermonis. Das Predigtbuch Arsacius Seehofers von 1538. In: Ausgewählte Aufsätze. Bd. 1: Reformation. Stuttgart 1995, 380–393.

[65] *Chytraeus* [s. Anm. 63], A 1r/v.

[66] *Chytraeus*, A 3r.

[67] *Bacmeister* [s. Anm. 28 u. 56].

[68] „Ego [sc. *Bacmeister*] igitur, ut scholasticos qui doctrinam coelestem in hac Academia [sc. Rostock] discunt & Ecclesiae Dei studia sua destinarunt, ad hanc considerationem, quae alioqui a multis negligitur, excitarem, Epistolas Pauli ad Timotheum & Titum scriptas publice eis ante aliquot annos proposui"; *Bacmeister* [s. Anm. 28], A [7]r.

1550/1551[69] an. Daß Bacmeister die dem 1561 veröffentlichten Kommentar Melanchthons zugrundeliegende Vorlesung von 1550 selbst gehört hat, ist sehr wahrscheinlich. Gerade in diesem und in seinem Kommentar zum 1. Korintherbrief hatte Melanchthon einen „eigenen, in der Schrift begründeten Ansatz" in der Homiletik[70] gefunden und die spezifische Eigenart der Predigt gegenüber jeder profanen Rede[71] betont. Im Lichte der wirkungsreichen Bacmeisterschen Homiletik wird deutlich, daß der Einfluß Melanchthons auch in bezug auf die lutherische Predigtlehre ungebrochen fortwirkt. Bacmeister stellt seine in eigener Predigtarbeit erprobten, aus der Exegese der Pastoralbriefe gewonnenen Einsichten in einem mit vielen ganz praktischen Hinweisen durchsetzten Handbuch für Pfarrer zusammen.

Er versteht das Predigtamt in seinem Kern in engem Anschluß an Melanchthon als Lehramt („munus docendi")[72]. Der Prediger, der dieses Lehramt versehen will, soll einen klaren Begriff der „doctrina verbi divini" entwickeln.[73] Nach Paulus muß er διδακτικός sein, und auch Christus bezeichne diejenigen, denen das Predigtamt übertragen werden soll, als „docti"[74]. Bei der Predigt gehe es auch darum, nicht zufällig und ohne klare Ordnung, sondern planmäßig und strukturiert, einer „forma" folgend, die einerseits auf die göttliche „doctrina coelestis", andererseits auf die artes dicendi gegründet sei, zu verfahren. Der Prediger müsse sowohl verstehen, was er zu lehren hat, als auch das Verstandene, die christliche Lehre, in einer für seine Zuhörer gewinnbringenden Weise darstellen können.[75]

Für den Kontext unserer Fragestellung nach dem Nachwirken der Wittenberger in der Rostocker Theologie des späteren 16. Jahrhunderts sei lediglich angemerkt, daß Bacmeister Melanchthon die wichtigsten formalen, methodischen und technischen Hinweise entnimmt, und Luther als unerläßlichen Gewährsmann für die Ausarbeitung und die Predigtpraxis darstellt. Bei keinem anderen Autor könne man in bezug auf die Predigtpraxis soviel lernen wie bei Luther. Ein Prediger, der „ad populum" zu predigen habe, soll Luthers Postille zur Hand nehmen und sehen, wie dieser es macht. Er soll Luther nachahmen (imitari). Luther

---

[69] Vgl. dazu *Schnell* [s. Anm. 64]; CR 15, 1295–1396; die Herausgabe erfolgte 1561 durch Paul Crell.

[70] *Schnell*, 105; vgl. 114 f.

[71] Vgl. *Schnell*, 115.

[72] *Bacmeister* [s. Anm. 28], 1r.

[73] „[...] ita quoque in doctrina verbi divini, in Ecclesia Dei proponenda eadem plane cura docentium esse debet, ut rationem aliquam seu formam certam perpetuo in conspectu habeant, quae & simplicitate & perspicuitate neceßaria, res ipsas explicet & auditoribus ad percipiendam doctrinam & vim eius intelligendam prosit"; *Bacmeister*, 1r.

[74] *Bacmeister*, 1r/v.

[75] *Bacmeister*, 1v-6v.

sei ein „singularis et admirabilis artifex" der Predigt, besonders wenn es gelte, die doctrina auf ihren „usus" zu beziehen, Glauben, Buße, ja das ganze Leben eines Christenmenschen einzuüben.[76] Neben der Postille und den Predigten Luthers sind es besonders einzelne Äußerungen des Wittenberger Reformators zur Predigt, die in der Aurifaberschen Sammlung seiner Tischreden systematisiert worden waren und an die man anknüpfte.[77] Der Bacmeisterschen Homiletik ist ein Brief Melanchthons „ad quendam amicum de ratione concionandi" beigefügt. Melanchthon beschreibt in diesem ursprünglich 1544 an M. Seidemann adressierten Brief, wie ein guter Prediger sein solle. Als Exeget in schola zu lehren und als Prediger die Seelen der Zuhörer zu entflammen, sei zweierlei. Den Typus des vorbildichen Predigers sieht Melanchthon in seiner Zeit nur in Luther verwirklicht.[78] Noch in seinem Urteil über den Wittenberger Prediger Luther folgt der Rostocker Bacmeister seinem Wittenberger Lehrer Melanchthon. Ähnlich wie bei den studienkonzeptionellen Überlegungen der Rostocker ging es ihnen in der homiletischen Reflexion der Predigt darum, das Erbe beider Väter komplementär in den Dienst der ihnen gestellten kirchlich-theologischen Aufgaben zu nehmen.

---

[76] „Ac praecipue in Lutheri scriptis evoluendis sedulus & adsiduus sit [sc. der angehende Prediger] & ubicumque eius enarrationem habere potest, eam prae alijs inspiciat & accurate consideret. Nam ut Lucifer inter reliquas stellas, sic divini istius viri scripta inter omnium eorum, qui nostro tempore, imo inde usque ab Apostolorum fere temporibus, de rebus sacris scripserunt, commentarios, emicant, idque propter rerum divinarum incomparabilem scientiam, quae in eo fuit & propter gravitatem ac maiestatem sententiarum, δυνότητα, seu vim ac pondera verborum & totius orationis copiam ac perspicuitatem, quam scripta illius continent. Nemo igitur absque singulari fructu a lectione horum scriptorum dimittetur. Et concionator quidem cum ad populum sermo habendus est, haec maxime in Lutheri enarrationibus quaeret, observabit & imitari aliquo modo in suis concionibus studebit: Veram & Genuinam textus enarrandi sententiam: Praecipuas & inprimis utiles in eo textu doctrinas & harum disertam explicationem ac confirmationem ex reliqua scriptura: Accomodationem doctrinae seu usum, ad exercitia fidei, poenitentiae & totius vitae Christianae, in quo usu monstrando singularis & admirabilis artifex est Lutherus [.]" *Bacmeister* [s. Anm. 28], 25 r/v.

[77] Tischreden Oder Colloquia Doct. Mart. Luthers / So er in vielen Jaren / gegen gelarten Leuten / auch frembden Gesten / und seinen Tischgesellen gefüret / Nach den Heubtstücken unserer Christlichen Lere / zusammen getragen. [...] Eisleben: U. Gaubisch 1566. Nachdruck Leipzig mit einem Nachwort von *Johannes Adler* 1967, 252r–276v; einschlägige Tischredentexte zusammengestellt von *Emanuel Hirsch*. In: Luthers Werke in Auswahl. Bd. 7. Predigten. (BoA, 7) Berlin 1950 (u. spätere Auflagen), 20–38. Vgl. auch *Dietrich Rössler*: Beispiel und Erfahrung: Zu Luthers Homiletik. In: Reformation und Praktische Theologie. Hg. v. *Hans-Martin Müller* u. *Dietrich Rössler*. FS Werner Jetter. Göttingen 1983, 202–215.

[78] Die „Epistola Philippi Melanchthonis ad quendam amicum de ratione concionandi" findet sich bei *Bacmeister* [s. Anm. 28], 83r-85v. Es handelt sich um einen Brief Melanchthons an Martin Seidemann vom 9.11.1544, vgl. MBW 3727; CR 4, 699–701 (Nr. 2402); *Nikolaus Müller*: Melanchthoniana aus Brandenburg a. H. und Venedig. In: ZKG 14, 1899, 133–142, hier: 140–142; *Josef Hejnic*: Zu Melanchthons Brief Corp. Reform. 4, Nr. 2402. In: ARG 61, 1970, 76–83.

Die Modellhaftigkeit Wittenbergs in bezug auf praktisch-homiletische Umsetzungsleistungen sei noch knapp an zwei Aspekten aus dem Wirken der dritten großen Theologengestalt Rostocks in der zweiten Hälfte des 16. Jahrhunderts, an Simon Pauli, verdeutlicht. In der deutschen Ausgabe seiner „Postilla", lateinisch 1567 erschienen,[79] seit 1572 auf deutsch,[80] bekennt sich der fürstliche Theologe pointiert zu „D. Luthers Lehr".[81] Luthers Postille ist einer der wichtigsten Referenztexte seiner als Orientierungshilfe insbesondere für mecklenburgische Pfarrer konzipierten eigenen homiletischen Umsetzungsarbeit. Der „Postilla" liegen einerseits die deutschen Gemeindepredigten des Pastors an St. Jacobi, andererseits lateinische Auslegungen der Perikopen zugrunde, die er „der Jugent in der Universitet zum ersten gelesen / und inen gezeiget und gewiesen / wie man sie nach der Rhetorica [. . .] disponirn oder ordnen / und zugleich den Text mit erkleren kan [. . .]".[82]

Die lateinischen und die deutschen Ausgaben der Postille stimmen weitgehend überein. Als Vorbild der Auslegung im Kontext der Universität fungierten Melanchthons seit 1548 durchgeführte Veranstaltungen, in denen er – vornehmlich für ausländische Studenten – am Sonntag die jeweiligen Perikopen auf Latein auslegte.[83] Pauli kannte diese dann in Melanchthons Postilla eingegangenen Auslegungen aus seiner eigenen Studienzeit. Wie im Falle von Bacmeisters Homiletik erwuchs die Paulische „Postilla" also unmittelbar aus dem eigenen Erfahrungszusammenhang mit Lehrveranstaltungen Melanchthons. In den einzelnen Predigten der Paulischen „Postilla" fällt nun allerdings auf, daß es gerade die „lutherischen" Unterscheidungslehren gegenüber den „Reformierten", in der Christologie und in der Abendmahlslehre, sind, die deutlich in den Vordergrund gerückt werden. Luther ist die am häufigsten zitierte

---

[79] *Simon Pauli*: Dispositio in partes orationis rhetoricae, et brevis textus enarratio evangeliorum, ut vocant, quae diebus dominicis et festis sanctorum, usitate pro concione in ecclesia Dei, explicantur [. . .] Rostock: J. Lucius 1567 (VD 16 P 987; Wolfenbüttel: Herzog August Bibliothek, C 707. 8 Helmst); zehn vollständige Ausgaben bis 1591; vgl. VD 16 P 987–995; *Kaufmann* [s. Anm. 1], Anhang 1.

[80] *Simon Pauli*: Postilla: das ist: Auslegung der Episteln und Evangelien an Sontagen und fürnemsten Festen ordentlich und richtig nach der Rhetorica gefasset. [. . .] Magdeburg: W. Kirchner 1572 (VD 16 P 1013; Wolfenbüttel: Herzog August Bibliothek, Alvensleben V 400 [T. 1 und 3]; Alvensleben V 401); vgl. VD 16 P 1001 – 1017; *Kaufmann* [s. Anm. 1], Anhang 1; 13 vollständige Ausgaben bis 1615.

[81] *Simon Pauli*: Postilla: Das ist / Auslegung der Evangelien [. . .]. Das Dritte Teil. Magdeburg: W. Kirchner 1577 (Halle: Universitätsbibliothek, Je 624), A [7]r.

[82] *Pauli* [s. Anm. 29], A [7]r.

[83] CR 14, 161–528 (1544); Edition Pezels: CR 24 f.; vgl. MBW 3546; *Wilhelm Meyer*: Die Göttinger Nachschrift der Postilla Melanchthons. In: NGWG.PH 1895, 13–68; zu Pezel als Melanchthon-Editor umfassend: *Richard Wetzel*: Christoph Pezel (1539–1604). Die Vorreden zu seinen Melanchthon-Editionen als Propagandatexte der ‚Zweiten Reformation'. In: *Scheible*, Melanchthon in seinen Schülern [s. Anm. 5], 465–566.

menschliche Autorität. Mindestens einmal in jeder Predigt läßt ihn Pauli zu Wort kommen, und zwar mit Vorliebe in solchen Zusammenhängen des innerprotestantischen Lehrdiskurses, in denen Melanchthon in eine zutiefst strittige Rolle hineingeraten war. Die Person Luthers wird im historischen Umkreis der Konkordienformel gleichsam zum integrationsstiftenden Symbol der eigenen konfessionellen Identität. Melanchthon liefert die Methoden, Luther die theologischen Inhalte. Eine ausdrückliche, gar öffentlich vorgetragene theologische Kritik an Melanchthon unterbleibt.

Die seit den 1560er Jahren in Rostock übliche Umgangsweise mit Melanchthon wird etwa in einem Brief Bacmeisters von 1596, in dem er eine Stellungnahme zu Melanchthons „Loci" abgibt, deutlich. Man wisse zwar, so Bacmeister, daß besonders der locus „De libero arbitrio" nicht ganz in Ordnung sei, gleichwohl sei es ein „herrlich und nützlich Buch", das keinesfalls ganz verworfen werden dürfe. Bis heute lege man es in Rostock in turnusmäßigen Vorlesungen aus.[84] Die in der Vorrede der Konkordienformel nicht zuletzt auf Initiative der Rostocker[85] fixierte Wendung, Melanchthons Schriften seien nützlich,[86] entsprach der auch in Rostock selbstverständlich gebliebenen Umgangsweise mit dem theologischen Werk des Praeceptors. Gerade die punktuelle Distanzierung von Melanchthon in einzelnen theologischen Sachfragen ermöglichte allerdings, das Lebenswerk des Wittenberger Lehrers und die eigenen, von ihm geprägten Bildungsgeschichten in das sich konfessionell formierende Luthertum aufzunehmen.

Bacmeisters erfolgreichstes Buch, erstmals im März 1559 in einer in bezug auf Melanchthon noch weithin ungebrochen affirmativen Stimmungslage erschienen, war eine Sammlung von Gebeten, die aus Schriften Melanchthons kompiliert war. Die letzte der sieben lateinischen Ausgaben erschien 1619![87] Auch die Formen des poetischen Gebets, in dem

---

[84] Lucas Bacmeister an den Königsberger Ratsherrn und ehemaligen Rostocker Studenten Jacob Gelber vom 2.4.1596, hg. in *Johann Georg Schelhorn*: Ergötzlichkeiten aus der Kirchenhistorie und Literatur. Zweyter Band. Ulm u. Leipzig 1763, 554–556.

[85] „Philippi quoque nomen et autoritatem valde plausibiliter Cingliani et alii qui a vobis dissentiunt, passim inculcant. Omnino igitur necessarium iudicamus, si non ipsi libro Concordiae, ut saltem Praefationi mentio D. Praeceptoris, et scriptorum ipsius, modesta et gravis, cum significatione pietatis et gratitudinis, tam benemerito Praeceptori debitae, inseratur"; Brief der Rostocker Theologenfakultät an Nikolaus Selnecker und Jakob Andreae vom 12.1.1579. In: Primus Liber Facultatis Theologicae Rostochiensis, Continens varia scripta, iudicia, responsa, literas, testimonia & alia negotia eiusdem facultatis ab Anno Christi 1558 usque ad annum 1591 (Handschrift Universitätsarchiv Rostock), 211v–214r; Zit.: 214r; zur Diskussion um die Vorrede zur Konkordienformel zentral: *Inge Mager*: Die Konkordienformel im Fürstentum Braunschweig-Wolfenbüttel. Entstehungsbeitrag – Rezeption – Geltung. Göttingen 1993 (SKGNS, 33), bes. 384 ff.

[86] BSLK, 752.

[87] *Lucas Bacmeister [d. Ä./I.]*: Formae praecationum piarum, coll. ex scriptis Philippi Melan-

es nun doch um das Ganze der menschlichen calamitas und der göttlichen beneficiencia, ja um das Propium des christlichen Glaubens schlechthin[88] ging, hatte man von Melanchthon gelernt.[89]

IV. Perspektivierende Thesen zur theologiegeschichtlichen Erforschung des späteren 16. Jahrhunderts

1. Die Fragen nach spezifischen theologischen Lehrmeinungen der Wittenberger Reformatoren Luther und Melanchthon werden in der zweiten Hälfte des 16. Jahrhunderts vornehmlich in Lehrkonflikten bedeutungsvoll. Das Bewußtsein der tiefen inneren Zusammengehörigkeit von Luther und Melanchthon wird im sich formierenden Luthertum zwar durch die kryptocalvinistische, philippistische bzw. reformierte Inanspruchnahme Melanchthons erschüttert, aber nicht grundsätzlich aufgelöst. Für den bedeutendsten lutherischen Universitätsdidaktiker nach Melanchthon, David Chytraeus, ist das Bewußtsein der untrennbaren Zusammengehörigkeit beider Wittenberger Lehrer maßgeblich. Der Tatsache einer intensiven persönlichen Verbindung der Rostocker Konkordienlutheraner, aber auch etwa des Braunschweiger Vaters der Konkordienformel Martin Chemnitz[90], zu Melanchthon, dürfte eine schwerlich zu überschätzende Bedeutung dafür zukommen, daß das geistige Erbe des Praeceptors ein integraler theologischer Bildungsfaktor im Luthertum blieb.

2. Lutherische Universitätstheologie in der zweiten Hälfte des 16. Jahrhunderts erschließt sich keineswegs allein über die Geschichte

---

chthonis. Wittenberg: J. Crato 1559 (Göttingen: Staats- und Universitätsbibliothek, 8 Th thet II, 378/29); zum Bibliographischen: *Kaufmann* [s. Anm. 1], Anhang 1; vgl. *Hammer* [s. Anm. 31], Nr. 186, 149 f.; Nr. 198, 155; Nr. 325, 234 f.; Nr. 507, 361; Nr. 558, 393. Eine deutsche Übersetzung der Bacmeisterschen Ausgabe der Gebete Melanchthons nach dem Wittenberger Druck von 1563 hat jetzt vorgelegt: *Gerhard Weng:* Gestaltungen von Gebeten in dankbarer und ehrfürchtiger Gottesliebe. Kiel 1997; zum Gebet bei Melanchthon grundlegend: *Martin H. Jung:* Frömmigkeit und Theologie bei Philipp Melanchthon. Tübingen 1997 (BHTh, 102).

88 „Vult DEUS se invocari, vult se agnosci autorem & datorem omnium rerum & hunc cultum ab omnibus hominibus postulat, sed ita se coli vult sicut se patefecit in verbo & misso Filio, vult se discerni ab omnibus commentitiis numinibus & idolis, ac se solum adorari per Filium [...]"; *Bacmeister* [s. Anm. 87], A 4r.

89 „Deinde & hac nominis C. T. [sc. der Herzog von Schleswig und Holstein] inscriptione commendare & celebrare C. T. & aliis piis & bonis volui, clarissimi & de tota Ecclesia & studiis optime meriti veri D. Philippi Melanchthonis, praeceptoris nostri clarissimi, fidelitatem & diligentiam, qua nos quasi bonus parens liberos suos vere paterno animo complectens erudit, ad pietatis amorem & sedulam Invocationem hortatur, docet precari & modum orandi & invocandi Deum prescribit [...]. Amamus ergo & veneramur hunc virum & ut grati liberi curam istam, παιδείαν καὶ νουθεσίαν patris nostri agnoscimus [...]"; *Bacmeister* [s. Anm. 87], A [7]r.

90 Vgl. Anm. 53.

der theologischen Konflikte oder über die Prozesse der Bekenntnisbildung. Der theologische Lehrbetrieb, der seinen Schwerpunkt, Wittenberger Tradition folgend, in der Exegese hatte, war – wie die auf Breitenwirkung ausgerichtete theologische Literaturproduktion auch – eher darum bemüht, die aktuellen Lehrdifferenzen auszusparen, bzw. im Rahmen eines auf Integration ausgerichteten Basiskonsenses zu formulieren. So deutlich die ‚gesamtgesellschaftliche' Steuerungsfunktion konfessionell-lutherischer Theologie im Lichte der theologischen Lehrkonflikte in der zweiten Hälfte des 16. Jahrhunderts im Modus ihrer kritischen Wirkungen wird, so wenig kann sich eine auf die Etablierung spezifischer Konfessionskulturen ausgerichtete kirchenhistorische Forschung mit der Rekonstruktion der Lehrauseinandersetzungen begnügen. Erst von den Integrationsleistungen im Rahmen einer Geschichte des theologischen Bildungsalltags und von den konventionellen Literaturgattungen, die in diesem Zusammenhang eine Rolle spielen, her werden die mentalen Umsetzungsleistungen und die konfessionellen Langzeitprägungen konfessioneller Theologie angemessen erfaßbar. In bezug auf eine Analyse der innerlutherischen Lehrauseinandersetzungen sind die im Zusammenhang der Diskussion um die Entstehung einer „reformatorischen Öffentlichkeit"[91] gewonnenen Perspektiven produktiv aufzunehmen.

3. Aus dem angedeuteten Blickwinkel ergeben sich m. E. Einsichten in die rezeptionsgeschichtliche Komplexität bei der Verwaltung des theologischen Vätererbes der großen Wittenberger Reformatoren der ersten Generation. Die maßgeblichen theologiegeschichtlichen Langzeitwirkungen Luthers und Melanchthons sind – auch im Lichte des druckgeschichtlichen Befundes – mit jenen Quellengruppen verbunden, denen die Wittenberger Reformatoren selbst die wichtigste Bedeutung im Rahmen des Aufbaus eines evangelischen Kirchentums zuerkannten: neben den Bibelkommentaren und den Postillen, dem „Unterricht der Visitatoren" und dem „Examen ordinandorum" sind dies – trotz aller konkordienlutherischen Detailkritik im einzelnen – Melanchthons „Loci" und die seiner Feder entstammenden Bekenntnisse, Luthers Schmalkaldische Artikel, sein Bekenntnis von 1528, die Katechismen und die CA invariata. Diese Texte wurden in ihrer dominanten rezeptionsgeschichtlichen Bedeutung weniger als Ausdruck individueller theologischer Äußerungen Luthers oder Melanchthons verstanden, denn als richtungsweisende Lehrzusammenfassungen reformatorischer Theologie

[91] Vgl. dazu zuletzt *Bernd Moeller*: Die frühe Reformation als Kommunikationsprozeß. In: Kirche und Gesellschaft im Heiligen Römischen Reich des 15. und 16. Jahrhunderts. Hg. v. *Hartmut Boockmann*. Göttingen 1994, 148–164; sowie die Hinweise von *Holger Flachmann*: Martin Luther und das Buch. Eine historische Studie zur Bedeutung des Buches im Handeln und Denken des Reformators. Tübingen 1996 (Spätmittelalter und Reformation N. R., 8), 174 ff.

überhaupt. In bezug auf die Langzeitwirkungen konfessionell-lutherischer Theologie spielten also gerade diejenigen Quellengruppen eine zentrale Rolle, die in der auf Fragen der geistigen Originalität zentrierten neueren theologiegeschichtlichen Reformationsforschung eine eher geringe Aufmerksamkeit gefunden haben.

4. In bezug auf den Umgang mit der Person Luthers spielt die schon in der frühreformatorischen Bewegung kanonisierte heilsgeschichtliche Deutung, die in seinem Wirken ein Heilshandeln Gottes in der Geschichte sah, eine zentrale Rolle, für die es in bezug auf Melanchthon kaum Analogien gibt. Insbesondere in volkssprachlichen Texten scheint die identitätsbildende Präsenz des „Symbols" Luther eine zentrale Rolle zu spielen.[92]

5. Theologiegeschichtliche Forschungen zum frühneuzeitlichen Luthertum, ebenso wie zum zeitgenössischen Reformiertentum, dürften gut beraten sein, wenn sie von den Institutionen der theologischen Bildung und den normativen Anforderungsprofilen, die an die Gemeindechristen wie an die Geistlichkeit gestellt wurden, ihren Ausgang nehmen. Die konfessionskulturelle Wirkung der nicht auf akademisierte Lehrgestalten festgelegten lutherischen Theologie erschließt sich insbesondere über die Prozesse der alltäglichen Einprägearbeit im kirchlichen und schulischen Katechismusunterricht, in der streng auf die Perikopen festgelegten Sonntagspredigt und in der private und öffentliche Religion verschränkenden Lieddichtung und Erbauungsliteratur. Theologiegeschichtliche Frühneuzeitforschung im Horizont einer Langzeitperspektive zielt auf die lebensweltlichen Integrationsprozesse in der Formierung der Konfessionskulturen ab und könnte eine wissenschaftliche Alternative zum funktionalistischen Religionsbegriff der gegenwärtigen Konfessionalisierungsforschung bieten.[93]

6. Im Unterschied zur Reformationsgeschichtsforschung, die in der traditionellen protestantischen Kirchengeschichtswissenschaft ihren Schwerpunkt in der allemal strittig gewordenen, deutsch-protestantisch kanonisierten Rankeschen Epochengrenze der ersten Hälfte des 16. Jahrhunderts hat,[94] dürften im Interesse einer Diskursfähigkeit mit auf Fragen

---

[92] Zum Lutherbild im letzten Drittel des 16. Jahrhunderts vgl. zuletzt *Irene Dingel:* Ablehnung und Aneignung. Die Bewertung der Autorität Martin Luthers in den Auseinandersetzungen um die Konkordienformel. In: ZKG 105, 1994, 35–57; *Dies.*, [s. Anm. 13], 607 ff.; *Hans-Peter Hasse:* Die Lutherbiographie von Nikolaus Selnecker: Selneckers Berufung auf die Autorität Luthers im Normenstreit der Konfessionalisierung in Kursachsen. In: ARG 86, 1995, 91–123.

[93] Vgl. zu diesem Diskussionszusammenhang meine Problemanzeige: Die Konfessionalisierung von Kirche und Gesellschaft. Sammelbericht über eine Forschungsdebatte. Teil 1 u. 2. In: ThLZ 121, 1996, 1008–1025; 1112–1121.

[94] Für diesen Diskussionszusammenhang instruktiv: *Heinz Schilling*: Die Reformation – ein revolutionärer Aufbruch oder Hauptetappe eines langfristigen reformierenden Wandels. In: Konflikt und Reform. FS Helmut Berding. Hg. v. *Winfried Speitkamp* u. *Hans-Peter Ullmann*.

der Umsetzung und Breitenwirkung von Theologie und Religion zentrierten sozialhistorischen Frühneuzeitforschung forschungsstrategische Akzentverlagerungen auf das spätere 16. und das 17. Jahrhundert überfällig sein. Die Frage nach dem ,Erfolg' der Reformation scheint mir erst im Modus ihrer konfessionskulturellen Langzeitwirkungen wirklich beantwortbar zu sein. Daß sich auch gegenwärtigem protestantischen Kirchentum weniger die imposanten Aufbrüche des Anfangs der Reformation als die zumeist als epigonal[95] gewerteten Umsetzungs- und Bewährungsstrategien unter den Bedingungen der Veralltäglichung des Neuen als geschichtliche Erfahrungsanalogien der eigenen kirchengeschichtlichen Tradition anbieten könnten, sei am Schluß thetisch angemerkt.

Göttingen 1995, 26–40; Rezension von *Thomas A. Brady* zu: *Berndt Hamm*, *Bernd Moeller* u. *Dorothea Wendebourg*: Reformationstheorien. Ein kirchenhistorischer Disput über Einheit und Vielfalt der Reformation. Göttingen 1995. In: SCJ 27, 1996, 286–289.

[95] Für *Bernd Moeller* etwa geht in der Mitte des 16. Jahrhunderts das „Zeitalter ,großer Männer' " vorüber; „nach 1550" treten dann „die Epigonen in den Vordergrund", und zwar in allen gesellschaftlichen und kulturellen Bereichen. *Bernd Moeller* : Deutschland im Zeitalter der Reformation. 3. Aufl. Göttingen 1988 (Deutsche Geschichte, 4), 172 f. *Martin Brecht* ist derjenige Kirchenhistoriker seiner Generation, der – weniger forschungskonzeptionell als wissenschaftspraktisch! – am intensivsten Forschungen zum 16. und 17. Jahrhundert, zu ,Reformation' und ,Pietismus' verbunden und damit einen Weg eingeschlagen hat, der für eine evangelische Kirchengeschichtsschreibung der Frühneuzeit richtungsweisend werden könnte. Im Bewußtsein dieser Verbundenheit sei dem Jubilar dieser Beitrag gewidmet.

Jörg Baur

Der traditionale Widerspruch gegen Gottfried Arnolds Kirchen- und Ketzergeschichte im Werk von Johann Friedrich Corvinus (1701)[1]

„[...] diese Ketzer = Historie / aus welcher ein jeder lernen kan [...] quod de Christianis dogmatibus nihil credendum sit, kan und wird bey Gelehrten und Ungelehrten weit grössern Schaden als Cartesius und Spinoza thun!“[2]

Aus der Vielzahl der zeitgenössischen Einsprüche gegen Arnold ist die umfängliche „Fürbildung der Lehre von der wahren und falschen Pietaet“[3] des fürstlich-halberstädtischen Pastors Primarius von Hornburg, des Magisters Johann Friedrich Corvinus († 1724), nicht nur deshalb zu nennen, weil die beigefügte „Gründliche Untersuchung“ der „Kirchen= und Ketzer=Historie“[4] das im Obertitel aufgenommene „Arnoldsche“

[1] Vgl. auch *Irmfried Martin*: War Gottfried Arnold ein „redlicher Historicus“? Das historisch-theologische System seiner Unparteiischen Kirchen- und Ketzer-Historie im Lichte des einst um sie geführten Kampfes. In: JHKGV 30, 1978, 37–54. – Die Heidelberger Dissertation von *Martin* – „Der Kampf um Gottfried Arnolds Unpartheyische Kirchen- und Ketzerhistorie. Vornehmlich auf Grund des dritten Bandes der Schaffhausener Ausgabe von 1740–1742“ – bietet zahlreiche Hinweise auf Corvinus; der Autor hatte jedoch nur den von *Johann Friedrich Cotta* im dritten Buch der Schaffhausener Edition publizierten Auszug aus Corvinus vor Augen; vgl. *J. Baur*: Die Anfänge der Theologie an der [wohl angeordneten evangelischen] Universität Göttingen. In: Zur geistigen Situation der Zeit der Göttinger Universitätsgründung 1737. Hg. v. *Jürgen v. Stackelberg*. Göttingen 1988, 9–56, hier: 43 Anm. 218. Der Autor ist sich denn nicht einmal der Vornamen von Corvinus sicher, der bei Cotta als Johann Andreas figuriert; s. *Martin*, 17 u. 195 Anm. 41. Der Schimmelpilz der Ignoranz liegt schon seit der abschätzig-beiläufigen Bemerkung von *F.C. Baur* auf dem nachstehend wenigstens im Umriß präsentierten Kontrahenten Arnolds; vgl. *F. C. Baur*: Die Epochen der kirchlichen Geschichtsschreibung. Tübingen 1852, 108 f. Anm. 1.

[2] Elias Veiel (1635–1706), Superintendent von Ulm; nach *Corvinus*: Gründliche Untersuchung [s. Anm. 4], Vorrede.

[3] *J. F. Corvinus*: Corpus Doctrinae Oder Fürbildung der Lehre Von der wahren und falschen Pietaet, oder Gott=Seeligkeit. / Welche in Zweyen Büchern gründlich untersuchet / und erläutert wird. Deren Erstes / Zeiget der wahren Gott=Seeligkeit Ursprung / was sie sey? worinnen sie bestehe / und was dazu gehöre? Das Andere / Stellet vor / den Verfall derselben / und wie / und auff was Weise / neben ihr / die Falsche Pietät allgemählich eingeschlichen? auch zumahl in diesen letzten Zeiten / sich die Kirche Gottes selbst / mächtig ausgebreitet. Frankfurt a. M. 1701.

[4] *M. Johann Friderich Corvinus*: Gründliche Untersuchung / Der so genannten Unpar-

Stichwort von der „Pietaet oder Gott=Seeligkeit" offensichtlich richtigstellen soll, sondern vor allem aufgrund eines historisch-konkreten Sachverhalts: Der Text von Corvinus entstammt dem kirchen- und theologiepolitischen Einflußbereich der Hohenzollern, unter deren Schutz sich Arnold gestellt hatte.[5] Der einstige Königsberger Student[6] widmete sein Werk nicht zufällig „am 18. Januarii als an DERO höchst=beglücktem Crönungs=Tage Anno 1701" Friedrich I. als dem „Könige in Preussen". Die Auseinandersetzung mit Arnold wurde auch um den „Aditus ad Principem" geführt.

Mit einem verunsicherten, ohne obrigkeitliche Unterstützung ohnmächtigen Zionswächter haben wir es bei Corvinus freilich nicht zu tun. Im calixtinischen Königsberg, wo er bis 1680 weilte, hatte der Magister Philosophiae[7] zu argumentieren gelernt: Schon mit der Überschrift seines zweiten Kapitels trifft er den Nerv des Neuerers: „Herr Arnold schreibet eine Kirchen=Historie / und weiß oder kennet keine Kirche / auch nicht in den ersten vier Seculis [!], verachtet, leugnet und schmähet sie." Dieser grundsätzlich institutionskritische religiöse Individualist urteilt keineswegs „unpartheyisch". Seine Autorschaft steht vielmehr im Dienst offenkundiger Emotionen: „Herr Arnold ist ein Feind der Orthodoxen, oder Rechtgläubigen insgemein",[8] und zwar deshalb, weil ihn seine eigenen „frembde Lehren / und Paradoxa, von der Religion insgemein und dem dazu gehörigen GOttesdienst"[9] zu solcher Feindschaft nötigen.

---

theyischen Kirchen= und Ketzer=Histori / Und einiger anderer Schrifften / Gottfried Arnolds / In welcher klar und deutlich gezeiget wird / daß er in derselben nichts weniger / als unpartheyisch / sich erwiesen / sondern vielmehr/ nach allen Kräfften / und wie wol ganz vergeblich / sich bearbeitet / die Historische Warheit / unverantwortlich zu verfälschen / alle / auch die ärgesten Ketzer / und Ketzereyen / von Anbegin / zusamt einigen Verfolgern der Kirchen / zu verthätigen / die Kirche GOttes auff das äusserste zu schmähen / auch gar zu leugnen / dero rechtschaffenste Lehrer / und die ersten Christlichen Kayser / zu verunglimpffen / [...] Alles Gott / und seinem eingebohrnen Sohn JEsu / zu Ehren / zu Rettung der Warheit / und allen frommen Christen zur auffrichtigen Warnung / sich vor diesen höchstschädlichen Schrifften/ zu hüten / auff vieler Gottseeliger Hertzen Verlangen / vorgestellet / und zum Druck übergeben. Frankfurt a. M. 1701.

5 Vgl. Arnolds Dedikationsschreiben an Kurfürst Friedrich III. von Brandenburg: Deroselben preißwürdigste Huld und Gnade, durch welche biß dato aus Göttlicher direction Dero gesamte unterthanen in ungekränckter Gewissens=Freyheit unter einem gesegneten Regiment und Scepter ruhig und vergnügt leben können [2]. Unpartheyische Kirchen= und Ketzer=Historie, Vom Anfang des Neuen Testaments Biß auf das Jahr Christi 1688. Zit. nach der zweiten Ausgabe: Franckfurt am Mayn 1729.

6 Vgl. *Chr.G. Jöcher*: Allgemeines Gelehrten-Lexicon [...]. Erster Theil A-C. Leipzig 1750 (Nachdr. Hildesheim, New York 1981), Sp. 2127.

7 Vgl. *Jöcher* [s. Anm. 6], Sp. 2127.

8 Vgl. *Corvinus*, Gründliche Untersuchung [s. Anm. 4], 164, Überschrift von Kap. 13; Text des Kapitels: 164–175.

9 *Corvinus*, Gründliche Untersuchung, 311–335: Kap. 18.

Corvinus sieht also klar, daß Arnold in jeder Hinsicht „einen anderen Geist" hat. Dennoch versucht er, in einen materialen Diskurs mit dem Angreifer einzutreten.

1. Als erstes deckt er auf, daß Arnold den Tatbestand fundamentaler Lehrirrtümer als solchen leugnet: Weil für diesen der Wille als das primäre Vermögen des Menschen gilt, sind die der Lehre zugeordneten Akte von Erkenntnis und Aussage in jedem Fall sekundär. Völlig unabhängig von allen materialen Inhalten sind ihm Verstehen und Lehre nur Epiphänomene. Deshalb muß „sein gegen die Orthodoxen / so gar abholdes Gemüht"[10] den bislang als Häresie benannten Sachverhalt anders bestimmen: Es „besteht seiner Meinung nach / die Ketzerei nicht in dem Verstande / und in Verläugnung der Verkehrung der Glaubens=Articul / und zur Seeligkeit sonst nöthigen Lehren: sondern nur in dem Willen / und in einem gottlosen / oder / unChristlichem Leben".[11]

Dieser Umbestimmung steht jedoch nach Corvinus der eindeutige Sprachgebrauch des Neuen Testamentes entgegen. Die Antwort Jesu an den Schriftgelehrten (Lk 10,25): *orthôs légeis kaì didáskeis*, legitimiert grundsätzlich den primären Stellenwert des Richtigen in Glaube und Theologie.[12] Nicht anders habe die frühe Christenheit seit Justins Rede von den Christen als *orthognómones* geurteilt.[13]

2. Auch historisch gesehen führt Arnold in die Irre, denn dessen Behauptung, erst die Ausbildung einer Lehrnorm habe die Christenheit zerrissen, stellt den Sachverhalt auf den Kopf: Der Vorwurf, „man habe mit diesem Wort [Orthodoxie] lauter Spaltungen unter den Christen gestifftet", ist schlicht falsch; vielmehr sollte und wurde „dadurch den Spaltungen unter den Christen vorgebeuget".[14] Um bloße Worte ging der Streit ohnehin nicht. „Orthodoxie" war von Anfang an ein gewichtiges und notwendiges „Wort= und Feld=zeichen" im Kampf der Kirche.[15]

3. Arnold ignoriert also die religiöse und theologische Funktion von klar bestimmter Lehreinheit; nicht Rechthaberei und Machtwille, sondern die Pflicht zur eindeutigen Bestimmung des sprachlich vermittelten Glaubens motivierte die Rechtgläubigen der alten Kirche.[16]

---

[10] *Corvinus*, Gründliche Untersuchung [s. Anm. 4], 165: Kap. 13, § 2.

[11] *Corvinus*, Gründliche Untersuchung, 165, § 3.

[12] *Corvinus*, Gründliche Untersuchung, 166, § 5.

[13] *Corvinus*, Gründliche Untersuchung, 166, § 5.

[14] *Corvinus*, Gründliche Untersuchung, 167, § 8.

[15] *Corvinus*, Gründliche Untersuchung, 167, § 9.

[16] „[...] eine solche Bewandniß hatte es in der alten Kirche mit dem / auff die Lehre des wahren ungefälscheten Glaubens sich gründenden Worte / des Orthodoxen"; *Corvinus*, Gründliche Untersuchung, 167, § 9.

4. Die Kirche stand damit in Übereinstimmung mit dem Willen Christi, der die geistliche Gemeinschaft „unter seinen Christen“ gerade nicht als konfuse Erlebnisgemeinschaft wollte.[17]

5. Die Wertschätzung des „Orthodoxen“ ist also nicht das Ergebnis einer religiösen Krise, in der die Kirche ihre schwächer gewordene religiöse Erfahrung durch gegenständliche Fixierungen in Lehre und Kirchenordnungen zu kompensieren suchte.[18]

6. Arnolds Urteile werden auch nicht dadurch richtiger, daß er eine semantisch unzulässige Antithetik von „Meinungen“ und „Überzeugungen“ konstruiert. Sein „Wort=Spiel“, die „ersten Christen“ hätten „nicht durch Meinungen / sondern durch einen festen Grund des gehoffeten / und durch eine Überzeugung von unsichtbaren Dingen seelig werden“ wollen, geht ins Leere, wie denn auch heute zutreffend gesagt wird: „ein Rechtgläubiger / nicht aber ein Rechtmeinender“.[19] Überdies kennt schon Paulus (vgl. Röm 12,10; 14,5; 15,5; 1Kor 1,10; 2Tim 3,10; Tit 2,1) eine enge Verkettung von „Meinung“, „Vortrag“ und „Glauben“.[20]

Corvinus blendet die sich hier stellenden systematisch-philosophischen Fragen nicht aus; unter Berufung auf G. Buddeus' (1467–1540) Commentaria linguae Graecae erinnert er an die auch theologisch gültige generelle Relevanz von richtigem Wissen hinsichtlich der Prinzipien: „daß die gewissen und unbeweglichen principia, und die unmüglich falsch seyn können / von Aristotele, *dóxai*, oder Meinungen genennet werden“.[21] Um beliebige Behauptungen geht es bei der Gewichtung des „Meinens“ in keiner Weise. Arnold dagegen unterstellt, bei der Ausbildung von Orthodoxie sei „eine leere blosse Meinung / von einer jeglichen / nichts=würdigen / und den Grund des Glaubens nicht betreffenden Sache“[22] aufgeblasen worden. Auf den „ernsthaften Sinn“, in dem „das Wort ‚orthodoxus‘ [. . .] genommen worden“ ist,[23] läßt sich der angeblich „Unparteiische“ überhaupt nicht ein.

Zumindest nachlässig ist Arnolds Gebrauch des Gegenterms „heterodox“, den dieser mit „häretisch“ gleichsetzt. Corvinus weist darauf hin, daß „einer ein Orthodoxus [. . .] und zugleich in gewissen / den Glauben nicht betreffenden Fragen / ein Heterodoxus oder anders meinender“

---

[17] Christus wollte keine „solche Einigkeit unter seinen Christen [. . .] welche die Gläubige / oder Ungläubige / oder Ketzer ohn Unterscheid / begreiffe“; *Corvinus*, Gründliche Untersuchung [s. Anm. 4], 167, § 10.

[18] „Es sey dieser Titel / nemlich eines Orthodoxen, gemein geworden / als man von der inneren Kraft / des Glaubens / auff äusserliche Meinungen und Satzungen verfallen“; *Corvinus*, Gründliche Untersuchung, 168, § 12.

[19] *Corvinus*, Gründliche Untersuchung, 168, § 12.

[20] *Corvinus*, Gründliche Untersuchung, 169, § 13.

[21] *Corvinus*, Gründliche Untersuchung, 169, § 14.

[22] *Corvinus*, Gründliche Untersuchung, 169, § 14.

[23] *Corvinus*, Gründliche Untersuchung, 169, § 15.

sein könne, ein „Haereticus“ hingegen den Grund des Glaubens verneine.[24]

7. „Auff Meinungen gegründete Leute“[25] waren die Orthodoxen der alten Kirche in keiner Weise. Sie verfielen auch keinem doktrinären Perfektionismus. Arnolds eben dies behauptender Vorwurf rührt an einen unverkennbar auch für Corvinus heiklen Punkt. Er kann dem Einwand, daß „sie nicht einmahl in der Orthodoxie, bey der Freyheit der Meinungen geblieben / sondern sie darinn gesetzet / wenn einer mit denen Satzungen der Menschen / und Schlüssen der Concilien / völlig übereinstimmete“,[26] nur so begegnen, daß er dieses Projekt eines „geschlossenen Systems“ dem „Papsttum“ zuweist, unter dem allerdings aus der Orthodoxie ein institutionell erzwungener Konformismus geworden sei;[27] was dagegen auf den „vier ersten / allgemeinen Conciliis [. . .] geschlossen ist / das ist mit nichten unter die blossen Menschen=Satzungen zu zehlen“[28].

8. Der andere wunde Punkt betrifft die byzantinische Religionsgesetzgebung, insbesondere Justinians. In toto kann Corvinus der Kritik hier nicht widersprechen. Aber immerhin sind Richtigstellungen im einzelnen möglich und notwendig, denn Arnold erlaubt sich simplizistische Vergröberungen, als „wären diejenigen alle“ automatisch als „Ketzer“ taxiert worden, „die nicht orthodox“ waren.[29] Dies bestreitet Corvinus mit eher spitzen als guten Argumenten, die schließlich in das Urteil auslaufen, daß den christlichen Kaisern des Ostens auch ein sehr eng gefaßter Ketzerbegriff nicht zum Vorwurf gemacht werden dürfe, denn angesichts der gefährlichen kirchlichen Lage der Zeit mußten, um große Ketzer im Zaum halten zu können, auch schon kleine abgeschreckt werden.[30]

9. Die staatlich gesicherte religiöse Einheit im Raum des Imperiums ist für Corvinus nicht grundsätzlich problematisch.[31] Der lutherischen Schwierigkeiten hinsichtlich der Beanspruchung politischer Macht im Interesse der öffentlichen orthodoxen „Monolatrie“ ist er sich allerdings bewußt. Corvinus gesteht Arnold zu, er berufe sich zurecht auf den (jungen) Luther als Zeugen gegen eine staatlich erzwungene Religionseinheit. Hinsichtlich der Folgerungen aus dem Votum des frühen Reformators rät der Pastor Primarius jedoch dringend zur Vorsicht, denn: „Herr

---

[24] *Corvinus*, Gründliche Untersuchung [s. Anm. 4], 170, § 16.
[25] *Corvinus*, Gründliche Untersuchung, 170, § 17.
[26] *Corvinus*, Gründliche Untersuchung, 170, § 18.
[27] *Corvinus*, Gründliche Untersuchung, 170, § 18.
[28] *Corvinus*, Gründliche Untersuchung, 170, § 19.
[29] *Corvinus*, Gründliche Untersuchung, 171, § 20.
[30] *Corvinus*, Gründliche Untersuchung, 171, § 21.
[31] *Corvinus*, Gründliche Untersuchung, 172 f., §§ 22–24, zu den Ketzergesetzen Justinians.

Arnold [. . .] extendiret dieses allzuweit",[32] wenn er selbst für die ärgsten Ketzer das Recht des ungehinderten öffentlichen Gottesdienstes einfordert. Dem kann nicht stattgegeben werden, denn eine generelle und uneingeschränkte religionspolitische Toleranz müßte das unverzichtbare religiöse Fundament des Gemeinwesens zerstören.[33] Für die Richtigkeit dieser Überzeugung beruft sich Corvinus auch auf die persönlichen Erfahrungen, die er selbst anläßlich seiner Teilnahme an einer „Quäk-ker=Zunfft / oder Versammlung"[34] gemacht hat. Mit grellen Farben malt er den Lesern das Bild dieses gruppendynamischen Treibens vor Augen, um so den Verfechtern einer radikalen Toleranz die Absurdität ihres Postulates in religiöser und gesellschaftlicher Hinsicht zu demonstrieren. Arnolds Forderung hebt jede Unterscheidung von gesunder Ordnung und wucherndem Chaos auf. Ohne Sinn für die Gestalthaftigkeit der Kirche hat sich dieser Anwalt frommer Unmittelbarkeit auf ein gefährliches Spiel mit Paradoxen eingelassen,[35] und zwar nicht nur in der Lehre, wo er Orthodoxe mit dem Antichrist gleichzusetzen wagt,[36] sondern auch hinsichtlich des praktischen „Gottesdienstes".

Mit einem Wort: Von Mißbräuchen sind Namen und Sache der Orthodoxie gewiß nicht frei, aber Arnold will „das Kind mitsamt dem Bade ausschütten".[37] Täglich mißbraucht wird auch der Name „Christ". Sollte er deshalb vielleicht abgeschafft werden? Doch wohl nicht. Überdies meinen beide Benennungen gar nichts Verschiedenes: „Ein Christ aber / und ein Orthodoxer sind nicht von einander unterschieden / sondern einer begreiffet den andern in sich / und mag keiner mit Warheit ein Christ genennet werden / der nicht ein Orthodoxer ist / und die rechte Lehre von Christo / und den wahren Glauben hat / und bekömmet."[38] Wenn Arnold darauf beharrt, ein rechtschaffener Christ müsse sich „nicht allein in *orthais doxais* . . ., sondern auch in seinen rechten Früchten" erweisen, sagt er nur, was alle zugestehen: „Das wird wohl niemand leugnen."[39] Wollte die „unparteiische" Geschichte darauf hinaus, sie könnte mit ihrem Drängen auf Leben und Ethos den vollen Inbegriff des

---

[32] *Corvinus*, Gründliche Untersuchung [s. Anm. 4], 312: Kap. 18, § 3.

[33] *Corvinus*, Gründliche Untersuchung, 426–439: Kap. 25; vgl. 437, § 30.

[34] *Corvinus*, Gründliche Untersuchung, 321: Kap. 18, § 22.

[35] Vgl. *Corvinus*, Gründliche Untersuchung, 311: Kap. 18, Überschrift; Text von Kap. 18: 311–335.

[36] Vgl. *Corvinus*: „Denn I. sind die Orthodoxen, und der Anti=Christ opposita [. . .] die neben einander nicht stehen können"; Gründliche Untersuchung, 173: Kap. 13, § 26.

[37] „Daß auch bey dem Nahmen des Orthodoxen viele Mißbräuche vorgehen ist nicht ohne. Daß er aber das Kind mitsamt dem Bade [. . .] ausschütten will / das ist was ungereimtes"; Corvinus, Gründliche Untersuchung, 173: Kap. 13, § 27.

[38] *Corvinus*, Gründliche Untersuchung, 173: Kap. 13, § 27.

[39] *Corvinus*, Gründliche Untersuchung, 173: Kap. 13, § 28.

Orthodoxen ins Licht setzen, den „vir rectae gloriae“, von dem schon Isidor von Sevilla (†636) sprach.[40]

Doch Arnold hat anderes im Sinn: Im Gewande des Historikers macht er aus der ersten Christenheit eine Brutstätte absonderlichster Meinungen, um mit Hilfe dieses „Idealbildes“ für die Gegenwart „absurde Meinungen / und paradoxa“ zu legitimieren.[41] Dieser „Lichtgestalt“ einer fingierten Gemeinde der authentisch Fühlenden und Wollenden stellt Arnold die Karikatur aggressiver Rechthaber entgegen, eben der Orthodoxen, bei denen gegolten habe und gelte: „Es heisse derjenige der Reineste / und Bewährteste [. . .], welcher am schärffesten / aus Unverstand eiffern / und auff die Ketzer loßziehen könne“.[42]

Beide Phantasmata, das Wunschbild der lehrfreien Liebesgemeinschaft und das Zerrbild der zelotischen Orthodoxen, sind nur die Ausgeburten einer fundamentalen Negation: Arnold will unter keinen Umständen dulden, „daß man die Ketzer nicht frey / und vor orthodox passiren lässet“.[43] Auf sein katastrophales „Ideal“ unregulierter Unmittelbarkeit konnte er nur deshalb verfallen, weil er die Unterscheidung nicht allein von rechter und falscher Lehre, sondern von Wahrheit und Irrtum überhaupt eingezogen hat. Er verlagert nicht nur den anthropologischen Ort der Ketzerei vom Intellekt in den Willen. Indem er behauptet, die Orthodoxie würde „nicht so wol im Verstande und in der rechten reinen Lehre / als im Willen / und einem Heiligen Leben bestehen“[44], entzieht er der Bestimmbarkeit des Christlichen jedwede Basis. Denn anders als der Intellekt ist der Wille sich selbst und für die Einsicht anderer nicht durchsichtig; und das Leben bleibt als getätigtes stets im Zwielicht nur vorläufiger Urteile. Corvinus kann deshalb im Blick auf diesen sich als neue theologische Dominante aufwerfenden religiösen Vitalismus nur urteilen: „[. . .] welches aber [. . .] auff keinem tüchtigen Grunde beruhet“.[45]

---

[40] *Corvinus*, Gründliche Untersuchung [s. Anm. 4], 173: Kap. 13, § 28.

[41] „So gar [. . .] stunde es den Leuten damahls / [. . .] frey / die allerfremdesten Lehren / und paradoxa öffentlich vorzubringen“; Corvinus, Gründliche Untersuchung, 289: Kap. 17, § 2.

[42] *Corvinus*, Gründliche Untersuchung, 175: Kap. 13, § 33.

[43] *Corvinus*, Gründliche Untersuchung, 175: Kap. 13, § 33.

[44] *Corvinus*, Gründliche Untersuchung, 175: Kap. 13, § 31.

[45] *Corvinus*, Gründliche Untersuchung, 175: Kap. 13, § 31.

Beate Köster

„Mit tiefem Respekt, mit Furcht und Zittern“

Bibelübersetzungen im Pietismus

„Niemalen hat es wegen neuer Uebersetzungen der Heiligen Schrift grössere Strittigkeiten gegeben als zu unserer Zeit.“ Diesen Satz stellte Johann Albrecht Bengel 1752 an den Beginn seiner Ausführungen zu den Prinzipien, die er bei seiner Übersetzung des Neuen Testaments befolgt hatte.[1] Man könnte hinzufügen, daß es auch niemals so viele neue Übersetzungen neben Luther gegeben hatte wie eben in der Zeit des Pietismus. Nach Martin Luthers sprachgewaltiger Bibelübersetzung standen Neuübersetzungen, seien es katholische der Reformationszeit,[2] seien es reformierte,[3] zunächst unter ihrem Einfluß. Sie war für die späteren Übersetzungen wie ein „mehr oder weniger nachwirkender lutherischer Filter“[4]. Im Bereich des Luthertums gab es bis ins Zeitalter des Pietismus hinein keine nennenswerte Übersetzung neben der Lutherbibel.[5] Lediglich vorsichtige Revisionen wurden vereinzelt durchgeführt.[6] Die Orthodoxie lehnte eine Revision der Lutherübersetzung, die geradezu inspirierten Charakter besaß und nicht geändert werden durfte, kategorisch ab.

Die Rückbesinnung auf die Bibel, die sich im Pietismus vollzog, brachte auch das Bestreben mit sich, das Wort Gottes so unverfälscht wie möglich lesen zu können. Die vielen Neuübersetzungen, vor allem des Neuen Testaments, die seit Beginn des 18. Jahrhunderts entstanden, lassen sich zumindest teilweise daraus erklären. „Mit einem tiefen Respect, mit Furcht und Zittern“, wie Johann Albrecht Bengel es formulierte,[7]

---

1 Vorrede zu *Bengels* Ausgabe des Neuen Testaments (vgl. S. 97) vom 10. Oktober 1752, V.

2 *Hieronymus Emser*, NT, 1527; *Johann Dietenberger*, 1534; *Johann Eck*, 1537.

3 Zürcher Bibel, 1531; Piscator-Bibel, 1602/04; *Amandus Polanus von Polansdorff*, NT, 1603.

4 *Stefan Sonderegger*: Geschichte deutschsprachiger Bibelübersetzungen in Grundzügen. Berlin, New York 1984 (Handbücher zur Sprach- und Kommunikationswissenschaft, 2/1), 129–185, hier: 130.

5 Die Übersetzung von *Johann Saubert d.J.*, die er auf Anordnung des Herzogs August von Braunschweig-Lüneburg erstellt hatte, gelangte nur bis 1Sam 17 (Lüneburg 1665/66). Wegen der heftigen Kritik setzte Saubert die Arbeit nach dem Tod des Herzogs nicht fort.

6 Zu Einzelheiten s. *Beate Köster*: Die Lutherbibel im frühen Pietismus. Bielefeld 1984, 26–37.

7 Vgl. u. S. 112.

gingen die Übersetzer ans Werk, wobei der Respekt vor dem Wort Gottes, wie es im Urtext vorlag, die unterschiedlichsten Übersetzungstypen hervorbrachte. Da sich die Literatur meist auf eine pure Aufzählung der Neuübersetzungen im Pietismus beschränkt und irrtümlicherweise immer wieder Revisionen der Lutherbibel als Neuübersetzungen genannt werden, soll hier versucht werden, die neuen Übersetzungen einmal im Zusammenhang vorzustellen und kurz zu charakterisieren.

Bevor es jedoch zu Neuübersetzungen kommen konnte, mußte zunächst einmal das Bewußtsein dafür geweckt werden, daß Luthers Übersetzung nicht frei von Fehlern sei und an etlichen Stellen einer Revision bedürfe. Schon Philipp Jakob Spener hatte darauf hingewiesen, daß der Übersetzung Luthers nicht derselbe Rang zukommen dürfe wie dem Urtext, und daß es Stellen in der Lutherbibel gebe, die durchaus nach dem Urtext geändert werden müßten.[8] Um die Leser, die an den Luthertext gewöhnt seien, nicht zu verunsichern, sprach er sich aber gegen eine Korrektur in den gängigen Lutherbibeln aus.

August Hermann Franckes monatlich erschienene, in deutscher Sprache verfaßten und so einer breiteren Leserschaft zugänglichen „Observationes biblicae“ von 1695[9] lösten bei der Orthodoxie einen Sturm der Entrüstung aus[10], obwohl sie lediglich in aller Bescheidenheit, von erbaulichen Betrachtungen und Gebeten begleitet, Verbesserungsvorschläge für einige Stellen der Bibelübersetzung Luthers enthielten. Francke ging jedoch nicht so weit, diese Vorschläge in seiner eigenen Bibelausgabe von 1708[11] oder in den Ausgaben der Cansteinschen Bibelanstalt[12] zu verwirklichen. Ähnlich wie Spener ging es ihm darum, die Leser nicht durch einen geänderten Text zu verunsichern. Dennoch bemühte er sich, in den Cansteinschen Bibelausgaben eine den Urtexten möglichst nahe kommende Übersetzung zu bieten, indem er aus den verschiedenen Übersetzungsstadien Luthers jeweils die Fassung auswählte, die den Urtext am korrektesten wiedergab.

---

[8] Leichenpredigt für den Geheimrat Franz von Meinders am 28. April 1695. In: Christlicher Leich=Predigten Sechste Abtheilung. Elfte Predigt. Frankfurt 1696, 324 f.

[9] Observatio- // nes biblicae, // oder // Anmerckungen über einige Oerter H. Schrifft / // Darinnen die Teutsche Ubersetzung // des Sel. Lutheri gegen den Original // Text gehalten und bescheidentlich // gezeiget wird / // Wo man dem eigentlichen Wort= // Verstande näher kommen könne / // Solches auch // Zur Erbauung in der Christl. Lehre // angewendet / und im Gebet appliciret // wird / // ausgefertiget im // Januario [Februario usw.] 1695.

[10] Vgl. *Kurt Aland*: Bibel und Bibeltext bei August Hermann Francke und Johann Albrecht Bengel. In: Pietismus und Bibel. Witten 1970 (AGP, 9), 89–147, hier: 100–119 zu den „Observationes“; vgl. *Köster*, Lutherbibel [s. Anm. 6], 145–161.

[11] Vgl. *Beate Köster*: Die erste Bibelausgabe des Halleschen Pietismus. Eine Untersuchung zur Vor- und Frühgeschichte der Cansteinschen Bibelanstalt. In: PuN 5, 1980, 105–163.

[12] Vgl. *Köster*, Lutherbibel [s. Anm. 6], 118–132.

Eine vorsichtige Revision der Lutherübersetzung nahm der Württembergische Pietist Johann Reinhard Hedinger vor. In seiner Ausgabe der Vollbibel (Stuttgart 1704) änderte er an etlichen Stellen nach dem Urtext, führte aber auch stilistische Verbesserungen durch. Seine Ausgabe des Neuen Testaments (Stuttgart 1704) enthielt weniger Korrekturen im Text der Lutherübersetzung, dafür aber Verbesserungsvorschläge nach dem Urtext in Glossen. Obwohl die Arbeiten Hedingers nur den Ansatz zu einer Revision der Lutherübersetzung darstellten, wurden beide Ausgaben Hedingers heftig angegriffen.

Eine durchgreifende Überarbeitung des Luther-Textes (keine Neuübersetzung, wie es in der Literatur öfters heißt) erfolgte 1712 in der von Heinrich Horche herausgegebenen sog. „Marburger Bibel" oder „Mystischen und Profetischen Bibel."[13] Hier wurde die Übersetzung Luthers peinlich genau nach dem Urtext verbessert, selbst grammatische Abweichungen vom Urtext, die im Prinzip nicht sinnentstellend waren, wurden akribisch korrigiert, bis hin zur Angleichung des Gebrauchs von Singular und Plural, Tempora, Artikeln usw. Damit löste sich die Marburger Bibel mehr als alle anderen Revisionen von der Übersetzung Luthers, ohne diese jedoch grundlegend zu verändern.

Dem Urtext Vorrang vor der Übersetzung eingeräumt zu haben, ist ein entscheidendes Verdienst des Pietismus. Dabei ging es nicht nur um die Angleichung der Luther-Übersetzung an den Urtext, sondern auch darum, den Urtext in möglichst guten Editionen herauszubringen. So empfahl Francke die damals fortgeschrittenste und wissenschaftlichste Ausgabe des griechischen Neuen Testaments von John Fell[14] dadurch, daß er den Leipziger Neudruck von 1702 mit einer langen Vorrede versah. Beim Alten Testament hat Francke (der ja Alttestamentler war) sogar dafür gesorgt, daß in Halle eine neue hebräische Ausgabe erarbeitet wurde. Die sog. Michaelis-Bibel erschien 1720 im Halleschen Waisenhaus.[15] Um das griechische Neue Testament erwarb sich Johann Albrecht Bengel große Verdienste und wurde zum Begründer der textkritischen Arbeit in Deutschland; seine kritische Ausgabe des griechischen Neuen Testaments erschien 1734.[16] Diese Rückbesinnung auf den Urtext bahnte

[13] Mystische // Und // Profetische Bibel / // Das ist // Die gantze Heil. Schrifft / // Altes und Neues Testaments / // Auffs neue nach dem Grund verbessert / // Sampt Erklärung // Der fürnemsten Sinnbilder und Weissagungen / // Sonderlich // Des H. Lieds Salomons // Und der // Offen-barung J. C. // Wie auch // Denen fürnemsten Lehren, bevoraus die sich in diese // letzte Zeiten schicken. // Marburg / Gedruckt bey Joh. Kürßner / Univers. Buchdr. 1712.

[14] Oxford 1675. *Fell* hatte für seine Ausgabe bereits mehr als 100 Handschriften benutzt und durch die Anführung der Varianten indirekte Kritik am Textus receptus geübt.

[15] Vgl. *Aland*, Bibel und Bibeltext [s. Anm. 10], 119–127; u. *Otto Podczeck*: Die Arbeit am Alten Testament in Halle zur Zeit des Pietismus. In: WZ(H).GS VII, 1958, 1059–1078.

[16] In Quart bei Johann Georg Cotta in Tübingen. Gleichzeitig erschien eine Handausgabe in

nicht nur den Weg für Revisionen der Lutherbibel, sondern auch für Neuübersetzungen.

Die Neuübersetzungen entstanden vor allem im Bereich des radikalen Pietismus oder in separatistischen Kreisen. Die meisten von ihnen blieben ohne größere Wirkung, da hier eher die Grundsprachen als die Zielsprache im Vordergrund standen. Das Wort Gottes mußte so übersetzt werden, daß seine Botschaft nicht verfälscht wurde. Der Verfälschung meinte man aber vielfach dadurch zu entgehen, daß man so eng wie möglich beim Grundtext blieb. Im Extremfall führte das zu Wort-für-Wort-Übersetzungen oder konkordanten Übersetzungen, die zwar den Urtext wörtlich genau wiedergaben, dadurch aber weithin unverständlich wurden. Weil sie auf Kosten der Verständlichkeit die formale Entsprechung von Grundsprache und Übersetzung anstrebten, konnte sich keine wirklich durchsetzen. Zu diesen mehr oder weniger stark am Urtext klebenden Übersetzungen gehören die von Caspar Ernst Triller, Johann Heinrich Reitz und Johann Jakob Junckherrot.

Der Sozinianer Caspar Ernst Triller[17] legte 1703 eine Übersetzung des Neuen Testaments vor, die hier kurz behandelt werden soll, obwohl Triller wohl nicht dem Pietismus zuzurechnen ist. Er wurde jedoch in die Nähe Franckes gerückt[18] und hat sich wahrscheinlich auch durch dessen „Observationes biblicae“ anregen lassen. Triller hatte 1699/1702 eine Schrift über Stellen aus dem Neuen Testament veröffentlicht, die Luther falsch übersetzt habe.[19] Diese Untersuchung hatte ein „eigennütziger Buchhändler“ ohne Nennung des Autors einer Sammlung von Francke-Schriften, darunter seine „Observationes biblicae“, angefügt, und zwar ohne Franckes Wissen.[20] So hatte es den Anschein, als ob Francke auch der Autor dieser Untersuchung sei. Obwohl zwei Gegenschriften erschie-

---

Oktav bei Daniel Benjamin Faber in Stuttgart. Vgl. auch *Gottfried Mälzer*: Johann Albrecht Bengel. Leben und Werk. Stuttgart 1970, 162–189; u. *Aland*, Bibel und Bibeltext [s. Anm. 10], 128–139.

[17] 1695 Schulrektor in Ilefeld, 1700 von der Theologischen Fakultät in Wittenberg abgesetzt, danach in Goslar, von wo er vertrieben wurde; wahrscheinlich noch in Holland und Schleswig-Holstein tätig gewesen; gest. 1717; vgl. Grosses vollständiges Universal-Lexicon Aller Wissenschafften und Künste [...]. Leipzig, Halle: Verlegts *Johann Heinrich Zedler*. Bd. 45, 1745, 765–768.

[18] Vgl. z. B. die Unschuldigen Nachrichten von 1705, wo Francke und Triller im selben Zusammenhang angeführt werden: Man habe „nicht ohne Seufftzen ansehen müssen / wie bald die Hällischen Obvatores [!] Lutherum in seiner Version gemeistert; bald ein Fanatischer Triller eine gantz neue Version zum Vorschein gebracht“ habe (607).

[19] Untersuchung etlicher Oerter des Neuen Testaments, die wegen bißher übler Uebersetzung die Wahrheit aufgehalten haben, auf allergnädigsten Befehl einer hohen Standes=Person gedruckt. Danzig 1699; vgl. d. Titel bei *Zedler* [s. Anm. 17], 765.

[20] Vgl. *Johann Georg Walch*: Historische und Theologische Einleitung in die Religions=Streitigkeiten der Evangelisch=Lutherischen Kirchen. Von der Reformation an bis auf ietzige Zeiten. Jena ^{2}1733, 735 f. u. 788 f.

nen[21], veröffentlichte Triller 1703 seine Übersetzung des Neuen Testaments: „Eine // Mit dem // Grund=Text // genauer übereintreffende // Ubersetzunge // Des // Neuen // Testaments // Ausgefertiget // Von // Caspar Ernst Trillern. // Amsterdam. // Im Jahr Christi Anno MDCCIII." Die Nennung von Amsterdam als Druckort konnte jedoch nicht darüber hinwegtäuschen, daß Trillers Neues Testament offensichtlich in Deutschland gedruckt worden war. Das bot sogleich Anlaß zur Kritik; viel schwerer wog jedoch die Qualität der Übersetzung. Sie folgt dem Urtext in allen Einzelheiten bis hin zu grammatischen Formen und zur Wortstellung. Als Wort-für-Wort-Übersetzung war sie oft kaum zu verstehen. So hieß es z. B. Mt 6,11: Unser zuwesentliches Brodt gib uns heute (τον αρτον ημων τον επιουσιον δος ημιν σημερον), Röm 1,12: der untereinander Glauben (της εν αλληλοις πιστεως), Röm 1,19: das kennerliche Gottes (το γνωστον του θεου) und Hebr 1,13: Setze dich aus meiner Rechten (καθου εκ δεξιων μου). Die Kritik an Trillers Übersetzung fiel heftig aus. Nach Walch ist sie „so unglücklich und so schlecht gerathen, daß er dabey alle Regeln einer guten Ubersetzung verabsäumet"[22], der Artikel in Zedlers Universal-Lexikon wirft ihr „Barbarische und geradebrechte Sprache" vor.[23] Zur sprachlichen Unzulänglichkeit kamen dogmatische Irrtümer, besonders an Stellen, die von Versöhnung und Rechtfertigung handeln. Zieht man die Polemik des 18. Jahrhunderts ab, so ist doch festzuhalten, daß Triller, der an der Luther-Übersetzung beanstandet hatte, daß aus falsch übersetzten Stellen Irrlehren entstanden seien, weder eine sprachlich korrekte und verständliche Übersetzung erstellte, noch eine, die nicht zu dogmatischen Irrtümern führte.

Ebenfalls 1703 erschien in der radikalpietistischen Offizin von de Launoy in Offenbach[24] die Übersetzung des Neuen Testaments von Johann Heinrich Reitz: „Das // Neue Testament // Unsers Herren // Jesu Christi / // Auffs neue ausm Grund ver= // teutschet / und mit Anziehung der verschie= //denen Lesungen / und vieler übereinstim= // menden Schrifft=Oerter ver= // sehen. // Offenbach am Mayn / // Druckts Bonaventura de Launoy, Hoch=Gräfl. // Jsenburgischer Hof= u. Cantzley=Buchdrucker. // Anno 1703."

Reitz wollte anderen Übersetzungen ihren Ruhm nicht nehmen und gestand ein, daß auch seine Übersetzung nicht fehlerfrei sei. Aber er meinte doch, mit göttlicher Hilfe aus anderen Übersetzungen und Kom-

---

21 *Johann Fecht*: Observationes ad scriptum non neminis: Untersuchung etlicher Oerter [...], 1702; *Samuel Theodor Schönland*: Beweiß, daß Lutheri Version die Wahrheit nicht aufgehalten, 1702; vgl. *Walch* [s. Anm. 20], 789; *Zedler* [s. Anm. 17], 765.

22 *Walch* [s. Anm. 20], 789.

23 *Zedler* [s. Anm. 17], 766.

24 Zur Publikation radikalpietistischer Literatur in Offenbach s. *Hans-Jürgen Schrader*: Literaturproduktion und Büchermarkt des radikalen Pietismus. Johann Heinrich Reitz' „Historie Der Wiedergebohrnen" und ihr geschichtlicher Kontext. Göttingen 1989 (Palaestra, 382), 131–162.

mentaren[25] vieles gelernt zu haben, was seine Übersetzung dem Sinn des Geistes näher gebracht habe. Reitz benutzte die damals fortschrittlichste Ausgabe des griechischen Neuen Testaments von John Fell, Oxford 1675.[26] Er übersetzte den griechischen Text soweit wie möglich Wort für Wort, um die Redensarten und Wörter, die der Heilige Geist gebrauche, beizubehalten. Ein „zierliches Deutsch" habe er nicht angestrebt, weil damit der Einfalt des Geistes Gottes widersprochen werde. Außerdem bot er in Anmerkungen Varianten und Hinzufügungen zum Text, die er dem Apparat der griechischen Ausgabe entnahm. Die wörtliche Übersetzung stieß nicht nur wegen ihrer Unverständlichkeit auf Kritik,[27] sondern auch wegen der Anführung von Varianten, die den Leser nur verunsichern würden.[28]

Die Übersetzung von Reitz erlebte trotz ihrer sprachlichen Mängel bis 1738 acht Auflagen[29] und fand auch durch die Aufnahme in die „Biblia pentapla" (Wandsbek 1710–1712) eine weitere Verbreitung. Diese „Pentapla" stellte in fünf Spalten 1. die katholische Übersetzung Caspar Ulenbergs, 2. die Übersetzung Luthers, 3. die reformierte Übersetzung Johannes Piscators, 4. die jüdische Übersetzung des Josel Witzenhausen für das Alte Testament sowie die Übersetzung von Reitz für das Neue Testament[30] und 5. die holländische Staatenbibel nebeneinander. Eine Ausgabe wie diese, die die Übersetzungen verschiedener Konfessionen in paralleler Anordnung bot[31], zeigt programmatisch, wie im Pietismus

---

[25] Reitz nennt besonders die Kommentare des Johannes Coccejus und die Verbesserungsvorschläge zur englischen Bibelübersetzung von *Robbert Gell*: Ein Versuch, Muster oder Probe, zur Verbesserung der letzten Englischen Übersetzung der Bibel [...]. Teil 1: Pentateuch. Berleburg 1723 [engl. Ausg. London 1659]; Remains oder überbliebene Brocken, das ist Unterschiedene auserlesene Schrifft-Texten des Neuen Testaments eröffnet und erklärt. Berleburg 1724 [engl. Ausg. London 1676].

[26] Vgl. o. S. 97.

[27] Vgl. z. B. *Zinzendorf* in seiner Nach=Erinnerung zu Teil 2 seiner Übersetzung des Neuen Testaments; vgl. u. S. 104. Nach dem Vergleich der Übersetzungen von Luther und Reitz und der Frage, „wers von beyden Theilen am besten getroffen", fährt er leicht zynisch fort: „und wenns erst ausgemacht, daß es Herr Reitz getroffen, vielleicht doch noch die Frage übrig geblieben, was denn das nun auf Teutsch sagen wolle" ()(3b).

[28] Vgl. z. B. *Johann Georg Hagemann*: Nachricht von denen fürnehmsten Uebersetzungen Der Heiligen Schrift [...]. Braunschweig ²1750. Die Ausgabe von Reitz werde auch deshalb getadelt, weil sie „den Leser mit denen beygefügten Noten und variantibus lectionibus oft verwirret" (168).

[29] Vgl. *Schrader*, Literaturproduktion [s. Anm. 24], 570.

[30] Weil die Übersetzung von Reitz im Titelblatt der Pentapla unter Punkt IV zusammen mit der jüdischen Übersetzung angeführt wurde, wird sie irrtümlicherweise des öfteren unter jüdisch-deutschen Übersetzungen genannt; vgl. z. B. den Historical Catalogue of the Printed Editions of Holy Scripture in the Library of The British and Foreign Bible Society von *T.H. Darlow, H.F. Moule*. 2 Bde. London 1903 (Repr. New York 1963). Bd. 2, 552, Nr. 4487.

[31] Herausgeber war *Johann Otto Glüsing* (1676–1727), Vorsteher der Altonaer Engelsbrüder (Gichtelianer).

Übersetzungen neben Luther ergänzend benutzt wurden. Selbstverständlich blieb die Übersetzung Luthers weiterhin beherrschend, doch „ermöglichte die Bereitstellung alternativer Wortlaute auch dem Laien eine schriftforschende Vergleichung“[32].

Das extremste Beispiel für eine Wort-für-Wort-Übersetzung ist die konkordante Übersetzung des Neuen Testaments von Johann Jakob Junckherrot:[33] „Das // Neue // Testament // Des // Herren Unserer // Jesu // Christi, // Eigentlich aus dem Griechischen // Grund=Text gedollmetschet und in // das Teutsche übersetzt, // durch weyland // Johann Jacob Junckherrot. // Gedruckt im Jahr 1732. // Zu haben bey Henrich Christian Schäffer // in Offenbach.“[34] Junckherrot strebte in seiner Übersetzung eine spiegelbildartige Wiedergabe der Ursprache in der Zielsprache an. Jedes Wort sollte nach Sinn, Wortform und Wortstellung genau der Vorlage entsprechen. Außerdem sollte jedes Wort der Grundsprache in der Zielsprache stets mit demselben Wort übersetzt werden, was zu einem „gar possierlichen Kauderweltsch“[35] führte. Junckherrot bot außerdem andere Übersetzungsmöglichkeiten am Versende und schob Verständnishilfen in Klammern in den Text ein. Um einen Eindruck von diesem „merkwürdigste[n] Beispiel von Uebersetzungs-Unsinn“[36] zu vermitteln, seien hier die Verse Phil 2,5–8 zitiert:

„Dann auff dieses soll der bedacht gehen in euch da worauff er auch in Christo Jesu (ginge da). Welcher in form Gottes sich gehabendt anfänglich da unterhin nicht eine dahin zureisen seyung hat da einhin geführet das seyn gleich Gotte da. Aber sich selbsten hat gemacht leer da form knechtes leibeigenen habendt genommen dahin in gemachtseyung ähnlich menschen seyendt worden da. Auch (in) gehabtseyung habendt sich lassen finden wie ein mensch da in der gehabtwerdung er hat ge-

---

[32] *Hans-Jürgen Schrader*: Art. „Pietismus“. In: Literaturlexikon. Hg. v. *Walther Killy*. Bd. 14, 1993, 208–216, hier: 212.

[33] Über Junckherrot ist nur sehr wenig bekannt. Da er im Titel seiner Übersetzung des Neuen Testaments mit „weyland“ bezeichnet wird, muß er spätestens 1732 gestorben sein. Im 2. Fortsetzungsband von *Jöchers* Allgemeinem Gelehrten-Lexicon von *Johann Christoph Adelung*, Leipzig 1787 (Repr. Hildesheim 1960), 2350, wird er als „seltsamer verrückter Kopf“ bezeichnet, „welcher von Profession ein Spieler gewesen“ sei. Er habe so viel Geld gewonnen, daß er 10.000 Taler für Arme hätte spenden können und außerdem seine Übersetzung des Neuen Testaments auf seine Kosten habe drucken lassen.

[34] Der im Titel erwähnte Heinrich Christian Schäffer war nach Goeze Strumpfweber in Offenbach, „der nach Junkherrotts Tode, Hebammen-Stelle bey dieser Misgeburt [der Ausgabe des Neuen Testaments] vertreten, und in eben der Schreibart eine Vorrede vorgesetzet hat“; s. *Johann Melchior Goeze*: Fortsetzung des Verzeichnisses seiner Samlung seltener und merkwürdiger Bibeln. Hamburg, Helmstedt 1778, 117.

[35] *Eberhard Nestle*: Art. „Deutsche Bibelübersetzungen“. In: ^{3}RE 3, 83.

[36] *Heinrich Schott*: Geschichte der teutschen Bibelübersetzung D. Martin Luthers und der fortdauernde Werth derselben aus den Quellen ausführlich dargestellt und wider alte und neue Gegner vertheidiget. Leipzig 1835, 166.

macht niedrig sich selbsten da werdendt hörendt bis todtes je todtes aber kreutzes da unterhin."[37]

Es ist nicht verwunderlich, wenn Goeze angesichts dieser Übersetzung seine Beschreibung der Ausgabe mit dem Satz einleitet: „Dieses ist vielleicht das einzige Buch in der Welt, von welchem das Sprichwort: es ist kein Buch so schlecht und so schlim, in welchem nicht etwas Gutes zu finden, nicht eintrift."[38] Dieser „Excess der Junckerothischen Ubersetzung"[39] hat sich nicht wiederholt. Die Übersetzung war auch kaum verbreitet, da sie gleich nach Erscheinen eingezogen wurde und gar nicht erst in die Buchhandlungen gelangte.[40]

Neben dem Übersetzungstyp, der die Wörtlichkeit anstrebte, stand der Typ der kommunikativen Übersetzung. Bei dieser eher freien Übersetzung stand der Empfänger im Vordergrund, der in die Lage versetzt werden sollte, die zu vermittelnde Botschaft möglichst schnell und gut zu verstehen. Zu den freiesten dieser Art gehören die Übersetzungen des Stuttgarter Separatisten Timotheus Philadelphus[41] bzw. Johann Kayser und des Grafen Zinzendorf. Kayser gab 1733/34 die Evangelien und die Apostelgeschichte heraus, „nach dem Sinn des Grund=Textes übersetzt", wie es im Titel heißt. Teil 1 enthielt Matthäus-, Markus-, Johannesevangelium, Teil 2 Lukasevangelium und Apostelgeschichte. Dabei handelte es sich nicht nur um eine teilweise paraphrasierende Übersetzung, sondern in den Text sind, durch Apostrophierung gekennzeichnet, ein oder mehrere Wörter, z. T. sogar längere Abschnitte, zur Erläuterung eingeschoben und in den laufenden Satz eingebaut.[42] Dieses Verfahren erklärt sich daraus, daß Kayser seine Übersetzung des Neuen Testaments zum Zweck der Judenmission erstellt hatte (in der Vorrede zu Teil 1 ruft er die Juden zur Bekehrung auf). Die Zielsetzung ist also eine andere als bei allen übrigen Übersetzungen im hier behandelten Zeitraum.

---

[37] Vgl.: Die Bibelsammlung der Württembergischen Landesbibliothek Stuttgart. Abt. 2. Bd. 2: Deutsche Bibeldrucke 1601–1800. Beschr. v. *Stefan Strohm* u. Mitarb. v. *Peter Amelung*, *Irmgard Schauffler* u. *Eberhard Zwink*. Teil 2: 1701–1800. Stuttgart-Bad Canstatt 1993, 565.

[38] *Goeze*, Fortsetzung [s. Anm. 34], 116.

[39] *Zinzendorf*, Nach=Erinnerung (vgl. S. 104 f.,)(4a.

[40] Vgl. *Siegmund Jacob Baumgarten*: Nachrichten von merkwürdigen Büchern. Bd. 7. Halle 1755, 318: „Der unausbleibliche Anstos, welchen dieses Buch verursachen müssen, hat die Obrigkeit bewogen, es aufs möglichste zu unterdrucken, und alle vorrätige Exemplare der ganzen auf des Verfassers Kosten veranstalteten Auflage in die gräfliche Kanzeley liefern zu lassen. Daher es sehr selten zu haben ist, indem es nie in Buchhandlungen gekommen, und nur wenige Exemplare vor gedachter Unterdrückung verschenkt oder verkaufet gewesen."

[41] Pseudonym für Johann Kayser (um 1675–1765), spiritualistisch geprägter Arzt, Anhänger Böhmes, gründete 1710 in Stuttgart einen philadelphischen Kreis, 1717 eine Inspirationsgemeinde.

[42] Die Kritik an Kaysers Übersetzung konnte nicht ausbleiben. *Hagemann* z. B. wirft Kayser vor, er habe das Neue Testament „mit vieler und oft ganz unanständigen Freyheit übersetzet"; Nachricht [s. Anm. 28], 174.

1735 folgte dann eine Ausgabe des ganzen Neuen Testaments: „Das Neue // Testament // nach dem Buchstaben // und // buchstäblichen Verstand // des Grund=Textes // übersetzt // durch // Timotheum Philadelphum // Im Jahr 1735." Diese Ausgabe übernahm die Übersetzung der Evangelien und Apostelgeschichte mit kleineren Änderungen.[43] 1735 erschien auch eine Separatausgabe des Johannesevangeliums „zu einem Wegweiser für Christen, Juden und Heyden".[44] Ob diese Art der Judenmission erfolgreich war, darf allerdings bezweifelt werden.[45] Wahrscheinlich wurde die Übersetzung eher von den Anhängern Kaysers in dem kleinen Kreis der Philadelphischen Gemeinde in Stuttgart gelesen. Der „betont spiritualistische Aspekt", den Kayser dem Text gab, die Interpretation „im Sinn der Mystik Jacob Böhmes"[46] und die „ausgeprägte Tendenz zur Psychologisierung"[47] dürften die zu bekehrenden Juden kaum sehr angesprochen haben.

Die Übersetzung von Nikolaus Ludwig Graf von Zinzendorf war lediglich für „etliche wenige Leute"[48] gedacht, d. h. für die Brüdergemeine. Zinzendorf gibt als Begründung an, daß „unsere lieben Brüder nicht aus Fürwitz, sondern aus Noth gewünschet und noch wünschen, den nächsten Sinn aller Worte des N.T. möglichst zu erfahren, weil sie mit so sehr vielerley Leuten, von verschiedenen Nationen und Einsichten zu thun bekommen".[49] Bereits 1727 hatte Zinzendorf in Ebersdorf eine Lutherbibel herausgegeben, der er ein Verzeichnis von Neuübersetzungen derjenigen Stellen anfügte, die nach den Grundtexten genauer zu übersetzen seien. 1739 legte er dann, nachdem er bereits einige neutestamentliche Einzelschriften in Neuübersetzung veröffentlicht hatte[50], eine Übersetzung des Neuen Testaments vor, die er jedoch nur als „Versuch" ansah: „Eines abermahligen // Versuchs // zur Ubersetzung // der

---

43 *Kayser* legte die Evangelien nochmals korrigiert seinem „Monotessaron Evangelicon" von 1737 zugrunde; 1739 erschien noch eine Evangelienharmonie, das „Evangelion Harmonicon".

44 Das // Evangelium // Johannis // nach dem Buchstaben // des Grund=Textes // ins Teutsche übersetzt // und // zu einem Wegweiser // für Christen, Juden und Heyden // aufgestellt // durch // Timotheum Philadelphum. // Im Jahr 1735.

45 Vgl. *Martin Jung*: Die württembergische Kirche und die Juden in der Zeit des Pietismus (1675–1780). Berlin 1992, 205. Jung, der allerdings nur die Übersetzung des Johannesevangeliums anführt, beurteilt die Wirkung skeptisch: „Es ist nichts darüber bekannt, wie und an wen diese Schriften verteilt wurden, und es erscheint fraglich, ob sie je von Juden gelesen wurden."

46 *Josef Urlinger*: Die geistes- und sprachgeschichtliche Bedeutung der Berleburger Bibel. Ein Beitrag zur Wirkungsgeschichte des Quietismus in Deutschland. Saarbrücken 1969, 257. Urlinger behandelt die Ausgabe Kaysers auf S. 253–263 und charakterisiert die Übersetzung an einigen Textbeispielen.

47 *Urlinger* [s. Anm. 46], 259.

48 Nach=Erinnerung in Teil 2 des Neuen Testaments (s. S. 104 f.), [)(5] a.

49 Nach=Erinnerung,)(2bf.

50 Z. B. 1Tim, Bergpredigt, Jud, Offb 1–4, in der Freiwilligen Nachlese von 1735: 1. Samml., 1–16, 68–88; 2. Samml., 144–157.

Historischen Bücher // Neuen // Testaments // Unsers // Herrn Jesu Christi // aus dem Original // Erste Probe. // Büdingen, // Gedruckt und verlegt von Joh. Christoph Stöhr. // 1739." Dieser 1. Teil mit den Evangelien und der Apostelgeschichte wurde von mehreren Mitarbeitern bearbeitet, der 2. Teil mit den „Lehr- und prophetischen Büchern" (ebenfalls 1739 erschienen) nur von Zinzendorf. Da ursprünglich die Übersetzung Luthers möglichst beibehalten werden sollte, es dann im Laufe der Arbeit aber zu einer völligen Neuübersetzung kam, unterschieden sich die Evangelien von der Apostelgeschichte und besonders von den Briefen.

Als Vorlage wählte Zinzendorf auf Anregung Friedrich Christoph Oetingers[51] die Handausgabe des griechischen Neuen Testaments von Johann Albrecht Bengel (Stuttgart 1734). Diese ohnehin nicht unumstrittene Ausgabe[52] geriet damit in die Nähe zu Zinzendorf, und die Kritik an dessen Übersetzung ging zu Unrecht teilweise auch auf Bengels Ausgabe über. Zinzendorf sah seine Übersetzung als „Probe", die keinesfalls die Lutherübersetzung verdrängen sollte. Die „blose Furcht [...], es möchten einige Lutheraner doch wohl aus Neugierigkeit unser Werckgen jenem [der Lutherbibel] vorziehen", habe ihm schwer zu schaffen gemacht.[53] Er gibt aber zu bedenken, ob denn genügend berücksichtigt werde, daß sich die Sprache seit Luther verändert habe und von vielen nicht mehr verstanden werde. Oftmals sei an schwierigen Stellen „ein gelehrter Leser" erforderlich.[54] Auch wenn Zinzendorf eine völlig neue Übersetzung vorlegen wollte, konnte er sich doch vom Text Luthers nicht immer frei machen. Er begründet das damit, daß er die Lutherübersetzung nahezu auswendig kenne, so daß er die Formulierungen Luthers oft unbewußt beibehalten habe.

Gleich nach Erscheinen des 1. Teils wurde Kritik an der Übersetzung geäußert, so daß Zinzendorf in einer „Nach=Erinnerung" in Teil 2 bereits darauf eingeht.[55] Zinzendorf legte die „Nach=Erinnerung" 1741

---

[51] Vgl. *Mälzer*, Johann Albrecht Bengel [s. Anm. 16], 175. Oetinger gehörte zu dem Kreis von Theologen, der zusammen mit Zinzendorf ab 1733 in Herrnhut an einer neuen Übersetzung bzw. einer verbesserten Lutherübersetzung arbeitete; vgl. *Dietrich Meyer*: Zinzendorf und Herrnhut. In: Geschichte des Pietismus. Bd. 2: Der Pietismus im achtzehnten Jahrhundert. Hg. v. *Martin Brecht* u. *Klaus Deppermann*. Göttingen 1995, 3–106, hier: 33.

[52] Zum Echo auf Bengels Ausgabe des griechischen Neuen Testaments vgl. *Johann Christian Friedrich Burk*: Dr. Johann Albrecht Bengel's Leben und Wirken. Stuttgart 1831, 214 ff., u. *Mälzer*, Johann Albrecht Bengel [s. Anm. 16], 172–183.

[53] Erinnerungen [s. Anm. 56], 31.

[54] Nach=Erinnerung in Teil 2 des Neuen Testaments, [)(5]b.

[55] Sie kam einmal von dem Textkritiker *Johann Jakob Wettstein*, der sich auf eine schon vor einigen Jahren erschienene Edition des Hebräerbriefes in der Übersetzung Luthers mit Änderungen Zinzendorfs (in der „Ebersdorfer Bibel"?, s. S. 103) bezog, sowie von einem „Professore aus der Schweitz" (dessen Namen Zinzendorf nicht nennt, der aber nicht mit Wettstein identisch sei, der ja Schweizer war und bis 1730 in der Schweiz wirkte).

noch einmal erweitert und mit einer Fortsetzung versehen vor,[56] nachdem die empörte Kritik an seiner Übersetzung hohe Wellen geschlagen hatte. In der „Nach=Erinnerung" geht Zinzendorf auch auf seine Übersetzungskriterien ein. Seine Übersetzung bezeichnet er als „Probe" und „blosses Schul-Exercitium"[57], sie sei eher Paraphrase als Übersetzung: „Ich bin daher wohl zufrieden, wenn diese Probe auch nur pro pressa Paraphrasi gelten kan, weil es mir nicht in die Gedancken kommt, es vor eine Ubersetzung auszugeben."[58] Ihm gehe es nur darum, den Sinn richtig wiederzugeben, nicht um eine Wort-für-Wort-Übersetzung. Wenn man den Worten „Fuß vor Fuß" folge, kämen die absurdesten Sachen zum Vorschein. Dem Heiligen Geist sei „eine offt unaccurate, aber doch mit dem Sinn correspondirende Ubersetzung nicht hauptsächlich im Wege"[59]. Wenn es zwei oder drei Übersetzungsmöglichkeiten gegeben habe, habe er die am ehesten in den Kontext passende „zur Probe"[60] in den Text gesetzt, die anderen im allgemeinen in die Anmerkungen. Daß Zinzendorf auch französische und lateinische Wörter in seiner Übersetzung verwendet (z. B. curiren, rebelliren, nation, credit), erklärt er damit, daß die entsprechenden deutschen Wörter den Sinn nicht richtig träfen. Man habe „ein und andre Wörter entweder gar mit einander nicht ins Teutsche übersetzt [...] oder doch nicht ins neu Teutsche, und ein recipirt Frantzösisch Wort kan man so leicht verstehen, als offt ein alt Teutsches: Üble renommée ist manchem gemeinen Mann bekannter, als böser Leumuth."[61] Zinzendorf bedient sich häufig auch seines eigenen Dialekts als der Sprache, die ihm am geläufigsten ist (z. B. „ein hübsch Weilgen", „söhngen", „sälbgen"). Über seine Übersetzung urteilt er: „Der Stylus scheinet ein wenig cavalier zu seyn, und ich kan nicht leugnen, es ist mir nicht eingekommen, ihn devoter zu machen: denn es soll eine Probe und kein Textus sacer seyn."[62] Anstoß erregte Zinzendorf mit dem Satz: „Ich glaube, unser Heyland selbst mag sehr platt geredt, und vielleicht manche Bauren-Phrasin gebraucht haben, dahinter wir jetzt etwas gantz anders suchen, weil wir den Idiotismum der Handwercks-Pursche zu Nazareth nicht wissen"[63]. In seinen „Erinnerungen" von 1741 stellt er klar, daß er nicht Christus einen Handwerksburschen genannt,

---

56 Erinnerungen Des Hrn. Gr. v. Z. Wegen seiner Ersten Probe Der Ubersetzung Des Neuen Testaments An seine Herren Gegner. Büdingen 1741. Repr. in: N.L. v. Zinzendorf: Hauptschriften. Hg. v. *Erich Beyreuther* u. *Gerhard Meyer*. Bd. 6. Hildesheim 1963.

57 Nach=Erinnerung,)(1b.

58 Nach=Erinnerung,)(3b.

59 Nach=Erinnerung,)(3a.

60 Nach=Erinnerung,)(4a.

61 Nach=Erinnerung,)(4bf.

62 Nach=Erinnerung,)(4a.

63 Nach=Erinnerung, [)(5] af.

sondern von den Handwerksburschen im Plural geredet habe, deren Sprache Christus ebenso wie sie gesprochen hätte.[64]

Die erste Probe stieß nicht nur bei der lutherischen Orthodoxie, die Neuübersetzungen neben Luther grundsätzlich nicht akzeptierte, auf heftige Kritik und völlige Ablehnung. Auf Einzelheiten einzugehen, würde den Rahmen dieses Aufsatzes sprengen[65], so seien hier nur die wichtigsten Vorwürfe genannt: Zinzendorfs Griechisch-Kenntnisse seien nicht ausreichend; seine Übersetzung sei zu frei; er habe vieles ausgelassen; er habe den Sinn oft nicht getroffen; es mangle ihm an Ehrfurcht vor dem Wort Gottes, indem er „gantz niederträchtige, läppische und spöttische Worte und Redens-Arten" benutze[66]; er verkehre einige der wichtigsten Glaubenslehren und verdunkle an manchen Stellen die Grundwahrheiten.[67] Auch Bengel, der ohnehin ein gespanntes Verhältnis zu Zinzendorf hatte, fand harte Worte der Kritik.[68] Seine Untersuchung von Zinzendorfs Übersetzung schließt mit dem Satz: „In Summa, durch diesen Versuch ist kein pur=apostolisches, sondern ein neumährisches Neues Testament gestellet worden: und diß ist der Hauptbeweis gegen diesen Uebersetzer, wie ringschäzig und gleichgültig die heilige Schrift, nur den Geist derselben, wie er es nennet, ausgenommen, vor seinen Augen seyn müsse."[69]

Zur Kritik an Zinzendorfs Übersetzung kam die Beanstandung von Flüchtigkeiten und Mängeln bei der Edition. Zinzendorf ging in seinen „Erinnerungen" von 1741 auf die Vorwürfe sachlich ein. Interessant und bezeichnend ist sein Bericht darüber, wie seine Übersetzung entstanden ist. Zum Vorwurf der Auslassungen bemerkt er zunächst, daß er vorsätzlich nichts weggelassen habe, als was auch in Bengels Ausgabe fehle, andere Auslassungen seien aus Versehen geschehen. Zur Arbeit an der Übersetzung, die er auf hoher See angefertigt hatte[70], schreibt er:

---

64 Erinnerungen [s. Anm. 56], 23.

65 Eine Zusammenfassung der Argumente der Gegenschriften findet sich in Bd. 62, 1749, von *Zedlers* Universal-Lexikon [s. Anm. 17] im Art. „Zinzendorfisches Neues Testament", 1465–1488, hier: 1476–1488.

66 *Zedlers* Universallexikon 62, 1749, 1477.

67 Eine Untersuchung ausgewählter Stellen, die Zinzendorfs Übersetzung mit dem Text Luthers, manchmal auch Joh. Kaysers (Timotheus Philadelphus) und der Vulgata vergleicht, bietet *Urlinger* [s. Anm. 46], 270 ff.

68 Vgl. z. B. *Bengel*: Abriß der so genannten Brüdergemeine [. . .]. Stuttgart 1751 (Repr. Hildesheim, New York 1972; N.L. v. Zinzendorf: Materialien und Dokumente, R. 2/10). Dem 2. Kapitel „Von der unrichtigen Uebersetzung des Neuen Testaments" stellt er den Satz voran: „In dem Büdingischen Neuen Testament wird das Wort Gottes sehr verfälschet, und zwar in der andern Edition des ersten Versuchs noch mehr, als in der ersten" (181). Bengel behandelt anschließend über 100 Stellen aus Zinzendorfs Übersetzung und kommt zu einem vernichtenden Urteil.

69 *Bengel*, Abriß [s. Anm. 68], 203.

70 Die Vorrede zu Teil 1 ist datiert: „Auf der Reise nach St. Thomas am Bord des Schiffes St.

„Ich habe auf dem Schiff unter Sturm und Wellen am 4ten Mart. angefangen, und am 10ten Apr. aufgehöret: in der lincken Hand hatte ich das Testament, und auf demselben, oder gar in der platten Hand, mein Blätgen Papier: mit der rechten schrieb ich: kein ander Buch, als Schwarzii Commentarium sahe ich an; da suchte nur zuweilen einen alten Autorem nach: und ich hörte nicht auff zu schreiben. (Die wenigen Schlaff=Stunden ausgenommen) Essen und Trincken wurde, da nöthig, ausgesetzt, oder war in ein paar Minuten vorbey; biß ich in einer Connexion des Gemüths mit einem Buch gantz fertig war.

Ich resolvirte mit gutem Vorbedacht diese Probe ohne einige fernere critische Untersuchung zu geben, und alle Schmach davon auf mich zu nehmen, habe auch die andern gar wohl vorgesehen: aber die Defecte habe ich zu der Zeit weder gewust, noch vermuthet, sind aber auf die jetzt erzehlte Art möglich, weil die Augen auf der See nicht eine Stunde wie die andere zu brauchen sind".[71]

Einen Teil der Fehler, die Zinzendorf vorgeworfen wurde, erkannte er als solche an und entschloß sich, die Erstausgabe konfiszieren zu lassen.[72] 1744/46 legte er dann eine verbesserte 2. Auflage vor.[73] Sie war von Fehlern bereinigt und sollte sich dem Vorwurf, die Übersetzung Luthers ablösen zu wollen, durch eine andere Reihenfolge der neutestamentlichen Schriften entziehen.[74] Da Zinzendorf, wie er in seiner „Nach=Rede" schreibt, seine Übersetzung als „Privat-Sache" ansehe, biete er die Briefe in der chronologischen Reihenfolge ihrer Entstehung.[75] In Teil 2 fehlten der Jakobusbrief, der Judasbrief und der 2. und 3. Johannesbrief, und zwar nicht deshalb, weil Zinzendorf sie nicht in

---

Martin. Am sechzehenden Dec. 1738", die zu Teil 2: „Bey der Rückreise von St. Thomas, an Bord des Schiffs Aletta, auf der Höhe von Lizard, zu Anfang des Aprils 1739".

71 Erinnerungen [s. Anm. 56], 37.

72 Zur Begründung heißt es in der Vorrede zur 2. Ausgabe des 1. Teils: er habe es für gut befunden, „diese erste Edition zu confisciren / wo ich sie auftreiben können; nicht darum / weil ich mich ihrer schäme / sondern weil sie nicht nach meinem Sinn gerathen / und ich das Publicum nicht mehr damit incommodiren will" ():(3). Vgl. auch *Erich Beyreuther*: Zu Zinzendorfs „Abermaligen Versuchs zur Übersetzung des Neuen Testaments aus dem Original". In: *Ders*.: Frömmigkeit und Theologie. Hildesheim, New York 1980, 185–218.

73 Eines // Abermaligen Versuchs // zur // Ubersetzung // Der Historischen Bücher // Neuen // Testaments // Unsers // Herrn Jesu Christi // aus dem Original // Erste Probe // Zweyte Edition // Von den vorigen Schreib= Druck= und an= // dern Fehlern gebessert. // Büdingen, // Gedruckt und verlegt von Joh. Christoph Stöhr. // 1744. – Eines // Abermahligen Versuchs //Zur // Ubersetzung // Der // Lehr= und Prophetischen Bücher // Neuen // Testaments [. . .] Zweyte Edition // Worinnen die meisten besagter Lehr=Bücher // befindlich sind [. . .]. Büdingen 1746.

74 Vorrede zu Teil 1, (a) 4b. Teil 1 enthielt Joh, Mt, Mk, Lk, Apg; Teil 2: 1/2Thess, Gal, 1/2Kor, Röm, 1Tim, Tit, Phil, Kol, Phm, Eph, Hebr, 2Tim, 1/2Petr, 1Joh, Offb.

75 Nach=Rede in Teil 2, (a) 4.

seiner Bibel habe wolle wie Luther,[76] sondern weil sie ganz gut geraten seien und nicht noch einmal revidiert werden sollten.[77]

Die Kritik an Zinzendorfs Übersetzung war gewiß zum großen Teil richtig, aber sein Anliegen, daß die Bibel oder das Neue Testament in verständlicher Übersetzung vorliegen müsse, weil die Sprache Luthers zum Teil veraltet und nicht mehr verständlich war, hatte doch seine Berechtigung. Daß die Kritik an seinem Neuen Testament so heftig ausfiel, lag sicher auch daran, daß Zinzendorf für die Vertreter der lutherischen Orthodoxie ein „rotes Tuch" geworden war. Zinzendorf faßte selbst zusammen:

„Was ist endlich der Verlaß zwischen mir und meinen Herrn Gegnern. Ich habe recht, daß ich versucht habe; daß ich den Versuch gemacht, so gut ich gekont; daß ich ihn hurtig edirt; daß ich ihm gleich im Anfange kein Lob gegeben. Sie haben recht, daß er nicht nur viel schlechter, als Luthers Version sondern überhaupt gar eine armseelige Production ist: damit sich, wie es scheint, die vornehmen Theologi kaum die Zeit verderben würden, wenn nicht ein wenig Affect dazu käme. Es wird doch so ein kleiner Seegen drinne liegen, der sich erst künfftig zeigen wird, darüber man bitten möchte: verderbts nicht!"[78]

Einen Mittelweg gehen die Übersetzungen der Berleburger Bibel und Bengels, die zwar eine möglichst wörtliche Übersetzung der Urtexte anstrebten, dies aber nicht auf Kosten der Verständlichkeit bis ins Extrem durchführten. Die Berleburger Bibel, mit ihrer reichen Kommentierung eines der wichtigsten Dokumente des radikalen Pietismus, ist unter geistes- und sprachgeschichtlichem[79] sowie theologiegeschichtlichem Aspekt[80] untersucht worden; die Ergebnisse können hier schon aus Raumgründen nicht referiert werden[81]. Dem Thema dieses Aufsatzes entsprechend soll hier nicht die Kommentierung, sondern die Übersetzung der Berleburger Bibel im Vordergrund stehen. Sie erschien in 8 Bänden von 1726–1742[82], verantwortlicher Unternehmer und Hauptbe-

---

[76] Luther hatte den Hebräerbrief, den Jakobus- und Judasbrief und die Apokalypse nicht so hoch bewertet wie die übrigen neutestamentlichen Schriften. Er stellte sie deshalb an den Schluß des Neuen Testaments und rückte sie im Inhaltsverzeichnis von den anderen Schriften ab, ohne sie in die durchgehende Zählung einzubeziehen.

[77] Nach=Rede in Teil 2, (a) 4b.

[78] Erinnerungen [s. Anm. 56], 44 f.

[79] Vgl. die Untersuchung von *Urlinger*, Die geistes- und sprachgeschichtliche Bedeutung [s. Anm. 46].

[80] Vgl. *Martin Hofmann*: Theologie und Exegese der Berleburger Bibel (1726–1742). Gütersloh 1937 (BFChTh, 39). Eine Untersuchung der Vorreden findet sich bei *Jürgen Quack*: Evangelische Bibelvorreden von der Reformation bis zur Aufklärung. Gütersloh 1975, 304–322.

[81] Einen Überblick über Entstehung, Bearbeiter, Konzeption und Schwerpunkte der Berleburger Bibel unter Auswertung neuer Quellen bietet *Martin Brecht*: Die Berleburger Bibel. Hinweise zu ihrem Verständnis. In: PuN 8, 1982, 162–200.

[82] Die Bände 1–7 enthalten die kanonischen Schriften (wobei in Bd. 7 die Weisheit Salomos

arbeiter war Johann Friedrich Haug. Auf dem Titelblatt zu Band 1 heißt es:

„Die // Heilige Schrifft // Altes und Neues // Testaments / // Nach dem Grund=Text // aufs neue übersehen und übersetzet:[83] // Nebst // Einiger Erklärung des buchstäblichen Sinnes / // Wie auch der fürnehmsten // Fürbildern und Weissagungen // von // Christo und seinem Reich / // und zugleich // Einigen Lehren die auf den Zustand der Kirchen // in unseren letzten Zeiten gerichtet sind; // Welchem allem noch untermängt // Eine Erklärung die den inneren Zustand des geistlichen Lebens / // oder die Wege und Wirckungen GOttes in der Seelen / // zu deren Reinigung / Erleuchtung / und Vereinigung // mit Ihm / // zu erkennen gibt. // Gedruckt zu Berlenburg // Im Jahr unsers Erlösers und Ursprungs der heiligen Schrifft Jesu Christi // 1726."

Welche Urtext-Ausgaben der Übersetzung zugrundelagen, darüber machen die Vorreden keine Angaben. Auf die Übersetzungsprinzipien geht das Vorwort zu Band 1 jedoch ausführlicher ein. Zwar solle man einerseits genau darauf achten, den Text möglichst wörtlich zu übersetzen, andererseits aber auch zur Verdeutlichung bekanntere Redensarten benutzen:

„So ist es nöthig / daß die so die Gaben dieser Sprachen [Hebräisch und Griechisch] / und sonderlich der ersten / erlanget / weil uns die nun die schweresten geworden / nach dem Maaß ihrer Erkenntniß fleissig diesen Grund=Text lesen / und sich dann bestreben, wie sie solchen unter Anrufung des Beystandes des heiligen Geistes in unsere Mutter=Sprache übersetzen mögen. Da man dann sowol dem Buchstaben nach es sollte aufs einfältigste geben / wie es da geschrieben ist; indem darinnen manchmal ein Nachdruck und Geheimniß verborgen ist: als auch die Deutlichkeit sich lassen angelegen seyn / daß man zugleich unsere Redens=Arten brauche / womit wir solches auszudrücken pflegen; daß es ein ieder desto besser verstehen könne: da man auch die Hebräische Accentuation oder Unterscheidungs=Zeichen / die / wie einige nicht ohne Grund dafürhalten / durch den heiligen Geist eingegeben sind / und den wahren Verstand der Schrifft anweisen / wol zu beobachten hat."[84]

---

und das Buch Jesus Sirach angefügt wurden), Bd. 8 enthält „apocryphische Schrifften des Alten und Neuen Testaments" (so der Titel), darunter auch die meisten der Apostolischen Väter.

[83] Auf den Titelblättern zu Bd. 2–8 heißt es nur: „nach dem Grund=Text aufs neue übersehen". *Urlinger* [s. Anm. 46] geht auf diese Verkürzung nicht näher ein, sondern ist der Meinung, beides, „übersehen und übersetzt", „deutet auf die, neben dem hebräischen und griechischen Originaltext, bei der Übersetzung herangezogenen schon vorhandenen älteren Übersetzungen" (36). Ob ab Bd. 2 (d. h. ab Josua) nicht primär die Übersetzung aus den Ursprachen im Vordergrund stand, sondern die Korrektur vorliegender Übersetzungen aufgrund der Durchsicht älterer Übersetzungen, kann hier nicht geklärt werden.

[84] Vorwort zu Bd. 1,)(2.

Bezeichnenderweise folgt diesen Ausführungen zur Übersetzung die Versicherung, „daß man hiemit den rechten wahren und beßten Grund=Text des Geistes / den ein ieder lebendig in seinem Hertzen finden kan / nicht wolle zurückgesetzet haben".[85] Die Übersetzung aus den hebräischen und griechischen Urtexten zog die Septuaginta, die Vulgata und die lateinische Übersetzung des Sebastian Castellio[86] hinzu, außerdem die Lutherbibel, die französische Übersetzung in den Bibelauslegungen der Madame Guyon[87] und die Verbesserungsvorschläge zur englischen Bibelübersetzung von Robbert Gell.[88] Zwar wurde der Berleburger Bibel sprachliche Schwerfälligkeit vorgeworfen[89], aber ihre urtextnahe Übersetzung war doch immerhin verständlich, und sie war „für die damaligen Frommen [. . .] eher so etwas wie die heutige Zürcher Bibel und wurde wegen ihrer Übertragungstreue geschätzt".[90]

Die Berleburger Bibel fand offensichtlich eine relativ weite Verbreitung. 1832 wurde in Stuttgart noch einmal ein Nachdruck angekündigt[91], und die Polyglotten-Bibel von Stier/Theile[92] rechnete die Berleburger Bibel sogar zu den „vornehmsten deutschen Uebersetzungen" (so der Titel). Sie entnahm ihr, neben anderen Übersetzungen, besonders wichtige Abweichungen zur Lutherübersetzung und stellte sie dieser zum Vergleich zur Seite. Die Berleburger Bibel, deren Übersetzungsweise zwar als „oft geschmacklos wörtlich" bezeichnet wird, wurde ausgewählt, um auch der „mystischen Bibelbehandlung" einen Platz einzuräumen, und weil sie „von den neuen Uebersetzern, wie sich hier aufdeckt, im Stillen fleißig benutzt" wurde und „immer noch sehr beachtenswerth" sei.[93] Die Berleburger Bibel dürfte also von allen pietistischen Bibelübersetzungen die größte Wirkung ausgeübt haben, ob-

---

85 Vorwort zu Bd. 1,)(2.

86 Basel 1551, 1554, 1556; Frankfurt 1697.

87 La Sainte Bible [. . .], avec des explications et réflexions, qui regardent la vie intérieure. 20 Bde. Köln [Amsterdam] 1713–1715. Die Bibelauslegungen von *Jeanne Marie Guyon* wurden ab 1743 in deutscher Übersetzung in Berleburg veröffentlicht.

88 Vgl. Anm. 25.

89 Vgl. *Urlinger* [s. Anm. 46], 42: „Eine schon von der Intention her – so wie die gleichfalls in Berleburg entstandene Übersetzung von Reitz – am Original klebende Verdeutschung, bei der man sich zu dem noch durch so zahlreiche Seitenblicke auf andere Versionen, einer größtmöglichen Treue versicherte, mußte zwangsläufig von einer gewissen sprachlichen Schwerfälligkeit werden."

90 *Brecht*, Die Berleburger Bibel [s. Anm. 81], 183.

91 Damals waren in Berleburg noch über 78 Exemplare vorhanden, „die dann als Makulatur verramscht wurden"; s. *Brecht*, Die Berleburger Bibel [s. Anm. 81], 175.

92 Polyglotten-Bibel zum praktischen Handgebrauch. Die heilige Schrift Alten und Neuen Testaments in übersichtlicher Nebeneinanderstellung des Urtextes, der Septuaginta, Vulgata und Luther-Uebersetzung, so wie der vornehmsten deutschen Uebersetzungen bearbeitet von *R. Stier* und *K.G.W. Theile*. 4 Bde. Bielefeld 1847–55; Bd. 4 (NT), 1846.

93 Vorrede zu Bd. 4, X.

wohl sie als Bibel der Separatisten angesehen und wegen ihrer mystisch-spiritualistischen Kommentare und ihrer Kritik an der Amtskirche von der Orthodoxie abgelehnt wurde.[94]

Johann Albrecht Bengel hat das Erscheinen seiner Übersetzung des Neuen Testaments nicht mehr erlebt. Zwar war sie bereits 1740 schon eine geraume Zeit fertig, aber die Arbeiten an den Anmerkungen nahmen dann längere Zeit in Anspruch, so daß sich der Druck verzögerte. Hinzu kam, daß Bengel zunächst auch Bedenken hatte, seine Neuübersetzung zu veröffentlichen, weil „die Sache wegen neuer Uebersetzungen eine Zeit lang gar zu delicat worden ist".[95] 1752 hat er das Neue Testament dann aber doch zum Druck gegeben, seine Vorrede ist auf den 10. Oktober 1752 datiert. Als Bengel bald darauf am 2. November 1752 starb, lagen die Korrekturbogen bereits vor, die er noch auf dem Sterbebett las.[96] Es ist also nicht richtig, daß Bengel seine Übersetzung nicht zum Druck gegeben habe, weil die vielen Streitigkeiten über Neuübersetzungen ihn davon abgehalten hätten.[97] Bengels Übersetzung, die die Erkenntnisse seiner textkritischen Arbeit auch Laien zugänglich machte, erschien dann 1753:

„Das // Neue Testament // zum Wachsthum // in der Gnade und der Erkänntniß // des Herrn Jesu Christi // nach dem revidirten Grundtext übersetzt // und mit // dienlichen Anmerkungen begleitet // von // D. Johann Albrecht Bengel. // Stutgart, // bey Johann Benedict Metzler. // 1753."

Bengel begründet seine Übersetzung: „Mir war hiebey hauptsächlich um einen deutschen Text zu thun, auf den ich meine deutsche Auslegung des N.T. gründen und bauen, und dabey nicht nöthig haben möchte, bey der Uebersetzung Lutheri immer zu sagen: Griechisch heisset es eigentlich so und so."[98] Die Übersetzung Luthers wolle er nicht verdrängen oder ersetzen, sondern ergänzen, er wolle „keine bessere, sondern eine andere"[99] bieten. Luthers Übersetzung werde dankbar vorausgesetzt,

---

[94] Zur zeitgenössischen Polemik vgl. *Hagemann* [s. Anm. 28], der „viele anstößige Lehren" beanstandet „als vom 1000jährigen Reich; Wiederbringung aller Dinge; himmlischen Menschheit Christi, und andere fanatische Lehrsätze" (361).

[95] Vorrede zur 2. Aufl. der Evangelienharmonie Bengels von 1747, § 7 (zit. nach der 3. Aufl. von 1766). Vgl. auch das Kapitel über Bengels Übersetzung des Neuen Testaments bei *Mälzer*, Johann Albrecht Bengel [s. Anm. 16], 211–219.

[96] Vgl. den Bericht *Oetingers* über Bengels Tod: „Bengel starb nach seiner Idee, nämlich als der, der nichts von der Sterbekunst statuirt, sondern der mit seinen Correcturbogen [damals waren die Übersetzung des Neuen Testaments und die Vorrede zum „Gnomon in 12 prophetas minores" von *David Philipp Burk* im Druck], als seinem Geschäft, sich bey'm Sterben so gut occupirt als zuvor"; zit. nach *Burk* [s. Anm. 52], 522.

[97] Vgl. *Johannes Wallmann*: Der Pietismus. Göttingen 1990 (KIG, O1), 134.

[98] Vorrede, XXXV.

[99] Vorrede, X.

aber „nebenher ist eine andere gut, die nicht so fliesset, aber den ächten griechischen Grundtext sorgfältiger ausdrücket".[100] Wer wolle, könne also beide Übersetzungen zusammen benutzen, wobei jede die Mängel der anderen ausgleiche.

Die Prinzipien, die er bei seiner Übersetzung befolgt habe, erläutert Bengel in seiner Vorrede. Zunächst geht er auf das spezielle Problem einer Bibelübersetzung ein:

„In Uebersetzung menschlicher Schriften kan ein Mensch des andern Sinn viel leichter erreichen und ausdrücken, und wann er auch dessen verfehlet, so ist gemeiniglich nicht viel daran gelegen. Aber bey der Uebersetzung der Worte Gottes, himmlische und ewige Dinge betreffend, soll man mit einem tiefen Respect, mit Furcht und Zittern handeln, daß man nichts daran schmützen[101], nichts unterschlagen, nichts verwechseln möge."[102]

Diese Haltung bestimmt sicher die meisten Übersetzungen aus der Zeit des Pietismus, wobei der tiefe Respekt vor dem Wort Gottes und die damit verbundene Angst vor Verfälschungen eben auch zu völlig unverständlichen Texten führen konnte.

Bengel stellt neun Regeln für eine neue Übersetzung auf. Sie muß sich zunächst „auf einen genau revidirten Original=Text gründen".[103] Bengel legt selbstverständlich seine eigene Ausgabe des griechischen Neuen Testaments zugrunde.[104] Wenn er inzwischen eine andere Lesart dem Text vorgezogen habe, habe er diese übersetzt, wobei er sich nach der Vulgata gerichtet habe. Eine Übersetzung muß dem Leser in allem denselben Eindruck vermitteln wie das Original selbst, „sie muß seyn wie ein vollkommenes Contrefait [. . .]. Man muß nichts dazu setzen, nichts zurücksetzen, nichts anders setzen, sondern übersetzen"[105]. Sie muß genauso undeutlich oder deutlich sein wie das Original, sie darf „nicht undeutsch, [. . .] aber auch nicht gar zu gut deutsch"[106] sein. Sie soll Wörter aus anderen Sprachen nur sparsam verwenden. Wenn die Grundsprache ein Wort oder einen Wortstamm im Zusammenhang öfters wiederholt, soll auch im Deutschen dasselbe Wort benutzt werden. Allzu streng seien aber diejenigen, die durch das ganze Neue Testament hindurch jedes griechische Wort durch ein einziges deutsches Wort wiedergeben. Eine Übersetzung soll nichts übermäßig, aber auch nichts zu wenig betonen. Sie soll die Wortstellung der Grundsprache beibehalten, wenn es die

---

100 Vorrede, XI.
101 d. h. „schmähen", „herabsetzen".
102 Vorrede, VII.
103 Vorrede, XIII.
104 Vgl. S. 97.
105 Vorrede, XV.
106 Vorrede, XXI.

Zielsprache erlaubt. Artikel, Pronomen, Partikel, Tempora, Verben in der Medialform und anderes sollen „bald mit einer verständigen Freyheit, bald auf das genaueste“[107] wiedergegeben werden. Die Genauigkeit der Übersetzung müsse von der Wichtigkeit des Inhalts abhängen.

Wenn Bengel auch fürchtet, daß er die Regeln nicht immer eingehalten oder sich manchmal auch zu sehr an sie gebunden habe, ist er doch „versichert, daß man auf diesem Weg je mehr und mehr zu einer dem Original ähnlichern Uebersetzung hinankomme“[108]. Ob die so erstellte Übersetzung irgendeinen Nutzen habe, das überlasse er „dem Urtheil eines jeden erleuchteten und unparteyischen Lesers“.[109] Bengel ist jedoch recht zuversichtlich: „Ich habe meine Lebenstage ziemlicher massen in dergleichen Arbeit, die einem Uebersetzer behülflich ist, zugebracht: und die Uebersetzung selbst habe ich geübten und tüchtigen Freunden communiciret, die mir ihre Gedanken eröffnet, und zu mancher Verbesserung Anlaß gegeben haben. Nun stehet sie einem jeden zu Dienste, der sich derselben privatim [...] und für sich selbst bedienen will.“[110]

So viele Leser wie erhofft hat Bengels Übersetzung allerdings nicht gefunden. Eine Ergänzung zur Lutherbibel, wie er das gewünscht hatte, ist sie dann auf Dauer auch nicht geworden, obwohl er den Benutzern das Verständnis durch eine Vielzahl von erklärenden und erbaulichen Anmerkungen erleichterte. Zwar erschien 1769 eine zweite Auflage und 1781 ein weiterer Druck[111], aber das deutsche Neue Testament war doch nicht ganz so erfolgreich wie die zugrundegelegte Ausgabe des Urtextes (allein Bengels Handausgabe des griechischen Neuen Testaments erlebte im 18. Jahrhundert fünf Auflagen[112]). Dennoch wurde Bengels Übersetzung noch bis ins 19. Jahrhundert hinein gelesen. Burk berichtet, „daß bis auf den heutigen Tag die Bengel'sche Uebersetzung des N. Testaments in vielen württemberg'schen Privatversammlungen mit großem Segen gebraucht wird“.[113] Die Polyglotten-Bibel von Stier/Theile[114] benutzte für das Neue Testament neben der Berleburger Bibel aus der Zeit des Pietismus nur noch Bengels Übersetzung, weil sie zu den Ausgaben gehöre, die „für die jetzige Zeit und das in ihr noch Kursirende“[115] wichtig sei.

Bengels Übersetzung ist es aber letzten Endes nicht anders ergangen als den übrigen Neuübersetzungen seiner Zeit. Obwohl er in geradezu

---

107 Vorrede, XXX.
108 Vorrede, XXXVII.
109 Vorrede, XXXV.
110 Vorrede, XXXV.
111 Ebenfalls bei Metzler in Stuttgart.
112 Erste Ausgabe Stuttgart 1734, weitere Ausgaben Tübingen 1738, 1753, 1762, 1776.
113 *Burk* [s. Anm. 52], 352.
114 Vgl. o. S. 110.
115 Vorrede zu Bd. 4 [s. Anm. 92], X.

idealer Weise die Erkenntnisse seiner textkritischen Arbeit in seine Übersetzung einfließen lassen konnte, vermochte er sich genausowenig wie die anderen Übersetzer gegen die Sprachgewalt der Lutherbibel durchzusetzen – was er allerdings so auch gar nicht angestrebt hatte. „Mit tiefem Respekt, mit Furcht und Zittern"[116] waren er und die anderen Übersetzer ans Werk gegangen. Wenn Bengel für eine möglichst korrekte Übersetzung 9 Regeln aufstellt, erinnert man sich zwangsläufig an Luthers „Sendbrief vom Dolmetschen". Was ist nach Luther Voraussetzung für eine gute Übersetzung? Reichen Respekt, Furcht und Zittern? Unter 9 Eigenschaften, die ein Übersetzer haben müsse, nennt Luther auch die Furcht, aber es kommt noch einiges hinzu: „Es gehöret dazu ein recht, frum, trew, vleissig, forchtsam, Christlich, geleret, erfarn, geübet hertz."[117] Auch Luther spricht sich für eine Übersetzung aus, die möglichst nah am Urtext bleibt. Aber sie muß dennoch „deutsch", d. h. verständlich sein: „man mus die mutter jhm hause, die kinder auff der gassen, den gemeinen man auff dem marckt drumb fragen, und den selbigen auff das maul sehen, wie sie reden, und darnach dolmetzschen, so verstehen sie es den."[118] Dieser wohl berühmteste Satz aus Luthers Sendbrief zeigt sehr eindrücklich, wo der Unterschied zu den späteren Übersetzungen liegt. Luther führt zur Verdeutlichung Mt 12,34 in wörtlicher Übersetzung an: „Auß dem uberflus des hertzens redet der mund." „Sage mir", fährt er fort, „Ist das deutsch geredt? Welcher deutscher verstehet solchs?"[119] Obwohl diese Frage alle Berechtigung hat, findet sich z. B. bei Bengel eben diese wörtliche, unverständliche Übersetzung. „Gut deutsch geredet" heißt es dagegen in Luthers Übersetzung: Wes das Herz voll ist, des geht der Mund über.

Die neuen Übersetzungen im Pietismus konnten und wollten sich mit der Sprachgewalt Luthers nicht messen. Ihr Anliegen war eher eine möglichst urtextnahe Übersetzung und, auch das muß berücksichtigt werden, eine Nutzbarmachung der Übersetzung, sei es in der Sprache, sei es in der Kommentierung, für eigene Interessen.[120] Sie wurden deshalb nur in einem recht begrenzten Kreis gelesen und fanden keine große Verbreitung. Dennoch hoben sie Luthers Übersetzung von dem Sockel, auf den sie von der Orthodoxie gestellt worden war. Die meisten Übersetzer erkannten die überragende Leistung Luthers zwar vorbehaltlos an, schlossen aber Kritik an seiner Übersetzung nicht aus. Daß Luthers Sprache außerdem

---

[116] Vgl. o. S. 112.

[117] Sendbrief vom Dolmetschen (1530). In: WA 30,2, 640.

[118] Sendbrief vom Dolmetschen, 637.

[119] Sendbrief vom Dolmetschen, 637.

[120] Vgl. *Aland*, Bibel und Bibeltext [s. Anm. 10], 141: „Die Pietisten in der Wetterau wie die im Kreise Zinzendorfs wurden wenigstens bis zu einem gewissen Grade auch von dem Bestreben geleitet, die Schrift ihre Sprache sprechen und ihre speziellen Bedürfnisse erfüllen zu lassen."

nach über 150 Jahren teilweise veraltet war und einer Angleichung an die moderne Sprache bedurfte, darauf hat besonders Zinzendorf hingewiesen.[121] Die Notwendigkeit einer Revision der Lutherbibel sowie alternativer Übersetzungen nicht nur erkannt und aufgezeigt, sondern diese Erkenntnisse auch in die Tat umgesetzt zu haben, ist das entscheidende Verdienst des Pietismus. Zum ersten Mal entstanden jetzt Übersetzungen neben Luther, die allen Christen eine parallele und vergleichende Lektüre verschiedener deutscher Übersetzungen ermöglichten. Genutzt wurde diese Möglichkeit wahrscheinlich nicht so sehr, und die Lutherbibel behielt noch lange alleinige Gültigkeit. Der entscheidende Durchbruch war jedoch vollzogen. Zu den Übersetzungen des Pietismus kamen die des Rationalismus,[122] der Aufklärung[123] usw. Sie sind nicht denkbar ohne die ersten Anstöße durch Spener und Francke und die daraus resultierenden neuen Übersetzungen, so schlecht und unverständlich sie teilweise auch gewesen sein mögen.[124]

Auf alle Fälle gehören die Neuübersetzungen zu den Verdiensten, die sich der Pietismus um Text und Verbreitung der Bibel erworben hat. Sie bildeten neben dem Bemühen um einen möglichst guten Urtext und neben der Massenverbreitung der Lutherbibel die Voraussetzungen für die Realisierung von Speners Forderung von 1675: „Daß man dahin bedacht wäre / das Wort Gottes reichlicher unter uns zu bringen."[125]

---

[121] Vgl. S. 104.

[122] Z. B. die „Wertheimer Bibel" von *Johann Lorenz Schmidt*. Bd. 1, 1735 (Gen-Dtn; mehr konnte nach heftiger Kritik nicht erscheinen), und das sog. „Englische Bibelwerk". Hg. v. *Romanus Teller*. 19 Bde. Leipzig 1749–70.

[123] Z. B. *Johann David Michaelis*: Deutsche Übersetzung des Alten Testaments mit Anmerkungen für Ungelehrte. 13 Tle. Göttingen 1769–83; *Carl Friedrich Bahrdt*: Die neuesten Offenbarungen Gottes in Briefen und Erzählungen. Riga 1773–74.

[124] Daß die neuen Übersetzungen aber auch Gewohntes und Bewährtes tradierten, soll an zwei Versen aus dem Neuen Testament gezeigt werden, und zwar an den Lehrtexten für die Geburtstage der beiden Jubilare, denen diese Festschrift gewidmet ist. *Hebr 13,15* (Lehrtext für den 2. Juni 1923): *Luther 1545*: „So lasset vns nu opffern/ durch jn/ das Lobeopffer/ Gotte allezeit/ das ist/ die Frucht der lippen/ die seinen Namen bekennen." *Berleburger Bibel*: „So lasset uns dann durch ihn Gott allwege hinaufbringen ein Lob=Opffer, das ist, die Frucht der Lippen deren die seinen Namen bekennen." *Bengel*: „So lasset uns nun durch ihn Gotte allezeit ein Lobopfer opfern, das ist, die Frucht der Lippen, die seinem Namen danken." *2Petr 2,9* (Lehrtext für den 6. März 1932): *Luther 1545*: „Der Herr weis die Gottseligen aus der versuchung zu erlösen / Die Vngerechten aber behalten zum tage des Gerichtes zu peinigen." *Berleburger Bibel*: „Der Herr weiß die Gottseligen aus der Versuchung zu erretten, die Ungerechten aber auf den Tag des Gerichts zu behalten, daß sie gestraft werden." *Bengel*: „So weiß der Herr die Gottseligen aus der Versuchung zu erretten, die Ungerechten aber auf den Gerichtstag, daß sie gestraft werden, zu verwahren."

[125] Pia desideria. In: Die Werke Philipp Jakob Speners. Studienausgabe. In Verb. m. *Beate Köster* hg. v. *Kurt Aland*. Bd. I: Die Grundschriften. Teil 1. Gießen 1996, 192,34 f.

Horst Weigelt

Georg Matthäus Holbig und die Herrnhuter Brüdergemeine

Der mißlungene Versuch einer Integration in die Brüdergemeine in der Wetterau

Zu den wichtigsten Tätigkeitsfeldern der Herrnhuter Brüdergemeine zählt die Diasporaarbeit, deren Aufgabe vor allem darin bestand, sich aller Frommen anzunehmen, die verstreut in der „Diaspora“[1], d. h. inmitten von Konfessionskirchen, lebten. „Die Diaspora“, so definierte Zinzendorf, „ist das Volk Gottes in der ganzen Welt in unterschiedenen äußerlichen Verfassungen, aber auf einerlei Prinzipiis stehend“.[2] Diese in der Zerstreuung lebenden Christen sollten durch „Boten“ oder „Diasporaarbeiter“ der Brüdergemeine – zumeist einfache Handwerker – aufgesucht, geistlich betreut und untereinander in Verbindung gebracht werden. Zinzendorf schätzte die Diaspora, also das „Volk Gottes“ in aller Welt, sehr; er achtete sie sogar höher als die Gemeine. Evident wird dies beispielsweise an seinem „Hymnus von der Diaspora“: „Ave Diaspora, mit reverentia! Du bist das Salz der Erd’. Ave! Du bist es wert“.[3] Deshalb riet er dringend davon ab, propagandistisch auf die Brüdergemeine hinzuweisen oder sogar jemanden zum Beitritt zu ermuntern. Ja, Zinzendorf konnte erklären: „Es ist eine Donquichotten-Arbeit, einen Menschen in der Welt zu bereden, daß er ein Bruder wird: hingegen ist nichts zu risquiren, wenn man alle seine Kräfte anwendet, jedermann mit allen Argumenten, die uns Gott in unsern Verstandt gibt, abzuraten, kein Bruder zu werden“.[4] Vielmehr sollte man alles daran setzen, „daß jede Seele

---

[1] Der Begriff „Diaspora“ (1Petr 1,1) für die geistliche Betreuung von Gläubigen in den unterschiedlichen Konfessionskirchen wurde von der Brüdergemeine offiziell erstmals am 22. September 1749 auf der Synode zu London verwendet.

[2] Unitäts-Archiv Herrnhut [im folgenden: UAH]: Jüngerhaus-Diarium, 16, III, 1754.

[3] *Nikolaus Ludwig von Zinzendorf*: Einige Reden des Ordinarii Fratrum die Er vornemlich Anno 1756 [. . .] an die gesamte Bertholdsdorfische Kirchfahrt gehalten hat. Barby 1766. In: *Ders.*: Hauptschriften. Bd. 6. Hg. v. *Erich Beyreuther* u. *Gerhard Meyer*. Hildesheim 1963, 169. In der ersten Ausgabe dieser Bertholdsdorfer Reden von 1758 trug der Lobpreis den Titel „Eine Litanei von der Diaspora“.

[4] *Nikolaus Ludwig von Zinzendorf*: Vier und Dreyßig Homiliae über die Wunden=Litaney der

in ihrer Religion bleibe und die Gabe des Geistes nach Maß ihrer Religion empfinge. Dies ist der Brüder Sinn, daß sie niemand an seiner Religion stutzig machen".[5] Trotzdem erwachte bei zahlreichen Frommen, die über kürzere oder längere Zeit hin von Sendboten der Brüdergemeine seelsorgerlich betreut worden waren und dabei auch nähere Einblicke in ihr gemeindliches Leben erhalten hatten, das Verlangen, nach Herrnhut selbst oder an einen anderen Gemeinort überzusiedeln, um sich ihr dort anzuschließen. Hierbei wurden zumeist diejenigen Gemeinorte präferiert, die geographisch in der Nähe der bisherigen Wohnsitze lagen und die man in der Regel schon von vorherigen Besuchen kannte. In Franken handelte es sich besonders um Ebersdorf im Plauener Vogtland oder um die Gemeinorte Marienborn und Herrnhaag mit der nahebei gelegenen Ronneburg in der Wetterau.

Zweifelsohne fanden die meisten Erweckten, die aus religiösen Motiven ihre angestammte Heimat verlassen hatten, in den von ihnen anvisierten Gemeinorten eine neue Heimat. Sie erlebten, wie aus zahlreichen Lebensläufen eindrücklich evident wird, eine geistliche und soziale Integration in die Brüdergemeine.[6] Allerdings glückte dies keineswegs immer, und des öfteren verließen einstige glühende Anhänger der Brüdergemeine diese dann als leidenschaftliche Antagonisten.

Hierauf wurde schon wiederholt in zeitgenössischen Antizinzendorfiana teils polemisch, teils apologetisch hingewiesen. Genannt seien hier nur die „Bewährten Nachrichten von Herrnhutischen Sachen", die seit 1748 von Johann Philipp Fresenius, einem der dezidiertesten Gegner Zinzendorfs und der Herrnhuter Brüdergemeine, herausgegeben wurden.[7] Relativ selten wurde jedoch bislang den Lebensläufen solcher Erweckten angemessene Aufmerksamkeit geschenkt.

Um dieses Defizit in der Forschung wenigstens territorialgeschichtlich etwas zu verringern, soll im folgenden die Biographie des wohlhabenden Bauern Georg Matthäus Holbig[8] aus dem Steigerwalddorf Stierhöfstetten

---

Brüder. 1747. In: *Ders.*: Hauptschriften. Bd. 3. Hg. v. *Erich Beyreuther* u. *Gerhard Meyer*. Hildesheim 1963, 159.

5 Synode zu Ebersdorf, 9. Juli 1739.

6 Die zahlreichen im UAH deponierten Lebensläufe harren noch einer gründlichen Aufarbeitung unter verschiedenen Aspekten.

7 *Johann Philipp Fresenius* (1705–61) war seit 1748 Senior, Konsistorialrat und Hauptprediger an der Barfüßerkirche in Frankfurt am Main. Vor allem im ersten Band der „Bewährten Nachrichten", der 1746 in Frankfurt am Main erschien, finden sich mehrere Beispiele von „Apostaten". Über die Kritik von Fresenius an Zinzendorf und der Brüdergemeine s. *Gerhard Johann Raisig*: Theologie und Frömmigkeit bei Johann Philipp Fresenius. Eine Studie zur Theorie und Lebenspraxis im Pietismus der frühen Aufklärung. Bern [u. a.] 1975 (EHS.T, 50), 169–195.

8 Die Schreibweise des Personennamens Holbig wechselt in den Quellen (Holwig, Hollwig, Halbig); auch findet sich wechselnd Mathias und Mat(t)häus. Ich folge hier bezüglich des Personennamens und des Vornamens der Schreibweise, die sich in der Tauf- und Sterbematrikel findet.

unter dieser Fragestellung untersucht werden. Hierbei werden zunächst seine Kontakte zur Herrnhuter Brüdergemeine aufgezeigt, die ihn schließlich den Entschluß fassen ließen, seine fränkische Heimat zu verlassen, um zusammen mit seiner Familie nach dem Gemeinort Herrnhaag überzusiedeln. Sodann wird auf Holbigs Situation in Herrnhaag bzw. der Ronneburg und die mißlungene Integration einzugehen sein. Schließlich soll Holbigs desillusionierte Rückkehr nach Franken und seine nunmehrige antiherrnhutische Grundeinstellung dargestellt werden.

1. Holbigs Kontakte zur Herrnhuter Brüdergemeine

Zumindest in zweiter Generation lebte die Familie Holbig in dem Steigerwalddorf Stierhöfstetten, als hier im November 1694 Georg Matthäus Holbig geboren und am 20. dieses Monats evangelisch getauft wurde.[9] Sein Vater war der Bauer Georg Holbig und seine Mutter dessen Ehefrau Johanna Magdalena. Die Landesherrschaft über das kleine Dorf Stierhöfstetten, im Amt Oberscheinfeld gelegen, hatte im 17. und 18. Jahrhundert die Markgrafschaft Brandenburg-Ansbach inne. Allerdings besaß hier auch das Hochstift Bamberg acht „Vogteyliche" Untertanen.[10] Zu ihnen gehörte Georg Matthäus Holbig.[11] Im Frühjahr 1723 heiratete er in Brühl Anna Margaretha, eine eheliche Tochter von Balthasar Sonnenleiten, einem Castellschen Untertan in Brühl.[12] Georg Matthäus Holbig wurde in Stierhöfstetten ein äußerst wohlhabender Bauer, wahrscheinlich vor allem durch Erbfall.

Als sich Rehweiler, eine Wegstunde von Stierhöfstetten entfernt, seit Mitte der 30er Jahre immer mehr zu einem pietistischen Gemeinwesen entwickelte, wurde Holbig von der dortigen religiösen Erweckung erfaßt. Wie noch andere Stierhöfstettener nahm er in Rehweiler an den Erbauungsveranstaltungen teil und orientierte sich zum Verdruß seines damaligen Pfarrers Johann Martin Mauritii[13] ganz dorthin.

---

[9] Hierzu und zum Folgenden s. Landeskirchliches Archiv (im folgenden: LKA) Nürnberg (Außenstelle Kirchenbucharchiv Regensburg), Matrikel Stierhöfstetten 179–2, 35, Nr. 12.

[10] Staatsarchiv (im folgenden: StA) Bamberg, StB 1752, Lehenbuch über das Amt Oberscheinfeld, 1659, fol. 183r; StB 1755, Steuer Kataster des Amtes Oberscheinfeld, 1769, fol. 992r. Vgl. *J[ohann] K[aspar] Bundschuh*: Geographisches Statistisch-Topographisches Lexikon von Franken. Bd. 5. Ulm 1802, 447.

[11] Vgl. z. B. StA Bamberg, StB 101, Rechnungsbücher des Amtes Oberscheinfeld vom 18. Januar 1739 bis 18. Januar 1740, u. vom 18. Januar 1740 bis 18. Januar 1741, Rechnung Kastenamt Oberscheinfeld 1739/1740, fol. 4r, 5r, 8r; StA Bamberg, A 231, Rechnung Kastenamt Oberscheinfeld 1740/1741, fol. 9r.

[12] Vgl. Matrikel Stierhöfstetten 179–2 [s. Anm. 9], 85, Nr. 4; die Hochzeit fand demnach zwischen 8. Februar und 30. Mai 1723 statt.

[13] Mauritii (1698–1761) war von 1726 bis 1740 Pfarrer von Stierhöfstetten; zu ihm s. *Matthias*

Bevor auf die Folgen dieser religiösen Hinkehr Holbigs nach dem Pietistenzentrum Rehweiler eingegangen wird, ist es notwendig, kurz auf dessen Entstehung und Entwicklung einzugehen. Das „Gut und Örtlein"[14] Rehweiler war Anfang September 1734 von Ludwig Friedrich Graf zu Castell-Remlingen[15], einem jüngeren Vetter Zinzendorfs[16], erworben worden. Der Grund für den Erwerb dieses kleinen Weilers ist zunächst einmal darin zu sehen, daß sich Graf Lutz[17] wegen seiner dezidiert pietistischen Haltung von seinen kirchlich streng orthodox gesinnten Familienangehörigen unverstanden fühlte. Deshalb wollte er sich in einer gewissen räumlichen Distanz zum Casteller Schloß ein eigenes Domizil schaffen.[18] Zum anderen verfolgte er mit dem Kauf von Rehweiler zweifelsohne den Plan, dort ein pietistisches Gemeinwesen zu etablieren. Dieses Vorhaben muß allerdings im Zusammenhang mit der pietistischen Bewegung gesehen werden, die damals in der dortigen Gegend bereits virulent war.[19]

Bald nach dem Erwerb von Rehweiler versuchte Graf Lutz diesen damals nur wenige Gebäude umfassenden Weiler zu einem pietistischen Gemeinwesen umzuformen und auszubauen. Hierbei schwebte ihm zweifelsohne Herrnhut als Modell vor, von dessen gemeindlichen Leben er bei einem längeren Aufenthalt tiefe Eindrücke erhalten hatte. „Wann ich daran gedenke", schrieb er am 18. Februar 1731, wenige Tage nach seiner Abreise von Herrnhut, „was der Herr an mir gethan hat, wie Er mich geführet, und was vor Wunder vor aller Augen Er mich in Herrenhuth hat sehen laßen, so erkenne ich leichtlich, daß er allein Gott ist."[20] Jedenfalls kam es in der Folgezeit zu einer engen Zusammenarbeit

Simon: Ansbachisches Pfarrerbuch. Die Evangelisch=Lutherische Geistlichkeit des Fürstentums Brandenburg-Ansbach 1528–1806. Nürnberg 1957 (EKGB, 28), 311 f., Nr. 1885.

14 Fürstlich Castell'sches Hausarchiv Castell (im folgenden: FCHA), I. c. 9.14, Faszikel: Abschrift der Urkunde, in welcher der Brandenburg Culmbachische Rat Johann Georg Hertel dem Grafen Ludwig Friedrich zu Castell das Gut Rehweiler verkauft.

15 Zu Ludwig Friedrich zu Castell-Remlingen (1707–1772) s. bes. *Horst Weigelt*: Ludwig Friedrich Graf und Herr zu Castell-Remlingen. In: Fränkische Lebensbilder. Bd. 8. Hg. v. *Gerhard Pfeiffer* u. *Alfred Wendehorst*. Neustadt a.d. Aisch 1978 (VGFG, R. 7A, 8), 167–180 (Lit.).

16 Über die verwandtschaftlichen Beziehungen s. *Gerhard Meyer*: Zinzendorf. Eine genealogische Studie mit Ahnen- und Nachfahrenliste. Hildesheim 1966, 207.

17 So wurde er im vertrauten Kreis genannt.

18 Im Jahre 1738 wurde Rehweiler unter der Vermittlung von Heinrich XXIX. Reuß-Ebersdorf (1699–1747) als selbständige Herrschaft „Castell-Rehweiler" vom Gesamtbesitz abgetrennt.

19 Vgl. *[Carl] Aspacher*: Pietisten und Herrnhuter in Prichsenstadt 1717–1756. In: ZBG 10, 1916, 1–31; Nachdr. in: NLZ.ZBG 4, Hildesheim [u. a.] 1973.

20 Brief des Ludwig Friedrich Castell an Nikolaus Ludwig von Zinzendorf, 18. Februar 1731. In: UAH: R. 20. B. 23. a. 2. Nr. 275; ediert bei *Horst Weigelt*: Die Beziehungen zwischen Ludwig-Friedrich zu Castell-Remlingen und Zinzendorf sowie ihr Briefwechsel. Ein Beitrag zur Geschichte des Herrnhuter Pietismus in Franken. Neustadt a.d. Aisch 1984 (EKGB, 59), 68–70, Nr. 7, hier: 68.

mit Zinzendorf.[21] Diesen ersuchte er wiederholt um finanzielle und personelle Unterstützung durch Kapitalvermittlung und durch Entsendung von Mährischen Brüdern, besonders von Handwerkern. Beides war dringend notwendig, denn der Ausbau von Rehweiler vollzog sich geradezu stürmisch. Zunächst wurde die Errichtung einer insgesamt recht bescheidenen Schloßanlage, sechs symmetrisch zugeordnete und teilweise miteinander verbundene Gebäude, in Angriff genommen. Etwas oberhalb dieser sog. „Schlößleinskolonie“ wurde im Jahre 1735 mit dem Bau eines Gotteshauses im Stil einer Saalkirche begonnen. Wahrscheinlich noch im selben Jahr schritt man dann unterhalb der Schloßanlage auch zum Bau eines Waisenhauses.

In Rehweiler – und alsbald auch in der Umgebung – entfaltete Graf Lutz eine rege, ja geradezu hektische missionarische und seelsorgerliche Tätigkeit. Hierbei wurde er zunächst lediglich von seinem gleichgesinnten Hofrat Johann Georg Hertel sowie von gelegentlich zu Besuch weilenden pietistisch gesinnten Pfarrern und Sendboten der Herrnhuter Brüdergemeine unterstützt. Zu den in Rehweiler stattfindenden Erbauungsveranstaltungen, die vor allem in den Räumen der „Schlößleinskolonie“ und im Saal des Waisenhauses abgehalten wurden, kamen, wie Graf Lutz am 7. Februar 1735 bemerkte, wenn „der Weg gut“ war, Bewohner „aus 10 und mehr benachbarten Orten“, um „das Evangelium zu hören“ und meinten „dergleichen [. . .] noch nie gehöret“ zu haben.[22] Bei den Orten, aus denen sich Besucher einstellten, handelte es sich u. a. um Castell, Greuth, Prühl, Burghaslach, Langenberg, Buch, Rüdenhausen, Abtswind, Prichsenstadt, Wiesenbronn, Eichfeld, Gräfenneuses und Stierhöfstetten.

Auch als es im August 1736 völlig unerwartet zum Zerwürfnis zwischen Zinzendorf und Graf Lutz kam[23] und dieser sich in der Folgezeit allmählich immer mehr dem Hallischen und Württembergischen Pietismus annäherte, blieb Rehweiler weiterhin das Zentrum der Erweckten in der dortigen Gegend. Hierzu trug auch Magister Johannes Pöschel[24] bei, der im September 1738 aus dem pietistischen Ebersdorf berufen worden war. Zu diesem frommen Grafenhof, der sich bei aller Sympathie für Zinzendorf zu dieser Zeit noch eine gewisse eigenständige pietistische Frömmigkeit bewahrt hatte, hatte Graf Lutz – seit dem „Zerwürf-

---

[21] Hinsichtlich der Kooperation zwischen Graf Lutz und Zinzendorf s. *Weigelt*, Beziehungen [s. Anm. 20], 3–32.

[22] Brief des Ludwig Friedrich Castell an Nikolaus Ludwig von Zinzendorf, 7. Februar 1735. In: UAH: R. 20. B. 23. a. 2. Nr. 290; ediert bei *Weigelt*, Beziehungen [s. Anm. 20], 120–123, Nr. 23; hier: 121.

[23] Hierüber s. *Weigelt*, Beziehungen, 32–34.

[24] Zu Pöschel (1711–1741) s. *Georg Kuhr:* Ritterschaftliches Pfarrerbuch Franken. Neustadt a.d. Aisch 1979 (EKGB, 58), 248, Nr. 2096 (Lit.). – Acta historico-ecclesiastica. Bd. 6. T. 31. Weimar 1742, 148 f.; hier findet sich eine kurze Lebensbeschreibung von Pöschel.

nis" mit seinem Vetter – seine bisherigen Beziehungen erheblich intensiviert.[25] Pöschels gesetzliche, ethisch rigoristische Verkündigung schweißte die Erweckten in Rehweiler anfänglich für kurze Zeit zusammen, dann traten jedoch erneut divergierende Gruppierungen mit unterschiedlichen Frömmigkeitsstilen hervor. Eine Richtung hielt entschlossen und eigensinnig an Zinzendorf und der Herrnhuter Brüdergemeine fest. Die religiösen Gegensätze vertieften sich noch, als Pöschel bereits Ende April 1741 sein Hofpredigeramt wieder niederlegte, um einer Vokation als Diakon nach Tübingen zu folgen.[26] Hinzu kam, daß sich auch Graf Lutz damals monatelang nicht in Rehweiler aufhielt. Sonst war in Rehweiler keine obrigkeitliche Kraft mehr vorhanden, die ordnend hätte eingreifen können. Angesichts dieser verworrenen Situation sehnten sich die herrnhutisch Gesinnten nach einem geordneten, verbindlichen Gemeinschaftsleben. Verstärkt wurde dieses Verlangen dadurch, daß sich auch damals noch weiterhin vereinzelt Vertraute Zinzendorfs und Sendboten der Herrnhuter Brüdergemeine vorübergehend in Rehweiler aufhielten. Diese hatten entweder die Diskrepanz zwischen den beiden Vettern nicht in ihrer Tiefe wahrgenommen oder waren um eine Aussöhnung zwischen ihnen bemüht. So weilte im Juli 1738 der aus Marienborn kommende Christian David (1691–1751), einer der ersten und eigenwilligsten Mitarbeiter Zinzendorfs, in Rehweiler.[27] Sogar im Spätherbst 1741 hielten sich hier noch wochenlang Mitglieder der Brüdergemeine auf, wie aus Briefen von Rehweiler hervorgeht.[28] Selbstverständlich haben diese Sendboten auch über die Entwicklung der Herrnhuter Brüdergemeine in den neuen Gemeinorten in der Wetterau berichtet.

Zu denjenigen, die eifrig die Versammlungen in Rehweiler besuchten und zu den herrnhutisch Gesinnten zählten, gehörte Georg Matthäus Holbig aus Stierhöfstetten. Dessen Pfarrer, Johann Christoph Wernberger[29], behauptete sogar, Holbigs häufige dortigen Aufenthalte hätten zu

---

[25] Vgl. *Hans-Walter Erbe*: Zinzendorf und der fromme hohe Adel seiner Zeit. [Diss.] Leipzig 1928; Nachdr. in: NLZ.L 12: Erster Sammelband über Zinzendorf. Hildesheim [u. a.] 1975, 373–634, 236 (bzw. 608).

[26] Hier verstarb er bereits am 4. Juli 1741; vgl. *Kuhr* [s. Anm. 24], 248, Nr. 2096. – Nachfolger Pöschels in Rehweiler waren bis 1744 Johann Christoph Lemcke als Adjunkt, von 1744 bis 1746 Johann Christoph Hechtlein (1692–1772) als Pfarrer und seit 1747 (bis zu seinem Tod) Joachim Heinrich Hartmann (1716–1772) als Pfarrer. Zu diesen Personen s. *Kuhr* [s. Anm. 24], 196, Nr. 1644; 126, Nr. 1026; 122, Nr. 992.

[27] Vgl. *Horst Weigelt*: Zinzendorfs Aufenthalte in der Grafschaft Castell. Zur Geschichte des Herrnhuter Pietismus in Franken. In: ZBKG 51, 1982, 116–130, hier: 128 f.; vgl. *Erbe*, Zinzendorf [s. Anm. 25], 237 (bzw. 609).

[28] Vgl. Brief des Martin Karl Hohlfelder an Friedrich Wenzel Neisser (1716–1777) u. a., 2. November 1741. In: UAH: R. 19. B. k. Nr. 2. b. Nr. 109.

[29] Zu Wernberger (1710–1761) s. *Simon* [s. Anm. 13], 547, Nr. 3265.

einer Vernachlässigung, ja zu einer Ruinierung seines Anwesens geführt.[30] Obgleich Wernberger dies sicherlich nicht sine ira et studio berichtete – sah er doch in der Frequenz der „Stunden der Heiligen" nichts als „Näschereÿ in der Religion"[31] –, scheint die Feststellung nicht völlig frei erfunden zu sein. Auffällig ist nämlich, daß Holbig bereits länger als ein Jahr vor seinem Wegzug aus Stierhöfstetten einen Teil seines Besitzes verkauft hat.[32]

Die Berichte über das religiöse Leben in der Brüdergemeine, die Holbig offensichtlich erhalten hatte, weckten in ihm – wie auch in anderen Bewohnern Rehweilers – 1741 das Verlangen, zusammen mit seiner Familie nach Herrnhaag zu ziehen, um hier in der Brüdergemeine zu leben. Hinzu kam, daß Ludwig Friedrich Graf zu Castell-Remlingen, der sich von der Herrnhuter Brüdergemeine immer mehr distanzierte, in der zweiten Jahreshälfte 1741 allen ihren Anhängern „den ferneren Auffenthalt" in Rehweiler „versaget" hat.[33] Nachdem Holbig, wie erwähnt, bereits 1740 einen ersten, kleineren Teil seines Besitzes veräußert hatte, verkaufte er dann 1741 sein eigentliches Gut, bestehend aus Haus, Stadeln, Gärten, Wiesen und Feldern.[34]

2. Holbigs Übersiedlung zur Brüdersiedlung in der Wetterau

Die Übersiedlung Holbigs nach Herrnhaag fand sehr wahrscheinlich 1741 statt.[35] Ob er mit seiner Familie direkt von Stierhöfstetten nach Herrnhaag aufgebrochen ist, oder ob er sich zunächst noch einige Zeit in dem nahen Rehweiler aufgehalten hat, ist unbekannt. Allerdings ist wohl letzteres nicht unwahrscheinlich, da die Abwicklung des Verkaufes

---

30 Vgl. LKA Nürnberg, Margräfl. Kons. Ansbach, Gen. 23: „Acta die in dem Fürstenthum hier und dar sich einschleichende Anhänger der gefährlichen Herrnhuthische Secte und anderer Separatistische Unordnungen denen die deswegen von gesamten Decanaten abgeforderte Berichtl. Anzeige betr.", Nr. 28: Bericht des Johann Christoph Wernberger an Dekanat Uffenheim, 8. Oktober 1748: „einer aber [hat] seine Hauswesen biß zur völligen Abnahm desselbigen darüber an den Nagel gehängt".

31 Vgl. Bericht [s. Anm. 30].

32 Vgl. StA Bamberg: A 231, Rechnung Kastenamt Oberscheinfeld 1740/41, unpaginiert: „40 Gulden Hannß Michael Schnöger wegen eines von Georg Mathias Halbig à 400 Gulden erkaufften Hauses"; vgl. fol. 16v.

33 Diarium von Johann Michael Graff, 6. November 1741. In: UAH: R. 8. Nr. 33. a. Nr. 6. a.

34 Dieser Teil des Besitzes von Holbig ging aber erst 1742/43 an Philipp Busch, der dafür 1100 Gulden Abgaben entrichten mußte; vgl. StA Bamberg: A 231, Rechnung Kastenamt Oberscheinfeld 1740/41, fol. 16v. Am 3. September 1777 kam das von Philipp Busch gekaufte Gut Holbigs (Haus, Stadel, drei Gärten, Wiesen und Felder) in den Besitz von Johann Adam Hilpert und am 28. Februar 1807 in den von Nikolaus Hilpert; s. StA Bamberg: StB 1754, Urbar des Amtes Oberscheinfeld, 1769, fol. 364r; StB 1755, Steuer-Kataster des Amtes Oberscheinfeld, 1769, fol. 395v.

35 Der Termin ergibt sich aus dem Verkauf des Besitzes; s. Anm. 34.

zeitaufwendig gewesen sein dürfte, zumal es dabei möglicherweise zu Differenzen kam.[36] Ferner muß es offenbleiben, ob Holbig allein mit seinen Angehörigen die Reise in die Wetterau antrat oder ob diese in einer Gruppe anderer Emigranten erfolgte. Jedenfalls brachen in der zweiten Jahreshälfte 1741 nachweislich zwei Gruppen von Auswanderungswilligen von Rehweiler auf. Erdmuthe Dorothea von Zinzendorf (1700–1756) wußte nämlich in einem Brief aus dieser Zeit an ihren Bruder Heinrich XXIX. Reuß-Ebersdorf[37] zu berichten, daß etliche Bewohner aus Rehweiler in Herrnhaag angekommen wären, deren Aufnahme man jedoch abgelehnt habe, ausgenommen drei, „die sich nicht wollen ins Joch des Luthertums spannen lassen, denn das prätendiert"[38] Graf Lutz. Dieser Mitteilung fügte die Gräfin noch hinzu, daß ferner „etliche 30" nachzukommen beabsichtigten. Von diesen trafen dann am 6. November 1741 zwei „Vorboten", der Strumpfstricker Johann Paulus Bär und der Student Georg Christian Heck, in Herrnhaag ein. Johann Michael Graff, damals noch Hausvater in Marienborn und Vice-Ordinarius von Herrnhaag, notierte in sein Diarium, daß diese 30 „Seelen" als „arme verlaßene Exulanten" von ihnen „mit Liebe aufgenommen werden sollen"[39] Eine Woche später befaßte sich auch die Ältesten-Conferenz in Herrnhaag mit dem bevorstehenden Zuzug. Hierbei gewann man die Überzeugung, daß die Zuwanderer – zumindest vorläufig – nicht so sehr in die Kolonie Herrnhaag als vielmehr in die auf der Ronneburg lebende Brüdergemeine passen würden. Im Protokoll findet sich die lapidare Feststellung: „Von Reweiler [!] sind 30 Seelen zu uns unterwegens. Leuthe vor Ronneburg"[40]. Am 28. November kamen dann „die sämtlichen Reweiler [!] biß auff etliche wenige annoch zurückgebliebene beӱ 20 Persohnen allhier"[41] an.

Als diese Aussiedler in Herrnhaag[42] eintrafen, bestand dieser Gemein-

---

[36] Vgl. Bericht [s. Anm. 30]: „Oben indigitirter Mann, welcher Matthias Hollwig geheißen, ist selbst von hier aus nach Herrnhaag gezogen, ist aber, ohngeacht all meines Versicherns und Bekräftigens, dergestallt übel angegangen, daß er etl[iche] 100 RGulden Schaden erlitten."

[37] Zu Heinrich XXIX. Reuß-Ebersdorf vgl. *Michel Huberty* [u. a.]: L'Allemagne Dynastique. Les Quinze Familles qui ont fait l'Empire. T. 1: Hesse, Reuss, Saxe. Clamecy 1976, 291, Nr. XVI 63. – *Sigismund Stucke:* Die Reußen und ihr Land. Die Geschichte einer süddeutschen Dynastie. St. Michael 1984, 192.

[38] Hierzu und zum Folgenden s. Brief der Erdmuthe Dorothea von Zinzendorf an Heinrich XXIX. Reuß-Ebersdorf, o. D. In: UAH: R. 20. B. 15. 85; auszugsweise gedr. bei *Erbe*, Zinzendorf [s. Anm. 25], 243 (bzw. 615) Anm. 3.

[39] Diarium von Johann Michael Graff, 6. November 1741. In: UAH: R. 8. Nr. 33. a. Nr. 6. a.

[40] Protokoll der Ältesten-Conferenz zu Herrnhaag, 14. November 1741. In: UAH: R. 8. Nr. 36. e.

[41] Diarium der Gemeine von Herrnhaag, 28. November 1741. In: UAH: R. 8. Nr. 33. b.

[42] Über die Brüdersiedlung Herrnhaag vgl. *Hans-Walter Erbe*: Die Grundsteinlegung zum Brüderhaus in Herrnhaag 1739. In: UnFr 6, 1979, 3–43. – *Ders.*: Herrnhaag. Eine religiöse Kommunität im 18. Jahrhundert. In: UnFr 23/24, 1988, 8–216.

ort erst knapp vier Jahre. Im April 1738 hatte Graf Ernst Casimir von Ysenburg-Büdingen (1708–1749) ein Grundstück, unweit von der Ronneburg auf der Höhe des Haag gelegen, an Mitglieder der Brüdergemeine verkauft.[43] Im Kaufvertrag war ihnen ausdrücklich auch das Recht auf freie Religionsausübung zugesichert worden. Alsbald hatte man dort, nach einem festen Plan, mit der Errichtung von Privat- und Chorhäusern sowie mit der Anlage von Plätzen und Gärten begonnen.[44] Von Anfang an entwickelte sich hier ein äußerst vielgestaltiges religiöses Gemeinschaftsleben, was nicht zuletzt auf liturgischem und musikalischem Gebiet evident wird.[45] Allerdings zeigte sich bereits zu Beginn der 40er Jahre in der Glaubenshaltung der Brüder und Schwestern eine gewisse affektierte Heiterkeit, Unbekümmertheit und Verspieltheit, die dann in der sog. Sichtungszeit immer dominanter werden sollte.

Wie in der Ältesten-Conferenz beschlossen worden war, wurden die Emigranten aus Rehweiler nicht in Herrnhaag, sondern in „die Ronneburg auffgenommen und biß auff weitere Untersuchung ihrer Sachen nach Vermögen placiert".[46] Am darauffolgenden Tag gingen Brüder hinauf auf die etwa eine Wegstunde entfernte Burg, um die „neu angekommenen Reweiler [!] zu sehen und zu empfangen"[47]. Das war auch deshalb notwendig, weil diese offensichtlich nicht zuvor schriftlich um eine Aufenthaltserlaubnis[48] nachgesucht hatten. Allerdings besaßen sie ein „attestat" von Ludwig Friedrich zu Castell-Remlingen, in dem ihnen der Wegzug aus Rehweiler gestattet worden war.[49]

---

43 Hierzu und zum Folgenden s. *Dietrich Meyer*: Zinzendorf und Herrnhut. In: Geschichte des Pietismus. Bd. 2: Der Pietismus im achtzehnten Jahrhundert. Hg. v. *Martin Brecht* u. *Klaus Deppermann*. Göttingen 1995, 3–106, hier: 46–48 (Lit.).

44 Vgl. bes. *Hans Merian*: Einführung in die Baugeschichte der evangelischen Brüdergemeine ausgehend vom Modell der Gemeine Herrnhaag. In: Unitas Fratrum. Herrnhuter Studien. Hg. v. *Mari P. van Buijtenen* [u. a.]. Utrecht 1975, 465–482.

45 Vgl. u. a. *Hans-Walter Erbe*: Zur Musik in der Brüdergemeine. In: UnFr 2, 1977, 46–74. – *Ders.*: Die Herrnhaag-Kantate von 1739. Ihre Geschichte und ihr Komponist Philipp Heinrich Molther. In: UnFr 11, 1982, 7–175. Vgl. die Literatur bei *Meyer*, Zinzendorf [s. Anm. 16], 97 Anm. 213–218.

46 Diarium der Gemeine von Herrnhaag, 28. November 1741. In: UAH: R. 8. Nr. 33. b.

47 Diarium der Gemeine von Herrnhaag, 29. November 1741. In: UAH: R. 8. Nr. 33. b.

48 Eine vorherige Anmeldung wurde erst seit Mitte 1742 als erforderlich angesehen. Vgl. Protokoll der Ältesten-Conferenz zu Herrnhaag, 11. Juni 1742. In: UAH: R. 8. Nr. 36. e: „Es wird nöthig gefunden, daß im Namen der Gemeine an alle Orte, wo man mit uns in Connexion ist, geschrieben werde, niemand mehr hieher gehen zu lassen zum Dableiben, es sey dann, daß es vorher gemeldet und dazu von der Gemeine Erlaubniß und Freyheit erhalten worden. Weilen auf die Weise, als es bißher gegangen, zuviel auf einmal ankommen, auch Leute mit darunter sind, denen es nicht von Herzen um den Heiland zu thun ist, auch, wenn sie schon da seyn, man sich mit ihnen plagen muß und es so leicht nicht ist, sie wieder weg zu schicken, in Sonderheit die, so aus unlautern Absichten hierher gekommen".

49 Protokoll der Ältesten-Conferenz zu Herrnhaag, 24. Juli 1742. In: UAH: R. 8. Nr. 36. e.

Es spricht alles dafür, daß sich Holbig mit seiner Familie in diesem Sammeltransport befand. Allerdings zogen auch noch später Castellische Untertanen zur Brüdergemeine in der Wetterau; so trafen im Februar 1742 zwei Männer ein, deren „Sinn ist, die Gemeine zu besuchen, sodann werden sie so handeln, wie sie der Heiland überzeugen wird".[50] Nahezu alle kamen zumindest zunächst auf die Ronneburg.

Das religiöse Leben auf der Ronneburg war damals innerhalb der dortigen Brüdergemeine und ihrer Sympathisanten recht diffus und disparat. Deshalb setzte man in der Brüdersiedlung Herrnhaag alles daran, in der Ronneburg ordnend einzugreifen. Immer wieder entsandte man Brüder, „um die Gemein Einrichtungen daselbst mehr und mehr ins Gleiße zu bringen".[51] Wie wenig dies gelang, wird nicht zuletzt daran evident, daß sehr viele Fromme sich danach sehnten, sich möglichst bald in der Brüderkolonie Herrnhaag niederlassen zu dürfen. So stellten bereits Anfang Dezember vier Rehweiler den Antrag auf Aufnahme in die Brüdergemeine, nämlich Johann Jakob Mahler, Johann Lorenz Heil, Klimbert, Martin Karl Hohlfelder;[52] Anfang Januar 1742 brachten dann auch die beiden Rehweiler Johann Konrad Hirsch und Johann Paul Bär diese Bitte vor.[53] Hirsch schrieb in seinem Aufnahmegesuch: „Er erkenne die Gemeine für eine wahre Gemeine des Lammes, die sein mit Blut erkauftes und ausgesondertes Erbgut ist. Er habe zeit seines Hierseyns, durch das Zeugniß der Brüder von Jesu Blut und Tod, manche Gnade empfangen. Er möchte nun auch gern zum ganzen Genuß aufgenommen seyn".[54] Johann Paul Bär erklärte kurz, daß er „als ein Gottloser gerecht seyn" wolle.

Mit an Sicherheit grenzender Wahrscheinlichkeit stellte nun Holbig – wie auch manche andere – keinen Antrag auf Aufnahme in die Brüdergemeine. Jedenfalls findet sich ein solcher weder in den Protokollen der Ältesten-Conferenz Herrnhaag[55] noch in den Berichten der Gemein-Tage von Herrnhaag-Marienborn.[56] Da sein Name auch nicht im „Catalogus der Geschwister in Herrnhaag, die 1742 daselbst gewohnt haben"[57], vermerkt ist, wird davon auszugehen sein, daß er weiterhin auf der Ronneburg wohnen blieb, und zwar als einer, der zumindest noch anfänglich der Brüdergemeine nahestand.

---

50 Diarium der Gemeine von Herrnhaag, 16. Februar 1742. In: UAH: R. 8. Nr. 33. b. 2.

51 Diarium der Gemeine von Herrnhaag, 11. Januar 1742. In: UAH: R. 8. Nr. 33. b. 2.

52 Herrnhaag-Marienborn Gemeintage, 9. Dezember 1741. In: UAH: R. 8. Nr. 37. b.

53 Herrnhaag-Marienborn Gemeintage, 6. Januar 1742. In: UAH: R. 8. Nr. 38. b.

54 Herrnhaag-Marienborn Gemeintage, 6. Januar 1742. In: UAH: R. 8. Nr. 38. b; folgendes Zitat ebd.

55 UAH: R. 8. Nr. 36. e. (1741–1745).

56 UAH: R. 8. Nr. 38. b.

57 UAH: R. 8. Nr. 37. e.

Selbstverständlich war ein solcher längerer Aufenthalt mit Kosten für Unterkunft und Lebensunterhalt verbunden. Holbig dürfte hierfür für sich und seine Familie eine beträchtliche Summe aufgewendet haben.[58]

Ob er darüberhinaus auf der Ronneburg bzw. in Herrnhaag – vielleicht aber schon zuvor in Rehweiler – der Brüdergemeine einen Teil seines beträchtlichen Vermögens zur Unterstützung zukommen ließ, muß offenbleiben. Allerdings scheinen solche größeren Spenden von Wohlhabenden gern gesehen worden zu sein. Gegebenenfalls scheint man auch etwas nachgeholfen zu haben, wie der Zinzendorf-Kritiker Fresenius schrieb. „Denn die Herrnhutischen Arbeiter sagen: Die Leute müssen aus dem Sattel gehoben werden, damit sie nicht so bald wieder in die Welt lauffen können".[59] Die Folge sei gewesen, daß manche, die als Wohlhabende in die Brüdersiedlungen kamen, alsbald zu den Bedürftigen zählten.[60] Für Holbig trifft dies jedoch aus den bereits erwähnten Gründen überhaupt nicht oder nur sehr bedingt zu.

Wie auch immer Holbigs Eingang in die Brüdergemeine in der Wetterau sich gestaltet haben mag, so steht doch fest, daß er hier nicht die geistliche Heimat fand, die er mit seiner Familie dort zu finden gehofft hatte. Nach dem Bericht des Stierhöfstettener Pfarrers Johann Christoph Wernberger paßte er „nicht gantz" in die „Form" der dortigen Brüder und Schwestern.[61] Leider wird darin nicht näher ausgeführt, ob sich diese Feststellung mehr auf das Zusammenleben und den gegenseitigen Umgang oder stärker auf die damalige Frömmigkeit bezog. Jedenfalls kam es bei Holbig auch nicht zu einer emotionalen Integration in die dortige Gemeine.

Der Dissens steigerte sich, als man ihn seitens der Brüdergemeine seine Bitte abschlug, sein in der Ronneburg geborenes Kind zu taufen. Als dieses dann bald darauf starb, war man auch nicht bereit, diesem einen „Platz zum Begräbniß" auf dem Gottesacker einzuräumen.[62] Infolgedes-

---

[58] Vgl. Bericht [s. Anm. 30]: „Matthias Hollwig [. . .] ist [. . .] dergestallt übel angegangen, daß er etl[iche] 100 Rgulden Schaden erlitten".

[59] *Johann Philipp Fresenius*: Bewährte Nachrichten von Herrnhutischen Sachen. Bd. 1. 2. Samml. Frankfurt a. M. 1746, 885.

[60] *Fresenius* [s. Anm. 59], 884 f.: „Sie [sc. die Herrnhuter] bringen viele Leute um Haab und Gut, ja Leib und Leben. [Georg Jacob] Sutor bezeugts mit Gott, daß er nicht etliche, sondern viele gesehen und gekant, die sich um ihre Nahrung, und endlich um Haab und Gut, um Gesundheit und Leben gebracht haben [. . .]. Sutor kennet Leute, die von gutem Vermögen gewesen, aber so ruiniret worden, daß sie nun der Allmosen bedürfen".

[61] Vgl. Bericht [s. Anm. 30].

[62] Vgl. Bericht [s. Anm. 30]. Der Name Holbig findet sich auch nicht in: Herrnhagisches Kirchen Buch oder Verzeichnis derienigen, welche in der Gemeine in die Ehe eingesegnet, welche getaufft und welche auf den Gottes Acker begraben worden. Von Anno 1736 an, da die Gemeine in diese Gegenden gekommen ist. In: UAH: R. 8. Nr. 35. a.

sen war Holbig gezwungen, „mit großen Kosten und Mühe Tauff und Sepultur unter den Reformirten dortiger Gegend" zu suchen.[63]

Übrigens hat man in der Brüdergemeine auch sonst Beisetzungen auf ihrem Gottesacker verweigert, wenn die Verstorbenen „nach Herrnhutischer Meynung irrig gestorben"[64] waren. Fresenius, „dieser große Widersacher der herrnhutischen Gemeinde"[65] verurteilte dies als Rache „an den Todten" und äußerte sein Befremden darüber, daß die weltliche Obrigkeit solches zuließe. Hierbei ist jedoch zu beachten, daß Holbig offensichtlich nie Mitglied der Brüdergemeine geworden ist. Hingegen hat man denjenigen ehemaligen Rehweilern, die diesen Schritt vollzogen haben, die anfallenden Kasualhandlungen nicht verweigert. So findet sich beispielsweise am 8. Dezember 1741 im Diarium der Gemeine in Marienborn und Herrnhaag die Notiz: „Heute ist dem Rehweilerischen Metzger auf Ronneburg ein Sohn getauft worden".[66]

Da sich Holbig von der Brüdergemeine in der Wetterau „gar übel tractiret" fühlte, machte er schließlich 1746 „selbst die Thür zum abmarsch wieder" auf.[67] Demnach ist er also offensichtlich nicht zum Verlassen aufgefordert oder sogar gezwungen worden. Vielmehr faßte er von sich aus den Entschluß, von hier wieder wegzuziehen und sich nach Rehweiler zu begeben.

3. *Holbig als entschiedener Gegner der Herrnhuter Brüdergemeine*

Holbig „abandonnirt[e]"[68] 1746 endgültig von der Brüdergemeine in der Wetterau und kehrte in seine fränkische Heimat zurück. Rehweiler wählte er aber mit an Sicherheit grenzender Wahrscheinlichkeit deshalb zum Refugium, weil dort Friedrich Ludwig zu Castell-Remlingen inzwischen die Beziehungen zur Herrnhuter Brüdergemeine definitiv abgebrochen hatte und ins antizinzendorfische Lager übergewechselt war.[69] Hierzu trugen bereits die in den 40er Jahren sich verstärkenden Kontakte zum württembergischen Pietismus bei, mit dessen führenden Vertretern er eifrig korrespondierte, so beispielsweise mit Friedrich Christoph Oetinger.[70] Von entscheidender Bedeutung war jedoch, daß er sich am

---

63 Vgl. Bericht [s. Anm. 30]. In den Taufregistern der Gemeinden von Hüttengesäß (Ronneburg) und Eckartshausen (bei Büdingen) findet sich kein entsprechender Eintrag.

64 Hierzu und zum Folgenden s. *Fresenius* [s. Anm. 59], 825 f.

65 *Johann Wolfgang von Goethe:* Wilhelm Meisters Lehrjahre. T. 2. Buch 6.

66 Diarium der Gemeine in Marienborn und Herrnhaag, 8. Dezember 1741. In: UAH: R. 8. Nr. 33. a. Nr. 6. c.

67 Vgl. Bericht [s. Anm. 30].

68 D. h. „verlassen"; s. Bericht [s. Anm. 30].

69 Vgl. *Erbe*, Zinzendorf [s. Anm. 25], 246–248 (bzw. 618–620).

70 Zahlreiche Briefe Oetingers (1702–1782) an Ludwig Friedrich zu Castell-Remlingen fin-

10. Dezember 1744 in Wernigerode mit Ferdinande Adriane Gräfin von Stolberg-Wernigerode, einer Tochter des dezidiert hallensisch gesinnten Christian Ernst von Stolberg-Wernigerode[71], vermählte.[72] Ferdinande Adriane (1717–1787) war im Geist des hallischen Pietismus religiös sozialisiert worden.[73] Da man am Hof von Wernigerode die Bibellektüre hochschätzte, hatte sie sich gute hebräische und griechische Sprachkenntnisse angeeignet, um die Bibel im Urtext lesen zu können. Noch im hohen Alter hat sie mit Christian Friedrich Buchrucker[74], seit 1780 Vikar in Rehweiler und einer der Wegbereiter der fränkischen Erwekkungsbewegung, regelmäßig Bibellektüre anhand des Urtextes betrieben.[75] Wie das Verzeichnis der von ihr hinterlassenen Bücher ausweist,[76] war sie vor allem mit pietistischer Literatur Spener-Hallischer Observanz vertraut. Zwischen Graf Lutz und seinem Schwiegervater entwickelte sich in der Folgezeit ein recht vertrautes Verhältnis. Auch unterstützte ihn dieser immer wieder finanziell und setzte ihm seit 1750 sogar eine jährliche Pension aus; ferner schenkte er ihm manches wertvolle Buch.[77]

In der nunmehr antizinzendorfisch orientierten Herrschaft Castell-Rehweiler lebte Holbig, der einstige „begütherte“[78] Bauer, mit seiner Frau und „mit vielen Kindern in großer Miseria“[79]. Als erklärter Gegner der Brüdergemeine erwies er sich aber nicht nur in Rehweiler und in der

---

den sich auszugsweise gedr. in: Süddeutsche Originalien. In Fragmenten gezeichnet von ihnen selbst. Hg. v. *Ch[ristian] G[ottlob] Barth*. Bd. 1. Stuttgart 1828, 34–54; Bd. 2. Stuttgart 1829, 28–42; *Karl Chr. Eberhard Ehmann*: Friedrich Christoph Oetingers Leben und Briefe. Stuttgart 1859, 557–577, 580–621, 625–628, 641–645, 651–659, 668–681. Siehe auch Briefe des Friedrich Christoph Oetinger an Ludwig Friedrich zu Castell-Remlingen, 13. Mai, 12. Juni, 9. September und 6. Dezember 1763. In: Universitätsbibliothek Tübingen, Mh 745, Nr. 17, 18, 20 u. 23.

71 Zu Christian Ernst von Stolberg-Wernigerode (1691–1771) und dem hallischen Pietismus am „wernigerödischen Zion“ s. *Martin Brecht*: Der Hallische Pietismus in der Mitte des 18. Jahrhunderts – seine Ausstrahlung und sein Niedergang. In: Geschichte des Pietismus 2 [s. Anm. 43], 319–357, hier: 346–348.

72 Vgl. *Samuel Lau*: Verlobungs= und Trau=Rede, welche beyde bey der Hohen Vermählung des Hochgebornen Grafen und Herrn, Herrn Ludewig Friedrichs, Grafen und Herrn zu Castel, und Sr. Königl. Maiestät von Dännemark und Norwegen Cammer=Herrn, mit der Hochgebornen Gräfin, Comtesse Ferdinande Adriane, Gebornen Gräfin zu Stolberg [...]. Wernigerode 1745; vorhanden im FCHA Castell, I. c. 9.44a.

73 Auch war sie mit Johann Philipp Fresenius persönlich bekannt; vgl. *Karl Buchrucker:* Christian Friedrich Buchrucker. Ein Seelsorgerleben aus der Wende des vorigen und des gegenwärtigen Jahrhunderts. München 1877, 114.

74 Zu *Buchrucker* (1754–1824) s. Kuhr [s. Anm. 24], 37, Nr. 269.

75 Vgl. *Buchrucker* [s. Anm. 73], 113–115.

76 Vgl. FCHA Castell, I. c. 9.112, Konvolut: Inventarium über den saemtlichen Nachlaß der am 12. Decbr. 1787 dahier zu Burghaslach verstorbenen hochseelichen Frau Gräfin Ferdinande Adriane, verwittibten Gräfin zu Castell, gebohrnen Gräfin zu Stolberg-Wernigerode.

77 Vgl. *Weigelt*, Beziehungen [s. Anm. 20], 42.

78 Bericht [s. Anm. 30].

79 Vgl. Bericht [s. Anm. 30].

näheren Umgebung. Er gab nämlich „zu wiederholten mahlen“ seine Kenntnisse und Einsichten über die Brüdergemeine an Pfarrer Johann Philipp Fresenius, eine Schlüsselfigur der Antagonisten Zinzendorfs, weiter.[80] Hierbei muß allerdings offenbleiben, ob er ihn in Frankfurt am Main persönlich aufgesucht, oder nur mit ihm korrespondiert hat. Bemerkenswert ist jedoch, daß Fresenius in der achten und letzten Sammlung seiner „Bewährten Nachrichten von Herrnhutischen Sachen“, die im Herbst 1751 erschien, die Kolonistensiedlung Herrnhaag ausführlich dargestellt hat.[81] Ob er sich hierbei auch auf Holbigs Informationen gestützt hat, ist unbekannt.[82]

Als Georg Matthäus Holbig im April 1773 als 78jähriger Greis starb,[83] war die Zeit des eigentlichen Gegensatzes zwischen den Anhängern des hallischen Pietismus und der Brüdergemeine vorbei. Infolge des immer stärkeren Eindringens der Aufklärung in Kirche und Gesellschaft kam es vielfach zum Schulterschluß oder sogar zur Koalition zwischen den einstigen Gegnern. Ob der alte Holbig auf diese Linie eingeschwenkt ist, läßt sich nicht mehr feststellen, ist allerdings wohl eher zu bezweifeln. Zu tief und nachhaltig hatte der Antagonismus zwischen dem hallischen und dem Herrnhuter Pietismus seinen Lebensweg bestimmt und geprägt.

---

80 Vgl. Bericht [s. Anm. 30]: „[...] daß also der Mann mit seinen Zeugnissen, die er auch bey H[err]n Pastor Fresenius in Frankfurth zu wiederholten mahlen abgestattet, glauben verdienet“.

81 Der Titel der achten Sammlung lautet: *Johann Philipp Fresenius*: Bewährte Nachrichten von Herrnhutischen Sachen. Bd. 4. 8. Samml.: Historische Nachricht von den Mährischen Brüdern zu Herrnhaag in der Graffschaft Büdingen, worin, Was bey und nach ihrer Aufnahme bis jetzo her meistentheils in Politischen Händeln vorgegangen [...]. Frankfurt a. M., Leipzig 1751.

82 Eine Durchsicht dieser Streitschrift von *Fresenius* ergab jedoch hierfür keinerlei Anhaltspunkte.

83 LKA Nürnberg (Außenstelle Kirchenbucharchiv Regensburg), Matrikel Rehweiler, 78–8, 1773 (ohne Seitenzählung): „Georg Mathäus Holbig hatte sich durch einen harten Fall Nachts aus dem Bette seinen Tod beschleuniget und wurde 18ten Aprill ordentlich als ein 78 jähriger Kreiß begraben.“ Seine Frau Johanna Margaretha starb wohl sechs Jahre später; vgl. LKA Nürnberg (Außenstelle Kirchenbucharchiv Regensburg), Matrikel Rehweiler, 78–8, 1779 (ohne Seitenzählung).

Otto Betz

Kabbala Baptizata

Die jüdisch-christliche Kabbala und der Pietismus in Württemberg

1. Der Weg der christlichen Kabbala von Pforzheim nach Bad Teinach

Die jüdische Frömmigkeitsrichtung der Kabbala hat in ihrer christlichen Deutung zur Entstehung und Entfaltung des Pietismus in Württemberg einen bedeutenden Beitrag geliefert. Dieser wurde freilich in der früheren Forschung noch zu wenig beachtet, und zwar aus verständlichen Gründen: Die spekulative Theosophie der mittelalterlichen Juden bot dem Kirchengeschichtler kein einladendes Feld, zumal sie in hebräischer bzw. aramäischer Sprache dargestellt und für die Außenstehenden oft mit dem Geruch des Abstrusen oder Okkulten umgeben war. Auch in der Wissenschaft des Judentums hat man die Kabbala gern als ein zu vernachlässigendes Randgebiet oder gar als bedenkliche Abweichung vom monotheistischen Bekenntnis beurteilt.[1] Erst in unserem Jahrhundert wurde sie dank der gründlichen und vorurteilsfreien Untersuchungen von Gerschom Scholem[2], Jeschajahu Tischby[3] oder auch Martin Bubers liebenswertem Buch „Die Erzählungen der Chassidim" weiteren Kreisen bekannt; Friedrich Häußermann hat sie für die Erklärung der Lehrtafel der Prinzessin Antonia von Württemberg (1613–1679) in Bad Teinach und der Theologie Friedrich Christoph Oetingers (1702–1782) herangezogen.[4]

---

[1] Kern und Stern der jüdischen „Kabbala" – (am Sinai) empfangene Überlieferung – ist die Lehre von der Offenbarung des verborgenen Gottes und seines geheimen, unaussprechlichen Namens JHWH durch die Zehn Sephirot, die Emanationen, Abglänze seiner Herrlichkeit und Kräfte seiner schöpferischen Macht. Zur Beurteilung der vor allem im Mittelalter (13. Jh.) in Spanien blühenden Kabbala durch die jüdische Aufklärung des 19. Jh.s vgl. den von *Jeschajahu Tischby* gegebenen Überblick in: Pirqe Zohar. Bd. 1. Jerusalem 1969, 41–61. Besonders kritisch äußerten sich damals *David Luzzato* und *Heinrich Graetz*.

[2] *Gerschom Scholem*: Die jüdische Mystik in ihren Hauptströmungen. Frankfurt a. M. [3]1988; *Ders.*: Kabbalah. Jerusalem 1974. Dort gibt es viele Hinweise auf die umfangreiche weitere Literatur des Verfassers zur Geschichte und Theologie der Kabbala sowie zu deren wichtigsten Vertretern. Vgl. dazu neuerdings das wichtige Werk von *Johann Maier*: Die Kabbala. München 1995.

[3] *Jeschajahu Tischby*: Pirqe Zohar. [Ausgewählte Kapitel aus dem Buch Zohar, mit Einleitung und Kommentar.] 2 Bde. Jerusalem 1969 (in Neuhebräisch).

[4] Vgl. seine umfangreichen Aufsätze über die Lehrtafel der Prinzessin Antonia und über die

Für den Kreis um Prinzessin Antonia bedeutsam wurde die christliche Interpretation der jüdischen Kabbala. Der italienische Humanist Graf Pico della Mirandola (1463–1494) hatte sie provokativ und thesenartig gleichsam als mosaisches Christentum mit Trinitätslehre und Christologie deklariert und der Pforzheimer Humanist (Jurist, Latinist, Gräzist und Hebraist) Johannes Reuchlin (1455–1522) in zwei dialogisch konzipierten Werken ins Einzelne gehend ausgeführt.[5] Reuchlin kannte Pico persönlich,[6] lieferte dann aber eine eigene Begründung des Christlichen in der Kabbala. Er hat die Mitarbeiter der württembergischen Prinzessin zur Lektüre klassischer kabbalistischer Werke wie der „Tore des Lichts" geführt[7] und vielleicht auch die bildliche Darstellung der christlichen Kabbala inspiriert.[8] Hundert Jahre später wurde sie von Oetinger für seine „heilige Philosophie" verwendet, in der auch die der

---

Theologie Fr.Chr. Oetingers in: BWKG 66/67, 1966/67, 65–153, u. 68/69, 1968/69, 207–346. Seine Kenntnisse von der Kabbala verdankt *Häußermann* vor allem den Schriften von *G. Scholem*, während er ihre mittelalterlichen Quellen und die Werke von *Johannes Reuchlin* kaum berücksichtigt hat.

5 *J. Reuchlin*: De verbo mirifico (1494; zit. als De verbo) u. De arte Cabalistica (1517; zit. als De arte). Die Zitation folgt dem Faksimile-Nachdruck beider Reuchlin-Schriften in einem Band. Stuttgart-Bad Cannstatt 1964, der auch moderne Seitenzahlen bietet. Das letztere Buch wurde zu einer Art Bibel für die christlichen Kabbalisten des 16. und 17. Jh.s. – Vgl. zu Reuchlins Werken außerdem meinen Art. „Kabbala II (Christentum)". In: TRE 17, 1988, 501–509, bes. 501–505, u. *M. Goschen-Gottstein*: Reuchlin and his Generation. In: Reuchlin und die Juden. Sigmaringen 1993, 151–160. Der führende deutsche Humanist Reuchlin galt als das „miraculum trilingue".

6 Er hatte den jungen Grafen bei seiner zweiten Reise nach Italien 1490 kennengelernt.

7 Nach De arte [s. Anm. 5], 235 (62a), sei die Lehre der Kabbalisten am leichtesten aus dem „libro Cabalistico compendii Portae Lucis" zu ersehen, das Paulus Riccius aus dem Hebräischen ins Lateinische übersetzt hatte (Augsburg 1516).

8 Vgl. *O. Betz*: Licht vom unerschaffnen Lichte. Die kabbalistische Lehrtafel der Prinzessin Antonia in Bad Teinach. Metzingen-Riederich 1996, 18–26. – Leider hat der Kreis um Prinzessin Antonia die von ihm benutzten hebräischen Quellen nicht angegeben. Erst der Tübinger Alttestamentler und Judaist *Hans Peter Rüger* vermutete richtig als deren wichtigste Quelle das Werk „Tore des Lichts" (hebr. *Scha'are Orah*) des spanischen Kabbalisten Joseph Gikatilla (1248–ca. 1325; vgl. *Scholem*, Kabbala [s. Anm. 2], 409–411), welches auch Reuchlin viel zitierte. Daß Antonia und ihre Mitarbeiter wiederum Reuchlin gelesen haben, läßt sich aus dem Codex historicus folio 551 der Württ. Landesbibliothek erschließen, der wichtiges zeitgenössisches Material zur Lehrtafel enthält. Dort finden sich auf einer offensichtlich von einem Juden Raphael 1655 angefertigten und mit Erklärungen versehenen „Tabula pectoralis Aaronis" (Bl. 105) Hinweise auf Reuchlins „De arte Cabalistica". Die Anregung zu einer bildlich-emblematischen Darstellung der christlichen Kabbala könnte durch Reuchlins Bemerkung gegeben worden sein: „ita rebus saecularibus enervata virtus nostra, externis et corporalibus incitabulis sive vocum seu figurarum indiget, ut animi nostri vigor spirituali operi robustius instet et contemplatio nostra tanto acrius in sublime provehat"; De arte [s. Anm. 5], 226 (57b). Der kabbalistische Experte im Team Antonias, Johann Jakob Strölin, besaß ein Studienexemplar von Reuchlins beiden kabbalistischen Büchern: Cod. theol. fol. 1433 der Württ. Landesbibliothek; vgl. *Häußermann*, Pictura [s. Anm 4], 116.

Kabbala verwandten theosophischen Ideen Jakob Böhmes wirksam sind.[9]

Oetingers Schriften und die von ihm hoch geschätzte kabbalistische Lehrtafel der Prinzessin Antonia haben die gedankliche Eigenart und theologische Entfaltung des Pietismus in Württemberg mitbestimmt.[10] Prinzessin Antonia, eine Schwester des von 1633–1674 regierenden Herzogs Eberhard III., hat, vielleicht angeregt durch den kunstbegeisterten Hofprediger Johann Valentin Andreä (1586–1654), intensiv unterstützt und beraten durch die gelehrten Pfarrer Johann Jakob Strölin (1620–1663) und Johann Laurentius Schmidlin (1626–1692), gelegentlich auch Philipp Jakob Spener (1635–1705), der christlichen Kabbala mit der Lehrtafel in Bad Teinach ein merkwürdiges Denkmal errichtet. Im Jahre 1663 wurde die Tafel, nach ihrer Stifterin auch „Turris Antonia" genannt, vom Hofmaler Johann Friedrich Gruber (ca. 1620–1681) in Stuttgart fertiggestellt und zehn Jahre später in der vom Herzog neu erbauten Kirche von Bad Teinach als wichtigster Teil eines stattlichen Bilderschreins eingeweiht. Balthasar Raith (1616–1689), der damalige Professor für Altes Testament in Tübingen, stellte sie in seiner Predigt für den Sonntag Trinitatis in der Dreifaltigkeitskirche der Öffentlichkeit vor.[11] Die in barocker Farbenpracht gemalte, gedankenreiche Lehrtafel hat in der Welt nicht ihresgleichen und wurde scherzhaft als „achtes Weltwunder" bezeichnet. In jedem Fall kann man sie als einen echt schwäbischen Geniestreich bewerten. Theologisch bedeutsam ist die Lehrtafel insofern, als auf ihr – noch vor Ph. J. Speners „Pia Desideria" – Hauptanliegen des Pietismus, vor allem in dessen spezifisch schwäbischer Prägung, vorabgebildet sind, aber eben eingeordnet in das spekulative System der kabbalistischen Sephirot. Die uns befremdlich anmutende Liebe der Prinzessin zur Kabbala sollte man nicht zu sehr tadeln. Denn Antonia teilte – wie vor ihr Reuchlin und nach ihr Oetinger – den Glauben der klassischen Kabbalisten, diese tiefsinnige Geheimlehre sei, zusammen mit der mündlichen Tora der Rabbinen, dem Mose auf dem Sinai von Gott geoffenbart worden, ja in ihren Grundzügen schon Abraham bekannt gewesen.[12] Unsere wackeren Schwaben wollten somit

---

[9] *Fr.Chr. Oetinger*: Offentliches Denckmahl der Lehrtafel einer weyl. Württembergischen Princeßin Antonia [...]. Tübingen 1763. – Eine historisch-kritische, reich kommentierte Ausgabe dieses Werkes wurde von *Reinhard Breymayer* und *Friedrich Häußermann* herausgegeben in der Reihe Texte zur Geschichte des Pietismus VII/1–2. Berlin 1977 (Bd. 1: Text; Bd. 2: Anmerkungen).

[10] Vgl. *O. Betz*: Oetinger und die Kabbala. Dieser Beitrag wird in der Neuausgabe des Biblisch-Emblematischen Wörterbuchs von Oetinger, hg. v. *Gerhard Schäfer,* in Kürze erscheinen.

[11] *Balthasar Raith*: Turris Antonia oder Einweyhungs-Rede bey Auffrichtung der [...] Lehr-Tafel. Tübingen 1673.

[12] *Betz*, Kabbala II [s. Anm. 5], 501–507.

Der Hochzeitszug der Sulamith
Aus: Otto Betz: Licht vom unerschaffenen Lichte. Die kabbalistische Lehrtafel der Prinzessin Antonia in Bad Teinach. Metzingen: Sternberg Verlag 1997.

eine uralte Weisheit zurückgewinnen, die, symbolisch verkleidet, die Hoffnung auf den künftigen Erlöser und die Lehre vom dreifaltigen Gott enthielt. Freilich sei dieser tiefere Sinn der Kabbala auch im Alten Israel nur Wenigen bekannt gewesen.[13]

Die Wertschätzung der Kabbala war nicht auf den Kreis um Prinzessin Antonia beschränkt. Auch andere Wegbereiter des schwäbischen Pietismus haben sie geteilt, obwohl die Kritik gerade auch bei den Kennern nicht ganz fehlt. Jakob Böhmes Werke „Morgenröte" (1612) und „Von den drei Prinzipien des göttlichen Wesens" (1619) erinnern an die Theosophie der Kabbalisten. Bewunderung verdient das zweibändige Werk von Christian Knorr von Rosenroth „Kabbala Denudata", dessen erster Teil „Loci communes Kabbalistici" bietet (1674), während der zweite (1684) Übersetzungen ausgewählter Kapitel aus dem Buch Zohar und der lurianischen Kabbala enthält.[14] Philipp Jakob Spener stand während seiner Straßburger Zeit mit den Schöpfern der Teinacher Lehrtafel in enger Verbindung, so mit dem kabbalistischen Spezialisten Johann Jakob Strölin und mit dessen Lehrer, Professor Balthasar Raith.[15] Johann Albrecht Bengel verwahrte sich zwar in der Vorrede zur ersten Ausgabe der „Erklärten Offenbarung" gegen den Vorwurf, er habe bei seinen Berechnungen der – vor allem in Offb 13 und 21 erwähnten – zukünftigen Dinge die Kabbala und andere Künste angewandt,[16] aber man darf doch annehmen, daß sie ihm nicht ganz unbekannt war. Der kränkliche Bengel hatte sich während seiner Studienzeit im Tübinger Stift zu einer Trinkkur in Bad Teinach aufgehalten, die offensichtlich erfolgreich war. Sicherlich konnte er dort auch die in der Kirche befindliche Lehrtafel der Antonia besichtigen, die von seinem Großvater J. L. Schmidlin in einem langen lateinischen Gedicht „Pictura Docens" liebevoll beschrieben worden war. Bengels bekanntes Lied „Gott lebet! Sein Name gibt Leben und Stärke [...]" bringt den Sinn der Lehrtafel sehr schön zum

---

[13] So *Reuchlin*, De arte [s. Anm. 5], 283 (63b): Die Kabbala war im Alten Israel dem ungelehrten Volk („rudibus") unverständlich und blieb dem ausgesuchten Kreis der „electi" und „electiores" vorbehalten. Als eine aristokratische Lehre hat sie wohl auch Prinzessin Antonia verstanden. Allerdings wollte sie die christlich gedeutete Kabbala mit Hilfe der Veranschaulichung auf der Lehrtafel einem weiteren Kreis, zunächst des Adels, bekannt machen.

[14] Vgl. dazu *Betz*, Kabbala II [s. Anm. 5], 507 f. – Zu Jakob Böhme vgl. *P. Deghaye*: La Naissance de Dieu ou la doctrine de Jacob Boehme. Paris 1977.

[15] Im Auftrag der Prinzessin bedankte sich Strölin für ein lateinisches Gedicht über die Zehn Sephirot, das Spener verfaßt und nach Stuttgart gesandt hatte; s. Brief v. 6.1.1663 = Cod. hist. 551, 63. Spener hat dann auch den frühen Tod Strölins in einem Epicedium zu dessen Leichenbegängnis beklagt; das kunstvolle Gedicht von 43 Verszeilen hat 1Kor 13,12 zum Thema; veröffentl. bei *Häußermann*, Pictura [s. Anm. 4], 121 f.

[16] „Man hat dabei dies und das vermutet, aber ich bezeuge, daß ich von keiner Kabbala, von keiner Punktierkunst, von keinem astralischen Einfluß, von keiner Erscheinung nichts wisse"; zit. in: Das Zeitalter des Pietismus. Hg. v. *M. Schmidt* u. *W. Jannasch*. Bremen 1965 [Repr. Wuppertal 1988] (Klassiker des Protestantismus, 6), 194.

Ausdruck.[17] Friedrich Christoph Oetinger hat in seiner Monographie über die Lehrtafel diese zwar nicht im Einzelnen beschrieben, aber sie gerühmt und viel Material über sie und die Kabbala veröffentlicht; seine Hauptwerke, das „Biblisch-Emblematische Wörterbuch" und die „Theologia ex idea vitae deducta" verraten viel vom Einfluß der Kabbala.[18] Über die kabbalistisch-esoterischen Aussagen Nikolaus v. Zinzendorfs hat P. Deghaye[19] ausführlich gehandelt; entsprechende Anregungen mag der Graf von Oetinger erhalten haben.[20]

Freilich ist es fraglich, ob Pietisten wie Spener und Zinzendorf auch kabbalistische Quellen studiert haben, wie das bei Prinzessin Antonia, bei Oetinger und vor ihnen besonders bei Johannes Reuchlin der Fall war. Auffallend ist jedoch die Ähnlichkeit wichtiger Anliegen und theologischer Anschauungen im Pietismus und in der ihm voraufgehenden christlichen Kabbala, so wie diese in den Werken Reuchlins und auf der Teinacher Lehrtafel in Erscheinung tritt.

2. *Die Zentralschau*

Die erste, in die Augen springende Besonderheit der Lehrtafel liegt in der dort vollzogenen Einbeziehung des kabbalistischen Systems der Zehn Sephirot, der „Abglänze von Gottes Herrlichkeit und seiner schöpferischen Kräfte". Sie geben der Fülle der abgebildeten Gegenstände eine sinnvolle Ordnung: sowohl den biblischen Gestalten und Geschichten als auch den Pflanzen und Tieren aus dem Reich der Natur. Die organische Einheit der sinnbildlich als Frauengestalten dargestellten Sephirot machte es der Prinzessin möglich, ein Gesamtbild vom Wirken Gottes in der Heilsgeschichte und in der Natur zu entwerfen. Die pietistischen Schwabenväter sprachen viel von einer „Zentralschau". Sie meinten damit ein von Gott bestimmten Frommen gewährtes Gesicht; in einem einzigen „Augen-Blick" schaut und erkennt der bis dahin vielleicht von ungelösten Problemen und Zweifeln geplagte Gottsucher das Ganze der biblischen Offenbarung, von der Schöpfung bis zur Erlösung, in nie zuvor

---

17 *Betz*, Licht [s. Anm. 8], 39.

18 Bezeichnend ist die Gliederung von *Oetingers* Theologia: 1) Gott als die Quelle des Lebens. 2) Der Mensch als das Behältnis des Odems des Lebens. 3) Die Sünde als Entfremdung vom Leben. 4) Die Gnade als Mitteilung des neuen Lebens. 5) Die Kirche als Gesellschaft, in welcher der Geist des Lebens wirkt. 6) Die letzten Dinge: Der Ausgang des Lebens; vgl. Zeitalter des Pietismus [s Anm. 16], 26 f.

19 *P. Deghaye*: La Doctrine Esoterique de Zinzendorf (1700–1769). Paris 1969, bes. 161–227.

20 Z. B. kann *Zinzendorf* wie selbstverständlich dichten: „Es sind die Sephiroth am gläsern Meer, es ist das Schibboleth vom kleinen Heer [...]"; mit diesem Schibboleth meint er die Nägelmale und die Seitenwunde Christi; vgl. Zeitalter des Pietismus [s. Anm. 16], 310. Zinzendorf kannte auch die Ausführungen Reuchlins zum Tetragramm und zum Namen „Jesus".

geahnter Klarheit. Er sieht Gott gleichsam ins Herz, wird sich dessen Wahrheit und Wirklichkeit bewußt und fest versichert: er weiß sich erleuchtet vom unerschaffenen ewigen Licht. Wie vor ihm Jakob Böhme, so hatte z. B. Michael Hahn solch eine „Zentralschau" erlebt, und das nicht nur einmal. Sie befähigte ihn dazu, sein theologisches „System" zu verfassen und gab ihm Sicherheit in theologischen Fragen. Oetinger hatte diese Zentralschau begehrt, doch blieb sie ihm verwehrt. M. E. eröffnet die Lehrtafel der Prinzessin Antonia eine Art von „Zentralschau" für jedermann und jederzeit. Denn sie bietet dem Betrachter das Ganze der Offenbarung in „einem Augenblick", „alles in Einem" und „Eines in Allen" (unum in omnibus). Sie vermittelt den Eindruck einer harmonischen Einheit von Gott und der erlösten Welt, einer Einheit und Herrlichkeit von Himmel und Erde, wie sie von Christus, dem König der Endzeit, eröffnet ist.

Dieser schöne „Augenblick" der „Zentralschau" soll verweilen. Der Betrachter des Bildes kann in andächtiger Kontemplation nicht nur das Ganze, sondern auch die vielen liebevoll ausgedachten Einzeldinge in Augenschein nehmen und deren symbolische Bedeutung herausfinden, auf ihr organisches, Leben und Segen schenkendes Zusammenwirken achten. Wie bei der zweiten Zentralschau Michael Hahns[21] ist für die Lehrtafel intensive gedankliche Nacharbeit mit Hilfe der Heiligen Schrift erforderlich. Eine praktisch-seelsorgerliche Absicht hat Antonia dazu bewogen, ihre geliebte „Turris" nach Bad Teinach zu versetzen: Die Gäste des herzoglichen Hofes sollten nicht nur die Linderung leiblicher Beschwerden durch den Teinacher Sauerbrunnen erfahren, sondern auch das Heil ihrer Seele bedenken und die Segenskräfte suchen, die aus Christus als der Quelle lebendigen Wassers fließen.

Eine andächtige Betrachtung der Lehrtafel vollzieht sich als Aufstieg der Seele auf der Himmelsleiter der Zehn Sephirot. Zu solchem Aufstieg lädt die Prinzessin den Betrachter ein. Die Lehrtafel zeigt, wie sie im Tor des Paradieses steht und unverwandt auf die unterste Sephirah in Gestalt des Christus blickt. Von dort aus soll die Meditation sich emporschwingen. J.L. Schmidlin beginnt sein Gedicht über die Lehrtafel mit der Weisung „Wer durch Betrachtung nach den Sternen strebt, der lege diese Leiter (am Himmel) an und rege den Flügel des Geistes!"[22]

---

[21] *J. Trautwein*: Die Theosophie Michael Hahns und ihre Quellen. Stuttgart 1969, 69–71.

[22] „Quisquis Sidera considerando desiderat, hanc scalam admoveat, moveat mentis alam!" (Cod. hist. 551, Bl. 2a). Diese Anfangszeilen der 60 Seiten umfassenden poetischen Würdigung der Lehrtafel sind im Codex historicus 551 in drei verschiedenen Konzeptfassungen erhalten. Eine der Varianten lautet: „Quisquis sidera desideras, / considera illustris devotionis scalam, Ubi humana ascendit meditatio, / benedictio divina descendit". (Freie Übersetzung: „Der nach den Sternen du trachtest, Betrachte die Himmelsleiter fürstlicher Andacht, Auf der menschlicher Geist meditierend emporsteigt, Und göttliche Segenskraft herabkommt.")

Vorbereitet wurde diese Teinacher Therapie der Seele, die man durch Anschauung und das fromme Sich-Einfühlen in das Universum und Wirkungsfeld der göttlichen Kräfte gewinnt, durch Johannes Reuchlin. Er definierte die Kabbala als „Annahme überlieferter göttlicher Offenbarung, die der heilbringenden Betrachtung Gottes und der formgebenden Kräfte (d. h. der Sephirot) dienen soll".[23] Diese auf die Bibel gegründete Wissenschaft ermögliche besser als jede andere, die Unsterblichkeit zu erlangen; durch sie soll der Geist des Menschen zur Göttlichkeit aufsteigen.[24] Für Reuchlin galt als Thema des ganzen alttestamentlich-jüdischen Gesetzes die Wiederherstellung von Seele und Leib[25], d. h. die Behebung des Schadens, der für beide durch die Übertretung Adams verursacht wurde. Dieses Thema behandeln gerade diejenigen Weisen, welche die dem schriftlichen Gesetz beigelegte mündliche Lehre der Kabbala annehmen; denn in dieser wird solche Wiederherstellung erstrebt. Reuchlin teilte die Juden in Talmudisten und Kabbalisten ein: Während die Ersteren die Gottesfurcht betonen und ihr Studium ganz auf die Vorschriften des Gesetzes konzentrieren, üben sich die Letzteren im Geist der Liebe zu Gott; sie widmen sich der Kontemplation, die freilich den niedrigeren Dienst der Toraobservanz durchaus einschließt.[26] Reuchlin führt die mittelalterliche Unterscheidung zwischen einer vita activa und einer vita contemplativa auch für das ihm bekannte Judentum ein. Wer sich der Kontemplation hingibt, strebt nach Höherem, erhebt den Geist weg von den irdischen Dingen zum Himmel der göttlichen „Formen" (= Sephirot). Nach Reuchlin lädt der Kabbalist auf liebenswürdige Art dazu ein, Gott kindliche Liebe entgegenzubringen und mit ihr aus den Tiefen des Daseins zu den höchsten Dingen aufzusteigen.[27]

Die kontemplative Frömmigkeit, zu der die Prinzessin einlädt, soll sich vor allem an dem Gedankenreichtum, der Vielfalt der „Turris Antonia" erbauen. Auf ihr wird das von Martin Luther herausgestellte Evangelium vom Kreuz mit der jüdisch-kabbalistischen Lehre von den Zehn Abglänzen Gottes verbunden, die uns Christen an sich fremd sind. Aber diese Verbindung verstärkt und erweitert die soteriologische Bedeutung des

---

[23] „Est enim Cabala divinae revelationis, ad salutiferam Dei et formarum contemplationem traditae, receptio"; De arte [s. Anm. 5] 124 (6g), vgl. 129 (9t).

[24] „[...] ad immortalitatem consequendam aptius [...] mens humana [...] ad deificationem ascendat"; De arte [s. Anm. 5], 115 (2 f); „[...] nihil ad salutem animorum commodius"; De arte, 115 (2 f).

[25] Tiqqun ha-näphäsch we-tiqqun ha-guph = bona dispositio animae et [...] corporis; De arte [s. Anm. 5], 142 (15 f).

[26] De arte [s. Anm. 5], 142 (15 f-h).

[27] „Ab infimis ascendunt ad summa"; De arte [s. Anm. 5], 142 (15g.h). Ziel solchen Aufstiegs auf der Himmelsleiter der Sephirot ist bei Reuchlin das ewige Leben; De arte, 1461 (8p.q), für Antonia ist es die Hochzeit der Seele mit dem himmlischen Bräutigam; vgl. die Außentafel des Teinacher Bilderschreins.

Kreuzes einerseits und der Sephirot andererseits: Die lebenspendende Segenskraft der Letzteren wird dadurch, daß der messianische Kreuzeskönig die unterste Sephirah Malkhut = Königsherrschaft verkörpert, zur endzeitlichen Vollkommenheit und zu paradiesischer Fülle geführt. Weil aber der gekreuzigte und erhöhte Christus auf der Lehrtafel in das System der schöpferischen, Anfang, Mitte und Ende der Zeit gestaltenden Sephirot einbezogen ist, leuchtet die fortwährende, zeitlich und räumlich unbegrenzte Heilsbedeutung seines Todes unmittelbar ein: Christus ist wie Gott das A und O, der Anfang und das Ende; stets gibt er dem Dürstenden aus der Quelle des Lebens umsonst (Offb 21,6; vgl. 22,1).

3. Die Biblische Theologie

Eine weitere Errungenschaft des Pietismus gegenüber der Orthodoxie kann Antonia und ihrem Kollegium, ja schon den christlichen Kabbalisten, zuerkannt werden. Es ist dies der Biblizismus, die theologische Arbeit an der Heiligen Schrift. Die biblischen Bücher werden im hebräischen bzw. griechischen Urtext gelesen, in der Auslegung sinnvoll aufeinander bezogen und als wichtigste Grundlage des Glaubens herausgestellt. Vor den Reformatoren haben die jüdischen Kabbalisten gegen eine rationale, philosophisch-dogmatische Darstellung der biblischen Überlieferung etwa des Maimonides protestiert und eine Hinwendung zur Exegese verlangt. Reuchlin sah in der hebräischen Sprache des Alten Testaments das Zeugnis davon, wie Gott zu den Menschen und wie der Mensch mit den Engeln sprach; der scholastischen Dogmatik setzte er das Prinzip „sola scriptura" entgegen. In seinem Hauptwerk „De arte Cabalistica" (1517) tritt der jüdische Kabbalist Simon vor seinen beiden Gesprächspartnern als Lehrer und Offenbarer einer in der Tiefe der Tora verborgenen Theosophie und messianischen Verheißung auf. Diese Weisheit läßt sich mit Hilfe einer besonderen Einsicht und Auslegungsweise gewinnen; als deren Gewährsmänner werden die rabbinischen und kabbalistischen Ausleger der hebräischen Bibel zitiert. Reuchlin hebt die heilsgeschichtliche Komponente, das „Prinzip Hoffnung" im Alten Testament besonders hervor: Die Aktualität der Kabbala erweist er vor allem dadurch, daß er die im Gesetz und in den prophetischen Schriften gebotenen messianischen Weissagungen auf symbolisch-spekulative Weise deutet und weiterführt. Schon im ersten Wort der Bibel sieht er den himmlischen Adam und Gottessohn angezeigt.[28] Das erste Menschenpaar und andere Gestalten der Urgeschichte, dazu die Patriarchen und Propheten, lebten nach seiner Überzeugung in der Hoffnung auf den messiani-

[28] De arte [s. Anm. 5], 236 (62b).

schen Erlöser; gleichzeitig mit dem Elend des Sündenfalls wurde der Trost dieser Hoffnung geschenkt.[29] Damit trug Reuchlin das christliche Evangelium in die jüdische Kabbala ein; diese wurde „getauft".

Eine gute Kenntnis nicht nur des Neuen, sondern auch des Alten Testaments wird vom Betrachter des Teinacher Bilderschreins verlangt. Das gilt schon für die Außentafel mit ihrer Fülle biblischer Frauengestalten, deren Identifizierung dem Betrachter nahegelegt wird.[30] Solche Bibelkenntnis ist erst recht vonnöten, wenn das Verstehen der kabbalistischen Lehrtafel gelingen soll. Den Pietisten wird manchmal vorgeworfen, sie ließen über der Freude am Christusgeschehen das Alte Testament exegetisch zu kurz kommen und senkten in ihrem missionarischen Glaubenseifer bewußt das theologische Niveau herab. Die pietistischen Schwabenväter treffen diese Vorwürfe nicht, denn solchen Gefahren wurde bereits in den Anfängen gewehrt. Soweit sich dies von der Lehrtafel her beurteilen läßt, war Antonias Schriftauslegung – von einigen Reuchlin verdankten Punkten abgesehen – nicht allegorisch. Die Prinzessin schloß sich, wie auch Spener, an das Schriftverständnis M. Luthers an: Altes und Neues Testament, Gesetz und Evangelium, Weissagung und Erfüllung, Gericht und Gnade gehören in spannungsvoller Einheit und sich gegenseitig befruchtender Dynamik zusammen. Die schöpferische Polarität wird durch den kabbalistischen Gegensatz der beiden „Maße" bzw. „Seiten" im Kraftfeld der Sephirot weiter verstärkt: Der Barmherzigkeit Gottes (rechte Seite) wirkt die strafende Gerechtigkeit (linke Seite) entgegen.

Die spannungsvolle Einheit der Bibel wird auf der Lehrtafel im Ganzen und im Detail dokumentiert. In seinem lateinischen Gedicht hat Schmidlin die Lehrtafel zusammenfassend charakterisiert als „Kommentar zu den Geheimnissen der Theologie beider Testamente", ferner als „Kurzfassung der heiligen Philosophie und der Geschichte". Zweck dieses in Bildern sprechenden Kurzkommentars zur Bibel sei es, die fromme Seele zu Gott zu führen, sie „göttlich zu machen".[31] Die soteriologische Absicht der auf der Lehrtafel dargestellten biblischen Theologie führt dazu, daß der Gegensatz zwischen Gesetz und Evangelium, strafender Gerechtigkeit und gütigem Erbarmen etwas abgeschwächt wird. Beherrschend ist die heilsgeschichtliche Linie von Verheißung und Erfüllung, die beide Testamente verbindet. Hinzu kommt das die Schöpfung durchwaltende Kräftespiel der Sephirot. Das Wirken dieser geistigen Kräfte wird auf der Lehrtafel durch viele Einzelbilder aus der Bibel und

---

[29] *Betz*, Kabbala II [s. Anm. 5], 504; vgl. De arte [s. Anm. 5], 129–131 (9s.10v-z).

[30] Insgesamt sind 94 Frauen zu sehen, von denen sich 77 als Gestalten der Bibel bestimmen lassen. Der Maler hat auch einige Füllfiguren eingefügt; vgl. *Betz*, Licht [s. Anm. 8], 30–36.

[31] „Devotae animae apotheosis": Cod. hist. 551, Bl. 31b. Zu den beiden „Seiten" vgl. *Betz*, Licht [s. Anm. 8], 16–21.

der Natur illustriert, desgleichen auch der Gang der Heilsgeschichte und das von den Propheten vorausverkündigte Evangelium. Dennoch ist der Teinacher Bilderschrein keine „Biblia pauperum", also keineswegs für theologische Analphabeten gedacht.

4. Die zweifache Weise der Offenbarung Gottes

Im Pietismus konnte die Konzentration auf das Christusgeschehen und die im Leben bewährte Nachfolge Jesu gelegentlich dazu führen, daß die Theologie der Schöpfung und die dankbare Freude an der Natur vernachlässigt wurden.[32] Von den Schwabenvätern kann man das so nicht sagen. Diese ehrten außer der Heiligen Schrift auch das „Buch der Natur" als zweite Quelle der göttlichen Offenbarung. Für Oetinger gehören beide notwendig zusammen: Wer nicht auf den sensus communis, dem jeden Menschen eingepflanzten Sinn für die Wahrheit, und auf die Naturwissenschaften achte, könne auch die Bibel nicht richtig verstehen und verfalle einem häretischen Doketismus oder auch Rationalismus. Leiblichkeit sei das Ende der Wege (Werke) Gottes, d. h. eine materielle Welt, die wieder voll und ganz vom Geist durchdrungen werde. Umgekehrt sei der Naturwissenschaftler, der Physiker oder Chemiker, bei seiner Forschung auf die Heilige Schrift und die Theologie angewiesen.[33] Oetinger opferte deshalb viel Zeit für alchemistische Experimente, und sein Zeitgenosse Philipp Matthäus Hahn fertigte in seiner Werkstatt kunstvolle astronomische Uhren an.[34]

Eine Stütze für dieses zweiseitige Offenbarungsverständnis war die Kabbala mit ihren schöpferischen, die Welt durchwaltenden Gotteskräften der Zehn Sephirot. Die biblischen Bilder auf der Lehrtafel, die das Wirken der Sephirot illustrieren, werden ergänzt durch Hinweise auf das Leben in der Natur, auf das göttliche Wirken in Blumen, Bäumen, Tieren. Vier der Sephirot sind mit den vier Elementen Wasser, Feuer, Luft und Erde verbunden.[35] Schmidlin zeigte im zweiten Teil seines Gedichts über die Lehrtafel, was jede Wissenschaft von der Bibel lernen könne,

---

32 Zeitalter des Pietismus [s. Anm. 16], XX.

33 *Betz*, Oetinger und die Kabbala [s. Anm. 10], 1998.

34 Als Erfinder astronomischer Uhren war er von seinem Herzog wohl noch mehr geachtet denn als Pfarrer und eigenständiger Theologe. Vgl. *Lothar Bertsch*: Freude am Denken und Wirken. Das Leben des Pfarrers und Mechanikers Philipp Matthäus Hahn. Metzingen 1990; *M. Brecht*: Hahn u. Herder. In: FS *H.M. Decker-Hauff*. Stuttgart 1982, 364–387. Dort finden sich Hinweise auf weitere Literatur zu Ph.M. Hahn, vor allem auf dessen Tagebücher 1772–1780 u. 1780–1790. Hg. v. *Martin Brecht* u. *Rudolf E. Paulus*. Berlin 1979/1983. Wichtig ist auch der Beitrag von *Reinhard Breymayer*: Neue Impulse zur Erforschung Philipp Matthäus Hahns. In: BWKG 80/81, 1980/81, 299 ff.

35 *Betz*, Licht [s. Anm. 8], 21, 75, 85.

und Oetinger wünschte angesichts der – seiner Meinung nach – nah bevorstehenden Wiederkunft Christi und der „Güldenen Zeit" des Tausendjährigen Reiches, daß alle an der Universität gelehrten Wissenschaften unter der Theologie vereinigt werden sollten; ihre fortschreitende Spezialisierung und Säkularisierung sei ein Symptom des Sündenfalls, des sich auflösenden Lebens in einer von Gott geschiedenen Welt. Sein Ideal war die Einheit von Geist und Materie, die auch das ewige, „unauflösliche" Leben sichert.[36]

Antonia hat diese Zusammengehörigkeit von Schöpfung und Erlösung auch christologisch begründet: Auf der Lehrtafel erscheint Christus nicht nur als Verkörperung der untersten Sephirah der Königsherrschaft, wo er den Erlöser von Sünde und Tod und den Brunnen der göttlichen Segenskräfte darstellt. Vielmehr ist er auch Inbegriff der zweiten Sephirah: Als der ewige, eingeborene Sohn Gottes wird er mit der präexistenten Weisheit gleichgesetzt, die nach der rabbinisch-kabbalistischen Lehre Werkzeug der Schöpfung war.[37] Allerdings hat Antonia dabei die Wiederherstellung der ursprünglichen Harmonie und Herrlichkeit der gefallenen Welt besonders betont: die weibliche Gestalt der zweiten Sephirah deutet mit einem Wasserkrug und Kelch auf die Sakramente Taufe und Abendmahl hin.

5. Der stellvertretend leidende Christus als zentrales Thema des Evangeliums

Im Pietismus ist Christus, der Heiland der Sünder und der als Passalamm für uns geschlachtete Gottesknecht, zu Recht das Thema des Evangeliums[38], der erste Gegenstand des Glaubens und der Liebe der Frommen. Mit solcher theologia crucis wird das Anliegen des Apostels Paulus (1Kor 1,18; 2,2) und das M. Luthers aufgenommen. Das gilt auch

---

[36] *O. Betz*: Die Güldene Zeit. Apokalyptisch-Eschatologisches Denken bei Fr.Chr. Oetinger. In: *E. Lubahn, O. Rodenberg:* Lebendige Hoffnung. Stuttgart 1989, 157–170.

[37] Vgl. das Lied der Weisheit in Spr 8,22–31, das auch für den Prolog des Johannesevangeliums vorauszusetzen ist. Der eingeborene Sohn und göttliche Logos nimmt dort als Schöpfungsmittler die Stelle der Weisheit ein. In Sir 24 wird die himmlische Weisheit mit der Tora gleichgesetzt, im rabbinischen Midrasch Rabba zu Gen 1,1 dient die Weisheit-Tora für Gott als Bauplan, mit dem die Welt erschaffen werden soll; vgl. auch *Reuchlin*, De arte [s. Anm. 5], 218 (54k), u. *Gikatilla*, Tore des Lichts [s. Anm. 8], Bd. 2, 56 f. In der Kabbala wird auch die dritte Sephirah Binah = Verstand als scheidende und unterscheidende Kraft bei der Schöpfung wirksam; vgl. das Wortspiel mit den hebräischen Wörtern *Binah* = Verstand und *ben* = zwischen. Von ihr ausgehend setzt die Differenzierung in den sieben unteren Sephirot ein. Zugleich vertritt Binah die präexistente Größe der Buße (*Teschuwah*), die im Buch Zohar als Voraussetzung für die Erschaffung des Menschen gilt; vgl. De arte [s. Anm. 5], 236 (62v). Schon Pico della Mirandola hat die III. Sephirah mit dem Heiligen Geist und so die oberen drei Sephirot mit der christlichen Trinität gleichgesetzt. Noch deutlicher ist dies auf der Lehrtafel geschehen.

[38] Vgl. Joh 19,36; 1Kor 5,7 sowie 1Kor 15,3; 1,18.

für die Theologie Antonias, ja schon für die christlich interpretierte Kabbala J. Reuchlins.[39] Auf der Lehrtafel weisen die Propheten Jesaja, Micha und Sacharja auf das messianische Heil. Nach Reuchlin wurden die Folgen des Sündenfalls durch den himmlischen Adam aufgehoben.[40] Auf Erden wirkte er als Messias der Juden, aber das von ihm gewonnene Heil soll allen Menschen zugute kommen: Er ist das Licht der Welt, lux Dei et lux gentium.[41] Seine Inkarnation und das Auftreten in Menschengestalt wurde schon dem ersten Menschenpaar angesagt.[42] Dabei verweist Reuchlin nicht etwa auf das Protevangelium Gen 3,16, vielmehr wird dem zur Austreibung führenden Urteil Gottes über den ersten Menschen die tröstliche Zusage entnommen: „Einer von uns", nämlich der himmlische Adam, werde tun, was dem irdischen versagt blieb, nämlich vom Baum des Lebens nehmen und dem Menschen das ewige Leben verschaffen. Er wird als Mensch geboren werden und – anders als der Adam im Paradies – einen rechten Glauben und Gehorsam bewähren.[43] Mit der von Paulus stammenden These vom Messias als zweitem Adam und mit der traditionellen christlichen Deutung von Jes 53, d. h. der Erlösung durch das stellvertretende Leiden des messianischen Gottesknechts, liest Reuchlin den neutestamentlichen Christusglauben in die kabbalistische Messiaserwartung hinein. Er meint, der Messias der Kabbalisten sei vom jüdischen Volksmessias und dem endzeitlichen König der Talmudisten

[39] „Revelatio sanctissima et summa, in quam omnes divinae revelationes reducuntur [. . .] haec saluberrima receptio, in qua omnes Cabalisticae receptiones recapitulantur"; De arte [s. Anm. 5], 129 (9t).

[40] Von Christus als zweitem Adam: „[. . .] qui ut consummetur iusticia misericordis et clementis dei manum suam mittat et sumat de ligno vitae et comedat de eo, ut per illum vivamus in aeternum"; De arte [s. Anm. 5], 146 (18q); vgl. 129 (9s). Der Verführung durch die Schlange am Holz = Baum steht die Erlösung durch den gerechten und sich selbst darbringenden Christus am Holz gegenüber, die nach *Reuchlin* auch bedeutet, daß dieser Gerechte vom Holz = Baum des Lebens essen darf; De arte [s. Anm. 5] 131 f. (10z-a). *J.L. Schmidlin* beschreibt die Verführung durch die Schlange am „Holz" in einem geistreichen Wortspiel: „Qui malignus [die Schlange] in mali lignum [Apfelbaum] ascendens mali author fuit"; Cod. hist. 551, Bl. 29b. Vom Kreuz und dessen Vorausweisung durch die Eherne Schlange sagt er an der gleichen Stelle: „Cuius [Christi] signum medicus ille anguis fuit, exsanguis, sed sanguinei ruboris, exaltatus in inferni serpentis ludibrium".

[41] De arte [s. Anm. 5], 146 f. (17q), 134 (11i), 219 (54k). *Reuchlin* hat die Theosophie der jüdischen Kabbala weitgehend in eine „Christosophie" verwandelt; vgl. *Betz*, Kabbala II [s. Anm. 5], 504. Der Jude Simon legt im Sinne Reuchlins manche Verse vor allem der ersten Kapitel des 1. Buches Mose messianisch aus: Bei der Geburt Kains, in den Namen und dem Schicksal von Abel, Seth, Enosch, Isaak und Schilo sieht er eine intensive Naherwartung angedeutet; vgl. De arte, 129–134 (9t-11q).

[42] „Missus est igitur angelus Raziel ad Adam collapsum et moeroere plenum, ut consolaretur eum [. . .]". Dieser Trost bestand in der Verheißung eines himmlischen Adam: „[. . .] per istum Adam coelestem deo coaethernum ruina haec de fructu ligni reparanda"; vgl. De arte [s. Anm. 5] 129 (9r.s).

[43] De arte [s. Anm. 5], 127–129 (8q-9t), 146 (17q).

völlig verschieden. Der kabbalistische Messias werde nicht als Kriegsheld Israel vom Joch der Feinde befreien und ihm irdisches Glück verschaffen, sondern komme im Namen des Herrn, friedfertig und demütig.[44] Er wolle alle Menschen in den „Schalom" führen, ein endzeitlicher „Salomo" = Friedensfürst (Jes 9,5) sein. Als Beweis für diese These zitiert Reuchlin Gikatillas Ansicht über die Folgen von Adams Fall und Salomos Weg zum Frieden. Laut Gikatilla wohnte die Schechina bei der Erschaffung der Welt auch bei den Unteren. Solange sie dort unten war, „wurden Himmel und Erde in harmonischer Einheit erfunden, und die Quellen und Röhren arbeiteten in Vollkommenheit, und (die Segenskräfte) wurden von oben nach unten gezogen, und Gott wurde erfahren als (Macht, die) Oben und Unten erfüllt. Es kam der erste Mensch und sündigte: Die Quellen wurden zerstört, die Röhren zerbrachen. Die Schechina stieg wieder hinauf, und die Verbindung (mit Gott) wurde wieder getrennt. Danach kam Salomo und baute das Haus (d. h. den Tempel), da strömten die Segensflüsse in den Röhren und Leitungen wieder."[45]

Aber Reuchlin geht nun wesentlich weiter. Er läßt Simon das „nobile caput" Jes 53 in voller Länge vortragen, und zwar offensichtlich deshalb, weil er den messianischen Frieden im Sinne von Jes 53,5 versteht und den Opferdienst im Salomonischen Tempel durch das Selbstopfer des menschgewordenen himmlischen Adam vollendet und aufgehoben sieht:[46] Als messianischer Gottesknecht hat er die Strafe für unsere Sün-

---

[44] De arte [s. Anm. 5], 146 f. (17q-18s.t).

[45] De arte [s. Anm. 5], 135 (12k); vgl. *Gikatilla*, *Scha'are Orah* I [s. Anm. 8], 66–68. Reuchlin hat stark verkürzt zitiert.

[46] Schon *Pico della Mirandola* hatte die Bedeutung von Jes 53 für den Weg des Christus richtig herausgestellt (Concl. Cab. 24). *Reuchlin* ging dieser Auslegungsrichtung weiter nach; De arte [s. Anm. 5], 146 f. (17q-18t). Er hat das Lied vom leidenden Gottesknecht textlich sachgerecht abgegrenzt und sehr gut erklärt. Es darf nicht – so meint er – mit Raschi, Kimchi und anderen jüdischen Exegeten auf das im Exil weilende Israel bezogen werden, sondern spricht nach dem Targum Jonathan – der uns im Codex Reuchlianus als ältester Handschrift erhalten ist! – vom Messias. *Reuchlin* zitiert den Anfang der ausführlichen, ungemein wichtigen Targumversion: „Siehe, mein Knecht der Messias (*'abdi meschicha*) wird Erfolg haben!" (Targum Jes 52,13). Im Sinne des hebräischen Textes von Jes 53,4–11 sagt *Reuchlin*: „Hic est ille ab Isaia in spiritu prophetico vere visus [...] homo dolorum [...] tonsus ut agnus, [...] occisus ut ovis [...]. Ipse nam vulneratus est propter crimina nostra [...]. Quapropter cum sit iste iustus dei servus, multos iustificabit [...]. De vero Messiha haec omnia vidit Isaias et profecto non est mentitus"; De arte, 147 (18s). Für den rechtfertigenden Glauben ist nach *Reuchlin* entscheidend die Wendung *beda'to* = in cognitione eius (Jes 53,11). Denn durch eine glaubende Erkenntnis und Anerkennung „[...] finitur peccatum et removetur obstaculum clarae visionis dei"; De arte, 147 (18t). Kabbalistisch gesehen, geht es bei der messianischen Erlösung um die universale, die ganze Schöpfung betreffende Wiederherstellung der Schäden nach Adams Fall: „Post ruinam primordialem generis humani" schenkt der zweite Adam die „universalis restauratio, quae a nobis jeschuah et a latinis salus nominatur". Die Kabbalisten gebrauchen dafür das rabbinische Wort *tiqqun* = restauratio. *Reuchlin* setzt an dessen Stelle das Nomen *jeschu'ah* = Rettung, Heil, das an den Namen „Jesus" erinnert; De arte, 125 (7m).

den auf sich genommen und uns so den „Frieden" (Schalom), d. h. die Versöhnung mit Gott verschafft.[47] Reuchlin sieht es als selbstverständlich an, daß der Gottesknecht von Jes 53 von den Juden messianisch gedeutet wird. Im Prophetentargum ist das auch der Fall, aber Reuchlin weiß natürlich, daß dieser von ihm herausgegebene Targum den Messias keineswegs leiden, sondern ihn Erfolg haben und über Israels Feinde triumphieren läßt. Doch das ist für ihn eben der jüdische Volksmessias und endzeitliche König der Talmudisten, während die Kabbala an einen geistlichen Friedenskönig glaube und den endzeitlichen Frieden als überirdisches Glück verstehen lehre. Dieser führt die Erlösten nicht in ein irdisches, sondern in das himmlische Paradies. Der Seele schenkt er den ewigen Anblick Gottes und den Kindern das ewige Leben, das deren Vater (Adam) verloren hatte. So wird das Heil der messianischen Zeit vorwiegend auf geistliche Weise verstanden.[48]

Reuchlin hat die Kabbala vor allem dadurch „getauft", verchristlicht, daß er in seinen beiden kabbalistischen Werken der Messiaserwartung einen ungewöhnlich breiten Raum einräumt. Ferner gründet er sie zwar auf Aussagen des Alten Testaments, ist dabei jedoch stark vom Neuen Testament inspiriert. Damit wird die jüdisch-kabbalistische Lehre neu ausgerichtet und unwillkürlich dem eigenen Glauben angepaßt. Das hat schwerwiegende Folgen. In Reuchlins „De arte Cabalistica" erscheinen der Messias und das kabbalistische System der Zehn Sephirot als zwei aufeinanderfolgende, fast unverbundene Themen verschiedenen Umfangs. Die Gewichte sind verlagert: Während in der jüdischen Kabbala die Sephirot den Schwerpunkt bilden und der Messias keine selbstständige Rolle spielt, verbreitet sich Reuchlins Simon langatmig über die Messiaserwartung. Erst gegen Ende des ganzen Gesprächs bringt er einen Überblick über den „Baum der Zahlen" (arbor numerationum), d. h. das System der Sephirot. Dieses Hauptstück der „Kunst der Kabbala" wird von Reuchlin trotz detaillierter Angaben über jede einzelne Sephirah eher stiefmütterlich, weil stichwortartig, behandelt; das Wort „Messias" kommt dort gar nicht vor.[49] Deshalb wird nicht deutlich, wie sich Reuchlin die Wirkung des messianischen Handelns auf die Sephirot vorgestellt hat.

Einen gewissen Aufschluß darüber gibt das Titelbild einer Ausgabe des Syrischen Neuen Testaments, die der Schüler Reuchlins J.A. Widmannstadt (1506–1557) besorgt hat. Dieses Bild zeigt Christus als Gegenüber des Baumes der Zehn Sephirot:[50] Jede von ihnen ist durch eine Verbindungslinie einem bestimmten Körperteil des Gekreuzigten zugeordnet,

[47] De arte [s. Anm. 5], 146 f. (17p-18s.t); vgl. Röm 5,1; 2Kor 5,18–21.
[48] De arte, 145 f. (17n-q).
[49] De arte, 235–237 (62v-63x).
[50] Abbildung bei *Betz*, Licht [s. Anm. 8], 24.

Kabbalistische Lehrtafel der Prinzessin Antonia von Württemberg in der Dreifaltigkeitskirche zu Teinach

Mit den 10 Sephiroth oder Abglänzen Gottes: a. Gott der Vater, b. Gott der Sohn, c. Gott der heilige Geist, d. die Gnade, e. die Gerechtigkeit, f. die Liebe, g. der Sieg, h. das Lob, i. das Fundament, k. Christus

Erklärung

1. Die Krone des Reichs, darunter das Monogramm Gottes, umgeben von dem Palmen-Sieges-Kranz.
2. Die vierundzwanzig Ältesten.
3. Elia mit dem Schwert.
4. Mose bei dem brennenden Busch.
5. Henoch mit einem Buch.
6. Schlacht und Sieg Michaels.
7. Das Lamm auf dem Berg Zion.
8. Die Herabstürzung des Drachen.
9. Die Menge der Erlösten um den Berg Zion.
10. Lobende Engel mit Instrumenten.
11. Lobende Engel mit Palmzweigen.
12. Gott als Erretter und Richter von den Engeln verehrt.
13. Die Himmelfahrt Jesu.
14. Die Ausgießung des Geistes.
15. Die vier Thronräder nach Hesekiel.
16. Die vier Thronwesen nach Hesekiel.
17. Verklärung Jesu auf dem Berg.
18. Die Sünderin salbt Jesu Füße.
19. Die Geburt Jesu.
20. Die Umkehr des verlorenen Sohnes.
21. Der Engel bei Maria.
22. Jesus lehrt Gottes Wort im Tempel.
23. Das Element des Feuers: die Feuersäule.
24. Das Element des Wassers: Christi Schiff von Petrus.
25. Himmelfahrt des Elia.
26. Jona vom Walfisch ausgeworfen.
27. Die drei Männer im Feuerofen.
28. Die Taufe Jesu.
29. Salomos weises Urteil durch das Schwert.
30. Esthers Aufnahme bei König Ahasveros durch das Zepter.
31. Isaaks Gehorsam bei seiner Opferung.
32. Abraham von Melchisedek gespeist und gesegnet.
33. Agag von Samuel zerhauen.
34. Der junge Tobias von Raphael geführt.
35. Jakob ringt mit Gott.
36. Jakob sieht im Traum die Himmelsleiter.
37. Israels Sieg wider die Amalekiter.
38. Schrift wider Belsazer an der Wand.
39. Gideons Sieg wider die Midianiter.
40. Die fünf Städte durch Abraham vernichtet zur Rettung Loths.
41. Israels Errettung durch Pharaos Untergang im Roten Meer.
42. Gideon erkennt aus dem Wasserlecken, wer mit ihm in den Streit ziehen soll.
43. Jesus redet bei dem Brunnen mit der Samariterin.
44. Die Arche Noah.
45. Daniels Bild der Monarchien von Metall.
46. Der Engel beschwört die Vollendung des Geheimnisses Gottes.
47. Der rauchende Sinai, Berg des Gesetzes.
48. Zion, Stätte der Ruhe.
49. Das Lager der Israeliten mit der Stiftshütte.
50. Die feste Stadt Jerusalem mit dem Tempel.
51. Der Engel mit dem Mühlstein: Sturz Babylons.
52. Der Engel mit dem ewigen Evangelium.
53. Die eherne Schlange an der Stange.
54. Jesus am Kreuz.
55. Johannes der Täufer, der Vorläufer.
56. Mose, der Gesetzgeber.
57. Josua, der Fahnenträger.
58. Paulus, der Heidenapostel.
59. Aaron hinter dem Rauchaltar.
60. Adam und Eva aus dem Paradies vertrieben.
61. Hiskia erhält das Zeichen des zurückgehenden Sonnenzeigers.
62. Gott antwortet dem Elia mit Feuer.
63. Gott antwortet Israel mit dem Manna.
64. Simson mit dem Löwen; das Löwenrätsel.
65. Joseph, der seine zwei Träume vorträgt.
66. Christi Kelch des Leidens am Ölberg.
67. Josephs weissagender Becher in Benjamins Sack.
68. Die Hunde lecken des Lazarus Schwären.
69. Der Samariter verbindet des Halbtoten Wunden.
70. Der Engel speist Elia.
71. Jesus speist das Volk.
72. Begräbnis Jesu.
73. Auferstehung Jesu.
74. Jakob segnet die zwei Söhne Josephs.
75. Jesus segnet die Kinder.
76. Beschneidung unter dem Gesetz.
77. Das Kind Jesus wird im Tempel dargestellt.
78. Die Königin aus Arabien kommt zu Salomo.
79. Die Weisen aus dem Morgenland kommen zu Christus.
80. Davids Sieg von Saul beneidet.
81. Davids Sieg über Goliath.
82. David bringt die Bundeslade nach Jerusalem.
83. Jesus zieht in Jerusalem ein.
84. Maria und Martha.
85. Jesu Salbung in Bethanien und Judas, der Verräter.
86. Jakob wird in der Höhle Machpela begraben.
87. Lazarus geht aus dem Grab.
88. Die vier großen Propheten.
89. Die vier Evangelisten.
90. Die zwölf kleinen Propheten.
91. Die zwölf Apostel.

l. Ruben, m. Simeon, n. Levi, o. Juda, p. Sebulon, q. Isaschar, r. Dan, s. Gad, t. Assar, u. Naphtali, x. Joseph, y. Benjamin.

gemäß der kabbalistischen Vorstellung, daß das Bild vom Urmenschen (Adam Kadmon) dem System der Zehn Sephirot entspreche. Damit ist die Kabbala dem Glauben an den Erlöser Christus zugeordnet; Widmannstadt sieht ihren endzeitlichen Status im Licht der johanneischen Christologie.

Auf der Lehrtafel der Prinzessin Antonia ist Reuchlins Lehre vom Messias aufgenommen, aber erheblich modifiziert; zugleich wird Widmannstadts Darstellung korrigiert. Christus ist in das System der Sephirot völlig integriert. Das Nebeneinander ist auf zweifache Weise aufgehoben. Denn wie schon erwähnt, wird Christus als der eingeborene Sohn und als himmlische Weisheit in der II. Sephirah verkörpert. Außerdem ist der gekreuzigte König und auferstandene Herr mit der X. Sephirah Malchuth gleichgesetzt. Dabei wird nun das Protevangelium Gen 3,15 zur Geltung gebracht: Der Zweite Adam zertritt den Kopf der Schlange. Seinen Sieg über den Teufel hat er auf Golgatha errungen. Er steht auf dem Felsen des Heils, trägt die Dornenkrone und hält das Kreuz in der Hand. Aus seiner Seitenwunde fließen Wasser und Blut. Sie ergießen sich in einen Teich, der die Flüsse des Paradieses speist und den zwölf Stämmen des Gottesvolkes Leben schenkt. Nach der Lehre der Kabbala fließt die Fülle des göttlichen Segens und Lebens in der X. Sephirah (Königsherrschaft) zusammen und kommt vor allem Israel zugute. Antonia hat aufgrund des neutestamentlichen Zeugnisses (Joh 19,36; Offb 21,6; 22,17) im Gekreuzigten und Erhöhten den Spender des Lebens gesehen, aber die Sephirot behalten ihre Funktion.

Über Reuchlin hinausgehend hat die Prinzessin die so wichtige alttestamentlich-jüdische Institution des Tempeldienstes, bei dem die Sünden durch dargebrachte Opfer gesühnt werden, in die Lehrtafel aufgenommen und durch das im Neuen Testament bezeugte Christusgeschehen endzeitlich interpretiert. Im Zentrum des Bildes, über dem Paradies ist der Tempel Salomos dargestellt. Er steht ganz offen: Neben dem Altar und dem amtierenden Hohenpriester erblickt man links die eherne Schlange und rechts Jesus am Kreuz (vgl. Joh 3,14 f.). Sie bilden in dieser Gegenüberstellung die heilige Mitte der Lehrtafel, als solche bezeugt von Mose und Josua (links) und von Johannes dem Täufer und Paulus (rechts). Reuchlins These von der messianischen Erlösung „am Holz" und ihrer Frieden stiftenden Kraft wird von Joh 3,14 f. her überzeugend interpretiert und vor Augen gemalt. Aber anders als bei ihm sind die Sephirotlehre und der Kreuzeskönig eng miteinander verbunden. Der Tempel Salomos, Abbild des himmlischen Heiligtums, ist sowohl Sammelplatz der Sephirot als auch Kirche des Kreuzes Christi, die Stätte, in der das paulinische Evangelium vom Kreuz verkündet wird.

Die in Jesaja 53 vohergesagten, im Evangelium der Kirche bestätigten Heilstatsachen – das Leiden des Christus für unsere Sünden (1Kor 15,3, vgl. Jes 53,4 f.), sein Begräbnis (1Kor 15,4, vgl. Jes 53,9) und seine Auferstehung (1Kor 15,4, vgl. Jes 53,11) – werden auf der Lehrtafel auch sonst anschaulich gemacht.[51] Das Bild des Gekreuzigten, wie es in Teinach dargestellt ist, hat sowohl das andächtige Gebet als auch die Schriftauslegung im Schwäbischen Pietismus geprägt. Oetingers Passionslied: „Kreuzeskönig, deine Schmerzen" (EKG, Württ. Teil, Nr. 418) erinnert an den Segenspender mit der Dornenkrone, wie er im Paradies stehend auf der Lehrtafel erscheint. Das gilt besonders von Vers 4:

„Möchten sie doch glauben wollen,
daß aus dir der Brunn' gequollen,
der mit Lebenswasser tränket
und die Gottesfülle schenket."

Die auf der Lehrtafel veranschaulichte Christologie stellt eine besonders eindrucksvolle theologische Leistung und Empfehlung der christlichen Kabbala dar.

1) Die Einbeziehung des Christus in das kabbalistische Schema der Zehn Sephirot verändert die Anschauung vom Wesen und Zusammenwirken dieser göttlichen Kräfte. In der jüdischen Kabbala ist die X. und letzte Sephirah, die dem Volk Israel zugewandte „Einwohnung" Gottes (Schechina), weiblich gedacht. Ihre Verbindung mit den ihr übergeordneten Sephirot, vor allem mit der VI. (Tiphärät) oder mit der IX. (Jesod), die männlich vorgestellt sind, wird in Anlehnung an das Hohelied symbolisch als Liebesbeziehung beschrieben. Auf der Lehrtafel sind jedoch die Sephirot I–IX nach dem Vorbild der personifizierten Tugenden durchweg als Frauen konzipiert, mit Ausnahme der letzten, die nun Christus als endzeitlichen Erlöser und unweltlichen König repräsentiert. Auf solche Weise wurde die Kabbala den christlichen Frommen nahe gebracht, ihre Rezeption durch die Schwabenväter erleichtert.

2) Die heilsgeschichtliche Entsprechung von eherner Schlange und dem am Kreuz erhöhten Menschensohn (Joh 3,14 f.), die auf der Lehrtafel auch als zentrales Zeugnis der Propheten und Apostel bildlich dargestellt ist, konnte im Pietismus gleichsam als „Vor-Bild" für die rechte Hermeneutik dienen: Der Exeget verdeutlicht und bestätigt das im Neuen Testament offen verkündigte Evangelium von Christus dadurch, daß er dessen eher latente Vorausverkündigung im Alten Testament aufdeckt (Röm 1,2–4). Die messianische Auslegung der hebräischen Bibel, wie sie J. Reuchlin in „De arte Cabalistica" vortragen läßt, erfuhr eine überzeugende Rechtfertigung auf der Lehrtafel der Prinzessin Antonia und in der Schriftauslegung der Schwabenväter.

---

[51] *Betz*, Licht [s. Anm. 8], 69 f., u. 82, Nr. 66, 72, 73.

6. Die Frömmigkeit des Herzens

a) Nicht nur der Gegenstand des Glaubens, sondern auch die Glaubenshaltung, die pietas des Pietisten, hat eine deutliche Vorstufe in der christlichen Kabbala, wie sie von J. Reuchlin exegetisch ausgearbeitet und von Prinzessin Antonia bildlich dargestellt wurde. Besonders bezeichnend war die Frömmigkeit des Herzens, die mit der Buße, dem freien, lobpreisenden und auch flehentlichen Gebet und der Brautmystik verbunden sein kann.

Die Brautmystik war für die Juden und dann auch die Christen durch das Hohelied Salomos geprägt, das man geistlich verstand. Die Rabbinen haben es auf die Liebe Gottes zum Volk Israel bezogen (vor allem im Midrasch Schir-Ha-schirim). In der jüdischen Kabbala wurde besonders im Buch Zohar die Leben schaffende Liebesbeziehung zwischen der VI. Sephirah Tiphärät und der X. Sephirah Malkhut nach diesem Vorbild dargestellt. In der mittelalterlichen Mystik (Bernhard von Clairvaux), vereinzelt auch in der Altprotestantischen Orthodoxie (Ph. Nicolai) und dann sehr häufig im Pietismus wurde das Hohelied auf die Liebe des himmlischen Bräutigams Christus zur Gemeinde oder zur einzelnen frommen Seele als dessen Braut gedeutet.[52] Prinzessin Antonia ließ sich mit der Taube des Hohenliedes vergleichen;[53] sie selbst wollte die Braut des Gottessohnes sein.

Ihre Herzensfrömmigkeit hat sie auf eindrucksvolle Weise in der Praxis, in ihrem Leben und Sterben, bewährt. Ihre Freigebigkeit, Liebenswürdigkeit und Geduld im Leiden wurde von den Zeitgenossen gerühmt. Testamentarisch hatte sie verfügt, nach ihrem Tod solle ihr Herz dem Leichnam entnommen und bei der Lehrtafel in Bad Teinach beigesetzt werden.[54] Auf dem Bilderschrein ist die Prinzessin an zwei wichtigen Stellen exponiert und exemplarisch abgebildet. Beide Male bekennt sie ihre von Herzen kommende Liebe und Verehrung für Christus. Auf der Außentafel kniet Antonia vor dem himmlischen Herrn und legt die rechte Hand auf ihr Herz, während sie von ihm die Krone des Lebens empfängt. Auf dem Innenbild, der kabbalistischen Lehrtafel, steht sie allein im Tor des Paradieses, den Blick auf Christus mit der Dornenkrone und auf sein Kreuz gerichtet. Und während dieser seine Rechte segnend emporhebt, hält sie ihr von Liebe entflammtes Herz in der rechten Hand.

---

52 Vgl. *J.A. Freylinghausen*: „Und hat nicht Salomon [...] das Hohelied [...] gemacht und darin das Geheimnis zwischen Christo und seiner Gemeinde auf eine wunderliebliche Art ausgesprochen?“; Vorrede zum Geistreichen Gesangbuch 1705; vgl. Zeitalter des Pietismus [s. Anm. 16], 112.

53 Vgl. dazu die Verse *J. L. Schmidlins* in Cod. hist. 551, Bl. 1, 4, 45–47; dazu Hld 2,14; 5, 2.6.

54 *Gerhard Raff*: Hie gut Wirtemberg allewege II. Degerloch 1993, 352.

Diese Art der Darstellung verrät, daß die Herzensfrömmigkeit Antonias nicht so sehr von der quietistischen Mystik aus Frankreich als vielmehr von der Kabbala beeinflußt war. Denn der Darbringung des entflammten Herzens liegt ein Wortspiel mit den hebräischen Worten *leb* = Herz und *lahab* = Flamme zugrunde.

Rabbinisch-kabbalistisch ist auch die kunstvolle Art, wie die Prinzessin ihren Namen, Stand und die Neigung ihres Herzens mit der für Kabbalisten wichtigen Weisung Ps 37,4 verband: „Habe deine Lust am Herrn, so wird Er dir geben, was dein Herz begehrt!"[55] Ursache und Gegenstand ihrer Frömmigkeit ist Gott selbst. Er erfüllt die „Wünsche des Herzens" *misch'alot leb,* Ps 37,4), die „pia desideria" der Prinzessin. Ihren Namen „Antonia" fand sie in dem hebräischen Satz *„hu' natan*", und ihr Monogramm flocht sie in das „A und O" der göttlichen Wesensoffenbarung hinein.[56] Die Herzenshingabe wird erwidert: Die Gott bezeichnende oberste Sephirah Kätär = Krone ist auf der Lehrtafel als weißgekleidete Frau dargestellt, die in der linken Hand ein entflammtes Herz hält, eine Geste, welche der Haltung der am Tor stehenden Prinzessin entspricht. Das Herz in der Hand der obersten Sephirah ist das Zeichen für das göttliche Erbarmen und die Macht der Liebe, die sich in Jesus offenbart und in seinem Selbstopfer ihren stärksten Ausdruck gefunden hat.

Der nachfolgende Pietismus bietet viele Belege für die Brautmystik und die Herzensfrömmigkeit. Ph. J. Spener, der in seiner Straßburger Zeit enge Beziehungen zu Prinzessin Antonia pflegte und über das Unternehmen der Lehrtafel genau unterrichtet war, könnte den Titel seiner programmatischen Schrift „Pia Desideria" an dem biblischen Ausdruck „Herzenswünsche" in Ps 37,4 orientiert haben. Auch er richtete seine Liebe vor allem auf Christus, denn „in ihm liegen alle verborgenen Schätze der Weisheit und der Erkenntnis" (Kol 2,3).[57] An die Außentafel des Bilderschreins in Bad Teinach, die den Brautzug der frommen Seelen zu Christus darstellt, erinnert die Aussage Zinzendorfs: Die Seelen der Christen schweben vor den Augen des Bräutigams; der erhöhte Freund soll uns an sein Herz der Liebe ziehen, „Königskronen sind zu bleich vor der Gott-verlobten Würde."[58] Ähnlich schildert Christian Friedrich Richter in seinen Betrachtungsliedern solche Brautmystik: Die Christen sind „innerlich die lieblichsten Bräute, der Zierrat, die Krone, die Jesus gefällt."[59] Die (mit Christus gleichzusetzende) Weisheit schenkt sich dem

---

[55] Gematrisch berechnet ergeben die hebräischen Buchstaben des Psalmverses und ihre hebräisch geschriebene Adresse die Zahl 2005.

[56] *Betz*, Licht [s. Anm. 8], 28 f., 80 f.

[57] *Schmidt*, Pietismus [s. Anm. 16], 216. Dieser Bibelvers war auch für Oetinger eine zentrale Aussage.

[58] *Schmidt*, Pietismus, 306 f.

[59] Zeitalter des Pietismus [s. Anm. 16], 129.

Gotteskind, krönt es mit ihrem Perlenkranz und wird als Braut den Seelen zugeführt.[60] In der Vorrede zu seinem „Geistreichen Gesangbuch" verheißt Anastasius Freylinghausen: „Dein Bräutigam wird sich mit dir vermählen"; deshalb fordert er zur Übergabe des Herzens an Gott auf.[61]

Spener (1635–1705), Bengel (1687–1752) und Oetinger (1702–1782), für welche die Bekanntschaft mit der Lehrtafel unzweifelhaft ist, haben allerdings nicht wie diese die Herzensfrömmigkeit mit der Brautmystik verbunden. Zwar kritisiert Spener in den „Pia Desideria" den toten Glauben, bei dem „des Menschen Herz durchaus nicht überzeugt von Gott und den göttlichen Dingen" ist, während der lebendig Glaubende das Wort Gottes „in das Herz dringen läßt"[62]. Aber anstelle der bräutlichen Liebe des Christen möchte Spener, daß der wiedergeborene innerliche Mensch „mit freiem und freudigen Herzen dasjenige tut, was das Gesetz haben will"; dieses Gesetz soll „mit lebendigen Buchstaben in unsere Herzen geschrieben werden"[63]. Bengel hat – wie schon erwähnt – in seinem bekannten Lied „Gott lebet! Sein Name gibt Leben und Stärke [. . .]" das Leben aus der Kraft Gottes, den Aufstieg in die himmlische Welt und damit das Anliegen der Lehrtafel gut zum Ausdruck gebracht. Sein zweites, in Württemberg ebenfalls sehr geschätztes Lied „Du Wort des Vaters, rede du [. . .]" läßt in den Versen 2 und 3 um ein reines, dem Geist Jesu entsprechendes Herz bitten, wobei das Wort „Herz" nicht weniger als 10mal verwendet wird.[64] Oetinger, der sich mit der Philosophie seiner Zeit kritisch auseinandersetzte, sprach wenig von der Frömmigkeit des Herzens. Er dachte eher über das Verhältnis von Leib und Seele im Menschen nach: Die Seele ist göttlichen Ursprungs und Ebenbild des Schöpfers; allerdings herrschen in Adam nach dem Fall nicht mehr die ursprünglichen geistigen, sondern die sinnlichen Kräfte. Bei Oetinger deckt sich der Begriff „Seele" mit dem des „inwendigen Menschen". Dieser sollte durch Christus „wiederhergestellt", d. h. von der Tyrannei der Sünde befreit werden und, von der Herrlichkeit Gottes erfüllt, ein wahrer Tempel des heiligen Geistes sein.[65]

Im Judentum, speziell in der Kabbala, ehrt der Gerechte Gott als Ursprung und Ziel der Herzensfrömmigkeit. Deren biblische Grundlage ist das Bekenntnis zum alleinigen Gott und die Weisung, ihn „zu lieben von ganzem Herzen, ganzer Seele und mit ganzem Vermögen" (Dtn 6,4–6). Auch Jesus hat dieses „vornehmste Gebot" angeführt und ausgelegt.[66]

---

60 Zeitalter des Pietismus, 129; vgl. 127 f. zu A.H. Francke.

61 Zeitalter des Pietismus, 124.

62 Zeitalter des Pietismus, 63, 42.

63 Zeitalter des Pietismus, 52 f.

64 EKG. Regionalteil Württemberg, Nr. 613 u. 632.

65 *Guntram Spindler* u. *Friedrich Haug*: Etwas Ganzes vom Evangelium. Metzingen 1982, 290–306.

Mit seiner Liebe von ganzem Herzen antwortet der Fromme auf die Liebe Gottes, mit der er Israel zuerst geliebt, es aus allen Völkern erwählt hat (Dtn 7, 6–9; 9,5 f.). Nach der Zerstörung des Tempels und dem Ende des Opfergottesdienstes betonten die Rabbinen den „Gottesdienst des Herzens“, d. h. das Gebet und das Tun der Gebote. Dabei wurde schon damals das freie, ganz von der Liebe getragene Beten geschätzt.[67] Die Kabbalisten haben es besonders betont. Doch wie kann es dem Menschen gelingen, der doch auch von bösen Neigungen beherrscht ist? In der kabbalistischen Anthropologie wurde die rabbinische Lehre von den beiden Trieben, dem guten und dem bösen Trieb im Menschen, mit Platos Lehre von der aus dem Himmel stammenden und an den materiellen Leib gebundenen Seele[68] verknüpft. Es fehlt in ihr das dem Pietismus so wichtige Anliegen der Wiedergeburt als der Quelle gottseligen Lebens. Statt dessen hat man dort, wie auch sonst im Judentum, die Buße herausgestellt. Sie galt als präexistente Größe und als Voraussetzung für die Erschaffung des Menschen: Ohne die Möglichkeit einer Umkehr wäre dieser ein zu großes Risiko für Gott und die Welt.

Durch die Buße aber wird die ungeteilte Liebe zu Gott erschwinglich. Für den Kabbalisten bedeutet die Qualität „von ganzem Herzen“, daß beide Triebe Gott in Liebe zugewandt sind. Auch der dem Menschen von Geburt an innewohnende „böse Trieb“ ist zu beugen, denn erst das Überwinden der Anfechtungen macht den wahren Gerechten aus.[69] Dabei spielen das konzentrierte Ausrichten des Herzens[70] (kawwanah) und der kontemplative Aufstieg zu den Sephirot eine wichtige Rolle. Der sich erbarmende, das Herz des Menschen zur Liebe und zum Gebet leitende Gott ist speziell in der zentralen, mit dem Gottesnamen JHWH verbundenen VI. Sephirah offenbar. Doch prägt das liebende Erbarmen auch die oberste Sephirah, von der aus die Emanation der himmlischen Welt ihren Ursprung nahm und der Fluß der Segenskräfte einsetzt. Das von unten aufsteigende Gebet der Frommen, das auf die jeweils „zuständigen“ Sephirot hin gerichtet ist, hat mitbestimmende Kraft. Von ihm sagt Gikatilla: „Wie die Welt und alle ihre Geschöpfe neu (als Novitäten) von diesem Ort (d. h. hier: von der II. Sephirah, dem absoluten Wollen)

---

[66] Vgl. *Birger Gerhardsson*: The Shema in the New Testament. Deut. 6,4–5 in Significant Passages. Lund 1996.

[67] Mischna Aboth 2,13.

[68] Vgl. *Plato*: Phaidon, 80–82.

[69] *Tischby*, Pirqe Zohar II [s. Anm. 3], 58, 61; Buch Zohar II, 162b-163b.

[70] Besonders beachtet wird, daß in Dtn 6,5 das Wort *lebab* = Herz mit zwei Beth geschrieben ist. Das bedeutet, daß der Mensch mit beiden Trieben des Herzens, dem guten und dem bösen Trieb, Gott lieben soll. Denn auch der böse Trieb ist von Gott geschaffen; vgl. die Schreibung *wajjisaer* mit zwei Jodim = „und er schuf“ (Gen 2,7), das die Kabbalisten übersetzen: „Und er schuf ihn mit dem guten und dem bösen Trieb“ (*jesaer* = Trieb); *Tischby,* Pirqe Zohar II [s. Anm. 3], 81, 84.

entstanden sind, so können die Gerechten, die sich mit ihrem Gebet auf diesen Ort konzentrieren (mitkawwenim), Zeichen und Wunder neuer Art herbeiführen und die gewohnte Weise der Welt verändern." Im Gebet vereinigt sich der Fromme mit dem Willen Gottes, partizipiert an seiner schöpferischen Kraft. „Das ist der Ort des völligen Vertrauens, und das ist das Geheimnis des Willens: Wer nämlich bis zum Ort des Willens vorstößt, siehe: alles ist in seiner Hand, zu tun nach seinem Willen und Wohlgefallen."[71]

Auch nach J. Reuchlin soll das Gebet des (kabbalistischen) Christen ganz auf Gott gerichtet, von brennender Liebe zu ihm getragen sein.[72] Aber es wird von der zuvorkommenden Gnade Gottes „provoziert", der mit der Hingabe des himmlischen Adams und Messias für die Rettung der Sünder den Höhepunkt der Heilsgeschichte herbeigeführt hat. Das Gebet im Namen Jesu ist für Reuchlin besonders wichtig: Es läßt die Bitte um Erlösung wirksam werden, macht die Herzensfrömmigkeit beredt. Mit liebevoller Kühnheit und rabbinisch-kabbalistischen Methoden hat Reuchlin den Namen „Jesus" erklärt und auf den Namen Gottes und dessen liebendes Erbarmen bezogen. In „De verbo mirifico" tut das der Christ Capnion = Reuchlin mit der Behauptung, durch den Namen „Jesus" werde der geheime, unaussprechliche Name Gottes, das Tetragramm JHWH, den Menschen geoffenbart und für sie anrufbar gemacht.[73] So erst sei das Reden des Herzens mit Gott möglich: Als Pentagramm „Jesus" werde JHWH zur viva vox und Gott selbst zum Subjekt einer Art von Evangelium. In „De Arte" trägt Simon dieses im Alten Testament angezeigte Evangelium vor: Das erweiterte Tetragramm „Jesus" bezeichne den himmlischen Adam, wenn er inkarniert und als Messias eingesetzt werde.[74] Die merkwürde Aussage Gen 4,26: „Damals begann man den Namen JHWH anzurufen" übersetzt und deutet

---

[71] *Gikatilla,* Tore des Lichts [s. Anm. 8], II, 91. Dabei verweist der Autor u. a. auf die Stelle 1Sam 1,11.

[72] De arte [s. Anm. 5], 226 (57o): Bei solchem Gebet gilt: „omnem voluptatem humanam in res divinas conferamus. Ad summum autem, hoc pacto amorem intensum et ardentem erga divinitatem concipiamus".

[73] De verbo III [s. Anm. 5], 91 f. „[...] quando verbum descendit in carnem, tunc litterae transierunt in vocem." Das ganz aus Vokalzeichen (matres lectiones) bestehende Tetragrammaton entspricht dem unirdischen Wesen Gottes. Es ist deshalb „ineffabile, inenunciabile". Auch der himmlische Gottessohn trug den Namen JHWH. Aber wenn er zur Erde kommt, Mensch und Messias wird, muß dieser Name aussprechbar werden. Das geschieht durch den Konsonanten Schin in der Mitte von JHWH; De arte [s. Anm. 5], 131 (10x–z). In „De verbo" gibt sich Reuchlin große Mühe, die Wahl des Buchstabens Schin „messianisch" zu begründen: Er begegnet im Wort *esch* = Feuer, *maschiach* = Messias, *rosch* = Haupt, *schämän* = Salböl, *schabbat,* dem ewigen Ruhetag der messianischen Zeit; De verbo III, 90–95. Für die heilsgeschichtlich wichtige Erweiterung des Gottesnamens vom Tetragramm zum Pentagramm wird auf die entsprechend wichtige Erweiterung von Abram zu Abraham verwiesen; De arte, 132 (10a).

[74] De arte [s. Anm. 5], 127–134 (8p–11g).

Reuchlins Sprecher Simon mit Hilfe der rabbinisch-kabbalistischen Auslegungsmethode Notarikon folgendermaßen: „Damals erwartete man, daß er als JHWH mit einem Schin von der Mitte her angerufen werde." *„Be-schem"* wird gedeutet als *„be-Schin mittokh"* und 4,26 folgendermaßen übersetzt: „Tunc expectatus est[75] vocari per Sin de medio JHWH"; De arte [s. Anm. 5], bes. 131 (9x–10x–z). An die Stelle des unaussprechlichen Tetragramms soll durch Einsetzung eines Schin das Pentagramm „Jeheschuah" („Jesus") treten. Erfüllt worden sei diese Verheißung freilich erst viel später, nämlich mit der Ankündigung der Geburt und der Namensgebung Jesu (Lk 1,21; 2,21).[76]

Der christologische Buchstabe Schin macht nach Reuchlin den Namen JHWH nicht nur anrufbar, sondern erschließt auch das wahre Wesen Gottes und macht das Beten zu einem Reden des Herzens mit Gott. Das wird gematrisch bewiesen, nämlich aus dem Zahlenwert des Buchstabens Schin. Dieser beträgt 300, und genausoviel „zählt" die hebräische Wendung *berachamim* = durch Erbarmen. Damit zeigt das Schin durch seine Einfügung in das „Herz" des Namens JHWH an, daß Gott sich in „Jesus" = JHSWH als der Erbarmende offenbart,[77] aus Liebe die Menschen erlöst.

Die gematrische Deutung des Buchstabens Schin läßt somit zur Theologie des Kreuzes überleiten: Anders als der irdische Adam gibt der himmlische Adam als Mensch und Messias in vollkommenem Gehorsam sein Leben hin, um das Todesschicksal von den Menschen abzuwenden. Solche stellvertretende Lebenshingabe ist vom Gottesknecht in Jes 52,13–53,12 vorhergesagt. Das zu erkennen und glaubend anzuerkennen, ist der Weg zum Leben. Deshalb sieht Simon, der Sprecher Reuchlins, in der hebräischen Wendung *beda'to* = in cognitione eius (Jes 53,11)[78] ein hermeneutisches, die christliche Kabbala eröffnendes Schlüsselwort: Der Glaubende wird „mortis (eius) accognitione" gerechtfertigt. Er erkennt und anerkennt den leidenden Gottesknecht und Gottessohn

---

[75] Enosch, der Sohn Seths, ist gemeint.

[76] *Schmidlin* drückt es so aus: „Destinatus ab aeterno, diu speratus, et tantum non desperatus, quia demum in mundi senio incarnatus"; Cod. hist. 551, Bl. 29b. Zur Verkündigung Gabriels an Maria mit der Weisung, dem Sohn den Namen „Jesus" zu geben (Lk 1,31), sowie zu deren Ausführung bei der Beschneidung (Lk 2,21) bemerkt Reuchlin: „Oh foelicem hanc horam [...] in qua tam excellens [...] tam victoriosum invenimus nomen [...] in quod omnia sacra nomina sunt referenda [...] nomen miraculosum et mirificum"; De verbo III [s. Anm. 5], 90. Der Titel von Reuchlins Schrift bezieht sich vor allem auf diesen wunderwirkenden Namen „Jesus", dessen Kraft in erster Linie durch die in der Apostelgeschichte berichteten, im Namen Jesu vollzogenen Wunder illustriert wird.

[77] De arte [s. Anm. 5], 149 (19c-d).

[78] De arte, 147 (18s.t). Reuchlin verweist auch auf die Version des ihm so gut bekannten Prophetentargums *bechukhmeteh jezakke zakkae*, in der allerdings der Knecht das Subjekt der Weisheit = Erkenntnis ist.

„Jesus" als den Mittler des göttlichen Erbarmens und erhält so Vergebung der Sünden und das ewige Leben.[79]

Prinzessin Antonia hat Reuchlins kabbalistische Christologie eng mit der theologia crucis Martin Luthers verbunden. Zusätzlich zu dem alttestamentlichen Messiaszeugnis stellte sie auch das des Neuen Testaments bildlich dar. Dadurch konnte sie die von ihr demonstrierte Herzensfrömmigkeit theologisch begründen und anschaulich machen. Die frohe Botschaft vom schon geschehenen Erweis des göttlichen Erbarmens durch den Sühnetod des Messias Jesus beherrscht den Teinacher Bilderschrein. Ganz oben auf dessen Kopfteil steht unübersehbar groß der Gottesname JHWH. Der Edelstein im mittleren Zacken der über dem Tempel schwebenden Krone trägt den hebräischen Buchstaben Aleph, der den Gottesnamen EHJEH (Ex 3,14) bedeutet und zur I. Sephirah gehört.[80]Unmittelbar unter dem Aleph, auf einem Edelstein im Reif der Krone, ist der christologische Buchstabe Schin eingraviert. Zusammen gesehen verkünden Aleph und Schin kurz und deutlich, daß die Offenbarung des Gottesnamens, wie sie durch die Zehn Sephirot geschieht, das Christusgeschehen mit einschließt, ja mit ihm ihr Ziel erreicht. J.L. Schmidlin hat die heilsgeschichtliche Wirkung des Schin so beschrieben: „Quae [sc. littera], cum nominis Jehosuae cor sit mediumque dividat, Jehovae cor aperuit medioque divisit."[81] Das Schin, das die Mitte des neuen Gottesnamens bildet, diesen in der Mitte teilt, hat das Herz Gottes gleichsam geöffnet und damit den Segensfluß des göttlichen Erbarmens in Gang gesetzt. Die Perfektformen „aperuit" und „divisit" sprechen die Inkarnation des Gottessohnes und das Geschehen auf Golgatha an. Das in das Tetragramm eingefügte Schin, das Gott als „Vater des Erbarmens" bezeichnet, wird zur Signatur von Weihnachten und Karfreitag.

In die spekulative Deutung des Gottesnamens hat die Prinzessin auch ihren eigenen Namen „Antonia" mit einbezogen und damit die Frömmigkeit des Herzens zu einer Art von unio mystica weitergeführt. Der Name steht ja für die Person, und durch die Verbindung der Namen werden demnach auch die Personen einander nahegebracht. Das Monogramm der Prinzessin auf der Lehrtafel, in gewaltiger Größe ausgeführt, ist von herzförmig angeordneten Palmwedeln umgeben. In solcher Anordnung erinnern sie an das über ihnen stehende Schin. Das Monogramm selbst hat als konstitutive Größen die Buchstaben A und O, die

---

[79] De arte [s. Anm. 5], 147 (18s.t): „ut [. . .] liberemur in morte atque cognitione Messihae, qua finitur peccatum et removetur obstaculum clarae visionis dei, hoc est humani generis originalis et contagiosus reatus"; vgl. De verbo III [s. Anm. 5], 89 unten.

[80] Die Szene Ex 3, die Erscheinung Gottes im feurigen Busch, ist unmittelbar unter dem Monogramm der Prinzessin, zwischen den Buchstaben Aleph / Schin und der ersten Sephirah, als Mittelbild der Laterne dargestellt.

[81] Cod. hist. 551, Bl. 2.

den ewigen Gott bedeuten, dazuhin ein V und ein T (durch die senkrechte und waagrechte Stange eines Ankers angedeutet). Auf solche Weise schließt das Symbol für Gott (A und O) auch die Adresse der Prinzessin ein, nämlich „*A*nt*o*nia von *V*irtemberg und *T*eck".[82] Wie wir schon feststellten, wird diese mystische Einheit mit Gott auch auf dem Reif der Krone bezeugt, wo der hebräische Satz *hu' natan* = „Er (Gott) hat gegeben" die Konsonanten des hebräisch geschriebenen Namens „Antonia" enthält und die Prinzessin so als Gabe Gottes ausweist.

Auf den ersten Blick mag die exponierte Stellung, welche die Prinzessin auf den Teinacher Bildern einnimmt, überheblich wirken. Sie steht allein im Eingangstor zum Paradies, an der Stelle, die Gott dem Cherub mit dem flammenden Schwert zugewiesen hat (Gen 3,24); auf der Außentafel führt sie den Brautzug der biblischen Frauen an, die auf den Wolken des Himmels zu Christus ziehen. Sie selbst will die Braut des himmlischen Königs sein und empfängt, vor ihm knieend, die Krone des ewigen Lebens. Dabei hat sie den Vortritt vor Eva und Maria, vor den Patriarchinnen, Königinnen, Heldinnen des Alten Testaments und vor den Jüngerinnen Jesu aus Evangelien und Apostelgeschichte. Man kann sich fragen: Woher kommt solche Kühnheit, gleichsam die Erste im Reich Gottes sein zu wollen? M.E. sind es gerade die Herzensfrömmigkeit und die Brautmystik, welche die pietistische Tugend der Demut und Zurückhaltung modifizieren. Man muß hierzu den auf der Außentafel geschriebenen und vertonten Dialog zwischen himmlischem Bräutigam und fürstlicher Braut vernehmen. Christus redet Antonia an:

„Auf, Seele, vermähle dich ewig mit mir,
nimm, Schöne, die Krone, die himmlische Zier!"

Und diese bekennt vor ihm:

„Nur, wertester Jesu, du warest mein' Lust.
Auch außer dir war mir kein' Freude bewußt!
Ich liebte dich herzlich im Glauben ohn' Sehen,
Für Hoffen steht offen, in Himmel zu gehen!"

Die Herzensfrömmigkeit braucht als Brautmystik die Nähe, das direkte Gegenüber, das vertrauliche Du im Gespräch der Liebenden. Aber weil die Liebe geistlich und der Geliebte der Sohn Gottes und Retter der Welt ist, will die Braut, daß möglichst viele Menschen ihr Erleben teilen. Das zeigt die 3. Strophe des himmlischen Hochzeitsliedes, die von den Engeln gesungen wird und an alle gerichtet ist:

[82] Vgl. den auf dem unteren Rahmen der Außentafel angebrachten Titel der Prinzessin in hebräischer Sprache: *Antonia sarah beWirtemberg ubeTeq* = „Antonia, Fürstin (Herzogin) in Württemberg und Teck"; *Betz,* Licht [s. Anm. 8], 28 f.

„Willkommen, ihr Frommen, kommt alle zugleich,
zu leben und schweben im seligen Reich:
Helft preisen den dreimal hochheiligen Namen,
das A und O, singt Hallelujah mit Amen!"

Auch die enge Verbindung zu Gottes Schöpfung gehört zur Herzensfrömmigkeit Antonias. Im Pietismus bedeutet die Bekehrung als Erkennen und Bekennen der eigenen Sündhaftigkeit und Verlorenheit meist auch den Bruch mit der Welt, die Abkehr von den sinnlichen Freuden und geistigen Genüssen, welche Natur und Kultur den Menschen bieten können. Antonias Bekenntnis vor Jesus „Nur du meine Lust!" scheint zwar solch eine Absage an die Welt zu implizieren. Aber im Bereich der kabbalistischen Lehre von den Sephirot hat die „Entweltlichung" ihre Grenzen. Weil diese Gotteskräfte nicht nur die Heilsgeschichte, sondern auch die Natur durchwalten, sie beleben und heiligen, wäre eine Entgegensetzung von Gott und Welt, Mensch und Natur etwas „Unnatürliches". Die jetzige Entfremdung der Welt von Gott ist eine durch den Sündenfall hervorgerufene zwischenzeitliche Störung, die in der messianischen Ära der Wiederherstellung behoben werden soll. Auch die gefallene Schöpfung lebt dank des Erbarmens Gottes und der dadurch ausgelösten Emanation; sie strahlt deshalb noch viel von der ursprünglichen Herrlichkeit und Heiligkeit aus. Als Quelle von allem, was lebt, ist Gott das „Unum in omnibus". Die Theologie der Areopagrede des Paulus (Apg 17,22–31) hat den Panentheismus der Lehrtafel beeinflußt. Das wird sichtbar in den „Teutschen Versen", die J. L. Schmidlin der Prinzessin gewidmet hat:

„Merck, wie GOTT in allem spiele,
als verdeckt in stiller Hülle.
Gott in allem wachst und lebet
und sich reichet zu betasten.
In Gott alles wachßt und webet,
reichlich muß sein Glantz erglasten."[83]

7. *Abschluß*

Worin liegt die Bedeutung der „Kabbala Baptizata" und der Lehrtafel der Prinzessin Antonia?

Die Kabbala lehrt die enge Verbundenheit des göttlichen Schöpfers mit der Natur; das wird durch die Lehre von den Zehn Sephirot begreiflich gemacht. Die Theologie der Schöpfung hat heute eine damals noch nicht geahnte Bedeutung gewonnen. Angesichts der so lange bedenken-

[83] *Breymayer/Häußermann*, Lehrtafel [s. Anm. 9], Bd. 1, 250.

los betriebenen Ausbeutung der Natur durch den Menschen gilt es, die in der Kabbala gelehrte Ehrfurcht vor dem Leben ernst zu nehmen und praktisch zu bewähren. Die lebensphilosophische Seite der Lehrtafel, ihre biblisch begründete Naturkunde und „theologia ex idea vitae deducta", soll der Betrachter ebenso beherzigen wie ihre Kreuzestheologie, die den Glauben an das ewige Leben stärkt. Beide gehören zusammen: Unsere Lebenswelt ist das Werk Gottes, der das Leben der Geschöpfe, die Geschichte der Völker und das Geschick des Einzelnen in seiner Hand hält. Und wie nach Gen 3,9–19 (vgl. 6,5–7) Adams Ungehorsam und die Selbstsucht seiner Nachkommen auch die außermenschliche Schöpfung der Vergänglichkeit und dem Verderben unterwarfen, so gereichen ihr die gehorsame Selbsthingabe des Zweiten Adam, Christus, und die endgültige Erlösung und Neuschöpfung der Gotteskinder (Röm 8,19–22) zum Heil.

Reuchlin hat als Humanist und christlicher Kabbalist dem Biblizismus und der Christologie der Reformatoren vorgearbeitet. Auf ähnliche Weise konnte Antonia mit ihren theologischen Beratern dem württembergischen Pietismus den Weg bereiten. Nach dem Wunsch ihrer Schöpfer wurde die Lehrtafel „für die Ewigkeit gemalt".[84] Das bewahrte sie freilich nicht davor, überwiegend auf Unverständnis zu stoßen und zeitweise fast ganz in Vergessenheit zu geraten. Auch Reuchlins Stern büßte bald viel von seiner Leuchtkraft ein, wenn er auch vom schwäbischen Himmel nie ganz verschwand.

Eine „Kabbala Baptizata", wie sie Johannes Reuchlin exegetisch entfaltet und Prinzessin Antonia bildlich darstellen ließ, bietet eine eigenständige und in mancher Hinsicht bewundernswerte Christologie. Sie ist „schriftgemäß", allerdings exegetisch spekulativ. Reuchlins auf das Alte Testament gegründete Messiaserwartung sollte eine „praeparatio evangelica" sein. Sie kann jedoch von den heutigen historisch-kritisch arbeitenden Exegeten nicht nachvollzogen werden.

Anderthalb Jahrhunderte später hat sich Prinzessin Antonia mit ihrem Bilderschrein an die Lehre Reuchlins angeschlossen. Auch die „Lehrtafel von Bad Teinach" will die Schrift auslegen. Und Antonia hat – anders als Reuchlin – auch das neutestamentliche Zeugnis der Evangelisten und Apostel verwendet. Dadurch wird die Kabbala noch stärker „getauft" als bei Reuchlin, zumal nun der Christus in das System der Sephirot eingefügt und auch die Trinität zur Geltung gebracht wird.[85]

---

[84] „Aeternitati picta"; Cod. hist. 551, Bl. 24b (Rand), vgl. Bl. 31a.

[85] Mich persönlich erfreuen nicht zuletzt die geistreichen Spiele mit den hebräischen Wörtern und Buchstaben = Zahlen. Auch *J.L. Schmidlin*, der Interpret der Lehrtafel, erweist sich als Meister der Wortspiele, allerdings in der lateinischen Sprache. Um selbst ein solches Spielchen (mit Lokalkolorit) zu treiben, könnte man die „Lehrtafel von Bad Teinach" hebräisch-kabbalistisch eine *Luach melammädät bat Tenakh* nennen, d. h. eine „Tochter der (hebräischen) Bibel",

Unsere – freilich unvollständige – Untersuchung erweckt den Eindruck, als habe in Württemberg zwischen der Frömmigkeit der Altprotestantischen Orthodoxie und derjenigen des Pietismus kein garstiger Graben geklafft. In der Tat war der Übergang hier wohl eher gleitend, und zwar nicht etwa nur wegen der Rezeption von Johann Arndts „Wahrem Christentum" und Jakob Böhmes Theosophie. Mit zu verdanken ist dies auch dem Einfluß der christlichen Kabbala, wie sie Reuchlin konzipiert und Antonia in ihrem gelehrten „collegium pietatis" entfaltet und auf der Lehrtafel dargestellt hat. Das läßt sich an einzelnen Aspekten wie dem der Herzensfrömmigkeit zeigen. Auch Spener hatte sich für die Kabbala interessiert und Prinzessin Antonia ein langes Gedicht über die Zehn Sephirot gesandt. Aber schon in seiner Frankfurter Zeit hat er von der Kabbala offensichtlich keinen Gebrauch mehr gemacht. Seine „Pia desideria" erstreben eine Erneuerung der Kirche und bedürfen dazu keiner Anleihen bei der Kabbala. Dieser volkstümlich formulierten Schrift war eine weit stärkere Breitenwirkung beschieden als den mehr „mystischen", anspruchsvollen und hochgespannten „Herzenswünschen" Prinzessin Antonias. Erst durch Jakob Friedrich Klemm[86] und Friedrich Christoph Oetinger wurde die Lehrtafel mit ihrer „Kabbala Baptizata" wiederentdeckt und im Kampf gegen aufklärerische, spiritualisierende Tendenzen in der Theologie eingesetzt.

Die beiden Kollegen Martin Brecht und Gerhard Schäfer, die mit dieser Festgabe geehrt werden, haben durch ihre zahlreichen Veröffentlichungen, vor allem zu Friedrich Christoph Oetinger, Philipp Matthäus Hahn und Michael Hahn, der Erforschung des schwäbischen Pietismus neue Impulse gegeben. G. Schäfer hat mich, den kirchengeschichtlichen Außenseiter, in seine Editionsarbeit an Oetingers Hauptwerken freundlicherweise einbezogen, beraten und gefördert; dafür sei ihm an dieser Stelle herzlich gedankt!

---

die im Judentum nach den Anfangsbuchstaben ihrer Teile: *Tora* (Moses), *Nebi'im* (Propheten), *Ketubim* (Schriften) *Tenakh* genannt wird. Die Bezeichnung „bat" = „Tochter" würde auf die „Abstammung" der Lehrtafel von der Bibel hinweisen. Oder man könnte von „Bad Teinach" als einem „Beth Tenakh" = „Haus (Ort) der Bibel" sprechen, eben wegen seiner Lehrtafel mit der Fülle biblischer Bilder.

[86] Vgl. dessen ausführliche Beschreibung der Lehrtafel in einem Brief an Oetinger, den dieser ebenso ausführlich beantwortet hat. Beide Schreiben sind veröffentlicht in Oetingers Werk „Offentliches Denkmal der Lehrtafel"; s. *Breymayer/Häußermann*, Lehrtafel [s. Anm. 9], Bd. 1, 84–89.

Wolfgang Sommer

Johann Reinhard Hedinger als Hofprediger in Stuttgart

In die Geschichte der Anfänge des Pietismus im Herzogtum Württemberg gehört das Wirken eines Mannes, dessen Andenken sich in der evangelischen Kirche Württembergs bis in die Gegenwart erhalten hat: Johann Reinhard Hedinger (1664–1704). Obwohl er als Stuttgarter Hofprediger, Konsistorialrat und Propst zu Herbrechtingen nur kurze Zeit von 1699–1704 wirkte, ist sein Nachwirken in der gesamten Geschichte des württembergischen Pietismus sehr bemerkenswert. Vor allem als mutiger und unerschrockener Hofprediger ist Hedinger in den Darstellungen zur Geschichte des württembergischen Pietismus vielfach charakterisiert worden.[1] Über Hedingers mannhaftes Auftreten vor Herzog Eberhard Ludwig kam es zu einer legendenhaften Überlieferung, die im 19. Jahrhundert von Christian Burk und Albert Knapp[2] und in der ersten Hälfte des 20. Jahrhunderts von Wilhelm Claus[3] zusammengestellt wurde.

Die geschichtliche Erinnerung an den Hofprediger Hedinger konzentriert sich ganz auf das Bild des unerschrockenen, auch eine drastische

[1] *A. Ritschl*: Geschichte des Pietismus. Bd. 3. Bonn 1886, 10 f.; *Chr. Kolb*: Die Anfänge des Pietismus und Separatismus in Württemberg. In: WVLG 9, 1900, 33–93, 368–412; *F. Fritz*: Altwürttembergische Pietisten (II u. III). Beilage zu der Kirchlich-Theologischen Halbmonatsschrift „Für Arbeit und Besinnung" 4/3–4, Stuttgart 1950, 72–79; 98–104; *ders.*: Hedinger und der württembergische Hof. In: BWKG 40, 1936, 244–253; *H. Hermelink*: Geschichte der evangelischen Kirche in Württemberg von der Reformation bis zur Gegenwart. Stuttgart, Tübingen 1949, 153–207; *H. Lehmann*: Pietismus und weltliche Ordnung in Württemberg vom 17. bis zum 20. Jahrhundert. Stuttgart 1969, 58–61; *R. Mack*: Pietismus und Frühaufklärung an der Universität Gießen und in Hessen-Darmstadt. Gießen 1984, 92–100 u. 239–272; *J. Wallmann*: Der Pietismus. Göttingen 1990, 123–143, 127 f.; *M. Brecht*: Der württembergische Pietismus. In: Geschichte des Pietismus. Bd. 2: Der Pietismus im achtzehnten Jahrhundert. Hg. v. *M. Brecht* u. *K. Deppermann*. Göttingen 1995, 225–289, 228 f. – In der Zeit des Nationalsozialismus erinnerte sich der bayerische Freiherr Wilhelm von Pechmann in einem Brief an Landesbischof Meiser vom 15.11.1938 an diesen aufrechten württembergischen Hofprediger. Einen solchen kritischen Wächter vermißte er in seiner Gegenwart schmerzlich; vgl. *F. W. Kantzenbach*: Widerstand und Solidarität der Christen in Deutschland 1933–1945. Neustadt/Aisch 1971, 263.

[2] *Chr. Burk*, in: Der christliche Bote aus Schwaben 15, 1831; *A. Knapp*: Altwürttembergische Charaktere. Stuttgart 1870, 5–51.

[3] Württembergische Väter. Bd. 1: Von Bengel bis Burk. Bilder aus dem christlichen Leben Württembergs von *W. Claus*. Stuttgart ^{3}1926.

Sprache nicht scheuenden prophetischen Mahners und Wächters am württembergischen Hof. Die unabhängige, nur seinem christlichen Gewissen verpflichtete Amtsführung ist in der unterschiedlichen Art der geschichtlichen Überlieferung überall der gemeinsame, beherrschende Aspekt in der Darstellung Hedingers. Aber dieser württembergische Frühpietist gibt bei näherem Hinsehen einige ungelöste Rätsel auf. Darauf wird schon gelegentlich in der Literatur hingewiesen. So beginnt F. Fritz seine Darstellung Hedingers mit der Frage nach seiner Stellung zur lutherischen Kirche seiner Zeit: „In den kirchlichen Kreisen Württembergs lebt noch die Erinnerung an den tapferen Hofprediger Hedinger. Wer mit der Kirchengeschichte Württembergs nicht unbekannt ist, kennt ihn auch als Vorkämpfer des Pietismus im Konsistorium. Daß aber ein Zeitgenosse zu dem Urteil kommen konnte, Hedinger sei in seiner kirchlich-theologischen Haltung wandelbarer als ein Chamäleon gewesen, das ist auch in Württemberg vergessen. Wie war solch ein Urteil möglich? Und wie stand in Wahrheit Hedinger zu seiner lutherischen Kirche?“[4] Am Schluß seiner verdienstvollen, aus alten Quellen schöpfenden Darstellung von Hedingers Leben und Wirken kommt Fritz zu dem Urteil: es „bleibt für uns wie schon für die Zeitgenossen etwas Rätselhaftes in der inneren Entwicklung Hedingers vom weltfreudigen Kavalier zum weltverleugnenden Pietisten, dann zum Vorkämpfer des Luthertums gegenüber den hessischen Pietisten und endlich zum Anwalt eines separatistischen und stark spiritualistischen Pietismus in Württemberg“.[5] Auch in der neueren Literatur wird auf die Wandlungen Hedingers hingewiesen.[6]

Die rätselhafte Spannung in der Haltung Hedingers ergibt sich vor allem aus den Äußerungen während seiner Gießener und seiner Stuttgarter Zeit. War Hedinger als Professor des Natur- und Völkerrechts an der Gießener Universität in einen heftigen Konflikt mit den dortigen führenden Pietisten geraten, die ihm im engsten Zusammenwirken mit der fürstlichen Regierung das Leben zur Hölle machten und ihn schließlich über drei Monate in Haft setzten, so wurde er in Stuttgart nicht nur von den orthodoxen Theologen in Tübingen angefeindet, sondern isolierte sich auch zuweilen von der pietistischen Fraktion im Synodus unter der Führung von Johann Andreas Hochstetter (1637–1720), indem er sich Maßnahmen gegenüber Vertretern radikalpietistischer Anschauungen widersetzte. Gerade aber die fehlende Abwehr enthusiastischer und chi-

---

4 *Fritz* [s. Anm. 1], 72. – *Fritz* nennt den Zeitgenossen Hedingers, den Geheimen Rat Jakob (von) Schröder, der, aus württembergischen Diensten kommend, ab 1698 Kanzler und Direktor des Konsistoriums in Gießen war.

5 *Fritz* [s. Anm. 1], 103.

6 *Wallmann,* Pietismus [s. Anm. 1], 127, u. *M. Brecht*: „Jedenfalls fällt an Hedinger auf, daß sein Standpunkt verformbar war“; Geschichte des Pietismus 2 [s. Anm. 1], 229.

liastischer Anschauungen hatte Hedinger zuvor seinen Kollegen an der Gießener Universität zum Vorwurf gemacht.

Will man sich bei diesen Ungereimtheiten nicht nur mit psychologischen Deutungen begnügen,[7] so verbleibt nur der Rückgang auf die Aussagen Hedingers selbst. Wir wollen im folgenden das kirchlich-theologische Profil Hedingers als Hofprediger in Stuttgart anhand einiger ausgewählter Zeugnisse zu beleuchten versuchen, wobei die Differenzierungen und verschiedenen Richtungen im Spannungsfeld zwischen Orthodoxie und Pietismus am Ende des 17. Jahrhunderts womöglich an einer einzigen Gestalt in Erscheinung treten.[8] Zuvor muß der Weg Hedingers bis zum Antritt seines Stuttgarter Hofpredigeramtes in knappen Zügen verfolgt und vor allem auf die unmittelbar vorausgehenden Gießener Jahre geblickt werden, die zum Verständnis dieses „tapferen Hofpredigers" besonders wichtig sind.

Johann Reinhard Hedinger wurde am 7.9.1664 als Sohn des Hofadvokaten gleichen Namens in Stuttgart geboren. Seine Mutter Christiana war die Tochter des württembergischen Hofpredigers und Prälaten von Hirsau, Johann Schübel.[9] Im vierten Lebensjahr verlor Hedinger seinen Vater. Die Mutter verheiratete sich mit dem Advokaten Johann Bernhard Schmoller. Ein Sohn aus dieser Ehe, Christian Gottfried Schmoller, Hedingers Stiefbruder, wurde aus dem württembergischen Kirchendienst entlassen, weil er die Bekenntnisschriften nicht unterschrieb und sich der württembergischen Kirchenordnung nicht unterwerfen wollte.[10] Nach dem Besuch der Klosterschulen Hirsau und Bebenhausen wurde Hedinger in das Stipendium am Tübinger Stift aufgenommen. Seine philosophischen Studien schloß er 1684 mit dem Magister ab, woran sich das Theologiestudium vor allem bei dem orthodoxen Theologen Johann Adam Osiander (1622–1697) anschloß. In den erbaulichen Lebensbeschreibungen Hedingers wird mehrfach betont, wie rasch er bei seiner hohen und vielseitigen Begabung in seinem Bildungsgang vorankam.[11]

---

[7] *Fritz* [s. Anm. 1], 104, bemerkt, „daß Hedinger je und je durch persönliche Sympathien und Antipathien stark mitbestimmt wurde und daß er sich mitunter in eine Stellung hineindrängen ließ, die seiner innersten Überzeugung kaum noch entsprach".

[8] Auf die verschiedenen Richtungen im frühen württembergischen Pietismus weist auch *Lehmann* [s. Anm. 1], 52 f., hin.

[9] Johann Schübel studierte in Straßburg vor allem bei Johann Schmidt, der ihn als Informator seiner Kinder in sein Haus aufgenommen hatte. Als Hofprediger in Stuttgart starb er 1671; vgl. *A. Tholuck*: Lebenszeugen der lutherischen Kirche aus allen Ständen vor und während der Zeit des dreißigjährigen Krieges. Berlin 1859, 375 ff., u. *H. Leube*: Die Reformideen in der deutschen lutherischen Kirche zur Zeit der Orthodoxie. Leipzig 1924, 127.

[10] *Fritz* [s. Anm. 1], 103.

[11] *Knapp* [s. Anm. 2], 9 f., u. *C. F. Ledderhose*: Hedingers Lebenslauf. In: Vorspann zu einer Neuausgabe von Hedingers Neuem Testament. Bd. 1. Basel 1863, VI. Eine Bestätigung hierfür gibt *K. Müller*: Kirchliches Prüfungs- und Anstellungswesen in Württemberg im Zeitalter der Orthodoxie. Aus den Zeugnisbüchern des herzoglichen Konsistoriums. In: WVLG 25, 1916, 436.

Nach einem nur knapp zweijährigen Studium erhielt Hedinger während eines kurzen Vikariatsdienstes 1687 den herzoglichen Befehl, den Prinzen Johann Friedrich als Reiseprediger und Sekretär auf dessen Bildungsreise durch die Schweiz und nach Frankreich zu begleiten.[12]

Hedinger verblieb auch die weiteren Jahre ganz im Bannkreis des württembergischen Hofes als Hofmeister reisender Prinzen und als Feldprediger. Nach dem Tod Herzog Wilhelm Ludwigs 1677, der mit der frommen Herzogin Magdalena Sibylle[13] verheiratet war, übernahm der Administrator Friedrich Karl die Regierung, da der Sohn des verstorbenen Herzogs, Eberhard Ludwig, erst gut ein Jahr alt war. Mit dem Regierungsantritt Friedrich Karls begann auch im Herzogtum Württemberg die Zeit des Frühabsolutismus. Der Hof isolierte sich immer mehr vom Bürgertum, und die fürstlichen Pläne für ein stehendes Heer stießen auf den energischen Widerstand bei den Ständen. Der Ausbau der absolutistischen Herrschaft ging mit ständiger Kriegsnot einher. Während der Regierungszeit Friedrich Karls brachen die Franzosen dreimal in Württemberg ein. Diesen Herausforderungen durch die Eroberungspolitik Ludwigs XIV. von Frankreich war der württembergische Herzog-Administrator nicht gewachsen. Während seines Aufenthaltes in Regensburg fiel die Festung Hohenasperg kampflos in die Hände der Franzosen, Stuttgart war nur durch den Einsatz fremder Truppen gerettet worden.

Im Frühjahr 1689[14] trat Hedinger eine fast dreijährige Studienreise an, die durch ein Stipendium aus dem „Kirchenkasten“ und Zuwendungen von seiten der herzoglichen Regierung finanziert wurde. Zunächst kam er nach Leipzig, um „noch ein halbes Jahr auf Vollendung seiner Studien zu verwenden“.[15] Die Reise ging weiter nach Norddeutschland, besonders Hamburg, sodann nach Holland. In Begleitung des württembergischen Prinzen Karl Rudolf reiste er nach England und vertrat für zwei Monate den erkrankten Hofprediger des Prinzen Georg. Nach dem Besuch von Oxford und Cambridge ging es weiter nach Dänemark und Schweden, wo Hedinger Kopenhagen, Stockholm und Uppsala besuchte. Die Rückreise erfolgte über Berlin, dort fesselte ihn eine Krankheit zwei Monate hindurch ans Krankenlager. In Berlin habe er im Hause

---

[12] *Müller* [s. Anm. 11], 436, weist darauf hin, daß dies „damals manchmal bei besonders ausgezeichneten Kandidaten geschah.“ *Fritz* [s. Anm. 1], 72, hat den von Hedinger verfaßten Reisebericht eingesehen und die Art des Berichtes „mit naivem Wichtignehmen“ höfischer Vergnügungen als „peinlich um des bitter ernsten geschichtlichen Hintergrundes willen“ bezeichnet: „Die Reise fiel ja in die Zeit der Hugenottenverfolgungen und der französischen Raubkriege“.

[13] Vgl. *Knapp* [s. Anm. 2], 52–77, zur Herzogin Magdalena Sibylle, u. *M. Brecht*: Herzogin Magdalena Sibylle und die Frömmigkeit ihrer Zeit. In: Schwäbische Heimat 26, 1975, 21–31.

[14] In den biographischen Notizen über Hedinger differieren die zeitlichen Angaben über diese Zeit. Ich folge *F. Fritz*.

[15] *Knapp* [s. Anm. 2], 10.

seines Verwandten Samuel Pufendorf[16] Aufnahme und Pflege gefunden und sei nach seiner Genesung im November 1691 wieder in Stuttgart eingetroffen.

Auf seiner Bildungsreise begegnete Hedinger verschiedenen bedeutenden Gelehrten, worauf besonders C.F. Ledderhose und A. Knapp hinweisen.[17] In Hamburg sei Hedinger mit Abraham Hinckelmann, in Franeker mit dem berühmten Exegeten Campegius Vitringa und in Kopenhagen mit dem frommen Theologen und Liederdichter Johann Lassenius u. a. zusammengetroffen. Über eine Begegnung mit Spener wird hier nichts berichtet.[18] In einer neueren Studie über Hedinger von Rüdiger Mack wird allerdings auf einen selbstgeschriebenen Lebenslauf Hedingers aus dem Jahre 1694 an den damaligen Gießener Rektor Johann Heinrich May hingewiesen,[19] in dem er berichtet, er habe auf einer Bildungsreise nach Norddeutschland bei einem längeren Aufenthalt in Berlin 1691 regen Umgang mit Spener und auch mit seinem Verwandten Pufendorf gehabt.

Im Frühjahr 1692 wurde Hedinger zum Feldprediger des Herzog-Administrators Friedrich Karl ernannt. Mit diesem hatte er im September desselben Jahres eine schmachvolle Niederlage gegen die Franzosen miterleben müssen, bei der viele Soldaten vor der französischen Armee geflüchtet waren und Friedrich Karl selbst in französische Gefangenschaft geriet.[20] Unter Verlust seines Gepäckes gelangte Hedinger schließlich über Heilbronn nach Stuttgart zurück. Als im Februar 1693 der Herzog-Administrator aus französischer Kriegsgefangenschaft zurückkehrte, wurde er mit einer neuen politischen Situation im Herzogtum konfrontiert. Kaiser Leopold hatte auf Antrag der württembergischen Landstände den noch nicht 17jährigen Prinzen Eberhard Ludwig für mündig und die Vormundschaft Friedrich Karls für beendet erklärt. Damit begann die

---

[16] So *Knapp* [s. Anm. 2], 11, u. *Fritz* [s. Anm. 1], 73.

[17] *Ledderhose* [s. Anm. 11], VI, u. *Knapp* [s. Anm. 2], 10 f.

[18] Die biographischen Anmerkungen in den erbaulichen Lebensbeschreibungen Hedingers gehen auf die Leichenpredigt zurück, die der Oberhofprediger Johann Friedrich Hochstetter am 30.12.1704 gehalten hat: Wahrer Christen hohes Glück in ihrem Leben und Sterben. Stuttgart 1705. Aber nicht nur *Knapp* und *Ledderhose*, sondern auch *Fritz* schweigt über eine Begegnung Hedingers mit Spener während seiner Bildungsreise.

[19] *R. Mack*: Johann Reinhard Hedinger und die pietistischen Querelen in Giessen (1694–1699). In: *Ders.*: Pietismus und Frühaufklärung an der Universität Gießen und in Hessen-Darmstadt. Gießen 1984, 240 Anm. 4. Ich konnte diesen Lebenslauf Hedingers leider nicht einsehen.

[20] Bei Oetisheim am 17.9.1692. Im Zusammenhang mit dieser Niederlage gegen die Franzosen steht die Niederbrennung des Klosters Hirsau. Die Herzogin Magdalena Sibylle ordnete einen außerordentlichen Buß- und Bettag an, auf dem die „ersten landeskirchlichen Pietisten" zu ernsthafter Buße aufriefen. Es waren dies die Hofprediger J. F. Hochstetter, J. W. Dieterich, der Stiftsprediger G. H. Häberlin und der Abendprediger Chr. Reuchlin. Vgl. *Lehmann* [s. Anm. 1], 27 f.

Regierungszeit Herzog Eberhard Ludwigs in einer politisch und wirtschaftlich schwierigen Situation. Sie sollte gut 40 Jahre bis zum Oktober 1733 dauern.

Nachdem Hedinger im Mai 1694 mit Christina Barbara, der Tochter des Stadt- und Amtsvogts von Kirchheim u. T., J. G. Zierfuß, die Ehe eingegangen hatte, erreichte ihn ein Ruf auf die Professur für Natur- und Völkerrecht an der Universität Gießen. Eine wichtige Verbindung zwischen dem Darmstädter und dem Stuttgarter Hof bestand in der Landgräfinmutter Elisabeth Dorothea. Sie war eine Tochter Herzog Ernsts des Frommen von Sachsen-Gotha und führte lange Zeit bis zur Volljährigkeit ihres Sohnes Ernst Ludwig die Regierung in Darmstadt. Nach dem Regierungsantritt Ernst Ludwigs 1688 zog sie sich auf ihren Witwensitz Butzbach zurück, von wo aus sie jedoch regen Anteil an den politischen Vorgängen und den bald an der Universität Gießen ausbrechenden Streitigkeiten nahm.[21] Die Landgräfinmutter Elisabeth Dorothea war von einer tiefen lutherisch-orthodoxen Frömmigkeit geprägt. Mit dem Führer der Orthodoxen an der theologischen Fakultät der Universität Gießen, Philipp Ludwig Hanneken, stand sie in naher persönlicher Beziehung.[22] Elisabeth Dorothea war die Stiefmutter der Herzogin Magdalena Sibylle von Württemberg. Ähnlich wie die hessische Landgräfinmutter hatte auch die württembergische Herzogin erheblichen Einfluß in Politik und Kirche. Während der Regierungszeit Friedrich Karls war sie zur Obermitvormünderin über ihren noch unmündigen Sohn Eberhard Ludwig bestellt worden. Während der Franzoseneinfälle nach Württemberg hatte sie mehrfach die Initiative ergriffen und Verhandlungen mit der französischen Besatzung geführt, womit sie das Land vor größerem Schaden bewahren konnte. Auch in den ersten Jahren der Regierungszeit Eberhard Ludwigs konnte sie dafür sorgen, „daß die Schlüsselstellungen der kirchlichen Hierarchie an glaubenskräftige Geistliche kamen".[23] Als man an der Gießener Universität Unterstützung für den Spenerfreund Johann Heinrich May suchte und zu diesem Zweck einen neuen Lehrstuhl für Naturrecht einrichtete, empfahl Herzogin Magdalena Sibylle den ihr gut bekannten Hedinger nach Gießen.

---

21 Zum Sieg des Pietismus über die Orthodoxie an der Universität Gießen vgl. *W. Köhler*: Die Anfänge des Pietismus in Gießen 1689–1695. In: Die Universität Gießen von 1607–1907. Beiträge zu ihrer Geschichte. Bd. 2. Gießen 1907, 133–244; *Mack* [s. Anm. 1], ferner sein Forschungsbericht: Pietismus in Hessen. In: PuN 13, 1987, 181–226; hier: 191 ff. Vgl. auch *H. Schneider*: Gottfried Arnold in Gießen. In: Gottfried Arnold (1666–1714). Hg. v. *D. Blaufuß* u. *F. Niewöhner*. Wiesbaden 1995 (Wolfenbütteler Forschungen, 61), 267–299.

22 *Mack*, Pietismus und Frühaufklärung [s. Anm. 1], 6 f., 109, 240 f.

23 *R. Mack*: Johann Reinhard Hedinger und die pietistischen Querelen in Giessen (1694–1699). In: *Ders.*, Pietismus und Frühaufklärung [s. Anm. 1], 241.

Zur Zeit der Berufung Hedingers nach Gießen im Spätsommer 1694 war die pietistische „Machteroberung“[24] an der Universität schon im Gange. An der theologischen Fakultät war der führende orthodoxe Professor Philipp Ludwig Hanneken 1693 ausgeschieden und durch den Oberhofprediger Johann Christoph Bilefeld ersetzt worden. Mit May, Bilefeld und dem Mediziner M. B. Valentini hatten die Pietisten an der Universität gegenüber der orthodoxen Mehrheit im Senat wichtige Positionen besetzt. Im Zuge der sich rasch weiter ausdehnenden Auseinandersetzungen wurde der pietistische Einfluß immer mächtiger, kräftig unterstützt durch den Hof und fürstliche Beamte. Im Jahr 1695 war der Kampf um die geistige Vormachtstellung an der Universität Gießen zugunsten der Pietisten entschieden. In den ersten Jahren seiner Gießener Zeit hatte Hedinger offensichtlich von dem neuen, siegreichen Geist profitiert. Er promovierte 1696 zum Doktor der Theologie und wurde als Nachfolger eines entlassenen Kollegen zum Universitätsprediger und Bibliothekar ernannt. Zwischenzeitlich hatte er auch das Ordinariat für Metaphysik inne.

Wie kann das kirchlich-theologische Profil Hedingers während seiner Gießener Jahre beschrieben werden? Darüber gibt es in der Forschung sehr unterschiedliche Antworten. Während F. Fritz, H. Hermelink, R. Mack und J. Wallmann von einer inneren Umwandlung Hedingers zum Pietisten vor seiner Berufung nach Gießen ausgehen,[25] meint M. Schmidt, daß Hedinger „in den vier Gießener Jahren völlig zum Pietisten wurde“.[26] Nach den Forschungen von R. Mack, der auf den schon erwähnten handschriftlichen Lebenslauf Hedingers aus dem Jahre 1694 hinweist, in dem dieser während seines Aufenthaltes in Berlin offenbar von einem engeren Umgang mit Spener berichtet,[27] ist die Wahrscheinlichkeit größer, daß Hedinger nicht während, sondern schon vor seinem Gießener Aufenthalt zum Pietismus hinneigte. Aber was bedeutet konkret die Hinwendung Hedingers zum Pietismus bzw. sein Umgang mit Spener während seiner Bildungsreise im Jahre 1691? Von einem Bruch mit seiner bisherigen Lebensweise ist nicht die Rede. Dafür kann allerdings von einem tiefgehenden Bruch Hedingers mit seinen pietistisch gesonnenen Kollegen an der Universität Gießen gesprochen werden. Die schweren Auseinandersetzungen an der Universität Gießen traten ja erst in ihr entscheidendes Stadium, nachdem mit Hilfe des Hofes die

---

[24] Ein Ausdruck von *Köhler* [s. Anm. 21].

[25] *Fritz* [s. Anm. 1], 19; *Hermelink* [s. Anm. 1], 166; *Mack*, Pietismus und Frühaufklärung [s. Anm. 1], 240; *Wallmann* [s. Anm. 1], 127.

[26] *M. Schmidt*: Art. „Hedinger“. In: ³RGG 3, 1959, 111. In dem Artikel über Hedinger in dem Biographisch-Bibliographischen Lexikon heißt es: „In Gießen erlebte er eine innere Umwandlung in pietistischem Sinn: er drang zu einem lebendigen Glaubensleben durch“; s. BBKL 2, 634.

[27] *Mack*, Pietismus und Frühaufklärung [s. Anm. 1], 55 Anm. 95, u. 240 Anm. 4.

wichtigsten Stellen mit pietistisch gesonnenen Professoren besetzt waren. Die Darstellung von Walther Köhler hat inzwischen Rüdiger Mack gerade auch in bezug auf den Aufenthalt Hedingers in Gießen im ganzen bestätigt und weitergeführt.[28] Besonders aufschlußreich sind die Briefe Hedingers an die Landgräfin Elisabeth Dorothea, die Mack heranzieht und in denen sich Hedinger sehr deutlich über die „pietistischen Querelen" in Gießen und seine demütigende Behandlung während seiner Gefangenschaft äußert. Hedinger geriet immer mehr in einen heftigen Gegensatz zu dem neuen, beherrschenden Geist an der Universität, bei dem sich sachliche und persönliche Konflikte mischten. Eine Enttäuschung über die ausbleibende Berufung in die theologische Fakultät spielt gewiß auch eine Rolle, aber entscheidend waren die kirchlichen und theologischen Gräben, die sich zwischen Hedinger und den beiden führenden pietistischen Theologen, May und Bilefeld, auftaten. Er machte ihnen zum Vorwurf, daß sie mit Leuten verkehrten, die die klaren Grundsätze des lutherischen Kirchenverständnisses und der Schriftauslegung verlassen hatten. Nach dem Umschwung an der Universität Gießen traten sehr bald radikale Geister auf wie der Magister J. C. Dippel, der Separatist und Visionär Christoph Klopfer sowie der chiliastischen Anschauungen anhängende J.W. Petersen. Auch die Berufung Gottfried Arnolds nach Gießen macht Hedinger den führenden Gießener Pietisten zum Vorwurf. Hedinger bezichtigt Arnold des „Arianismus", da er wie die Sozinianer die Trinitätslehre als Glaubensgrundlage nicht anerkenne.[29] Persönlich achte und liebe er zwar seinen Fakultätskollegen, doch „sind aber seine Dogmata mit dem Lutherthumb sonnenklar incompatible [...]".[30]

Über die Situation Hedingers an der Gießener Universität urteilt Rüdiger Mack treffend: „Ihm wurde [...] zunehmend deutlich, daß er in eine Sackgasse geraten war: Die zurückgedrängten Orthodoxen stellten nur bitter die Fehler und Unzulänglichkeiten der neuen Herren fest, ohne die alten engen Vorstellungen zu überwinden und überzeugende Gegenpositionen zu entwickeln. Die siegreichen Pietisten ließen die Schwärmer ihre ketzerischen Gedanken verbreiten und, statt die reine Lehre zu verteidigen, zeigten sie sich anfällig gegenüber irrgläubigen Anschauungen. Auch schritten sie nicht dagegen ein, daß die Würde der Kirche angegriffen und lautstark der ‚Auszug aus Babel' gefordert wurde. Gleichzeitig bauten sie ihre Machtstellung in der Kirche und Universität bedenkenlos aus. Dabei hatten sie schon die einflußreichen und lukrativen Stellen besetzt und konnten leicht Andersdenkende niederhalten.

28 *Mack*, Johann Reinhard Hedinger und die pietistischen Querelen in Giessen (1694–1699). In: *Ders.*, Pietismus und Frühaufklärung [s. Anm. 1], 239–272. An Köhlers Ausdruck „Unterrockpolitik" übt er freilich berechtigte Kritik, 109.

29 Vgl. *Mack*, Pietismus und Frühaufklärung [s. Anm. 1], 246 f.

30 Zit. nach *Mack*, Pietismus und Frühaufklärung [s. Anm. 1], 247 Anm. 34.

Zur Regierung und zum Hof [...] hielten sie engen Kontakt und nutzten geschickt den weltlichen Arm zur Absicherung ihrer Position aus. Bei dieser Konstellation war also auch von der staatlichen Obrigkeit keine durchgreifende Veränderung der Situation zu erwarten. Hedinger aber, der engagierte Theologe und Kirchenmann, war nicht bereit, die Entartungserscheinungen in Kirche und Universität widerspruchslos hinzunehmen. Andererseits konnte er sich keiner der bestehenden Gruppierungen anschließen und besaß auch keine eigene Hausmacht. Seine Wirkungsmöglichkeiten waren fast ausschließlich auf seine Lehrtätigkeit in der Philosophischen Fakultät beschränkt. So erkannte er, daß er in den desolaten Verhältnissen, wie sie in Gießen bestanden, nicht länger bleiben konnte."[31]

Wie schon bei der Berufung Hedingers nach Gießen wirkten die Landgräfinmutter Elisabeth Dorothea und ihre Stieftochter Magdalena Sibylle von Württemberg zusammen, damit er die „Bäbstliche pietistische Tyranney" verlassen und als „Märtyrer der Pietisten"[32] einem neuen ehrenvollen Ruf als Hofprediger und Konsistorialrat nach Stuttgart Folge leisten konnte. Bevor es allerdings zu diesem neuen Anfang im Leben und Wirken Hedingers kam, mußte er in Gießen noch eine schwere Leidenszeit durchstehen. Seine scharfe Abrechnung mit den Zuständen an der Universität und in der Kirche kam in einer seiner letzten Predigten zum Ausdruck sowie in einer Streitschrift, über deren Grundsätze und abschlußartige Thesen eine Disputation stattfinden sollte: „Vale Hassiacum sive brevis disquisitio de literis commendatiis, occasione dicti Paulini 2. Cor. III I."[33] In den 11 beigegebenen „Corollaria" wird Hedingers Standpunkt überaus deutlich. So heißt es z. B. in der 1. These: „Verbum Dei efficaciam internam non amittit, quamvis a profano ministro, hypocrita, diaboli mancipio, v. g. Bileamo proponatur; ita et sacramenta mandato et promissione nituntur, non qualitate ministri [...]"[34]. Der Streit in Gießen wurde immer heftiger und öffentlicher. Hedinger provozierte seinen Hauptgegner Bilefeld in der Meinung, als neuer württembergischer Hofprediger nicht mehr der Jurisdiktion der Universität zu unterstehen. Bilefeld aber wandte sich über den Rektor an die landgräfliche Regierung in Darmstadt, die in einem fürstlichen Erlaß Hedinger die Disputation untersagte und ihn aufforderte, sich bei seiner Abschiedspredigt „aller anzüglichen und stachlichten Reden" zu enthalten.[35] In seiner letzten Predigt in Gießen wehrte sich Hedinger energisch

---

[31] *Mack*, Pietismus und Frühaufklärung [s. Anm. 1], 251 f.

[32] Brief vom 22.5.1699 an Elisabeth Dorothea. Vgl. *Mack*, Pietismus und Frühaufklärung [s. Anm. 1], 262 Anm. 67.

[33] *Mack*, Pietismus und Frühaufklärung, 252.

[34] Zit. nach *Fritz* [s. Anm. 1], 20.

[35] Vgl. *Mack*, Pietismus und Frühaufklärung, 255.

gegen den Vorwurf, er habe es am Respekt gegenüber dem Fürsten fehlen lassen. Der Fürst sei zwar „eine helleuchtende Sonne, aber mit Nebel und Wolcken umbgeben".[36] Auf der Grundlage des Predigttextes 1Thess 2,1–9 gab Hedinger einen Rückblick auf sein amtliches Wirken und sein persönliches Leben. Zu seiner Amtsführung stellte er fest, daß seine Lehre gut lutherisch gewesen sei, denn gut lutherisch sei er hergekommen, gut lutherisch sei er geblieben, gut lutherisch wolle er auch wieder wegziehen.[37] Mit einem Dank an die Gemeinde und besonders gegenüber dem Fürsten endet diese Predigt. Mit Psalm 118,9 und Psalm 146,3 stellt er fest: „verlaß dich nicht auf Fürsten, sie sind Menschen." Dem Landgrafen wünsche er den Sinn und den Geist Davids, Salomons, Josaphats, des Kurfürsten Friedrich Wilhelm von Brandenburg und seines Großvaters, Ernst des Frommen von Sachsen-Gotha.[38]

Die Darmstädter Regierung reagierte sehr ungnädig auf diese Predigt, verlangte Herausgabe des Konzeptes und verhängte am 12. April 1699 über Hedinger Hausarrest. Erst nach 14 Wochen demütiger Behandlung kam Hedinger nach Einschaltung der württembergischen Regierung frei.[39]

Nachdem Hedinger am 19. Juli 1699 Gießen verlassen hatte, hielt er am 13. August 1699 in der Stuttgarter Hofkirche seine Antrittspredigt. Nur auf dem Hintergrund der reichhaltigen Erfahrungen, die Hedinger während seiner Gießener Jahre und auch schon zuvor am württembergischen Hof gesammelt hatte, ist diese in der Literatur zurecht vielfach gewürdigte Predigt zu verstehen. Sie gilt als ein Musterbeispiel für den Freimut und die Unabhängigkeit eines Hofpredigers und Beichtvaters gegenüber seinem Fürsten.[40] Das Leitbild für seinen Hofpredigerdienst sieht Hedinger in dem Propheten Jeremia, der als einsamer Wächter und Mahner allein in der Beauftragung durch Gott Trost in seinen Anfechtungen findet. Auf der Grundlage von Jeremia 17 hebt Hedinger gleich im Eingang seiner Predigt hervor, daß das „Predigt-Amt ein schwehres Amt/ Propheten-Last eine schwehre Last/ ja die schwehrste unter allen" sei.[41] Das Thema seiner Predigt ist ganz auf die hohe Verantwortung ausgerichtet, die ein Prediger des Evangeliums für die ihm anvertrauten

[36] Zit. nach *Mack*, Pietismus und Frühaufklärung [s. Anm. 1], 257.

[37] Vgl. *Mack*, Pietismus und Frühaufklärung, 258.

[38] Vgl. *Mack*, 258.

[39] Ausführliche Darstellung dieser „Querelen" bei *Mack*, 258–272.

[40] *Knapp* [s. Anm. 2], 16, der längere Auszüge aus der Predigt mitteilt, sagt über sie: „Die Predigt ist für ihre Zeit ein Muster von Gediegenheit, Kraft und Gedankenfülle, und gehet daher wie ein Strom, durchaus auf die deutlichsten Aussprüche des göttlichen Wortes hinweisend." Aus der Predigt zitieren weiterhin *Fritz*, Hedinger und der württembergische Hof [s. Anm. 1], 246–248; *Lehmann* [s. Anm. 1], 58 f.; u. *Mack*, Pietismus und Frühaufklärung [s. Anm. 1], 267 f.

[41] Christliche Antritts-Predigt über Jeremia 17,16. Stuttgart: August Metzler 1699, 8.

Seelen vor Gott trägt: „Wie ein rechtschaffener Lehrer und Prediger müsse bewandt seyn/ wann er mit vollem Seegen des Evangelii bey seiner Gemeinde erscheinen/ und viel Frucht und Erbauung schaffen will? nemlich/ es wird von ihm erfordert nach Anleitung desselben

1. Ein in Gott gestärckter unerschrocken- und unverdroßner Muth.

2. Zum andern: Ein in Verläugnung aller zeitlichen und vergänglichen Dinge stehendes Hertze.

3. Ein vor Gott offenbahres und lauteres Gewissen."[42]

Anhand dieser drei Grundbedingungen für die rechte Evangeliumsverkündigung vor allem am Hof stellt Hedinger programmatisch sein Selbstverständnis als Hofprediger dar. In diese Rede von sich selbst ist Kritik an den gegenwärtigen Zuständen in Kirche und Politik stets so eingefügt, daß sie aus der Verantwortung des Hofpredigeramtes unmittelbar notwendig erscheint. Der Eifer für den Herrn ist dem Propheten Jeremia schlecht ergangen. Das kann bei einem Hofprediger nicht anders sein. Hedinger möchte Gesetz und Evangelium nicht vermischen, nicht immer kann ein Prediger Evangelium verkündigen. Die versteckte Krankheit und Verderbnis des Christentums muß aufgedeckt werden. Wie ein Arzt Krebs- und Eiterbeulen bei seinen Patienten nur mit der Schärfe des Messers entfernen kann, so muß auch ein Prediger die Laster der Großen schonungslos aufdecken. Die Heuchelei ist hier besonders groß: „Die kluge politische Welt/ wie man sie nennet/ lebt mit ihren Kindern sehr verdeckt/ die Verstellung ist groß/ Wort und Hertz/ die Geberden und der heimliche Sinn stim̃en gar selten miteinander überein: Dieses heist Weise und verschlagen seyn!"[43]

Immer wieder tritt in dieser Predigt die Person des Predigers in den Vordergrund: „Wohl mir! [...] wann auch die an dem lieben Propheten Jeremia beobachtete Eigenschafften an mir herfür leuchten [...] Wehe mir aber auch und ewig wehe/ Wo mir es an einem in Gott gestärckten Muth/ an Verleugnung der Welt/ und einem ohngeheuchelten Gewissen bey Antritt meines schwehren Amts ermangeln sollte!"[44] Hedinger dankt Gott, obwohl er kein Engel sei, für den von ihm verliehenen Mut: „Exeat aula quis vult esse pius, ist ein auch denen Politicis selbst und Höflingen bekantes Wort/ daß wer fromm leben/ Gott dienen/ und das theureste Pfand seiner Seelen nicht auf den Sprung setzen wolle/ müsse der Herrn-Schlösser/ welche meist auf die Hölle gebaut sind/ müssig gehen [...] So kan es ja wohl nicht anderst seyn/ als daß einen treuen Propheten/ der zumahlen die jämmerliche Zerrüttung des Hoflebens nach dem gemeinen Schroth mit erleuchteten und zugleich betrübten Augen öffters angesehen/ ein hertzliches Grauen ankommen müsse

---

[42] Christliche Antritts-Predigt [s. Anm. 41], 15.
[43] Christliche Antritts-Predigt, 32.
[44] Christliche Antritts-Predigt, 53.

[. . .]"[45]. Am Hof herrsche die Ansicht vor, daß die Religion nur etwas für den Pöbel sei, die Herrschaften sich aber eine Vorschrift zur Einschränkung ihrer Freiheit nicht anzuhören brauchten. Aber die Last des Hofpredigeramtes bleibt nicht ohne die Hilfe Gottes, die sich Hedinger selbst zuspricht: „Aber getrost! Gott legt uns eine Last auf/ aber er hilfft uns auch [. . .]"[46]. Er will seine Pflicht tun ohne Ansehen der Person, da er für die Seele seines Landesfürsten und der Hofgesellschaft Sorge trägt und vor Gott über sie Rechenschaft abgeben muß. An seine Gemeinde wendet er sich mit den Abschlußversen aus dem Hebräerbrief 13,17 und 22: „Gehorchet euren Lehrern und folget ihnen; denn sie wachen über eure Seelen [. . .] haltet das Wort der Ermahnung mir zugut." Ein solches Wort will nur zur Aufdeckung der Wahrheit und zur Besserung dienen: „Glaubt es/ daß ich von Jugend an bin gewohnt gewesen/ ein Hohe Obrigkeit jederzeit mit tiefstem Respect, Demut und Gehorsam/ auch hertzlicher Treue unter unablässigem Vor-Gebeth [. . .] beständig zu ehren [. . .] und kan ich mich nicht besinnen [. . .] daß ich mich gegen die Christliche Amts-Pflicht eines rechtschaffenen Seelen-Hirten niemahlen vergriffen habe; Aber ehe ich die Balcken am Gespärr wider mich lasse antworten/ rede ich zuweilen dreist/ was durch Vorstellung der Warheit und zur Besserung dienen kan."[47]

Am Schluß seiner Antrittspredigt bittet Hedinger um eine besondere Gnade, „daß ich zu dero Thron und Fürsten-Stuhl hintretten/ meine unwürdige Hand auf dero Brust legen/ und daß was dero hohen Vergnügung zu statten kommen/ dero zeitlich und Ewiges Wohl befördern kan/ demüthigst erinnern dörffe."[48]

Hedingers Antrittspredigt als Hofprediger in Stuttgart steht in der Tradition lutherisch-orthodoxer Hofprediger, die mit ihren Strafpredigten in der Berufung auf das alttestamentliche Prophetenamt erhebliche Obrigkeits- und Hofkritik üben.[49] Die Klage über die besondere Last des Hofpredigeramtes, die allein durch die Versicherung auf die ordentliche Beauftragung, auch an dieser überaus gefährdeten Stätte das Evangelium zu verkündigen, zu bewältigen ist, verbindet Hedinger mit vielen seiner Amtskollegen an den lutherischen Höfen Deutschlands im 17. Jahrhundert. Das Wächter- und Strafamt des Hofpredigers hat die Pflicht zur Ermahnung und Kritik, da es um das Seelenheil des Fürsten und der Hofgesellschaft geht, für das die Hofprediger vor Gott höchste Verantwortung tragen. Die Kritik an der weltlichen Obrigkeit steht jedoch im

---

45 Christliche Antritts-Predigt [s. Anm. 41], 36 f.
46 Christliche Antritts-Predigt, 37.
47 Christliche Antritts-Predigt, 43.
48 Christliche Antritts-Predigt, 46.
49 Vgl. *W. Sommer*: Gottesfurcht und Fürstenherrschaft. Göttingen 1988.

engsten Zusammenhang mit dem großen Respekt vor ihrem hohen Amt, das für das Gemeinwohl entscheidend wichtig ist.

Hedinger setzt im Rahmen dieses lutherisch-orthodoxen Obrigkeitsverständnisses jedoch einige eigengeprägte Akzente. Es wird mit den vorausgegangenen Erfahrungen zusammenhängen, daß die Predigt Hedingers so stark apologetisch-selbstreflexive Züge trägt. Eine grundsätzliche Äußerung zum landesherrlichen Kirchenregiment des Herzogs und zum Verhältnis von weltlicher Obrigkeit und Predigtamt findet man in dieser Predigt nicht. Die kritischen Töne richten sich ganz und gar auf die persönliche Lebensführung am Hof, allerdings ohne jegliche Konkretionen. Wenn Hedinger sein Predigtamt am Hof mit der Tätigkeit des Arztes vergleicht, der die kranken Schäden bei seinen Patienten oft nur unter Schmerzen zu beheben vermag, so deutet dies schon auf die Kirchenkritik des Pietismus hin.[50] Mit der Antrittspredigt Hedingers, in der das Selbstverständnis eines lutherischen Hofpredigers um 1700 im Geist der frommen Orthodoxie, doch mit einigen neuen Akzenten zum Ausdruck kommt, ist der Freiraum eröffnet, in dem sich dieser württembergische Theologe mit einer reichen literarischen Tätigkeit bewegt. In kurzer Folge gibt er erbauliche, homiletisch-pädagogische und vor allem biblische Schriften heraus, die mehrere Auflagen erlebten und – bezüglich seiner biblischen Arbeiten – heftige Diskussionen auslösten. Sie können nur im Zusammenhang mit seinem Wirken als Hofprediger und Konsistorialrat recht verstanden werden.[51]

Im Jahre 1700 gab Hedinger ein Gesangbuch heraus mit dem Titel: „Andächtiger Hertzens-Klang/ In dem innersten Heiligthum Gottes."[52] Daß diese Lieder zunächst für den Gottesdienst in der Hofkapelle bestimmt waren, geht aus dem Vorbericht hervor: „Zum Behuff der Christlichen Hoff-Gemeinde allhier". Auch das „Gebet der Unterthanen für ihre Obrigkeit" und das „Gebet um Göttliche Regierung" zeigt die Ver-

---

[50] Vgl. *Wallmann* [s. Anm. 1], 46.

[51] In diesem Aufsatz kann es nur um einige wenige Hinweise gehen. Es würde sich lohnen, vor allem aus den Erläuterungen und Kommentaren Hedingers zum Neuen Testament sein theologisches Profil näher zu untersuchen.

[52] Stuttgart 1700. Eine zweite Auflage kam nach Hedingers Tod 1705 heraus und eine dritte 1713. Diese dritte Ausgabe enthält eine „Zugabe einiger geistreicher Lieder deß seeligen Herrn Dr. J. R. Hedingers" (1043 ff.). Die Vorrede gibt einen kurzen Lebensbericht Hedingers, der vermutlich von J.Fr. Hochstetter stammt. Über seinen Dienst als Hofprediger wird hier an den christlichen Leser berichtet, „welchen er mit redlicher Absicht auf die Ehre seines Herrn und Gottes/ dessen Knecht er war: mit dringender und biß in den Tod brennender Liebe gegen seinem gnädigsten Fürsten/ und dessen hohen Hause: mit unendlicher Bekümmernuß seiner Seelen um den Schaden Josephs: mit unerschrockenem Muth und standhafften Hertzen gegen allen Widerspruch/ Hohn und Widerstand der bößen Geister und Menschen in allen Ständen: mit freudigen/ und nach seiner von Gott besonders empfangenen Gabe verwunderlich-bereden Aufthun seines Mundes: und aus diesen allen durch Göttliche Gnade entstandenen reichen und annoch daurenden Seegen seines Beruffs biß an sein Ende vorgestanden" (5 f.).

bindung mit der Hofgemeinde.[53] Interessant ist die Zusammenstellung der Lieder, die Hedinger zu dem bisherigen Grundstock von vor allem aus dem Reformationsjahrhundert stammenden Liedern hinzugetan hat. Sie steht im engen Zusammenhang mit der lutherischen Gebets- und Erbauungsliteratur sowie der geistlichen Dichtung in der Nachfolge von Johann Arndt. Es sind vor allem Lieder von Paul Gerhardt, Johann Rist, Johann Heermann, Johann Maukisch und von Ludämilie von Schwarzburg.[54] Die Bevorzugung dieser Lieder durch Hedinger, der sich in seinen eigenen Liedern einer oft sehr drastischen Sprache bedient,[55] zeigt seine Verbindung mit der Frömmigkeitsbewegung der vorausgehenden Zeit.

Auch in Hedingers „Passionsspiegel" (1702), den er der Herzogin Magdalena Sibylle gewidmet hat, finden sich Lieder von ihm. Sein „Biblisches Schatzkästlein" oder „Vollständiges Spruchbuch" (1701) wirkte noch lange in der württembergischen Kirche nach.

Die Anliegen Hedingers im Rahmen der kirchlichen und gesellschaftlichen Situation seiner Zeit kommen besonders deutlich in der Schrift zum Ausdruck: „Christliche Wohl-gemeynte Erinnerungen/ Die Unterrichtung der lieben Jugend/ in der Lehre von der Gottseeligkeit betreffend", Stuttgart 1700. Am Anfang zitiert er ausführlich aus Luthers Ratsherrenschrift und gibt Anweisungen an Lehrer und Eltern, die ihnen anvertraute Jugend stets auf das Reich Gottes hinzuweisen. Allerdings machen die Gewohnheit und der Zwang äußerer Gesetze noch keinen Christen. Scharfe Kritik übt Hedinger an der Lebensführung der Pfarrer.[56] Auch Hedinger gehört in die Reihe der vielen lutherischen Theologen des 17. Jahrhunderts, die den mangelnden Erfolg der kirchlichen Bemühungen, vor allem des Gemeindegottesdienstes, um die sittliche Hebung des Volkes beklagen. Seit seiner Amtsübernahme hört er die Klagen der Mitbrüder, „wo es doch fehlen möchte/ daß bey so vielen herrlich-guten Anstalten/ dennoch von großer Erweiterung des Reiches Christi unter uns wenig gehöret/ vielmehr die insgemein herrschende Blind- und Boßheit des gemeinen Volkes [. . .] bejammert werde".[57] Mit der lutherischen Orthodoxie hält Hedinger an der Lehre von der Wirksamkeit des göttlichen Wortes fest: „Der Gott/ welcher Bileam und seinem Esel/ wie auch dem gottlosen Caipha/ sein Wort auff die Zunge

---

[53] *Hedinger*, Andächtiger Hertzens-Klang [s. Anm. 52], 56, 75.

[54] Vgl. *Fritz*, Altwürttembergische Pietisten [s. Anm. 1], 78 f.

[55] Vgl. *Knapp* [s. Anm. 2], 34, u. *Fritz* [s. Anm. 1], 79.

[56] *Hedinger*: Christliche Wohl-gemeynte Erinnerungen/ Die Unterrichtung der lieben Jugend/ in der Lehre von der Gottseeligkeit betreffend. Stuttgart 1700, 42: „Daß eines der grössesten Influenzen der Verderbung in das gemeine Christen-Wesen von dem Predig-Ambt herrühre, [. . .] haben gottseelige Männer zur Genüge [. . .] erwiesen".

[57] *Hedinger*, Christliche Wohl-gemeynte Erinnerungen [s. Anm. 56], 17.

gelegt/ ob ihr Hertz selbst davon nichts erfahren und verstanden; Der kan auch durch einen gottlosen Lehrer sein Wort reden/ wann Er will." Aber er fügt sogleich hinzu: „Jedoch stehet ein solcher Prediger/ der den Geist Christi nicht empfangen/ und in den Banden des Satans verstricket ist/ seinen Schaafen zum Gericht und Versuchung da."[58] Das ihrer Verkündigung nicht entsprechende Leben der Pfarrer ist eine wesentliche Ursache der Ergebnislosigkeit kirchlicher Bemühungen: „Bauet Er schon etwas/ vermöge des Worts/ so reisset es sein Exempel wieder ein."[59]

Schon am Anfang seiner Schrift hat Hedinger für die Katechismus-Arbeit in seiner Kirche besonders gedankt. Auf die katechetische Unterweisung legt er deshalb auch ein besonderes Gewicht. Die Katechisation fruchtet mehr als hundert gekünstelte Predigten.[60] Auch auf das viel diskutierte Thema der Sonntagsheiligung[61] kommt Hedinger zu sprechen und wünscht sich in den Häusern viel erbauliche Gespräche, Liedersingen und frühzeitige Heranführung der Kinder an das Bibellesen.[62] Spielen, Tanzen, üppige weltliche Konversation sowie „unerbauliches Spazierengehen"[63] mißfallen ihm ebenso wie Oper und Schauspiel.

Hedingers Kritik an Kirche und Gesellschaft seiner Zeit gewinnt jedoch erst dadurch klarere Konturen, indem auf die Stellung geachtet wird, die der Stuttgarter Hofprediger der weltlichen Obrigkeit in diesen Fragen einräumt. Gemäß Jesaja 49,23 soll die weltliche Obrigkeit eine „Säugamme der Kirche" sein.[64] Wo Hedinger auf das Verhältnis von weltlicher Obrigkeit und Predigtamt zu sprechen kommt, was nur selten der Fall ist, wird deutlich, daß er in der Tradition von Johann Arndt und der von ihm bestimmten Frömmigkeitsbewegung steht. Der Obrigkeit kommt eine besondere Verantwortung bei der Verwirklichung des christlichen Lebens zu. Sie hat sich um das „bonum Ecclesiae" zu kümmern und soll den Maßnahmen des Ministeriums den nötigen Nachdruck verleihen: „Die Obrigkeit belangend/ kan sie dem Ministerio gewaltig unter die Arme greiffen/ umb in seinen heilsamen Unternehmungen desto sicherer fortzukommen."[65] Ein harmonisches Zusammenwirken zwischen Obrigkeit und Kirche ist das von Hedinger erstrebte Ziel: „Sacerdotium und Imperium stehen nicht allezeit in Concordia, da doch beyde unanimi sensu et consensu pro gloria Dei und der Gemeinde Wohlfahrt solten arbeiten."

---

[58] *Hedinger*, Christliche Wohl-gemeynte Erinnerungen [s. Anm. 56], 43 f.

[59] *Hedinger*, Christliche Wohl-gemeynte Erinnerungen, 45.

[60] *Hedinger*, Christliche Wohl-gemeynte Erinnerungen, 118 ff.

[61] *Hedinger*, Christliche Wohl-gemeynte Erinnerungen, 259 u. 272.

[62] *Hedinger*, Christliche Wohl-gemeynte Erinnerungen, 188, 255 ff. In diesem Zusammenhang spricht er von „Hauß-Kirche", 253 ff.

[63] *Hedinger*, Christliche Wohl-gemeynte Erinnerungen, 273.

[64] *Hedinger*, Christliche Wohl-gemeynte Erinnerungen, 23 u. 184.

[65] *Hedinger*, Christliche Wohl-gemeynte Erinnerungen, 201f. Wenn nötig, denkt Hedinger hierbei auch an Leibesstrafen.

„Gott regiere die Hertzen aller Politicorum, welche weltlichen Händeln/ und der Policey ein jeder in seiner Ordnung/ vorstehen/ daß sie ein unbefleckt Gewissen bewahren/ und ihres Theils nicht schuldig werden entweder an den Seuffzern des ohne dem verachteten Predig-Ampts/ oder an einiger Versäumniß deren, welche durch ihr Zuthun/ Emsigkeit/ Ernst im Ampt und gutes Exempel im Leben hätten mögen gewonnen werden."[66]

Diese Schrift Hedingers steht m. E. in der Tradition der Reformschriften der lutherischen Orthodoxie und kann nicht als „das Ideal der pietistischen Pädagogik" bezeichnet werden.[67] In seinen Forderungen nach einer stärkeren Berücksichtigung der Katechese, der Sonntagsheiligung, in seiner Kritik an der Lebensführung der Pfarrer und den sittlichen Verfehlungen eines weltlich-ausschweifenden Lebens steht Hedinger besonders den Rostocker Reformtheologen vor ihm nahe.[68] Auf die Mithilfe der weltlichen Obrigkeit bei seinen kirchlichen Reformbemühungen setzt Hedinger nicht geringes Zutrauen, womit er m. E. näher bei Theophil Großgebauer als bei Spener steht.

Wie wichtig Hedinger die rechte Predigtweise bei seinen Reformbemühungen war, zeigt eine Schrift, die er als homiletische Anleitung für angehende junge Prediger verstanden wissen wollte: „Kurtze Anleitung und wohlgemeinte Vorschläge/ wie es mit einer nützlichen und erbaulichen Predigt-Art anzugreifen/ und die vorscheinende Mängel zu verbessern [...]", Stuttgart 1701.[69] Der Hauptzweck der Predigt bestehe in der Erbauung.[70] Aber Hedinger stellt klar heraus, daß „zu diesem Werck auch eine gute Ordnung/ methode, Dexterität und Gaabe gehöret".[71] Predigen muß gründlich gelernt werden.[72] Ausführlich geht er auf die Notwendigkeit der Sprachstudien ein[73] und gibt kurze Kommentare zu einer Fülle von exegetisch-homiletischer Literatur. Aufschlußreich ist, welche Gewährsmänner Hedinger vor allem anführt. Es sind dies Seba-

---

[66] *Hedinger*, Christliche Wohl-gemeynte Erinnerungen [s. Anm. 56], 57 f.

[67] Gegen *Lehmann* [s. Anm. 1], 57. Auch *Hermelink* [s. Anm. 1], 174, u. *Fritz* [s. Anm. 1], 98, sehen in dieser Schrift Hedingers das Pietistische besonders hervortreten.

[68] Vgl. *Leube*, Reformideen [s. Anm. 9], 63 ff., u. *U. Sträter*: Meditation und Kirchenreform in der lutherischen Kirche des 17. Jahrhunderts. Tübingen 1995, 119 ff.

[69] Die Schrift findet sich anonym in einer Neuausgabe von *F. Bidembachs* Manuale Ministrorum Ecclesiae. Die Verfasserschaft Hedingers wird von *L. M. Fischlin*, Memoria Theologorum Wirtembergensium 2, 1709, 410, bezeugt.

[70] *Hedinger*: Kurtze Anleitung und wohlgemeinte Vorschläge/ wie es mit einer nützlichen und erbaulichen Predigt-Art anzugreifen/ und die vorscheinende Mängel zu verbessern [...]. Stuttgart 1701, 12.

[71] Vorrede, 4 f.

[72] Vorrede, 5: „Ist es der Göttlichen Ordnung gemässer/ daß/ wo ich einen Text/ als ein Zeugnis von ihm/ vor mir habe/ solchen gründlich verstehen lerne."

[73] *Hedinger*, Kurtze Anleitung [s. Anm. 70], 17 ff.

stian Schmidt, Martin Geier, Johannes Coccejus[74], Johann Hülsemann[75] und Johann Benedikt Carpzov, den er seinen Präzeptor nennt.[76] Damit schließt sich Hedinger besonders an die Straßburger und die Leipziger lutherische Orthodoxie an. Es überrascht nicht, wenn er die angehenden Prediger auf die bekannten Kirchenlehrer verweist und in der praktischen Predigtvorbereitung an erster Stelle Arndt und ihm nachfolgend Heinrich Müller, Joachim Lütkemann, Christian Scriver und Spener empfehlend nennt.[77] Aber auch die reformierten Engländer und Holländer haben „treffliche meditationes Commentarios practicos" verfaßt.[78] Ausdrücklich warnt Hedinger vor einem falschen Trost in den Predigten: „Am ärgsten ist es/ so man ein hohes/ wildes/ und unverständiges/ blindes Volck tröstet/ und die Perle des Evangelii den Säuen unter die Füsse wirfft." Es sind schädliche Leute, „welche die verkehrten Sünder in die Hölle hinein trösten".[79]

Eine weitere wichtige Quelle für Hedingers prophetisches Amtsverständnis und insbesondere sein Selbstverständnis als Hofprediger liegt in der Beantwortung einiger Anfragen vor, über die nach seinem Tod von unbekannter Seite berichtet wird.[80] Auf die erste Frage, „Ob ein Prediger mit gutem Gewissen eine Gemeinde, darinnen er seiner Meinung nach nichts erbauet, sondern Ubel nur ärger wird, verlassen, und derselben wohl gar aufkündigen könne?", wird geantwortet: „Ja. Solches Amt ist eine Last, eine Quaal, eine Versuchung [. . .]"[81]. Darum wird die Empfehlung gegeben: „Besser, gerade darein platzen, als zwischen Verzweifelung und Hofnung nur einer heydnischen Besserung zur Ehrbarkeit [. . .]" dienen.[82]

Die zweite Frage lautet: „Ob ein Lehrer in seinem Gewissen entschuldiget sey, wenn er scharf [. . .] prediget, und in Hofnung der etwa erfolgenden Besserung per crucem nicht gelinde fähret, sondern solcherge-

---

74 *Hedinger*, Kurtze Anleitung [s. Anm. 70], 21.

75 *Hedinger*, Kurtze Anleitung, 187.

76 *Hedinger*, Kurtze Anleitung, 71 u. 177.

77 *Hedinger*, Kurtze Anleitung, 134.

78 *Hedinger*, Kurtze Anleitung, 135.

79 *Hedinger*, Kurtze Anleitung, 158. Auch diffizile Disputationen verwirft Hedinger von den Kanzeln: „Vor den gemeinen Hauffen schicket sich keine disputatio de rebus et mysterii sublimibus: Milch-Speise wollen sie haben" (158).

80 „Des ehemaligen hochberühmten Württembergischen Ober-Hof-Predigers D. Reinhard Hedingers Beantwortung zweyer gar wichtigen Gewissens-Fragen, das Lehr-Amt betreffende." In: Theologia pastoralis practica. Magdeburg, Leipzig 1739. 2. Bd., 10, 197–215. Auch *Fritz*, Hedinger und der württembergische Hof [s. Anm. 1], 248 f., geht kurz darauf ein. Der unbekannte Bearbeiter läßt gegenüber den darin geäußerten, offenbar z. T. schockierend wirkenden Aussagen eine Distanz erkennen: „Wir können zwar nicht an allem Theil nehmen, was er darinnen behauptet [. . .]" (197).

81 *Hedinger*, Beantwortung [s. Anm. 80], 198.

82 *Hedinger*, Beantwortung, 199 f.

stalt grosses Unglücke verursachet?" Auch hierauf antworet Hedinger: „Ja! er ist in seinem Gewissen frey, weil er sein Amt gethan, dem Teufel ins Nest gegriffen, und Gottes Gerichte verkündiget hat, wenn auch die Welt wolte rasend werden, und alle Christen erwürgen."[83] Unter Berufung auf 2Tim 4,2 ff. und 2Kor 2,17 fährt Hedinger fort: „Die Exempel der heiligen Propheten, und Aposteln, und Christi selbst, von denen man nicht lieset, daß sie dem Satan noch die Fußsohlen gekratzt, sondern sie sagtens auch den Grossen in der Welt fein derbe, daß sie sich dermaßen erzürnet, und nicht nur ihnen, sondern gantzen Gemeinden die Köpffe abgerissen."[84] Für das daraus evtl. erwachsende Unglück hat sich der Prediger nicht zu verantworten: „denn man thut sein Amt, für den Eventum läßt man Gott sorgen".[85] Auch die Tür zur Erbauung schließt man damit nicht zu. „Die Propheten haben nicht lavirt, geschmeichelt und stille geschwigen. Leider bezeugens alle Historien, daß gantze Länder und Kirchen nicht durch scharffe Propheten, sondern durch gelinde Miethlinge, politische Placentiner etc. zerrüttet und umgekehrt worden."[86] Auf den Einwurf des fehlenden Respektes vor der Obrigkeit antwortet Hedinger: Prediger „müssen Ernst zeigen, klar und deutsch dem Gottlosen sagen, daß er verlohren sey, und ja nicht verschweigen, und versparen, sondern wenns auch mit höchstem Verdruß geschehe, anhalten."[87] Die Frage, ob die strenge Predigt vor großen Herren genützt habe, beantwortet er: „Es hat auch nicht genutzet, wenn man sanfte mit dem Knaben Absalom verfahren. [...] Die meisten sind blind, und wissen nicht mehr, daß Lehrer, Diener Gottes, nicht aber ihre Knechte sind. [...] Alles komt hier auf Gottes Kraft, die Ausrichtung eines so schweren Amts, und ein unverzagtes, auf den Herrn vertrauendes Gewissen an."[88]

Schließlich antwortet Hedinger auf eine Frage, die ihn in seinem Hofpredigeramt besonders tangiert: „Ob ein Prediger, der menschliche Hülffe in seinem Amte ermangelt, einen vornehmen Sünder excommuniciren, und von dem Genuß des heiligen Abendmahls für seine Person ausschliessen solle, wenn er dann abgesetzt wird?" Die Antwort lautet: „Warum nicht? Denn was dem Bauren in diesem Stücke gebühret, das auch dem Grösten."[89] Fürst und Bauer, Hohe und Niedrige, seien in diesem Falle vor Gott gleich. Die Kirche wisse nichts von diesem Unterschied, und ein frommer Bauer sei ihm lieber als tausend Kaiser, die gottlos sind. Mit Entrüstung weist Hedinger den Einwurf zurück, daß

---

83 *Hedinger*, Beantwortung [s. Anm. 80], 202.
84 *Hedinger*, Beantwortung, 202.
85 *Hedinger*, Beantwortung, 204.
86 *Hedinger*, Beantwortung, 204.
87 *Hedinger*, Beantwortung, 205.
88 *Hedinger*, Beantwortung, 206.
89 *Hedinger*, Beantwortung, 209 f.

die Großen meinen, weil ein Prediger von ihnen bezahlt wird, müsse er tun, was ihnen gefällt. Wegen ihrer Sünden sind die Großen weniger vor Gottes Augen als fromme, arme Hirten.[90] Den Einwurf, daß ein Fürst ein Bischof ist, beantwortet Hedinger: „Wo steht das geschrieben, daß man auf weltliche Hülffe warten, und nicht mehr Gott vertrauen solle?“[91] Auf die Frage, „Ob ein Hof-Prediger und Beicht-Vater dergleichen unternehmen dörffe, ohne Vorbewust eines andern, z. B. Consistorii, Senatus intimi?“, antwortet er: „Ja, denn der Obere ist sein Schaf, und es liegt ihm allein auf dem Gewissen, wenn er Sacra austheilen soll. Was gehets andere an?“[92]

Scharf wendet sich Hedinger gegen eine an die gesellschaftliche Konvention angepaßte Amtsführung. Die Frage, „Ob nicht, weil einem Prediger viel zu thun nicht erlaubet ist, es entschuldiget, so er thut, was er kan?“ beantwortet er: „Nein! wenn dieses gilt, würde der Teufel und seine Getreuen bald Meister werden, und alles einschrenken. Er soll thun, was Gott befihlet, dräuen, warnen, verdammen, nicht aber Segen sprechen, absolviren, Abendmahl reichen aus dem Vorwand: Ich halte es zwar für unrecht, aber wer kan wider den Strohm streben?“ „O Elend!, daß man nach der Welt-Klugheit und Gesetzen [. . .] das göttliche Recht abmessen will.“[93] Den Einwurf, die meisten Herren hätten dann keine Pfarrer mehr, beantwortet Hedinger: „Wolte Gott! die Bösen hätten keine Lehrer, sie würden anders zum Creutz kriechen, und Gott anflehen.“[94]

Diese denkwürdige Beantwortung von Gewissensfragen, die sich auf den Ernst der Buße in der Alten Kirche und mit mehreren Zitaten auf Luther beruft, endet mit dem Ausspruch: „O tempora! O mores! da es mit dem Predig-Amt dahinkommen, daß man es nicht ohne fast gewissen Seelen-Untergang verwalten könne.“[95]

Mit dem Stuttgarter Hofprediger Hedinger verbindet sich nicht nur die Erinnerung an seine freimütige und unabhängige Amtsführung, sondern auch die Tatsache, daß er in der Geschichte der Lutherbibel einen bedeutsamen Platz einnimmt. Im Jahre 1704 gab er zwei Bibelausgaben heraus, eine Vollbibel und ein Neues Testament.[96] Praktische Erwägungen haben diese beiden Bibelausgaben veranlaßt. Da der Vorrat an Bibeln in den Klosterschulen zuende ging, hatte Hedinger 1702 dem Konsistorium seine Absicht eröffnet, eine deutsche Bibel herauszugeben. Sie

---

[90] *Hedinger*, Beantwortung [s. Anm. 80], 211.

[91] *Hedinger*, Beantwortung, 212.

[92] *Hedinger*, Beantwortung, 213.

[93] *Hedinger*, Beantwortung, 213 f.

[94] *Hedinger*, Beantwortung, 213 f.

[95] *Hedinger*, Beantwortung, 215.

[96] Vgl. *Chr. Kolb*: Die Bibel in der evangelischen Kirche Altwürttembergs. Stuttgart 1917, 17–22 u. 67–77; *B. Köster*: Die Lutherbibel im frühen Pietismus. Bielefeld 1984 (Texte und Arbeiten zur Bibel, 1), 171–187.

könnte für die Schüler von größerem Nutzen sein als eine lateinische. Hedingers Vorhaben fand im Konsistorium einhellige Zustimmung. Der stattliche Band, dem Kupferstiche und kurze Lebensbeschreibungen der württembergischen Herzöge von Eberhard im Bart bis auf Eberhard Ludwig vorangestellt sind und der den Gliedern des herzoglichen Hauses gewidmet ist, wird von Kolb und Köster näher beschrieben.[97] Wie bei seiner Ausgabe des Neuen Testamentes hat Hedinger auch im Eingang seiner Vollbibel Johann Arndts „Informatorium biblicum" vorangestellt. Bei der riesigen Arbeit haben ihn offenbar die ihm befreundeten Theologen Andreas Adam Hochstetter[98] und Gottfried Hoffmann[99] sowie sein Stiefbruder Christian Gottfried Schmoller[100] unterstützt.

Nach der Vollbibel erschien Hedingers Oktav-Ausgabe des Neuen Testamentes,[101] die durch sein Hofpredigeramt unmittelbar veranlaßt ist. In dem von Hedinger unterzeichneten Vorbericht heißt es, daß er bei seiner Gemeinde in der Hofkirche die Art und Weise gezeigt habe, „wie sie die Heil. Schrifft fruchtbarlich lesen solten/ dabey aber vermuthete/ es möchte mancher Cämmerer noch eines Philippi [...] und weiterer Erläuterung nöthig haben/ Anlaß und die Gedancken in den Sinn gegeben/ ein Stück der Heiligen Schrifft [...] mit kurtzen Auslegungen/ und in einem kleinen Format/ so bald möglich/ auszufertigen/ und meinen theuer-werthisten Zuhörern [...] zum Aufschlagen in der Versammlung/ zum Nachforschen daheim im Hause/ und/ mit einem Wort/ zum bessern Verstand und Gebrauch desselben/ einen Behelff und Handgriff anzubieten."[102] Hedingers Neues Testament stellt eine sehr behutsame Revision des Luthertextes dar,[103] er versucht eingeschlichene Unklarheiten in den bisherigen Ausgaben der Lutherbibel zu korrigieren und die Interpunktion den Erfordernissen des Textinhaltes entsprechend zu gestalten. Summarische Zusammenfassungen über die einzelnen Kapitel sollen das Lesen und Verstehen erleichtern sowie als Gedächtnisstütze dienen. Am Schluß der Kapitel stehen für wichtige inhaltliche Aspekte sog. Nutzanwendungen, die jeweils den Bereichen Lehre, Warnung, Vermahnung und Trost zugeordnet sind (L, W, V, T).

---

97 *Kolb* [s. Anm. 96], 17 ff., u. Köster [s. Anm. 96], 171–178. Die bei Metzler in Stuttgart erschienene Bibel, die den Namen Hedinger nirgendwo enthält, findet sich in der Bibelsammlung der Württembergischen Landesbibliothek in Stuttgart, Sign. B deutsch 1704 07.

98 A.A. Hochstetter war seit 1697 Professor in Tübingen und seit 1711 Konsistorialrat und Nachfolger *Hedingers* im Hofpredigeramt in Stuttgart.

99 G. Hoffmann war von 1707–1716 Stiftsephorus in Tübingen, seit 1716 Professor der Theologie.

100 Chr. G. Schmoller war Magister und Repetent des Stipendiums in Tübingen.

101 Stuttgart 1704 bei Christian Gottlieb Rößlin. Württ. Landesbibliothek Stuttgart, Sign. B deutsch 1704 10.

102 Vorbericht, 7. Dezember 1703, 5 b.

103 Was Hedinger unter „Original-Version Lutheri" versteht, wird leider nicht deutlich.

Am Rand der Seiten stehen Glossen von Luther, von anderen Schriftauslegern und von Hedinger selbst. In den Glossen hat Hedinger auch zuweilen auf den griechischen Urtext zurückgegriffen und eine an ihm orientierte Übersetzung hinzugefügt (G oder Gr). Hinweise auf Parallelstellen und kurze Vorreden zu allen Schriften des Neuen Testamentes sollen das Verständnis erleichtern. In neun Regeln hat Hedinger noch eine besonders knappe Anleitung zum rechten Lesen und Verstehen des Neuen Testamentes hinzugefügt.

Die Bibelausgaben Hedingers sind vor allem dadurch bekannt geworden, daß sogleich nach ihrer Veröffentlichung Streitigkeiten ausgebrochen sind, die noch weit über Hedingers Tod hinaus anhielten.[104] Daß man diese sehr verschiedenartigen Streitigkeiten aber als einen „Kampf des Pietismus mit der Orthodoxie" bezeichnet hat,[105] erscheint mir nicht sinnvoll, da solche Grenzziehungen den einzelnen Stellungnahmen zu Hedingers Bibelarbeiten zu wenig gerecht werden. Gewiß haben der Kanzler von Tübingen, Johann Wolfgang Jäger[106], und andere Konsistorialräte an der Abweichung von der lutherischen Version scharfe Kritik geübt. Vor allem nahm man an den ersten vorsichtigen Versuchen Hedingers zur Textkritik Anstoß. Wenn einzelne Worte für eingeschoben erklärt werden, hieß es, dann seien sie ja nicht inspiriert und somit sei die Heilige Schrift als inspiriertes Wort Gottes gefährdet. Die Papisten hätten dann mit ihren Vorwürfen leichtes Spiel. Aber auch A. A. Hochstetter, der die Bibelarbeiten Hedingers ausdrücklich begrüßte, kritisierte seinen Ausdruck „falsche Übersetzung" Luthers. Im Stuttgarter Konsistorium kam über Hedingers Neues Testament kein einstimmiger Beschluß zustande. Kolb muß feststellen: „In doctrina seien alle einig gewesen, auseinander sei man gegangen in bezug auf das Verhalten."[107] Auch die Kritiker Hedingers haben sich teilweise sehr anerkennend über seine Arbeit geäußert und seine Freunde nicht alles von ihm gebilligt. Am Ende der gutachterlichen Beratung stand die Freigabe zum Verkauf. Das Neue Testament Hedingers erlebte mehrere Auflagen, war jedoch auch in einige verlegerische Streitigkeiten verwickelt worden.[108] Anonyme heftige Kritik erfuhr Hedingers Bibel in den „Unschuldigen Nachrichten" von 1705. Schließlich hat Johann

---

[104] Ausführlich berichten darüber *Kolb* u. *Köster* [s. Anm. 96]. Darüber sollte man aber auch die nicht unerhebliche positive Aufnahme vergessen.

[105] *Kolb*, 75.

[106] Jäger war seit 1692 Professor der Theologie in Tübingen, seit 1699 Konsistorialrat und Stiftsprediger in Stuttgart, seit 1702 erster theologischer Professor und Kanzler in Tübingen.

[107] *Kolb* [s. Anm. 96], 70.

[108] Vgl. *Köster* [s. Anm. 96], 181 f., u. *G. Mälzer*: Die Werke der württembergischen Pietisten des 17. und 18. Jahrhunderts. Berlin 1972, 147 f. Im 18. und 19. Jahrhundert lassen sich 10 Auflagen von Hedingers Neuem Testament nachweisen.

Friedrich Mayer[109] Hedingers Neues Testament in einer eigenen Disputation 1707 kritisiert.[110]

Die Kritiker hatten es nicht leicht, in den Kommentaren Hedingers zum Neuen Testament Abweichungen von der geltenden Lehre festzustellen. Diese Schwierigkeit war offenbar auch den Zeitgenossen Hedingers bewußt. Die gängige Polemik gegen chiliastische Anschauungen, Weigelianismus und Schwenckfeldismus konnte nur pauschal, ohne näheren Nachweis, erhoben werden. Bei der Offenbarung des Johannes enthält sich Hedinger jeder Kommentierung. Als Grund gibt er an: „Weil der unterschiedlichen meynungen zahl zu groß/ und häufiger/ als daß man sie auf dem engen raum [. . .] anführen könte. Man niemand in seiner einsicht fürgreiffen will." Andere Schriftausleger hätten sich auch nicht „in dieses meer vieler dunckelheit" hineingewagt.[111] Die vorsichtige Zurückhaltung Hedingers gegenüber Offenbarungen kommt in seinem Kommentar zu 2Kor 12,2 zum Ausdruck: „Offenbarungen und entzükkungen sind nicht über ein hauffen zu verwerffen, aber zu prüfen/ und als privat-gnaden-zeichen mit forcht und zittern anzunehmen."[112] In der Nutzanwendung zu Lk 12 heißt es: „Gottes gnaden-verkündigung ist kein Chymisches geheimniß; jedermann solle es wissen und verstehen."[113] Zur Erfahrung des Petrus, daß Gott die Person nicht ansieht (Apg 10,34), weist Hedinger ausdrücklich die Ansicht als gefährlich zurück, als ob an dem Unterschied der Religionen, Lehren und Arten des Gottesdienstes nichts, aber am heiligen Leben alles und allein gelegen wäre.[114]

Nicht durch Sonderlehren,[115] sondern durch eine scharfe Pfarrerkritik hat Hedinger bei seinen Amtskollegen verständliches Mißfallen erregt. Zu den Mietlingen in Joh 10,5 führt Hedinger aus: „Dieser Spruch verdammt viele tausend eingekrochene, eingeheirathete, eingedrungene, eingebettelte, wider Gottes Wort und ehrbare Landgesetze durch Geschenk, Schmeichelei, List, und den verkappten antichristischen Weltgeist eingeschobene Bauch-, Schein- und Maulpfaffen, welche den Schein eines Hirten haben, Christi Stimme führen, aber seine Kraft verleugnen. Gott bewahre doch die Kirche vor groben und subtilen Mördern."[116]

---

[109] J.F. Mayer (1650–1712), seit 1686 Hauptpastor in Hamburg und Professor in Kiel, seit 1701 Professor und Generalsuperintendent in Greifswald.

[110] *Köster* [s. Anm. 96], 174 u. 182.

[111] Das Neue Testament. Stuttgart 1704, 1016.

[112] Das Neue Testament [s. Anm. 111], 714.

[113] Das Neue Testament. Tübingen 1728, 218.

[114] Das Neue Testament. Hg. v. *C.F. Ledderhose*. Bd. 1. Basel 1863, 376.

[115] Auch *Fritz*, Altwürttembergische Pietisten [s. Anm. 1], 102, muß feststellen: „Pietistische Sonderlehren treten in Hedingers Neuem Testament allerdings nicht sehr hervor."

[116] Neues Testament. Basel 1863, 292. Auch in der Nutzanwendung zu diesem Kapitel übt Hedinger scharfe Pfarrerkritik. Weiter z. B. in den Kommentaren zu Apg 15,28; 20,29.

In den Erläuterungen Hedingers zum Amt der weltlichen Obrigkeit ist keinerlei Abweichung von der traditionell lutherisch-orthodoxen Obrigkeitslehre wahrzunehmen. So heißt es in der Nutzanwendung zu Röm 13: „Obrigkeit ist keine grausamkeit/ keine last/ sondern lust der schafe/ ein Zaum der boßheit/ eine krone der tugend. Gott gebe solcher obrigkeiten viele! [...] Obrigkeit/ Gottes diener [...] Also keine herren über Gott. Der wird einst rechnung halten/ und alle ehren-titul beyseit setzen [...] Murret nicht/ sondern betet/ und erbarmet euch über die grossen/ welche Gott aufs schlüpferige gestellet hat [...] werdet nicht müde/ meine brüder!“[117]

Die Bibelausgaben Hedingers gehören gewiß in den Zusammenhang der Reformbemühungen des frühen württembergischen Pietismus. Hier hat es ein führender württembergischer Theologe gewagt, an eine vorsichtige Revision der Lutherbibel heranzugehen.[118] Fragt man nach neuen inhaltlichen Akzentsetzungen in Hedingers Neuem Testament, so möchte ich sie in seiner Stellung zu den Juden sehen. In der Nutzanwendung zu Röm 11 heißt es: „Wie wollte ich/ daß an den armen Juden sich niemand versündigte! Hungerige obrigkeiten nehmen das geld von diesen blut-igeln. Das ist das zeichen beyder verwerffung. Aber/ sind diese nicht Abrahams saamen/ stammes-anverwandte der kirche? Gott erbarme dich dieser verstockten/ und gedencke an deinen bund [...] Ists ein geoffenbartes geheimniß! wer will dann verneinen die bekehrung der Juden? Kanst du dirs nicht einbilden/ wie es zugehn werde: So kan ich mir nicht einbilden/ wie ich/ du vormahls Heyden und teuffels-knechte/ jetzt kinder Gottes/ und tempel seines geistes seyn sollen?“ [...] „Ach! daß Gott die bessern wollte/ welche mit hohen und zum theil alszu vernünfftigen betrachtungen die einfalt des glaubens und einigkeit der kirchen hindern.“[119]

In den Verhandlungen über Hedingers Neues Testament tauchte auch der Name Herzog Augusts zu Lüneburg auf.[120] Bemühungen um eine Revision der Lutherbibel gab es auch schon vor Hedinger. Das Handexemplar Herzog Augusts der 1634 in Lüneburg erschienenen Lutherbi-

---

[117] Neues Testament. Tübingen 1728, 555. Zu Röm 13,2 heißt es: „Rechtmäßige oder erlaubte gewalt“ „Die sache selbst erfordert diesen verstand: Sonsten müste man auch den strassen- und seeräuber/ den mörder und quer-feld daher kommenden tyrannen zu gebot stehen/ oder sie für Gottes stadthalter achten/ nur darum/ weil sie/ ob gleich mit höchstem unrecht/ die oberhand bekommen und genommen.“ „Die obrigkeiten aber/ die in der that obrigkeiten sind/ die sind von Gott verordnet“ (552).

[118] Ich möchte jedoch nicht, wie *Wallmann* [s. Anm. 1], 127, von einer „Ersetzung der Lutherbibel durch eine pietistische Bibel“ reden. Auch kann ich in den Randglossen Hedingers nicht „deutliche [...] chiliastische Töne“ wahrnehmen.

[119] Neues Testament. Tübingen 1728, 547 f.; vgl. *M. Jung*: Die württembergische Kirche und die Juden in der Zeit des Pietismus (1675–1780). Berlin 1992, 64 f.

[120] Vgl. *Kolb* [s. Anm. 1], 71.

bel zeigt zahllose Texteingriffe in den Wortlaut Martin Luthers. Allerdings ist dieses Unternehmen damals durch den Einspruch der Theologen nicht zum Ziel gekommen.[121]

Wenn wir auf das Leben und Wirken Hedingers in der Frühzeit des württembergischen Pietismus abschließend zurückschauen, so lassen sich m. E. folgende Grundzüge erkennen. Mit seinen Schriften und Predigten, die er als Stuttgarter Hofprediger herausgab, zeigt er sich als ein Theologe, der tief in der Tradition von Frömmigkeit und Theologie der lutherischen Orthodoxie verwurzelt ist. Vor allem sein prophetisches Predigtamtsverständnis als Hofprediger verbindet ihn mit Hofpredigern des 17. Jahrhunderts, die wesentliche Impulse für ihr Wirken von Johann Arndt empfangen haben.[122] Scharfe Kirchen- und Pfarrerkritik geht mit einer hohen Anforderung an die weltliche Obrigkeit zusammen, die für die äußeren Bedingungen der Gestaltung eines christlichen Lebens in Kirche und Gesellschaft Sorge zu tragen hat. Als Hofprediger steht Hedinger dem jungen Herzog Eberhard Ludwig in den Anfangsjahren seiner Regierung gegenüber, in denen er noch dem Einfluß seiner frommen Mutter Magdalena Sibylle nicht gänzlich entzogen war. Bald nach Hedingers Tod allerdings ging der Herzog das für Württemberg lange Jahre schwer bedrückende Verhältnis mit der mecklenburgischen Adeligen Christiane Wilhelmine von Grävenitz ein. Erst die Nachfolger Hedingers im Hofpredigeramt, Andreas Adam Hochstetter und vor allem Samuel Urlsperger[123], mußten sich mit diesem Ärgernis am Hof und im Lande auseinandersetzen, was schließlich zur Entlassung Urlspergers im April 1718 führte. Daß die schwersten Herausforderungen für das Hofpredigeramt erst nach Hedingers Tod kamen, bedeutet freilich nicht eine Schmälerung in der Wertung seines beherzten Mutes und seiner unabhängigen Amtsführung als Hofprediger.[124]

---

[121] Vgl. *W.-D. Otte*: Religiöse Schriften. In: Katalog der Niedersächsischen Landesausstellung „Sammler, Fürst, Gelehrter. Herzog August zu Braunschweig und Lüneburg". Braunschweig 1979, 193 ff.

[122] Es sei an Joachim Lütkemann in Wolfenbüttel und Martin Geier in Dresden erinnert.

[123] Zu Urlsperger als Hofprediger und seinem weiteren Wirken s. *M. Brecht*: Die Botschaft der Predigt Samuel Urlspergers. In: Colloquia Augustana. Samuel Urlsperger (1685–1772). Augsburger Pietismus zwischen Außenwirkungen und Binnenwelt. Hg. v. *R. Schwarz*. Berlin 1996, 97–130, 98 ff.

[124] Die über Hedinger mehrfach tradierten Beispiele seines besonderen Mutes gegenüber dem Herzog haben in dem Reisebericht von *Stephan Schultz* ihren Ursprung (Leitungen des Höchsten nach seinem Rat auf den Reisen durch Europa, Asia und Afrika. 1. Teil 1771, 143 f.). Darin berichtet Schultz, daß ihm von dem Prälat Lange im Jahre 1741 von einem Neujahrswunsch Hedingers berichtet wurde mit folgenden Worten: „Was soll ich Ihro Durchlaucht wünschen: Ehre? die haben Sie überflüßig. Reichthum? auch dessen haben Sie genug. Ich wünsche Ihnen also die Bekehrung Davids, und so fasse ich Sie in meine Liebe. Was soll ich aber Euch ihr Bediente meines Herrn wünschen?, die ihr meinen Herrn verführet. Nun ich weiß, ihr seyd Naturalisten, so wünsche ich euch, solange ihr solche bleibet, den ewigen Fluch."

Aber Hedinger war nicht nur Hofprediger, sondern auch Konsistorialrat und damit eingebunden in die verschiedenen Reformmaßnahmen, die im Konsistorium seit 1690 unter der Führung von Johann Andreas Hochstetter unternommen wurden. Die von Spener ausgehenden Reformimpulse hatten auch in Württemberg zu vielen Initiativen geführt, wie z. B. die Einführung der Konfirmation, Überlegungen zur Verbesserung der Amtsführung der Pfarrer, der Predigten sowie über einen besseren Unterricht in den Schulen. Auch die Collegia pietatis als wichtiges Mittel der Kirchenreform waren in den Jahren vor und während Hedingers Amtszeit in Stuttgart ein zentrales Diskussionsthema. Die bereits an mehreren Orten entstandenen Konventikel führten zu Auseinandersetzungen des Konsistoriums mit radikalen und separatistischen Anschauungen und Bestrebungen. In seiner Gießener Zeit hatte sich Hedinger, wie wir sahen, energisch gegen visionäre, chiliastische und separatistische Anschauungen gewandt. Auch in Stuttgart ist er hiervon keineswegs abgewichen. Als im Synodus über die angeblichen Visionen der Regine Bader verhandelt wurde und diese schließlich Hedinger ins Haus zur Beobachtung gegeben wurde, hat Hedinger sie zum Geständnis gebracht, daß alles Betrug sei. An die Landgräfinmutter Elisabeth Dorothea schrieb er, daß er „den Träumen und Erscheinungen in Niedersachsen, Holland und Engelland immer gar schlecht das Wort geredet"[125] habe. Den Tübinger Stipendiaten möchte Hedinger verdächtige, von der Kirchenlehre abweichende Bücher nicht gestatten. Sie sollten „tenacissimi in orthodoxia, sanctissimi in vita und modestissimi erga alios"[126] sein. Gegenüber einer solchen Haltung steht allerdings in einiger Spannung Hedingers Umgang mit radikalen Geistern vor allem im Jahre 1703. In dem Spiritualisten Johann Georg Rosenbach sah Hedinger zunächst vor allem einen frommen Handwerksgesellen, der nicht, wie Jäger forderte, aus dem Lande zu verweisen sei. Auch bei den Verhandlungen über den Diakon Eberhard Ludwig Gruber, der wegen Streitigkeiten mit anderen Pfarrern versetzt werden sollte, votierte Hedinger gegen seine Amtskollegen.[127] Die Privaterbauungsstunden der Tübinger Repetenten befürwortete Hedinger ausdrücklich als ein höchst notwendiges Werk der göttlichen Liebe.

Dieses spannungsreiche Verhalten Hedingers bleibt gewiß ein nicht leicht aufschließbares Phänomen, das in seiner Unausgeglichenheit unserem Einblick weithin verborgen bleiben muß. Aber einen Hinweis hat Hedinger selbst gegeben, der in dieser erklärungsbedürftigen Konstellation ein Fingerzeig sein kann. Auf seinem letzten Krankenlager, so berichtet die Leichenpredigt, hat er sich noch einmal nachdrücklich zur

---

125 Zit. nach *Fritz*, Altwürttembergische Pietisten [s. Anm. 1], 77.
126 Zit. nach *Fritz*, 77.
127 Vgl. *Kolb* [s. Anm. 96], 386 ff.

Geltung der württembergischen Kirchenordnung bekannt. Unterschiedliche Lehrmeinungen habe er dann geduldet, wenn das Zentrum, der Glaube an Christus, deutlich erkennbar war. Gegenüber Anmaßungen seiner Amtskollegen war Hedinger äußerst sensibel. Hier sind die Erfahrungen aus seiner Gießener Zeit gewiß auch für seine Zeit als Stuttgarter Hofprediger prägend geblieben.

An der Gestalt dieses württembergischen Theologen um 1700 wird deutlich, wie stark die Übergänge und Gemeinsamkeiten zwischen lutherischer Orthodoxie und Pietismus in dieser Zeit noch waren und verschiedene theologische Richtungen sich oft in ein und derselben Person vereinen konnten. Das heißt freilich nicht, daß der Streit zwischen Orthodoxie und Pietismus verharmlost werden könnte. Der Stuttgarter Hofprediger Hedinger empfängt wesentliche Impulse aus der lutherischen Orthodoxie, ist mit seiner seelsorgerlichen Predigt und als Beichtvater seines Fürsten, dem es an erster Stelle um das Heil der Seele des Fürsten geht, sowie in seiner Mitarbeit an dem Reformwerk im Konsistorium ein Wegbereiter des Pietismus in Württemberg. Mit manchen Zügen seiner Bibelkommentare und in seiner Haltung gegenüber Abweichungen von Lehrvorschriften weist er schon in das Zeitalter der frommen Aufklärung. Als einen typischen pietistischen Hofprediger können wir Hedinger darum nicht ansehen. Das aber wird seiner Bedeutung und seiner notwendigen weiteren Erforschung gewiß keinen Abbruch tun.

Wolfgang Schöllkopf

Im Schatten des Gatten?

Christina Barbara Hedinger (1674–1743), die Ehefrau des württembergischen Pietisten Johann Reinhard Hedinger (1664–1704)[1]

Gelehrte und Geehrte der Kirchengeschichte und der Kirchengeschichtsschreibung waren und sind durch die Jahrhunderte in der großen Mehrzahl Männer. Jedoch waren und sind diese Männer wiederum mehrheitlich nicht alleinstehend, obwohl die historische Darstellung ihres Weges und Werkes dies manchmal vermuten lassen könnte. Vielmehr teilten und teilen sie, im umfassenden Sinn, ebenso mehrheitlich ihr Leben mit dem ihrer Ehefrauen, die jedoch in ihrer Lebensbeschreibung meist kaum vorkommen, geschweige denn mit den Spuren ihres eigenen Lebens aus dem „Schatten des Gatten" heraustreten. Dieses eindeutige und traditionelle Defizit der beinahen Ausblendung der Lebensgefährtin in der biographischen Darstellung auch im Zuge gegenwärtiger Frauenforschungen festzustellen, heißt jedoch zugleich danach zu fragen, wie es in der Geschichtsschreibung nicht nur als Defizit erkannt, sondern auch behoben werden könnte, ist es doch mit einer bloßen pflichtmäßigen und floskelhaften Nennung nicht getan. Deshalb muß zuerst nach der Grundlage aller historischen Forschung, den Quellen, gefragt werden, und hier beginnen schon die Schwierigkeiten: „Die Suche nach Frauen im pietistischen Württemberg ist mühsam, die Funde – jenseits von Fak-

[1] Dieser kleine Versuch der Entdeckung von Lebensspuren der Ehefrau eines bedeutenden Theologen des frühen württembergischen Pietismus sei den beiden mit dieser Festschrift Geehrten und ihren Ehefrauen gewidmet, dankbar dafür, daß sie alle auf je ihre Art mein Interesse an der württembergischen Kirchengeschichte gefördert, erste Schritte unterstützt und meine Arbeit an Johann Reinhard Hedinger kundig begleitet haben; zugleich ist es ein schriftgewordenes Vorzeichen der Hoffnung, daß nun bald auch die große Untersuchung zu Leben und Werk Hedingers fertiggestellt werden und erscheinen kann. Alle im folgenden auftretenden Nachfragen mögen an diese Hoffnung gewiesen sein! Für eine historische Orientierung sind auch folgende Überblickswerke hilfreich: *Martin Brecht*: Der württembergische Pietismus. In: Geschichte des Pietismus. Bd. 2. Der Pietismus im 18. Jahrhundert. Hg. v. *Martin Brecht* [u. a.]. Göttingen 1995, 225–295; *Gerhard Schäfer*: Zu erbauen und erhalten das rechte Heil der Kirche – Eine Geschichte der Evangelischen Landeskirche in Württemberg. Stuttgart 1984 (5. Aufl. 1991), bes. 111–132; *Friedrich Fritz*: Altwürttembergische Pietisten. 2. Folge, Teil 4. Sonderdr. aus: Für Arbeit und Besinnung. Halbmonatsschrift für die Ev. Landeskirche in Württemberg 10, 15–32 (zu Johann Reinhard Hedinger).

ten und Zahlen – sind problematisch. Das Problem liegt in der Natur der Quellen: „unsere Quellen sind Männer-, nicht Frauen-Quellen."[2]

Nehmen wir, um diese Frage- und Problemstellung genauer zu erfassen, dazu ein Exempel aus dem Württemberg des späten 17. und des 18. Jahrhunderts. Christina Barbara Hedinger, geborene Zierfuß, war die Ehefrau von Johann Reinhard Hedinger, der mit seinem umfangreichen Werk und Wirken als Stuttgarter Hofprediger und Konsistorialrat besonders auf praktisch-theologischem Gebiet die Umsetzung des Spenerschen Pietismus in Württemberg betrieb.

Was kann aus der Fülle der Quellen von ihm selbst und aus seinem Umfeld aber über seine Ehefrau gesagt werden, die dies alles miterlebt, mitgestaltet und wohl auch miterlitten hat? Direkte Quellen sind von ihr nicht erhalten, und obwohl eine große Sammlung von Hedinger-Briefen aufgefunden wurde,[3] ist nicht ein Brief der Eheleute füreinander bekannt. Also kann der historische Zugang, ist die Fragestellung denn als zulässig anerkannt, nur über „Fakten und Zahlen" aus den Quellen erfolgen. Wäre es aber nicht möglich, daß sie doch etwas erzählen von Christina Barbara Hedinger, der Frau „im Schatten des Gatten"?

Hedinger über die Ehe

Der Umweg ist schon typisch: Wir fragen nach Frau Hedinger, beginnen aber, der Quellen halber, zuerst bei ihrem Mann. Dies hat jedoch beim Thema Ehe auch einen inhaltlichen Grund. „Ehe, altdeutsch etwa, bedeutete außer 'Zeit, Ewigkeit' auch 'Gesetz'"[4]. Wenn somit schon das Wort „Ehe" auf ein spannendes Verhältnis zwischen Zeit und Ewigkeit, Gesetz und Evangelium hindeutet, so wäre es doch interessant zu wissen, was ein führender pietistischer Theologe, der seinerseits die „praxis pietatis" im eschatologischen Horizont immer besonders betonte, dazu zu sagen hat.

---

[2] *Christel Köhle-Hezinger*: Philipp Matthäus Hahn und die Frauen. In: Philipp Matthäus Hahn 1739–1790. Stuttgart 1989 (Quellen u. Schriften zu Philipp Matthäus Hahn. Im Auftr. d. Württemberg. Landesmuseums Stuttgart hg. v. *Christian Väterlein*, 7/2), 113–135, hier: 113.

[3] Im Privatbesitz d. Familienarchivs Knapp: Hedinger-Akten, Teil 1 + 2 (Kopien im Landeskirchlichen Archiv Stuttgart); vgl. dazu *Hermann Knapp*: Johann Reinhard Hedinger (1664–1704) als Professor in Gießen und Oberhofprediger in Stuttgart. Auf Grund seither noch nicht erforschter Originalakten. In: BWKG 90, 1990, 280–287.

[4] *Friso Melzer*: Der christliche Wortschatz der deutschen Sprache – Eine evangelische Darstellung. Lahr 1951, 133; vgl. auch *Friedrich Kluge*: Etymologisches Wörterbuch der deutschen Sprache. 22. Aufl., u. Mitarb. v. *Max Bürsigger* u. *Bernd Gregor* völlig neu bearb. v. *Elmar Seebold*. Berlin, New York 1989, 166.

Dafür kommen als Fundorte vor allem die Glossen und Nutzanwendungen in seiner Ausgabe des Neuen Testaments von 1704 in Frage:[5]

So heißt es dort bei der Heilung der Schwiegermutter des Petrus nach Matthäus 8,14–17: „Darum muß Petrus ein Weib gehabt / auch diesselbe nicht verlassen haben. Ehe ist ja ehrlich."[6] Daß die Existenz einer Schwiegermutter auf eine Ehe schließen läßt, leuchtet unmittelbar ein. Daneben ist dem verheirateten Hedinger, der sich in die Nachfolge Jesu berufen wußte, wichtig, daß die Berufung Petri, im Gegensatz zu seinen späteren Nachfolgern, nicht den Zölibat zur Pflicht machte. Seine Sentenz von der „ehrlichen Ehe" kommt auch bei dem miteinander alt gewordenen Ehepaar Zacharias und Elisabeth, nach Lukas 1,5–25, vor: „Ehe-bette ist ehrlich. Pfuy der widrigen geister / welche diese göttliche ordnung auspeihen und lästern / ja gar zur sünde und teufel-werck machen / was GOtt geschaffen vor dem fall / daß mann und weib seyn solle."[7] Die Schöpfungsordnung dient hier zur Ablehnung derer, die die Eheordnung auflösen und verspotten. Welche Kreise hat Hedinger hier gemeint: Schwärmer, Separatisten? Noch einmal betont er die Schöpfungsordnung beim Disput Jesu mit den Pharisäern über Ehescheidung, nach Matthäus 19,1–12: „Ehesachen stehen nicht unter menschlicher verordnung und willkühr; wie es Gott gestifftet / dabey solle man bleiben. Eheleute sollen seyn ein leib / hertz / sinn. Was die ehe als eine ordnung betrifft / so ist sie von Gott: sonsten kommen manche ehe-leute ohne Gott / wider Gott und sein recht / ja mit dem teufel zusammen. Frech solle man kein ohneheliches leben geloben. Wer weiß / ob man ohne brunst / versuchung und sünde ausser der ehe leben kan."[8] Wer die, das Ja-Wort der Eheleute letztlich stiftende, gute Lebensordnung Gottes mißachtet, gerät nach Hedinger in den Wirkungskreis von Mächten, die gegen das gemeinsame Leben stehen. Die Ehe ist auch für ihn der geordnete Raum menschlicher Sexualität, der außerhalb dieses Rah-

---

[5] Das Neue Testament Unsers HErrn und Heylandes JESU Christi. Nach der Übersetzung deß seeligen Herrn D. Mart. Luthers: Mit ausführlichen Summarien / Richtigen Concordanzien / Nöthigen Auslegungen der schwehresten Stellen / aus gedachten D. Lutheri Rand-Glossen / Und anderer bewährter Lehrer Anmerckungen / genommen: Nicht weniger Mit Schrifft- und Capitel-mässigen Nutzanwendungen / Zur Lehre / zur Straffe / zur Züchtigung in der Gerechtigkeit / behörig: Reichlich versehen / und Nach den besten Exemplarien Von Vielen eingeschlichenen Fehlern sorgfältig corrigirt und gebessert. Stuttgart 1704; vgl. die Titelaufnahme in: Die Bibelsammlung der Württembergischen Landesbibliothek Stuttgart. 2. Abt. 2. Bd. Deutsche Bibeldrucke 1601–1800. Teil 1–3, beschr. v. *Stefan Strohm* u. Mitarb. v. *Peter Amelung, Irmgard Schauffler* u. *Eberhard Zwink*. Stuttgart-Bad Cannstatt 1993; hier Teil 2, E 1051, 374 f.; im folgenden wird aus der textgleichen 2. Aufl. des Werks von 1728 zitiert. Vgl. zu Hedingers Bibelausgaben allgemein *Christoph Kolb*: Die Bibel in der Evangelischen Kirche Altwürttembergs. Stuttgart 1917, 21–23, 67–77.

[6] Neues Testament 1704 [s. Anm. 5], 25 (Glosse zu Mt 8,14).

[7] Neues Testament 1704, 166 (Nutzanwendung zu Lk 1).

[8] Neues Testament 1704, 64 f. (Nutzanwendung zu Mt 19).

mens – aber nur dort? – Sünde anhaftet. Bei seiner zeitgeschichtlich aus anti-römischer Polemik entspringenden Kritik an der Ehelosigkeit ist nun noch interessant, wie er die Äußerungen des mit Überzeugung unverheiratet gebliebenen Apostels Paulus deutet. Hedinger kommentiert die Position des Paulus nach 1. Korinther 7,7 so: „Keine [. . .] ursach zum ehestand haben / ist eine gabe GOttes. Wer solche nicht hat / oder erlangen kan / thut besser / er freye; ja, es ist ihm befohlen / wenn er brunst leidet."[9] Den Ehestand bezeichnet er gar als Gottesdienst: „S.Pauli meynung ist nicht / als ob der ehestand schlechterding und ohne ausnahm hinderlich / und der ledige stand förderlich wäre zum Christenthum / denn beydes hat keinen grund in der erfahrung. Mancher hat mehr hinderung zum guten im ledigen als im ehelichen stande. Und dieser selbst ist ein gottesdienst / immassen kinder zeugen und erziehen / pflügen und ackern / die seinigen redlich zu nähren / gilt so viel bey GOtt / als beten und singen / und einen hauffen andächtige betrachtungen mit musse haben: Denn der ehestand / seine heilige ordnung / und solche arbeit darinn / ein von ihm befohlen – darum heiliges werck ist / eben so wohl als beten."[10] Hier wird die Betonung der „praxis pietatis" für alle Lebensbereiche deutlich. Hedinger faßt zusammen: „Freund- und gemeinschaft der eheleute ist kein heydnischer unflath / kein Sodoms-leben / kein stummer sünden-greuel: Nachdem wenig davon darff geredet werden / weil alles die schamhaffte natur und GOttes ordnung für sich lehren solle / verderben viele seelen in dem schlamm der entsetzlichsten greueln / ob sie gleich verborgen bleiben in ihrem blinden gewissen / oder vor dem nachläßigen richter. Ohne anfechtung der brunst seyn / kommt nicht auf den willen / sondern herben kampff an! Auch dieser sieget nicht immerdar. Der trieb zur ehelichen gemeinschafft ist von GOtt gestiffet / wie der hunger zur speise. O aber des teuflischen mißbrauchs! des abergläubischen nothstalls! des heydnischen entunehrens und spottens! des heuchlerischen verachtens! des antichristischen verwehrens einer heiligen ehe / durch pfaffen- und soldaten-gesetze. Ein jeglicher wisse, sein faß zu behalten in heiligung und ehren. Hurer / ehebrecher / und stumme unfläther wird GOtt richten. Ehestand ist keine wechselbanck. Behalten muß hier walten. Aber was der teuffel zusammen kuppelt / die fleischeslust zusammen knüpffet / geld- und ehr-sucht zusammen bringet / hat schlechtes glück / seegen und bestand. Fromme eheleute dulden / schweigen / meiden; suchen und fördern den frieden."[11] Spiegeln Hedingers Ausführungen auch die ständische Moral und barocke Unmoral des 18. Jahrhunderts, so wissen sie doch etwas von der Bedrohung der Ehe von innen, nicht nur von außen, gehen mit einer

---

[9] Neues Testament 1704 [s. Anm. 5], 600 (Glosse zu 1Kor 7,7).
[10] Neues Testament 1704, 604 (Glosse zu 1Kor 7,32).
[11] Neues Testament 1704, 605 f. (Nutzanwendung zu 1Kor 7).

aller Sensationslust wehrenden Scheu mit dem Thema um und weisen den Eheleuten ohne Rollenaufteilung friedensstiftende Aufgaben zu.

Soweit die eindrucksvolle, an biblischen Erkenntnissen geschulte Ehe-Theorie des Theologen Johann Reinhard Hedinger. Was aber erzählen die Quellen von der Praxis der Eheleute Hedinger?

Die Ehe der Hedingers

Die Eheschließung zwischen dem damals dreißigjährigen Johann Reinhard Hedinger aus Stuttgart und der zwanzigjährigen Christina Barbara Zierfuß aus Kirchheim unter Teck fand am 15. Mai 1694 statt.[12] Kurz zuvor war der Bräutigam von einer ausführlichen Bildungsreise zurückgekehrt. Nach der Heirat zogen wohl beide Eheleute – die Quellen und Biographien erwähnen immer nur ihn – nach Gießen, wo Johann Reinhard Hedinger bis 1699 als Professor für Naturrecht und Universitätsprediger wirkte.[13] Seine Frau Christina Barbara war die Tochter des Stadt- und Amtsvogts von Kirchheim unter Teck, Johann Georg Zierfuß. Die Vermählung war somit standesgemäß, gehörten beide Familien doch zur altwürttembergischen Ehrbarkeit. Doch diese „Fakten und Zahlen" sagen überhaupt nichts über die innere Seite dieses lebenswichtigen Ereignisses. Nur die Leichenpredigt für den bereits nach zehnjähriger Ehe, mit vierzig Lebensjahren 1704 verstorbenen Johann Reinhard Hedinger, gehalten von seinem „collega proximus", dem Oberhofprediger Johann Friedrich Hochstetter (1640–1720), deutet manches davon an:[14] „Anno 1694 hat er sich mit consens seiner damahls noch lebenden Frau Mutter in Ehliche Verbündnis eingelassen mit Jungfrau / Christina Barbara / Weil. Herr Johann Georg Zierfußen / gewesenen Hochfl. Würtemb. Stadt- und AmtsVogtens in Kirchheim unter Teck / hinderbliebenen Ehlicher Jungfer Tochter / dermahlen innigst betrübten und tieffgebeugten Frau Wittib; Mit welcher er von solcher Zeit an /

[12] Vgl. *Heinrich Fausel* in: NDB 8, 1969, 188 (Genealogie); ferner *Albert Knapp*: Altwürttembergische Charaktere. Stuttgart 1870 (Ges. prosaische Schriften, 1), 11.

[13] Vgl. *Rüdiger Mack*: Johann Reinhard Hedinger und die pietistischen Querelen in Giessen (1694–1699). In: JHKGV 30, 1979, 333–361; wieder abgedruckt bei *Rüdiger Mack*: Pietismus und Frühaufklärung an der Universität Gießen und in Hessen-Darmstadt. Hg. v. d. Univ. Gießen in Verb. m. d. Ev. Kirche in Hessen-Nassau. Gießen 1984, 239–272.

[14] Wahrer Christen hohes Glück in ihrem Leben und Sterben / als Johann Reinhard Hedinger bestattet worden / gezeiget von Johann Friedrich Hochstättern. Stuttgart 1704 [UB Tübingen: Sign. L XVI 16 2°; vgl. auch die Katalogisierung bei *Gottfried Mälzer*: Die Werke der württembergischen Pietisten des 17. und 18. Jahrhunderts. Berlin, New York 1972 (BGP, 1) Nr. 1358]. – Vgl. zu Hochstetter auch *Gerhard Schäfer*: Vom Wort zur Antwort. Dialog zwischen Kirche und Welt in 5 Jahrhunderten. Vorw. v. *Theo Sorg*. Stuttgart 1991; darin: „Vom guten Regenten – Eine Landtagspredigt von Johann Friedrich Hochstetter", 123–125.

Zehen Jahr / und Sieben Monath / eine ungemein liebreiche und sehr vergnügte / zwar sonderlich nach dem Urtheil derselben hertzlichen Liebe gar kurtze Ehe / wiewohl ohne Kinder=Segen / besessen; auch in derselben / was er gesucht / hertzliche liebe und beständige Treue / liebreiche Sorgfalt / getreuen Beystand im Gebett / und sonderlich die Freude einen Gefährten zu haben in dem Leben und Nachfolge JESU / dermassen gefunden / daß da Er vor einem Jahr derselben Treue durch eine gefährliche Kranckheit zuverlieren / in der Sorge gestanden / Ihme eben dieses das schmertzlichste gewesen / eines frommen Ehegatten verlustiget zu werden."[15]

Sind in der Auswertung von Leichenpredigten auch die Besonderheiten dieser Quellengattung zu bedenken,[16] so bleibt doch für unseren Versuch festzuhalten, daß ohne diese Vita die Nachricht von einer lebensbedrohlichen Krankheit von Christina Barbara Hedinger im Jahr vor dem Tod ihres Mannes, als prägendes Ereignis für beide, verloren gegangen wäre. Die vornehme Schilderung einer harmonischen Ehe, die ihren gemeinsamen Grund auch in der sie verbindenden pietistischen Frömmigkeit hatte, stammt wohlbemerkt von einem Vertrauten der Eheleute in ihren gemeinsamen Stuttgarter Jahren, 1699 bis 1704. Noch einmal erwähnt Hochstetter Frau Hedinger in der expressiven Schilderung von Johann Reinhard Hedingers Sterben, zugleich ein Exempel der pietistischen „ars moriendi", diesmal in sehr gefühlsbetonter Weise, als sie am 2. Feiertag des Christfests, dem 26.12.1704 ein letztesmal zu ihrem Mann gerufen wurde: „Darauf begehrte Er / man sollte Ihne Seine Frau / die sich auch aufs Krancken=Bette wegen steten Wachens / und großem Kummers niederlegen müssen / noch einmahl sehen lassen. Da dieselbe nun zu Ihme gebracht worden / richtete Er sich mit grosser Freudigkeit auf / dieselbe zu umarmen / und sagte mit den bewegten Worten: Nun komme dann / Liebste Seele / ehe und dann ich hingehe: Ich gehe zwar an den Orth / da man weder freyet / noch sich freyen lasset / sondern die Gerechten den Engeln Gottes gleich seynd / allein sollen doch unsere Geister unzertrennet und vereiniget bleiben. Legte damit / neben hertzlicher Dancksagung für alle Ihme die kurtze Zeit ihres Ehestands erwiesene Treue und Liebe / seinen Seegens=Wunsch auf sie / mit Erhebung seines Geistes zu GOtt / daß derselbe ihr Schild und sehr grosser Lohn seyn / und bleiben / und sie mit ewigem Seegen Krönen wollte: Setzte zugleich / wie vorhin öffters / also auch damahlen hinzu: Sie sollte seinen Tod ja nicht als eine Straffe über sich halten / sondern vielmehr glauben / welches sie / wann sie es schon jetzt nicht sehe / dannoch /

---

15 Wahrer Christen hohes Glück [s. Anm. 14], 25 f.

16 Vgl. dazu Leichenpredigten als Quelle historischer Wissenschaften. Bde 1–3. Hg. v. *Rudolf Lenz*. Marburg 1975–1984; *Ders.*: Studien zu deutschsprachigen Leichenpredigten der frühen Neuzeit. Marburg 1981 (Marburger Personalschriften-Forschung, 4).

wann Er unter dem Boden liege / erfahren würde / daß es der HERR gut mit ihnen gemeint habe: Jetzo stehe ihr in der Verläugnung nichts mehr so grosses in dem Weg / sich lauter allein an GOtt zu halten/ der sie gewiß nicht versäumen werde: Jetzo würde sie erst eine gute und bewehrte Christin werden. Nahme darauff einen liebreichen Abschied / und das letzte Adieu von derselben: Und da sie in dem / durch deroselben Schwachheit abgedrungenen Fortgehen / gegen ihrem Lieben Ehe=Herrn wiederum zurück schauete: ruffte er ihr noch einmal die letzte gute Nacht zu / sprechende: Gehe hin! gehe hin! Gott sey mit dir / gute Nacht! gute Nacht! ich gehe voran / du wirst bald hernach kommen."[17]

Bewegend wird hier in der Retrospektive durch den Augenzeugen Hochstetter, der zur Feier des Heiligen Abendmahls am Sterbebett zugegen war, bezeugt, was ein altes Fürbittengebet der württembergischen Trauagende so ausdrückt: „daß beide darauf bedacht sein mögen, wie eins das andere in den Himmel bringe".[18] Falscher Romantik oder Hagiographie jedoch ist gewehrt mit dem gleichwertigen Hinweis darauf, daß Eheleute, unterwegs zu diesem gemeinsamen Ziel, sich auch gegenseitig „in dem Weg" stehen.

Dieser Bericht von Johann Friedrich Hochstetter wird in der Rezeption des 19. Jahrhunderts, die somit nicht nur Johann Reinhard Hedinger, sondern auch seine Frau erfuhr, in dem Denkmal wiederholt, das Johann Christian Friedrich Burk (1800–1880) auch ihr setzte, in seinem „Spiegel edler Pfarrfrauen. Eine Sammlung christlicher Characterbilder" von 1842.[19]

Mehr aber sagen die Quellen zu Lebzeiten der beiden Eheleute nicht, nichts über die Jahre in Gießen und Stuttgart, nichts über die Zugehörigkeit zum so steifen wie barocken Hofzeremoniell als „Herr und Frau Hofprediger", noch etwas über gemeinsame Beziehungen. Dies ändert sich eigenartigerweise erst mit dem Tod Johann Reinhard Hedingers, so, wie es eine moderne Untersuchung zum Themenkreis „Das evangelische Pfarrhaus" ausdrückt: „Was die Pfarrfrau [. . .] anging, so war ihre Rolle zwischen partnerschaftlicher Kollegialität und vertrauensvoller Abhängigkeit angesiedelt. Eine prekäre und von ihr viel Sensibilität verlangende Lage. Kein Zweifel: Ohne die Frau Pfarrer lief nichts. Dennoch bleibt der Pfarrer der Herr, auch ihr Herr. Und spätestens nach seinem Tode

---

17 Wahrer Christen hohes Glück [s. Anm. 14], 40.

18 Kirchenbuch für die Evangelische Landeskirche in Württemberg. Zweiter Teil: Sakramente und Amtshandlungen. Teilband: Die kirchliche Trauung. Stuttgart 1985, 68.

19 *Johann Christian Friedrich Burk*: Spiegel edler Pfarrfrauen. Stuttgart 1842, 88 f. – *Burk* hatte zuvor auch Johann Reinhard Hedinger wieder in Erinnerung gebracht in einem Artikel in: Der christliche Bote aus Schwaben 1/15, vom 18.12.1831, 1 (ab 1832 trug die Zeitschrift dann den bekannten Namen „Der Christen-Bote").

wußte sie, daß ihr ganzes Leben über ihn gelaufen war."[20] Ist das Rollenverständnis auch modern und nicht nach der Ständeordnung des 18. Jahrhunderts beschrieben, so trifft der tiefe Einschnitt mit der Witwenzeit doch auf Christina Barbara Hedinger ebenso zu. Nun plötzlich erzählen die Quellen von ihr selbst, lassen gar Rückschlüsse auf die gemeinsame Zeit der Eheleute zu, und Christina Barbara Hedinger tritt aus dem „Schatten ihres Gatten".

Frau Hedingers eigener Weg

Gerade dreißig Jahre alt war sie, als ihr Mann starb, und nun sollten neununddreißig lange Jahre als Witwe vor ihr liegen, ohne die Anerkennung und die Absicherung, die ihr die Stellung ihres Mannes bisher gewährte. Direkte finanzielle Sorgen brauchte sie jedoch nicht zu befürchten, obwohl die Ehe kinderlos blieb, denn der Dienstherr ihres Ehemanns, Herzog Eberhard Ludwig von Württemberg (1676–1733; reg. seit 1693) hatte im Jahr 1700 unter Mitwirkung des Konsistoriums, dessen Mitglied Johann Reinhard Hedinger damals schon war, einen „Geistlichen Wittwen-Fiskus" eingerichtet, „Nachdeme aus der bisherigen Erfahrung sattsam bekannt, in was vor einem schlechten und Erbarmungswürdigen Stand die meiste Witwen und Waisen der verstorbenen Ministrorum Ecclesiae [. . .] Unsers Herzogthums [. . .] gerathen".[21] Aus diesem Stiftungsgeld stand ihr als „Frau Consistorial-Rat" die höchste von fünf Versorgungsklassen zu.

In den Auseinandersetzungen um das Werk ihres Mannes, die in seinem Todesjahr um seine zu dieser Zeit erschienene Ausgabe eines deutschen Neuen Testaments und der darin enthaltenen kirchenkritischen Kommentare sowie ihrer eigenartigen Revision der Luther-Übersetzung gipfelten, tritt Christina Barbara Hedinger nun als außergewöhnlich selbstbewußte und eigenwillige Frau in Erscheinung. Die Streitigkeiten offenbarten Johann Reinhard Hedingers zunehmend isolierte Stellung innerhalb der Kollegen im Stuttgarter Konsistorium. Deshalb verweigerte Frau Hedinger in einem Aufsehen erregenden Vorgang dem Konsistorium die Herausgabe von Personalien ihres Mannes für das Begräbnis und die Veröffentlichung der Leichenpredigt. Dies führte gar zu einem konsistorialen Anbringen an den Herzog persönlich, wie mit dieser bis-

---

20 Das evangelische Pfarrhaus. Eine Kultur- und Sozialgeschichte. Hg. v. *Martin Greiffenhagen*. Stuttgart 1984, 11.

21 Gesetzestext bei *August Ludwig Reyscher*: Vollständige, historisch und kritisch bearbeitete Sammlung der württembergischen Gesetze. Bd. 8, Teil 1. Sammlung der Kirchengesetze 1418–1802. Bearb. v. *Theodor Eisenlohr*. Tübingen 1834, 513–517; hier: 513.

her einmaligen Verweigerung umzugehen sei.[22] Die Folgen der zunehmenden Isolierung, besonders wegen Hedingers undeutlicher Stellung zum Separatismus, trugen somit auf je ihre Art beide Eheleute. Ein Jahr später aber werden versöhnlichere Töne laut, als sich das Konsistorium um den Absatz der verhältnismäßig teueren Bibel-Ausgabe Hedingers sorgt, weil sie sonst „der Witwe daliege“[23].

Christina Barbara Hedinger lebte zu dieser Zeit schon nicht mehr in Stuttgart. Wie damals gesellschaftsüblich, zog sie nach dem Tod ihres Mannes zurück in ihr elterliches Haus in der Ötlinger Vorstadt in Kirchheim unter Teck. Aus dieser Zeit weisen Untersuchungsakten über den Separatismus in Kirchheim sie als selbst den Separatisten zugetan aus. „Es wurde ihr vorgeworfen: wie sie als Witwe eines so tapferen, um die württembergische Kirche hochverdienten Theologen, der ein Eiferer gewesen sei für die Orthodoxie und Beibehaltung der reinen Lehre sowohl, als der so heilsamen und nötigen Kirchendisziplin, dessen Segen bei uns in ewigem Gedächtnis bleiben werde, gleichwohl auf Separatistische Prinzipien verfalle.“[24] Verkehrt dieser peinlich verklärende Rückblick auch die Auseinandersetzungen um Hedinger ins gerade Gegenteil, so macht die Verwarnung doch deutlich, daß nicht nur Johann Reinhard Hedinger, sondern auch seine Frau, und sie vielleicht sogar noch mehr als er, innere Sympathien für kirchenkritische Separatisten hegte und pflegte. So wird ihr vorgeworfen, den von seinesgleichen als inspiriert verehrten Separatisten Johann Friedrich Rock (1678–1749) aus Oberwälden bei Göppingen in den Jahren 1727 und 1735 im nahen Kirchheim empfangen zu haben.[25] Von da her könnte auch vermutet werden, daß Frau Hedinger schon in ihrer Stuttgarter Zeit Kontakte zu separatistischen Kreisen gesucht hatte, etwa zum Kreis der Witwen von Konsistorialdirektor Johann Georg von Kulpis (1652–1698) und Präzeptor David Wendelin Spindler (*1650; 1710 als Separatist aus dem württembergischen Schuldienst entlassen).[26] In diesem, ihrem Stand entsprechenden Zirkel wurde, neben anderen Vertretern des Separatismus, 1705 auch das Ehepaar Johann Wilhelm Petersen (1649–1727) und Johanna Eleonora Petersen, geborene von Merlau

---

[22] Vgl. *Christoph Kolb*: Die Anfänge des Pietismus und Separatismus in Württemberg. Stuttgart 1902, 74.

[23] *Kolb*, Bibel [s. Anm. 5], 21.

[24] *Kolb*, Anfänge [s. Anm. 22], 216.

[25] *Kolb*, Anfänge, 216.

[26] Vgl. *Kolb*, Anfänge, 112 f.; Johann Georg von Kulpis stand in Briefkontakt mit Philipp Jakob Spener; David Wendelin Spindler war der Pflegevater von Johann Albrecht Bengel; vgl. *Gottfried Mälzer*: Johann Albrecht Bengel – Leben und Werk. Stuttgart 1970, 21–29; vgl. allgemein *Martin Brecht*: Philipp Jakob Spener und die württembergische Kirche. In: Geist und Geschichte der Reformation. FS *Hanns Rückert*. Hg. v. *Heinz Liebing* u. *Klaus Scholder*. Berlin 1966, 443–459.

(1644–1724) empfangen.[27] Die Eheleute Petersen, „psychologisch, literarisch und theologisch ein faszinierendes Phänomen, nicht nur in der Geschichte des radikalen Pietismus",[28] wurden übrigens am 7. September 1680 in Frankfurt durch Philipp Jakob Spener getraut.[29] Und zur Geschichte der Frauen im Pietismus und ihrer Quellen ist hier zu bemerken, daß es von Frau Petersen, die eigene Erbauungsstunden gehalten hat, eine eigene Lebensbeschreibung gibt.[30]

Noch ein bedeutender Kontakt aus der Kirchheimer Zeit zeugt von der Nähe Christina Barbara Hedingers zu pietistischen Kreisen und in diesem Fall besonders auch von ihrem hohen Rang innerhalb derselben: Als Nikolaus Ludwig Graf von Zinzendorf (1700–1760) in den Jahren 1733 auf 1734 seine berühmte Reise nach Württemberg unternahm, besuchte er auf Vorschlag von Friedrich Christoph Oetinger (1702–1782), der ihn begleitete und einen Reisebericht verfaßte, auch die Witwe Hedinger in Kirchheim![31]

Neben diesen interessanten, bei Zusammenschau ein lebhaftes Beziehungsgeflecht ergebenden Quellen stehen jedoch auch noch andere: Von der Armseligkeit ihrer letzten Lebensjahre berichten die den Nachlaß verwaltenden Akten der „Inventuren und Teilungen", wo es schließlich heißt: „In der Nacht vom 24. bis auf den 25. November 1743 hat nach Göttlichem Willen gedachte Frau Hoffpredigerin Hedingerin, nachdem sie an einer Wassersucht laboriret, an einem darauf erfolgten Steckfluß das Zeitliche gesegnet".[32] Als Kurator ihres Nachlasses wurde der Bankier Gotthard Friedrich Herrmann aus Petersburg bestellt. Ihr Anwesen in der Ötlinger Vorstadt wurde mit 3000 Gulden veranschlagt, was auf eine stattliche Anlage hinweist. Allerdings hat dies nach Aussage der Akten nicht ausgereicht, ihre Schulden in Höhe von ca. 5000 Gulden zu decken.

Bleibt die Frage, wofür die doch durch den „Geistlichen Wittwen=Fiskus" versorgte Frau so viel Geld ausgegeben hat. Unterstützte

---

[27] *Kolb*, Anfänge [s. Anm. 22], 112 f.; vgl. zum Ehepaar Petersen *Ernst A. Schering*: Johann Wilhelm und Johanna Eleonore Petersen. In: Gestalten der Kirchengeschichte. Bd. 7: Orthodoxie und Pietismus. Hg. v. *Martin Greschat*. Stuttgart [u. a.] 1984 [unveränd. Nachdr. 1993], 225–239.

[28] *Schering* [s. Anm. 27], 225.

[29] *Schering*, 231.

[30] *Johanna Eleonora Petersen:* Leben Frauen J.E.P., gebohrnen von und zu Merlau, Herrn D. Jo. Wilh. Petersen Eheliebsten; von ihr selbst mit eigener Hand aufgesetzet. Leipzig 1718; vgl. *Köhle-Hezinger* [s. Anm. 2], 115.

[31] Vgl. *R. Geiges*: Zinzendorf und Württemberg. Seine Beziehungen zu Fakultät und Konsistorium in den Jahren 1733–1734. In: BWKG 17/1–2, 1913, 52–78, hier: 65 (Anm. 1) u. 67; 17/3–4, 1913, 138–152; vgl. zum Besuch Zinzendorfs in Württemberg auch *Gottfried Mälzer*: Bengel und Zinzendorf. Zur Biographie und Theologie Johann Albrecht Bengels. Witten 1968 (AGP, 3), bes. 27.

[32] Hauptstaatsarchiv Stuttgart: Verschlossene Registratur des Kirchenrats A 282, Nr. 1726: Inventuren und Teilungen, B 1957 (1743), 1–3.

sie Bedürftige oder pietistische Kreise und Personen? Mußte sie die postumen Werkausgaben ihres Mannes mitfinanzieren?

Der Eintrag im Kirchheimer Totenbuch lautet: „27. November 1743 [Begräbnis]: Frau Christina Barbara, weil. Tit. Herrn Johann Reinhard Hedingers, S.S.Theol., D., Consistorial-Raths und HofPredigers b.m. [bene merenti] relicta vidua, aet. 69 Jahr und 4 Monath; in dem Wittibstand hat Sie 39 Jahre gelebt."[33]

Der Versuch ist ansatzweise geglückt: Obwohl direkte Quellen aus ihrer Hand fehlen, läßt sich aus dem Umfeld und seiner Dokumentation doch ein eigenes, wenn auch unfertiges Bild von Christina Barbara Hedinger zeichnen. Sie war nicht nur die „Frau Hofpredigerin", sondern trat heraus aus dem „Schatten des Gatten". Für sie gilt, was August Gottlieb Spangenberg (1704–1792) über Erdmuthe Dorothea Gräfin von Zinzendorf, geborene Reuß-Ebersdorf (1700–1756), die Frau von Nikolaus Ludwig Graf von Zinzendorf und damit ebenfalls in einer berühmten pietistischen Ehe „im Schatten des Gatten", sagte: „Sie war nicht dazu gemacht, eine Copie zu sein, sondern war ein Original".[34]

Dies jedoch nach den jeweils aufgefundenen Quellen für jede Person der Geschichte, Frau und Mann, darzustellen, ist gerade für eine evangelische Kirchengeschichtsschreibung aller Ehren wert.

---

[33] Evang. Kirchenregisteramt Kirchheim/Teck: Totenbuch 1743.

[34] Vgl. *Barbara Beuys*: Die Pfarrfrau. Kopie oder Original? In: Das evangelische Pfarrhaus [s. Anm. 20], 47–61, hier: 55; vgl. auch *Stephan Hirzel*: Der Graf und die Brüder. Die Geschichte einer Gemeinschaft. Neuausg. n. d. Text d. 3. Aufl. Witten 1950. Stuttgart 1980, 86–89.

Martin Weyer-Menkhoff

„Nicht-Verstehen hilft!“

Anmerkungen zu Friedrich Christoph Oetingers Pädagogik und Katechetik

Wer Oetinger, den schwäbischen Theologen und Gelehrten (1702–1782), je las, hat es immer schon geahnt, ja befürchtet ...

Jedoch nicht zur Unverständlichkeit, sondern zur Entdeckung des *Lebens* wollte der Theologe der *heiligen Philosophie* gerade auch die Jugend anleiten. Diesen Hang Oetingers zum Leben kann der leicht übersehen, der sich nicht auf seine eigenwillige, unzeitgemäße Lehr-Art einstellen mag. Gerhard Schäfer, der sein Lebenswerk mit dem Oetingers eng verknüpft hat, hat wohl aus diesem Grunde mit Einsatz und Liebe editorische Voraussetzungen dazu geschaffen, Oetingers – heute erst recht als wichtig empfundenes – Anliegen zu entdecken: *Leben*. Dies in Fülle und Gesundheit wünscht der Autor dem Jubilar, dankbar für seine Begleitung in der Oetinger-Forschung.

Katechetische Geschichte hat Oetinger nicht geschrieben, wie ein Blick in die Forschung zeigt und den Leser seiner Werke auch nicht so sehr verwundert, – und doch ist Oetinger Verfasser von nicht weniger als sieben oder acht selbständigen religionspädagogischen Werken, darunter vier Katechismen und einer Kinderbibel. Zu Oetingers Predigtlehre gibt es wenige Untersuchungen, zu seiner Katechetik kenne ich keine einzige. Zumal, wenn man inzwischen plötzlich selbst zur katechetischen Zunft gehört, wird es Zeit, einen Anfang zu machen. Dies kann hier nur sehr übersichtlich geschehen, indem diejenigen Werke oder Werkteile, die von Belang sind, in zeitlicher Reihenfolge kurz angemerkt werden.

Doch wo beginnen? Bei näherem Zusehen begegnet überall „Pädagogisches“. Seit dem sechsten Lebensjahr reflektiert der Schwabe über *Lernen und Verstehen* und im jugendlichen Alter bereits über Lehren[1] – ... und angemessenes Entgelt:

---

[1] *F.Chr. Oetinger:* Genealogie der reellen Gedanken eines Gottesgelehrten [Selbstbiographie]. Metzingen ^{3}1990, 18, 20 f., 32 f. – Oetingers Werke werden hier eindeutig zitiert; genauere Angaben (etwa auch zu Werkausgaben) möge man nachschlagen bei *Gottfried Mälzer:* Die Werke der württembergischen Pietisten des 17. und 18. Jahrhunderts. Berlin 1972 (BGP, 1); sowie *Martin Weyer-Menkhoff:* Christus, das Heil der Natur. Göttingen 1990, 274 ff.

Meinem Hauslehrer und meinem Präzeptor war ich so feind, daß ich ihnen mit Gift hätte vergelten können.[2]

Nicht nur seinen vierzehnjährigen Bruder Wilhelm Ludwig hat er als Student „streng" unterrichtet,[3] auch seine eigenen Kinder. Als Sechzigjähriger schreibt er:

Sonst bringe ich die Zeit mit der Erziehung meiner vier Kinder zu, nachdem mir deren sechs gestorben sind. Meinen Sohn Halophilus Irenäus unterrichte ich nun in der Medizin und Chemie und den kleinen Johann Friedrich in der lateinischen Sprache.[4]

Bis zur Examensvorbereitung begleitet er seine Söhne. – Schließlich wird es einen Anhaltspunkt gegeben haben, wenn G.H. von Schubert[5] vom alten Oetinger erzählt:

Anfangs hatte der Alte nur etwa vom Fenster aus herunter gelächelt auf die Kinder und ihr Spiel, kam aber bald auch hinab zu ihnen, setzte sich am Ende auf den Boden und spielte mit. Gieng wohl auch gar mit in den nahen Wald hinein und jauchzte mit vor Freuden, wenn die Kinder jauchzten über die schönen Blumen und Erdbeeren, die sie da gefunden.

Dabei verließ ihn aber seine Hauptvorstellung nicht, und wenn etwa die Betglocke läutete, faltete der Alte seine Hände wie ein Kind, betete aber mit den Kindern auf solche eindringende, bewegende Art, daß die wohl alle nicht mit dem Mund allein, sondern mit ganzem Herzen und Gemüthe mitbeten mußten.

„Pädagogisches" begegnet bei Oetinger natürlich auch von Amts wegen: Als Aufseher über die Schule und den Konfirmandenunterricht; außerdem lag das Thema im Jahrhundert der Selbstbeobachtung und Tagebücher in der Luft. Dies alles verdichtet sich bei ihm zu einem starken pädagogischen Impetus, wobei seine pädagogischen und katechetischen Reflexionen seinem großen theologischen Ansinnen dienen sollen, das Leben zu entdecken und sich auf die kommenden, besseren Zeiten vorzubereiten.

Oetingers gesamte Theologie ist eine pädagogische. Denn Gott, so wiederholt er die alte Vorstellung, sei der eigentliche Pädagoge[6] und Je-

---

[2] *Oetinger*, Genealogie [s. Anm. 1], 20.

[3] „Ich hatte meinen Bruder Wilhelm Ludwig bei mir [. . .]. Dieser hatte auf mein strenges Verlangen hin das Buch des Cicero ‚Von den Pflichten' [. . .] ganz auswendig gelernt. Ich hatte vor, aus ihm einen Professor zu bilden [. . .]"; Oetinger, Genealogie, 32 f.

[4] *Oetinger*, Genealogie, 93 f.; seine Tochter Eberhardina Sophia unterrichtete er im Französischen; s. *Oetinger:* Der Prediger Salomoh. Die Wahrheit Des Sensus Communis II. [Stuttgart] 1753, 389.

[5] *G. H. v. Schubert:* Wanderbüchlein eines reisenden Gelehrten [. . .]. Erlangen ³1848, 223.

[6] „Deus est Praeceptor generis humani, non Crousaz, non Tschirnhausen, non Wolfius"; *Oetinger:* Inquisitio in sensum communem et rationem. Tubingae 1752, 55; heute zugänglich als Faks.-Nachdr. der 2. Ausg. Tübingen 1753. Stuttgart 1964.

sus der Lehrer,[7] der heute durch die *innere paideia des Geistes*[8] unterrichte. Denn im letzten müsse Gott selbst unterrichten.[9] So begegnet bei Oetinger mehrfach das auf sich selbst angewandte Wort aus Ps 71,17: *Gott, du hast mich von Jugend auf gelehrt.*[10] So ist ja seine Autobiographie, *die Genealogie der reellen Gedanken eines* ***Gottesgelehrten***, zu verstehen. Auch seine frühen, später nie ganz aufgegebenen Versuche, einen ordo salutis zu erstellen, sind pädagogisch gemeint.[11] Schließlich haben nicht wenige seiner Lieder, vor allem die biblischen, einen pädagogischen Zweck.

Zu Beginn seiner pfarramtlichen Tätigkeit fügt Oetinger 1739 dem (Deutero- und Trito-)Jesaja-Kommentar „Etwas gantzes von Evangelio" einen Aufsatz bei:

> *Anmerckungen über die Catechetische und durch ordentliches Predigen fortgehende Lehr-Art.*[12]

Im Grunde sind hier alle wesentlichen Einsichten versammelt, wie sie Oetinger immer wieder vortragen wird, zunächst hermeneutische: Man müsse *einer jeden Zeit und jedem Ort gemäß* (35.36) reden, das heißt so, *daß die gemeinste[n] Leute unsers Orts es* verstehen können. *Unser Heyland/ hat das kurtze Vatter-Unser/ aus lautter Gebetts-Formuln der Juden zusammen gesezt.* (36) Im Blick auf die „Predigt Jesajas" (Jes 40 ff.) werde der Unterschied zwischen einer *gesetzlichen* und *evangelischen Methode* deutlich, die man dann von der Homiletik auf die Katechetik übertragen könne. Die *evangelische Methode*, auch *Methode Christi* oder *Methode des Geistes* genannt, ist eine Methode nach dem Leben; ihr Leitbild ist die Schöpfung, nicht ein Konstrukt; das Leben, nicht das Denken. So dürfe die Struktur und Gestalt einer Lehre nicht *geometrisch* sein (*in lauter kleiche Quadrätgen zertheilet*). *Die heilige[n] Männer fliehen die abstracte[n] Erklärung wie Pest/ sie geben ihren Ideen einen Leib.* (38 f.) *Geometrisches reicht nicht zu, um die menschliche Leere auszufüllen.*[13] Geometrisch und abstrakt werden

---

[7] *Oetinger:* Epilogus von der Application der Logic auf die Bekehrung, oder, wie fern die Bekehrung sich nach der Logic richte? In: Grund-Weisheit zur Rechts-Gelehrsamkeit [. . .]. Tubingen 1761, 142.

[8] *Oetinger:* Theologia 1765, 239; TGP VII/2,1. Berlin 1979, 158.

[9] *Oetinger*, Theologia [s. Anm. 8], 238 bzw. 157; u. ö.

[10] Z. B. *Oetinger:* Weinsberger Predigten I (1758), fol.):(3^{r}.

[11] *[Oetinger:]* Abriß Der Evangelischen Ordnung Zur Wiedergeburt, Worinnen Die schrifftmäßige Einsicht und Ausübung der wahren Evangelischen Mystic, Oder des Geheimnisses des Evangelii, nach vier Stuffen der Wiedergeburt gezeiget wird/ vorgelegt von Einem Ermüdeten Weltweisen, der auf die Wiedergeburt wartet. Franckfurt und Leipzig 1735, [32], 512, [38] S.; s. auch Sämtl. Werke II/5.

[12] In: *Oetinger:* Etwas gantzes vom Evangelio. Tübingen 1739, A 35–72; s. auch Sämtl. Werke II/6, 340–368.

[13] „[. . .] data Geometrica non sufficere ad explendum hominis vacuum"; *Oetinger:* Inquisitio in sensum communem et rationem. Tubingae 1752, 245; heute zugänglich als Faks.-Nachdr. der 2. Ausg. Tübingen 1753. Stuttgart 1964.

von da an Kampfworte Oetingers gegen eine bestimmte neuzeitliche Weise der Weltbewältigung.[14]

> *O fiengen wir mehr von den Sachen/ als von den Nahmen und Wörtern an/ [. . .] Die weltliche[n] Wissenschafften setzen den Nahmen und die Beschreibung des Nahmens zuerst/ der Heyland zuletzt.* (49)

Nimmt ein Lehrer das alltägliche Leben zu seinem Bezugspunkt, also Menschen, Beziehungen, Bäume, Wachsen, Geschichte . . ., wird er auch nicht nur den Kopf, sondern das Herz seiner Schüler treffen. *Herz* aber bedeutet etwas Ganzes. *Das Herz definiert nicht.*[15] Oetinger läßt sich dann länger darüber aus, wie man die übliche (sokratische) katechetische Fragetechnik für Kinder von drei, sechs und vierzehn Jahren so einrichten könne, daß die Kinder selbst „etwas Ganzes" davon haben. Er erinnert daran, daß es eben Gottes zu berücksichtigende Ordnung sei, *daß ein Kind eher reden als lesen/ und eher lesen als verstehen* lernt (48).

> *Das erste ist/ daß man das Hertz eines Kindes vor Augen haben muß. Man muß glauben/ daß ein Hertz von 2. Jahren eine kleine Welt seye/ so gut als das Hertz eines Kindes von 14. Jahren.* (42)

Nicht ohne auf Augustins Kinderpsychologie zu sprechen zu kommen, merkt er an:

> ***Wir haben lange nicht Wissenschaft genug/ für ein kleines Kinder-Hertz.*** (42)

Oetinger überführt das Bild vom Herzen in einen größeren Zusammenhang. Lehren heißt *Pflantzen*, der Transfer *Begiessen*.

> *So muß in der Lehre von dem Glauben auf vielerley gesehen werden. Auf das Erdreich/ nemlich auf das Hertz des Menschen/ auf die Sache selbst/ JEsum/ und auf die Jahrzeiten/ nemlich auf die Art des Vortrags in der Lehre/ nach Zeit/ Ort/ und Umständen. Diesem nach rede ich von dem Hertzen/ als der Quelle alles Denckens/ Redens und Thuns (43).*

Wichtig ist ihm, daß die vermittelte Lehre im Kern „das Ganze" enthalte, den späteren Erkenntis- und Erlebnisfortschritten entsprechend immer weiter ausgebaut werden könne, also wahr sei. Damit beschreibt er bereits seine Vorstellung eines „Systems": Daß man mit der Lehre anfange, wo man wolle, man käme immer „aufs Ganze". Das gäbe einem die Gelegenheit, in der Katechese beim gerade Nächstliegenden zu beginnen, anzuknüpfen. Mit einigen Beispielen belegt Oetinger seine Vor-

---

[14] Grundsätzlich: *[Oetinger:]* Application der Metaphysic auf die Moral. Uebereinkunft und Unterschied der Wolfischen Moral mit den Sprüchen Salomonis. In: Die Metaphysic in Connexion mit der Chemie [. . .]. Schw. Hall [1770], 586–601. – Vgl. die ausgezeichnete Untersuchung von *Wolfgang Schoberth:* Geschöpflichkeit in der Dialektik der Aufklärung. Zur Logik der Schöpfungstheologie bei F.Chr. Oetinger und J.G. Hamann. Neukirchen 1994 (Evangelium und Ethik, 3).

[15] „Cor non definit [. . .]"; *Oetinger,* Inquisitio (1752) [s. Anm. 13], 19.

stellungen. Die Sakramente seien dabei (für die Kinder!) eine große Hilfe (43 f.).

> *Inzwischen ist nöthig/ den Kindern das auswendig lernen blosser Worte/ wo möglich/ durch Fragen/ wie erfahren oder innen werden und auswendig lernen unterschieden sey/ zu erleichtern. Man fragt nach etlichen Monathen/ darinn sie gewisse auswendig gelernte Sachen erfahren/ wie viel sie sich jetzt die Sachen anderst vorstellen aus Erfahrung/ als da sie nur von hören sagen oder lesen sich ein Bild gemacht.* (44)
> *Ein Schulmeister, der die Methode weiß, ... wird nicht erkannt von dieser Welt.*[16]

Immer wieder wird Oetinger gegen das verbreitete, ausschließliche Auswendiglernen zu Felde ziehen.

> *Immer einerley treiben, und zwar bloß auswendig, ist ein Eckel für die Kinder. Einerley treiben, heißt eine Sache auf vielfache Weise imprimiren, diversis casibus unum vor Augen mahlen, constanter & uniformiter, doch unter ungezwungener Abwechslung und Mannigfaltigkeit. Da haben Kinder eine grosse Lust, und sind begierig, kommen selbst fleißig, und erfreuen sich der Lehre. Da hingegen die gemeine auswendig lernende Weise sie müd und verdrossen macht. Ich habe das Meine redlich gethan mit Catechetischen Mitteln*[17].

Aber auch gegen sich selbst ist er kritisch und merkt seine eigene *gesetzliche Schreibart* in früherer Zeit an (54 ff.).

Bereits hier, 1739, kommt er auf seine philosophische wie pädagogische Spezialität zu sprechen: die Wichtigkeit der *gering geachteten Sprüchwörter Salomons* (45), die ihm eine unerschöpfliche Quelle weltlicher wie geistlicher Weisheit sind. – Oetingers Aufsatz verliert sich dann in sprachphilosophische Überlegungen, die für ihn bis etwa 1750 sehr wichtig sind, zugleich bringt er hier noch einige kleinere Arbeiten unter.

In dieser kleinen, hier nur überflogenen Schrift, sind alle katechetisch bedeutsamen Ideen Oetingers bereits zur Stelle. Sie werden später lediglich theoretisch und didaktisch weiter ausgeführt.

1753 erscheinen drei Kupferblätter mit einer siebenseitigen Erläuterung:

> *Dreyfache Sitten-Lehre I. Nach der Natur. II. Nach der H. Schrifft. [gemeint: das AT] III. Nach JEsu Christo. Mit Drey Kupfer-Blättlein. Heilbronn 1753.*

Hier systematisiert Oetinger seine theologisch-pädagogischen Vorstellungen: I. Natürliche Lehre, dargestellt als ein von selbst wachsender Baum, bleibt in moralischen und selbstbezogenen Vorstellungen gefangen. II. Die Sittenlehre Salomos dagegen, dargestellt als ein mit Fleiß erbautes Haus, befreit zu echter Sittlichkeit, indem der ihr selbst verbor-

---

[16] *Oetinger:* Casual-Reden (1761), 58.
[17] *Oetinger:* Weinsberger Predigten II (1759), 1102 f.

gene Ursprung der Natur wie der Weisheit, also auch der Sittenlehre, auf Gott zurückgeführt werden. Außerdem leiten die Sprüche Salomos von einer künstlich-geometrischen *Schulart* zur *generativen, pflantzenden Schrift-Methode* an (5). Daß hier Erklärung und der Kupferstich nicht zusammenpassen, stört Oetinger wenig. Der III. Stich, das „Evangelium, die Sittenlehre Jesu", zeigt Jesus zwischen Verklärung und Kreuzigung als Prediger; Unterschrift: *Der Lehrer N. Test. will sagen. Laßet euer natürlich Leben mit dem Göttlichen verherrlichen.* Das Evangelium ist der *viel kürtzere Weg* zum Leben. Sittlichkeit wird zur Frucht des Geistes, ethisches Handeln ist nunmehr aus der Eschatologie abgeleitet, die Standesunterschiede verschwinden.

Daß diese kurzen Bemerkungen in unserem Zusammenhang von Belang sind, wird in dem Doppelwerk über Sprüche und Prediger deutlich, das die Kupferstiche noch einmal aufnimmt: *Die Wahrheit Des Sensus Communis I. Stuttgart [1754]; II. [Stuttgart] 1753.* Im zweiten Teil findet sich der Aufsatz

> *Anweisung/ die Jugend zu gesundem Verstand anzuführen,*[18]

in dem Oetinger seine Anmerkungen zur „dreifachen Sittenlehre" katechetisch bedenkt. Es sind dieselben Themen, die uns bereits 1739 begegneten. Ausführlicher bekämpft er nun die Sucht, alles zu definieren:

> *Die Alten glaubten nicht, daß es nöthig sey, zu einem Gemähld eines Vogels darzuzuschreiben, das ist ein Vogel, das ist eine Blume [!]. Weil aber die heutige[n] nicht so können nach dem Leben schildern, wie die Alte[n], so müssen sie so viel Definitionen und Erklärungen geben.* (388 f.)

Wieder geht es ihm um den Zusammenhang, um *innere* Definitionen (389)! Das Evangelium, das alltägliche, „gemeine" Leben, die Schöpfung und die Zukunft Gottes müssen – für Kinder bereits ersichtlich – zusammengebracht werden.

> *Auf diese Art führt man die Jugend zu gesundem Verstand an. Man läßt sie nicht gar so viel auswendig lernen* (390),
> *. . . das würde sie bald zu anderen Leuten machen* (392),

und das ist ja das katechetische Ziel.

Auch *das andere Geschlecht* liegt Oetinger am Herzen. So übersetzt und ediert er im selben Jahr ein Erziehungsbuch:

> *Einer Hertzogin aus Franckreich Regeln für das Frauenzimmer hohen Herkommens, wie auch wie die Kinder hohen und niedern Standes zu erziehen, aus dem Französischen übersezt. Tübingen 1754.*[19]

---

[18] S. 386–392.

[19] Vorlage: [*Jeanne de Schomberg*, Duchesse du Plessis-Liancour:] Reglement donne par une dame de haute qualite, A M*** sa petite-fille Pour sa conduite & pour celle de sa Maison: Avec un autre Reglement que cette Dame avoit dressé pour elle-mesme. [Ed. *Jean-Jaques Boileau*] Paris: Augustin Leguerrier; Brüssel: Lambert Marchant 1698. 103, [3], 199; oder eine andere

Wie üblich nutzt Oetinger die Gelegenheit verschiedener Beigaben, so etwa einer *Vorrede [von der schönen Schreibart aus Vergleich mit der Music]* und *Augustini Erzehlung von dem Verhalten seiner Mutter Monicae gegen ihren Ehemann* (313–315) aus dessen Confessiones IX 9.

Das Werk *J. F. Jödlers reale Vortheile zum Informiren, aus dem Munde Herrn Oetingers (Heilbronn 1758)* ist hingegen bislang verschollen, belegt aber wiederum das pädagogische Interesse.[20]

Auf einen katechetisch wichtigen Briefwechsel in Oetingers erstem, großen Predigtband 1758/59 ist hinzuweisen:

> *Correspondenz, Von der Art ad Sensum Communem zu reden.*[21]

Im letzten Teil (1098 ff.) wendet sich Oetinger der Katechese zu, für die er eine bestimmte Didaktik, die Sprüche Salomos durchzugehen, empfiehlt. Dabei stellt er Ergebnisse seiner eigenen Konfirmanden vor. Grundsätzlich meint er:

> *Die erste[n] Christen haben die Catechumenos nicht mit so viel Lehren des Christenthums überhäufft, aus Sorge, es möchte ihnen verächtlich werden. Sie haben nichts von der Dreyeinigkeit lernen dörffen, sie haben nicht einmahl das Vater Unser dörffen lernen ... Heut zu Tage lehret man die Kinder viele technologische Eintheilungen, und mancher Lehrer weiß nicht, wie er es mit Kindern angreiffen solle, daß sie gerührt werden, und etwas bleibendes behalten. Eintheilungen helffen niemand, als Leuten, die studirt haben ... Der gemeine Mann behält nur solche Sachen, die im gemeinen Leben vorkommen, dergleichen die Sprüche Salomo sind.* (1100 f.)

Es sei eine Sache der Liebe zu den Kindern, die Jesus besonders anmahnt, daß Lehrer höchste Energie auf eine abwechslungsreiche Didaktik wenden.

Bis 1759 dürfte Oetingers anonymer

> *Spiegel Einer Kinder- und Exempel-Bibel guter und böser Menschen, Darinnen Der gantze Catechismus zur nützlichen Wiederholung ins Kurtze gezogen ist,* o. O. o. J. *96 S.*

erschienen sein, von dem er sich wünschte, daß er mit Bildern ausgestattet wäre.[22] Hier und vielmehr im folgenden großen katechetischen

---

Ausgabe, z. B. Paris 1706, Paris 1718; Angaben nach *Reinhard Breymayer*, in: *F. Chr. Oetinger:* Lehrtafel (1977). TGP VII/1,2, 425 f.

[20] Johann Friedrich Jüdler, dessen Lebensdaten bislang unbekannt waren, war nach den Recherchen von Reinhard Breymayer Informator in Stuttgart. Er wird 1742 im Zusammenhang mit der Geburt seines Sohnes Johann Christoph erwähnt.

[21] In: *Oetinger:* Weinsberger Predigten II (1759), 1065–1104; vgl. Sämtl. Werke II/6, 382–403; in unserem Zusammenhang ist auch nicht unwichtig der „Anhang von Vergleichung der Sitten-Lehre Salomo mit der Lehre JEsu Christi", Weinsberger Predigten I (1758), 294–327; vgl. Sämtl. Werke II/4, 13–30.

[22] *Oetinger:* Correspondenz ... (1759), 1103.

Werk kann man sehen, wie sich der Superintendent die katechetische Arbeit konkret vorstellt:

> *Historisch Moralischer Vorrath von Catechetischen Unterweisungen Nach den sechs Hauptstücken des Catechismi Lutheri/ nebst denen Historischen Beschreibungen der Lebens-Läuffe der in Heil. Schrifft Alten und Neuen Testaments vorkommenden Personen. Dem Druck überlassen von M. Friederich Christoph Oetinger, Special-Superintendenten und Stadt-Pfarrer in Herrenberg. Tübingen 1762. [48], 1016 S.*

Heutige finden den Umfang erschlagend. Es war allerdings durchaus üblich, die Jugend mit tausenden von Fragen und Antworten[23] zu belehren, bei Oetinger sind es weit weniger.

Zunächst sei der Inhalt aufgelistet.[24] Die Kinderbibel, von der Friedrich Christoph Oetinger und Philipp Matthäus Hahn noch zweimal Auszüge veröffentlichten,[25] enthält die folgenden Teile:

a)	*S. 2–36*	*Exempel guter, böser und vermischter Menschen*
b)	*S. 36–64*	*Nützliche Erinnerungen zu den Hauptstücken des Catechismi*
b)*	*S. 43–57*	*Spiegel der Liebe*
c)	*S. 65–70*	*Fragen aus Luthers Catechismo*
d)	*S. 71f.*	*Tägliche Erneurung des Bundes mit GOtt und Verwandlung des Catechismi ins Gebet*
e)	*S. 73–96*	*Fragen und Antworten über das Confirmations-Büchlein*

Der umfangreiche *Historisch Moralische Vorrath:*

a) fol.):(2–):():(5	Vorrede
a*) fol.):():(3–):():(5	*Meine Noten und Anmerckungen über Matth. 18. und Marc. 9.*
b) fol. [):():(6] – [):():():(8]	*Predigt Bey der Confirmation auf ein Decanat in Stuttgardt gehalten. über Ephes. 4,3.4.5.: Predigt von der Einigkeit des Geistes* (Kolumnentitel)

---

23 Z. B. *Johannes Bischoff:* Catechetische Erklärung des neuen Confirmations-Büchleins, bestehend in etlichen tausend leichten Fragen und Antworten ... Stuttgart 1766; 1772.

24 Eine im Kern wohl von *Oetinger* selbst verfaßte Übersicht zum „Historisch Moralischen Vorrath" findet sich in einer [Selbst-]Anzeige in: Tübingische Berichte von gelehrten Sachen auf das Jahr 1762, nebst einem vollständigen Register. Tübingen: Johann Georg Cotta [1762]; XXVII. Stück, den 9. Jul., S. [385] (9. Z. v. u.) – 387 (12. Z. v. u.).

25 [Ausz.: a-d] In: *F.Chr. Oetinger:* Historisch Moralischer Vorrath [...]. Tübingen 1762, 921– 992. – [Ausz.: d, e] In: *F.Chr. Oetinger:* Sammlung einiger Stücke/ zu Erklärung des Confirmations-Büchleins. Tubingen 1765, Ausz. d): 34–36; Ausz. e): 3–23. –[Ausz.: d, Ausz. aus: e] In: *Philipp Matthäus Hahn:* Das Württembergische Konfirmationsbüchlein. Tübingen 1863; Ausz. d) S. 52–54; Ausz. aus e) (1759: S. 96) unpag. –Weitere Auszüge erschienen in *Oetinger*, Sämtl. Werke II/5, 1863, 555 f., und in *Otto Riethmüllers* Gebetsbuch: Mit Gott wirken. Friedrich Christoph Oetingers Gebete. Berlin 1934, 49–52; Gelnhausen ^{2}1980, 51–54.

	S. 1–454	I. *Der Historische Theil*
c)	S. 134–171	*Der Lebens-Lauf JESU Christi nach der Harmonischen Anzeige des Seel. D. Bengels* (nach: J. A. Bengel: Richtige Harmonie Der Vier Evangelisten [. . .], Tubingen 1736; 1747^{2})
	S. 386–454	*Kurtz zusammen gezogene Exempel guter und böser Menschen Aus Heil. Schrifft nach den Augenmercken der 10. Gebote für Kinder von 7. 8. und 12. Jahren*
d)	S. 419–446	*Exempel des Weibes-Saamens, oder der Guten Aus dem neuen Testament*
	S. 455–920 (992)	II. *Der Catechetische Theil*
	S. 455–588	*Das erste Haupt-Stück des Catechismi von den zehen Geboten*
e)	S. 670 [recte: 570] –580	*Das Leben JESU nach den zehen Gebotten.* Aus: F.C. Oetinger: Die Wahrheit Des Sensus Communis II. Stuttgart 1753, 376–386
f)	S. 581–588	*Wie ein Haus-Vater die Sprüche Salomo mit den Seinigen üben solle?* Aus: Ders.: Casual-Reden. Tübingen 1761, 82–90.
	S. 589–715	*Das zweyte Haupt-Stück des Catechismi. Vom Glauben*
	S. 716–743	*Zwey Anhänge zu dem Haupt-Stück vom Glauben*
g)	S. 716–733	*Catechismus der Weisheit, Welche alle Menschen auf allen Strassen, Gassen an allen Thoren, ohne Worte und mit Worten anredet*
h)	S. 733–743	*Kurtzer Auszug aus Johann Arnds wahrem Christenthum, als ein Anhang zu dem Haupt-Stück vom Glauben*
	S. 744–804	*Das dritte Haupt-Stück des Catechismi. Vom Gebet*
i)	S. 744–769	(Gebete über Spr 1–22.31). Aus: F.C. Oetinger: Innhalt Der Rede GOttes. Tubingen 1762, Ausz. aus S. 119–128 und Erweiterung[26]
k)	S. 769–796	*Gebeter nach den Psalmen Davids* (über die sieben Bitten des Vaterunsers, Morgen- und Abendgebete für eine Woche)[27]

[26] Diese erweiterte Fassung der Gebete ist nicht mit den Gebeten über die Sprüche aus *Oetingers* Confirmations-Büchlein (1765), 58–71, zu verwechseln.

[27] Neue Fassung, nicht zu verwechseln mit den Gebeten aus dem Psalmen-Kommentar (1776), 633–648 (Langfassung), oder dem Confirmations-Büchlein (1765), 36–47 (Kurzfassung).

	S. 805–830	*Das vierte Haupt-Stück des Catechismi. Von der Tauffe*
	S. 830–861	*Das fünffte Haupt-Stück des Catechismi. Von dem Heil. Abendmahl*
	S. 861–920	*Das sechste Haupt-Stück des Catechismi. Von den Schlüsseln des Himmelreichs oder von der Kirche*
l)	S. [921]–992	*Kinderbibel* (1759), [Ausz.: S. 1–72][28]
	S. 993–1006	(Inhaltsverzeichnis)
	S. 1007–1016	Historisches Namen-Register

Diese große Ausgabe wurde noch einmal 110 Jahre später veröffentlicht,[29] ansonsten nur in kleinen Auszügen.[30]

Zunächst fällt auf, daß Oetinger die Struktur von Luthers Kleinem Katechismus zugrunde legt. Das ist zwar in Württemberg üblich, Oetinger jedoch findet erst seit 1735/36 einen Zugang zu Luthers Theologie, die ihm schließlich sehr „teuer" wird.[31] Sogar eine Theologia verfaßte er nach diesem orthodoxen Schema.[32] Natürlich ist Oetingers Theologie schwerlich in die Gliederung von Luthers Katechismus zu bringen. Er versucht es „inzwischen" gleichwohl, denn „nach der Ökonomie jetziger Zeit" ist die Lutherische Lehre die dem sensus communis am nächsten liegende. Das heißt nicht, daß sich das nicht mal ändern werde!

---

[28] Identisch mit der Kinderbibel (1759), 1–72, lediglich die Paginierung ist geändert.

[29] Historisch-moralischer Vorrath von katechetischen Unterweisungen [...]. Neu hg. u. mit zwei Beilagen versehen von *Gottlob Közle*, Schulamtsverweser in Birkmannsweiler bei Winnenden. Stuttgart 1872, XVI, 565, VII S.

[30] [Ausz. aus: d] (Kurzfassung). In: *F.Chr. Oetinger:* Confirmations-Büchlein (1765), 82–93.– [Ausz.: b] In: *F.Chr. Oetinger:* Grundbegriffe des neuen Testaments [Epistelpredigten]. Stuttgart ²1824, 819–829.–[Ausz.: b] In: *F.Chr. Oetinger:* Sämtl. Werke I/5, 261–272.–[Ausz.: a*] In: *K.C.E. Ehmann:* F.Chr. Oetingers Leben und Briefe. Stuttgart 1859, 46–48.–[Ausz. aus: k] In: Mit Gott wirken. Friedrich Christoph Oetingers Gebete. Hg. v. *Otto Riethmüller.*

[31] *F.Chr. Oetinger:* Explicatio sententiae, Excellentissimo Domino Dr. Maucharto, Medico, quae sub discurso mensali mihi excidit, scil. A. 1735 factae, me miratum esse, quod tantopere meis ipse principiis Lutheranus esse factus fuerim (verschollenes MS); eine alte deutsche Übersetzung ist von *Konrad Ohly* entdeckt und herausgegeben worden: Wie ich durch meine eigenen Prinzipien ein guter Lutheraner geworden, 1735. In: *Friedrich Christoph Oetinger:* Theologia. Hg. v. *Konrad Ohly*. Berlin 1979 (TGP, VII/2,1), 280–291; vgl. hierzu *Martin Weyer-Menkhoff:* Oetinger und die Reformation Martin Luthers [Vortr. am 31. Okt. 1982 in Murrhardt]. In: Evangelisches Gemeindeblatt für Württemberg 78, 1983, Beilage Jan. 1983; *Ders.*: Christus, das Heil der Natur. Entstehung und Systematik der Theologie F.Chr. Oetingers. Göttingen 1990 (AGP, 27), 106 ff.

[32] Theologia ex idea vitae deducta in sex locos redacta [...]. Nova et experimentali methodo pertractatur [!]. Francofurti et Lipsiae 1765, [8], XXXII, 564, [6] S. Im Rahmen der kritischen Ausgabe edierte sie *Konrad Ohly:* Berlin 1979 (TGP, VII/2, 1–2). Eine deutsche Übersetzung besorgte *Julius Hamberger*, Stuttgart 1852. Bereits zwölf Jahre zuvor veröffentlichte *Oetinger* einen Vorläufer: Sylloge Theologiae, Ex Idea VITAE deductae, In Sex Locos redactae [...] cum sale & pace, pertractato [...]. Heilbronnae 1753, 100 S.

Durchgängig ist ein zweistufiges Vorgehen zu bemerken. Zunächst spielen die Gebote und Bibel- und Geschichtskenntnis die Hauptrolle. Deutlich wird das zum Beispiel an den bis in extenso traktierten *Exempeln guter / böser / vermischter Menschen* im AT und NT, wozu auch zwischentestamentliche und andere jüdische Schriften herangezogen werden, etwa Josephus. Diese Breite ist ja auch aus Oetingers Predigten bekannt, der Erwachsene wie Kinder gerne mit geschichtlichen Beispielen aus dem alten China, der klassischen Antike oder jüngerer und jüngster Zeit lehrt. Diese *Exempel* werden nun jeweils mit einem Gebot, das in Klammern angemerkt wird, in Verbindung gesetzt. Dieses Schema behält Oetinger durchgängig bei, auch wenn es um das Leben Jesu geht, das nach einer Harmonie zusammengestellt ist, oder um die Sprüche oder den Prediger Salomo, die ebenfalls mit Geboten zu verbinden sind. Die Gebote werden schließlich mit *dem gantzen Menschen* korrespondierend, symmetrisch eingeprägt: *nemlich das 1. 9. und 10de für das Hertz des Menschen, das 2te und 8te für die Zunge, das 3. 4. 5. 6. und 7te für die Ohren, Augen, Hände, Füsse und eure übrige[n] Glieder.*[33]

Nach einer ersten Durchsicht bekommt man einen merkwürdig gesetzlichen Eindruck.[34] Dem will Oetinger mit einer zweiten Stufe entgegenwirken. In der Kinderbibel problematisiert er dies in einem Abschnitt für *Haus-Väter* und *Haus-Mütter:*

> *Du must aber wissen, wie das Evangelium im Gesetz, und das Gesetz im Evangelio nicht mehr gegeneinander stehende, sondern vereinbarte Dinge sind.*[35]

Die Kinder sollen nun lernen, wie die Pflichten der Gebote zu *Früchten* des Evangeliums werden. Hierzu dienen die Betrachtung des Lebens Jesu, der *Spiegel der Liebe* (eine Erklärung zu 1Kor 13) und eine breite Anleitung zum Beten.

Besonders sei noch auf zwei Stücke des großes katechetischen Werks hingewiesen: Zum einen auf die

> *Vorrede* (unpag.)

als auch auf den

> *Catechismus der Weisheit, „Welche alle Menschen auf allen Strassen, Gassen an allen Thoren, ohne Worte und mit Worten anredet“* (S. 16–733),

eine Perle Oetingers! Beide Teile führen aufs kürzeste in seine Theologie ein, die *Vorrede* verweist auf seine gerade (am 8. April 1762) niedergeschriebene Autobiographie.

---

[33] *Oetinger*, Kinderbibel, 47.

[34] Hierzu äußert sich *Oetinger* explizit in den Weinsberger Predigten II (1759), 1103 f.

[35] *Oetinger*, Kinderbibel, 41.

Bereits 1761 veröffentlichte Oetinger den im *Historisch Moralischen Vorrath* und auch später von ihm wiederabgedruckten Aufsatz

> *Wie ein Haus-Vater die Sprüche Salomo mit den Seinigen üben solle? In Frag und Antwort.*[36]

Die Bedeutung der Sprüche Salomos ergibt sich, wie oben angedeutet, aus Oetingers Theologie und Philosophie der Weisheit, des sensus communis. Das muß sich eben auch in der Katechetik niederschlagen, wobei die Kinder und Jugendlichen zugleich in das Problem *geometrischer* und *generativer Methode* herangeführt werden. Denn die Sprüche lassen sich kaum „geometrisch" strukturieren. (Freilich erscheint uns auch Oetingers Gliederung kunst-voll.)

An einige Predigten ist nun zu erinnern. Zunächst an drei verschiedene über die Perikope vom zwölfjährigen Jesus Lk 2,41–52, die nach der Evangelien-Predigtreihe zum 1. Sonntag nach Epiphanias gehört. In Oetingers drei Evangelien-Predigtbüchern finden sich dazu katechetisch interessante Ausführungen. Er pflegt seinen Predigten einen Titel zu geben. Sie lauten in zeitlicher Reihenfolge:

- *Die Erziehung der Kinder nach dem Vorbilde JEsu.* (ed. 1759)[37]
- *Die heilige Jugend des zwölfjährigen Kindes JEsu als unser Muster.* (ed. postum 1818)[38]
- *Sieben Regeln, welche Junge und Alte vom Kind JEsus lernen sollen.* (ed. 1780)[39]

Das Leben Jesu besitzt in allen Einzelheiten normative Kraft, die Oetinger jüdisch-kabbalistisch-altkirchlich-biblizistisch-geistreich erschließt.

> *Das Exempel JEsu solle allen Kindern vor Augen stehen, als sähen sie ihn, wie früh er aufgestanden; wie frisch er an die Arbeit gegangen . . . Ob er Tag für Tag in die Schule gegangen, weißt man nicht. Ich glaube seine Eltern haben ihn selbst unterwiesen, und er habe gar bald alles selbst angegriffen,*[40]

was Oetinger aus Jes 50,4 und Joh 7,15 schließt.

---

[36] In: *F.Chr. Oetinger:* Casual- und Investitur Reden [. . .]. Tübingen 1761, 82–90; ebenso in: *Oetinger:* Historisch Moralischer Vorrath (1762), 581–588; (1872), 309–313; Confirmations-Büchlein (1765), 48–57; Sämtl. Werke I/5, 235–240; Heilige Philosophie. Zeugnisse der Schwabenväter III. Metzingen 1965, 120–125.

[37] Predigt am 1. Sonntag nach Epiphanias über Lk 2,41–52. In: *Oetinger:* Weinsberger Predigten II (1759), 119–130; Sämtl. Werke I/4, 74–80; dieses wie die beiden anderen unten genannten Predigtbücher werden bis heute neu aufgelegt.

[38] Predigt am 1. Sonntag nach Epiphanias über Lk 2,41–52. In: *Oetinger:* Herrenberger Predigten I. Reutlingen 1818, 126–141; Sämtl. Werke I/2, 71–80. Die Predigt ist in Herrenberg, also zwischen 1760 und (gerade noch) 1766 gehalten worden; anhand der Amtskalender ließe sich wohl das genaue Jahr ermitteln.

[39] Predigt am 1. Sonntag nach Epiphanias über Lk 2,41–52. In: *Oetinger:* Murrhardter Predigten I. Tübingen 1780, 122–137; Sämtl. Werke I/3, 68–76.

[40] Weinsberger Predigten II (1759), 121.

Fraget GOtt, ehe ihr eure Eltern fraget.[41] *Es ist gar schwer, sich JEsum vorzustellen, wie er war. ... doch nur eine Frage will ich machen: Wie sahe er das großes Alles, Sonne Mond und Sterne an? ... war es ihm auch so erschröcklich wie uns, wenn wir den unermeßlichen Raum zwischen den Sternen ansehen?*[42]

Eigentlich mehr als in den bisher erwähnten katechetischen Werken wird deutlich, daß Oetinger sich im Umgang mit Kindern auskennt und sie ernstnimmt. Nicht nur die Eltern, auch die Kinder redet er direkt an, manchmal spezielle Altersgruppen, manchmal deutlich gegenüber den Eltern (hier wohl „Pietisten") kontrastiert:

Sehet nur das JEsus-Kind recht an, ihr Menschenhasser, die ihr GOtt allein im Schoos zu sitzen meynet: so werdet ihr euch schämen. Nun wende ich mich zu euch, ihr Kinder! und erinnere euch, daß ihr freiwillig und ungezwungen, nach dem heutigen Evangelio, sieben Regeln von JEsu lernet ...[43]

Die Kinder sollen sich zwar in Demut üben, wie auch der Jesus-Knabe, der,

so scheinets, ... seine Eltern beflissener massen lange Zeit in der Meynung gelassen, als wäre er ein Kind, wie andere.

Natürlich begegnen die traditionellen Vorstellungen, allerdings mit liberalen Konsequenzen:

Es wird euch nichts verboten seyn, euch zu ergötzen, in allem, was eine Bewegung des Leibs und Munterkeit des Gemüths unterhält. Der Heiland hat nicht gespielt: ihr könnt spielen, wann es euch eure Vorgesetzte[n] erlauben. Der Heiland hat nicht gelacht: ihr könnt lachen, und euer Herz guter Dinge seyn lassen.[44]

Wie Jesus sollen sie aber auch kritisieren lernen.

Findet ihr, daß eure Eltern auf einem Irrweg sind, so dürfft ihr zu rechter Zeit eure Meynung sagen.[45]

Immerhin mögen sich die Kinder daran erinnern, daß sie *göttlichen Geschlechts* seien. Dem sollen sie in ihrer eigenen Kindheits-Biographie nachspüren lernen.

Lernet nicht nur Sprüche und Lieder auswendig, sondern leset, mercket auf, wiederhohlets, theilets ab in Gedancken, lasset euch andere das Ohr leihen, daß ihr ihnen erzehlt, was ihr gelesen.
Das ist der Weg, glücklich zu werden ... GOtt wird euch alles selbst lehren, daß ihr sagen könnt: ***Ich bin gelehrter als alle meine Lehrer,*** *Psal. 119.*[46]

---

41 Murrhardter Predigten I (1780), 130.
42 Herrenberger Predigten (1818), 133.
43 Murrhardter Predigten I (1780), 127 f.
44 Murrhardter Predigten I (1780), 134.
45 Weinsberger Predigten II (1759), 128 f.
46 Weinsberger Predigten II (1759), 129.

Den Eltern soll klar sein, daß ihre ganze Erziehung wenig nutzt, wenn sie nicht selbst Vorbild sind, ja *sich selbst [nicht] vorher [er-]ziehen.* Auch sollen sie

> *die Sorge nicht blos an die Schulmeister hänge[n]. . . . Denket ihr Eltern . . ., wie ihr Eltern GOttes Stelle vertretet . . .*[47]

Die Pfarrer sind als Lehrer in der folgenden Investiturpredigt besonders angesprochen:

> *Aufrichtigkeit allen Menschen, besonders aber einem Lehrer nutzlich, bey der Investitur Herrn Pfarrer Klüpfels zu Eberstatt.*[48]

Unter Aufrichtigkeit versteht Oetinger hier eine ungekünstelte, auf Gott vertrauende Geradheit, wie sie in der Bergpredigt (Mt 6,24–34) als Einfalt und Leicht-Sinnigkeit vorgestellt wird. Ein Lehrer müsse zunächst sich selbst, *das gröste Rätzel, das jeder an sich selbst trägt,*[49] erfahren.

> *Soll kein Lehrer seyn, er soll vorhero die grosse Reise durch sich selbst gethan haben, ehe er andere lehrt.*[50]
> *Darum gehört zu einem Lehrer etwas gantz anders als der Schulsack. Er muß das Hertz des Menschen, das unergründliche Ding, verstehen . . .*[51]

Im folgenden führt Oetinger ein Stück seiner auch sonst stets gegenwärtigen biblischen Psychologie aus:[52] Der Lehrer habe den inzwischen krummen und schwachen Menschen mit seiner Million Willen zur Einfalt zu führen. Er bringt ihn in Kontakt zu den verschütteten Reliquien der Liebe zur Wahrheit.

> *Man [der Lehrer] denckt niemahl, daß alles falsch sey, was der andere [der Schüler] vorgibt, man glaubt . . ., es sey auch etwas Wahres [an Lügen und Falschheit], und durch das Wahre, das man ihm zugesteht, führt man ihn aus dem Falschen heraus. . . . Die Irrthümer sind . . . theils angebohren, theils anerzogen. O da gehört Klugheit dazu* (74 f.).

Zu dieser Klugheit schickt es sich schließlich, daß Gemeindeglieder wie Schüler zum *eigenen Arbeiten*, zum *selber suchen und finden* angeleitet werden.

In seinen *Biblischen Wörterbüchern* von 1759 und 1776 faßt Oetinger seine Anschauungen unter den Artikeln

---

47 Herrenberger Predigten (1818), 137 f.

48 Predigt am 15. Sonntag nach Trinitatis über Mt 6,24–34. In: *Oetinger:* Casual-Reden. Tübingen 1761, 59–77; Sämtl. Werke I/5, 221–232.

49 *Oetinger:* [Nachschrift]. In: Weinsberger Predigten I (1758), 4.

50 *[Oetinger:]* Biblisches und Emblematisches Wörterbuch (1776), 450; so auch *ders.*: Weinsberger Predigten II (1759), 515.

51 *Oetinger:* Casual-Reden (1761), 73.

52 In diesem Themenbereich erschließen sich ebenfalls wesentliche pädagogische Anliegen Oetingers, man denke nur an seine ausdrückliche Bekämpfung von Lieblingsmeinungen und den zugehörigen Beobachtungen von den frühen Schriften (Die Unerforschlichen Wege der Herunterlassung GOTTES ... Leipzig 1735, A 60, 76 f.) bis zu den letzten (Biblisches und Emblematisches Wörterbuch (1776), 5, 61, 105, 415, 643 ...).

– *Lehrer. Lehrart*[53] und

–*Jünger JEsu; – Lehre, Lehrer; – Lernen*[54]

zusammen.

Bildungspolitisch äußert sich Oetinger durchweg in seiner Trilogie

> *Die Güldene Zeit oder Sammlung wichtiger Betrachtungen von etlichen Gelehrten zur Ermunterung in diesen bedenklichen Zeiten zusammen getragen.* (1759–1761)[55],

in der er Konsequenzen aus der Hoffnung auf das bald anbrechende Reich Gottes für alle Bereiche des öffentlichen Lebens zieht. Die Politiker müssen zum einen erkennen, daß sie mit ihrem Leben als Vorbild das Gemeinwesen erheblich prägen. Wo sie *boshaft, lügenhaft, falsch und gewissenlos* sind,

> *kan ein Lehrer so wenig mehr ausrichten, als JEsus zu Capernaum, zu Nazaret, zu Chorazin und zu Bethsaida. Es bleibt nichts übrig, als das Wehe über solche Oerter auszuruffen.* (I 63 f.)

Kluge, vorausschauende Herrscher haben selbst gute Bildung genossen und werden zum zweiten wissen, daß sie lieber an anderen Stellen im Staat sparen als an der Schulbildung. Sie werden sich selbst um die beste Didaktik bemühen und *redliche und geduldige Schulmeister* in Stellung bringen.

1759 in der *Kinderbibel* schon angelegt bringt Oetinger 1765 eine Hilfe zum Konfirmandenunterricht heraus, die sich auf die Neufassung des Württemberger Konfirmationsbüchleins[56] *bezieht:*

> *Sammlung einiger Stücke/ zu Erklärung des Confirmations-Büchleins/ nnd [recte: und] tauglicher Unterweisung der Kinder. TUBINGEN 1765. 100 S.*

Die *Fragen und Antworten über das Confirmationsbüchlein* machen mit ihren seit der Fassung 1759 unveränderten 113 Fragen und Antworten lediglich ein knappes Viertel des Buches aus. Die anderen Teile, die hier aufgelistet seien, entsprechen dem bekannten Duktus seiner katechetischen Schriften.

---

[53] In: *Oetinger:* Kleines Biblisches Wörter-Buch. In: Weinsberger Predigten II (1759), 995 f.

[54] In: *[Oetinger:]* Biblisches und Emblematisches Wörterbuch (1776), 357–360, 402–406, 408; heute zugänglich als Faksimile, Hildesheim 1969, ²1987.

[55] [I. Stück] Frankfurt u. Leipzig 1759, [8], 200 S.; Zweytes Stük. Frankfurt u. Leipzig 1761, 216 S.; Drittes Stük. Frankfurt u. Leipzig 1761, 204, [1] S.

[56] Mit der Einführung der Konfirmation 1722/23 erschien jeweils auch ein offizielles, sogenanntes Confirmations-Büchlein. Zunächst in vielen Ausgaben: Evangelischer Unterricht, Von der Confirmation Derjenigen Kinder/ welche das erste mal zum Heil. Abendmahl gehen .... Stuttgart 1722/23. Ab 1730 wurde dies durch den Stiftsprediger *Johann David Frisch* grundlegend neubearbeitet. Auf diese Neubearbeitung bezieht sich Oetinger, es könnte z. B. die Ausgabe von 1758 sein: Evangelischer Unterricht, wie die Confirmation ... anzustellen. Stuttgart 1758, 93 S. Näheres und Literatur s. bei *Christoph Weismann:* Die Katechismen des Johannes Brenz. Berlin 1990, 467 ff.; *Ders.*: Eine kleine Biblia. Die Katechismen von Luther und Brenz. Stuttgart 1985, 85 f.

a) S. 3–23	Fragen und Antworten über das Confirmationsbüchlein. Aus: F. C. Oetinger: Kinderbibel (1759), S. 73–96
b) S. 24–34	[Philipp Friedrich Hiller]: Das Leben JESU ... in etlichen Gedächtniß-Reimen. Aus: C. F. [sic!] Oetinger: Innhalt Der Rede GOttes an alle Glaubige und an die gantze Welt/ ... Tubingen 1762, S. 39–48
c) S. 34–36	Tägliche Erneurung des Bundes mit GOTT. Aus: Kinderbibel (1759), S. 71 f.
d) S. 36–47	Morgen- und Abendgebete nach den Psalmen und den sieben Bitten des Vaterunser[57]
e) S. 48–57	Wie ein Haus-Vater die Sprüche Salomo mit den Seinigen üben solle? Aus: F. C. Oetinger: Casual-Reden (1761), S. 82–90 [Ausz. und Erweiterung: erweitert um die Fragen 13–16]
f) S. 58–71	Gebete über Spr 1–22.31[58]
g) S. 71–81	Das Leben JESU nach den Zehen Gebotten. Aus: F. C. Oetinger: Die Wahrheit Des Sensus Communis II (1753), S. 376–386
h) S. 82–93	Exempel der Glaubigen Neuen Testaments. Aus: Historisch Moralischer Vorrath (1762), S. 419–446 [Ausz.] Kurzfassung
i) S. 94–96	Vorbilder Alten Testaments, samt ihrer Anwendung auf Christum
k) S. 97–100	Das 10. Capitul der Sprüchwörter Salomonis in Vers

Gegen Ende seines Lebens veröffentlicht Oetinger noch einmal – wie üblich anonym, um der Zensur zu entgehen, – zwei einander ähnliche Katechismen, diesmal für kleinere Kinder, Oetinger denkt an Acht- bis Zehnjährige. Er geht hier sehr viel freier, assoziativ vor. Sie entbehren nicht einer gewissen Köstlichkeit!

> 1. *Muster eines leichten Catechismus, für gottselige Eltern mit ihren Kindern. Frankfurt und Leipzig, 1773. 12 S.*
> 2. *Catechismus der Unmündigen, für Solche, die mit Kindern umgehen, dem Verstand aufzuhelfen. Gedrukt im Jahr 1775. 14 S.*[59]

In diesen Heften mit ihren 13 beziehungsweise 30 Fragen und Antworten vermittelt der Autor den Kindern ziemlich unverblümt die Hauptloci seiner Theologie und Philosophie. Die Kinder sollen wissen, daß sie in Christus das Ganze des Lebens, des Glücks und aller Wissenschaften verdichtet schon bei sich haben. Sie sollen am Beispiel der sechs Hauptlehren des Katechismus lernen, was ein „System“ sei, und wie alles in jedem und in jedem alles stecke. Nebenbei werden die Kinder in Oetingers Lehre vom *doppelten Leben* und der *Leiblichkeit*, den Grundstrukturen der Schöpfung, eingeführt. Schließlich sollen sie erfahren, *wie schön*

[57] Kurzfassung; diese Gebete sind nicht zu verwechseln mit der Langfassung in *Oetingers* Psalmen (1748/50 ff.) oder der Neufassung im *Historisch Moralischen Vorrat!*

[58] Nicht zu verwechseln mit den entsprechenden Gebeten in *Oetingers* Innhalt der Rede GOttes (1762) oder der erweiterten Fassung im Historisch Moralischen Vorrath (1762)!

[59] Auf diesen Katechismus hat mich *Reinhard Breymayer* hingewiesen.

Gott ist, um ihn zu lieben. Wenn Oetinger drei Jahre später den Abschnitt über den Geist Christi aus seinem *Muster eines leichten Catechismus* (11 f.) in seinem *Biblischen und Emblematischen Wörterbuch* (249–251) zitiert, wird deutlich, wie schnell er die kindgemäße Ansprache verläßt. Diese Brüche in Oetingers Werken sind ja typisch.

Der *Catechismus der Unmündigen* ist stringenter gearbeitet.

> *1. Kind! bist du in die Welt kommen wie ein Hünlein oder Bienlein, das seine Speise gleich weis zu finden?*
> *Antw. Nein, sondern als ein Kind, das sich keine Hilfe geben kan, das man einwikeln, tragen und pflegen, und deme man Speise eingeben muß.*
> *2. Hast du die Muttersprach mit auf die Welt gebracht?* ... (3)

So kommt Oetinger auf die menschliche Sprache, auf die überall gegenwärtige implizite und explizite Sprache Gottes zu sprechen, die *Weißheit auf der Gasse* (Spr 1,20), die Gebote, das Theodizeeproblem und das Phänomen der Lebenslüge, mit der die meisten Menschen, auch die frommen, sich selbst bis ans Lebensende betrügen und am Wachstum hindern. Er scheut sich auch nicht, die Kinder im Vorbeigehen vor der Wolffschen Philosophie zu warnen:

> *1. Ist GOtt ein stillstehender Spiegel, oder ist Er ein ewiges Würken in allem?*
> *Antw. Ein einiges Würken 1.) über alles, 2.) durch alles, 3.) in allem, Also dreyeinig.* (5 f.)

Diese von Oetinger einmal *Theologie der Partikel* genannte, hier nur angedeutete Idee, läßt ihn auf den Anthropomorphismus der Bibel zu sprechen kommen und zu weiteren sprachtheologischen Bemerkungen übergehen, die den Kindern die Wichtigkeit des Gehörs im Zusammenspiel mit allen anderen Sinnen klarmachen soll.

Schließlich sei daran erinnert, daß Oetingers Ausführungen zur *Emblematik* durchgängig pädagogisch motiviert und durchsetzt sind. Sein 1776 – nach einer ersten Auflage 1759 – erschienenes *Biblisches und Emblematisches Wörterbuch* soll zum Beispiel

> *sowohl Schulmeistern als andern Lehrern* dienen (ebd., S. 849).

Das heißt nun auch insgesamt, daß für katechetische Studien zu Oetinger reichlich Material vorhanden ist.

Mit diesem Streifzug durch die wesentlichen katechetischen und pädagogischen Schriften und Anmerkungen Friedrich Christoph Oetingers sind wohl die Voraussetzungen geschaffen, um dessen Katechetik nun systematisch zu untersuchen. Das kann sinnvoll nur im Vergleich zeitgenössischer beziehungsweise damals üblicher Katechetik geschehen. Zu vielen bekannten Pädagogen hatte Oetinger ja engen Kontakt, sei es durch Tradition wie zu A. H. Francke, sei es persönlich wie zu J. A. Steinmetz, um nur zwei Namen zu nennen. In diesen Zusammenhängen erfahren wir aber nur wenig Pädagogisches. Oetinger selbst gibt an, daß er sich dankbar Johann Jakob Rambachs *Wohl-unterrichteten Catecheten* bedient.[60] *Die Jüdische, die Comenische, die Berlinische*[61] *Informir-Methode* finden sein Lob und kommen wohl der von ihm selbst propagierten *Methode GOttes* am nächsten.[62]

Hier ist ein Name gefallen, der mich den anderen Jubilar, Martin Brecht, grüßen läßt. Es ist ja verwunderlich, daß Oetinger sich kaum auf Johann Amos Comenius bezieht, der doch in Intention und Ausführung seiner Ideen als Vorgänger Oetingers bezeichnet werden könnte. Man denke nur an die von beiden bevorzugten Themen Schöpfung, Trinität – Triaden, Pädagogische Theologie, Weisheit, Eschatologie, Sprache, Emblematik[63] ... Brecht regte eine Untersuchung an, ob Oetinger *direkt auf ihn zurückgegriffen* habe.[64] Das ist einfach zu beantworten: Nein, hat er nicht; er erwähnt ihn lediglich äußerst selten, allerdings wie selbstverständlich und voll Hochachtung. Mir sind gerade vier kurze Erwähnungen des Comenius bei Oetinger bekannt. Also müßte man die Beziehung untergründiger untersuchen. Vielleicht hat Comenius ähnlich indirekt gewirkt, wie Oetinger selbst dann auf spätere (zum Beispiel Goethe), wozu es ja einige Untersuchungen gibt. Außerdem steht Comenius in Traditionsströmen, an die Oetinger wieder direkt anknüpft. Es sei nur an die alte (Zwei-, Drei-) *Bücher-Lehre* und den *sensus communis* erinnert.

Oetinger erwähnt in einer Auseinandersetzung mit Zinzendorf Comenius als letzten Mährischen Bischof,[65] dessen pädagogische und pansophische Intentionen bei Zinzendorf nicht angemessen geschätzt würden.[66] Sonst nennt Oetinger ihn stets in pädagogischen Zusammenhängen; außer an der oben zitierten Stelle im folgenden.

---

[60] „Ich bediene mich Rambachs wohl informirten Catecheten darzu. In dieser ist man frey/ und bindet sich an die Schrifft allein"; *F. Chr. Oetinger:* Anmerckungen über die Catechetische ... Lehr-Art. In: *Ders.:* Etwas gantzes vom Evangelio. Tübingen 1739, A 41.

[61] Gemeint ist wohl Johann Julius Heckers „Universalschule", eine Art Real-Gesamtschule mit Kurssystem, eine Hallesche Weiterentwicklung. Vgl. *Martin Brecht:* Der Pietismus in Brandenburg-Preußen. In: Geschichte des Pietismus 2: Der Pietismus im 18. Jahrhundert. Hg. v. *M. Brecht.* Göttingen 1995, 337–346.

[62] [F.Chr. Oetinger:] Die Güldene Zeit [I]. Frankfurt und Leipzig 1759, 64.

[63] Der Abschnitt über Emblematik in der Pampaedia (XII, 12 ff.) etwa könnte so von Oetinger stammen.

[64] *Martin Brecht:* Johann Amos Comenius im Zusammenhang der protestantischen Theologie seiner Zeit. In: J. A. Comenius 1592–1992. Theologische und pädagogische Deutungen. Hg. v. *Klaus Goßmann.* Gütersloh 1992, 81.

[65] „[...] die Verlachung Comenii, des Mährischen letzten Bischoffs"; *F.Chr. Oetinger:* Gespräch eines Mystici, Philosophi und Gesetz-Eyferers mit einem um die Wahrheit bekümmerten. In: *Ders.:* Das rechte Gericht [...]. Esslingen (od. Franckfurt u. Leipzig) 1748, 300.

[66] Offensichtlich in Absetzung zu dem Comenius-Anhänger Paul Eugen Layritz, der seit 1743 bei den Herrnhutern das Pädagogium in Marienborn leitete. Hier habe ich mich des Rates von Herrn Archivdirektor *Dr. Dietrich Meyer* (Düsseldorf) versichert. Vgl. *D. Meyer:* Zinzendorf und Herrnhut. In: Geschichte des Pietismus 2 [s. Anm. 61], 3–106, hier: 74–80; dort auch der Verweis auf *Marianne Doerfel:* Zur Übernahme der Pädagogik des Comenius durch Paul Eugen Layritz. In: Unitas Fratrum 32, 1992, 65–90.

> *Die Ordnung im Arbeiten ist nicht weniger nöthig, als die Ordnung im Lernen. Diß hat man so gar in etlichen Schulen nach dem Rath des weisen Comenii, und es wäre zu wünschen, daß Schulvorsteher auf diese Sache besser dencken möchten.*[67]

In dem Aufsatz *Von den Quellen der Sinnbilder* in seinem *Emblematischen Wörterbuch* verweist Oetinger schließlich auf die neueste Berliner Auflage des *Orbis sensualium pictus* des Comenius, dessen Anliegen und Gliederung er teilt.[68]

Schon dieser erste Überblick hat gezeigt, daß Friedrich Christoph Oetinger eigene, typische Vorstellungen in der Katechetik und Didaktik entwickelt. Es war aber auch zu sehen, daß seine Stärke nicht in einer ausgeführten Didaktik liegt. Man war schon damals etwa in der Fragetechnik weiter ... Dennoch wird es lohnend sein, Oetingers Lebens-Methode des Lernens und der Erziehung zur Geschöpflichkeit näher nachzugehen. Das wäre eine Aufgabe, die – wie jede vernünftige historische – dann eben nicht in der Vergangenheit verbleibt, sondern gegenwärtige Perspektiven eröffnet. Es steckt doch ein tiefer, klarer Sinn in seiner Alternative zu einer platten Aufgeklärtheit:

> *Viele meinen, man müsse eine Sache gleich verstehen, auch die Schulmeister und Präceptores wissen die göttliche Methode nicht, die der Heiland in seinen meisten Antworten gebraucht,* ***daß nemlich Nicht-Verstehen helfe zu desto mehrerer Oeffnung des Verstandes****.*[69]

---

67 *F.Chr. Oetinger:* Predigt am 1. Sonntag nach Epiphanias über Lk 2,41–52. In: Weinsberger Predigten II (1759), 126.

68 *[Oetinger:]* Biblisches und Emblematisches Wörterbuch (1776), 832.

69 *Oetinger:* Sieben Regeln, welche Junge und Alte vom Kind JEsus lernen sollen. Predigt am 1. Sonntag nach Epiphanias über Lk 2,41–52. In: Murrhardter Predigten I (1780), 133; Hervorhebung W.-M.

Walter Stäbler

Nürtingen als Zentrum des von Bengel und Oetinger geprägten württembergischen Pietismus

Philipp Matthäus Hahn und die Lateinschule Nürtingen*

Nürtingen gilt seit langem als eine der bedeutendsten Schulstädte in Württemberg. Mehrere Gründe lassen sich nennen, die den guten Ruf der Stadt als Hort der Bildung rechtfertigen. Zu denken ist zunächst an die erste Realschule Württembergs, 1783 von Dekan Jakob Friedrich Klemm[1] ins Leben gerufen.[2] Klemm hatte auch enge Beziehungen zu Friedrich Christoph Oetinger.

Sodann läßt sich die reiche Tradition der Gymnasien zurückverfolgen bis zur Nürtinger Lateinschule, die 1481 erstmals erwähnt wurde und die lange Zeit zu den drei bedeutendsten Lateinschulen des Herzogtums Württemberg zählte.[3]

Philipp Matthäus Hahn kam im Laufe seines Lebens immer wieder mit dieser Bildungseinrichtung Nürtingens in Kontakt, soweit wir wissen zum ersten Mal 1752, jenem Jahr, als Hahns Mutter am 26. Februar verstarb. Auch 30 Jahre später scheinen Hahns Verbindungen nach Nürtingen und zu den Lehrern der Lateinschule nicht abgerissen zu sein. Immer wieder bezeugen die Tagebücher von Kornwestheim und Echterdingen[4] Hahns Kontakte und Treffen mit Persönlichkeiten in Nürtingen. Sie in-

* Herrn Archivdirektor i. R. D. Dr. Gerhard Schäfer, dem wohlwollenden Förderer, sowie Herrn Prof. Dr. Martin Brecht, dem verehrten Lehrer, mit aufrichtigem Dank in freundschaftlicher Verbundenheit gewidmet. – Herrn GP i. R. Fritz Reil danke ich für zahlreiche Anregungen stilistischer und inhaltlicher Art sowie Herrn OStD Burger vom MPG Nürtingen für die Überlassung der Akten der ehemaligen Lateinschule.

[1] Vgl. *Reinhard Breymayer:* Buch und Schmetterling. Ein Portrait von Hölderlins Nürtinger Dekan Jakob Friedrich Klemm. In: Suevica 7, 1993, 82–113.

[2] Vgl. 450 Jahre Kirche und Schule in Württemberg. Katalog der Ausstellung. Stuttgart 1984, 142ff.

[3] Vgl. *Stahlecker*: Geschichte des humanistischen Schulwesens in Württemberg. Bd. 3/1: Geschichte der Lateinschulen. Stuttgart 1927, 204 ff.; außerdem *Schwenkel*: Heimatbuch des Kreises Nürtingen. Bd. 1, 1950, 722 ff.

[4] *Philipp Matthäus Hahn*: Die Kornwestheimer Tagebücher 1772–1777 [im folgenden: KTB]. Die Echterdinger Tagebücher 1780–1790 [im folgenden: ETB]. Hg. v. *Martin Brecht* u. *Rudolf F. Paulus*. Berlin, New York 1979/1983.

tensivieren sich verständlicherweise, als Hahns theologischer Weggenosse aus der Onstmettinger Zeit, eben Jakob Friedrich Klemm, 1782 zum Spezialsuperintendenten in Nürtingen berufen wird. Besonders in den folgenden Jahren verzeichnet Hahn seine Nürtinger Besuche in seinem Tagebuch genau.

Diese Einträge dokumentieren auf ihre Weise, wie Nürtingen für Hahn und den durch Oetingers Theosophie wie durch Bengels Eschatologie geprägten Pietismus zu einem Zentrum wurde. Die Zusammenarbeit zwischen Hahn und Klemm, die 1764 auf der Balinger Alb anhob, fand zehn Jahre später ihren sichtbaren Ausdruck in dem Gemeinschaftswerk des „Fingerzeigs"[5], in dem Hahn über die Auslegung des Epheserbriefes seine zentrale Lehre vom Vorsatz und „dem Geheimniß des Willens Gottes" entfaltete und in dem Klemm im dritten Teil seine „Abhandlung von der Schöpfung und der bewundernswürdigen ununterbrochenen Reyhe der Geschöpfe, vom Staub an bis zum Thron-Engel" abdrucken ließ und die den deutlichen Einfluß von Oetinger verrät, „in dessen Umkreis KLEMM oft zu finden ist".[6] Oetingers eigenen Worten zufolge verfaßte er 1763 seine Beschreibung der „Lehrtafel der Prinzessin Antonia", nachdem ihn Jakob Friedrich Klemm schriftlich darum gebeten hatte.[7]

Auswirkungen der Kooperation zwischen Hahn und Klemm zeigen sich in den zahlreichen Konferenzen pietistisch geprägter Pfarrer in und um Nürtingen. Auswirkungen dieses dem „spekulativen Pietismus"[8] verhafteten Geistes manifestieren sich aber auch in der Auswahl jener Persönlichkeiten, die an der Lateinschule dieser Stadt ein Lehramt bekleideten und eben darin ihr pietistisches Erbe, nicht zuletzt in der religiösen Unterweisung, weitertradierten.

Ziel dieser Untersuchung ist es, Hahns Verbindungen nach Nürtingen, insbesondere zu den Lateinschullehrern, aufzuhellen und die Präzeptoren und Collaboratoren, die in der Zeit von 1750 bis 1790 in Nürtingen ihren Dienst versehen haben, vorzustellen. Daneben bleibt es einer eigenen Darstellung vorbehalten, die Persönlichkeit und das theologische Profil von Jakob Friedrich Klemm zu beschreiben. Hier sollen vielmehr die Personen in den Vordergrund treten, die unter der geistlichen Schulaufsicht des Dekans, insbesondere Jakob Friedrich

---

[5] [Früheste erreichbare Ausgabe:] *Philipp Matthäus Hahn*: Fingerzeig zum Verstand des Königreichs Gottes und Christi. Winterthur 1778; vgl. Hahn-Werke-Verzeichnis, im folgenden: HWV. In: Philipp Matthäus Hahn 1739–1790. Ausstellungskataloge I u. II (Aufsätze); hier: I, 7.15.

[6] *G. Schäfer*: Elemente. In: BWKG 95, 1995, 129.

[7] Der Brief ist erhalten bei: *Friedrich Christoph Oetinger*: Die Lehrtafel der Prinzessin Antonia. Teil 1: Text. Hg. v. *Reinhard Breymayer* u. *Friedrich Häussermann*. Berlin, New York 1977, 84–89.

[8] Vgl. zu diesem Begriff in seiner Unterscheidung vom Pietismus normaler Prägung. *Schäfer*, Elemente [s. Anm. 6], 114–132.

Klemms, standen und die in den Jahren ab 1783 Friedrich Hölderlin und Friedrich Wilhelm Joseph Schelling zu ihren Schülern zählten. So möchte diese Arbeit ein kleiner Versuch sein zu zeigen, daß Hahn nicht nur theologisch-theosophisch gedacht und gepredigt, sondern als „Pietist höherer Ordnung“ aufklärend gewirkt hat: Bildung dient ihm im weitesten Sinn zur Erkenntnis Gottes und seines Vorsatzes, im engeren Sinn aber ist sie Grundlage allen kulturellen Schaffens.

1. Hahns erste Kontakte zu Nürtingen 1752/53 und der Präzeptor Wolfgang Wilhelm Schmidlin (1714–1758)

Mit Angehörigen der Familie von Präzeptor M. Wolfgang Wilhelm Schmidlin ist Hahn mehrmals in entscheidenden Lebenssituationen in Kontakt gekommen. So war es Präzeptor Schmidlin, der Hahn während seines Aufenthaltes in der Lateinschule Nürtingen beherbergte und ihn bei der Vorbereitung auf das Landexamen unterstützte. Hahn erscheint im Seelenregister von Georgi 1752 bis 1753 als einer von vier Kostgängern des Präzeptors.

Schmidlins Sohn Wolfgang Wilhelm begegnete Hahn ungefähr zehn Jahre später, als dieser mit 25 Jahren 1764 Pfarrer in Onstmettingen wurde. Schmidlin jun. war als Balinger Spezial (1755–1774) Hahns Visitator. Ihm verdankt Hahn nach den Aussagen in seinem Lebenslauf die Bekanntschaft mit dem Herzog.[9] An mehreren Stellen seiner Kornwestheimer Tagebücher notiert Hahn, daß er sich mit seinem früheren Balinger Spezial, dem späteren Prälaten von Maulbronn (1774–1785), trifft[10] oder von ihm besucht wird. Hahn hat zu ihm also auch später als Pfarrer in Kornwestheim freundschaftliche Beziehungen unterhalten.

1781, ungefähr 30 Jahre nach Hahns Aufenthalt in Nürtingen, gehört Johann Friedrich Schmidlin, der Zwillingsbruder von Wolfgang Wilhelm Schmidlin jun., zu den Konsistorialräten, die Hahn bei seinem Lehrzuchtverfahren[11], seinem „Examen rigorosum“, in Stuttgart zu verhören haben, in dem er aber – verdeckt – einen heimlichen Fürsprecher hatte.[12]

---

[9] „Dieses [gemeint ist die Tatsache, daß Hahn eine astronomische Maschine bauen ließ] wurde ohne mein Wissen dem Herzog, der sich damals in Tübingen aufhielt, von meinem Spezial, Hrn. Schmidlin, berichtet“; s. *Hahn*, Lebenslauf 1773/74, 30 f.

[10] KTB [s. Anm. 4], 172, 250–251, 272, 284, 335, 372, 422.

[11] Vgl. *W. Stäbler*: Pietistische Theologie im Verhör. Das System Philipp Matthäus Hahns und seine Beanstandung durch das württembergische Konsistorium. Stuttgart 1992.

[12] Eine jüngst aufgefundene Predigt scheint die Nähe in den theologischen Gedankengängen zwischen Hahn und Johann Friedrich Schmidlin zu belegen; vgl. Landeskirchliches Archiv Stuttgart [im folgenden: LKA], A 26, 1498. Schmidlin hielt diese Predigt „zu Echterdingen, Stuttgarder Dioeces, nach glücklich-geendigter, und ungemein-schön ausgefallener Haupt-Re-

Wenden wir uns nach diesem schlaglichtartigen Ausblick auf das Leben Hahns zurück zu seiner Zeit als Nürtinger Lateinschüler. In seinem Lebenslauf von 1764, den er anläßlich seiner Investitur auf die erste Pfarrstelle in Onstmettingen verfaßt hat,[13] schreibt er über seine Zeit als Schüler Schmidlins in Nürtingen:

„Nach meinem 2jährigen Aufenthalt in Eßlingen, starbe mir meine Mutter, und mit derselben, dem damahlingen Anscheinen nach, alle Hoffnung, mein Studiren weiter fortsetzen zu können. Doch lenckte Gott meinem Vatter das Hertz mich nach Nürtingen in die lateinische Schule zu thun, welches auch geschahe. Dorten genosse ich den treuen und fleißigen Unterricht des damahligen Herrn Praeceptoris M. Schmidlins fast ein Jahr lang. Er hielte mich in den vacantz Stunden so viel er konte von dem ausgelassenen Wesen meiner Mitschüler ab, und es gelingte ihm desto eher, als ich, ich weis nicht von Natur oder durch die Gnade, von Kindheit auf, selbst die Stille liebte.

Mein Vatter hatte beschlossen mich in das niedere Closter zu fördern, er würckte deswegen ein fürstliches Decret aus, mich zu dem gewöhnlichen Landexamen anzunehmen, welches auch in meinem 10ten Jahre von Haus aus das erste mahl geschahe, und so dann weiter alle Jahre, bis ich in dem 5ten Mahl, da ich eben das erforderte alter gehabt hätte, das Unglück hatte, daß über den halben Theil zuviele Competenten in das Closter da waren, und also mit vielen andern durchfallen mußte.“

Auffallend an dem Selbstzeugnis sind wohl vor allem zwei Dinge: Zunächst einmal ist die tiefe Enttäuschung Hahns darüber zu spüren, selbst nach dem 5. Anlauf nicht im Landexamen durchgekommen zu sein.[14] Nürtingen und der Besuch der Lateinschule verkörperten für Hahn jedoch die Hoffnung, sein „Studiren weiter fortsetzen zu können“. Hahn wollte – wie er später formulierte – Pfarrer werden, weil ihm „Gott einen unüberwindlichen Trieb zum Studium der Theologie eingeflößt hatte“[15]. Hahn macht aber an anderer Stelle in seinem Lebenslauf von 1764 auch deutlich, daß ihm nach seinen Mißerfolgen im Landexamen „allerley Vorschläge eine andere Profession zu erwählen“ gemacht worden sind.[16]

Ferner bereitet der Hinweis, wonach Hahn „fast ein Jahr lang“ in Nürtingen gewesen sei, einige Schwierigkeiten. Es ist nach Lage der Akten

---

paration der daselbst über 300 Jahre gestandenen und, mit der Länge der Zeit sehr schadhaft gewordener Kirche am XV. Sonntag nach Trinit. 1775.“

13 Ph. M. Hahn – Lebenslauf Onstmettingen 1764. Hg. v. *Albrecht Plag*. Stuttgart 1989 (Quellen u. Schriften zu Ph. M. Hahn, 9); vgl. HWV [s. Anm. 5], 6.37.

14 Daß Philipp Matthäus Hahn nicht zum Zug kam, hängt nicht zuletzt mit dem Alkoholismus seines Vaters zusammen. Vgl. Hahn-Katalog [s. Anm. 5] I, 90. – Hahn war damit auch die Möglichkeit verbaut, im Herzoglichen Stipendium in Tübingen kostenfrei zu studieren.

15 *Hahn*, Lebenslauf 1773/74, 2.

16 Man empfahl ihm, in das herzogliche Ingenieurkorps einzutreten.

nicht möglich, exakt zu bestimmen, wie lange sich Hahn nun wirklich in Nürtingen aufgehalten hat, zumal das Seelenregister für das Schuljahr 1753/54 fehlt. Ein Jahr später im Register 1754/55 wird in Schmidlins Haushalt kein Kostgänger mehr benannt, so daß Hahn wohl bis zum Frühjahr 1753 in Nürtingen weilte.[17] Im folgenden soll versucht werden, das Leben und Wirken dieser bedeutenden Persönlichkeit eingehender darzustellen und zu würdigen.

Wolfgang Wilhelm Schmidlin wurde am 12. Februar 1692 in Urach geboren. Sein Vater, Johann Laurentius Schmidlin, war Spezial in Nürtingen von 1704 bis 1713.[18] Schmidlin immatrikulierte sich im Alter von 15 Jahren am 28. April 1707 an der Universität Tübingen.[19] Ab 1707 war er auch Stipendiat im Tübinger Stift.[20] Zum Magister promovierte er sechs Jahre später am 8. November 1713, studierte dann aber nicht mehr weiter, sondern bewarb sich um das Präzeptorat der Nürtinger Lateinschule, in das er 1714 gewählt wurde.[21]

Ebenfalls 1714, am 31. Juli, verheiratete er sich mit Rosine Margarete Jäger, der Tochter von Philipp Friedrich Jäger, Stadt- und Landphysikus zu Schorndorf. Rosine Margarete wurde am 2.4.1688 in Markgröningen geboren. Dieser Ehe entstammen fünf Kinder.[22]

Magister Wolfgang Wilhelm Schmidlin wurde von den Nürtingern zum Präzeptor gewählt, „obwohl damals für M. Claudius Bernhardt ‚sowohl Ihre Hochfürstliche Exzellenz die Frau Landhofmeisterin als auch Exzellenz Geh. Rat Graf von Grävenitz interzedierten'"[23]. Schmidlin gilt als hervorragender Schulmann, und nicht zuletzt wird auch mit seinem Namen die Blütezeit der Nürtinger Lateinschule im 18. Jahrhundert ver-

---

17 Da Hahn bei der Bestellung zum Landexamen am 21.8.1753 nicht mehr als „Scholar" bezeichnet wird und es überdies heißt, er stehe bei seinem Vater „in Information", so ist anzunehmen, daß Hahn bis zum April 1753 die Nürtinger Lateinschule besuchte; vgl. Hahn-Katalog [s. Anm. 5] I, 116.

18 Noch heute befindet sich ein Buch von *Joh. Laurentius Schmidlin* in der Turmbibliothek der Nürtinger Stadtkirche. Es trägt den Titel „EX VERBO DEI PROPHETICO ET APOSTOLICO DEMONSTRATUR". Einem handschriftlichen Eintrag ist zu entnehmen, dass Schmidlin dieses Buch 1712 M. Johann Albrecht Bengel „zum Geschenk geschickt hat".

19 Matrikel 30 481.

20 Akten des ehemaligen Herzoglichen Stipendiums in Tübingen [im folgenden: Stiftsakten], 3,299. – Schmidlin war Tiffernit, profitierte also von einer Stiftung Michael Tifferns, der Erzieher und später auch Rat von Herzog Christoph war. Vgl. *Hahn/Mayer*: Das evangelische Stift, 1985, 167.

21 Wenn Schmidlin in seiner Abschiedsrede davon spricht, „ein vatter- und mutterloser Wayse" gewesen zu sein, könnte darin der Grund liegen, weshalb er sich um das Präzeptorat in Nürtingen bewarb.

22 Wolfgang Wilhelm, *31.5.1715; – Johann Friedrich, *31.5.1715; – Catharina Barbara, *16.4.1718; – Philipp Friedrich, *14.6.1719; – Christian Lorenz, *12.12.1723.

23 *Stahlecker*, Geschichte [s. Anm. 3], 206. – Offensichtlich gab es konträre Auffassungen darüber, wer das Sagen bei der Bestellung der begehrten Präzeptoratsstellen hat, der Stadtmagistrat oder Stuttgart.

bunden. Alle Visitationsberichte rühmen seine Kenntnisse und Tüchtigkeit. So heißt es von ihm 1742: „[...] und hätte die Fähigkeit, noch anderes als bloß Triviales zu informieren."

Schmidlin bittet 1758 um seine Zurruhesetzung. Der Stadtmagistrat ist nicht nur bereit, ihm nach fünfundvierzigjährigem Schuldienst „die bisher von der Stadt geleisteten Besoldungsteile als Ruhegehalt weiterzubezahlen, sondern richtet auch die Bitte an den Herzog, die Geistliche Verwaltung anzuweisen, auch ihrerseits dasselbe zu tun und überdem dem Manne wegen seiner ganz hervorragenden Verdienste den Titel eines Rektors zu verleihen und ihn als ‚membrum honorarium' zu den Visitationen zuzulassen. Das Konsistorium unterstützte diesen Antrag mit dem für die soziale Stellung der Präzeptoren bezeichnenden Zusatz, er solle als Rektor seinen Rang ‚neben den diaconis' haben"[24].

Leider konnte bislang nichts Gedrucktes von Wolfgang Wilhelm Schmidlin ausfindig gemacht werden, wodurch es möglich geworden wäre, seine pädagogische und theologische Position näher zu bestimmen.[25] Bei der Sichtung der Lateinschulakten im Stadtarchiv Nürtingen kam dem Verfasser jedoch ein Dokument in die Hand, das in „Copia" die Abschiedsrede Schmidlins enthält und somit vermächtnisartig darlegt, worum es Schmidlin in seiner pädagogischen Existenz gegangen sein könnte.[26]

Diese Abschiedsrede ist durchsetzt mit zahlreichen biblischen Zitaten. Schmidlin versteht seine Tätigkeit als Schulmann geradezu in Analogie zu der des Apostels Paulus: „Ich habe gepflanzt und begossen: der Herr ertheilte hiezu das Gedeyen"[27]. Daß er seine Tätigkeit nicht in stolzer Weise gerühmt wissen will, belegt das vorausgehende biblische Zitat: „Doch nicht mir, sondern dem göttl. Namen gebe ich Ehre, daß die Gnade an mir und der bißher anvertrauten Jugend nicht vergeblich gewesen" ist. Schmidlin sieht sich in seiner pädagogischen Arbeit in der „Führung meines Gottes", der „seine Kraft an mir bewiesen" hat, so daß sein Lehramt „Jahr aus Jahr ein nicht ohne Seegen" geblieben ist.

Lehrer sind für Schmidlin Menschen, durch die es in der Welt hell, licht wird, die also an dem Schöpfungswort der Genesis[28] partizipieren und der Verheißung Jesu entsprechend „Licht der Welt" sind, zumal als „erleuchtete Lehrer der Kirche". Ihre Aufgabe liegt klar vor Augen: „Durch Sie muß in den düsteren Seelen der Zuhörer ein heylsames Licht der Erkenntiß gesencket werden." Ja, durch die Lehrer soll „eine Er-

---

[24] *Stahlecker*, Geschichte [s. Anm. 3], 210.

[25] Seine Leichenpredigt ist in der Württembergischen Landesbibliothek in Stuttgart nicht erhalten.

[26] Stadtarchiv Nürtingen, Praeceptorats-Nominations-Akta 1758–1807, Bü 138.

[27] Nach 1Kor 3,6.

[28] Gen 1,3.

leuchtung nach der andern von der Erkenntniß der Klarheit Gottes in dem Angesichte Jesu Christi" entstehen.

Schulen sind Schmidlins Auffassung gemäß „PflanzGärten rechtschafener Bürger", ihr Ziel besteht in der „Erziehung junger Leute (zu guten Sitten)". Ohne Bildung und Unterricht verhält sich der Jugendliche wie „ein roher Diamant, dessen Schimmer verborgen bleibt, wann Er nicht polirt wird".

Das ist allerdings nur die eine Stufe der Bildung. Näher besehen geht es in Schmidlins Bildungsbegriff in einer zweiten Stufe gleichsam darum, „verdorbene Seelenkräfte zu verbessern, den Verstand aufzuheitern, und Ihme den wichtigen Unterschied des wahren und falschen, des Guten und Bösen, die fruchtbare Anwendung der erkannten warheiten, und die schuldige Einrichtung des Gottesdiensts nach denselben zu zeigen". Insofern stellen die Schulen „ein unschäzbares Kleinod eines wol eingerichteten Staats" dar.

Das Abschiedswort Schmidlins gibt einen tiefen Einblick in sein Selbstverständnis als Pädagoge. Nicht von ungefähr spielen die Begriffe „Licht", „Erkenntnis" und „Erleuchtung" eine zentrale Rolle, und sie bilden einen Kontrast zu den „verderbten Seelenkräften", „duncklen Geschöpfen" und „düsteren Seelen". Licht bringt „Leben und Freude, Schönheit und Ordnung in die dunckele Geschöpfe". Licht hat aber auch eine stabilisierende Funktion, zumal es noch seine „Kraft herrlich beweißt, indeme alles in seinem vortreflichen Stand und Wesen, so es vom Licht empfangt, erhalten wird".

Wenn man beachtet, daß in fast allen biblischen Anspielungen und Zitaten und auch sonst im Text – Schmidlin wünscht sich „erleuchtete Lehrer der Kirche" – die Metaphorik des Lichtes dominiert, kommt man nicht umhin, Präzeptor Schmidlin ähnlich wie später seinen großen Schüler Philipp Matthäus Hahn als einen der europäischen Aufklärung verpflichteten Pädagogen zu bezeichnen, dem es vor allem darum zu tun ist, neben dem Licht der Vernunft das Licht und die Erkennntis Gottes in den dunklen Seelen zu verbreiten und eben darin aufklärend zu wirken.

Aus dem Abschiedswort ist des weiteren zu entnehmen, wie Schmidlin in das Präzeptorat der Nürtinger Lateinschule gewählt wurde. Zwar ist der ehemalige Stadtmagistrat in „Haupt und Glieder[n] ingesamt [. . .] entschlafen", aber Schmidlin vermerkt nicht ohne Stolz, „per vota unanimia aus besonderer propension[29] nominirt, und von dem H[och]f[ü]rstl[ichen] Consistorio gnädigst confirmirt worden" zu sein. Ferner sei es damals ein „rarer Actus [gewesen], daß decedens, als mein getreu geweßter Praeceptor valedicirt, und Ich, sein ehmaliger discipulus der

[29] Der Grund dieser Zuneigung könnte darin gesehen werden, daß Schmidlin Vollwaise war und überdies sein Vater als Spezial in Nürtingen wirkte.

Schule, als Successor praesentirt wurde". Sein Amtsvorgänger, Magister Johann Ferber, dessen er „pia memoria" gedenkt, sei auf das Rektorat der „Schola anatolica"[30] berufen worden.

Aus der Abschiedsrede geht ferner hervor, daß der Präzeptor in einem guten Verhältnis gestanden haben muß zum Collaborator inferior und superior, damals also zu Friedrich Gottlieb Benz[31] und Johann Nicolaus Trunk[32] bzw. Johann Georg Fischer[33]. Er nennt sie in der Anrede „hochwertheste Herren Collaboratores", was noch recht formelhaft sein könnte, ihnen gibt er aber auch am Schluß seines Wortes gleichsam an hervorgehobener Stelle warme und herzliche Wünsche mit auf den Weg, indem er seinen „bißherigen und werthgeliebten Herrn Collaboratoribus, vor deren erzeigte collegialische Liebe und Freundschaft" herzlich dankt und ihnen fernerhin einen „gesegneten Success ihres mühsamen Unterrichts an den Jugendlichen Gemütern" wünscht, „damit aus denselben die Finsterniß der Unwissenheit, Blindheit, Boßheit und Muthwillens vertrieben, und in Ihnen ein schönes Weißheit- und tugendlicht [. . .] angezündet, besonders aber Jesus als das warhaftige Licht der Welt je mehr und mehr bekannt gemacht werde".

Unverkennbar ist auch hier die Lichtsymbolik, die einerseits – typisch für die Aufklärungszeit – „das Licht der Weisheit und Tugend" [!] aufgreift, andererseits aber das „göttliche Licht" meint, das aus der Finsternis hervorleuchtet und sodann auch auf Jesus anspielt „als das wahrhaftige Licht der Welt". Mithin haben „Lehrer als Lehrlinge ein ewiges Licht des Trostes, des Friedens und [der] Freude zu geniessen".

Der Abschiedsaufsatz verrät schließlich auch, daß Schmidlin in seinem fast 45 Jahre währenden Lehramt müde geworden ist. „Gleichwie aber ein Wandersmann, welcher lange Zeit so tags, als Nacht, bey allerley Witterung und Ungemach herumgewallet und ermüdet worden, sich sehnet nach dem Ende seiner Weege: [. . .] also wird es einem lang genug geprüften und geplagten Schulmann nicht zu verdencken seyn, wann Er [. . .] die Ihm gönnende Ruhe amplectirt." Eigenartig mutet die Aufsatzüberschrift an: „Copia desjenigen Valet-Aufsatzes, welchen der seel[ige] Praeceptor M. Schmidlin hinterlassen und bey der Praesentation des künftigen Herrn Praeceptoris ablegen wollen; und fast völlig absolvirt gehabt." Könnte damit angezeigt sein, daß Schmidlin seine Rede abbrechen mußte oder gar nicht imstand war, sie zu halten? Jedenfalls vermochte er die ihm noch bestimmte „Wallfahrth dises vergänglichen Lebens" nicht mehr lange zu genießen. Er starb am 16. März 1758.[34]

---

30 Vgl. zur Tübinger Lateinschule *Stahlecker*, Geschichte [s. Anm. 3], 210 u. 193 ff.

31 Collaborator inferior in Nürtingen 1731–1772; vgl. unten Nr. 5a.

32 Coll. superior in Nürtingen 1750–1756; vgl. unten Nr. 6a.

33 Coll. superior in Nürtingen 1756–1785; vgl. unten Nr. 6b.

34 Praeceptor Schmidlin wurde laut Sterberegister am 19. März in Nürtingen beerdigt.

2. *Hahns Beziehungen zu Nürtingen, wie sie sich in den Kornwestheimer*[35] *und Echterdinger*[36] *Tagebüchern spiegeln*

Die Kornwestheimer Tagebücher weisen auf Nürtingen an drei Stellen hin: Die erste Nennung greift Hahns Besuch der Lateinschule in Esslingen und Nürtingen auf.[37] Im Tagebuch selbst erscheint Nürtingen in einer Notiz vom Sonntag, 27. Oktober 1776: „Gepredigt. Herr Substitut Hermann und Collaborator von Nürtingen gekommen“[38]. Wenn es stimmt, daß Hahn stets den Collaborator II (Collaborator inferior) mit Namen aufführt – und davon ist auszugehen –, dann muß es sich hier bei der bloßen Angabe des Titels um den damaligen Collaborator I (Collaborator superior) handeln. Dieses Amt bekleidet im Jahr 1776 Johann Georg Fischer.[39] Leider muß offen bleiben, in welcher Angelegenheit diese beiden bei Hahn vorsprechen.

Die Notiz aus dem Jahr 1777 nennt Nürtingen in einem anderen Zusammenhang. Hahn überlegt sich, ob er nicht seinen Herzog Carl Eugen oder den Nürtinger Spital für die Rechenmaschine[40] begeistern kann: „Der Gedanck mir beygegangen, der Herzog oder dem Spital Nürtingen meine Rechnungsmaschine anzutragen“[41]. Es ist bekannt, daß der Spital in Nürtingen zu den reichsten des Landes zählte und u. a. auch den Wohlstand und die Bildungsqualität mit der außerordentlich guten Bezahlung des Präzeptors der Lateinschule begründete.[42]

Die Echterdinger Tagebücher beginnen mit großer Wahrscheinlichkeit[43] am 1. Januar 1780, also ungefähr ein Jahr vor Hahns Lehrzuchtverfahren.[44] Obgleich Hahn dennoch auf die bestdotierte Pfarrstelle im Herzogtum Württemberg, Echterdingen, ernannt und dort am Sonntag Reminiscere 1781 investiert wurde, durfte er nach diesem Zeitpunkt nichts mehr publizieren und auch die Konferenzen der pietistischen Pfarrer nicht mehr selbst veranstalten.[45] „Dafür lud jetzt der befreundete Nürtin-

---

[35] Vgl. KTB [s. Anm. 4], 14.9.1772 – 29.9.1777.

[36] Vgl. ETB [s. Anm. 4], 1.1.1780 – 29.4.1790.

[37] Vgl. KTB, 10.

[38] KTB, 432.

[39] Collaborator superior von 1756 – 1785; vgl. unten Nr. 6b.

[40] Vgl. HWV [s. Anm. 5], 4.1. – 4.12; Hahn-Katalog [s. Anm. 5] I, 461–466, sowie *Erhard Antes*: Die Rechenmaschinen von Philipp Matthäus Hahn. In: Hahn-Katalog II, 456–478. Hahn konstruierte sie, um nicht die riesigen mathematischen Operationen „von Hand“ durchführen zu müssen.

[41] KTB [s. Anm. 4], 479.

[42] Zum Nürtinger Spital vgl. u. a. *K. Kocher*: Geschichte der Stadt Nürtingen. Bd. I–III. 1928/29, hier: II, 51–91; sowie *Rita Bueble*: Der Spital tätigte große Bankgeschäfte. In: Heimatbeilage der Nürtinger Zeitung, 9.11.1996, 33.

[43] Insgesamt stammen nur drei Druckseiten aus dem Jahr 1780.

[44] 14.2.1781; vgl. *Stäbler*, Pietistische Theologie [s. Anm. 11], 87 ff.

[45] Vgl. *W. Dukek*: Hahn in Echterdingen. In: Hahn-Katalog [s. Anm. 5] I, 319–344, sowie *Stäbler*, Pietistische Theologie [s. Anm. 11], 102 ff.

ger Spezialsuperintendent Klemm zu solchen Konferenzen ein, an denen auch Hahn teilnahm"[46].

Schenkt man diesem Sachverhalt die ihm gebührende Beachtung, so verwundert es nicht, daß Hahn mit Klemm nach dessen Berufung zum Nürtinger Spezial – er wurde am 25.8.1782 eingesetzt – einen regen Austausch und Kontakt beginnt. Die Echterdinger Tagebücher enthalten den Namen „Nürtingen" im Zeitraum von 1783 bis 1786 recht häufig.[47]

Der Tagebucheintrag vom 29.4.1783 erwähnt zum ersten Mal einen Besuch Hahns in Nürtingen: „War in Nürtingen. Abends erzehlte ich zuhaus das Nöthigste." Offen bleibt, mit wem er sich getroffen hat.

Anfang Juli 1783 beschäftigt Hahn der Nürtinger Maientag, ein bedeutendes Fest in den Augen vieler Nürtinger, dessen starke Tradition bis heute unvermindert fortlebt.[48] Vom Oberamtmann Bilfinger in Nürtingen[49] bekommt Hahn „die Beschreibung des Mayentags"[50] am 1. Juli. Am Sonntag, 6. Juli, schreibt er zwei Briefe in die Schweiz an einen Pfarrer in Zürich und an den Apotheker Sultzer in Winterthur, in denen es um den Nürtinger Maientag geht. Da die Briefe nicht erhalten sind, konnte bislang nicht aufgeklärt werden, welche Problematik Hahn im Blick auf den Nürtinger Maientag beschäftigt hat. Allerdings ist von Dekan Klemm bekannt, daß er sich um eine Neugestaltung dieses bekannten Stadtfestes insofern bemühte, als er das in Verruf gekommene Tanzvergnügen vom Festprogramm absetzte, und es könnte sein, daß Hahn ebenso dachte und sich an Klemms Überlegungen beteiligte.

Ende Juli des Jahres 1783 weilt Hahn über mehrere Tage in Nürtingen. Am Sonntag, 27. Juli, bricht er nach der Predigt und Sonntagsschule auf. Montags hält er sich vor allem „bey Herrn Special Klemm [. . .] und bey Herrn Helfer Köstlen"[51] auf. Bei der Heimfahrt am Dienstag kehrt Hahn in Sielmingen ein. Es ist anzunehmen, daß er sich im dortigen Pfarrhaus mit dem Amtsbruder Johann Bernhard Rümmelin[52] sowie dem „Pfarrer von Plattenhard und Dapfen und Bonlanden"[53] trifft.

---

[46] ETB [s. Anm. 4], 14.

[47] Laut ETB 15 Mal; vgl. ETB, 498, Orts- und Personenregister.

[48] Zum Maientag vgl. *Kocher*, Geschichte III [s. Anm. 42], 303 ff., sowie das „Journal von und für Deutschland" von 1786, Nr. 9, 265–267. Freundlicher Hinweis von R. Tietzen, Stadtarchiv Nürtingen.

[49] Karl Friedrich Bilfinger, 1744–11.1.1796, seit 1772 Oberamtmann in Nürtingen, vorher Oberamtmann in Lauffen. Vgl. ETB [s. Anm. 4], 480, u. *Kocher,* Geschichte II [s. Anm. 42], 12. – Bilfingers Frau Anastasia geb. Dertinger ist eine Nichte Oetingers und zugleich eine Patin Friedrich Hölderlins; vgl. *Breymayer,* Buch und Schmetterling [s. Anm. 1], 95 u. Anm. 65.

[50] ETB [s. Anm. 4], 62.

[51] ETB, 66.

[52] Er ist der Bruder des Nürtinger Bürgermeisters Johann Jakob Rümmelin [s. Anm. 63].

[53] ETB, 66.

Im Herbst dieses Jahres bekommt Hahn Besuch von zwei Nürtingern: „Heute kamen der Substitut Hermann, der Collaborator Weidenbach, der eine Flattichin heurathen und deßwegen nach Münchingen gehen wolte. Die brachten einen Brief von Herrn Special Klemm wegen einer Pfarrey in Kemmathen in Oberösterreich, die mein Bruder Vicarius annehmen solte. Gott zeigt also, das er für uns alle sorge. Es freute mich auch wegen der Helena.[54] Doch zweifelte ich, ob sie es annehmen werde, weil dieser Collaborator zwar einen kindlichen Sinn, aber nicht so viel Geist als sie hatte."[55] Substitut Hermann erscheint bei Hahn wie am 27. Oktober 1776 in Begleitung eines Lehrers der Nürtinger Lateinschule, diesmal mit Collaborator inferior Weidenbach,[56] der zu diesem Zeitpunkt Helena Flattich heiraten möchte. Doch dazu sollte es nicht kommen.[57] Helena vermählt sich 1786 mit dem „Substitut Hermann"[58].

Offensichtlich kommen die beiden auf dem Rückweg nach ihrem Besuch im Münchinger Pfarrhaus nochmals bei Hahn in Echterdingen vorbei, zumal Hahn am Samstag, 25. Oktober 1783, notiert: „Die Nürtinger gingen und der Vicarius mit ihnen, um noch einmal mit Herrn Special zu reden, dem ich auch schrieb."[59] Mit dem „Vicarius" ist Hahns Halbbruder Christian Tobias gemeint, der bei Hahn in dieser Zeit Vikar war und sich für die Pfarrei in Kematen interessierte. Der Echterdinger Pfarrer setzte sich wohl für seinen Halbbruder beim Spezial Klemm ein.[60]

---

[54] Auf Helena Flattich hatte Hahn 1775 nach dem Tod seiner ersten Frau Anna Maria ein Auge geworfen; vgl. KTB [s. Anm. 4], 366 ff.; er heiratete aber dann doch am 11.1.1776 deren jüngere Schwester Beata Regina; vgl. Anm. 230.

[55] ETB [s. Anm. 4], 84.

[56] Vgl. unten Nr. 6c.

[57] Ein möglicher Verhinderungsgrund könnte darin gesehen werden, daß Weidenbach „nicht so viel Geist als sie" hatte.

[58] Gemeint ist Georg Michael Hörmann, Substitut in Nürtingen und nach der Heirat mit der Flattich-Tochter Hahns Schwager.

[59] ETB [s. Anm. 4], 85.

[60] Christian Tobias Hahn, geb. am 15.4.1759 in Onstmettingen; immatrikuliert sich am 12.5.1777 in Tübingen [Matrikel: 37 617]; Magister am 27.9.1779; 1778 aufgenommen in das Herzogliche Stipendium mit dem Status eines hospes. Er hat bereits vor seinem Theologiestudium in Kornwestheim Erbauungsstunden gehalten; vgl. ETB [s. Anm. 4], 93 u. Anm. 222. In seinem Lebenslauf vom 12.7.1795 schreibt er: „Anno 1779 wurde ich bei dem gewöhnlichen Magisterio nach den ausgestandenen examina Magister, und anno 1780 den 3. März wurde ich von dem hochpreislichen herzoglichen Consistorio in Stuttgart nach dem theologischen Examen meinem Bruder, dem Pfarrer Hahn in Kornwestheim, supplicando zu seinem Vicario und Informatore Domestico seiner Kinder gnädigst überlassen." Das Zeugnisbuch hält unter dem Datum des 3. März 1780 u. a. fest: „Cursum a. 1777. aggressus theologicum tum in stipendio Theologico, ubi hospitum mensa et beneficio per triennium fruebatur, sermonibus sacris pro suggestu se exercuit, tum lectiones frequentavit sequentes"; LKA [s. Anm. 12], A13, Nr. 1, Bd. 3, 818. Christian T. Hahn blieb bis zum 5. Oktober 1783 als Vikar in Echterdingen; vgl. ETB [s. Anm. 4], 79. Im November 1783 war Christian Tobias Hahn auf der Reise nach Kematen in Oberösterreich. Er wurde dort der erste evangelische Pfarrer; s. zum Ganzen *M. Brecht:* Württembergische Pietisten und Oberöstereichische Toleranzgemeinden. In: Im Zei-

Thielisch, der Spezialsuperintendent in Oberösterreich, ordinierte Christian Tobias Hahn am 17. Februar 1784. Die evangelische Gemeinde in Neukematen war mit ihrem ersten Pfarrer vollauf zufrieden, was nicht bei allen Württemberger Vikaren der Fall gewesen zu sein scheint.[61]

Um die Zeit, als Christian Tobias Hahn in Österreich ordiniert wird, erhält sein Bruder Philipp Matthäus in Echterdingen Besuch aus Nürtingen und Sielmingen. Das Echterdinger Tagebuch vermerkt am 18. Februar 1784: „Mittags kam Pfarrer von Sielmingen[62] und sein Bruder Bürgermeister von Nürtingen[63] und sein Sohn, auch Pfarrer von Musberg."[64] Aus diesem Hinweis geht hervor, daß Hahn über seinen Amtskollegen Rümmelin auch Beziehungen zur kommunalen Leitung Nürtingens besessen haben muß.

Am 25. Mai 1784 bricht Hahn erneut nach Nürtingen auf, um an einer Konferenz pietistischer Pfarrer teilzunehmen, die Spezial Jakob Friedrich Klemm veranstaltete.[65] Ende Juni findet eine weitere Konferenz in Nürtingen statt. Hahn nimmt den „Herrn Pfarrer von Musberg auf die Conferenz, damit letzterer mehr Liebe zu den Brüdern bekommen möchte. Es gefiel ihm woll."[66]

Angesichts der Schwierigkeiten, die Hahn seine Söhne Christoph und Jacob bereiten, weil sie „am Feyertag miteinander bey Nacht nicht heimgekommen und vermuthlich die Gewohnheit der hiesigen ledigen Buben nachahmen wollen", vermerkt er nicht ohne Neid am Samstag, 26. Juni: „Ich sahe an den drei Köstlein in Nürtingen, die alle einen guten Sinn haben, wie sehr das einen Vater freuen könne"[67].

---

chen der Toleranz. Aufsätze zur Toleranzgesetzgebung des 18. Jh. Hg. v. *Peter F. Barton*. Wien 1981, 429–439. Nach seinem Aufenthalt in Österreich wirkte er ab 1791 als Festungspfarrer auf dem Hohentwiel, ab 1795 als Pfarrer in Ostdorf, ab 1812 in Schlaitdorf. Er starb am 9.9.1837. – Vgl. zu Christian Tobias Hahn auch ETB [s. Anm. 4], 84, 89 u. 97.

61 Laut einer Tagebuchnotiz vom 20.1.1784, ETB [s. Anm. 4], 104, ist Spezialsuperintendent Thielisch aus Scharten im Begriff, „den Eisenbach wieder fortzuschicken." Philipp Matthäus Hahn ist entschlossen, mit diesem Kandidaten Kontakt aufzunehmen: „Ich dachte, deßwegen an diesen zu schreiben, damit er sich in Zeiten submittiren kan, wann er will."

62 Johann Bernhard Rümmelin, gest. 1788; 1756–1788 Pfr. in Sielmingen; vgl. ETB [s. Anm. 4], 502.

63 Johann Jakob Rüm[m]elin, Bürgermeister in Nürtingen 1779–1797; vgl. *Kocher*, Geschichte II [s. Anm. 42], 16, sowie ETB [s. Anm. 4], 502.

64 ETB, 107.

65 In seinem Brief an Wilhelm Friedrich Trautwein und dessen Frau Veronika weiß Johann Friedrich Flattich zu berichten, daß „bey solcher Conferenz vornehmlich der H. Special Klemm das Wort geführt" hat. Vgl. *Johann Friedrich Flattich:* Briefe. Hg. von *Hermann Ehmer* und *Christoph Duncker*. Stuttgart 1997, 211.

66 ETB [s. Anm. 4], 126.

67 ETB, 126 f.

Hahns Tagebuch gibt weiteren Aufschluß über seine Teilnahme an der Konferenz in Nürtingen, die am 23. und 24. September in Unterensingen tagt. Hahn kommt dabei in Kontakt mit Probst Erbe: „Heute morgen vor dem Weggehen gieng auch zu Herrn Probst Erbe. Ich freute mich, an ihm einen Mann anzutrefen, der auch vom Guten, vom Ötinger und überhaupt vom Innerlichen ein ofenes Aug und Ohr hatte."[68]

Der Echterdinger Pfarrer besucht im November mit Heinrich Bosshard[69] den Spezial Klemm. Einen Tag später bleibt Hahn bei der Konferenz in Oberensingen.[70] Die Echterdinger Tagebücher erwähnen zwei weitere Konferenzen im Jahr 1785.[71]

Als Nürtingen am 16. September 1787 von einem verheerenden Brand[72] heimgesucht wurde, notiert Hahn unter dem Datum desselben Tages: „Predigt. Brannten in Nürtingen 25 Gebäude ab. Bürckle und seine Frau und Gesell von Eßlingen waren da. Wir fuhren auf Nürtingen und sahen die Brandstätte. Nahm die zwei Buben mit."[73] Er machte sich also vor Ort ein Bild über die Nürtinger Katastrophe.

Ab 1786 schweigen die Tagebücher über mögliche Besuche Hahns bei Konferenzen in Nürtingen. Statt dessen berichten die Einträge von verschiedenen Bestellungen und Uhrengeschäften.[74]

Die letzte Tagebuchnotiz informiert über die Absicht von Hahns Schwager Hermann, sich für den Posten eines Amtsvogtes von Oppenweiler zu bewerben. Hahn scheint auch hier „förderlich" eingegriffen zu haben: „Briefe von Herrn von Sturmfeder, Kammerherr in Mannheim, und an den jungen Herrn von Sturmfeder in Mannheim wegen der Amtsvogtey Oppenweiler für meinen Schwager in Nürtingen. Es ist zu probiren, ob es Gottes Wille seyn möchte."[75]

Die genannten Belege zeigen, daß Hahn in der Echterdinger Zeit, besonders in den Jahren 1783–1786, eine intensive Beziehung zu Nürtingen gepflegt hat. Neben Klemm und Köstlin stehen drei Lehrer der Lateinschule mit Hahn in Kontakt: Präzeptor Gottlieb Friedrich Wurm,

---

[68] ETB [s. Anm. 4], 146. – Johann Jakob Erbe, 1773–1791 Propst von Denkendorf.

[69] Bauer und späterer Erweckungsprediger aus Rümikon bei Winterthur. Er war dazu bestimmt, Hahns „wichtigster Jünger in der Schweiz zu werden". Vgl. *Wernle*, Schweizerischer Protestantismus. Bd. 3, 1925, 450. Bosshard begrüßte besonders Hahns jesulogischen Ansatz; vgl. *Stäbler*, Pietistische Theologie [s. Anm. 11], 164.

[70] ETB [s. Anm. 4], 152 f. – In Oberensingen ist zu dieser Zeit der ehemalige Nürtinger Lateinschulpräzeptor Gottlieb Friedrich Wurm Pfarrer; vgl. unten Nr. 3.

[71] Wegen schlechten Wetters geht Hahn am 14.7. nicht nach Nürtingen, dagegen kann er den Termin am 8.9. wahrnehmen: „Gott gab Gnade zu meiner Reise, da ich morgens vier Uhr aufwachte und der Himmel so heiter, auch das Barometer nicht gefallen war"; s. ETB [s. Anm. 4], 242.

[72] Vgl. *Kocher*, Geschichte I [s. Anm. 42], 146–148.

[73] ETB, 262.

[74] 7.4.1788; 14.4.1788; 7.7.1788; 6.9.1788; 27.2.1789.

[75] ETB, 469.

ab 1778 Pfarrer in Oberensingen, Collaborator superior Johann Georg Fischer (1756–1785) sowie Collaborator Friedrich Gottlieb Weidenbach (Coll. inf. von 1772–1785; Coll. sup. von 1785–1810).

Leider fehlen in den Tagebüchern Nachweise über Hahns Kontakte zu Präzeptor Johann Jacob Kraz (1778–1788) und Präzeptor Johann Friedrich Wurm (1788–1797), zum Collaborator superior Johann Nicolaus Trunk (1727–1756) sowie zu den Collaboratores inferiores Friedrich Gottlob Benz (1731–1772) und Johann David Freysinger (1785–1805). Hahn dürfte sie aber alle über seine intensiven Kontakte mit Dekan Klemm und Helfer Köstlin genau gekannt haben.

3. Präzeptor Gottlieb Friedrich Wurm (1758–1778)

Gottlieb Friedrich Wurm gehört laut Dinkels „Chronik und Beschreibung der Stadt Nürtingen" zu den „wichtigsten früheren Persönlichkeiten"[76]. Andere Darstellungen sehen in Wurm einen „der besten Schulmänner seiner Zeit"[77]. Im folgenden soll versucht werden, Leben und Wirken Wurms aus dem leider nur spärlich vorhandenen Quellenmaterial zu erhellen.

Gottlieb Friedrich Wurm wurde am 21. September 1733 als Sohn des Nagelschmiedeobermeisters und Ratsherren Johannes Wurm in Nürtingen geboren. Seine Mutter Elisabeth war eine geborene Werner. Gottlieb Friedrich besuchte die Nürtinger Lateinschule als Schüler von M. Wolfgang Wilhelm Schmidlin[78] und die Seminare in Denkendorf und Maulbronn.[79] Am 26. Oktober 1754 immatrikulierte er sich an der Universität Tübingen[80] und fand im selben Jahr Aufnahme im Herzoglichen Stipendium.[81] Den Grad eines Baccalaureus erwarb er sich am 20. November 1754, die Würde eines Magisters am 18. Oktober 1756. Das Zeugnisbuch bescheinigt ihm: „Ingenium praestantissimum, in Philologicis, Philosophicis et Theologicis probe excultum."[82] Da Philipp Matthäus Hahn etwa zur gleichen Zeit in Tübingen – allerdings als Stadtstudent – studierte und auch intensive Kontakte zu den Stiftlern pflegte, dürften sich beide bereits aus dieser Zeit oder gar schon aus der Nürtinger Lateinschulzeit kennen.

---

[76] *Chr. Dinkel*: Chronik und Beschreibung der Stadt Nürtingen. Mit dreifachem Anhange und einer Ansicht der Stadt. Nürtingen 1847, 111.

[77] *Stahlecker*, Geschichte [s. Anm. 3], 210; vgl. ADB 44, 1898, 333.

[78] Vgl. Punkt 1, außerdem *Stahlecker*, Geschichte, 210.

[79] In seinem Bewerbungsschreiben um das Präzeptorat in Nürtingen vom 3.3.1758 erwähnt er ausdrücklich das „Studiren in den Klöstern".

[80] Matrikel 35 099.

[81] Stiftsakten [s. Anm. 20], 2,284.

[82] LKA [s. Anm. 12], A13 / 2.

Am 3. März 1758 bewarb sich Wurm um die Präzeptoratsstelle der Lateinschule in Nürtingen, nachdem Praezeptor Schmidlin um seine Zurruhesetzung gebeten hatte. Wurms Bewerbungsschreiben liegt noch im Stadtarchiv Nürtingen vor.[83] Es ist insofern aufschlußreich, als aus ihm eindeutig hervorgeht, daß Wurm seit geraumer Zeit sein Auge auf diese Stelle geworfen und daß er darüber nach eigenen Worten Professor Schott[84] „längstens" informiert hat.

Überdies zeigt dieses Schreiben Wurms hohe Motivation, mit der er seine Aufgabe anzugehen gedenkt, sowie die Beweggründe und Gesinnung, die ihn treiben:

„Es gehet nehmlich meine Entschließung gänzl[ich] dahin, wann eine Vocation zu bemeldter Stelle an mich ergehen sollte, solche nicht nur mit gebührendem Respect und Dank anzunehmen; sondern auch diejenige Tribs- und Seelen-Kräfte, welche mir die gute Hand meines Gottes bißher verliehen hat, und fernerhin verleihen wird, mit der allergrößesten Bereitwilligkeit und Treue derselbigen aufzuopfern.

Die Beweggründe meiner Entschließung sind mit Vorbeygehung derjenigen besondern Umstände, welche mich darzu geleitet haben, diese, daß ich eines theils an demjenigen Ort die Ehre haben sollte, meine Dienste zu leisten, wo ich selbsten durch die gütige Vorsicht Gottes die erste Gründe meiner Erkenntiß eingesogen habe, anderen theils in derjenigen Stadt, von welcher ich, seitdem ich durch die Gnade unsers Durchlauchtigsten Fürsten dem Studieren in den Klöstern und auf der Universität obliege, mit ganz besonderer Gunst und Gewogenheit, welche ich Tag Lebens mit der größten Dankbarkeit erkennen werde, angesehen worden bin."

Wurm ist mit seiner Bewerbung erfolgreich. Am 22. Mai 1758 bitten der „Specialis, auch Vogt, Bürgermeister und Gericht" von Nürtingen unterthänigst, „den – zu ihrem vacanten Praeceptorat, per unanimia u[nter]th[äni]gst nominirten Stipendiarium, Mr. Wurmen, nach Erstehung des gewöhnl[ichen] Examinis, in solcher Qualitaet, g[nä]d[i]gst zu confirmiren"[85]. Die Berufung Wurms, die Stelle zu versehen, erfolgt am 13. Juni 1758 mittels eines herzoglichen Schreibens an „Specialem, Vogt, geistl[iche]n Verwalter, auch Bürgermeister und Gericht zu Nürtingen"[86].

---

[83] Stadtarchiv Nürtingen: Praeceptorats-Nominations-Akta 1758–1807, Bü 138.

[84] M. Christian Friedrich Schott, 1715–1719 Repetent am Herzoglichen Stipendium; 1735–40 Spezialsuperintendent und Stadtpfarrer in Freudenstadt; 1752–1753 zweiter Diakon an der Stiftskirche in Tübingen; 1753–1775 Professor Philosophiae et Linguarum (Moralium); 1757–1775 im Paedagogarchat der lateinischen Schulen ob der Steig; 1761–1775 Professor Theologiae.

[85] Stadtarchiv Nürtingen: Praeceptorats-Nominations-Akta 1758–1807, Bü 138.

[86] Stadtarchiv Nürtingen: Praeceptorats-Nominations-Akta 1758–1807, Bü 138.

Das Zeugnisbuch vermerkt unter dem entsprechenden Datum des 13. Juni 1758: „Scholae Ipsius patriae praeceptor datus, nunc in ordine, suo ad examen admissus, in Sermone sacro ad Actor. XVII. 26–28 pietatem Spirante, et in examine egregie stetit.“[87]

Wurm muß zunächst zwei Monate lang bis zu seiner endgültigen Nomination probehalber tätig gewesen sein, denn das Synodusprotokoll vom 26. Mai 1758 stellt neben dem lobenden Grundton heraus: „Der Neue Praeceptor Wurm ist wegen seiner guten Schulgaben, feiner Studien löbl[ichen] Fleisses, christl[ichen] Wandels und schöner in der Schul vicariando 2. Monat lang gemachter Probe erwehlt worden, und man hat Ursach zu glauben, daß Er so fortfahren werde.“[88]

Die Nürtinger taten mit der Berufung Wurms keinen Fehlgriff. Sämtliche Zeugnisse in den Synodusprotokollen von 1758–1777 stellen den Präzeptor als trefflichen und fleißigen, moderate Schulzucht übenden Schulmann dar, den gründliche Gelehrsamkeit, exemplarisch–tugendsamer, gottgefälliger Lebenswandel auszeichnen. Seine „Gottseligkeit“ dringe „neben den Humanioribus auch auf die Sacra“[89]. Kurz: Wurm „ist ein gelehrter, und begabter Mann, so wohl vor die Schul, als die Cantzel“[90]. Für einen Praezeptor auffallend sind die Hinweise ab 1760, daß Wurm „auch zum Predigen eine schöne Gabe“[91] besitze. Wurm hat also neben seiner schulischen Tätigkeit das Verkündigungsamt wahrgenommen:[92] Er war „beliebt auch wegen des Predigens“.[93]

So kann es eigentlich nicht verwundern, wenn es im Synodusprotokoll von 1764 heißt: „Dieser venerable Mann hat schöne Gaben und treffliche studia academ. ein donum informandi, und sonderlich auch concionandi, ein fleissiger, treuer, ernstlicher exemplarischer liebreicher Schulmann, den Jedermann liebet und gern höret. Er wird zu seiner Zeit ad altiora gebraucht werden.“[94] 1778 scheint dieser Zeitpunkt gekommen.

Ehe von diesem Lebensabschnitt die Rede ist, soll kurz Wurms familiäre Situation beleuchtet werden, vermerken die Einträge in den Synodusprotokollen doch auch stets Näheres zu Ehe und Familie sowie Kinderzahl.

Nachdem Wurm in Nürtingen eine feste Anstellung gefunden hat, verheiratet er sich am 5. November 1758 mit Beata Christina[95] geb.

---

[87] LKA [s. Anm. 12], A13 / 2.

[88] LKA, A1, 1758, 766.

[89] LKA, A1, 1769, 768.

[90] LKA, A1, 1766, 791.

[91] LKA, A1, 1760, 789.

[92] Vgl. *Dinkel*, Chronik [s. Anm. 76], 112: Wurm suchte öfters Gelegenheit, „das Wort Gottes zu verkündigen“.

[93] LKA [s. Anm. 12], A1, 1766, 792.

[94] LKA, A1, 1764, 767.

[95] Geb. 13.7.1736.

Wolff, deren Vater Georg Heinrich Vogt und Keller in Nürtingen war.[96] Dieser Ehe entstammt Johann Friedrich Wurm, der am 19. Januar 1760 geboren wird und 1788 – 1797 als Praezeptor in Nürtingen wirkt.[97] Als Verfasser zahlreicher astronomischer Schriften hat er sich einen großen Namen gemacht.[98]

Das Eheglück mit Beata Christina währt allerdings nicht lange. Beata stirbt am 15. April 1760. Gottlieb Friedrich Wurm heiratet am 4. November 1760 Johanna Katharina geb. Ziegler.[99] Dieser Ehe entstammen 6 Kinder.[100]

Nach einer äußerst erfolgreichen Tätigkeit im Praezeptorat der Lateinschule wird Gottlieb Friedrich Wurm am 22. April 1778 zum Examen nach Stuttgart zitiert: Der Nürtinger Dekan solle „dem Praeceptori zu Nürtingen, M. Gottlieb Friderich Wurmen, bedeuten, daß Er auf Donnerstag, den 14.ten des nächstkünftigen Monats May, morgens praecise um acht Uhr, bey dem würdigen, hochgelehrten, unserem Consistorial-Rath D. Faber, Sachen halber, die Er weiters zu vernehmen haben werde, sich gebührend einfinden solle“[101]. Das Zeugnisbuch vermerkt nach dem Examen: „1778. d. 15.Maij. ad nominationem Nurtingensium

---

96 Georg Heinrich Wolff ist ab 12. Mai 1730 als Vogtei-Adjunkt in Nürtingen, vorher Oberskribent bei der Kastenkellerei in Stuttgart. Von 1731–1746 ist er Vogt in Nürtingen; vgl. *Kocher*, Geschichte II [s. Anm. 42], 12.

97 Ihm stellen die Visitationsakten von 1791 das prächtige Zeugnis aus: „Praeceptor M. Johann Friderich Wurm verdient das vorzüglich gute und rühmliche Zeugnis, das ihm hier ertheilt worden ist von dem Pastore-Decano, nach allen Theilen vollkommen, indem sich bey ihm alle diejenigen Eigenschaften vereiniget finden lassen, die zu einem vollkommenen Schullehrer gehören. Zu seiner vorzüglichen Tüchtigkeit ist auch sein exemplarischer Wandel zu rechnen, wodurch er seinen Schülern ein gutes Beyspiel giebt. [...] Nürtingen schäze sich glücklich, einen solchen geschickten und wackeren Mann zum Praeceptor bekommen zu haben“; – Hauptstaatsarchiv Stuttgart [im folgenden: HSTA], A 281, Bü 1057, 4–5.

98 Stiftsakten [s. Anm. 20], 3,41. – Johann Friedrich Wurm, 1760–1833, gehört zu den berühmten Stiftlern, war nach seinem Präzeptorat ab 1800 Professor der griechischen und lateinischen Sprachen und der Mathematik am Gymnasium in Blaubeuren, 1807 dasselbe in Stuttgart. Vgl. *Hahn/Mayer*, Das Evangelische Stift, 284. Zu seiner Person und seinem Bildungsgang läßt sich ferner sagen: Wurm immatrikulierte sich 1778 an der Universität Tübingen [Matrikel 37 734]. Bevor er das Präzeptorat in Nürtingen antrat, auf das er zum 11. April 1788 „confirmiert“ wurde, arbeitete er bei seinem Vater als Vikar in Oberensingen. Sein Visitationszeugnis vom 23. April 1788 lautet: „Ist ein vorzüglich geschickter und gelehrter Mann, in studiis sowohl als in seinen Amtsgeschäften pünktlich und unermüdet, in seinem Wandel exemplarisch, in der Kleidung moderat und theologisch“; – LKA [s. Anm. 12], A1 / 1788; vgl. zu seiner Person und seinen Schriften: *Gradmann:* Das gelehrte Schwaben, 793. – ADB 44, 1898, 333 f. – Schwäbischer Merkur von 1833, 849 f. – *Heyd:* II, 694; IV, 480. – *Kaiser:* Bücherlexikon 5.6. 1750–1832, S-Z, 299. – DBI, Bd. IV, 2261.

99 Sie stirbt am 2.9.1805 in Nürtingen.

100 1. Johanna Christiana, 18.7.1762–28.9.1816. – 2. Justina Friederica, 9.5.1765–23.5.1816. – 3. Rosina Berta, 16.12.1766–18.8.1832. – 4. Immanuel Gotthilf, *16.3.1768. – 5. Wilhelm Friedrich, *27.5.1769. – 6. Jakob Gottlieb, 9.11.1778–1847.

101 Akten der Lateinschule im Max-Planck-Gymnasium Nürtingen.

confirmabatur pastor in Ober-Ensingen. Tam in homilia ad Joh. VIII. 28. 29. quam in discursu satisfecit."[102] Am gleichen Tag unterschreibt M. Gottlieb Friderich Wurm die Konkordienformel.[103]

Analysiert man die Synodusprotokolle im Blick auf Wurms Tätigkeit in Oberensingen, so zeigt sich, daß der „ad altiora" bestimmte Praezeptor als Pfarrer segensreich und mit hoher Anerkennung gewirkt hat. Bei seiner ersten Visitation als Pfarrer in Oberensingen erhält Wurm am 21. April 1779 das schöne Zeugnis: „Ist in studiis gründlich, im predigen und catechisieren erbaulich und schriftmäßig, in seinem ganzen Ambt fleißig und eifrig, und im Wandel exemplarisch. Hat bey der Visitation gut und erbaulich catechisirt. Concipiert und elaboriert seine Predigten sorgfältig. Die Gemeinde hat an seiner Lehr- und Lebens-Art nichts auszusezen."[104] Fast auf den Tag genau neun Jahre später, am 23. April 1788, heißt es: „Die Gemeine bezeugte alle Achtung gegen ihn, rühmte seine Gewissenhaftigkeit, und bedauert seinen Abgang."[105]

Wie die Kirchenkonventsprotokolle in Oberensingen belegen, fällt in die Amtszeit von Wurm die Eröffnung der Schule in dem „Filials Ort Zizißhausen"[106] wie auch die Erneuerung der Kirchenorgel, deren Schäden und Mängel Wurm minutiös in einem Kirchenkonventsprotokoll festhält. Es verwundert deshalb nicht, wenn Philipp Matthäus Hahn am 13. April 1787 „auf Oberensingen" gehen will, „eine Orgel zu sehen"[107]. Er dürfte sich für die renovierte Oberensinger „Königin der Instrumente" interessiert haben.

Hahns Tagebucheintrag vom 11. November 1784[108] ist zu entnehmen, daß die Konferenz der pietistischen Pfarrer neben Nürtingen und Unterensingen auch in Oberensingen stattfand, zu der Gottlieb Friedrich Wurm – wohl im Auftrag des Nürtinger Spezials Klemm – geladen hat. So kann Wurm mit großer Sicherheit als Pfarrer dieser theologischen Richtung zugerechnet werden. Seine pietistische Prägung und seine „gar ernstliche Gottesfurcht, die nichts zu leicht nimmt"[109], zeigt sich nicht zuletzt auch darin, daß er als Praezeptor „öfters Gelegenheit suchte, das Wort Gottes zu verkündigen"[110] in „schriftgemäßen"[111], „sehr erbauliche[n] Predigten"[112].

---

102 LKA [s. Anm. 12], A13 / 2.
103 LKA, HS 9.
104 LKA, A1, 1779, 920.
105 LKA, A1, 1788.
106 im Dezember 1784.
107 ETB [s. Anm. 4], 259.
108 ETB, 153.
109 LKA, A1, 1774, 865.
110 *Dinkel,* Chronik [s. Anm. 76], 112.
111 LKA, A1, 1779, 920.
112 LKA, A1, 1765, 777.

Schließlich dürfte über Gottlieb Friedrich Wurm und seine geistige Nähe zu Hahn und Bengel, kurz: durch sein pietistisches Erbe, erklärbar sein, daß sein Sohn, der berühmte Johann Friedrich Wurm in seinen astronomischen Überlegungen stark von Bengels apokalyptischem System geprägt ist. Schon die Titel einiger seiner Veröffentlichungen sind dafür Beleg genug.[113]

1788 wechselte Gottlieb Friedrich Wurm als Pfarrer nach Sielmingen. Er starb dort am 7. August 1803.[114] „Er selbst hatte sich eigentlich in seiner letzten Predigt die Leichenrede gehalten, da er über den Text sprach: ‚Christi Hingang zum Vater – seines Sterbens Trost'."[115]

4. Praezeptor Johann Jacob Kraz (1778–1788)

Wer sich mit Hölderlins und Schellings Jugendzeit, besonders den Jahren ihres Aufenthaltes an der Nürtinger Lateinschule beschäftigt, dem begegnet immer wieder der Name Kraz. Johann Jacob Kraz bekleidete das Praezeptorat in Nürtingen über 10 Jahre von 1778 bis 1788. Er zählt wie Wurm zu den tüchtigen, ja berühmten[116] Pädagogen dieser Institution. Auch Hölderlin erwähnt Kraz 1790 in ehrender Weise.[117]

Johann Jakob Kraz erblickt am 30. Juni 1754 in Stuttgart das Licht der Welt. Sein Vater gleichen Vornamens ist als „Regiments Chirurgus" in Stuttgart tätig. Die Familie zog wohl ungefähr 1760 – aus welchen Gründen auch immer – nach Nürtingen um. Der kleine Johann Jakob besucht die Nürtinger Lateinschule. Er traktiert „in den niederen Klöstern die Hülfswissenschaften, deren Kenntnis zum Unterricht der älteren Schüler

---

[113] Johann Albrecht Bengels Cyklus, oder der astronomische Teil von dessen apokalyptischem System, gemeinverständlich dargestellt u. geprüft. Stuttgart: Steinkopf 1831. Württembergische Landesbibliothek Stuttgart [im folgenden: WLB], Sign. Allg. G. oct. K. 663. Über die Beweisgründe für Bengels apokalyptische Zeitrechnung mit bes. Beziehung auf die Erwartung im Jahre 1836. Stuttgart: Löflund 1832; WLB, Sign. A 14 C / 127.

[114] Das Totenregister vermerkt: „Den 7.ten August morgens frühe zwischen 2 und 3. Uhr gestorb[en] an den Folgen eines Schlags [...] Herr M. Gottlieb Friederich Wurm, welcher 15. Jahre als Pfarrer allhier gestanden, nachdem er zuvor 10. Jahre als Pfr. in Ober-Ensingen, und 20. J[ahr] als Praeceptor in Nürtingen in öffentlichen Aemtern mit Treue gearbeitet hatte. Sein Alter hienieden brachte er auf 70. Jahre. Der Herr lasse seine Arbeit auch an hiesiger Gemeine noch nach seinem Hingang viele gesegnete Früchte bringen und lasse ihn eine reiche Belohnung für das finden, was er andern gutes erzeiget hat. Die Leichenpredigt hielt H[err] Pfr. Schmid von Denkendorf über die Worte Matth. 25, 23.".

[115] *Dinkel*, Chronik [s. Anm. 76], 112.

[116] Vgl. *Stahlecker*, Geschichte [s. Anm. 3], 211.

[117] *F. Hölderlin*: Sämtliche Werke. Stuttgarter Ausgabe [im folgenden: StA] Bd. 7/1, 301: „Hölderlin seinerseits erwähnt diesen [gemeint: Kraz] ehrend 1790" (LD 73,10 f.; vgl. auch LD 11,13 f.).

erfordert wird, nach der Vorschrift der Oberen"[118], und er immatrikuliert sich am 26. Oktober 1772 an der Universität Tübingen.[119] 1772 findet er auch Aufnahme im Herzoglichen Stipendium[120] und erwirbt den Grad eines Baccalaureus am 15. Dezember. Zwei Jahre später, am 23. September 1774, promoviert er zum Magister und hat laut eigener Darstellung „das Examen theologicum nach Wunsch überstanden, und daher die Erlaubnis in ministerialibus zu assistieren"[121].

Als Vikar in Weil im Schönbuch[122] bewirbt er sich – schon![123] – am 26. Januar 1778 in einem kurzen Schriftstück an den „hochlöblichen Stadt=Magistrat"[124]. Er schreibt u. a.: „[. . .] so präsentire ich mich geziemend als einen Candidaten des vacant werdenden Präceptorats. Die Übung im informiren, welche mir abgehet, hofte ich in Bälde durch Belehrung und Versuche unter der Aufsicht der Sache kundiger Männer einiger massen ersezen zu können: so wie ich meinen Entschluß, zu Übernehmung dieses beschwerlichen Amtes mich anzugeben, einer besonderen Leitung der göttlichen Vorsehung zuschreiben, und desto mehr zudem Fleiß und der Treue in Führung desselbigen von dem göttlichen Segen versichert seyn zu können glaube."[125] Kraz kommt mit seiner Bewerbung durch. Der Konsistoriale Befehl vom 15. Mai 1778[126] sieht vor, „unseren Herzogl[ichen] Stipendiarium, M. Johann Jacob Krazen, von Stuttgart gebürtig, zu dem durch die sub hodierno erfolgte Promotion des bißherigen Praeceptoris bey Euch, M. Gottlieb Frid[rich] Wurmen, zur Pfarrey Ober-Ensingen, hinwiderum vacant gewordenen Praeceptorat bey Eurer lateinischen Schuhle, nach dem inzwischen von demselben allhier mit Unserer gnädigsten Zufriedenheit erstandenem gewohnlichen Examine, in Gnaden confirmiert haben"[127].

Laut Synodusprotokoll von 1778 ist Kraz „in officio erst seit dem 25. Juni". Er heiratet kurz danach am 4. August Elisabetha Friederike Planck, die Tochter von Georg Jakob Planck.[128] Vier Kinder werden dem Ehepaar geschenkt.[129]

---

118 Aus dem Bewerbungsschreiben von Kraz. – Stadtarchiv Nürtingen, Praeceptorats-Nominations-Akta 1758–1807, Bü 138.

119 Matrikel 37 169.

120 Stiftsakten [s. Anm. 20], 3,29.

121 Aus dem Bewerbungsschreiben von Kraz. – Stadtarchiv Nürtingen, Praeceptorats-Nominations-Akta 1758–1807, Bü 138.

122 Von dort stammt seine Mutter Maria Rosina, geb. Walerin; vgl. LKA [s. Anm. 12], KB 1689; vgl. Pliezhausen, Bd. 11, Totenregister 1808–1838.

123 Wurm wird erst am 15. Mai 1778 zum Pfarrer in Oberensingen ernannt.

124 Aus dem Bewerbungsschreiben von Kraz. – Stadtarchiv Nürtingen, Praeceptorats-Nominations-Akta 1758–1807, Bü 138.

125 Stadtarchiv Nürtingen, Praeceptorats-Nominations-Akta 1758–1807, Bü 138.

126 Also zeitgleich mit der Ernennung von Wurm auf die Pfarrstelle in Oberensingen.

127 Lateinschulakten im Max-Planck-Gymnasium Nürtingen.

128 Er ist von 1750–1788 Stadtschreiber von Nürtingen und Schwiegersohn von Stadtschreiber

Die Zeugnisse in den Synodusprotokollen reden durchweg positiv über die Arbeit und Lebensführung von Kraz. Während das Zeugnis von 1778 noch vorsichtig formuliert: „Läßt dermalen noch das Beste von sich hoffen", heißt es 1779 bereits: „Hat einen feinen apparatum von philologischen u: theologischen Studiis von der Universitaet mitgebracht u. zeigt gute Gaben zum informieren in der Schule, allwo er diß erste Jahr mit Seegen gearbeitet. Ehe und Wandel sind ohne Klag." Ab 1784 taucht der Hinweis auf seine venia concionandi auf. Dies könnte ein Indiz dafür sein, daß Kraz an einer beruflichen Veränderung gelegen ist.[130]

1788 erfolgt seine Promotion am 11. April auf die Pfarrei Oberensingen als Nachfolger von Gottlieb Friedrich Wurm, der nach Sielmingen zieht. Auch in seinem Examen erhält er unter dem gleichen Datum das schöne Zeugnis: „Eloquio valente et satis distincto, gestu item decenti sermonem s. recitavit tam dictione quam sententiis probabilem, nisi quod a Textu Joh. 21, 17. nimis longe obliquatus est. Ceterum Theologica non oblitteravit. Nominatus a Xenodochii Nürtingensis antistitibus & a Ducali Consistorio confirmatus pastor Supra-Ensingensis."[131]

In seiner Nürtinger Praezeptoratszeit unterrichtet Kraz in seiner dritten oder obersten Klasse sowohl Hölderlin als auch Schelling. Volker Schäfer hat sowohl Hölderlins Schulbesuch als auch Schellings Schulzeit in Nürtingen genau untersucht.[132] Im Blick auf Hölderlin kommt Schäfer zu dem Ergebnis: „Hölderlin zum Beispiel scheint die untere Klasse fast vier Jahre, die mittlere dagegen nur ein Jahr und die obere fünf Jahre besucht zu haben."[133] Geht man davon aus, daß Hölderlins Lateinschulbesuch 1774[134] beginnt, so dürfte er von 1779 bis 1784 Schüler von Praezeptor Kraz gewesen sein.[135]

Gottlieb Christian Lang, seinem Vorgänger im Amt. Planck ist am 27.2.1726 in Lauffen a.N. geboren und am 24.1.1791 in Nürtingen gestorben. Vgl. *Kocher,* Geschichte II [s. Anm. 42], 23. Plancks Sohn Dr. Gottlieb Jacob Planck wird durch die Verheiratung der Schwester Elisabeth der Schwager von Kraz. Planck jun. gehört nach Dinkels Einschätzung auch zu den wichtigsten früheren Persönlichkeiten Nürtingens. Dinkel widmet dieser Persönlichkeit mehrere Seiten; vgl. *Dinkel,* Chronik [s. Anm. 76], 113–118.

129 Jakob Heinrich, *28.10.1780. – Carl Immanuel, *18.12.1782. – Christiane Friederike, *16.7.1788. – Elisabeth Dorothea, *28.5.1779.

130 So auch schon in den Visitationsakten 1783: „Hat die Theologie studirt, und hat veniam concionandi, die er auch bisweilen exercirt, doch ohne Abbruch der Schule"; HSTA [s. Anm. 97], A281, Bü 1057, 1783, 3.

131 LKA [s. Anm. 12], A 13/1.

132 *Volker Schäfer:* Neue Daten zu Schellings Schulzeit in Nürtingen. In: Jahrbuch der Deutschen Schiller-Gesellschaft 33, 1989; Ders.: Vom „Fakelnschimmer [...] auf des Theuren Sarg" bis zu „Seiner Heiligkeit Herrn Teuffel" – Überlieferungssplitter zu Friedrich Hölderlin. In: Hölderlin-Jahrbuch 26, 1988–1989, 401–432.

133 *Schäfer,* Neue Daten [s. Anm. 132], 16 f.

134 Hölderlins erster Lehrer dürfte der für die Anfängerklasse zuständige Collaborator inferior, also Friedrich Gottlieb Weidenbach gewesen sein; vgl. unten Nr. 6c.

135 Hölderlin war unter den 13 Kindern, die zwischen Georgii [23.4] 1774 und Georgii 1775

Schellings Schulzeit beginnt nach den neuesten Forschungen von Schäfer bereits 1783, und diese dauerte wohl bis zum Spätjahr 1786, da zu diesem Zeitpunkt dem Vater Schellings von Kraz erklärt worden sein soll, „der Sprößling sei den Mitschülern so weit voraus, daß ihm die Nürtinger Schule nichts mehr bieten könne“[136]. Schelling kam ob seiner frühreifen Begabung sofort in die oberste Klasse, die Kraz betreute. Die Aufnahmeprüfung habe sich, so die Darstellung Kochers, folgendermaßen abgespielt: Kraz habe den kleinen Schelling „sofort mit sich in seine Schulstube hinab [genommen] und [. . .] ihm ein Argument [diktiert], um zu sehen, wie des Knaben Kenntnisse beschaffen seien. Es stand nicht sehr lange an, so hörte man denselben rumoren und über die Schulbänke hin und her steigen. Kraz ging hinab, um ihn an seine Aufgabe zu erinnern, fand aber zu seiner Verwunderung, daß der Knabe sie bereits ganz ausgezeichnet gelöst hatte.“[137]

Wie Hölderlin[138] setzte auch Schelling seinem Lehrer Kraz ein Denkmal, indem er ihn namentlich im Tübinger Magisterprogramm als seinen Nürtinger Lehrer nennt: „Nürtingam translatus publice egregie institutus est a Dn. M. Kratz, nunc pastore Pliezhusino.“[139] Kraz erhielt von dem für Nürtingen zuständigen Pädagogarchen, dem Tübinger Philosophieprofessor Böck, im Visitationsbericht vom 31. Juli 1783 das Zeugnis: „In regenda Schola laudabilem operam adhibere pergit et vitam recte instituit.“[140] Und schon 1780 vermerkt Böck: „Doctrina, adsiduitate et vitae ratione se commendare pergit.“[141]

---

in die untere Klasse der Lateinschule eintraten. 1778 promovierte er „ex inferiori in mediam classem“, ein Jahr später stieg er in die oberste Klasse auf; vgl. *Schäfer,* Fakelnschimmer [s. Anm. 132], 414 f.

[136] *Schäfer,* Neue Daten [s. Anm. 132], 16. – Sein Besuch mit der Familie bei Philipp Matthäus Hahn in Echterdingen am 6. Oktober 1784 hat bei dem Philosophen Friedrich Wilhelm Joseph Schelling einen tiefen Eindruck hinterlassen. Hahns Notiz ist der Beweis dafür, daß der junge Schelling in seiner Nürtinger Lateinschulzeit Hahn persönlich gekannt hat. Schellings erste Veröffentlichung ist seine Elegie „Bei Hahn's Grabe gesungen“. Dieses Gedicht erwähnt Schelling am 4.4.1811 in einem Brief an Gotthilf Heinrich von Schubert: „Burgern kenne ich nicht; aber daß er ein Freund Hahn's gewesen, sagt mir genug. Ich habe diesen großen Mann auch als kleiner Knabe mit geheimer, unverstandener Ehrfucht gesehen; und sonderbar genug, mein erstes Gedicht, deren ich in meinem Leben wenige gemacht, war auf seinen Tod. Nie werde ich seinen Anblick vergessen.“ Mit „Burger“ dürfte der Nürnberger Handwerksmeister Georg Matthäus Burger gemeint sein, der in der Werkstatt von Hahns Brüdern arbeitete und später die von Hahn entwickelten Instrumente nachbaute. Diese Elegie ist für die Erkenntnis von Schellings eigener Geschichte bedeutend: Sie liefert den Beweis, daß Pietismus und Theosophie ein wichtiges Fundament in Schellings Entwicklung darstellen; vgl. *Friedrich Wilhelm Joseph Schelling*: Werke. Bd. 1. Hg. v. *Wilhelm G. Jacobs*. Stuttgart 1976.

[137] *Kocher,* Geschichte II [s. Anm. 42], 252 f.

[138] Vgl. StA [s. Anm. 117], Bd. 7/1, 301.

[139] Universitätsarchiv Tübingen, 21/4 V, Nr. 62.

[140] HSTA [s. Anm. 97], A 280, Bü 47, 21.

[141] HSTA, A 280, Bü 46, 26.

Spuren der Tätigkeit von Pfarrer Kraz lassen sich bis heute in den Kirchenkonventsprotokollen und Kirchenakten der evangelischen Gemeinden Oberensingen und Pliezhausen verfolgen. In seinem ersten Kirchenkonvent am 24. Juli 1788 in Oberensingen hat Kraz die unangenehme Aufgabe, mit der „unzüchtigen" Johanna Augusta Schmid ein Verhör zu führen wegen einer unehelichen Schwangerschaft, die sie ihm als ihrem Pfarrer „privatim eingestanden" hat. Nicht zuletzt ging es dabei um den Nachweis der Vaterschaft wie auch um die finanzielle Versorgung der bedrängten Frau.[142] Mitte 1791 belegen die Kirchenkonventsprotokolle Verhandlungen „wegen einer von dem Pfarramt für nöthig erachteten Reparation der Sacristei"[143]. Das letzte Protokoll, das Kraz in Oberensingen unterschreibt, dokumentiert schließlich die Untersuchung einer nicht nur damals vorkommenden „Sittenwidrigkeit", „da die Eheleute, Conrad Vogel, Bauer, und Maria Catharina, geborene Balzin von Oberensingen, beede in Nürtingen verbürgert, ein[144] Kind, Katharina Friderica, gezeuget, welches d. 18. Jul. 1791 geboren worden, da sie d. 8. Mart. desselben Jahres erst copulirt worden waren, und sich veroffenbaret, daß sie hier in loco sich wenigstens puncto praematuri concubitus vergangen haben mögen"[145].

Auch in Pliezhausen, einem Dorf über dem Neckar auf halbem Wege von Nürtingen nach Tübingen, blieb die Tätigkeit von Pfarrer Kraz nicht frei von Sorgen und Konflikten. Schon wenige Jahre nach seinem Aufzug 1792 kam es bei der Einführung des neuen Gesangbuches zu erheblichen Schwierigkeiten.[146]

Trotz dieser Spannungen in der Gemeinde stellen die Synodusprotokolle Kraz insgesamt ein positives Zeugnis aus: „Hat trefliche Gaben u[nd] gründliche theologische und philologische Studien, in deren weiteren Ausbildung er mit stetem Fleiß fortfähret; prediget und katechisiret

---

142 Kirchenkonventsprotokolle Oberensingen vom 10.5.1782–18.12.1796, 128 ff.

143 Kirchenkonventsprotokolle Oberensingen vom 10.5.1782–18.12.1796, 163 f.

144 Von Hand eingefügt: „bald gestorbenes".

145 Kirchenkonventsprotokolle Oberensingen vom 10.5.1782–18.12.1796, 174 f.

146 Das Kirchenkonventsprotokoll vom 18. Mai 1794 spricht vom Versuch, das neue Gesangbuch „dem wiederholten gnädigsten General-Synodal-Rescript zu Folge, in Pliezhausen einzuführen". Selbst nach dem moderaten Vorschlag von Pfarrer Kraz, die großen Gärungen in der Gemeinde dadurch zu besänftigen, „es solten, da das Singen aus dem alten und neuen Gesangbuch zugleich, welches mittelst Aufgebung solcher Lieder, die in beeden Büchern stehen und ziemlich unverändert geblieben sind, der Gemeinde ganz zuwider seye, nur in Betstunden, wo kaum die Hälfte so viele Personen sich einfinden, als neue Gesangbücher im Ort seyen, in unterthänigster Folgeleistung gegen die gnädigsten Befehle neue gesungen und bis auf erneuerte Verordnungen oder bessere Zeiten mit dem alten Gesangbuch in andern Gottesdiensten wie vor Ostern fortgefahren werden", gab es mehrere Widersprüche und sechs „Entgegenhaltungen". – In Kirchentellinsfurt fordert 1801 der Pfarrer Militär an; vgl. *Heinrich Hermelink*: Geschichte der Evangelischen Kirche in Württemberg von der Reformation bis zur Gegenwart. Tübingen 1949, 289 f.

gründlich u. erbaulich; ist bedächtl[ich] und klug in der AmtsFührung, u[nd] gibt mit den Seinigen das Beispiel eines christlichen Wandels."[147]

Allerdings vermerkt dieses Protokoll von 1793 am Rand – eingetragen von anderer Hand: „Pastor solle sich angelegen seyn laßen, künftig nicht mehr so viele cultus einzustellen, und wann er ja genöthiget werde, Kinderlehren einzustellen, so solle er solche zu einer anderen schicklichen Zeit nachholen."

Bei der Visitation 1805 hält das Synodusprotokoll fest: „Pastor hat feine Gaben, ist im Umgang aufrichtig, in theologischen Studien gründlich, gut auch in der Philologie, sezt beide fort, ist im Amt adcurat, im Wandel gesezt, hat eine geordnete Oekonomie, gut gebildete Familie, und ist mit den übrigen Aemtern, mit welchen amtliche Verhältnisse bei ihm eintretten, harmonisch."[148]

Aus diesem Dokument geht ferner hervor, dass der älteste Sohn Jacob Heinrich Kraz[149] seit 1803 seinem Vater als Vikar zur Hand geht. Der Vikar habe „herrliche Gaben; zum Predigen, Katechisiren und Unterricht der Jugend trefliche Anlagen, Geschik und Beharrlichkeit"; er sei „im Umgang wohl=unterhaltend; im ganzen Umfang theologischer und philologischer Studien gründlich und vorzüglich, im Amt getreu, in der Schule täglich unermüdet"; er habe „einen edlen Charakter", und er beobachte „theologischen Anstand in der Kleidung"[150].

Es muß darauf hingewiesen werden, daß Pfarrer Kraz trotz der positiven Testimonien und seines Ansehens im Ort nicht unumstritten war. Es gab in Pliezhausen gegenüber Neuerungen erhebliche Widerstände, die nicht zuletzt in der großen Armut des Dorfes begründet waren. Johann Jacob Kraz versah seinen Dienst uneingeschränkt wohl bis 1810.[151] Am 28. Januar 1812 starb er abends um 9 Uhr,[152] und er wurde am 31. Januar um 13 Uhr in Pliezhausen begraben.[153]

---

147 LKA [s. Anm. 12], A1, 1793, 176.

148 LKA [s. Anm. 12], A1, 1805, 948.

149 Geb. 29.10.1780 in Nürtingen; seit dem 6.9.1803 Vikar in Pliezhausen.

150 LKA [s. Anm. 12], A1, 1805, 948.

151 Nach 1810 taucht die Unterschrift von Kraz nicht mehr in den Kirchenkonventsprotokollen auf.

152 Kraz dürfte einem Schlaganfall erlegen sein; vgl. LKA [s. Anm. 12], KB 1689, Pliezhausen, Bd. 11, Totenregister 1808–1838.

153 Kraz war in Pliezhausen der 13. evangelische Geistliche seit der Reformation.

5. Die Collaboratores inferiores Friedrich Gottlieb Benz und Johann David Freysinger

In der Zeit von 1750 bis 1790 sind an der Nürtinger Lateinschule, die seit 1560 in drei Klassen unterrichtet,[154] die drei Collaboratores inferiores Benz, Weidenbach und Freysinger tätig. Weidenbach steigt 1785 zum ersten Kollaborator auf. Ihm sei deshalb der dritte Abschnitt im nächsten Kapitel gewidmet.

a) Friedrich Gottlieb Benz (1731–1772)

Die die beiden Collaboratores inferiores Benz und Freysinger betreffende Quellenlage ist äußerst dürftig. Lediglich die Zeugnisse in den Synodusprotokollen sowie in den Visitationsakten des Hauptstaatsarchivs können herangezogen werden. Vom Leben und Wirken des Schulmannes Benz läßt sich daher nur ein grobes Bild skizzieren.

Benz wird am 20. April 1700 in Sontheim an der Brenz geboren. Ehe er 1731 in die Lateinschule in Nürtingen als zweiter Kollaborator eintritt, ist er „vorher bey hiesiger teutschen Schuhle als Provisor gestanden 2. Jahr“[155]. Er heiratet 1722 Catharina Rosina Brothag, deren Vater Pfarrer in Helfenberg ist. Der Ehe entstammen fünf Kinder.[156] Die Tochter Anna Maria vermählt sich am 12. August 1749 mit Jakob Friedrich Weidenbach, der als Chirurg in Nürtingen tätig ist.[157] Dieser Ehe entstammt der Sohn Friedrich Gottlieb Weidenbach, der 1772 seinem Großvater Benz zunächst im Schuldienst assistiert, sodann aber als Collaborator inferior seine Nachfolge antritt. Über diesen Vorgang liegt ein Dokument vom 3. November 1772 vor;[158] darin heißt es:

„Wir haben uns das von dem an Eurer Lateinischen Schule zu Nürtingen stehendem zweyten Collaboratore, Friderich Gottlieb Benz, beschehene u[n]t[erthäni]gste Ansuchen, daß Wir ihme in seinem bißhirher bekleideten Schul=Amt seinen Enkel, unsern Stipendiarium, Friderich Gottlieb Weidenbach, substituiren, Ihme selbsten aber bey seinem hohen Alter, als einen emeritirten Schul=Diener von unserer daselbstigen Geistlichen Verwaltung mit einem Leib=Geding auff seine noch üb-

[154] Neben Nürtingen unterrichten weitere 5 Anstalten dreiklassig. Nur Tübingen und Ludwigsburg führen 4, das Pädagogium in Stuttgart 7 Klassen; vgl. *Stahlecker*, Geschichte [s. Anm. 3], 78 f.

[155] HSTA [s. Anm. 97], A 281, Bü 1057, 5.

[156] Johann Friedrich, *18.1.1723 in Nürtingen; Anna Maria, *13.12.1724; Johann Jakob, *18.7.1727; Anna Magdalena, *24.8.1729; sie ist ledig, gest. 26.12.1788; Christina Regina, *23.12.1731, ebenfalls ledig, gest. 1770.

[157] Das Nürtinger Totenregister von 1805–1826 [LKA, KB 448, Nürtingen Bd. 23] führt andere Namen für die Eltern von Friedrich Gottlieb Weidenbach; vgl. unten Nr. 6c.

[158] Lateinschulakten am Max-Planck-Gymnasium Nürtingen.

rige Lebens=Zeit g[nä]d[i]gst bedenken möchten [...], das mehrere gehorsamst vortragen laßen."

In dem Schreiben wird ferner deutlich, daß Benz für seinen Enkel wirbt, um ihn als Amtsnachfolger zu bekommen. Dieses Ansinnen wird nicht abgelehnt, vielmehr soll es sich in der praktischen Tätigkeit herausstellen, ob „Weidenbachs bißherige kränkliche Gesundheits=Umstände sich wieder dergestalten gefaßt haben möchten, daß man sich seiner angeblichen Reconvaleszenz halber gesichert halten und ihme eine solche, kein kränkliches, sondern ein vegetes Subjectum erfordrende Station mit Zuverläßigkeit möge anvertrauet werden können".

Sollte Weidenbach mit Erfolg unterrichten und sich sein Gesundheitszustand bessern, so wäre das Consistorium nicht abgeneigt, „befindenden Umständen nach, auf die Consolation dieses alten Schul=Dieners durch die würckliche Substitution seines Enkels in seinem Schul=Amt g[nä]d[i]gst zu reflectiren". Weidenbach tritt seine Stelle an Georgi 1773[159] endgültig an.

Sowohl die Testimonien in den Synodusprotokollen wie auch in den Visitationsakten charakterisieren den Collaborator Benz als einen eifrigen und tüchtigen Schulmann: „Daß der Benz ein gutes donum docendi hat, Fleiß in seinen Geschäften, Moderation in der Zucht und einen christl[ichen] wandel, recomendirt ihn bey allen."[160] Benz muß auch in seinem fortgeschrittenen Alter munter, lebendig und mit Freude unterrichtet haben, stellen doch die Testimonien immer wieder diesen Zug an seiner Persönlichkeit heraus:[161] „Collaborator Benz ist zwar alt, doch noch ein tüchtiger, lebhafter, fleißiger, mässiger Schularbeiter"[162]; sieben Jahre später wird ebenfalls betont, daß Benz „Freude und Munterkeit genug zu seinem Schulamt habe"[163].

Auch das methodische Vorgehen und seinen Umgang mit den ihm anvertrauten jungen Menschen heben die Quellen eigens hervor: „Benz hat eine gute Methode, nimmt sich seines Amts fleissig an, geht ordentlich mit den Kindern um und gibt in seinem Wandel keinen Anstoß."[164]

Das Urteil seiner Kollegen Wurm und Fischer sowie des Diakons Köstlin, das 1763 in die Visitationsakten aufgenommen ist, entspricht

159 23. April.

160 LKA [s. Anm. 12], A1, 1758, 767.

161 1767 hält die Visitationsrelation fest: „Fidelem in docendo et adsiduum, se etiam nunc praebet, alacriterque muneris partibus defungitur, vitamque recte composuit"; s. HSTA [s. Anm. 97], A 280, Bü 44.

162 LKA, A1, 1760, 790.

163 Selbst das letzte Zeugnis von 1772 hält fest, daß Benz sein Amt „ohnklagbar" versieht und „dazu noch viele Kräfte und Munterkeit besitze". Daß dem aber nicht immer so war, zeigt sein Gesuch, wonach sein Enkel Friedrich Gottlieb Weidenbach ihn im Schuldienst unterstützen soll.

164 LKA, A1, 1765, 778.

dem bisher Dargelegten, wobei Collaborator superior Fischer eigens noch die Kollegialität von Benz lobend erwähnt.[165] Allerdings scheinen seine Kräfte 1768 dann doch merklich nachgelassen zu haben, zumal das Testimonium recht verhalten klingt: „Sein Alter ist bißher seinem Amte noch gewachsen. Auch auf dem Rathhaus wird solches bezeuget."[166]

Benz dürfte nicht nur nach außen, sondern auch in seiner Familie ein Vorbild gewesen sein. Einer seiner Söhne, Johannes Jacob Benz[167], ergreift ebenfalls den Beruf eines Schulmannes. 1754, mit 27 Jahren wird er Praezeptor an der Lateinschule in Markgröningen.

Friedrich Gottlieb Benz stirbt am 1. September 1780 „an Nachlaßung der Natur"[168]. Er hat zweifelsohne Philipp Matthäus Hahn seit dessen Lateinschulaufenthalt 1752/53 in Nürtingen gekannt. Ein schriftlicher Hinweis auf Benz ist in den Tagebüchern Hahns allerdings nicht zu finden.

b) Johann David Freysinger (1785–1805)

Freysinger ist einer der Kollaboratoren, die ihre pädagogische Laufbahn nicht in Nürtingen begonnen haben.[169] Sein „Confirmations-Befehl zur Collaboratur Leonberg" vom 28. Juli 1772, publiziert am 5. August, liegt vor.[170] Bis zu diesem Zeitpunkt famuliert Freysinger im Herzoglichen Stipendium, in das er 1764 eintritt.[171] Mit ihm versehen den Dienst eines Famulus Konrad Friedrich Payer[172] und Jakob Friedrich Herzog.[173] Das Matrikelbuch vermerkt zu den drei Famuli, „ob paupertatem singuli solverunt 1 fl. 30 x."[174]

Johann David Freysinger stammt aus Nürtingen und wird dort am 26. März 1746 geboren. Sein Vater Johann Christoph ist Zimmermann, Ratsverwandter und Kastenbedienter. Nach seiner Kollaboratur in Leonberg wird Freysinger in einem Reskript vom 3. Mai 1785 zur 2. Kollaboratur nach Nürtingen an die Lateinschule befördert.[175] Er zieht

---

165 HSTA [s. Anm. 97], A 281, Bü 1057, 1763, 6.

166 HSTA, A 281, Bü 1057, 1768, 6.

167 Immatrikuliert an der Universität Tübingen am 30.10.1744, Matrikel 34 226; Baccalaureus am 28.11.1746, im gleichen Jahr Aufnahme ins Herzogliche Stipendium.

168 LKA [s. Anm. 12], KB 448, Nürtingen. Bd. 21: Totenregister 1700–1791. Die Beerdigung des „resignierten Collaborators" fand am 3.9.1780 statt.

169 Präzeptor Benjamin Gottlob Fischer, ab 1797 in Nürtingen tätig, wirkte zuvor seit 1792 in Sulz / Neckar; Johann Georg Fischer war vor seiner Nürtinger Zeit vier Jahre lang in Leonberg lateinischer Kollaborator.

170 Akten der Lateinschule im Max-Planck-Gymnasium Nürtingen.

171 Stiftsakten [s. Anm. 20], 3,280. Er immatrikuliert sich am 1.1.1764 an der Universität Tübingen, Matrikel 36 231.

172 Matrikel 36 329.

173 Matrikel 36 230.

174 Matrikeln der Universität Tübingen. Bd. 3, 206.

175 Falsch sind also die Angaben Chr. Sigels, wonach Freysinger ab 1793 zweiter Kollaborator in Nürtingen geworden sei.

am 21. Juni 1785, dem Kirchenvisitationstag, auf. In der „Postrelation" ist vermerkt: „ist vorgestellt, u. in Promission genommen worden".[176]

Am 28. Oktober 1772 heiratet er in Nürtingen Maria Veronika Rumpp.[177] Ihr Vater Johann Caspar arbeitet als Strumpfstricker in Nürtingen. Das Ehepaar hat „einen einigen Sohn, der Alumnus in Blaubeuren ist"[178]. Dieser – Johann Friedrich[179] – studiert in Tübingen Theologie, lebt im Herzoglichen Stipendium und bewirbt sich als Magister 1797 um das Praezeptorat der Lateinschule Nürtingen, nachdem Johann Friedrich Wurm Pfarrer in Gruibingen geworden ist.[180] Seine Bewerbungsunterlagen samt den beiden Zeugnissen von Professor Schnurrer und Repetent Bunk sind erhalten.[181]

Johann David Freysinger hat dem Testimonium von 1786 zufolge „gute Schulgaben, unermüdeten Fleiß und [?] Zucht, einen unsträflichen Wandel und eine vergnügte Ehe"[182]. Daher zeigt sich der Magistrat „auch mit dem zweyten Collaboratore [. . .] zufrieden"[183].

Die Zeugnisse wiederholen geradezu stereotyp die Tüchtigkeit, Gewissenhaftigkeit und den Fleiß dieses Schulmannes.[184] Es ist daher nicht verwunderlich, wenn es 1790 heißt: „Auch mit diesem Collaborator seye die Schule auf das Beste versehen, und er arbeite den übrigen Schullehrern recht gut in die Hand."[185]

Freysinger muß ein besonderes Geschick im Umgang mit noch sehr jungen Schülern und einen guten Zugang zu ihnen gehabt haben. Bei ihm lernten die Kinder gerne, „weil er sie liebreich behandle"[186]. Es ist ein hohes Lob, wenn in dieser Weise von einem Mann der Schule gesprochen wird. Freysinger stirbt am 27. Juni 1805 in Nürtingen „nachm[ittags] um 1. Uhr", und er wird am 29. Juni „abends um 3. Uhr"[187] begraben.

---

176 HSTA [s. Anm. 97], A 281, Bü 1057, 1785, 4.

177 25.7.1751–29.11.1816; lebt in Nürtingen.

178 HSTA, A 281, Bü 1057, 1791, 6. Das erste Kind Johann Christoph lebt nur ein Jahr: 26.7.1774–27.10.1775.

179 Geb. 4.10.75 in Leonberg, 1822–42 Pfarrer in Lampoldshausen, gest. 18.1.1842.

180 Das Praezeptorat erhält Benjamin Gottlob Fischer.

181 Stadtarchiv Nürtingen, Praeceptorats-Nominations-Akta 1758–1807, Bü 138.

182 LKA [s. Anm. 12], A1, 1786, 883.

183 HSTA [s. Anm. 97], A 281, Bü 1057, 1786, 4.

184 HSTA, A 281, Bü 1057, 1787–1789.

185 HSTA, A 281, Bü 1057, 1790, 6.

186 HSTA, A 281, Bü 1057, 1791, 6.

187 LKA [s. Anm. 12], KB 448, Nürtingen. Bd. 22: Totenregister 1792–1804.

6. Die Collaboratores superiores Johann Nicolaus Trunk, Johann Georg Fischer und Friedrich Gottlieb Weidenbach

a) Johann Nicolaus Trunk (1750–56)

Schenkt man Christian Binder[188] Glauben, so hat Johann Nicolaus Trunk an der Lateinschule Nürtingen als 1. Kollaborator in den Jahren 1727 – 1756 gewirkt. Auch Dinkel tradiert diese Angaben ungeprüft, doch widerspricht ihnen die Aktenlage. In den Dokumenten der Lateinschule blieb eine „Copie des hochfürstl[ichen] Befehls" erhalten, „der wegen des Neuen Herrn Collaborat[oris] in der Lat[ein] Schul Johann Nicolai Trunkens ergangen ist"[189]. Dieser Befehl stammt vom 8. Februar 1750. Aus diesen Unterlagen geht hervor, daß Trunk, Proselyt und bisher[190] Stiftsorganist zu Tübingen, „zu der durch ohnlängst erfolgtes Absterben des bißherigen Collaboratoris Wagners, zu Nürttingen vacant gewordenen 1.ten Collaboratur=Stelle daselbsten in Gnaden bedacht und confirmirt" wurde.

Zwar wird bei Binder auch der Collaborator Heinrich David Wagner genannt, doch können die näheren Daten nicht stimmen.[191] Auszugehen ist vielmehr davon, daß Trunk von 1750 bis 1756 das erste Kollaborat innehatte. Als ehemaliger Stiftsorganist war er geradezu prädestiniert, den Dienst eines Musikdirektors zu übernehmen. In dieser Eigenschaft hat er ohne Zweifel Philipp Matthäus Hahn im Musikunterricht näher kennengelernt, auch wenn dieser in seinen Lebensläufen nur Wolfgang Wilhelm Schmidlin als seinen Nürtinger Lehrer erwähnt.

Für das Amt eines Musikdirektors stellte die Stadt jährlich 25 Gulden aus Spitalmitteln sowie einen Eimer Wein zur Verfügung. „Dafür hatte der Musikdirektor nicht bloß die Stadtmusik zu dirigieren, das Orgelspiel zu besorgen, den Kirchen=und Leichengesang zu leiten und den Gesangunterricht in der Schule zu geben, sondern auch alljährlich sechs Musikstücke zu komponieren."[192] Ohne Angabe von näheren Umständen liest man bei Stahlecker, daß die Verpflichtung, Kompositionen im Auftrag zu fertigen, seit 1756 in Wegfall kam. Diese Tradition endete ganz offensichtlich mit dem Tod Johann Nicolaus Trunks.

---

188 Wirtembergs Kirchen- und Lehraemter, Teil I u. II. Tübingen 1798/1799.

189 Akten der Lateinschule im Max-Planck-Gymnasium Nürtingen.

190 Seit 1745.

191 Binder gibt für Heinrich David Wagner an: 1707–1727. Nach den Akten der Lateinschule ist er mindestens noch am 3. November 1739 im Amt, zumal er zu diesem Zeitpunkt „zu mehrerem Fleiß zu excitiren" ermahnt wird; vgl. Akten der Lateinschule im Max-Planck-Gymnasium Nürtingen. Bereits am 3. November 1713 wird Wagner gerügt. Man soll ihn „zu mehrerem Fleiß und Eyfer excitiren". Er sei aber ein guter Musicus und habe gute Schulgaben; vgl. Akten der Lateinschule im Max-Planck-Gymnasium Nürtingen, Bl. 51.

192 *Stahlecker*, Geschichte [s. Anm. 3], 207.

Blicken wir zurück auf sein Leben, so läßt sich folgende Skizze erheben: Trunk wird 1712 geboren. Offenbleiben muß vorerst, was sich hinter der Angabe „Proselyt"[193] verbirgt. Seine Tübinger Matrikelnummer ist bekannt: 42 090. Trunk muß also in einem bestimmten Verhältnis zur Universität gestanden haben. Ab 1745 fand er übergangsweise als Hospes Aufnahme im Herzoglichen Stift.[194] Er heiratet am 22. Oktober 1748 in Trossingen Maria Sigismunda Gall [?][195]. Fünf Kinder gingen aus dieser Ehe hervor.[196]

Trunk muß ein vorzüglicher Musiker gewesen sein, heben doch die Testimonien in besonderer Weise seine Qualitäten auf diesem Gebiet hervor. So lautet das Zeugnis von 1752: „Hat zur Schul gute, und zur Music treffliche Capacität, ist fleissig in der Schul, über seine Aufführung und Lebens-wandel keine Klagen."[197] Zwei Jahre später lautet das Urteil ähnlich: „Seine Schulgaben sind genügsam, und die zur Music sehr gut, wendet gehörigen Fleiß an."[198] Was die Schuldisziplin angeht, so muß Trunk über das Ziel hinausgeschossen sein, vermerkt doch das selbe Zeugnis: „Wider seine Schul-Disziplin, die vormals excedirte, und wider seinen und der Seinigen Wandel kam keine Klage vor." Seine letzte Beurteilung aus dem Jahr 1755 unterstreicht nochmals sein musikalisches Können, wenn es heißt: „Excellirt in der Musik."[199]

Zusammenfassend läßt sich also sagen: Sein Fleiß, seine „sufficiente Tüchtigkeit" sind die eine, seine musikalische Kapazität und Brillanz die andere, hervorstechende Seite von Johann Nicolaus Trunk, dem Collaborator superior et Rector Musices. Er verstarb am 8. Februar 1756 in Nürtingen. Zwei Tage später wurde er beerdigt.[200]

b) Johann Georg Fischer (1756–1785)

Johann Georg Fischer gehört zu den Collaboratoren, die Philipp Matthäus Hahn in den Tagebüchern erwähnt.[201] Als er 1776 Hahn mit Georg Michael Hörrmann[202] in Kornwestheim besucht, ist er in Nürtingen bereits seit 20 Jahren als erster Kollaborator und „Rector Musices" tätig. In dieses Amt wurde er 1756 befördert „um seiner in Examine erfundenen

---

193 Aus Schneeberg im Unterfränkischen.

194 Stiftsakten [s. Anm. 20], P1, 268.

195 Geb. 1712 – 19.10.1795 (83 Jahre, 6 Monate und 7 Tage).

196 Katharina Sabina, *1750; Maria Rosina, 16.7.1751–1792; Regina Dorothea [?], *28.9.1753; Christina Philippina, *4.9.1756; Johann Wilhelm, *25. [?].1756–6.8.1756.

197 LKA [s. Anm. 12], A1, 1752, o. S.

198 LKA, A1, 1754, 381.

199 LKA, A1, 1755, 387.

200 Der Leichenpredigt zugrunde lag 1Thess 4,13–15; vgl. LKA, KB 448, Nürtingen. Bd. 21. Totenregister 1700–1791.

201 Vgl. oben Punkt 2 u. KTB [s. Anm. 4], 432.

202 Vgl. KTB, 498.

vorzüglichen Tüchtigkeit willen"[203]. Zuvor war Fischer vier Jahre lang lateinischer Kollaborator in Leonberg.

Während Christian Sigel Fischers Geburtag mit dem 2. Februar 1729 angibt, führen die Visitationsakten stets den 9. Februar an. Fischer stammt aus Dettingen am Schloßberg „prope Tecc". Über seinen Ausbildungsweg schweigen die verfügbaren Quellen.[204] Da er aber sehr auf das Lateinische drängt, dürfte er mit hoher Wahrscheinlichkeit die Lateinschule im nahegelegenen Kirchheim und die niederen Klöster besucht haben.

In der Zeit nach 1752 vermählt sich Johann Georg Fischer mit Regina Barbara Herdlen, deren Vater Johann Ferdinand Hofmusikus in Ludwigsburg ist. Seine Frau stirbt schon am 23. Oktober 1764.[205] Aus der Ehe gehen sechs Kinder hervor.[206]

Fischer schließt am 7. Mai 1765 eine zweite Ehe mit Christina Barbara Fehleisen. Ihr Vater Johann Philipp ist Chirurg in Nürtingen. Dieser Ehe werden die Kinder Benjamin Theodor Gottlob[207], Johanna Augusta[208] und Friederike Christiane[209] geboren.

Der Sohn M. Benjamin Theodor Gottlob Fischer übernimmt nach seinem Theologiestudium 1791 das Praezeptorat der Lateinschule in Sulz, 1797 das in Nürtingen.[210] Ab 1783 gehörte er zu den „Exspectantes quartum", der ein Jahr jüngere Hölderlin zu den „Exspectantes tertium". Sie legen am 9., 10. und 11. September 1783 das Landexamen ab.[211] Beide bestehen diese Prüfung, wobei Hölderlin nach Denkendorf, Fischer 1784 als Alumnus nach Blaubeuren wechselt. Zumindest über die freundschaftliche Beziehung der beiden ist Philipp Matthäus Hahn Hölderlin bekannt gewesen.

---

203 Akten der Lateinschule im Max-Planck-Gymnasium Nürtingen.

204 Die Matrikeln der Universität Tübingen führen seinen Namen nicht.

205 Im Alter von 36 Jahren, 9 Monaten und 21 Tagen.

206 Eberhard Friedrich, *18.1.1753; Wilhelmine Friederike, 30.7.1754–25.8.1754; eine Totgeburt am 5.12.1755; Christiane Wilhelmine, *2.8.1758; Catharina Beate, *25.11.1759; Adam Friederich, *14.6.1763. Er ist ab 1785 Quartiermeister beim württembergischen Husarenkorps.

207 Geb. 6.7.1769.

208 Geb. 12.4.1772.

209 Geb. 12.12.1777.

210 Sein Bewerbungsschreiben vom 21.12.[?] 1796 liegt vor. Er spricht von dem guten Andenken, in dem sein seeliger Vater stehe; vgl. Stadtarchiv Nürtingen, Praeceptorats-Nominations-Akta 1758–1807, Bü 138.

211 Vgl. StA [s. Anm. 117], 7,1, 303. In seinem Brief [29] an die Mutter (Anfang 1790) schreibt Hölderlin in Z. 23 f.: „Heute Abend hat Vischer das erstemal gepredigt. Übers Jar, so Gott will, werd ich auch die Kanzel betretten." Zwei weitere Briefe dokumentieren das gute kameradschaftliche Verhältnis von Hölderlin und Fischer: Brief 34 (Sommer 1790) und Brief 44 (April 1791). Freundlicher Hinweis von F. Reil.

Collaborator Johann Georg Fischer besaß große musikalische Fähigkeiten, die nicht nur das Orgelspiel betrafen,[212] sondern seine musikalische Schaffenskraft insgesamt. Immer wieder heben die Testimonien Fischers gutes „Geschick zur Schule und zur Orgel und Music“[213] hervor. Dank seiner guten „Schulgaben“ „nehmen die Kinder zu“[214]. Mit den Seinen führt der Kollaborator „einen unsträflichen Wandel“. Kurz: Der „Collaborator superior ist ein seinem Posten wohl gewachsener Mann, den er auch mit der nöthigen Treu u[nd] Fleiß versieht, und auch sonst nicht in der Ehe u. Wandel desideriren läßt“[215]. Auch die Visitationsrelationen bestätigen dieses Urteil.[216] Johann Georg Fischer starb – wohl überraschend – am 2. Mai 1785, genau sechs Jahre vor Philipp Matthäus Hahn.[217]

c) Friedrich Gottlieb Weidenbach (1785–1810)

Mit Friedrich Gottlieb Weidenbach schließt sich nun der Kreis der Lehrer, die in dem Zeitraum von 1750–1790 ihren Dienst an der Lateinschule in Nürtingen versehen haben.[218] Weidenbach muß eine besondere Persönlichkeit gewesen sein, zählt sie doch Dinkel auch unter die wichtigsten früheren Nürtinger Gestalten. Von Weidenbach war schon die Rede, als es um Friedrich Gottlieb Benz, seinen Großvater, ging.

Weidenbach wurde am 15. Dezember 1751 in Nürtingen geboren.[219] Er besuchte, so ist anzunehmen, die Lateinschule und die niederen Klöster. Am 5. November 1767 immatrikuliert er sich an der Universität Tübingen.[220] Im selben Jahr trat er in das Herzogliche Stipendium ein und übernahm den Dienst eines Famulus.[221] 1768 wurde er in die Liste der Stiftsstudierenden aufgenommen.[222] Weidenbach muß in seiner Studienzeit Schwierigkeiten bekommen haben, denn es heißt in einem Dokument aus dem Jahr 1795, daß er „das Studium theologicum kaum an-

---

212 Fischer wurde im Schlagen der Orgel „seiner besonders gute[n] Qualitäten erfunden“. Akten der Lateinschule im Max-Planck-Gymnasium Nürtingen.

213 LKA [s. Anm. 12], A1, 1761, 788.

214 LKA, A1, 1771, 762.

215 LKA, A1, 1774, 866.

216 HSTA [s. Anm. 97], A 280, Bü 47, 1783: „Bene ac diligenter fungitur officio, simul musicam artem cum fructu tractans, et honeste vivit.“

217 Die Todesursache dürfte ein Schlaganfall gewesen sein; vgl. LKA [s. Anm. 12], KB 448, Nürtingen. Bd. 21. Totenregister 1700–1791.

218 Vgl. zu seiner Person auch DBI 4, 2163.

219 Laut Totenregister heißen seine Eltern Johann Christoph Weidenbach und Christina, geb. Benzin; s. LKA [s. Anm. 12], KB 448, Nürtingen. Bd. 23. Totenregister 1805–1826.

220 Matrikel 36 601.

221 Dabei verdiente er 1 fl 30 x.

222 Stiftsakten [s. Anm. 20], 3,20=3,281.

gefangen und nicht gehörig absolvirt"[223] habe. Möglicherweise war eine Krankheit Ursache für den Abbruch des Studiums.[224]

Weidenbach wird 1773 – wie oben dargestellt – die zweite Kollaboratur übertragen, die er als „junger Mensch von guter Capacitaet u[nd] Aufführung"[225] wacker beginnt. In auffallender Weise betonen viele Testimonien Weidenbachs „artiges, stilles, bescheidenes" Auftreten und Benehmen, das ihm offensichtlich einen guten Zugang zu den Schülern verschafft: „Ist durch seine Leutseeligkeit, Sanftmuth u. Munterkeit für seine zarte Schüler vorzüglich brauchbar u. hat einen wohlgesezten stillen Wandel."[226] Der stille und fromme Wandel[227] ist charakteristisch für seine Person, zumal die meisten Testimonien darauf hinweisen. So erhebt sich die Frage, wie dieser prägende Charakterzug zu erklären sein könnte.

Weidenbach gehört nach allem, was wir wissen, zu den „Stillen im Lande", also jenen Menschen, die den Frömmigkeitsbewegungen „zwischen Spätpietismus und früher Erweckungsbewegung"[228] zugerechnet werden können.

Zwei Indizien bekommen in diesem Zusammenhang ein besonderes Gewicht. Als Weidenbach am 21. Oktober 1783 Hahn in Echterdingen besucht, möchte er anschließend nach Münchingen weiterziehen, um – man ist versucht zu sagen: ausgerechnet – „eine Flattichin [zu] heurathen"[229]. Hätte er Helena zur Frau genommen, wäre er Hahns Schwager geworden.[230] Nun ist bekannt, daß Helena zum Oetingerkreis in Besigheim gehörte und selbst stark von Oetinger[231] geprägt war. So liegt es nahe, auch bei Weidenbach eine intensive Nähe zu Oetinger und seinem theologisch-theosophischen Denken zu vermuten.

Das zweite Indiz könnte den eben dargestellten Sachverhalt ergänzen. Weidenbach muß so etwas wie eine „Zentralschau" erlebt haben. Er steht damit in der Tradition von Männern wie Jakob Böhme und Michael Hahn, die ob dieses Geschehens theosophisch gedacht haben. Nach

---

223 Akten der Lateinschule im Max-Planck-Gymnasium Nürtingen.

224 W. wird zur Probe berufen, als er seinen Großvater 1772 im Schuldienst unterstützt. Das könnte auch mit seinem kränklichen Zustand zusammenhängen.

225 LKA [s. Anm. 12], A1, 1773, 850.

226 LKA, A1, 1780, 892.

227 HSTA [s. Anm. 97], A281, Bü 1057, Visitationsakten 1790, 5.

228 *Horst Weigelt*: Lavater und die Stillen im Lande. Göttingen 1988 (AGP, 25), 12. Zum Begriff selbst s. dort Anm. 13.

229 ETB [s. Anm. 4], 84.

230 Hahn heiratete am 11.1.1776 die erst 18jährige Beata Regina Flattich. Er selbst hat nach dem Tod seiner ersten Frau auf Helena Flattich ein Auge geworfen, „weil ich mit ihr alles reden kan"; s. KTB [s. Anm. 4], 368. Sie war, wie Hahn mehrfach betont, stark im Geist, „doch sehr unansehnlich im Äußeren" [KTB, 366]. Ja, er konnte sogar davon reden, daß sein Fleisch „schauert gegen sie" [KTB, 368]; vgl. Anm. 54.

231 KTB, 15.

dem Hinweis, Weidenbach sei ein „gar liebend frommer Mann" gewesen, fährt Dinkel fort:

„Veranlassung zu seiner Bekehrung war diese: An einem schönen Abende während des Sonnenuntergangs erschien ihm der ganze Himmel als ein lauteres Lichtmeer, und er erblickte im Geiste den Thron Gottes, des Allerhöchsten, strahlend im majestätischen Glanze, und es war ihm, als werde er diesem Thron näher gerückt, um über sein ganzes bisheriges Leben Rechenschaft abzulegen. Alle Einzelheiten seines Lebens standen lebendig vor seinen Augen; schon war's ihm, als erklärte ihn der Richter der Verdammniß würdig, und er wußte nicht ein Wort dagegen zu sagen. Christliche Freundschaften halfen ihm auf diese Veranlassung hin vollends zum Durchbruch."[232]

Man geht also nicht fehl, wenn man bei Weidenbach eine Geistesverwandtschaft und Nähe zum theosophischen Denken Böhmes und Oetingers sieht. Dazu paßte auch der stereotype Hinweis in den Testimonien, wonach Weidenbach „auch alle Tage Sacra, besonders Freitags"[233] traktiert und „durch seinen ächt christlichen Religionsunterricht [. . .] die Herzen seiner Kinder"[234] gewonnen habe.

Auf dem Hintergrund dieser theologischen Charakteristik könnte dann auch verständlich werden, weshalb Weidenbach in seinem Gesuch, zum „Examen theologicum gnädigst" zugelassen zu werden, im Jahr 1795 zweimal, am 1. Februar 1799 „auf immer abgewiesen wird". Zwar heißt es in dem Erlaß an den Dekan in Nürtingen: „Da er aber das Quinquenium academicum ehedem nicht absolvirte, und Wir ihn daher schon einigemal mit diesem Gesuch abwiesen, so wollen Wir es bei den bisherigen Resolutionen hiemit gelaßen haben"[235]. Im Hintergrund könnten aber durchaus orthodoxe Bedenken gegen Weidenbach geltend gemacht worden sein.[236]

Bleibt nachzutragen, daß Weidenbach mit der Beförderung auf die erste Kollaboratur 1785 auch das Amt des Musikdirektors übernommen hat. Seine Fähigkeiten in diesem Bereich sollen ebenfalls gut gewesen sein.[237]

Die bei Dinkel abgedruckte Sterbeszene mag typisierend klingen, könnte aber für Weidenbach und seine Geisteshaltung recht genau zutreffen:

---

232 *Dinkel*, Chronik [s. Anm. 76], 118.

233 HSTA [s. Anm. 97], A 281, Bü 1057, Visitationsakten 1773, 6.

234 *Dinkel*, Chronik, 118.

235 Akten der Lateinschule im Max-Planck-Gymnasium Nürtingen.

236 Erinnert sei daran, daß Hahns Lehrzuchtverfahren, sein „Examen rigorosum", vor kaum zehn Jahren stattgefunden hatte.

237 In den Testimonien wird auf diese Fähigkeit immer wieder hingewiesen.

„Auf dem Sterbebett ließ er alle seine Schüler zu sich kommen, ermahnte sie, und sagte zuletzt: ‚Wie werde ich mich freuen, wenn Ein's um's Andere in die selige Ewigkeit hinüberkommt; o möchte ich euch Alle dort sehen dürfen!' Diese Worte griffen tief in's Herz der Kinder. Auf seinen Lieblingsspruch: ‚Wer den Sohn Gottes hat, der hat das Leben,' starb er den 12. April 1810. Seine Werke der Liebe und Treue folgten ihm nach."[238] Das Totenregister nennt als „Krankheit oder zufällige Todesart" Entkräftung. Am 15. April 1810 fand um 13 Uhr seine Beerdigung statt.

Ausblick

Es wäre reizvoll, in einem weiteren Arbeitsschritt das Gebäude der Lateinschule inhaltlich (sprich: lehrplanmäßig) wie formal (gemeint sind die Baulichkeiten) am geistigen Auge des Lesers vorüberziehen zu lassen. Jedoch würde dies den Rahmen der Untersuchung bei weitem sprengen. Volker Schäfer hat in seinen Arbeiten die Lernmittel der mittleren und oberen Klassen der Lateinschule vorgestellt.[239] Jedoch sind im Blick auf die Unterrichtswerke, die in den unteren Klassen 1793[240] Verwendung finden, sowie hinsichtlich der Lehrmethoden und Unterrichtspläne noch Quellenmaterialien vorhanden, deren Aufarbeitung schulgeschichtlich von großem Interesse wäre.[241]

Blicken wir an dieser Stelle nochmals zurück, so dürfte deutlich geworden sein, daß Nürtingen für Hahn – besonders in seiner Echterdinger Zeit – zu einem wichtigen Bezugsort geworden ist. Martin Brecht hat in seinem Aufsatz „Philipp Matthäus Hahn und der Pietismus im mittleren Neckarraum"[242] nachgewiesen, daß „Hahns pietistische Wirksamkeit nicht auf Kornwestheim beschränkt" blieb, sondern daß es geradezu den

---

238 *Dinkel*, Chronik [s. Anm. 76], 118 f.

239 *Schäfer*, Fakelnschimmer [s. Anm. 132], 414 ff.

240 *Georg Andreas Werner* u. *Johann Georg Hutten*: Practische Anleitung zur lateinischen Sprache: nach den Regeln der Bröderischen Grammatik, in leichten Beyspielen und Exercitien. Stuttgard: bey d. Verf.; Tübingen: Cotta [WLB: Sign. Phil. oct. 2717–1]. Ferner könnte es sich um eines der folgenden Schulbücher handeln: a) *Adam Leber*: Elementarbuch der lateinischen Sprache: enthaltend die Elementargrammatik, nebst zahlreichen lateinischen und deutschen Uebungsstücken, nach einer naturgemäßen Stufenfolge eingerichtet und mit einem Wörterverzeichnisse versehen. Stuttgart [WLB: Sign. Phil. oct. 1420]; b) *Christoph Friedrich Roth* u. *Georg Andreas Werner*: Grammatisches Elementarbuch der lateinischen Sprache. Stuttgart [WLB: Sign. Phil. oct. 607]. Freundlicher Hinweis von Eberhard Zwink.

241 So liegt z. B. aus der Feder Johann David Freysingers ein Überblick dessen vor, was er „in der 1sten und 2ten Klasse der lateinischen Schule hier" lehrt. Er wurde am 16. Mai 1797 anläßlich der Pädagogarchal-Visitation niedergeschrieben. – Vgl. dazu auch: *Thomas Schulz*: Die ehemaligen Lateinschulen im Kreis Ludwigsburg. Ludwigsburg 1995, 41 ff. sowie 144 und 158.

242 BWKG 77, 1977, 101–131.

Anschein hatte, „als ob er bei den Pietisten im Umkreis zunächst mehr Resonanz gefunden hätte als in der eigenen Gemeinde. Daß die Pietisten sich gegenseitig besucht haben, ist an sich nichts Neues, aber bei Hahn hat das ganz neue Dimensionen angenommen."[243] Es überrascht, daß Nürtingen als Bezugspunkt Hahns in dieser Arbeit von 1977 so gut wie keine Rolle spielt. Der Grund ist darin zu sehen, daß die Echterdinger Tagebücher erst 1983 erschienen. Auf ihrem Hintergrund ist es möglich geworden, die Bedeutung Nürtingens als eines Knotenpunktes des spekulativen Pietismus zu erkennen. Spuren dieser Geisteshaltung lassen sich bis hinein in die Kreise der Präzeptoren und Collaboratoren der Nürtinger Lateinschule nachweisen. Was mit Präzeptor Wolfgang Wilhelm Schmidlin[244] begonnen haben dürfte, wirkt weiter bis hin zu Collaborator Friedrich Gottlieb Weidenbach, bei dem sich Spuren eines theosophisch beeinflußten Pietismus eindeutig nachweisen lassen. Es kann als erwiesen gelten, daß Nürtingen – neben Besigheim – in den Jahren 1750 bis 1790 ein Zentrum des spekulativen, von Oetinger und Bengel geprägten württembergischen Pietismus gewesen ist. Daß Elemente dieses Denkens in der Dichtung Hölderlins wie in der Philosophie Schellings Eingang fanden und Wirkung zeigten, dürfte nach dem oben Dargestellten nicht mehr verwunderlich sein.

---

243 BWKG 77, 1977, 110f.

244 Die Familie Schmidlin ist schon seit dem 17. Jahrhundert zum Umfeld des werdenden spekulativen Pietismus zu rechnen. Die Mutter von Johann Albrecht Bengel, Barbara Sophia, ist eine geb. Schmidlin. Deren Vater gehörte zum Zirkel gelehrter Humanisten und Kabbalisten, der die Prinzessin Antonia von Württemberg bei der Errichtung ihrer kabbalistischen Lehrtafel beraten hat; vgl. *Otto Betz*: Licht vom unerschaffenen Lichte. Die kabbalistische Lehrtafel der Prinzessin Antonia in Bad Teinach. Metzingen 1996, 11. Wolfgang Wilhelm Schmidlin ist ein Vetter Johann Albrecht Bengels. Schmidlin erhielt den Vornamen wohl nach seinem Großvater Wolfgang Wilhelm Scholl. Schmidlin ist ferner ein Vetter 2. Grades von Johann Georg Andreas Scholl (1666–1717), seit 1697 Stadtschreiber in Urach (Württemberg). Dieser Johann Georg Andreas Scholl war seinerseits ein angeheirateter Onkel Oetingers (verheiratet mit Oetingers Tante Regina Maria Scholl geb. Oetinger, 1672–1748). Johann Georg Andreas Scholl war aber auch der Großvater mütterlicherseits von Christiane Dorothea Oetinger geb. Linsenmann (1719–1796), der Ehefrau Friedrich Christoph Oetingers. Christiane Dorothea Oetinger geb. Linsenmann ist über Scholl mit Wolfgang Wilhelm Schmidlin verwandt und vermittelt damit auch die Verwandtschaft zwischen Bengel und Oetinger; vgl. zum ganzen Sachverhalt: Die Württembergischen Familien-Stiftungen. Hg. v. *Ferd. Friedr. Faber*. 2. Heft. Stuttgart 1852, 70, sowie den (3.) Nachtrag zu Fabers Württembergischen Familien-Stiftungen, die Stiftungen 106 bis 148 enthaltend. Ulm 1964, 12, 17, 27 u. 37. Freundlicher Hinweis von R. Breymayer.

Hans-Martin Kirn

„Ich sterbe als büßende Christin ...“

Zum Suizidverständnis im Spannungsfeld von Spätaufklärung und Pietismus

1. *Zur Forschungssituation*

Die historische Suizidforschung steckt noch in den Anfängen.[1] Von einer besonderen kirchengeschichtlichen Wahrnehmung kann bislang keine Rede sein. Neben geistes- und ideengeschichtlich orientierten Einzelarbeiten und Gesamtüberblicken, an deren Anfang im deutschsprachigen Raum Karl Friedrich Stäudlins (1761–1826) „Geschichte der Vorstellungen und Lehren vom Selbstmorde“ aus dem Jahr 1824 steht, finden sich vor allem von Émile Durkheims epochaler Arbeit über den Suizid inspirierte soziologische Untersuchungen, die zum Teil auch historisch ausgerichtet sind.[2] Durkheims Arbeit stellt trotz überholter Thesen wie der von einem direkten Zusammenhang zwischen Konfessionszugehörigkeit und Suizidfrequenz eine bleibende Herausforderung dar, weil sie nach der sozialen Integrationsleistung von Religion und Kirche und deren Beitrag zur Suizidvermeidung fragt.

Aus dem Kreis der neueren historischen Arbeiten sind vor allem die von Michael MacDonald von Belang, der das Thema zuletzt zusammen mit Terence R. Murphy unter kultur- und sozialgeschichtlichen Perspektiven für England bzw. für London zwischen 1500 und 1800 behandelt hat. Hier werden wichtige Erkenntnisse über die öffentliche Meinungsbildung durch bestimmte Funktionsträger wie etwa die Leichenbeschauer vorgestellt.[3] Die thematisch relevanten Bereiche pastoraler

---

[1] Vgl. den Sammelband: Trauer, Verzweiflung und Anfechtung. Selbstmord und Selbstmordversuche in mittelalterlichen und frühneuzeitlichen Gesellschaften. Hg. v. *Gabriela Signori*. Tübingen 1994 (Forum Psychohistorie, 3), mit Bibliogr., 341–363. Ein Überblick über die wichtigsten Forschungsansätze der Einzeldisziplinen Philosophie, Psychologie, Psychiatrie und Soziologie findet sich bei *Peter Biet*: Suizidalität als Problem christlicher Ethik. Regensburg 1990 (Beiträge zur Erforschung selbstdestruktiven Verhaltens, 14), 3–137.

[2] *Carl Friedrich Stäudlin*: Geschichte der Vorstellungen und Lehren vom Selbstmorde. Göttingen 1824. *Émile Durkheim*: Der Selbstmord [Übers. v. *Sebastian* u. *Hanne Herkommer*]. 4. Aufl. Frankfurt/M. 1993 [zuerst 1897]; vgl. *Biet*, Suizidalität als Problem [s. Anm. 1], 73 f.

[3] *Michael MacDonald*, *Terence R. Murphy*: Sleepless Souls. Suicide in Early Modern England. Oxford 1990 (Oxford Studies in Social History).

Praxis kommen dagegen nicht ausreichend zur Geltung. Ein auf die Überwindung supranatural-magischer Auffassungen konzentrierter Säkularisierungsbegriff verhindert, daß Theologie und Frömmigkeit selbst als wichtige Beweggründe von Vorurteilskritik und „Entzauberung" in den Blick kommen.

An regional- bzw. lokalgeschichtlich orientierten Untersuchungen ist insbesondere die Arbeit von Markus Schär zu nennen, die sich mit Zürich und Umgebung befaßt und über 500 Suizidfälle von 1530–1799 analysiert. Er sieht im Ergebnis die ältere, psychologisch begründete These vom umgekehrten Verhältnis von Suizid- und Mordfrequenz bestätigt: Einem anfänglichen Überwiegen der Mordfälle im 16. Jahrhundert stehe ein zunehmendes Überhandnehmen der Suizidfälle entgegen.[4] Erklärt wird dies als Folge rigider Sittenstrenge und -lehre des zwinglianischen Puritanismus. Abgesehen von Fragen zur Zuverlässigkeit der statistischen Methode im genannten Zeitraum bleiben solche hinsichtlich der zur Deutung herangezogenen These, die bislang wohl immer wieder aufgegriffen, aber nirgends eindeutig nachgewiesen worden ist. Ihr haftet etwas Beliebiges an: Es dürfte kaum zu widerlegen sein, daß auch rigide Verhaltensregeln soziale Integration schaffen und damit zumindest ein Übermaß an Suizidfällen verhindern helfen können.

Der insgesamt widersprüchlichen Sicht von Religion und Kirche im Rahmen der Suizidproblematik entspricht die des Pietismus. Einerseits findet sich im weiteren Kreis der Suizidliteratur vereinzelt die Beobachtung, in Zeiten des erstarkenden Pietismus sei – wie auch im Methodismus – die Suizidrate auffallend gering gewesen.[5] Hier wird der pietistischen praxis pietatis mit ihren spezifischen Kommunikationsformen ein hohes Maß an sozialer Integrationsfähigkeit und glaubensbezogener Krisenbewältigung mit suizidhemmender Wirkung zugeschrieben. Andererseits fügt sich bei Markus Schär der allerdings nur am Rande erwähnte Pietismus ganz in den Typus einer selbstdestruktiven Frömmigkeit ein.

Das Ziel, die Suizidproblematik unter Einbeziehung verwandter Phänomene wie Melancholie und Wahnsinn als Teil einer Geschichte von Kirche, Religion und Selbstdestruktivität in der Neuzeit zu erfassen, liegt also noch in weiter Ferne.[6] Fallbezogene Untersuchungen über einen längeren Zeitraum bleiben von Bedeutung, doch verdienen auch die

---

[4] *Markus Schär*: Seelennöte der Untertanen. Melancholie und Religion im Alten Zürich, 1500 – 1800. Zürich 1985; vgl. *Biet*, Suizidalität als Problem [s. Anm. 1], 75 f.

[5] *Emil Szittya*: Selbstmörder. Ein Beitrag zur Kulturgeschichte aller Zeiten und Völker. Wien, München 1985 [zuerst 1925], 383.

[6] Einen ersten Zugang zum Quellenmaterial bietet immer noch *Hans Rost*: Bibliographie des Selbstmordes. Mit ausführlichen Einführungen zu jedem Kapitel. Augsburg 1927. Zu übergreifenden Gesichtspunkten vgl. bes. *Wolf Lepenies*: Melancholie und Gesellschaft. Frankfurt/M. 1969; *Michel Foucault*: Wahnsinn und Gesellschaft. Eine Geschichte des Wahnsinns im Zeitalter der Vernunft. 10. Aufl. (leicht gekürzt) Frankfurt/M. 1993 [zuerst 1961].

verschiedenen Ebenen, auf denen kirchliche Funktionsträger mit der Suizidfrage befaßt und an der öffentlichen Meinungsbildung beteiligt sind, mehr Beachtung.

Im folgenden soll es auf dem Hintergrund der skizzierten Fragen um bemerkenswerte Ansätze zur Neubewertung des Suizids im Kontext von Spätaufklärung und Pietismus gehen, wie sie sich in der publizistischen und pastoralen Praxis des reformierten Theologen Johann Ludwig Ewald (1748–1822) zeigen.[7] Martin Brecht hat für die nähere Würdigung dieses nur schwer mit gängigen theologie- und frömmigkeitsgeschichtlichen Kategorien zu erfassenden Mannes entscheidende Hinweise gegeben.[8] M.E. vertritt Ewald wie andere ihm nahestehende Einzelgestalten der Zeit eine spezifisch aufgeklärte Variante des Pietismus im Übergang vom 18. zum 19. Jahrhundert, die sich u. a. durch die Integration zentraler aufklärerischer Topoi in eine antiintellektualistisch-christozentrische Bibelfrömmigkeit auszeichnet.[9] Theologisch von besonderer Bedeutung für Ewald waren neben dem frühen Johann Gottfried Herder (1744–1803) der württembergische Pietismus, wie ihn Philipp Matthäus Hahn (1739–1790) vertrat, sodann in besonderer Weise Johann Kaspar Lavater (1741–1801) und seine Zürcher Freunde wie auch Johann Heinrich Jung-Stilling, mit dem ihn eine langjährige Freundschaft verband. In seiner geistigen Weite – etwa im offensiv-programmatischen Anspruch auf die Aufklärungsmetapher gegen die Neologie und den Brücken zu Idealismus und Romantik – erinnert manches an den etwas späteren sog. Idealherrnhutianismus der Schleiermacher-Generation.[10]

---

[7] Ewald war zuerst Pfarrer in Offenbach, von 1781–1796 Generalsuperintendent in Lippe-Detmold, dann Pfarrer in Bremen, 1805 wurde er als Professor für Moraltheologie nach Heidelberg berufen, 1807 wechselte er in die Kirchenleitung nach Karlsruhe. – Eine auf lutherisch-orthodoxe Theologie fixierte Deutung Ewalds findet sich bei *Johann Anselm Steiger*: Johann Ludwig Ewald (1748–1822). Rettung eines theologischen Zeitgenossen. Göttingen 1996 (FKDG, 62); zu Titel und Standorten der nachfolgend genannten Werke Ewalds s. die dortige Bibliogr., Kap. IV, 457–516.

[8] *Martin Brecht*: Der Spätpietismus – ein vergessenes oder vernachlässigtes Kapitel der protestantischen Kirchengeschichte. In: PuN 10, 1984, 124–151; *Ders.*: Pietismus und Aufklärung in Lippe. Johann Ludwig Ewald und seine Freunde. In: Lippische Mitteilungen aus Geschichte und Landeskunde 56, 1987, 75–91.

[9] *Hans-Martin Kirn*: Deutsche Spätaufklärung und Pietismus. Ihr Verhältnis im Rahmen kirchlich-bürgerlicher Reform bei Johann Ludwig Ewald (1748–1822). Göttingen 1998 (AGP, 34).

[10] Vgl. kurz *Dietrich Meyer*: Zinzendorf und Herrnhut. In: Der Pietismus im achtzehnten Jahrhundert. Hg. v. *Martin Brecht* u. *Klaus Deppermann*. Göttingen 1995 (Geschichte des Pietismus, 2), 86 f.

2. *Historische Ansätze zu einer Neubewertung des Suizids*

Die Ansätze zu einer Neubewertung des Suizids zeigen sich in zweifacher Hinsicht – eine Gesamtthematisierung unterbleibt –: einmal positiv in der Neugewichtung des individuellen Glaubenszeugnisses im Vorfeld der Tat, konkret: im Abschiedsbrief; der prämeditierte Suizid wird als Tat des Glaubens denkbar. Die pietistische Frömmigkeit unterstützt dabei den Respekt vor der authentischen Selbstdeutung des Suizidanten; es kommt wenigstens indirekt zu einer neuen Würdigung des Phänomens der Verzweiflung auf der Ebene von Verhängnis, Schuld und Vergebung. Zum anderen zeigen sich die Ansätze zu einem veränderten Suizidverständnis negativ in der Kritik an den gängigen philosophisch-theologischen, sozialen und rechtlichen Distanzierungsmechanismen gegenüber dieser Tat, so etwa zur Ansicht von der menschlichen Leidensfähigkeit und der Bedeutung der Abschreckung.

Als formale Legitimationsgröße für die Vermittlung neuer Gesichtspunkte in der Suizidproblematik fungiert bei Ewald typisch aufklärerisch die Vorurteilskritik.

Dies soll an folgenden für die Thematik zentralen Gattungsbeispielen gezeigt werden: Abschiedsbrief, Schul- und Hausbuch, Entwürfen für den Religionsunterricht, Kasualrede, Passionspredigt und Seelsorgebrief. Abschließend soll kurz auf die polemische Verwendung der Suizidthematik in antineologischer bzw. -deistischer wie auch antipietistischer Stoßrichtung eingegangen werden. Nicht näher thematisiert wird das weite Feld der Erbauungsliteratur, der eine wichtige Bedeutung für das Thema zukommt, reflektiert sie doch den Suizid im Kontext von Anfechtungserfahrung und Sterbevorbereitung direkt oder – wie meist – indirekt mit.

3. *Der Abschiedsbrief als Gegenstand der Publizistik*

In der von Ewald herausgegebenen Zeitschrift Urania erschienen 1794 drei Abschiedsbriefe einer Suizidantin mit einem einführenden Schreiben des Ewald-Freundes Ludwig Friedrich August von Cölln (1753–1804), dem späteren Nachfolger Ewalds im Amt des Detmolder Generalsuperintendenten.[11] Die Urania war das ehrgeizigste Zeitschriftenprojekt Ewalds für Gebildete mit antineologischer Spitze und ausgesprochen weitem Mitarbeiterkreis, doch gedieh das Unternehmen nicht im gewünschten Umfang; immerhin erschienen zwischen 1794 und 1796 vier

[11] Die letzten Ergüsse einer unglüklichen Selbstmörderinn; mit einem Briefe. In: Urania für Kopf und Herz 1, 1794, 592–603.

Bände. Charakteristisch ist die Offenheit für die von der pietistischen Selbstbeobachtung beförderte empirische Psychologie und die Bereitschaft zur öffentlichen Darstellung des Seelenlebens über die spezifischen Interessen an der Wiedergeburt hinaus. Im Gegensatz zur Erfahrungsseelenkunde Karl Philipp Moritz' (1756–1793), die sich von ihren pietistischen Wurzeln löste, bleibt für Ewald die empirische Psychologie ganz im Dienst von Glaubenserfahrung und -vermittlung; als „Glaubenspsychologie" stellt sie einen Teil angewandter Pneumatologie dar.[12]

Die aus dem Französischen übersetzten Abschiedsbriefe, datiert auf den 10. August 1781 und nacheinander in der Nacht wenige Stunden vor dem Suizid durch Ertränken verfaßt, lassen sich unter das Schlußcredo der Suizidantin stellen: „Ich sterbe als büßende Christin".[13]

Auf einer ersten Ebene zeigen sie deutlich den Zusammenhang von sozialer Integrationsproblematik und Suizid. Im Hintergrund der Tat steht eine zerrüttete Ehe zwischen einem Geistlichen und einer nicht ungebildeten, wenngleich nicht für standesgemäß erachteten Frau aus bürgerlichem Mittelstand. Die Ehe war unter dem Zwang gesellschaftlicher Konvention eingegangen worden.[14] Die ungeliebte Frau sieht sich vom Mann, der die Scheidung will, zu Unrecht des Ehebruchs bezichtigt. In rechtlich schwacher Position weiß sie angesichts drohender öffentlicher Schande, sozialer Isolierung und materieller Not keinen Ausweg mehr. Offen wird die paradoxe Hoffnung auf Entgrenzung des Ich sowie die widersprüchliche Gefühlswelt, die zwischen Mordphantasien gegenüber dem Ehemann und Liebesbekundungen schwankt, geschildert.[15]

---

[12] ΓΝΩΘΙ ΣΑΥΤΟΝ oder Magazin zur Erfahrungsseelenkunde als ein Lesebuch für Gelehrte und Ungelehrte. Hg. v. *Karl Philipp Moritz*. Bd. 1, 1783 – Bd. 10, 1793, mit Anhang zu den sechs ersten Bänden [...]. Stuttgart 1789; für die Bde. 5 u. 6 zeichnete *Karl Friedrich Pockels*, für die Bde. 9 u. 10 *Salomon Maimon* als Mitherausgeber. Zu Karl Philipp Moritz' eigener, von religiös-mystischer Strenge geprägten Erziehung und seinen Depressionen, aus denen er sich durch Poesie und Schauspiel zu retten suchte, vgl. seinen autobiographischen Roman „Anton Reiser", begonnen 1785 und abgeschlossen 1790, drei Jahre vor dem Tod des 36jährigen.

[13] Adressaten der Briefe sind ein wohlwollender Vertrauter, die Eltern und eine Freundin. Cölln hatte die Briefe im Original von Verwandten der Frau, einer geborenen Französin, erhalten, und von ihnen Näheres zur Vorgeschichte des Suizids erfahren. Kleinere Kürzungen der Briefe sind nicht auszuschließen, vgl. z.B. Urania [s. Anm. 11], 600, Z. 12; das Fehlen einer Grußformel beim zweiten und dritten Brief könnte sich aus der Situation des verzweifelten Abbruchs erklären.

[14] Den Ausgangspunkt bildet die häufig anzutreffende Krisensituation der sexuell verführten Frau, die vom Mann vergeblich zum Abbruch der Schwangerschaft bzw. zur Tötung des gemeinsamen Kindes gedrängt wird. Vgl. *Richard van Dülmen*: Frauen vor Gericht. Kindsmord in der Frühen Neuzeit. Frankfurt/M. 1991.

[15] Gerade der letzte Brief an die Freundin gibt dem subjektiven Erleben seinen stärksten Ausdruck im Geständnis einer über lange Zeit bis zur Unerträglichkeit gekränkten Liebe: „Mit ganzer Seele hab' ich ihn geliebt, und vielleicht haß' ich ihn auch in diesem Augenblik nicht so, wie er's verdient"; Urania [s. Anm. 11], 3. Brief, 602. Zur Verbindung von Mord- und

In allen drei Briefen finden sich formale Elemente, wie sie in unterschiedlicher Gewichtung und Reihenfolge zur Gattung der Abschiedsbriefe gehören: Dank und Wünsche im Blick auf die Hinterbliebenen, Selbstanschuldigungen (auch der Ort des Sündenbekenntnisses), Bitten um Verzeihung und Einverständnis, Anklagen, religiöse Vergewisserungen und testamentarische Bestimmungen.[16] Dabei ist zu beachten, daß die Stil- und Sprachformen der Empfindsamkeit die innere und äußere Tragik des Geschehens nicht verdecken.[17] Gerade das im Blick auf die Ursache reduzierte Element der Selbstanschuldigung, die sich als Eingeständnis einer Unbesonnenheit artikuliert – ein abendliches oder nächtliches Gespräch einer Verheirateten mit einem fremden Mann ohne Beisein Dritter war nicht schicklich –, steigert den Eindruck des Unverhältnismäßigen, der die Frau in den Suizid treibt, objektiv hilflos einer falschen Verdächtigung ausgeliefert.

Auf dieser Ebene wird der Suizid als Verzweiflungstat dargestellt, klassisch aus dem taedium vitae kommend. Wichtig ist das ausdrückliche Beharren der Frau auf der Klarheit ihres Geistes: Sie wehrt sich gegen jede Form der nachträglichen Entmündigung, vor allem gegen die zunehmend um sich greifende Praxis, den konkreten Suizid aus Gründen der Schonung der Angehörigen zum Krankheitsphänomen zu machen, d. h. der geistigen Umnachtung oder dem Wahnsinn zuzuschreiben. Der Suizid sollte in der erinnernden Trauer der Hinterbliebenen ihre eigene Tat bleiben.[18]

Dies kommt einem Ringen um Rückgewinnung der in der stoischen Tradition verankerten und in unterschiedlicher Weise bei J.J. Rousseau und Montesquieu aufgenommenen, im allgemeinen aber bestrittenen Möglichkeit eines gerechtfertigten Suizids nahe, also an das mit Würde und Ehrgefühl verbundene freie Heraustreten aus dem Leben im Unterschied zur unüberlegten und überstürzten Flucht.[19] In unserem Fall bleibt

---

Suizidmotiv vgl. Johann Wolfgang von Goethe: Werke. Hamburger Ausg. in 14 Bdn. Hg. v. *Erich Trunz*. Bd. 6. 11. Aufl. München 1982, 104, Z. 32 ff.

[16] Wünsche für den Verbleib des Nachlasses betreffen den persönlichen Besitz an Kleidung und „Putz". Ein Berührungs- und Kontaktproblem wurde in der Übernahme der persönlichen Dinge offenbar nicht gesehen. Nebenbei ergeben sich Hinweise zur personellen Ausstattung des bürgerlichen Haushalts, zu dem zwei weibliche Dienstboten gehörten, zu deren Entlohnung (drei Taler in sechs Monaten) und zum Umfang des persönlichen Besitzes (seidene Kleider, Dutzende von Hemden, Putzsachen).

[17] Zur empfindsamen Stilisierung gehören die wiederholten Bitten an die Briefempfänger um Mitleid, Liebe und Tränen; vgl. zu diesem Element Goethes Aufforderung zum Eingang seines „Werther", dessen Charakter Bewunderung und Liebe und seinem Geschick, die Tränen nicht zu versagen; *Goethe* [s. Anm. 16], 7, Z. 5 f., vgl. 101, 104 f. u. 116 f. Zur Deutung vgl. *Goethes* „Werther". Kritik und Forschung. Hg. v. *Hans-Peter Herrmann*. Darmstadt 1994 (WdF, 607).

[18] „Sie glauben vielleicht, ich sey ausser mir. Nein! Im Gegentheil, es ist mir heute wol. Ich unterhalte mich mit Gott, ich suche Frieden der Seele"; Urania [s. Anm. 11], 598.

[19] Vgl. das Motiv des ruhigen Entschlusses bei Werther: *Goethe* [s. Anm. 15], 100, Z. 12 ff.

aber das Bekenntnis zur Schuldhaftigkeit des Tuns bestehen, so daß zusammen mit der offengelegten inneren Zerrissenheit eine Heroisierung der Tat verhindert wird.

Damit nähern wir uns der spezifisch christlichen Ebene der Briefe, die von verschiedenen Ausdrucksformen individueller Religiosität und Bußfrömmigkeit geprägt ist, ohne daß sich diese einer bestimmten Gruppierung zuordnen ließen. Ihre Mitte finden sie in der immer wieder in direkte Anrede gefaßten Gebetsbitte um Vergebung für den geplanten Suizid, in der geleisteten und erbetenen Fürbitte, in der als Gnade erfahrenen Gelassenheit im Vorfeld der Tat (Motiv der Ruhe und des klaren Bewußtseins) und in den bekenntnishaften Wendungen des Glaubens an die künftige Gottesnähe und das Wiedergewinnen ihres verstorbenen Kindes.[20] Der Gedanke an den Tod ist bestimmt durch das Moment der Befreiung des Ich und Bestrafung bzw. Besserung des anderen. Der Tod erscheint zuallererst als Leidfreiheit und Eintritt in ein Dasein jenseits von wandelbarem Gefühl und Leidenschaft, dann als Durchgang zur ewigen Glückseligkeit in der Gottesgemeinschaft.[21] Im Blick auf den Ehemann verbinden sich Rache- und Erziehungsmotiv, indem die durch den Suizid geweckten Gewissensbisse nicht nur beschämen, sondern bessern sollten.

Die dichteste Form der Deutung findet das eigene Geschick in der Aufnahme der Opfermetaphorik, zunächst im allgemeinen Sinn des Opfers eines tragischen Geschicks, dann im religiösen Sinn der Lebenshingabe. Im ersten Fall wird der Suizid zu einem Akt der individuellen Aufhebung des Anspruchs öffentlicher Gewalt in einem Akt der Anklage. Der Öffentlichkeit wird ein Opfer ihrer Ungerechtigkeit entzogen, indem das Opfer selbst den letzten Akt eines unentrinnbaren Verhängnisses vollzieht, das von eigener Schuld distanziert.[22] So wird der letzte

Rousseau und Montesquieu waren die Hauptgegner, mit denen sich der von der überlegenen Steuerungsfähigkeit der Vernunft gegenüber jeglicher Versuchung zum Suizid überzeugte Jean Dumas (1725–1799), Prediger der reformierten Gemeinde in Leipzig, in seiner zuerst 1773 in Amsterdam erschienenen Schrift zum Suizid auseinandersetzte. *Jean Dumas*: Abhandlung vom Selbstmorde. Aus dem Französischen. Leipzig 1775, bes. 406 ff.

[20] „Er [Gott] vergebe mir den Schritt, den ich thue!"; 1. Brief, Urania [s. Anm. 11], 597. „[...] ich füle wol, was ich thue, aber es ist ein Schritt der Verzweiflung"; 2. Brief, 600 f. „Mein Herz empfindet nichts Unangenehmes, ich will nun hingehen und mich wieder vereinigen mit meinem lieben Kinde. Gott wird mir vergeben"; 3. Brief, 602. „Ach mein Gott! habe Mitleiden mit deinem Kinde, das dich anflehet um deine Barmherzigkeit! Nimm mir doch nicht, was mich nur allein noch glüklich machen kann! Erlaube mir, daß ich dir näher komme"; 3. Brief, 603.

[21] „Bald werd' ich frei seyn von jedem Gram, und gedekt vor allen Stürmen"; 1. Brief, Urania [s. Anm. 11], 598. „Bald – Bald fül' ich weder Schmerz noch Vergnügen"; 599. „Ich war unglüklich, vielleicht werd' ich das Gegentheil"; 3. Brief, 602; am Schluß steht die Hoffnung auf das einzige Glück bei Gott, 603.

[22] „Ich vertilge von der Erde ein Opfer, das schon elend genug war[,] um grösseres Elend zu erwarten"; 1. Brief, Urania [s. Anm. 11], 597. „[...] ohne Schuld bin ich das Opfer dieses lezten Tages", 602.

Gedanke möglich, das eigene Leben für den trotz allem Geliebten hinzugeben, der ihr zum Schicksal geworden war.[23] Damit ist der Suizid durch den offen dargelegten Widerstreit der Gefühle hindurch zur Tat selbstloser Liebe geworden und zum erlösenden Opfertod stilisiert. Tod und Liebesvollzug fallen ineins.[24]

Hatte schon die Versicherung, den nach gängiger Klassifizierung „groben" oder direkten Selbstmord bei klarem Bewußtsein geplant zu haben und ihn in freier Willensentscheidung, also vorsätzlich, begehen zu wollen, die von der theologischen und rechtlichen Tradition bereitgestellten Auswege zur moralischen Entlastung der an sich als Todsünde betrachteten Tat verbaut, so mußte diese Art der religiösen Deutung geradezu skandalös wirken.[25] Kaum ein publizistischer Vorgang konnte sich energischer gegen die überkommene Tabuisierung und Schmähung des Suizids wenden, welche die theologisch behauptete Unterscheidung von Person und Werk nachhaltig überdeckten. Der hier vorgestellte Suizid rückt gerade in seiner schonungslosen Offenlegung des subjektiven Erlebens in die Tradition der Berichte vom seligen Sterben ein, die Abschiedsbriefe übernehmen die Funktion letzter Worte. Damit öffnet sich die vom geistlichen Tagebuch bestimmte Tradition moderner Autobiographik mit ihren Möglichkeiten der Selbstdeutung und Rechtfertigung auch für den Suizid.[26]

---

[23] „Mögte er so glüklich seyn, wie er mich unglüklich gemacht hat! Ich sterbe für ihn. Er war's, von dessen Hand ich [im Wochenbett nach der ungewollten Schwangerschaft] den Tod erwartete. Doch ich vergab es ihm, mögt' er Gnade von Gott erhalten und sich ihrer würdig machen"; 3. Brief, Urania, 602. Zum Opfermotiv im „Werther" vgl. den Abschiedsbrief an Lotte bei *Goethe* [s. Anm. 15], 104, Z. 30 f.: „Es ist nicht Verzweiflung, es ist Gewißheit, daß ich ausgetragen habe, und daß ich mich opfere für dich."

[24] Vgl. die Abschiedsworte im letzten Brief: „Nun leben Sie wol, und schenken dem Andenken Ihrer Freundinn einige Thränen, die auf lange Zeit nicht mehr seyn wird; die nun stirbt mit dem Namen ihres Verfolgers auf ihren Lippen"; Urania, 603.

[25] Als „subtiler" oder indirekter Selbstmord galten alle Verhaltensweisen, welche eine Verkürzung des Lebens in Kauf nahmen, ohne sie direkt herbeizuführen, z. B. eine ungesunde Lebensweise, übermäßige Arbeit oder auch das Duellieren; vgl. den Art. „Selbst-Mord". In: GVUL 36, 1595 ff. Später mühte man sich um eine Differenzierung von (grobem) Selbstmord und (subtiler) Selbsttötung; davon war wiederum die sittlich erlaubte Selbstaufopferung unterschieden; vgl. *Otto Kirn*: Art. „Selbstmord". In: RE 19, 1906, 169, Z. 4 ff.

[26] Zum noch unentschiedenen Neben- und Ineinander von geistlichen und körperlichen Ursachen für den Suizid und zu den entsprechenden Vorbeugemaßnahmen vgl. *Adam Bernds* Exkurs zum Suizid. In: Eigene Lebens-Beschreibung [...]. Leipzig 1738. Nachdr. München 1973 (s. Reg.). Bernd versuchte, streng zwischen dem vorsätzlichen Suizid und dem durch Melancholie oder andere den Geist verwirrenden Faktoren verursachten zu unterscheiden; vgl. *Bernd*, 183. Wo eine Einschränkung der Verstandesmächtigkeit nicht angenommen werden konnte, war der schlimmste Fall teuflischer Anfechtung erreicht: die Lutherische desperatio diabolica, die nicht mehr nur an sich selbst, sondern an Gott verzweifelte; vgl. *Bernd*, 189 f.

Im Namen des authentischen Selbstzeugnisses kommt wenigstens punktuell die Abkehr von traditionellen Deutungs- und Verhaltensmustern der Distanzierung in den Blick. Zu diesen gehörten nicht nur die zum Teil ritualisierten Formen öffentlicher Beschwörung des Grauenhaften im Dienst der Abschreckung, sondern auch die aufklärerisch forcierte Pathologisierung, d. h. die Entmündigung des Subjekts durch die Zuordnung des Suizids zum krankhaften Wahnsinn oder zur religiösen Exaltiertheit bzw. „Schwärmerei". Ebenso zählen hierzu die verschiedenen Formen literarisch mehr oder weniger gelungener Ironisierung der Tat zur nicht ernst gemeinten Gebärde der Unreifen.[27]

Zugleich ist die Distanz zur überkommenen Behandlung des Themas offenkundig: Statt den Suizid in der geistlichen Betrachtungsweise unter dem Aspekt dämonischer Versuchung und höchster Anfechtung zu thematisieren, wie dies in pietistischer Tradition etwa in Georg Konrad Riegers (1687–1743) „Würtembergischer Tabea" und, wenn auch vielschichtiger, in Adam Bernds (1676–1748) Lebensbeschreibung geschah, wird hier ein aus Verzweiflung, aber im rechtfertigenden Glauben begangener Suizid vorgestellt.[28]

Es versteht sich von selbst, daß derartige Abschiedsbriefe einer einführenden Kommentierung bedurften, schon aus Sorge vor der theologischen Zensur, die den Nachahmungseffekt des „Wertherfiebers" fürchtete. Die kommentierenden Anmerkungen Cöllns bleiben jedoch äußerst verhalten: Bedauert wird allein eine moralische und religiöse Schwäche, doch fehlt jeder anklagende Ton. Möglicherweise hätten seelsorgerliche Gespräche und das anhaltende Gebet den Suizid verhindern können. Grundsätzlich wird beim Leser die Absicht verfolgt, die Fähigkeit des Mitempfindens mit menschlichem Unglück zu stärken, nicht die Tat zwecks Abschreckung ins Ungeheuerliche zu überhöhen. Damit ist das seelsorgerlich-begleitende Moment zum Maß der öffentlichen Äußerung zum Thema geworden.[29]

---

[27] Zur literarischen Gestaltung des Suizids als Drohgebärde, Gegenstand des Scherzes und akuter Versuchung allenfalls für Unerfahrene und Einfältige vgl. *Christian Fürchtegott Gellert*: Der Selbstmord. In: Fabeln und Erzählungen. Hist.-krit. Ausg. bearb. v. *Siegfried Scheibe*. Tübingen 1966. Im „Werther" vertritt Albert diese Haltung; vgl. *Goethe* [s. Anm. 15], 6, 50, Z. 14 f.; 119, Z. 18 ff.; Gellert wirkte freilich im Rahmen der Empfindsamkeit auch in anderer Richtung. So wählte Spieß in seinen Selbstmörderbiographien [s. Anm. 34] für den ersten und vierten Band ein passendes Gellert-Zitat als Motto.

[28] *Georg Konrad Rieger*: Die Würtembergische Tabea, Oder Das Merckwürdige äussere und innere Leben und seelige Sterben Der Weyland Gottseeligen Jungfrauen, Beata Sturmin [...]. Stuttgart ^{3}1737, 29 ff., bes. 33 f.; 4. Aufl. 1791, mit einer Vorr. von *Magnus Friedrich Roos*; zu den Ausg. vgl. BGP 1, Nr. 2426 ff. Bernd verweist auf Riegers Schrift [s. Anm. 26], 182.

[29] „Wie viel grösser wäre die Unglükliche geworden, wenn sie ihre Kraft zusammengefaßt, sich einem edlen Menschen geöfnet, oder flehend sich dem erbarmenden Wesen hingegeben hätte, das die leidende Seele mit Muth und beruhigendem Selbstgefüle wieder anhaucht"; Urania [s. Anm. 11], 593 f.; daneben sogleich der die Schuldfrage relativierende Verweis auf die

Der einfühlsamen Schilderung des Geschicks der Frau wird die bürgerliche Reaktion auf die Tat gegenübergestellt, vertreten durch einen Kreis vornehmer Damen und einen mit ihnen Karten spielenden Geistlichen. Wie nicht anders zu erwarten, führt die Gesellschaft in ihren Gesprächen den Suizid leichthin auf Schuld und schlechtes Gewissen zurück, der Geistliche bestätigt und steuert entsprechendes moraltheologisches und erbauliches Wissen bei. Der standes- und kleruskritische Kommentar sieht dagegen die gesellschaftliche Ächtung der Suizidantin analog zur Situation der Ehebrecherin Joh 8,2–11. Der biblische Bezug wird hier nicht mehr im Blick auf die Beurteilung des Suizids, sondern auf die bürgerliche Reaktion darauf gesucht. Die Suizidproblematik erscheint damit als ein Instrument der Gesellschafts- und Kirchenkritik im Namen der von Ewald und Cölln vertretenen Bibel- und Christusfrömmigkeit.

Besondere Aufmerksamkeit verdient die Absage an die gängigen Auskünfte philosophischer und theologischer Moral, die das Phänomen der Verzweiflung und des Bewußtseins der Nichtigkeit des eigenen Daseins nicht mehr praxisrelevant zu reflektieren wußten. Die Pflichtenlehre postulierte allenthalben die absolute Ertragbarkeit menschlichen Leidens. Dies konnte biblisch begründet werden mit Versuchungs- und Anfechtungstexten, biblischen Beispielgeschichten oder – wie bei Christian August Crusius – mit der Vorbildfunktion des leidenden Gerechten, aber auch typisch aufklärerisch mit der naturgesetzlich verbürgten göttlichen Weltordnung und der These von der menschlichen Perfektibilität wie bei Johann Peter Miller (1725–1789).[30] Ein Beispiel bietet der Umgang mit dem Aufsehen erregenden Fall des kollektiven Suizids eines gebildeten englischen Quäkers mit seiner Familie, für den Freiwilligkeit und Glaubensgründe namhaft gemacht worden waren, der aber bei Miller nur als trauriges Ergebnis eines mystisch-platonisierenden Christentums verbucht wird.[31]

Die verschiedenen Morallehren der Zeit bemühen sich zwar um wichtige Differenzierungen, so zwischen allgemeiner Verwerflichkeit der Tat und personenbezogener Vorsicht im Urteil, doch die generelle ethische Denunziation bleibt erhalten, ob das Suizidverbot nun noch

---

Verhältnisse: „Welch' eine Richtung mußte nun ihr Geist nehmen? der Geist einer Person, der an einem sehr verdorbenen Orte, wenig religiöse und moralische Nahrung bekommen, und meistens sich selbst gebildet hatte?"; Urania, 594.

30 *Christian August Crusius*: Kurzer Begriff der Moraltheologie, oder nähere Erklärung der practischen Lehren des Christenthums. Bd. 2. Leipzig 1773, § 252, bes. 1029 f.; *Johann Peter Miller*: Theologisch moralische Abhandlung von der tugendhaften Erhaltung des Lebens und von der richtigen Beurtheilung des Selbstmordes. Ein freyer Auszug aus d[em] Sechsten Theile der Mosheim[schen] Sittenlehre. Leipzig 1771, bes. 46 ff., 71 ff., 85, 110.

31 *Miller* [s. Anm. 30], 106 f.; AHE 13, 1749, 307. Die Frage bleibt offen, ob das Verlassen des irdischen Gefängnisses, das im Abschiedsbrief des Quäkers genannt worden war, nicht auch auf konfessionelle Bedrängnis durch die Umwelt verweist.

biblisch wie bei Gottfried Leß (1736–1797) oder allein philosophisch-moralisch wie bei Johann David Michaelis (1717–1791) begründet wird.[32] Die Ambivalenz in der Behandlung des Themas zeigen besonders die Randnotizen der theologischen Ethik, die immer wieder auf Suizidfälle von gelehrten Theologen eingehen: Es war schlechterdings unvorstellbar, daß ein im Vollbesitz seiner geistigen Kräfte befindlicher Theologe Suizid beging, schon gar nicht im Glauben, mochte er auch gerade dies beanspruchen und entsprechend eindeutige Abschiedsworte mit Text- und Liedwahl für die Beerdigung hinterlassen haben.[33]

Ein mit Ewalds Veröffentlichung vergleichbares Moment der Abkehr und des Protestes liegt auch in der neu aufkommenden Selbstmörderbiographie. So versuchte der durch seine Schauerromane bekannt gewordene Schriftsteller und vormalige Schauspieler Christian Heinrich Spieß (1755–1799) in seiner Sammlung authentischer Lebensläufe eine veränderte Einstellung zum Suizid zu befördern, indem er die Suizidanten geradezu zielstrebig zu Opfern ihrer Verhältnisse machte. Auch bei ihm findet sich die Geschichte einer Frau, deren Suizid als religiöser Opfergang und Glaubenstat vorgestellt, doch von Spieß der Schwärmerei zugeschrieben wird.[34]

4. *Die pastorale Praxis*

4.1 Kasualrede

Als Gegenstand der Vorurteilskritik begegnet die Suizidproblematik in einer Kasualrede Ewalds unter der Perspektive verweigerter Hilfe.[35] Den unmittelbaren Anlaß bot ein Suizid in der Gemeinde, der bei sofortiger Hilfeleistung möglicherweise hätte verhindert werden können.[36] Ziel der

---

[32] Die populärste selbständige theologische Schrift zum Suizid stammt von *Gottfried Leß*: Vom Selbstmorde. Göttingen 1767; ²1776: Diese gehört mit zur Reaktion auf Goethes „Werther". *Johann David Michaelis*: Moral. Hg. v. *Carl Friedrich Stäudlin*. Bd. 2. Göttingen 1792, § 56, 42 ff.; s. auch kurz *Stäudlin*, Geschichte der Vorstellungen [s. Anm. 2], 209 f.

[33] Als typisch kann der Umgang mit dem Suizid des Straßburger Theologen Johann Andreas Gnilius gelten, der sich 1741 mit dem Schermesser die Kehle durchschnitt; vgl. *Leß* [s. Anm. 32], 21 f.

[34] *Christian Heinrich Spieß*: Biographien der Selbstmörder. 4 Bde. Leipzig 1786–1789; s. Bd. 4, 213–217 [zuerst Prag, Wien 1785–1789, versch. Aufl.]. Als die letzten Worte der Frau werden wiedergegeben: „Ich sterbe büssend, und gehe den himmlischen Freuden entgegen." *Spieß* ließ seinem Werk 1793 „Biographische Skizzen" als Nachlese folgen.

[35] *Johann Ludwig Ewald*: Ueber Kasualpredigten [...]. Einige Ideen und Proben. In: Ideen über Kasualpredigten und Volksbildung. Lemgo 1793 (Ueber Predigerbeschäftigung und Predigerbetragen, 8), 70–86. Vgl. dazu auch *Michael Frank*: Die fehlende Geduld Hiobs. Suizid und Gesellschaft in der Grafschaft Lippe (1600–1800). In: Trauer, Verzweiflung und Anfechtung [s. Anm. 1], 152–187; zu *Ewald*: 162 ff. Dessen Haltung wird (zu) einfach als pragmatisch mit aufklärerischen Zügen charakterisiert.

[36] Der Titel, unter dem die Predigt abgedruckt wurde, lautete: „Kein Vorurtheil soll uns

Rede war, die konkrete Hilfe anhand des Textes von Jesu Sabbatheilung der erstorbenen Hand (Mt 12,10–12) nicht nur als allgemeine moralische Pflicht einzuschärfen, sondern den Hörern als soteriologisch begründetes Gebot der Nächstenliebe in der Christusnachfolge ans Herz zu legen.[37]

Im Kontext der Unterweisung greift Ewald die aufgeklärt-medizinische Pathologisierung des Suizids auf, um Verständnis und Mitleid zu wecken.[38] Die Beschreibung der Ursachen entspricht den Erkenntnissen der Anatomie, wie sie z. B. Leopold Auenbrugger (1722–1809) aufgrund langjähriger Beobachtungen zusammengetragen hatte.[39] Die eigentliche Mitte aber bleibt der unmittelbare Anspruch, der vom Antlitz des Bedürftigen ausgeht. Exemplarische Bedeutung hat hierbei das Gleichnis vom barmherzigen Samariter (Lk 10,29–37). Die lehrmäßige Unterscheidung zwischen subtilem und grobem Selbstmord wird aufgehoben, indem die Selbstverständlichkeit der Hilfe in den Fällen des ersteren – etwa bei Alkoholismus – auch für den zweiten eingefordert und die Absurdität des Nichthelfens in einem Suizidfall herausgestellt wird. Auf die ansonsten mitgetragenen obrigkeitlichen Vorschriften zur Leistung der Ersten Hilfe ging Ewald nicht ein.[40]

Die Predigt legt zahlreiche gängige Vorurteile der Zeit offen, gegen die Ewald rhetorisch geschickt angeht. Zu diesen Vorurteilen gehören Meinungen wie die, der Suizid sei als Sünde wider den Heiligen Geist nicht vergebbar und habe zwangsläufig die ewige Verdammnis zur Folge.[41] Von praktischer Relevanz war vor allem die Überwindung der Ta-

---

abhalten, einen Unglüklichen zu retten." Unter diesem Obersatz wurden die drei Punkte der Predigt abgehandelt: „laß dich durch kein Vorurtheil, keine falsche [!] Religionsbegriffe, falsche Schande abhalten, deinen unglüklichen Bruder zu retten"; s. *Ewald*, Ueber Kasualpredigten [s. Anm. 35], 73 f. Als Todesart kam neben dem Erhängen auch das Ertränken, also die wohl im Blick auf die Hörerschaft vertrautesten Formen des Suizids, zur Sprache; vgl. *Ewald*, 82.

[37] Vgl. die Begründung der Verpflichtung zur Hilfe: „Jesus gab sein Leben, um Menschenleben zu retten; und du woltest nicht Einmal die Hand ausstreken zu ihrer Rettung?"; s. *Ewald*, Ueber Kasualpredigten [s. Anm. 35], 82.

[38] „Sein Blut ist schwarz und dik, beengt seine Brust, drükt sein Gehirn, zerrüttet ihn, daß er das Leben nicht mehr als eine Wolthat fült. Schärfe fällt ihm auf die Gehirnnerven, ohne die wir nicht vernünftig denken können [. . .]"; s. *Ewald*, Ueber Kasualpredigten [s. Anm. 35], 81.

[39] *Leopold Auenbrugger*: Von der stillen Wuth oder dem Triebe zum Selbstmorde als einer wirklichen Krankheit, mit Original-Beobachtungen und Anmerkungen. Dessau 1783, 57 f., 70. Das verdickte Blut ließ die gefährliche „schwarze Galle" entstehen, die vom Bauch in den Kopf wanderte und dort ihr zerstörerisches Werk trieb.

[40] Zum Kampf gegen das Vorurteil des „gemeinen Mannes" durch gesetzliche Regelungen vgl. z. B. die Verordnung zur Rettung verunglückter Personen, die am 16. Dezember 1783 für Mecklenburg-Schwerin erlassen wurde; abgedr. bei *August Ludwig von Schlözer*: Staats-Anzeigen 4, 1783, 224–226.

[41] Ein vermittelnder Standpunkt findet sich noch bei Adam Bernd. Er zweifelte nicht an der Notwendigkeit entsprechender Schreckenspredigten, verlangte allerdings um der Melancholiker willen, deren Ängste er durch solche Predigten noch verstärkt sah, nach einem klareren Gegengewicht im usus consolatorius der Predigt; vgl. *Bernd* [s. Anm. 26], 206.

buisierung des Leichnams, die auch eine berufsspezifische Komponente besaß.[42] Ein Suizidant durfte nur vom zuständigen Scharfrichter oder Abdecker berührt werden, der mit der Beseitigung des Leichnams sein Einkommen aufbesserte. Ewald begegnet dem Problem der Tabuisierung mit der theologischen Aussage, auch ein Suizidant verliere seine Gottebenbildlichkeit nicht; obwohl er sie an ihrer Bestimmung zu Fortentwicklung und Reifung hindere. Als Konsequenz fordert er das ordentliche Begräbnis des Suizidanten; ein Schandbegräbnis als nachträgliche Strafe für die Tat oder als Abschreckung durch entehrenden Umgang mit dem Leichnam war damit ausgeschlossen.[43]

Der Vergleich mit einer Predigt Johann Kaspar Lavaters, den der Suizid seines Schreibers 1779 zur Beschäftigung mit der Thematik zwang, verdeutlicht die konsequente Haltung Ewalds. Bei jenem findet sich noch ein recht unvermitteltes Nebeneinander von auf Abschreckung und Abscheu zielenden lehrhaften Aussagen und seelsorgerlich-einfühlsamer Fallbetrachtung, auch wenn die Verschiebung von der traditionellen Anprangerung äußerer dämonischer Einflüsse zur Analyse der inneren Gefährdung durch ungebändigte Leidenschaften schon deutlich zutage tritt und wie für Ewald der auch in der äußersten Anfechtung gestärkte Christusglaube der eigentliche Mittelpunkt des Widerstands bleibt.[44] Lavaters Aussagen des Schlußgebetes liegen noch auf der Linie tabuorientierter Distanzierung, die sich bei Ewald so nicht findet: Die politisch und pädagogisch Verantwortlichen sollten angesichts der zahlreichen Suizidfälle alles unternehmen, den Abscheu vor dem Suizid allgemeiner und dauerhafter zu machen.[45] Deutlich ist dagegen die Verwandtschaft der Ewaldschen Grundhaltung mit der Johann Heinrich Jung-Stillings. In aufgeklärter Tradition will auch dieser Strafmaßnah-

---

[42] Zur Berührungsangst vgl. Art. „Selbstmord". In: HWDA 7, 1627–1633. Die Gründe für die Berührungsangst liegen einmal auf dem Gebiet des Volksglaubens (Tabubruch, Unreinheitsmotiv), aber auch auf dem Gebiet des Berufsrechts, da das Amt des Henkers oder Schinders und damit auch sein Einkommen geschützt war.

[43] Ungewöhnlich war die biblische Begründung *Ewalds* durch den Rückgriff auf die – unterschiedlich überlieferte – Beerdigung Sauls nach 2Sam 2,4b.5 und 21,13 f. Er gestand in einer Anmerkung die eingeschränkte exegetische Beweiskraft dieser Stellen für den vorliegenden Fall ein, verteidigte sein Vorgehen aber mit der großen Bedeutung eines ordentlichen Begräbnisses und der Autorität der Bibel beim Volk.

[44] *Johann Kaspar Lavater*: Ueber den Selbstmord. Eine Predigt [. . .]. Ueber Geschichtbuch [!] XVI, 22–34[.] bey einer besondern Veranlassung gehalten bey St. Peter in Zürich Sonntag Morgens den 11. April 1779. Winterthur 1782. Herder teilte das Unglück am 17./19. Mai 1779 Johann Georg Hamann mit; vgl. *Johann Gottfried Herder*. Briefe Bd. 4. Oktober 1776 – August 1783. Bearb. v. *Wilhelm Dobbek* und *Günter Arnold*. Weimar 1979 (Briefe GA, 4), Nr. 75, Z. 40 ff. Der Schreiber hatte sich während Lavaters Abwesenheit am Ostermontag in dessen Zimmer erschossen.

[45] *Lavater*, Ueber den Selbstmord [s. Anm. 44], 39.

men und Entehrung im Suizidfall abgeschafft wissen.[46] Vor allem aber lassen Jung-Stillings Szenen aus dem Geisterreich, deren zweiter Teil mit einer Selbstmörder-Szene beginnt und verschiedene Suizid-Fälle in warnender Absicht vorstellt, die Möglichkeit des schuldhaften, aber im Glauben gerechtfertigten Suizids denkbar erscheinen. Entsprechend seiner gestuften Hadesvorstellung bleibt noch Raum für eine, wenn auch objektiv mindere Seligkeit der frommen Suizidanten, die unterhalb der Kategorie der „Überwinder" zu stehen kommen.[47]

4.2 Passionspredigt

Neben der Kasualrede spielt die Passionspredigt für das Thema eine wichtige Rolle, vor allem im Blick auf die Figur des Judas. Ewald wendet sich gegen jede dämonisierende Typisierung der Judas-Gestalt, und zwar mittels einer differenzierten Rekonstruktion seiner Handlungsmotivation. Die übliche Zusammenschau von Besessenheit bzw. Charakterlosigkeit, Verrat und Suizid erlaubte ein ähnlich sympathetisches Vorgehen nicht.[48] Nach Ewald hatte Judas anfangs nicht damit gerechnet, daß sein Tun zum Tod Jesu führen würde, da er an dessen messianische Macht zur Selbstbefreiung geglaubt habe. Erst am Ende, als ihm das Ungeheuerliche seiner Tat aufgegangen und er sich vergeblich durch Intervention beim Hohepriester um die Rettung Jesu bemüht hatte, war er dem Wahnsinn verfallen. Der zu Großem Bestimmte wird als spätes Opfer seiner Habgier bedauert.[49] Die Geschichte des Judas trägt hier die Züge eines Exempels allgemein menschlicher Gefährdung und tragischer Zerrüttung, ohne daß die Hoffnung auf das ewige Heil auch für Judas aufgegeben wird.[50]

4.3 Elementarbildung und Religionsunterricht

Im Bereich der Elementarbildung bleibt der Umgang mit der Suizidthematik bei Ewald im Rahmen der obrigkeitlich betriebenen Volksaufklärung, also hier der staatlich und kirchlich eingeschärften Ersten Hilfe.

---

[46] *Johann Heinrich Jung[-Stilling]*: Lehrbuch der Staats-Polizei-Wissenschaft. Leipzig 1788, §§ 111, 138 u. 664. Der Obrigkeit bleibt freilich die Aufgabe der sicheren Verwahrung und Bewachung der Schwermütigen zugewiesen.

[47] *Johann Heinrich Jung* genannt *Stilling*: Sämmtl. Schriften II/ 2,3. Nachdr. Hildesheim [u. a.] 1979, 199–230, bes. 228 f.

[48] Vgl. *Crusius* [s. Anm. 30], 1030 ff., mit Anm. zum Charakter Sauls und Achitophels, 1031 f. (Anm.).

[49] *Johann Ludwig Ewald*: Ueber die verschiedenen Gesinnungen gegen Jesus. Sieben Predigten. Lemgo 1788 (Predigten über die wichtigsten und eigenthümlichsten Lehren des Christenthums, 3), 5. Predigt, 86 ff.

[50] „Laßt uns nicht tadeln, richten, verdammen, meine Zuhörer; laßt uns eine Thräne des Mitleids weinen [. . .]"; *Ewald* [s. Anm. 49], 99.

Ewald hatte im dritten Teil seines auch für Erwachsene gedachten Lesebuchs für die Landschulen aus dem Jahr 1793 wie schon Friedrich Eberhard von Rochow (1734–1805) die Pflicht zur Rettung eines Suizidanten in die allgemeine Verpflichtung zur Rettung Verunglückter aufgenommen.[51] Zugleich wurde dieser mit praktischen Fragen der Lebensführung befaßte Teil des Lesebuchs unter dem Titel eines Hand- und Hausbuchs für Bürger und Landleute verbreitet.[52]

Eher vorsichtig gestaltet sich naturgemäß der Umgang mit der Thematik im Religionsunterricht, wo die spezielle Tugendlehre den traditionellen Ort für die Behandlung der Pflichten des Menschen gegenüber sich selbst, sprich: seinem eigenen Körper, abgab.[53] Am Unrechtscharakter der Tat bleibt wegen ihres Widerspruchs zur pflichtgemäßen Erhaltung des gottgegebenen Lebens grundsätzlich kein Zweifel, doch wird geraten, ein bestimmtes Urteil angesichts möglicher Krankheitsursachen zu meiden. Ein schimpfliches Begräbnis verbot sich unter Hinweis auf die Situation der Hinterbliebenen und die geringe Überzeugungskraft des Abschreckungsargumentes.

Deutlich bleibt auch in diesem Kontext die Ablehnung aller entehrenden Maßnahmen des Strafrechts. Dabei darf nicht übersehen werden, daß es gerade in den 1780er Jahren nicht an Stimmen mangelte, die eine kritischere Behandlung des Suizidthemas anmahnten, d. h. in Übereinstimmung mit der voraufklärerischen Strafrechtstheorie wieder stärker auf Abschreckung setzten und die Rückkehr zu öffentlich entehrenden Maßnahmen verlangten. Selbst die ritualisierte frühere Übergabe an Henker, Schinder oder auch den Teufel wurde unter z. T. volksaufklärerisch-pädagogischen Vorzeichen erneut gerechtfertigt. Ein besonders eindrückliches Beispiel für die polemische Abwehr jeglicher Ermäßigung im allgemeinen Urteil über den Suizid und in der Behandlung des konkreten Falls bietet Heinrich Wilhelm Heller (geb. 1746) mit seiner Schrift über den Suizid aus dem Jahr 1787.[54] Aufgrund einer geradezu

---

[51] Vgl. *Friedrich Eberhard von Rochow*: Der Kinderfreund. Ein Lesebuch zum Gebrauch in Landschulen. 2. Teil. Frankfurt 1776, 57 ff. Nachdr. in: *Friedrich Eberhard von Rochow*: Schulbücher Gesamtausgabe. Hg. v. *Jürgen Bennack*. Köln 1988 (Schulbücher vom 18. bis 20. Jahrhundert für Elementar- und Volksschulen, 1).

[52] *Johann Ludwig Ewald*: Lesebuch für die Landschulen, auch zum Gebrauche der Landleute in ihren Häusern. Bd. 3. Lemgo 1793. Was für Unglücksfälle galt, galt auch für den Suizid: „Eben so unrecht und unmenschlich ist es, einen unglüklichen Menschen nicht abschneiden, oder aus dem Wasser ziehen wollen, weil er Hand an sich selber gelegt hat"; s. *Ewald*: Hand- und Hausbuch für Bürger und Landleute welches lehret wie sie Alles um sich her kennen lernen [. . .] sollen [. . .]. Lemgo, Duisburg 1793, 142.

[53] *Johann Ludwig Ewald*: Entwurf eines christlichen Religionsunterrichts für die Jugend in gebildeten Ständen. Hannover 1793, Nr. 139. Die Schrift erschien zuerst unter dem Titel: Entwurf eines Religionsunterrichts[,] den Prinz Casimir August von der Lippe bisher erhalten hat. [Hannover] 1792. Vgl. *Crusius* [s. Anm. 30], Kap. 11, §§ 249 ff.

[54] *Heinrich Wilhelm Heller*: Über den Selbstmord in Teutschland. Frankfurt/M. 1787. Heller

panisch wirkenden Angst vor einer der Empfindsamkeit zugeschriebenden epidemieartigen Ausbreitung von Suizidhandlungen plädierte er im Namen staatlicher Interessen – das Selbstopfer für Vaterland oder Regent war selbstverständlich wie auch sonst als tugendhaft ausgenommen – für ein härteres Durchgreifen des Gesetzgebers im Sinne einer möglichst schändlichen Behandlung des Suizidanten, und dies ausdrücklich „unerweicht vom Geheul der Verwandtschaft“[55]. Diese Form von Aufklärung hat Ewald immer abgelehnt.

Insgesamt bleibt im Kontext des Unterrichts die Kategorie des Moralischen für die Anleitung zur Bewertung einer konkreten Suizidhandlung bestimmend. Eine Leidenschaft, die bis zur Verzweiflung führte, wurde wie die Depression als krankhaft beurteilt, die Krankheitsthese bleibt die primäre Entlastungsmöglichkeit für den Einzelfall. Gleichwohl zeigt sich auch hier eine gewisse Offenheit zur Anerkennung der in voller Verantwortung übernommenen Tat. In Ewalds 1819 erschienenen, in Karlsruhe vor 12–18jährigen Mädchen gehaltenen Katechisationen klingt die Frage an, wenn anhand der Diskussion um Goethes Werther erörtert wird, ob der Suizid eher auf eine starke oder eher eine schwache Persönlichkeit schließen lasse.[56] Ein generelles Urteil wollte Ewald auch in diesem Zusammenhang vermieden wissen, doch bleibt die Möglichkeit der eigenverantwortlichen Tat auch hier gegeben.

4.4 Seelsorge

Eine die eigene Frömmigkeit deutlicher spiegelnde Behandlung findet die Thematik wieder im Kontext der Seelsorge, wo sich die in der Veröffentlichung der Abschiedsbriefe gezeigte Richtung weiter konkretisieren läßt. Dies macht der Auszug aus einem Trostbrief an eine um ihren Mann trauernde Frau deutlich, der 1802 in der von Ewald herausgegebenen Christlichen Monatschrift veröffentlicht wurde.[57] Der skrupulösen, von Teilen der orthodoxen wie pietistischen Tradition genährten Betrachtung des Suizids setzt Ewald das christologisch begründete grenzenlose göttliche Erbarmen, den Verzweiflungs- und Schmerzcharakter

---

war, bevor er sein Amt freiwillig aufgab, Regierungsratssekretär in Stuttgart. 1788/89 trat er wiederholt mit Beiträgen in *Friedrich Burchard Benekens* „Jahrbuch für die Menschheit“ hervor.

[55] *Heller* [s. Anm. 54], 45, 62. Vgl. auch *Johann Moritz Schwager*: Über den Selbstmord. In: Jahrbuch für die Menschheit. Hg. v. *Friedrich Burchard Beneken*. Bd. 2, 1782, 552–578. Zu *Schwager*, Prediger in Joellenbeck im Brandenburgischen, der „ein abgesagter Feind des Pietismus und der Heuchelei“ gewesen sein soll, s. *Samuel Baur*: Allgemeines historisch-biographisch-literarisches Handwörterbuch aller merkwürdigen Personen, die in dem ersten Jahrzehend des neunzehenten Jahrhunderts gestorben sind. Bd. 2. Ulm 1816, 456 f.

[56] *Johann Ludwig Ewald*: Christenthums Geist und Christen-Sinn, allen gebildeten Christen, besonders dem weiblichen Geschlecht dargelegt. Bd. 2. Winterthur 1819, 64 ff.

[57] *Johann Ludwig Ewald*: Trost bey dem Selbstmord eines Geliebten. In: Christliche Monatschrift 1, 1802, 234–238.

der Tat und die von Gott auch im Jenseits noch ermöglichte Distanzierung von der Tat entgegen. Die Allversöhnungshoffnung sieht die göttliche Pädagogik über das irdische Leben hinaus im Jenseits bis zur glücklichen Vollendung fortgesetzt, begründet mit Röm 5,18. Das Richtverbot nach Mt 7,1 wird dabei zur Grundlage persönlichen Zuspruchs. Die Tat verliert unter dieser Perspektive gänzlich den Charakter der Abscheulichkeit und des Verbrechens, mit dem die Tradition an die Widerstandskräfte des Menschen appelliert und gegen die Selbstverneinung angekämpft hat. Als Folge unglücklicher Verirrung und Überwältigung durch das Gefühl des Unglücks ist sie Teil jener menschlichen Schwachheit geworden, die vom Mitleiden Christi getragen und aufgrund der hohepriesterlichen intercessio beim Vater nach Hebr 4,15 in Verbindung mit Joh 11,42 bereits vergeben ist. Daran ändert auch die ansonsten betonte Endgültigkeit der Tat nichts, denn es blieb offen, warum diese nur deshalb das Stigma der absoluten Unverzeihlichkeit tragen sollte, weil sie die letzte war.[58] Die Frage der Zurechnungsfähigkeit, des non compos mentis, verliert ebenfalls ihre Dringlichkeit, da der Suizidant in die Vergebungsbitte des Gekreuzigten (Lk 23,34) aufgenommen ist. Sein Leiden stellt ihn an die Seite Hiobs, der vom biblischen Anwalt des kategorischen Suizidverbots zum Tröster im konkreten Fall wird: Gerade an Hiob ist nach Ewald die grenzenlose Vergebungsbereitschaft Gottes gegenüber dem durch Leiden Gedrückten und Betäubten offenbar geworden.[59]

5. *Die antineologische und antipietistische Polemik*

Wie sich die antineologisch und antideistisch bestimmte Polemik die Suizidthematik zunutze machte, so auch die antipietistische. Ersterer bediente sich auch Ewald im Rahmen seiner bürgerlichen Kritik am höfischen Leben.[60] Zugleich wurde er selbst in antipietistischer Stoßrichtung

---

[58] „Warum sollte Er [Gott] sie [die Gnade] einem unglücklichen Manne entziehen, der in einer, zu hart drückenden Stunde, das Leben nicht mehr ertragen zu können glaubte? Oder wird die Handlung dadurch schlimmer, unverzeihlicher, weil sie die *Letzte* seines Erdenlebens war?“; s. *Ewald* [s. Anm. 57], 235.

[59] *Ewald* [s. Anm. 57], 238 f. Zu Hiob als heroischem Besieger der Versuchung zum Suizid, den ihm seine „atheistisch“ argumentierende Frau nach Hi 2,7 ff. nahelegte, vgl. *Leß* [s. Anm. 32], 33.

[60] *Johann Ludwig Ewald*: Salomo. Versuch einer psychologisch-biographischen Darstellung. Leipzig, Gera 1800, 223. Vgl. die nach dem Tode Friedrichs II. 1786 kritische Auseinandersetzung mit des Königs religiösen Ansichten und dem Hofleben in Potsdam bei *Johann Georg Zimmermann*: Ueber Friedrich den Grossen und meine Unterredungen mit Ihm kurz vor seinem Tode. Leipzig 1788, 265 f. Zur antideistischen Polemik in England vgl. *MacDonald* [s. Anm. 3], 204 ff.

Zielscheibe des Vorwurfs, Menschen in den Suizid zu treiben, so in seiner Offenbacher Zeit 1779, als er neben Erbauungsstunden eine besondere biblische Unterweisung für Jugendliche eingerichtet hatte. Die Verbreitung pietistischer Frömmigkeit unter der Jugend galt als Ursache von Depressivität und übersteigerter Erlösungssehnsucht; der Willen zur Abtötung des „alten Adam" und der Wunsch nach baldiger Vereinigung mit Jesus führe geradewegs in den Suizid.[61] Offenbar geriet Ewald wiederholt in den Verdacht der Beförderung eines derart diskreditierten Pietismus. In seinen 1787 veröffentlichten Predigten zur Versöhnungslehre wehrt er sich dagegen, einen zu solchen Exzessen führenden Typus derselben zu vertreten.[62] 1790 sind es Berichte von religiös motivierten Suizidfällen, die ihn vor einer allgemeinen Verurteilung des von intensiver Jesusfrömmigkeit getragenen Erlösungsglaubens warnen lassen.[63]

Auch in England war eine ähnliche Polemik in den 1780er und 90er Jahren verbreitet: Hier sind es die Methodisten, die als Beförderer von Melancholie und Jenseitssehnsucht zu Hauptverantwortlichen für die hohe Suizidrate im Land gemacht wurden.[64]

Unstreitig können einzelne literarisch bezeugte Fälle des prämeditierten Suizids dem Pietismus zugeordnet werden. So berichtet Karl Philipp Moritz, interessiert an seelischen Ausnahmezuständen religiöser Exzentrik, im ersten Band seines Magazins von einer der Herrnhuter Brüdergemeine zugehörigen Frau aus Königsberg, die sich 1783 nach vorbereitender Zwiesprache mit Jesus im Stil einer Wundenlitanei tödlich verletzte. Die Vermutung liegt nahe, sie habe sich die Seitenwunde Jesu beibringen und in sie gleichsam hineinsterben wollen.[65] Weniger eindeutig im Blick auf die mögliche Motivationslage, doch mit deutlichen Anklängen an antipietistische Affekte, ist der bei Moritz aus Kriminalakten berichtete Fall eines pietistisch orientierten Soldaten, dessen Tötung eines Kindes mit dem Wunsch nach der eigenen Hinrichtung erklärt wurde. Lebenslauf und Lektüregewohnheiten ließen auf Einflüsse von Jo-

---

61 Vgl. auch *Bernd* [s. Anm. 26], 187 f. Der im geschilderten Fall abgewendete Suizid vermied nach den Worten Bernds glücklicherweise eine Schmähung des hallischen Pietismus und *Johann Arndts* „Wahres Christentum" durch die „Welt-Kinder".

62 *Johann Ludwig Ewald*: Über die großen Zwecke des Todes Jesus [!]. Lemgo 1787 (Predigten über die wichtigste und eigenthümlichste [!] Lehren des Christenthums, 2), 77.

63 *Johann Ludwig Ewald*: Soll und kann die Religion Jesus [!] allgemeine Religion seyn? Fortsetzung und Erweiterung. Leipzig 1790, 180.

64 *MacDonald* [s. Anm. 3], 201 ff.

65 Geschichte eines Selbstmords aus Verlangen seelig zu werden. In: *Moritz* [s. Anm. 12], Bd. 1, 3. St., 28–32: Bericht des Kreisphysikus von Königsberg, Johann Daniel Metzger, über den am 16./17. Mai 1783 stattgefundenen Suizid. Man fand in der Nähe des Bettes ein Losungsbuch der Brüdergemeine. Zuvor war die Frau durch wiederholte Ausrufe aufgefallen, die niemand zu deuten wußte: „In deine Wunden, mein Heiland – Ja? – Ja!"; letzteres wohl zu verstehen als Einverständnis Jesu.

hann Arndt (1555–1621) und den hallischen Pietismus schließen.[66] Freilich erlauben derartige, meist schwer in ihren realen Bezügen faßbare Einzelfälle ebensowenig ein generalisierendes Urteil wie entsprechende Vorkommnisse, die dem Einfluß einer deistischen oder von der „Berliner Aufklärung" affizierten Weltanschauung zugeschrieben worden sind.

An Untersuchungen, welche die Hauptrichtungen des Pietismus und das entsprechende Schrifttum differenziert auf die Suizidproblematik hin befragen, fehlt es einstweilen ebenso wie an Einzelfallanalysen. Die Annahme, der Pietismus habe eine ausgesprochen selbstdestruktive Frömmigkeit gezeitigt, dürfte jedoch wie verwandte Generalisierungen kaum haltbar sein. In keinem Fall aber läßt sich der Wandel im Suizidverständnis wie bei MacDonald einer Säkularisierung zuschreiben, die zu einfach als Abschied von supranatural-magischen Glaubensweisen verstanden wird. Ewald kann als Beispiel dafür gelten, daß sich die aufklärerische Vorurteilskritik durchaus fruchtbar mit einer „supranaturalen" Bibel- und Christusfrömmigkeit verbinden konnte, die zum Kennzeichen der spannungsreichen, aber ohne den älteren Pietismus nicht denkbaren Epoche des Übergangs von der Spätaufklärung zur Erweckungsbewegung gehört.

66 Geschichte des Inquisiten Daniel Völkners, aus den Kriminalakten gezogen. In: *Moritz* [s. Anm. 12], Bd. 1, 2. St., 10–18. Die Bücher im Besitz des Soldaten waren *Johann Arndts* „Wahres Christentum" und dessen „Paradiesgärtlein", das Freylinghausensche Gesangbuch und das „Güldene Schatzkästlein der Kinder Gottes" von *Karl-Heinrich von Bogatzky* (1690–1774). Vgl. dazu und zum vorigen Fall *Moritz*, Bd. 4, 1. St., 24 ff.

Hartmut Lehmann

„Es gibt zwei gelobte Länder in der Welt, das eine ist das Land Canaan oder Palästina, das andere ist Württemberg"

Christian Gottlob Barths württembergische Geschichte aus dem Jahre 1843

I.

Einer der aktivsten, literarisch produktivsten württembergischen Pietisten des Vormärz, Christian Gottlob Barth, veröffentlichte im Jahre 1843 in der von ihm gegründeten Calwer Verlagsbuchhandlung eine *Geschichte von Württemberg, neu erzählt für den Bürger und Landmann*, die er mit dem Satz einleitete, den ich als Titel für diesen Beitrag gewählt habe. „Der geneigte Leser muß vor allen Dingen wissen", schrieb Barth, „daß es zwei gelobte Länder in der Welt gibt, das eine ist das Land Canaan oder Palästina, das andere ist Württemberg"[1]. Das glaubten, so setzte Barth hinzu, „wenigstens viele ehrliche Württemberger". Es sei seiner Meinung nach aber gar nicht „so weit gefehlt", Württemberg mit Palästina zu vergleichen.[2] „In der Größe" seien beide Länder „nicht so gar voneinander verschieden". Auch „die äußere Gestalt" des Landes Canaan finde „in keinem Lande so ein ähnliches Gegenbild wie in Württemberg". Kalkstein bilde das Hauptgebirge in beiden Ländern, begleitet von Basalt in Palästina, von rotem Sandstein und Granit in Württemberg. Ebenso wie Palästina „eine liebliche Mitte zwischen den heißen und den gemäßigten Erdgegenden" einnehme, so liege auch Württemberg in einer „gemäßigten Zone". Und wenn das Land Canaan von den Israeliten „als ein Land angepriesen" wurde, „in dem Milch und Honig fließe", so könne man das in der Tat auch von Württemberg sagen.

Entscheidend waren für Barth, wenn er Württemberg mit Palästina verglich, freilich andere Aspekte: „Das Volk, welches zur Zeit des Alten

---

[1] *Chr.G. Barth*: Geschichte von Württemberg, neu erzählt für den Bürger und Landmann. Zit. nach der ersten Aufl. Hg. v. d. Calwer Verlagsverein. Calw: Vereinsbuchhandlung. Stuttgart: in Commission bei J. F. Steinkopf 1843, 1.

[2] Die folgenden Zitate: 2–4.

Bundes im Lande Canaan wohnte", betonte er, sei „das gesegnetste von allen Völkern" gewesen, „Gottes Augapfel", und wer könne es einem württembergischen Patrioten verdenken, wenn er meine, „es sey mit dem württembergischen Volke doch auch etwas Ähnliches". Man suche vergeblich nach einem Lande, „in welchem so viel christlicher Sinn, eine so tiefe Grundlage biblischer Erkenntniß und Erfahrung zu Hause wäre." Seit der Reformation seien „durch Talent und wissenschaftliche Tüchtigkeit ausgezeichnete Männer aus dem kleinen Württemberg hervorgegangen, mehr als aus einem anderen gleich großen Lande"; „Knechte Gottes" lebten dort, „die an tiefer und umfassender Einsicht in den Rathschlag Gottes sich mit jedem Anderen messen konnten". Mehr noch: „Aus dem kleinen Palästina" sei „das Licht des Evangeliums in alle Länder ausgebrochen". Auch darin sei, so Barth, Württemberg ähnlich. Denn seit Gott, wie Barth schrieb, „in der neuesten Zeit die protestantische Christenheit wieder erweckt" habe, „sich mit Eifer der unglücklichen Heidenwelt anzunehmen, und von ihren Schätzen auch den armen Brüdern im finstern Lande etwas mitzutheilen", habe „kein Land in der Welt nach Verhältniß der Bevölkerung so viele Friedensboten für die heidnischen Völker geliefert wie Württemberg". Denn obwohl die protestantischen Bewohner Württembergs nur „den sechzigsten Teil aller Protestanten" ausmachten, stellten sie doch „den zehnten Teil sämmtlicher evangelischen Missionare". Die Schwaben dienten schließlich auch, so weiter Barth, wie einst die Juden, ihren Nachbarn oft „zum Gespött". Wenn „ihre belächelte Einfalt" aber mit „der Empfänglichkeit" zusammenhänge, „sich durch die ewige Wahrheit belehren zu lassen", so gereiche ihnen dies nur zum Ruhm. „Wie Deutschland in Europa", so stehe „Württemberg in Deutschland, ausgezeichnet durch den Charakter der Geradheit, Aufrichtigkeit und Gemüthlichkeit, durch Talent und Gründlichkeit". Wem aber von Gott viel gegeben werde, von dem werde auch viel verlangt. Falls Württemberg seine Gaben mißbrauche, wie das Volk Israel es getan habe, so werde es ihm nicht besser gehen als diesem.

II.

Ehe ich auf den Text näher eingehe, der sich an diese auch nach 150 Jahren noch bemerkenswerte Einführung anschließt, gilt es in gebotener Kürze den Hintergrund und die Entstehung von Barths württembergischer Geschichte von 1843 zu erörtern. Als der 1798 geborene Barth Anfang der 1840er Jahre dieses Buch schrieb, war er auf dem Höhepunkt seiner Schaffenskraft.[3] Drei Erfahrungen, drei Überzeugungen hatten sein bisheriges Leben bestimmt.

1. Seit früher Jugend war er in den württembergischen Pietismus seiner Zeit hineingewachsen.[4] Als Student im Stift in Tübingen lernte er

noch den alten Christian Adam Dann kennen, ebenso Gottlieb Wilhelm Hoffmann in Leonberg, auch Pfarrer Johann Jakob Friederich in Korntal. In seiner ersten Publikation, die er als Einundzwanzigjähriger herausbrachte, verteidigte er die württembergischen Pietisten. Schon als Student las er die ältere pietistische Literatur ebenso eifrig wie jüngere Autoren, etwa Ludwig Hofacker. Mit den Sammelbänden über die „Süddeutschen Originalien", die er ab 1829 herausbrachte, leistete er eigene Beiträge zur Literatur über den württembergischen Pietismus. Stuttgart und vor allem Basel waren für den jungen Barth, der in Möttlingen sein erstes Pfarramt im Dienste der württembergischen Landeskirche übernommen hatte, die Zentren, an denen er sich orientierte. Vor allem in der Missionsanstalt in Basel saßen seine engsten Freunde. Von Basel aus wurde die Weltmission vorangetrieben, für die er sich begeisterte und unentwegt einsetzte. Jedes Jahr reiste er zum Missionsfest dorthin. Die Heimat im württembergischen Pietismus, die Mission als wichtigster Teil der Arbeit für das Reich Gottes, die Freunde in Basel und in Stuttgart, daneben später auch Freunde in Norddeutschland und London, das war die Welt des frommen jungen Pastors Barth.

2. Seit den frühen 1830er Jahren beschäftigte sich Barth intensiv mit der Bengelschen Prophezeiung, der hundert Jahre zuvor das Ende der bisherigen Weltordnung und die Wiederkunft Christi auf das Jahr 1836 vorhergesagt hatte. Nach Bengels Berechnung sollte am 14. Oktober 1832 ein Fürstenkongreß stattfinden, auf welchem der Antichrist öffentlich auftreten würde. Barth argumentierte, Bengels Vorgehen sei im Prinzip richtig; der von ihm errechnete Termin sei freilich falsch. Zwar bestehe „hinlänglich Gewähr", daß „wir der Zeit des Endes sehr nahe stehen, und daß bei der unvergleichlich schnellen Aufeinanderfolge der Ereignisse in überraschender Eile die noch mangelnden Zeichen der Zeit vollends eintreffen können", so Barth 1831, es sei aber falsch, im voraus Monat und Tag festzusetzen.[5] „Alle Zeichen" deuteten nach Barth darauf hin, daß der Antichrist bald auftrete, so schrieb er 1832. In Deutschland würde „die Scheidung zwischen Wahrheit und Lüge" immer deutlicher. „Der Unglaube wird immer frecher; aber auch die Knechte Christi treten immer entschiedener auf, und die Zahl der entschiedenen Wahrheitszeugen mehrt sich"[6]. In einer weiteren Schrift erklärte Barth 1833 die End-

---

[3] Über Barths Leben s. *Karl Werner*: Christian Gottlob Barth. Doktor der Theologie. Nach seinem Leben und Wirken gezeichnet. 3 Bde. Calw, Stuttgart 1865, 1866, 1869.

[4] Zum Hintergrund s. *Hartmut Lehmann*: Pietismus und weltliche Ordnung in Württemberg vom 17. bis zum 20. Jahrhundert. Stuttgart 1969, 169–267; sowie Werner [s. Anm. 3] Bd. 1, pass.; *Gerhard Schäfer*: Zu erbauen und zu erhalten das rechte Heil der Kirche. Eine Geschichte der Evangelischen Landeskirche in Württemberg. Stuttgart 1984, 223–259.

[5] *Werner* [s. Anm. 3], Bd. 2, 194–198.

[6] *Werner*, Bd. 2, 199.

zeitzeichen, auf die die entschiedenen Frommen achten sollten.[7] Das Bewußtsein der nahe bevorstehenden Endzeit und die Bereitschaft, für Gottes Reich zu kämpfen, dies ist der zweite Aspekt, der Barths Einstellung charakterisiert und der unmittelbar verbunden ist mit einem dritten Punkt, den es kurz zu erläutern gilt.

3. Seit Anfang der 1830er Jahre „gährten" in Barth, wie sein Biograph Karl Werner schreibt, „ganz neue Gedanken und Pläne, die immer wieder aufs Neue erwachten, wenn er daran dachte, wie viel Schaden durch unchristliche Schulbücher unter der Jugend unseres Vaterlandes angerichtet werde". Barth stellte sich vor, er könne „eine ganze Sündfluth von christlichen Schulbüchern machen, um die schlechten Bücher [...] aus der Schule wegzuschwemmen"[8]. Spittler aus Basel machte Barth Mut. Die Stuttgarter Brüder ebenso. Mit ihrer Hilfe wurde 1833 der Calwer Verlagsverein gegründet, aus dem 1836 die Calwer Verlagsbuchhandlung hervorging.[9] Zu den wohlfeilen christlichen Schulbüchern, die Barth zunächst herausbringen wollte, gehörten ein christliches ABC-Buch, ein christlicher Kinderfreund, eine christliche Kirchengeschichte, ein Schulgebetbuch, ein Schulliederbuch; später sollten dann eine biblische Naturgeschichte folgen, eine biblische Geographie, auch eine biblische Weltgeschichte. Von einer württembergischen Geschichte war 1833 noch nicht die Rede.[10]

Barth selbst machte sich zunächst an die Kirchengeschichte. Schritt für Schritt trieb er auch die anderen Projekte voran. Mitte der 1830er Jahre war auch ein christliches Rechenbuch in Arbeit, „in welchem alle Exempel", wie Barth schrieb, „aus der Bibel genommen sind"[11]. Barths Kirchengeschichte war bald fertig, erlebte rasch eine zweite Auflage und wurde wenig später auch in englischer und französischer Übersetzung publiziert. Seit 1836 widmete sich Barth dann intensiv dem Plan, eine Weltgeschichte für Schulen und Familien herauszubringen. Da er damals bereits viele andere Publikationen betreute, kam er aber nur langsam

---

[7] Barth erörterte neun Zeitzeichen, auf die die Frommen achten sollten: 1. Bau eines neuen Tempels in Jerusalem; 2. der „Mensch der Sünde" erhebe sich aus dem Abgrund und besteige den päpstlichen Stuhl; 3. der „falsche Prophet" unterstütze das gesunkene Ansehen des Papsttums; 4. Jerusalem werde erweitert und wachse an auf 70.000 Einwohner; 5. der Antichrist sammle sein Heer in Syrien; 6. Jerusalem und der Tempel würden nach den Plänen Ezechiels ausgebaut; Jerusalem werde die Hauptstadt der Welt; alle Heiden bekehrten sich; das Jahrtausend der Regierung der Heiligen beginne; 7. nach 1000 Jahren werde der Satan wieder losgelassen; 8. nach weiteren 1000 Jahren vergingen Himmel und Erde, Christus erscheine auf dem Richterthron, um alle Menschen zu richten; 9. „ein neuer Himmel und eine neue Erde werden erscheinen"; ausführlicher bei *Werner* [s. Anm. 3], Bd. 2, 204–207.

[8] *Werner* Bd. 2, 226, 228.

[9] Dazu auch: 150 Jahre Calwer Verlag 1836–1986. Die Festvorträge. Stuttgart 1986.

[10] *Werner*, Bd. 2, 234.

[11] *Werner*, Bd. 2, 307.

voran. Schließlich nahm ihm sein Freund Blumhardt diese Aufgabe ab. Das war 1841. Barth hatte nun neue Pläne. Zum einen wollte er Albert Knapp bei der Erstellung eines neuen Schulgesangbuches helfen; zum anderen plante er, wie Karl Werner schreibt, seit Anfang 1842 zusätzlich auch noch „eine Geschichte von Württemberg für das Volk"[12].

Ostern 1842 machte er sich an die Arbeit. Mitte Juni 1842 lag der Entwurf des Manuskripts vor: Barth schrieb schnell und flüssig. Während er an seiner württembergischen Geschichte arbeitete, schrieb er Briefe nach Malta, Jerusalem, Kairo, Kalkutta. Festzuhalten gilt es deshalb, daß Barths württembergische Geschichte in einer Phase in Barths Leben entstand, in der er sich für den Fortschritt des Reiches Gottes auf der ganzen Welt engagierte. Umso interessanter ist die Frage, wie er die Geschichte seines Vaterlandes, das für ihn allein mit dem Land Canaan vergleichbar war, darstellte.

III.

Zu fragen gilt es zum einen, ob und wie weit Barth in seiner württembergischen Geschichte eine Analogie zwischen der Geschichte des Volkes Israel des Alten Testaments und dem württembergischen Volk herstellt; zu untersuchen gilt es zum anderen, welche Rolle die Gruppe, mit der er sich besonders verbunden fühlte, nämlich die Pietisten, in seiner württembergischen Geschichte spielt. Barth selbst äußerte sich am Beginn des Abschnitts über Graf Ulrich den Stifter sehr klar zum ersten Punkt. Wenn man ihn frage, warum er seine württembergische Geschichte als eine Geschichte der württembergischen Fürsten anlege und nicht als eine Geschichte des Landes oder des Volkes, so antwortete er, zwischen der Geschichte des Landes und der der Fürsten bestehe eine „beständige Wechselwirkung" wie „zwischen dem Haupt und den Gliedern des Leibes": „Wenn ein Fürst Gott fürchtet und recht thut, so hat es das ganze Land zu genießen. Wenn ein Fürst Böses thut und den Zorn Gottes reizt, so hat das ganze Land darunter zu leiden". Das sei sehr deutlich an „der Geschichte Davids" zu sehen. „Wenn ein Volk durch seine Sünden ein Gericht verdient" habe, so weiter Barth, so werde „es von Gott durch harte Regenten gestraft oder durch unfähige", wie Gott umgekehrt den Unterthanen Segen zukommen lasse, indem er die Fürsten segne. „Gott hat nun einmal die Fürsten, als seine Stellvertreter und Statthalter auf Erden, zu Werkzeugen gemacht, durch welche Er den Völkern Seine Gnade oder Ungnade zu erkennen und zu fühlen gibt". Deswegen, so Barth, sei „auch die Geschichte des Volkes Israel in der Bibel, die doch am besten

---

[12] *Werner* [s. Anm. 3], Bd. 3, 76.

wissen muß, wie man Geschichte schreiben soll, mit der Geschichte seiner Könige ganz zusammengewachsen: denn der Charakter eines Fürsten" drücke „sein Bild auch auf seinem Volke und seiner Zeit ab." „Ein Salomo" habe sein Volk „wohlhabend und glücklich" gemacht, „ein Jerobeam" dagegen ließ „sein Volk sündigen"[13].

Für Württemberg treffe die enge Verbindung von Fürst und Volk besonders zu, so Barth weiter. Es gebe wohl kaum ein anderes Volk, „wo sich die Geschichte des Landes von der seiner Regenten so wenig trennen" ließe: „Was Wirtemberg ist, das ist es durch seine Fürsten geworden; sie gaben ihm seinen Namen, seine Ausdehnung, seine Verfassung; um sie herum reihten sich die verschiedenen Landestheile nach und nach zu einem Ganzen; sie verknüpften durch Kauf, Tausch, Heirath, Unterhandlung, seltener durch Eroberung, die einzelnen Gegenden des Landes mit ihren Stammgütern". Wäre „Alt-Wirtemberg evangelisch" geworden, „wenn nicht seine Fürsten es geworden wären?" Diese enge Verbindung zeige sich an vielen weiteren Beispielen. Barths Fazit: „So kann denn auch die Geschichte Württembergs nur an dem Faden seiner Regentengeschichte durchlaufen werden."[14]

Wenn man nach dieser programmatischen Einleitung nun erwartet, Barth werde jeden württembergischen Fürsten mit einem Herrscher aus dem Alten Testament vergleichen und jede Situation aus der württembergischen Geschichte mit einer Szene aus der Geschichte des Volkes Israel, dann ist man enttäuscht. So konsequent stellt er die Geschichte Württembergs und diejenige des Volkes Israel nicht einander gegenüber. Unübersehbar sind in seinem Text über die württembergische Geschichte jedoch einzelne Verweise auf das Alte Testament: Anspielungen, Andeutungen, gelegentlich auch unmißverständliche Lehren. Dazu einige Beispiele. Der schwarze Tod sei im 14. Jahrhundert ein Strafgericht Gottes gewesen, schreibt er, „aber auch diejenigen, welche das Strafgericht Gottes zu tieferem Ernst und zur Erkenntniß ihrer Sündhaftigkeit und Verschuldung führte", hätten damals nicht „den rechten Weg" gefunden, „um von Schuld und Strafe los zu werden, weil es eben damals allenthalben an der evangelischen Einsicht in das Geheimnis der freien Gnade Gottes mangelte". „Erkenntniß war keine da", notierte Barth, „denn es gab keine Schulen, keine Bücher, keine Bibeln".[15] Es habe freilich auch andere Beispiele gegeben: Graf Eberhard III. der Milde habe sich den Namen „des Friedfertigen" erworben. Seinen in der Bibel bewanderten Lesern seien die Verheißungen bekannt, bemerkte Barth, die sich mit diesem Namen verknüpften.[16] Als Württemberg unter Graf Ul-

[13] *Barth*, Geschichte von Württemberg [s. Anm. 1], 38 f.
[14] *Barth*, 39 f.
[15] *Barth*, 67, 69.
[16] *Barth*, 73.

rich V. geteilt worden sei, sei das „in aller Freundlichkeit" geschehen, anders als bei der „Theilung des Davidischen Reichs zur Zeit Rehabeams"[17]. Graf Eberhard im Bart, 1495 von Kaiser Maximilian zum Herzog erhoben, war nach Barth das Muster eines frommen, gottesfürchtigen Fürsten, wofür Gott das Land belohnte. Sein Gegenteil war nach Barth Herzog Eberhard der Jüngere, dessen leichtfertige, ausschweifende Lebensweise das Land in eine schwere Krise stürzte.

Wie Barth zu Beginn des Abschnitts über Herzog Friedrich ausführt, sei es ihm in einigen Fällen schwer gefallen, wenn er „gleich den heiligen Schriftstellern in den Büchern der Könige und der Chronika über jeden Fürsten ein zusammenfassendes Urtheil geben und nach Abwägung seiner guten und schlimmen Eigenschaften und Handlungen das Facit in kurzen Worten aussprechen" wollte, etwa in der Weise: „Er that, was dem Herrn gefiel!" Denn von manchem württembergischen Fürsten werde durchaus viel „Widersprechendes" überliefert.[18] Im Falle von Herzog Eberhard III., der in der Zeit des Dreißigjährigen Kriegs regierte, war das freilich nicht der Fall. „Fürst und Volk merkten nicht auf die Absichten Gottes bei dieser schweren Heimsuchung, und wollten nichts dabei lernen", schrieb Barth. „Der junge Herzog wollte das Bankettiren und Festgeben nicht lassen, obgleich es überall im Schloß an dem Nöthigsten fehlte". Auch bei den Untertanen hätten „Üppigkeit, Unzucht und andere Laster" damals immer mehr überhandgenommen. „Vor Gottes Wort hatte man keine Achtung mehr, die Kirchen wurden nicht mehr besucht, die Pfarrer waren verachtet". Nur die Namen von Johann Conrad Varenbüler, der Württemberg bei den Friedensverhandlungen in Osnabrück vertrat, wie der des Kommandeurs vom Hohentwiel, Conrad Widerhold, hätten damals „wie Sterne in dieser dunklen Nacht geglänzt".[19] Ebenso dezidiert war Barths Urteil über die Regierung Herzog Eberhard Ludwigs: „Es war das erste und einzige Mal in der Geschichte Wirtembergs, daß es von einem Weibe beherrscht wurde, und zwar von einem fremden und nichtswürdigen"; es sei freilich, wie er hinzusetzte, „nicht das einzige Mal" gewesen, „daß Gott sein Volk, wie einst das Volk Israel, durch die Sünden seines Regenten strafte, weil es nach der vorhergegangenen schweren Züchtigung dennoch keine ernstliche Buße thun wollte"[20]. Wenige Jahrzehnte später, unter Herzog Karl Alexander, sei „an die Stelle dieses Weibes ein Jude" getreten, Joseph Süß Oppenheimer, der „glücklicherweise" aber nur drei Jahre regiert habe. „Wie sein Namensbruder Joseph in Egypten" sei er „der erste Minister des Fürsten" geworden. Während aber „jener das Land in der

[17] *Barth*, Geschichte von Württemberg [s. Anm. 1], 79.
[18] *Barth*, 179.
[19] *Barth*, 209–211.
[20] *Barth*, 231.

Theuerung rettete", habe dieser „die Theuerung ins Land" gebracht. Herzog Karl Alexanders unerwarteter Tod sei von vielen Gläubigen als „Gnade Gottes" und als „eine Frucht ihrer ernstlichen Gebete" verstanden worden.[21]

Für Barth hatten diese historischen Beispiele einen tieferen Sinn: Seine Leser sollten einsehen, daß Gott nicht willkürlich strafte, sondern aus Liebe, wie ein guter Vater. Ähnlich wie das Volk Israel im Alten Testament, habe auch Württemberg immer wieder „das Unglück" gehabt, schrieb er, daß es von Minderjährigen regiert wurde. Es sei dem Land teuer zu stehen gekommen, daß Herzog Karl Eugen mit 16 Jahren für volljährig erklärt worden sei und die Regierung übernommen habe: ein ausschweifendes Leben, schlechte Ratgeber, Schulden, Krieg. „Die Geschichte Wirtembergs war", so Barth, „in den hundert Jahren von Eberhard Ludwigs Regierungsantritt an bis zum Tode des Herzogs Carl Eugen fast eine beständige Leidensgeschichte". Durch die Aufklärung sei zudem „viel falsches Licht" ins Land gekommen, „mit der Bildung viel Verbildung", und an die Stelle des „Aberglaubens, den man zu verdrängen suchte, setzte sich", nach Barth, „häufig der Unglaube". „Das schlechte Beispiel des Hofs" hätte auch auf „die niederen Stände verderblich" gewirkt.[22] König Friedrich sei für Volk und Land eine schwere Last gewesen. Auch „unter seiner Regierung" habe sich freilich „die Wahrheit erprobt, daß Gott den Württemberger nie verläßt". Erst König Wilhelm war nach Barth wieder ein in jeder Hinsicht guter Regent. „Seine Bemühungen" seien „von Gott vielfach gesegnet worden", ließ Barth seine Leser wissen und setzte hinzu: „Möge es ihm vergönnt seyn, noch lange an diesem segensreichen Werke ungestört arbeiten zu können"[23].

Wie können diese Zitate charakterisiert und eingeordnet werden? In theologischer Hinsicht übertrug Barth die Lehre vom Bund Gottes mit dem Volk Israel auf Württemberg. Auch wenn er dies nicht auf jeder Seite seines Buches ausdrücklich sagte, waren die Württemberger für ihn das Volk eines neuen Bundes. Damit unterlagen sie allen Regeln, nach denen Gott sein erstes auserwähltes Volk regiert hatte. Sie wurden belohnt, wenn sie Gottes Gebote befolgten; sie wurden bestraft, wenn sie sündigten und vom Glauben abfielen, wobei die Fürsten das Werkzeug waren, durch das Gott strafen und durch das er auch belohnen konnte. Barths Darstellung hat somit nichts mehr zu tun mit der älteren Hofhistoriographie, die in vielen Territorien von obrigkeitsgehorsamen Historikern für die jeweils regierenden Fürsten geschrieben wurde. Für den Barth von 1843 war die württembergische Geschichte vielmehr unzweideutig ein Teil der Heilsgeschichte.

---

21 *Barth*, Geschichte von Württemberg [s. Anm. 1], 237, 241.

22 *Barth*, 260 f.

23 *Barth*, 274 f.

So wichtig die Fürsten für Gottes Regiment ohne Zweifel waren, so ist es nach Barth aber doch das Volk, dem Gottes Verheißung gilt und mit dem Gott seinen Bund geschlossen hat. Welche Rolle spielten die frommen Württemberger in Barths württembergischer Geschichte? Schon im Spätmittelalter gab es nach Barth in Ulm und anderen Städten „Weber, Schuhmacher und Kürschner", die Vereine bildeten, um die Bibel zu lesen. Wenig sei über diese „Stillen im Lande" bekannt, die die Reformation vorbereitet hätten.[24] Im 15. Jahrhundert seien diese „Zeugen der Wahrheit", wie Barth sie nennt, schwerem Druck und Verfolgung ausgesetzt gewesen.[25] Auch in der Zeit der frühen Reformation, als sich Württemberg der Reformation noch nicht angeschlossen hatte, hätten sich die frommen Leute „durch gemeinschaftliche Privaterbauung, die natürlich geheim seyn mußte, zu helfen" gesucht. Typisch pietistische Stichworte sind es, mit denen Barth die religiösen Aktivitäten der Frommen jener Zeit charakterisiert. Sie seien „Wahrheitsfreunde" gewesen, die sich zu „heimlichen Erbauungsstunden" trafen.[26] Schon in der Reformationszeit hätte sich in Württemberg „die Neigung zu religiöser Privaterbauung" herausgebildet. Das, „was in der Kirche mangelte", sei auch im späten 16. und im frühen 17. Jahrhundert durch Versuche zur Privaterbauung geleistet worden, wobei es, wie Barth betonte, unter den Frommen eben nicht nur Schwärmer und Irrlehrer gegeben habe, sondern auch viele, die „innerhalb der Kirche" blieben und die die kirchliche Lehre „lebendiger zu bewegen und in Kraft und Saft zu verwandeln suchten". Sie hätten damals freilich „alle Ursache" gehabt, „sich vor dem Aufsehenmachen zu hüten". Deshalb sei es „begreiflich, warum die Geschichte sie mit Stillschweigen übergeht"[27].

Im Zeitalter des Dreißigjährigen Krieges, mitten in den Jahren, in denen Gott Württemberg so schwer strafte, sammelten sich nach Barth die neuen Kräfte. Sie lasen Johann Arndts „Wahres Christentum", Barth zufolge „noch heutzutage", also 1843, „eines der gesegnetsten Erbauungsbücher"; vor allem aber habe damals Johann Valentin Andreae, ein Vorläufer Speners, trotz der unruhigen Zeit, in der er gelebt und die seinen Absichten „die mächtigsten Hindernisse" entgegengestellt habe, „im Stillen viel Gutes gewirkt und das Herzens=Christenthum in vielen empfänglichen Gemüthern segensreich gefördert"[28].

Kurz und prägnant schilderte Barth einige Seiten weiter die Anfänge des Pietismus in Württemberg: Speners Einfluß, Franckes Vorbild, die Privaterbauungsstunden in Tübingen, in Esslingen, Calw und an anderen

[24] *Barth*, Geschichte von Württemberg [s. Anm. 1], 71 f.
[25] *Barth*, 76.
[26] *Barth*, 149 f.
[27] *Barth*, 197 f.
[28] *Barth*, 213 f.

Orten. Während Herzog Eberhard Ludwig am Hofe „französische Sitte und Mode und damit französischen Leichtsinn einführte, und dieselben auch im Lande immer einheimischer wurden und mit der alten deutschen Kleidung auch die altdeutsche Biederkeit" verdrängten, habe Gott dafür gesorgt, daß „sich wider das einreißende Verderben auch eine Gegenwirkung vorbereitete". Durch gemeinschaftliche Erbauung seien die Frommen aus der Vereinzelung herausgekommen und hätten neue Kraft gewonnen. Die gehorsamsten und treuesten Untertanen seien die Pietisten gewesen. Zu ihnen hätten hoch angesehene Männer gehört, Prälat Oetinger, Kanzler Reuß, Prälat Roos, Stiftsprediger Storr, Staatsrat Moser. Durch das Generalreskript von 1743 seien die Privatversammlungen schließlich offiziell gestattet und auf eine weise Art geregelt worden.[29]

Je mehr sich der Hof in den folgenden Jahrzehnten unter französischem Einfluß vom Volk entfernte, je mehr zugleich durch das schlechte Vorbild des Hofes auch im Volk Üppigkeit, Verschwendung, Unkirchlichkeit, Sittenlosigkeit verbreitet worden seien, desto mehr hätten sich, wie Barth betont, „die Ernstergesinnten gedrungen" gefühlt, „sich von dem großen Haufen abzusondern und das Kleinod des Glaubens und des christlichen Wandels durch solche Absonderung und durch gemeinschaftliches Zusammenschließen und Erbauen vor Verunreinigung zu wahren"[30]. Damit war Barth bei der unmittelbaren Vorgeschichte seiner eigenen Zeit angelangt, auch der Geschichte der Pietisten, die er noch aus seiner Jugend kannte. Mit ihrem Schicksal, mit der Schilderung ihrer Leistungen, beendete Barth seine württembergische Geschichte.

Er erwähnte das neue Gesangbuch von 1791 und die neue Kirchenliturgie von 1809, diese beiden vom Geist der Aufklärung geprägten Texte, gegen die sich viele Pietisten gewandt hätten; er erwähnte Michael Hahn und Pregizer, nicht dagegen Rapp; er schildert die Jahre 1813 bis 1815, als „das deutsche in fremde Abhängigkeit erniedrigte Volk sich wieder ermannte", wie er schreibt, „die fremden Fesseln brach und mit ihnen auch so mancher die Ketten des Unglaubens abschüttelte". Mit dem Kampf gegen „französische Unsitte, französischen Leichtsinn und französischen Unglauben"[31] begann nach Barth jener Aufschwung, der bis in seine Zeit währte und der in der Missionsarbeit und der Bibelverbreitung ebenso einen Ausdruck fand wie in einem neuen Gesangbuch und einer neuen Agende. Der König und die Frommen wirkten nunmehr zum Besten von Württemberg zusammen. Voller Optimismus blickte Barth, so scheint es, 1843 in die Zukunft.

---

[29] *Barth*, Geschichte von Württemberg [s. Anm. 1], 231 f.
[30] *Barth*, 261.
[31] *Barth*, 277.

IV.

Barths württembergische Geschichte wurde vor gut 150 Jahren zum ersten Male publiziert. Im Rückblick scheint es, daß die Stärken dieses für einen christlichen Geschichtsunterricht gedachten Buchs zugleich auch dessen Schwächen sind, oder umgekehrt, dessen Schwächen seine eigentliche Stärke darstellen. Denn Barth beurteilt die württembergische Geschichte mit einem strengen, einem moralisch rigorosen Maßstab: „Eberhard [Graf Eberhard V.] umgab sich mit jungen Räthen, die seines Sinnes waren, und an seinem Hofe zu Urach ging's mit Ringen, Tanzen, Fechten, Stechen, Jagen und Banquettiren gar lustig her. So legte er durch zügelloses Leben frühzeitig den Grund zu der Kränklichkeit, welche ihn später belästigte und da schon unter seines Vaters Regierung ein üppiges Leben am Uracher Hofe zu Hause gewesen war, und Eberhard zu diesem Tone noch einige weitere Register zog, so konnte es bald auch an dem nicht fehlen, was in damaliger Zeit fast regelmäßig zum Gefolge von Fürsten gehörte, an – Schulden"[32]. Gott bestrafte die Sittenlosigkeit des Fürsten also mit Krankheit und Verschuldung. Für Barth gab es bei vielen württembergischen Fürsten ein immer wiederkehrendes Ensemble von Negativfaktoren: Trunksucht, Jähzorn, Verschwendung und Luxus, Unzucht, Rechtsbruch, Mißachtung des Wortes Gottes. Dem schlechten Vorbild der Fürsten folgte das Volk, folgte zumindest ein Teil des Volkes. Natürlich blieben moralische Regeneration und sittliche Erneuerung nicht aus: Gottes Strafgericht konnte Besserung bewirken, auch das Vorbild der guten Fürsten, die immer wieder das Land regierten. Und immer wieder erweckte Gott nach Barth auch im einfachen Volk fromme und gute Leute.

Diese Klarheit und Einfachheit des Urteils meine ich, wenn ich davon sprach, daß die Stärke dieses Werkes zugleich auch seine Schwäche ist. Die württembergische Geschichte ist nach Barth eine Serie von Exempeln, aus denen es zu lernen gilt; man könnte auch sagen: eine Serie von Erfahrungen eines besonderen Volkes mit seinem Gott. Kaum nötig zu ergänzen, daß es in Barths föderal-theologisch fundiertem und moralisierendem Beurteilungsschema kaum Platz gab für Zwischentöne. Seine Leser sollten aus der Geschichte lernen.

Im Rückblick wird freilich deutlich, daß Barths württembergische Geschichte Produkt einer ganz besonderen historischen Situation ist, eine Momentaufnahme der württembergischen Geschichte durch einen württembergischen Pietisten, die in dieser Form weder zehn Jahre früher möglich gewesen wäre noch zehn Jahre später. Denn Anfang der 1840er

[32] *Barth*, Geschichte von Württemberg [s. Anm. 1], 85.

Jahre hatte die Generation der württembergischen Pietisten um Barth, Blumhardt und Kapff die Führung im württembergischen Pietismus übernommen. Ihr Programm war klar: äußere Mission, vor allem durch Basel; Bibelverbreitung; der Ausbau des Systems der Rettungsanstalten im Lande; Verbreitung christlicher Literatur; auch Ausbau eines christlichen Schulwesens. Auch die Feinde waren klar markiert: Aufklärung und Rationalismus, die als Einflüsse aus Frankreich gesehen wurden, dazu die liberalen Theologen, allen voran David Friedrich Strauß, schließlich die vielen Sünden im Volk, nicht zuletzt der Alkohol. Dieser Kontext erklärt auch die Ziele, die Barth mit seiner württembergischen Geschichte verband: Es sollte ein Erziehungsbuch sein, das das Zusammenwirken des guten Königs Wilhelm mit den guten Teilen des Volkes, eben den Pietisten um Barth, zu befördern versprach.

Zu erklären bleibt, warum ich dieses 1843 von Barth entwickelte Konzept als „Momentaufnahme" bezeichnet habe. Zehn Jahre zuvor, in den Jahren um 1833, blickten viele württembergische Pietisten, auch Barth, wie gebannt auf das von Bengel vorhergesagte Entscheidungsjahr 1836. Zwar predigten sie in dieser Zeit Buße und Bekehrung; zwar engagierten sie sich für die innere und äußere Mission. Eine auf Württemberg bezogende Geschichtsvision, die auf einer auf Württemberg bezogenen Bundestheologie beruhte und auf die Erziehung aller Württemberger zu einem gottseligen Wandel abzielte, war vor 1836 aber kaum denkbar. Zehn Jahre nach 1843, in den Jahren um 1853, hatte dann aber die Revolution von 1848 für Barth, Kapff, Gerok und viele andere württembergische Pietisten eine völlig neue Situation geschaffen. Gegen die Gefahren der ihrer Meinung nach aus Frankreich importierten und vom französischen Rationalismus bestimmten, somit ungläubigen Revolution half nur die religiöse Wiedergeburt, die soziale Erneuerung und die nationale Einigung des ganzen deutschen Volkes. Für den alten Barth waren nicht mehr die Württemberger das von Gott erwählte Volk, sondern die von einem, wie sie glaubten, gottesfürchtigen preußischen König geführten Deutschen.[33] Zwei Jahre vor seinem Tode, 1860, schrieb Barth folgende Verse:

„Deutschland, Deutschland wache auf,
Schlag an deines Schwertes Knauf!
Auf! und halt dein Schwert parat,
Wo sich ein Verräter naht!
Nimm dein Kleinod wohl in Acht,

[33] Vgl. *Lehmann*, Pietismus und weltliche Ordnung [s. Anm. 4], 226–236; *Ders.*: Friedrich von Bodelschwingh und das Sedanfest. In: HZ 202, 1966, 542–573; *Ders.*: God Our Old Ally: The Chosen People Theme in Late Nineteenth- and Early-Twentieth Century German Nationalism. In: Many Are Chosen. Divine Election and Western Nationalism. Ed. by *William R. Hutchison* and *Hartmut Lehmann*. Minneapolis 1994, 85–107.

Blick umher und halte Wacht,
Wehre dich; laß nie dir rauben
Deinen Rhein und deinen Glauben!"[34]

Das ist ein Beispiel von vielen, die aus Barths letzten Lebensjahren zitiert werden könnten. Was erhoffte er sich von einer Erweckung der Deutschen als einem Volk eines neuen Bundes? Der Hinweis auf die Revolution von 1848 erklärt Barths Gesinnungswandel zum Teil. Daneben gibt es aber auch noch andere Gründe.

Zunächst ist daran zu erinnern, daß Barth seit seiner ersten Reise nach Norddeutschland im Jahre 1824 zahlreiche Fromme in Norddeutschland kannte, die er als seine „Brüder" bezeichnete, mit denen er über die Jahre hinweg in vertrautem Kontakt blieb und die er später auch immer wieder besuchte. Norddeutsche um Wichern waren es dann, die als Antwort auf die Revolution von 1848 die evangelischen Kreise auf dem ersten evangelischen Kirchentag in Wittenberg sammelten, auf dem Wichern das Programm der Inneren Mission propagierte. Als sich der Kirchentag 1853 in Berlin traf, lernten die württembergischen Pietisten den preußischen König kennen. Auch auf der Tagung der Evangelischen Allianz im Jahre 1857 in Berlin wurden die Teilnehmer vom preußischen König empfangen. Der preußische König spielte für die württembergischen Frommen aber auch noch in anderer Hinsicht eine wichtige Rolle: Er hatte, wie sie glaubten, die von ihnen gefürchtete Revolution 1848 besiegt; außerdem war er es, der dem Calwer Verlagsverein Portofreiheit für den Versand von Schriften im Bereich des Zollvereins gewährt hatte. Mit Wilhelm Hoffmann, der seit 1852 als Hofprediger in Berlin wirkte, besaßen die württembergischen Brüder zudem so etwas wie einen schwäbischen Stützpunkt in Berlin, eine Vertrauensperson zudem, die in unmittelbarer Nähe des preußischen Königshauses wirkte.[35] Schließlich die Mission: Für Barth war Heidenmission nie eine Sache der Württemberger allein gewesen, sondern der Engländer, der Deutschen. „Wir Deutsche können so gut eine kostspielige Mission in Indien unterhalten wie die Engländer", schrieb er beispielsweise 1836, „wenn wir nur Glauben genug hätten"[36]. Die Missionare und Missionsfreunde der ersten Hälfte des 19. Jahrhunderts gehörten zu den wichtigsten Gruppen, so scheint es, die sich mit der partikularstaatlichen politischen Wirklichkeit in Deutschland nicht abfinden wollten und die eine Vorstellung von den Deutschen als einem Volk entwickelten, das sich insgesamt religiös und sittlich erneuern und politisch einigen müsse. Für Barth und andere waren die Engländer die Brüder, mit denen zusammen die Aufgabe der

---

[34] *Werner* [s. Anm. 3], Bd. 3, 408.
[35] *Werner*, Bd. 3, 262, 340.
[36] *Werner*, Bd. 2, 324.

weltweiten Mission bewältigt werden konnte; die Franzosen waren in ihren Augen demgegenüber diejenigen, gegen deren verderblichen sittlichen Einfluß es sich abzugrenzen und gegen deren politischen Einfluß es die deutsche Einigung herzustellen galt.

Barth hat die nach einem Krieg gegen Frankreich unter Preußens Führung vollzogene Einigung der Deutschen nicht mehr erlebt. Man kann nur ahnen, wie tief ihn dieses Ereignis bewegt hätte. In unserem Zusammenhang bleibt anzumerken, daß die enthusiastische Art und Weise, wie Barths fromme Freunde auf die deutsche Einigung reagierten,[37] Barths württembergische Geschichte von 1843 zu einem nicht mehr brauchbaren Unterrichtswerk degradierte. Denn was konnten Barths Darlegungen über den engen Zusammenhang von württembergischem Volk und württembergischem König noch aussagen, wenn nun die frommen Württemberger dem preußischen König zujubelten? Was sollten Barths Lehren aus der württembergischen Geschichte für eine Zukunft Württembergs, wenn nunmehr die Bundesidee des Alten Testaments auf das deutsche Volk übertragen wurde und wenn sich die Hoffnungen der Frommen auf die Erweckung und Erneuerung der deutschen Nation richteten?

Der Calwer Verlagsverein hat in seiner über 150jährigen Geschichte einige Bestseller produziert, allen voran die „Zwei mal zweiundfünfzig biblischen Geschichten", die 1902 bereits in der 400. Auflage erschienen, dazu in Übersetzungen in insgesamt 40 Sprachen.[38] Barths württembergische Geschichte von 1843 wurde kein Bestseller. 1898 erschien das Werk schließlich in sechster Auflage, neu bearbeitet von Hermann Gundert und Julius Hartmann. Nach 1918, nach 1933 und nach 1945 und nach Schaffung des Südweststaats 1952 bestand, so scheint es, keine Nachfrage mehr für Barths faszinierende Vision von einem gottesfürchtigen württembergischen Volk.[39]

Zu ergänzen bleibt freilich, daß diese Vision schon um 1843 nichts anderes war als eine kühne Projektion: eine phantasievolle Zielsetzung, durch die die Verhältnisse im damaligen Württemberg in die von Barth und seinen pietistischen Freunden gewünschte Richtung verändert werden sollten. Erinnern wir uns: Seit der Gebietserweiterung in napoleo-

---

[37] *Lehmann*, Pietismus und weltliche Ordnung [s. Anm. 4], 249 f.

[38] S. dazu *Martin Brecht*: Christian Gottlob Barths „Zweimal zweiundfünfzig biblische Geschichten" – ein weltweiter Bestseller unter den Schulbüchern der Erweckungsbewegung. In: PuN 11, 1985, 127–138.

[39] Der von Hansmartin Decker-Hauff besorgte Nachdruck von Barths Württembergischer Geschichte erschien nicht mehr im Calwer Verlag, sondern 1986 als Teil der Edition Erdmann in K. Thienemans Verlag in Stuttgart und Wien. Die Aufmachung betont den bibliophilen Charakter von Barths Werk. In seinem Nachwort ergänzt Decker-Hauff die hier gemachten Ausführungen um Details aus Barths Leben sowie aus der „Binnengeschichte" des württembergischen Pietismus.

nischer Zeit war ein substantieller Teil der württembergischen Bevölkerung katholisch. In Barths württembergischer Geschichte gibt es keine Hinweise, wie diese katholischen Neuwürttemberger in den Bund Gottes mit dem württembergischen Volk hineingefügt werden sollten. Durch die wirtschaftlichen Reformen, die der von Barth verehrte König Wilhelm seit 1815/20 initiierte, wurde das Land modernisiert, wuchsen Handel, Gewerbe und Industrie, wuchsen jene Kräfte, aus denen soziale Differenzierung folgte. Barth täuschte sich, wenn er meinte, König Wilhelm sei ohne weiteres mit einem der guten Könige aus dem Alten Testament zu vergleichen. Ebenso eindrucksvoll entwickelten sich in der ersten Hälfte des 19. Jahrhunderts die Kultur, die Wissenschaft und das Geistesleben in Württemberg. Barth deutet in seiner württembergischen Geschichte nicht an, wie diese neuen Kräfte mit der von ihm propagierten intensiven Frömmigkeit in Verbindung gebracht werden könnten. Es mag, so scheint mir, deshalb nur von nachgeordneter Bedeutung sein, daß Barth seine Vision von 1843 in späteren Jahren preisgegeben hat. Das Altwürttemberg, das er in seiner württembergischen Geschichte idealisierte, der rechtschaffene Fürst und das fromme Volk, deren Tugend er beschwor, dies alles gab es schon um 1843 nicht mehr, hat es vielleicht nie gegeben. Barths württembergische Geschichte ist aber gerade deshalb ein so wichtiges Dokument: Es zeigt uns nicht die württembergische Geschichte, wie sie tatsächlich war und wie sie von kritischer Geschichtsforschung rekonstruiert werden sollte, sondern die württembergische Geschichte, wie sie sich nach Ansicht eines württembergischen Pietisten ereignet hatte.[40] Sie sagt uns somit sehr viel mehr über die Welt des Christian Gottlob Barth in den frühen 1840er Jahren als über das Thema, das er für Bürger und Landmann in der Hoffnung abhandelte, daß seine Vision doch Wirklichkeit werden möge.

---

40 Zum Geschichtsbild der württembergischen Pietisten s. *Martin Brecht*: Die Anfänge der historischen Darstellung des württembergischen Pietismus. In: BWKG 66/67, 1966/1967, 44–51; sowie *Hartmut Lehmann*: Vergangenheit, Gegenwart und Zukunft im Denken des württembergischen Pietismus. In: Geschichte und Zukunft. Hg. v. *Heinz Löwe*. Berlin 1978, 51–73.

Dieter Ising

Eine „Weckstimme durch alle Völker"

Die Revolution von 1848/1849 und die Anfänge der Inneren Mission in der Sicht Johann Christoph Blumhardts

„Eine ungeheure Menschenmasse wälzte sich unter fürchterlichem Geheul und Gesang durch die Straßen, eine *rothe Fahne* voran, und ließ die Republik hoch leben [. . .]. Von da zog die Masse nach dem Elberfelder Bahnhof; inzwischen wurde von den noch hier befindlichen Truppen Alarm geblasen, und die nach Elberfeld bestimmte Abtheilung zog nach dem Bahnhofe, wo sie mit furchtbarem Bah empfangen wurde und man ihr den Zugang zu demselben streitig machen wollte. Eine Salve von etwa 15 Schüssen zerstreute alsbald die Massen, die sich in die innere Stadt zurückzogen und sogleich *Barrikaden* zu errichten begannen und bis zu diesem Augenblick die sämmtlichen Glocken als Signal des Aufstandes zogen."

So schildert der *Schwäbische Merkur* den Beginn des Düsseldorfer Aufstands am 9. Mai 1849. Ausgelöst durch die Weigerung der Fürsten, die von der Frankfurter Nationalversammlung verabschiedete Reichsverfassung in Kraft zu setzen, entsteht eine breite parlamentarische und außerparlamentarische Bewegung für deren Annahme. In der Pfalz, in Dresden und Baden kommt es zu Aufständen; im Rheinland finden zahlreiche Volksversammlungen statt, die die Annahme des Verfassungswerks der Paulskirche fordern. Unruhen in Elberfeld, wo die Landwehr sich weigert einzugreifen, werden am 9. Mai durch Militär niedergeschlagen; in Düsseldorf versucht die Bevölkerung am Abend des gleichen Tages, einen Militärtransport nach Elberfeld zu verhindern.[1]

Mitten im Getümmel des Düsseldorfer Aufstands trifft man auf einen schwäbischen Landpfarrer namens Johann Christoph Blumhardt. Zu einer gemütskranken preußischen Prinzessin gerufen, deren Aussichten auf Heilung er beurteilen soll, wird er mit ihrem Gefolge von den Ereignissen überrascht. Man entschließt sich, die Prinzessin nach dem eine Stunde entfernten Schloß Eller zu bringen, da ihr Schutz in Düsseldorf nicht gewährleistet sei. „Ich mußte hinter ihr drein. Einmal wurde auf den

[1] Beilage zum Schwäbischen Merkur vom 15.5.1849, 715 f.; Schwäbischer Merkur vom 12.5.1849, 704.

Wagen angeschlagen; die Flamme sah man aufbrennen, aber der Schuß ging nicht los." Glücklich erreicht man das Ziel. Am nächsten Tag tritt Blumhardt die Heimreise ins heimatliche Möttlingen (Dekanat Calw) an, von Mainz bis Durlach per Schiff. „Gegenüber von Frankenthal fielen plötzlich an die 20 Schüsse gegen das Schiff, deren Einige einschlugen. Ich sah zum Cajütenfensterchen hinaus, weil ich's nicht gleich verstand, und kann von Glück sagen – das Feuer sah ich. Wahrscheinlich glaubte man preußisches Militair an Bord. [. . .] Bis Durlach fuhren Soldaten mit, die das Heckerlied sangen, und mit mir eine Gesellschaft, bei der ich auf Kohlen saß."[2]

Die Freude, sein „liebes, ruhiges Möttlingen" wiederzuhaben, hält nicht lange an. Am 14. Mai macht sich Blumhardt auf den Weg ins badische Rastatt; der dortige Pfarrer Friedrich Gustav Lindenmeyer hat ihn gebeten, seine kranke Tochter für einige Zeit in Möttlingen aufzunehmen. Auch in Rastatt haben Kundgebungen für die Annahme der Reichsverfassung stattgefunden, von Bürgern und Soldaten besucht; auch hier kommt es zum Zusammenstoß mit regierungstreuen Kräften, in Rastatt am 12., in Karlsruhe am 13. Mai. Allerdings setzen sich hier vorübergehend die Aufständischen durch. Großherzog Leopold von Baden flieht in die Festung Germersheim; in Karlsruhe übernimmt die provisorische Regierung Lorenz Brentano die Macht. Die Karlsruher Garnison löst sich auf; zahlreiche Soldaten gehen mit Gepäck und Waffen.[3] Blumhardt, bereits in Pforzheim vor der Weiterfahrt nach Rastatt gewarnt, schildert die Vorgänge aus seiner Perspektive: „Dennoch fuhr ich Ettlingen zu, in den Gasthof zum Erbprinzen, als nahe an der Eisenbahn. Alles war unruhig und unheimlich. Chaisen mit Flüchtlingen fuhren vorbei. Der Wirth, ein Teufel und kein Mensch, war innerlich ganz selig, daß es ging, wie es ging. Gleich kamen einzelne Soldaten in Truppen zu 6 und 10 Mann, theils fahrend, theils laufend, meist mit Gepäck und Gewehr, auch Dragoner u.s.w., lauter entlaufenes Militair. Die wurden herangerufen, gelobt und unentgeldlich mit Speisen und Wägen versehen". Gerade noch rechtzeitig, bevor man seine Kutsche requiriert, kann Blumhardt Ettlingen verlassen; unverrichteter Dinge muß er heimkehren. Das Militär, „vom Wein erhitzt und verderbt" und „ganz republicanisch", erregt seinen Zorn: „Schmachvoller habe ich noch nie etwas gesehen als diese heillosen, pflichtvergessenen Soldaten."[4]

---

[2] Blumhardt an Christian Gottlob Barth, 13.5.1849. – Blumhardts Briefe sind veröffentlicht in *Johann Christoph Blumhardt*: Gesammelte Werke [im folgenden: GW]. Reihe III: Briefe. Hg. v. *Dieter Ising*. Göttingen 1993 ff. Die Bände III, 1 u. 2 enthalten frühe Briefe bis 1838, die Bände III, 3 u. 4 Schreiben aus der Möttlinger Zeit 1838–1852 (jeweils Texte und Anmerkungen). Die Bad Boller Briefe 1852–1880 werden als Bd. III, 5 u. 6 erscheinen.

[3] Schwäbische Chronik vom 15.5.1849, 793; vom 16.5.1849, 803 f.

[4] Blumhardt an Barth, 15.5.1849.

Das hier naheliegende Bild des königlich württembergischen Pfarrers, der, allem gesellschaftlichen Wandel abhold, sich in die Ruhe des heimatlichen Dorfes zurücksehnt, stimmt nur zum Teil. Gewiß, ein Pfarrer der damals dem Staat unterstellten württembergischen Landeskirche hat nach dem Willen des Königs staatliche Gesetze auszuführen und sich nicht Gedanken darüber zu machen, wie eine dem Auftrag der Kirche angemessenere Ordnung aussehen könnte.[5] Ebenso gewiß ist, daß Blumhardt zeitlebens Anhänger der Monarchie bleibt und aus seiner Abneigung gegen die Republik, eine nach demokratischen Prinzipien strukturierte Gesellschaft, keinen Hehl macht. Dennoch: begnügt man sich mit diesen Feststellungen, wird man der Eigenart Blumhardts nicht gerecht. Seine genannten Äußerungen zu den revolutionären Ereignissen, geprägt vom Erschrecken des unmittelbar Beteiligten, bedürfen einiger Ergänzungen. Um den konservativen Zug seines Wesens zu verstehen, aber auch das in den Blick zu bekommen, was für ihn alles Bewahren in Frage stellt, ist zunächst ein Rückblick angebracht.

1. Demokratie und Revolution

Die Forderung der Aufklärung, ein Zusammenleben der Menschen sei auf demokratische Weise getreu der Maxime „Freiheit, Gleichheit, Brüderlichkeit" anzustreben, will die überkommenen Formen von Über- und Unterordnung verlassen; stattdessen soll die Stellung des einzelnen in der Gesellschaft auf vernünftige Weise – für die Aufklärung heißt dies: nach dem Gleichheitsgrundsatz – bestimmt werden. Der in bibeltreuen Gemeinschaftskreisen aufgewachsene Blumhardt hat aufklärerisches Gedankengut zunächst vorwiegend auf theologischem Gebiet, in seiner bibelkritischen Ausprägung, kennengelernt und gerät zu dieser Richtung schon früh in einen ausgesprochenen Gegensatz. Als junger Basler Missionslehrer beschäftigt er sich 1831 unter anderem mit dem rationalistischen Theologen Johann Friedrich Röhr, der die biblischen Lehren von der Erbsünde, von der Wirklichkeit der Wunder, von Jesu Gottmenschheit und realer Auferstehung vor den Richtstuhl der menschlichen Vernunft zieht und ihnen keine Bedeutung mehr zuspricht. Die Bedeutung Jesu reduziert sich bei Röhr auf die Rolle des „reinmenschlichen" Tugendlehrers und Stifters einer Vernunftreligion, für deren Annahme die heutige Menschheit reif sei; heute könne man sich zur religiösen Höhe Jesu erheben. Röhr, Oberhofprediger und Generalsuperintendent in Weimar, hat sich, wie Blumhardt 1831 bei Zusammenkünften

[5] *Gerhard Schäfer*: Zu erbauen und zu erhalten das rechte Heil der Kirche. Eine Geschichte der Evangelischen Landeskirche in Württemberg. Stuttgart 1984, 225.

von Basler Missionsfreunden erfährt, nicht gescheut, Widerstand gegen seine Ansichten mit disziplinarischen Maßnahmen zu beantworten.[6]

Diese wenig überzeugenden Leistungen der Aufklärer auf theologischem Gebiet haben Blumhardt den Zugang zur gesellschaftspolitischen Frucht der Aufklärung, der Demokratie, offensichtlich von vornherein verbaut. Die Vorzüge demokratischer Entscheidungsprozesse sieht er nicht und hebt nur die damit verbundenen Mühsale hervor: „Das Vereinswesen ist mir auch zuwider, und zwar darum, weil es eine Art Republikanismus ist. Wer in einem Verein ist, ist mit jedem Mitgliede, sei das nun ehrlich oder unehrlich, sauber oder unsauber, dumm oder gescheidt etc., gleich berechtigt. Wenn daher oft ein Paar Leute Gutes hätten und vorschlügen, so ist dieß Gute u[nge]fähr wie eine Handvoll Salz in einen Waschzuber voll Wasse[r] geworfen, da man dann weder Salz noch gesalzenes Wasser hat, sondern höchstens ein Wasser, das nicht ganz gewöhnlich Wasser ist, aber weiter nichts. Es thut sich nicht, daß Viele regieren. Bei keiner Idee, die Einer hat, gehts an, daß er mehr als c[irca] 10 Freunde zu Berathern hat; je mehr er nimmt, desto weniger ist's."[7]

Der Versuch, eine Demokratisierung der Verhältnisse mit Gewalt herbeizuführen, verfällt erst recht der Kritik Blumhardts. Schon als junger Missionslehrer kann er der Pariser Julirevolution von 1830 und ihren Auswirkungen auf Deutschland, Polen und die Schweiz nichts abgewinnen. Er teilt damit die in der Basler Missionsgesellschaft wie in der Deutschen Christentumsgesellschaft überhaupt vorherrschende Meinung. Blumhardt betrachtet die republikanischen Verbindungen deutscher Handwerksgesellen in der Schweiz als „Unwesen" und charakterisiert ihre Mitglieder als Leute, die beständig das Wort „Fürstenblut" im Munde führten, „welches zu vergießen man immer ernstlicher trachten müsse, damit die goldene Freiheit auch in Deutschland einbreche"[8]. Den Aufstand der Basler Landschaft gegen die Stadt, welcher auf Rechtsgleichheit der Landgemeinden, später auf deren Unabhängigkeit zielt und 1833 mit der vollständigen Trennung von der Stadt endet, kann er ebenfalls nicht gutheißen.[9] Noch im Alter setzt Blumhardt den Kampf

---

[6] *Johann Friedrich Röhr*: Briefe über den Rationalismus, 1813; zit. nach *Friedrich Wilhelm Kantzenbach*: Programme der Theologie. Denker, Schulen, Wirkungen. Von Schleiermacher bis Moltmann. München 1978, 38–43; Blumhardts Basler Tagebuch, 16.12.1831; in: *Blumhardt*, GW III/1 [s. Anm. 2], 246.

[7] Blumhardt an Otto Hermann, 24.5.1850.

[8] Blumhardt an den Königlichen Kabinettsekretär Willem Groen van Prinsterer, 23.3.1835. – Am Rande sei bemerkt, daß Blumhardt den Bruder seines Freundes Hermann Mögling, den späteren Ökonomierat, Landtagsabgeordneten für Tuttlingen und 1848/1849 führend am badischen Aufstand beteiligten Theodor Mögling, 1836 als jungen Mann kennengelernt hat; vgl. Blumhardt an Hermann Mögling, 18.11.1836. Blumhardt beschränkt sich auf eine kurze Notiz; über Fragen der Gesellschaftsordnung hat man damals offensichtlich nicht diskutiert.

[9] *Blumhardt*, GW III/2 [s. Anm. 2], Einführung Basel, 343–348.

gegen die bestehende staatliche Ordnung mit dem Kampf gegen die Sache Gottes parallel: „Das ist ein Schlimmes, wenn Revolutionen entstehen in einem Volk oder Land oder Stadt, da zwei Parteien das Entgegengesetzte wollen, namentlich die Einen für, die Anderen gegen die Ordnung sich stellen. So wird's auch noch einmal sein, daß Revolutionen entstehen im Gebiet des HErrn; die Einen wollen weg vom HErrn, die Andern nicht. [...] Nun, es hat sich doch auch bei uns schon herausgestellt, daß viele von den wilden, Zucht und Ordnung hassenden Menschen, die im Volke sind, den Ruf: ‚Her zu mir, wer des HErrn sein will!' annehmen. Denn viele sind nur deßwegen so wild gewesen, weil sich Niemand ihrer angenommen hat."[10]

2. *Hoffnungstheologie und „Zeichen der Zeit"*

Der zweite Rückblick, der uns Blumhardts Stellung zur Revolution von 1848/1849 erschließen soll, hat sich mit dem zu befassen, was ihm seit 1842 in Möttlingen widerfahren ist. Am Krankenlager der Gottliebin Dittus, einer jungen Frau aus seiner Gemeinde, deren Geistervisionen, Krämpfe und Blutungen er auf dämonische Gebundenheit zurückführt, harrt er bis zum Sieg über die Krankheit aus, zu nichts anderem seine Zuflucht nehmend als zum Gebet. Indem er die Kranke und sich selbst vor das Angesicht Gottes stellt, erfahren beide Gottes Treue zu seinen Verheißungen: Gottliebin wird nicht bloß von ihrer psychopathologischen Symptomatik befreit, sondern wird heil im ganzheitlichen Sinne, seelisch, körperlich und geistlich. Auch Blumhardt geht als ein anderer aus den dramatischen Ereignissen hervor, als ein Zeuge der Macht Gottes, der seiner Gemeinde, in der nun eine Erweckung entsteht, ein würdiger Seelsorger sein kann. Die Erweckung strahlt in die Umgebung aus; Heilungen stellen sich ein.[11]

Blumhardt ist in den Zukunftshoffnungen des württembergischen Pietismus aufgewachsen, der vor allem seit Johann Albrecht Bengel in der Erwartung von Christi Wiederkunft und der Errichtung des Tausendjährigen Reiches lebt, der sich auf endzeitliche Bedrängnisse durch den Antichristen einstellt und sich Gedanken über Gottes Gericht und das Schicksal der ganzen Menschheit macht. Das in Möttlingen Erlebte führt bei Blumhardt zu einer Intensivierung dieser Erwartungen. Wenn Gottes

---

[10] *Blumhardt*: Täglich Brod aus Bad Boll für 1879. Hg. v. *Theophil Blumhardt:* Andacht zum 23.6.1879.

[11] Zu den Ereignissen in Möttlingen s. *Blumhardt*, GW I/1 u. 2: Der Kampf in Möttlingen. – Vgl. *D. Ising*: „Jesus ist Sieger!" Dämonologie, Erweckung und Heilungen bei Joh.Chr. Blumhardt. In: PuN 18, 1992, 155–174; *ders.*: Einführung Möttlingen. In: *Blumhardt*, GW III/4 [s. Anm. 2], 18–39.

Handeln in dieser kleinen Gemeinde so machtvoll hervorgetreten ist, dann wird dies das Vorspiel einer noch ausstehenden, weltweiten Entwicklung sein. Die Ausgießung des heiligen Geistes, die in der Zeit der Apostel auch zu Heilungen geführt hat (u. a. Mk 16,17 f.; Apg 9,32 ff.), ist – so Blumhardt – durch den Unglauben der Christenheit zurückgenommen worden; jetzt steht eine neue Geistausgießung unmittelbar bevor. Im Unterschied zu Bengel, der eine solche erst nach dem Wiederkommen Christi, also während des Tausendjährigen Reiches, erwartet,[12] geht Blumhardt von einer schon vorher eintretenden Geistausgießung aus. Wenn Christi Wiederkunft nach Offb 19,21 auch ein Kommen zum Gericht über die Gottlosen bedeutet, wird der Herr die Menschheit auf sein Kommen vorbereiten; er will das Heil aller, nicht nur das einer kleinen Zahl. Blumhardt stützt sich auf Joel 3,1 ff. (Zählung der Lutherbibel): Eine Geistausgießung „über alles Fleisch" werde geschehen, „ehe denn der große und schreckliche Tag des Herrn kommt". Eine „die ganze Welt durchdringende Aufregung zum Guten, ein Rennen und Jagen zum Reiche Gottes" werde es geben – allerdings sei dann auch mit einer Reaktion der „finsteren Kräfte" zu rechnen, die sich „im Grimm" aufmachen und die letzte Trübsalszeit bringen. Dies sei aber nur eine Übergangszeit, letztlich eine Freudenzeit, weil an ihrem Ende die Erlösung der Kreatur steht.[13]

Es gelingt Blumhardt nicht, das Schema Geistausgießung – Reaktion der Finsternis – Wiederkunft Christi konsequent durchzuführen, weil er bereits in seiner Gegenwart ein Nebeneinander geistlichen Neuaufbruchs und schwerer Bedrängnis der Christen sieht. Er hilft sich mit der Feststellung, die Gegenwart sei, Offb 13 entsprechend, eine Zeit der Prüfungen;[14] die finsteren Kräfte seien bereits am Werk. Da aber eine neue Geistausgießung – in dem von ihm erwarteten ungeheuren Ausmaß – sich noch nicht ereignet habe, stehe die eigentliche Reaktion der Finsternis noch aus.

Genaue Aussagen über die bevorstehenden Ereignisse lehnt Blumhardt ab; eigene endzeitliche Berechnungen, die er anfangs trotz des Scheiterns der Bemühungen Bengels angestellt hat, gibt er auf.[15] Eines aber steht für ihn fest: Die Ausgießung des Geistes, die volle Rückkehr der Gnadengaben kann man nicht mit den Händen im Schoß erwarten. Mitwirkung der Christen in Form von Glaubensverkündigung, Mission

---

12 *Johann Albrecht Bengel*: Erklärte Offenbarung Johannis oder vielmehr JEsu Christi. Stuttgart 1740, 949, 951.

13 Blumhardt an Traub (?), 20.4.1850. Vgl. die Mt 24,5 ff. genannten falschen Propheten, die vor Christi Wiederkunft auftreten sollen.

14 Blumhardt an Traub (?), 20.4.1850.

15 Handschriftliches Fragment im Blumhardt-Archiv an der Württ. Landesbibliothek Stuttgart, Kaps I A 4/2; s. *Blumhardt*, GW III/2 [s. Anm. 2], Einführung Basel, 353 f.

und Gebet ist vonnöten, nicht im Sinne eines eschatologischen Synergismus, sondern als Sich-Ergreifen-Lassen vom Geist Gottes, der den Menschen in den Kampf zwischen altem und neuem Äon hineinstellt. Weil der Himmel „eigentlich gegenwärtig noch verschlossen" sei, müsse unser Beten ein Klopfen werden, ein hartnäckiges Pochen auf die Verheißungen, bis Gott schließlich aufmache (vgl. Lk 11,7–9).[16] Blumhardt erlebt jedoch auch die Grenzen der Predigt, das nur langsame Voranschreiten der Äußeren Mission; er weiß um nicht erhörte Gebete. Wie sein pneumatologisches Verständnis menschlicher Aktivität ihn vor einem unfruchtbaren Quietismus bewahrt hat, so bewahrt es ihn andererseits vor übertriebenem Aktivismus. Letztlich muß Gott selbst predigen und missionieren: „Wir müssen erwarten ein Neues von oben, von oben!"[17]

Das im württembergischen Pietismus dieser Zeit verbreitete Warten auf Christi Wiederkunft, das sich zugleich gefaßt macht auf Aktivitäten des Antichristen und seiner finsteren Kräfte, gewinnt so bei Blumhardt eine eigene Gestalt. Da er als erste Station in der Entwicklung des Reiches Gottes die neue Ausgießung des Heiligen Geistes über alles Fleisch, nicht das Gericht über die Gottlosen erwartet, ist seine Interpretation der Zeitereignisse trotz aller Besorgnis von einem freudigen Grundton bestimmt. Die Zeichen der Zeit stehen auf Sturm, gewiß – aber sie weisen zunächst nicht auf das Gericht, sondern auf ein Übermaß göttlicher Gnade.

3. Die revolutionären Ereignisse von 1848/1849 als Zeichen der Zeit

Diese Eigenart der Blumhardtschen Zukunftsschau bestimmt auch seine Deutung der Revolution von 1848 und 1849. Als der Funke der französischen Februarrevolution auf Deutschland überspringt, in Baden Pressefreiheit, Vereinsfreiheit, Volksbewaffnung und ein deutsches Parlament gefordert werden, kommt es im März 1848 zu Unruhen in Wien, Berlin und München und – als Folge dieser „Märzrevolution" – zur Bildung liberaler „Märzministerien" u. a. in Preußen, Baden, Württemberg und Bayern. Vorbereitungen für eine Deutsche Nationalversammlung, die in Frankfurt eine deutsche Reichsverfassung erarbeiten soll, werden getroffen. In der allgemeinen Erregtheit der Gemüter kommt es zur

---

[16] Blumhardt an Luise von Scheibler, 8.2.1848; *Blumhardt*, GW III/4 [s. Anm. 2], Einführung Möttlingen, 41 f.; *Jürgen Voormann*: Die Eschatologie in den Predigten des älteren Blumhardt. Häusliche Prüfungsarbeit zur 2. Evang.-theol. Dienstprüfung (Evang. Landeskirche in Württemberg). 1969, 22 f.

[17] Blumhardts Ansprache zur Einsegnung und Verabschiedung ausreisender Basler Missionare. In: Festbericht d. Basler Missionsgesellschaft 1875, 73 f.; vgl. Johann Christoph Blumhardt. Ein Brevier. Hg. v. *Dieter Ising*. Göttingen 1991, 159.

Falschmeldung des badischen Bezirksamtes Gernsbach, 8000 bewaffnete französische Arbeiter seien bei Kehl in badisches Gebiet eingefallen und marschierten sengend und brennend in Richtung Osten.[18] Nicht nur im Schwarzwald bewaffnet sich die Bevölkerung mit Flinten, Sensen und Heugabeln, um der Bedrohung zu widerstehen. Als die Meldung am Morgen des 25. März 1848 in Möttlingen eintrifft, rückt auch in diesem an der Grenze zum Schwarzwald gelegenen Dorf ein Häuflein Bewaffneter aus; Blumhardt hält zuvor ein kurzes Gebet.[19] Nachdem sich der „Franzosenlärm" als blinder Alarm herausgestellt hat, mischen sich in die Erleichterung die warnenden Stimmen derjenigen, die wie Christian Gottlob Barth im benachbarten Calw an das Wort Jesu von der letzten Zeit (Mt 24,6) erinnern: Kriege und bloßes „Geschrei von Kriegen" werde es geben. Auch Doris Blumhardt stellt die Ereignisse des März 1848 in einen endzeitlichen Zusammenhang; sie referiert hier die Meinung ihres Mannes: „In welch bewegter Zeit leben wir doch auf einmal! – es ist mir oft, als träumte ich – aber es ist wirklich so, und wie wörtlich geht doch alles in Erfüllung, was der Heiland als Vorboten der letzten Zeit vorausgesagt hat! – aber das Ende ist noch nicht da! – Dir ist's auch so, liebster Vater? wie meinem l[ieben] Christoph! Es fehlt noch ein Hauptmoment zum Hereinbrechen der letzten Dinge. Aber wie schnell kann diese Zeit vollends hereinbrechen!"[20]

Blumhardts letztlich positive Zukunftsschau bestätigt sich für ihn im neu einsetzenden „Laufen und Suchen der Leute, um Ruhe der Seele zu erlangen". Hat die Möttlinger Erweckung von 1844 Menschen aus der weiten Umgebung in Blumhardts Pfarrhaus und in seine Gottesdienste gezogen, so kommt es im April 1848 zu einer Erneuerung dieser Bußbewegung.

So überrascht es nicht, daß er im Juni 1848 gegenüber Luise von Scheibler, einer wohlhabenden Frau aus Iserlohn mit persönlichen Beziehungen zum preußischen Königshof, die positive Seite der Zeitereignisse hervorhebt. Die jetzt angebrochene Zeit sei die „größte Gnadenheimsuchung Gottes, die seit Jahrhunderten über der Christenheit angebrochen ist". Der besorgten Adressatin, die über den Niedergang der Wirtschaft als Folge der gesellschaftlichen Turbulenzen klagt, hält er entgegen, das sei nur ein vorübergehender Zustand und mit Geduld zu ertragen. „Denn das bisherige faule, morsche Wesen ließ nichts Gutes

[18] Bericht des Neuenbürger Oberamtmanns Leypold vom 25.3.1848 (Staatsarchiv Ludwigsburg, E 177/I, Bü 2835).

[19] Doris Blumhardt an den Vater Karl Köllner, 27.3.1848. Zu den Reaktionen im Schwarzwald vgl. *Karl Maximilian Eifert*: Nachrichten zur Geschichte von Calmbach und Höfen. Calmbach 1850. Nachdr. hg. v. *Fritz Barth*. Neuenbürg 1993, 99.

[20] Doris Blumhardt an Karl Köllner, 13.4.1848. Zu Christian Gottlob Barth s. Stuttgarter Evangelisches Sonntagsblatt vom 19.3.1876, 91.

mehr aufkommen; es mußte etwas Anderes und Neues kommen. Ohne Gärungen und peinliche Erschütterungen konnte das nicht geschehen; aber es mußte kommen, kostete es, was es wollte, wenn nicht Alles sollte verloren seyn und die ganze Christenheit in ein vollkommenes Nichts zurücksinken sollte. Daß auf einmal und so plötzlich der todte Leichnam in allen seinen Adern sich regen sollte, hätte ich mir freilich vorher nicht träumen können."[21]

Die 1848er Revolution als Werk Gottes, als „Weckstimme durch alle Völker", welche die eigentliche Ursache der Erschütterungen ist – diese Deutung erklärt die Gelassenheit, mit der Blumhardt hier die menschlichen Akteure betrachtet. Mögen sich die Revolutionäre als Herren des Geschehens wähnen, letztlich sind sie nur die „bösen Werkzeuge" Gottes, denen eine eindeutige – aus heutiger Sicht problematische – Platzanweisung gegeben wird: „Das kam vom HErrn! Solches überlegen Viele nicht, die nur die bösen Werkzeuge ansehen und deren Gedanken und Plane ins Auge fassen. Aber es ist ein großer Fehler, wenn man das übersieht, daß es vom HErrn ist und nicht vom Teufel, der wohl auch drin rührt und wüthet, der es aber nicht angefangen hat und auch nicht fortsetzen darf, wider den vielmehr Alles am Ende hinausgeführt wird. Die Erschütterungen aller Staaten, Throne, Stände, Gewerbe waren eine absolut nothwendige Sache, weil ohne sie der HErr sein Werk nicht weiter führen konnte. Neuerungen, Veränderungen aller Art mußten und müßen erfolgen, weil zu dem neuen Werk, das Gott vorhat, neue Rahmen nöthig waren. Nun probirt freilich der Teufel, Alles zu verderben; und in Frankreich namentlich ist ihm fast viel eingeräumt worden. Man überlege aber, wie leicht sich doch im Ganzen Alles bei uns gemacht hat, [...] wie die Gottlosen immer wieder in ihre Schranken zurückgewiesen worden sind; und man muß schon daran erkennen, daß die richtende Hand Gottes eine gnädige ist, die noch nicht zu verderben ausgereckt ist."[22] Das Neuaufflammen der Möttlinger Erweckung und die Niederschla-

---

[21] Blumhardt an Luise von Scheibler, 10. u. 14.6.1848.

[22] Ebd. – Auf dem Fest des Calwer Missionsvereins am 1. Mai 1849 hat Blumhardt den Jahresbericht zu geben. Hier wiederholt er den Hinweis auf Gott als den eigentlichen Herrn der Geschichte, der sein Spiel mit den Menschen treibe – nicht nur mit den Revolutionären, sondern mit allem menschlichen Handeln – und es letztlich dem Reich Gottes dienstbar mache; vgl. Calwer Missionsblatt 1849, 61 f.: „In der ganzen Weltgeschichte läuft immer zweierlei neben einander her, Eines, das sich auf die Dinge dieser Welt bezieht, ein Anderes, das auf das endlich werdende Himmelreich, wie es der HErr nennt, zielt. [...] Denn der im Himmel wohnet, lenket Alles dahin, wo Er will, nicht wohin *sie* wollen, und treibt gewissermaßen ein Spiel mit den Menschenkindern, die sich so gerne als die Schöpfer neuer Dinge in die Brust werfen, daß sie unvermerkt auf der Bahn ankommen, die sie am allerwenigsten gesucht haben [...]. Darum, wenn irgend je, so haben wir in dieser unsrer jetzigen neuen Zeit das Recht, mit jauchzendem Geiste der Verheißung entgegenzublicken: Aber vom Aufgang der Sonne bis zum Niedergang soll Mein Name herrlich werden unter den Heiden [...]."

gung der badischen Aprilunruhen stehen im Hintergrund dieser Äußerung.

Blumhardts Erwartung einer neuen Geistausgießung *vor* dem Kommen des Herrn wird von vielen seiner pietistischen Freunde nicht geteilt. Auch diese können wie der Calwer Notar Louis Widmann in den Zeitereignissen „die gewaltigen Schläge der großen Himmelsuhr, die Fußtritte des Richters alles Fleisches“ erkennen oder wie Christian Gottlob Barth mahnen, angesichts dieser Zeichen der Zeit „unsere Lampen brennend zu erhalten“. Wenn jedoch wie für Barth das Geschehen – ohne einen vorherigen weltweiten Gnadenerweis Gottes – direkt auf das Gericht hinausläuft, auf eine Scheidung von Bekehrten und Unbekehrten, bleibt nichts übrig als der hilflose Appell, jetzt, „weil doch dem Ganzen nicht mehr zu helfen ist, wenigstens so viele Einzelne noch zu retten, als möglich ist“[23]. Man hat behauptet, Blumhardt habe die Revolutionsereignisse ähnlich wie Barth interpretiert und wie dieser pauschal alle Veränderungen, die sie brachten, verurteilt.[24] Blumhardts Briefe sprechen eine andere Sprache; aus seiner Sicht sind gesellschaftliche Veränderungen durchaus sinnvoll. Dem Ganzen ist noch zu helfen; man hat jetzt nicht mit eingezogenem Kopf das Gericht zu erwarten, sondern – salopp formuliert – in einer großangelegten Kehrwoche die Welt auf das feierliche Kommen des Herrn vorzubereiten. Was Blumhardt für die christliche Ökumene ins Feld geführt hat, die sich noch vor der Wiederkunft Christi bilden solle,[25] das will er auch für die gesellschaftlichen Verhältnisse: Soll der Heiland bei seinem Kommen diese überholten, morschen Zustände erblicken müssen? Die Alternative zum Bestehenden ist für Blumhardt nicht die Demokratie, sondern offensichtlich eine Weiterentwicklung der bereits existierenden konstitutionellen Monarchie, und auch diese ist kein Selbstzweck, sondern nur ein Hinführen zum Reich Christi – dennoch: Es lohnt sich, an der Veränderung der Gesellschaft mitzuwirken.

Blumhardt gibt im April 1848 die entscheidende Anregung zu Bürgerversammlungen, die an verschiedenen Orten des Oberamts Calw stattfinden sollen, um „die Begehren des Volks an die Behörden zu sam-

---

23 Louis Widmann, ein Lebensbild. Auf Grund seines schriftlichen Nachlasses entworfen von einem seiner Freunde. 1882, 78–83; Eintrag Christian Gottlob Barths vom Juli 1848 in einer Zirkularkorrespondenz (Württ. Landesbibliothek Stuttgart, cod. hist. qt., Nr. 451g). Beides zit. nach *Hartmut Lehmann*: Pietismus und weltliche Ordnung in Württemberg vom 17. bis zum 20. Jahrhundert. Stuttgart [u. a.] 1969, 216.

24 *Lehmann*, Pietismus und weltliche Ordnung, 217.

25 *Blumhardt*: Blätter aus Bad Boll 1874, 20 f.: „Soll's denn so bleiben, bis der Herr kommt? Soll Er, triumphierend vom Himmel kommend, nachdem Er aller Himmel Himmel in eins gebracht hat, zusehen, wie auf Erden die einen, die andern hinter sich schiebend, vortreten, als wären sie die Vornehmsten? [. . .] Nein, meine ich, das sollte noch anders werden, ehe der Herr kommt.“

meln, zu sichten und einzusenden"[26]. Sein Engagement für die Anliegen der Bevölkerung, verbunden mit dem hohen Ansehen, das er durch seelsorgerliches Wirken in der Möttlinger Erweckung gewonnen hat, bringt ihm im Schwarzwald bei den Wahlen zur Frankfurter Paulskirche über tausend Stimmen ein, wie seine Frau Doris berichtet: „Mein l[ieber] Mann erhielt in der letzten Woche, ohne irgend ein Zuthun von seiner Seite, 1086 Stimmen bei den Wahlen für den Bundestag in Frankfurth. Ist dieß nicht ein erfreuliches Zeichen für den Geist unseres Volkes? – Daß di[e]ser früher so geächtete Mann so geschätzt wird? – Hätte irgend Jemand einige Tage vor den Wahlen an ihn gedacht, so hätte er ohne allen Zweifel die Mehrzahl der Stimmen bekommen. – So aber ist es gewiß auch recht gegangen nach dem Rathe des Herrn. Es ist Obiges doch immer ein Zeugniß für die Sache Gottes."[27]

Dies widerspricht der Äußerung Friedrich Zündels, Blumhardt habe sein möglichstes getan, seine Wahl zu hintertreiben.[28] Die Darstellung Doris Blumhardts läßt eher darauf schließen, daß ihr Mann die Wahl angenommen hätte, wäre die notwendige Stimmenzahl erreicht worden und hätte er sich von den seelsorgerlichen Verpflichtungen in Möttlingen freimachen können. Neben dem Ludwigsburger Delegierten Christoph Hoffmann, dem einzigen Pietisten in der Paulskirche, hätte auch Blumhardt Sitz und Stimme in diesem Gremium gehabt – als Abgeordneter mit einem, wie oben geschildert, sehr eigenständigen Profil.

Auch der von Zündel genannte Grund für die Ablehnung ist mit einem Fragezeichen zu versehen: Blumhardt sei vor dem Eid zurückgeschreckt, den er als Abgeordneter hätte leisten müssen. Dieses Mißverständnis, von nun an in der Blumhardtforschung tradiert, stützt sich auf die ein Jahr später, im Juli 1849, belegte Äußerung Blumhardts, er werde eine Kandidatur als Abgeordneter ablehnen: „Kapff fragte mich auch; ich sagte ihm meine Meinung, daß der Eid schwer zu schwören sei – und *Eid ist Eid*!"[29] Zu diesem Zeitpunkt ist die Wahl zur Frankfurter Nationalversammlung längst vorbei; die Paulskirche konstituiert sich am 18. Mai 1848. Im Juli 1849 geht es offensichtlich um die Wahlen zur ersten Verfassungberatenden Landesversammlung in Württemberg, die am 1. August stattfinden. Die Demokratische Volkspartei erhält zwei Drittel der Sitze, die liberale Mitte nur etwa ein Drittel. Sixt Karl Kapff, von der pietistischen Stuttgarter Predigerkonferenz auf den Schild geho-

---

[26] Doris Blumhardt an Luise von Scheibler, 13.4.1848.

[27] Doris Blumhardt an Luise von Scheibler, 29.4.1848.

[28] *Friedrich Zündel*: Pfarrer Johann Christoph Blumhardt. Ein Lebensbild. 5. Aufl. Zürich 1887, 400 f. Das 1880 erstmals erschiene Werk hat bis zum heutigen Tag zahlreiche, allerdings stark gekürzte Neuauflagen erfahren. Zitiert wird daher nach der 5., der letzten ungek. Aufl.

[29] Blumhardt an Christian Gottlob Barth, 27.7.1849.

ben und als Abgeordneter des Bezirks Leonberg gewählt,[30] spielt daher nur eine Außenseiterrolle in der Landesversammlung. Hat Blumhardt den Sieg der von ihm abgelehnten Demokraten vorausgesehen? Ist ihm von daher, mit der Aussicht auf Mitgliedschaft in einem von Republikanern dominierten Gremium, die Eidesleistung schwergefallen? Eine grundsätzliche Ablehnung des Eides läßt sich bei ihm nicht nachweisen. Nachdem er schon 1831 im Zweiten Theologischen Examen den Eid gegenüber der Obrigkeit bejaht hat, legt er im Dezember 1848 dem badischen Vikar Nathanael Köllner ans Herz, „daß von einer Weigerung des Verfassungseides unter keinen Umständen die Rede seyn könne, wenn nicht ausdrücklich eine Abläugnung des Evangeliums, daß JEsus Christus, der Sohn Gottes, ins Fleisch gekommen sei, darunter verlangt werde". Erst im Mai 1849, als der republikanische Aufstand in Baden zur Bildung der provisorischen Regierung Lorenz Brentano führt, rät Blumhardt nach einigem Zögern von einer Eidesleistung gegenüber der neuen Regierung ab.[31]

Die revolutionären, auf eine demokratische Ordnung gerichteten Ereignisse in Baden kann Blumhardt, der konstitutionellen Monarchie zugetan, allerdings nicht als positive Entwicklung im Reiche Gottes sehen. Die Folgen der Aufstände in Rastatt und Karlsruhe hat er, wie erwähnt, am eigenen Leibe erlebt. Zorn und Mitgefühl prägen von nun an seine Berichte über die Vorgänge in Baden, die er dem befreundeten Barth im Mai und Juni 1849 gibt. Er äußert Empörung über die ihren Dienst verlassenden, seiner Meinung nach „pflichtvergessenen" Soldaten und Abscheu gegenüber den Ausschreitungen einer betrunkenen Soldateska, die in Pforzheim einen Gendarmen mitten unter der Menge totschlägt und Zeugen des Geschehens drangsaliert. „Gestern morgen aber kam schon an Viele der Kazenjammer. Der Waldhornwirth nebst Frau [. . .] weinte wie ein Kind und sagte: ‚unser ganzes Land ist hin!'" Die bevorstehende Niederschlagung des Aufstands durch preußische Truppen vor Augen, kann er keine Genugtuung empfinden. „Auf allen Gesichtern prägt sich ein Ernst und ein banges Warten aus der Dinge, die da kommen sollen. Selbst Kinder haben ein Angstgesicht. Alles bebt, wer nicht schreit. Die Preußen erwartete man schon auf gestern Abend in Carlsruhe [. . .]. Bald wirds Blut geben; ach, es wird schrecklich werden, und wer's nicht gesehen hat, kann sich keine Vorstellung machen."[32]

---

[30] *Gerhard Schäfer:* Die evangelische Kirche in Württemberg und die Revolution 1848/1849. In: PuN 5, 1979, 39–65, hier: 60 f.

[31] Blumhardts Zweites Theologisches Examen: Beantwortung der schriftlichen Aufgaben, 14.6.1831. In: *Blumhardt*, GW III/1 [s. Anm. 2], 225; Blumhardt an Karl Köllner, 7.12.1848; Blumhardt an Christian Gottlob Barth, 18.5.1849 u. 24.5.1849 (I?).

[32] Blumhardt an Barth, 15.5.1849, 16.5.1849.

Die Vertreibung oder Inhaftierung derjenigen badischen Geistlichen, die zum Großherzog halten und vor dem „Freiheitsschwindel“ der Revolutionäre warnen, ist Blumhardt bekannt. Der mit ihm verschwägerte Pfarrer Philipp Friedrich Keerl in Mahlberg flüchtet nach Basel, ebenso der mit Blumhardt befreundete Kaspar Schlatter, Pfarrer im südbadischen Niedereggenen. Schlatter, der Tage und Nächte in den Wäldern herumzieht, kann sein Leben nur retten, weil er Schweizer Bürger ist; seine Frau wird geisteskrank.[33] In den Gefängnissen von Heidelberg und Lörrach sind Geistliche inhaftiert; Aloys Henhöfer, Pfarrer in Spöck, soll nach Rastatt gebracht werden, kann aber nach Stuttgart fliehen.[34] Den konservativen Geistlichen, die häufig aus dem pietistischen Lager stammen, stehen Pfarrer gegenüber, die die Ziele der Aufständischen aktiv unterstützen, einige von ihnen Anhänger des theologischen Rationalismus. Jedoch wird darauf hingewiesen, daß unter den 23 badischen Geistlichen, die nach dem Scheitern der Revolution angeklagt werden, nur acht aus dem rationalistischen Lager kommen.[35]

Der mit Blumhardt befreundete Karl Josef Anton Zimmermann, Pfarrer im badischen Mühlhausen/Würm, verweigert mit allen Pfarrern des Pforzheimer Kirchenbezirks den Eid auf die Regierung Lorenz Brentano. Er unterstützt damit den Entschluß seines Bruders, für diese Regierung keinen Militärdienst zu leisten, und vermittelt im Juni 1849 ein Asyl bei Blumhardt im nahegelegenen württembergischen Möttlingen. Dies ist kein Einzelfall; viele junge Badener entgehen ihrer Einberufung durch die Flucht nach Württemberg.[36]

Macht Blumhardt aus seiner Ablehnung republikanischer Bestrebungen in Baden kein Hehl, so wendet er sich auch gegen entsprechende

[33] Doris Blumhardt an Luise von Scheibler, 29.4.1848; *Karl Werner*: Christian Gottlob Barth, Doktor der Theologie, nach seinem Leben und Wirken gezeichnet. Bd. 3. Calw, Stuttgart 1869, 196.

[34] *Wilhelm Heinsius*: Aloys Henhöfer und seine Zeit. Neu hg. v. *Gustav Adolf Benrath*. Karlsruhe 1987, 199.

[35] *Hermann Rückleben*: Theologischer Rationalismus und kirchlicher Protest in Baden 1843–49. In: PuN 5, 1979, 66–83, hier: 82. – Blumhardts Sympathie mit Vertretern der badischen Erweckungsbewegung bedeutet nicht, daß er nicht innerhalb dieser Gruppierung zu unterscheiden weiß. Die Aktivitäten Pfarrer Georg Friedrich Haags etwa, dem man eine lieblose Unterteilung seiner Gemeinde in auserwählte Gläubige und ungläubige Weltmenschen vorwirft (vgl. *Rückleben*, 69) und dessen Radikalismus auch Henhöfer nicht billigen kann, finden Blumhardts entschiedene Ablehnung: Über ein Zirkularschreiben Haags ist er im Februar 1849 „bis in den Magen hinein erschrocken“; Blumhardt an Barth, 19.2.1849.

[36] Blumhardt an Barth, 1.6.1849; Doris Blumhardt an Luise von Scheibler, 12.6.1849; *Werner* [s. Anm. 33], 194 f. – Die Erinnerung von Blumhardts Sohn Christoph, daß „1848 die geschlagenen Revolutionäre in Baden eine Zuflucht gesucht haben im Möttlinger Pfarrhause“, findet in den Briefen der Jahre 1848 und 1849 keinen Anhaltspunkt; s. *Christoph Blumhardt*: Ansprachen, Predigten, Reden, Briefe. Hg. v. *Johannes Harder*. Bd. 3. Neukirchen 1978, 115. Hier ist nur von einer Aufnahme von Gegnern der Revolution die Rede.

Vorgänge im eigenen Land. Bereits ein Jahr zuvor, im Juni 1848, als in Ludwigsburg – offensichtlich im Gefolge der revolutionären Stimmung – ein Soldatenaufstand losbricht und niedergeschlagen wird, predigt Blumhardt den gefangenen Soldaten im dortigen Kreisgefängnis: „[. . .]ich glaube, nicht ohne Wirkung"[37]. Als im Mai 1849 die württembergische Grenze zu Baden durch Militär bewacht wird und man auch in Möttlingen Truppen stationiert, schließt er mit dem im Pfarrhaus einquartierten Major von Werner Freundschaft. Dessen Kompanie wird anschließend nach Stuttgart versetzt und spielt eine Rolle bei der gewaltsamen Auflösung des Rumpfparlaments am 18. Juni, was Blumhardt zustimmend vermerkt: „Aber denke, die Compagnie, die sich hergab, die Mitglieder vom Saal abzuwehren (denn die Reiter und andere wollten nicht recht dran), war die in Möttlingen gewesene."[38]

Die Vorgänge in Stuttgart – die restlichen etwa 100 Abgeordneten der zerfallenden Frankfurter Nationalversammlung führen am 6. Juni 1849 als Stuttgarter Rumpfparlament ihre Arbeit fort – sind in Blumhardts Augen ein „Frankfurter Stuttgarter Bubenstück", das ihm „tief in den Magen" fällt. Handelt es sich doch bei diesen Delegierten vorwiegend um Demokraten, die zudem eine Reichsregentschaft wählen, welche die Befehlsgewalt über die Truppen aller Staaten beansprucht, die die Reichsverfassung anerkennen. Als sich in Stuttgart Widerstand regt, kommentiert Blumhardt dies mit den Worten: „Was hat doch der Herr gethan in der Schreckenszeit? Der Teufel ist noch nicht Meister, nein, gewiß nicht. Dieser Tage hat er auch in Stuttgart ein Tüchtiges auf den Buckel gekriegt. Jetzt gehts mit den Republikanern bald aus, wie es scheint; wenigstens gewinnen sie's nicht mehr. Wenn doch nur der Jammer in Baden einmal aus wäre!" Von der anfänglichen Gelassenheit gegenüber Gottes „bösen Werkzeugen" ist nicht mehr viel zu spüren; jetzt sind die Demokraten in Blumhardts Augen zu einer unmittelbaren Gefahr geworden. Als die Stuttgarter Regierung Römer, die einen Bürgerkrieg und eine Intervention preußischer Truppen befürchtet, der Reichsregentschaft den Gehorsam verweigert und das Rumpfparlament auflöst, atmet Blumhardt erleichtert auf. Jetzt ist die endgültige Niederlage der Demokraten in Württemberg in greifbare Nähe gerückt: „Mit den Demokraten hats eben noch kein Ende. Aber ich denke, sie führen das selbst herbei und man werde anders mit ihnen verfahren als bisher, wenn sie in Stuttgart wieder ihr Maul zu weit aufreißen."[39]

---

37 Blumhardt an Luise von Scheibler, 11.7.1848.

38 Blumhardt an Barth, 31.5.1849, 1.6.1849, 21.6.1849.

39 Blumhardt an Barth, 8.6.1849; Blumhardt an Luise von Scheibler, 12.6.1849; Blumhardt an Unbekannt, 8.8.1849. Vgl. *Franz X. Vollmer*: Der Traum von der Freiheit. Vormärz und 48er Revolution in Süddeutschland in zeitgenössischen Bildern. Stuttgart 1983, 340–343.

Der positive Grundzug, den er anfangs der Revolution beimessen konnte, verblaßt. Die reformerischen Kräfte, denen Blumhardts Sympathie galt, scheitern. Die als Bedrohung empfundenen Demokraten erleiden eine vernichtende Niederlage; mit dem Wiedererstarken der alten Mächte wird die Revolution von 1848/1849 zur Episode. Weder die Befürchtungen noch die mit der Revolution verbundenen Erwartungen haben sich erfüllt. Es hat sich gezeigt, daß sie die Bedeutung für den Fortschritt des Reiches Gottes nicht besaß, welche Blumhardt von ihr erhoffte. Nicht mehr von den notwendigen Erschütterungen der Staaten, Throne und Stände ist bei ihm die Rede, sondern nur noch von Gottes Zorn und Gericht. Seine gereimte Fassung von Jes 42,18–25, entstanden im Herbst 1848, veröffentlicht Blumhardt 1876 in den *Neuen Gesängen zu Bibelliedern und Bibeltexten* und vermerkt dazu in Klammern: „Revol[utions]Jahr". Die Verse kann man somit als seine abschließende Stellungnahme zu den Ereignissen betrachten:[40]

„Ihr Tauben, hört, ihr Blinden, seht,
Und merket auf, daß ihr's versteht:
O Volk, mein Knecht du solltest sein,
Und Blindheit nimmt dein Auge ein.

[. . .] Sie wandelten nicht Seinen Pfad,
Den Er einst vorgezeichnet hat.
Sie wollten nicht gehorsam sein
Und rissen alle Schranken ein.

Darum ist Seines Zornes Grimm
Nun ausgeschüttet; und die Stimm'
Von kriegerischen Scharen brüllt,
Und Alles ist mit Brand erfüllt."

Hat die Revolution sich nicht als bedeutendes „Zeichen der Zeit" erwiesen, so tut dies Blumhardts Naherwartung keinen Abbruch. Die Suche nach anderen Hinweisen auf den Fortschritt des Reiches Gottes tritt nun in den Mittelpunkt seines Denkens. Berichte des *Schwäbischen Merkur* über den Brand von Schwenningen, den Brand von Krakau und die Entzündung eines mit Schwefel beladenen Schiffes bei Petersburg nimmt er Ende Juli 1850 zum Anlaß, auf die notwendige Mitwirkung der Christen beim Fortschreiten des Reiches Gottes hinzuweisen. Gott lege es darauf an, viele seufzende Leute zu machen, damit man mit neuem Eifer daran gehe, ihn um ein Ende des Jammers zu bitten.[41] Einige

---

[40] *Blumhardt*: Neue Gesänge zu Bibelliedern und Bibeltexten, Nr. 19; vgl. *Blumhardt*: Bibellieder oder in singbare Reime gebrachte Stellen der Heiligen Schrift nebst einigen Fest- und Missionsliedern. 1877, Nr. 161.

[41] Immanuel Gotthelf Burkhardts Möttlinger Tagebuch, 28.7.1850; in: *Blumhardt*, GW III/3 [s. Anm. 2], 470.

Jahre später ist die Erwartung noch gesteigert: „Für jezt interessirt mich vorzüglich die Zeitung, die mit jedem Tage Schrecklicheres droht. Hunger, Hagel und Krieg sind drei schreckliche Boten. Die Zeiten werden ernst, und es sieht doch aus, als ob kein Stillstand mehr seyn, sondern Gott fortmachen werde. Ich wünsche auch den Stillstand nicht mehr. Denn ohne Kampf wird der Arge nicht überwunden. Mögen bald die Herzen erwachen, die noch herausmüßen aus der Finsterniß!“[42]

4. Ein neuer Weckruf: die Innere Mission

Das Nebeneinander drohender und hoffnungsvoller Zeitzeichen, die beide auf den großen Gnadenerweis Gottes in Form einer weltweiten Ausgießung des Heiligen Geistes hinauslaufen, ist auch in Blumhardts Sicht der Jahre nach 1849 zu beobachten. Neben den bedrohlichen Zeitungsmeldungen stehen die erfreulichen Erfahrungen, die er etwa bei Besuchen in Holland, im Elsaß und in der Schweiz macht. Die Elsaßreise im Oktober 1851 beeindruckt ihn besonders: „[. . .] was ich in Straßburg und 10 Stunden auf- und 10 Stunden abwärts erlebt habe, kann ich nicht beschreiben. Da ist ein Hunger und Suchen wie nirgends unter allen Ständen; und ich habe nun unaufhörlich über den Rhein hinüber zu schreiben.“[43]

Als weiteres positives Zeitzeichen registriert er das Aufblühen der Inneren Mission, deren Programm Johann Hinrich Wichern im September 1848 auf dem Wittenberger Kirchentag entwickelt hat. Die sozialen Schäden der Zeit seien durch die Revolution aufgedeckt worden; nun müsse man den entkirchlichten Menschen äußere und innere Hilfe bringen, und dies als Aufgabe der Kirche.

Vor 1848 haben sich nur einzelne Christen der Not ihrer Zeit angenommen, meist solche, die der Erweckungsbewegung nahestehen. Die von Christian Friedrich Spittler und Christian Heinrich Zeller 1820 in Beuggen gegründete Armenschullehrer- und Armenkinderanstalt ist hier zu nennen oder die von Christian Gottlob Barth 1826 mitbegründete Kinderrettungsanstalt in Stammheim bei Calw.[44] Behebung der äußeren Not und Sorge um das geistliche Wohl gehen Hand in Hand, so daß das von Günter Brakelmann über Wichern Gesagte bereits für diese Initia-

---

[42] Blumhardt an Barth, 10.7.1854.

[43] Blumhardt an Tillmann Siebel, 24.12.1851.

[44] *Heinrich W.J. Thiersch*: Christian Heinrich Zellers Leben. Bd. 1 u. 2. Basel 1876; *Gottfried Dehlinger*: Christian Heinrich Zeller. Pädagoge des schwäbischen Pietismus. Stuttgart, Reutlingen 1982; Ein Kinderfreund. Dr. Chr.G. Barth in seiner Stellung zu der von ihm mitbegründeten Kinderrettungsanstalt in Stammheim. Calw 1865. – Spittler und Zeller hat Blumhardt als Basler Missionslehrer persönlich kennengelernt; Barth gehört zu seinem engsten Freundeskreis.

tive einzelner Christen gilt: Es handelt sich nicht nur um barmherzige Hilfe an denen, die unter die Räder ökonomischer und sozialer Abläufe geraten sind, sondern Ziel dieser Unternehmungen ist „Rettung der gesamten Wirklichkeit einer Welt, die sich ihres Ursprungs und Urgrundes – Gott in Jesus Christus – nicht mehr [. . .] verpflichtet weiß“[45].

Linderung der äußeren Not wird auch von seiten des Staates versucht. Königin Katharina von Württemberg, die erste Frau Wilhelms I., begründet 1816 den württembergischen Wohltätigkeitsverein, dessen Wirksamkeit auf lokaler Ebene durch die halbstaatliche Zentralleitung in Stuttgart koordiniert wird. Als die Zentralleitung im Hungerjahr 1847 zu verstärkter Aktivität aufruft, greift man im armen Möttlingen die Anregung auf und gründet einen Lokalwohltätigkeitsverein unter dem Vorsitzenden Blumhardt. Dieser versteht den Verein nicht nur als Leihkasse, die um einen niedrigen Zinsbetrag (4 %) kleinere Geldsummen verleiht und so in akuten Notlagen hilft, sondern auch als Einrichtung der Wirtschaftsförderung, die mit viel Phantasie neue Erwerbsquellen erschließt. Eine Spinnanstalt wird gegründet. Dann kauft man von den Möttlingern gesammelte Tannenzapfen; die Samen werden gedörrt und verkauft.[46] Der Möttlinger Lokalwohltätigkeitsverein setzt seine Tätigkeit auch nach den Revolutionsjahren fort. Als besonders segensreich und langlebig erweist sich die 1851 begonnene Wandlung der Leihkasse in eine Viehleihkasse: Der Verein stellt bedürftigen Möttlingern eine Kuh zur Verfügung, die Kälber werden verkauft und der Erlös als Rückzahlungsrate berechnet.[47]

Als Wichern die Behebung der äußeren und inneren Not als Aufgabe der Kirche proklamiert, registriert Blumhardt dies mit Zustimmung. Sein Ziel ist ja schon seit Jahren nicht nur die wirtschaftliche Besserstellung seiner Gemeinde, sondern auch ein geistlicher Aufschwung, der sich in der Möttlinger Erweckung seit 1844 eindrucksvoll manifestiert. Im Oktober 1849 weist ihn Pfarrer Salzer im badischen Berghausen auf die erste Hauptversammlung des badischen Landesvereins für Innere Mission hin. Gegründet wurde der Landesverein im April 1849; einer der Initiatoren ist Pfarrer Ernst Friedrich Fink, der schon vier Jahre vor Wichern dazu aufgerufen hat, „eine Mission nach innen zu stiften, woraus ein evangelischer Verein entsteht, eine geordnete Arbeit der gläubigen Gemeinde“. Blumhardt nimmt aufgrund seiner engen Verbindungen mit Baden an der ersten Hauptversammlung in Durlach teil; auch Wichern kommt, den er auf diese Weise persönlich kennen und schätzen lernt.[48] Im Sep-

---

[45] *Günter Brakelmann*: Johann Hinrich Wichern. In: Protestantische Profile. Lebensbilder aus fünf Jahrhunderten. Hg. v. *Klaus Scholder* u. *Dieter Kleinmann*. Königstein/Ts. 1983, 246.

[46] Blumhardt an Luise von Scheibler, 8.2.1848.

[47] Blumhardt an Barth, 24.1.1851; *Blumhardt:* Statuten des Lokal-Wohlthätigkeits-Vereins, im Besondern der Vieh-Leih-Kasse zu Möttlingen. Stuttgart 1875, § 7.

[48] *Gerhard Lötsch*: Christian Roller und Ernst Fink. Die Anfänge von Illenau. Achern 1996,

tember 1850 hält Blumhardt ein Referat auf dem Stuttgarter Kirchentag, auf dem zugleich eine Versammlung des Zentralausschusses für die Innere Mission stattfindet. Er spricht über „Die Betheiligung der christlichen Volksschule an der inneren Mission, im Bunde mit der Familie, als der eigentlichen Erziehungsstätte der christlichen Jugend"; das Manuskript schickt er Wichern, der für die Veröffentlichung im Tagungsprotokoll Sorge trägt.[49]

Interessant sind die Parallelen in Blumhardts und Wicherns Verständnis der Revolution. Auch Wichern sieht die revolutionären Ereignisse als Abfall der Menschen von Gott, der Gottes Gericht zur Folge hat, aber wie Blumhardt kann auch er Revolution als „Geburtswehen eines neuen, besseren Zeitalters im Reiche Gottes" betrachten, denn sie haben eine „große Zahl freier christlicher Verbrüderungen" angestoßen, welche „die aus der Sünde und ihren Folgen hervorgehenden einzelnen Notstände des Volkes durch das Wort Christi und die Handreichung brüderlicher Liebe" beheben wollen. Daß die Revolution eine neue Station im Verlauf des Reiches Gottes einläutet, erkennt Wichern im Lichte der Erscheinung Christi. Hier sieht er, wie „das Leben aus dem Tode, die Auferstehung aus dem Untergang hervorgeht"[50].

Anders als diese allgemeine Begründung Wicherns stützt Blumhardt seine Erwartung besserer Zeiten im Reiche Gottes auf einzelne biblische Aussagen in den alttestamentlichen Propheten, den Evangelien und der Offenbarung Johannis. Die daraus und aus seinen Möttlinger Erfahrungen resultierende Naherwartung der Geistausgießung und der Wiederkunft Christi gibt Blumhardts Verständnis von Innerer Mission etwas Drängendes. Ihm kann es bei aller Wichtigkeit sozialen Engagements nicht primär um die Behebung äußerer Not gehen; entscheidend ist die geistliche Vorbereitung auf die eschatologischen Ereignisse. Und so verwundert es nicht, daß Wichern, der „edle, mit schönen Gaben von Gott gesegnete Mann", in Blumhardts Augen seinem Ziel, der Überwindung äußerer und innerer Not, noch nicht nähergekommen ist, „sofern sie [die Innere Mission] fast nur auf Armenversorgung, Errichtung von Anstalten zur Linderung der äußeren Noth, doch auch zu besserer Bildung der Jugend sich beschränken muß. Missioniren aber ist noch etwas ganz An-

---

30 f., 48; Blumhardt an Barth, 12.10.1849. – Wichern charakterisiert Blumhardt als „den bekannten reichgesegneten Prediger, der die merkwürdigsten seelsorgerischen Erfahrungen in seiner Gemeinde machte"; s. Wichern an seine Frau, 10.10.1849; Archiv des Rauhen Hauses Hamburg.

49 Blumhardt an Wichern, 1.10.1850; Die Verhandlungen des zweiten Kongresses für die innere Mission der Deutschen evangelischen Kirche, zu Stuttgart im September 1850. Dritte Sitzung. Berlin 1850.

50 Zitiert nach *Adam Weyer*: Das Erschrecken der Theologie vor der Revolution. Johann Hinrich Wicherns Gegenstrategie. In: Evangelische Kommentare 9, 1989, 19.

deres, sofern dadurch die Schlafenden aufgeweckt, die Sünder bekehrt, die Verirrten wiedergebracht, die Verlorenen gerettet werden sollen."[51]

Ein erneuter Weckruf Gottes, der nach dem weithin nicht verstandenen Ruf von 1848/1849, nach Aufruhr und Gericht nun noch einmal versucht, die Menschen auf sein Kommen vorzubereiten – so sieht Blumhardt die Innere Mission. Hier finden sich Parallelen bei Sixt Karl Kapff, dem Kommilitonen Blumhardts im Tübinger Stift, Pfarrer in Korntal, Dekan in Münsingen und Herrenberg und schließlich seit 1850/1851 Prälat und Mitglied des Konsistoriums. Im Blick auf den kommenden Herrn warnt Kapff 1851 davor, sich ins Schneckenhaus zurückzuziehen und nur auf die Rettung der eigenen Seele bedacht zu sein. „Gerade wenn wir unsre Zeit als Zeit des Abfalls und der steigenden Herrschaft des Antichristenthums ansehen und denken, nur das Friedensreich Christi bringe Hülfe, muß es um so mehr uns als Pflicht erscheinen, Alles dran zu setzen, daß noch *recht viele Seelen gewonnen werden* aus der antichristlichen Fluth des Verderbens, damit sie würdig werden zu entfliehen dem Allem, das da kommen soll, und zu *stehen vor des Menschen Sohn*." Gottes Endgerichte seien „vielleicht schon beschlossen"; seine Liebe habe aber „auch oft recht lange Verzugszeiten" und wolle auch jetzt noch, „daß Allen geholfen werde, wozu wir die Werkzeuge sein sollen". Nicht die Feststellung Christian Gottlob Barths, dem Ganzen sei doch nicht mehr zu helfen, sondern ein Aufruf zu lebendigem, tätigem Christentum ist für Kapff die Konsequenz aus den Erfahrungen der Revolutionszeit. Jetzt müsse man bestrebt sein, die Wirkungen der Menschwerdung Gottes sichtbar werden zu lassen; uneigennützige Hingabe und ein echter Brudergeist könnten sittliche und materielle Not beheben. „Das will der edle Eifer, des HErrn Reich und der Menschen Heil auszubreiten, den man jetzt *innere Mission* nennt."[52]

Auch in der Deutung der 1848er Revolution stimmen Blumhardt und Kapff überein. Begründet ist die Revolution für Kapff einerseits in den Versäumnissen vieler Reicher, die auf Kosten anderer angehäuftes Vermögen verprassen und das christliche Gebot des Teilens verachten. In die zunehmende Verarmung der Bevölkerung gibt er einen genauen Einblick. An Blumhardts Satz von der Revolution als „absolut nothwendi-

---

[51] *Blumhardt*: Jahresbericht des Mission-Vereins in Calw (22.3.1850). In: Calwer Missionsblatt vom 1. Mai 1850, 42 f. Weitere Kritik an Wichern enthält Blumhardts Brief an Friedrich Fabri vom 14.1.1852: „An Wichern gefällt mir auch nicht Alles; allmälig ist die Sache des Herrn seine Sache, die Ehre des HErrn seine Ehre geworden, wenigstens fehlt nicht mehr viel dazu." Dennoch führt man einen freundschaftlichen Briefwechsel: vgl. Blumhardt an Wichern, 4.11.1853, 29.12.1853, 5.1.1854, 12.2.1854; Am 6. September 1869 besucht Wichern Blumhardt in Bad Boll; vgl. Gästebücher. Bd. 2; Bibliothek und Archiv der Brüderunität Bad Boll.

[52] *Sixt Karl Kapff*: Die Revolution, ihre Ursachen, Folgen und Heilmittel, dargestellt für Hohe und Niedere. Als gekrönte Preisschrift hg. v. Central-Ausschuß für die innere Mission der deutschen evangelischen Kirche. Hamburg: Agentur des Rauhen Hauses 1851, 113–117.

ger" Erschütterung der Throne, Stände und Gewerbe erinnert, was Kapff den Reichen ins Stammbuch schreibt: „Daß dem Lenker der Fürsten und Völker diese Anhäufung von Reichthümern nicht gefalle, hat er in den außerordentlichen Schicksalen des Jahres 1848 deutlich gezeigt. Dieses gewaltige Gerichtsjahr hätte nicht so scharfe Axt an die hohen Cedern der Erde legen oder sie gar umhauen dürfen, wenn ihr Schatten mehr ein Segen für die Länder gewesen wäre. Der König der Franzosen hätte nicht wie vom Winde weggeweht werden dürfen, wenn nicht sein Thron um so leichter geworden wäre, je schwerer sein Schatz wurde."[53] Zum andern geißelt Kapff die „Sittlichkeit ohne Glauben" der Aufklärungsphilosophie, die „Gottlosigkeit" der Sozialisten und Kommunisten. Durch sie wurde die Revolution zur Empörung gegen menschliche und göttliche Gesetze; dagegen helfe wahre Buße und sittlich-religiöse Erneuerung der Völker. Das Scheitern der Revolution kann er nur als göttliches Gericht sehen.[54]

Blumhardt und Kapff haben einander geschätzt. Als dieser in die Kirchenleitung berufen wird und das Amt des Herrenberger Dekans aufgeben muß, schlägt er Blumhardt als seinen Nachfolger in Herrenberg vor. Bei Kapffs Tod am 1. September 1879 bemerkt Blumhardt: „Es ist aber etwas Schönes um einen solchen Mann, zu dem alles seine Zuflucht nehmen kann, vom König bis zum geringsten Mann." Kapff habe zu denen gehört, die „ehrlich sind und es um JEsu willen mit Jedermann gut meinen"[55].

Dieser Nachruf des alten Blumhardt enthält keine inhaltliche Würdigung; er ist ein schmerzlicher Kommentar zum Hinscheiden eines lieben Freundes. Dabei gibt es nicht nur Übereinstimmungen, zumindest auf politischem Gebiet. Während Kapff in seiner Revolutionsschrift von 1851 das „theure deutsche Vaterland" aufruft, sich um das „Panier des alten Bundesgottes" zu scharen, die „alte deutsche Frömmigkeit und deutsche Treue" wieder herrschen zu lassen „in allen deutschen Gauen und Herzen"[56], wendet sich Blumhardt etwa zur gleichen Zeit gegen das Hervorheben des Nationalen. In einem Brief an Friedrich Fabri stellt er fest – anscheinend mit Blick auf Äußerungen, die auf den Kirchentagen gefallen sind – es sei „eckelhaft, sich mit seinem Deutschthum so zu brüsten"; die Schrift habe immer den Blick auf die ganze Welt. Gott habe zwar viel an Deutschland getan, es sogar zu „etwas Besonderem berufen" in der Christenheit, aber nur um seiner „Lokalität" willen, „nicht weil

[53] *Kapff* [s. Anm. 52], 7 ff., 32 f.

[54] *Kapff*, 6, 33, 85, 105.

[55] Blumhardt an Luise von Scheibler, 16.1.1851; *Blumhardt:* Andacht am 1. September 1879. In: Täglich Brod aus Bad Boll für 1880, 286; vgl. Erbauliche Mittheilungen. Ein Gemeinschaftsblatt zur gegenseitigen Stärkung im Glauben an den HErrn Jesum, Nr. 4, Stuttgart, April 1880.

[56] *Kapff*, 150 f.

die Deutschen mehr waren als andere Völker"[57]. Die Hinwendung württembergischer Pietisten zum nationalen Denken[58] macht Blumhardt nicht mit, selbst nicht in den nationalistischen Wogen des Deutsch-Französischen Krieges von 1870/1871. Auch Kapffs Sympathiewerbung für Preußen, an das sich Württemberg auf dem Weg zu einem Deutschen Reich anschließen solle, kann Blumhardt nicht unterstützen. Er findet, allerdings erst während des Deutschen Krieges von 1866, deutliche Worte gegen die „Verblendung" der preußischen Geistlichkeit und die preußische Arroganz gegenüber den unterlegenen Staaten, darunter das mit Österreich verbündete Württemberg.[59]

Während Kapff in seinem Bemühen, der sittlichen Verwilderung entgegenzutreten, den christlichen Staat schaffen will,[60] ein enges Bündnis von Thron und Altar, das nationalistische Töne zuläßt, schlägt Blumhardt einen anderen Weg ein. Auch er will dem Glaubens- und Sittenverfall steuern, den er in der Revolution zu erkennen meint; seine Naherwartung eines weltweiten göttlichen Gnadenerweises, die er konsequenter als Kapff durchhält, bewahrt ihn jedoch vor nationalistischen Verirrungen. Die künftige Geistausgießung richtet sich auf die ganze Menschheit, nicht nur auf die eigene Nation; jeder einzelne und damit auch jedes Volk ist von Gott geliebt und muß Buße tun. Ausschlaggebend für die Beurteilung eines Volkes ist in Blumhardts Augen die Hinwendung zu Gott und seinen Verheißungen. Daher kann er der Frau seines elsässischen Freundes Christoph Dieterlen mitten im Deutsch-Französischen Krieg schreiben: „Wie ich immer gesagt habe, so sage ich noch, bei euch sind bessere Christen und meinen Gedanken anhängender, als ich sie überall finde, wenigstens verhältnismäßig mehr als überall. Ich habe es auch kürzlich irgendwo ganz laut gesagt. [. . .] Wie viel ich sonst leide über ungöttliche Stimmungen, die ich bei uns treffe, kann ich gar nicht sagen. Das aber ist gewiß, daß wir müssen lernen Alles verlassen und Jesu nachfolgen wie die Jünger."[61]

Obwohl Blumhardts Zielsetzung, die in der Revolution zutage getretenen Schäden zu heilen, eine nationale Engführung vermeidet, sind uns Heutigen die Schwächen seiner Konzeption bewußt. Wenn die meisten Möttlinger Familien 1852 trotz Blumhardts vielfältiger Bemühungen „*nichts* mehr zu essen" haben oder „höchstens noch *spärlich* bis Georgi [23. April]", sich aber im Dorf kein Protest erhebt, so kann er dies ge-

---

[57] Blumhardt an Fabri, 14.1.1852.

[58] *Lehmann* [s. Anm. 23], 227.

[59] Kapffs Rede vor der ersten Verfassungsberatenden Landesversammlung am 22.12.1849, zit. nach *Lehmann*, 229; Blumhardt an Hermann Zeller, 24.7.1866; Blumhardt an Rosalie Gontard, 20.8.1866.

[60] *Schäfer*, Zu erbauen [s. Anm. 5], 257.

[61] Blumhardt an Julie Dieterlen, 3.12.1870.

genüber der vorgesetzten Behörde als „geduldige Gottergebung" in der gegenwärtigen Hungerszeit lobend hervorheben.[62] Daß die von den Revolutionären erstrebte demokratische Gesellschaftsordnung die Möglichkeit geboten hätte, das Vorhandene gerechter zu verteilen, kommt nicht in den Blick. Die gegen Wicherns Konzept von Innerer Mission vorgebrachte Kritik – „engagiertes Eintreten für die Verarmten, aber keine sozialen und politischen Veränderungen"[63] – trifft auch Blumhardt. Ebensowenig wie Kapff, der durchaus die Versäumnisse vieler Reicher geißelt, kann sich Blumhardt zu der Erkenntnis durchringen, jetzt müsse die politische und ökonomische Machtfrage gestellt werden. Die von ihm initiierte Möttlinger Viehleihkasse, eine Form genossenschaftlicher Selbsthilfe, tastet die bestehende Gesellschaftsordnung nicht an. Ein in der Verfassung garantiertes Mitspracherecht aller Bevölkerungsschichten bei der Gestaltung von Politik und Gesellschaft, die Gründung von Gewerkschaften – hier liegt der blinde Fleck im Denken Kapffs, Wicherns und auch Blumhardts. So wird die Innere Mission trotz ihrer unbestreitbaren Verdienste, ihres großen persönlichen Einsatzes für Hungernde, Kranke, Kinder und alte Menschen letztlich zu einer Stütze des Systems, das mitverantwortlich ist für die Wunden, die man verbindet.[64]

Kapffs Bemühen um einen christlichen Staat hat den württembergischen Pietismus in die „Innerlichkeit und in ein noch stärkeres Verharren in konservativer Bürgerlichkeit" geführt.[65] Anders die Hoffnung Johann Christoph Blumhardts auf eine weltweite Ausgießung des Heiligen Geistes. Diese sprengt ja nicht nur den Rahmen einer einzigen Nation, sondern schließlich auch die konservativ-bürgerliche Haltung Blumhardts. Sein Sohn Christoph, der ebenfalls auf eine neue Geistausgießung hinlebt, immer horchend auf vorausgehende Weckstimmen Gottes, erkennt am Ende des 19. Jahrhunderts die sozialistische Bewegung als göttlichen Weckruf. Die Einsicht, daß gesellschaftliche Bedingungen mitverantwortlich sein können, wenn die Seelen der Menschen verderben, führt ihn auf ein neues Feld. Nicht mehr ausschließlich Wegbereitung des Reiches Gottes im individuellen Bereich, wie es der Vater mit seiner zentralen Stellung der Seelsorge praktiziert hat, sondern vor allem die Hoffnung, das Reich Gottes werde im Gesellschaftlichen anbrechen, bestimmt den religiösen Sozialismus des Sohnes.[66]

---

62 Doris Blumhardt an Karl Köllner, 11.3.1852; *Blumhardt:* Übersichtsbericht zum Zustand der Gemeinde Möttlingen auf Georgii 1852 (Pfarrarchiv Möttlingen, Nr. 113).

63 *Weyer* [s. Anm. 50], 19.

64 Vgl. *Brakelmann* [s. Anm. 45], 249 f.

65 *Schäfer*, Zu erbauen [s. Anm. 5], 259.

66 U. a. *Christoph Blumhardt*: Ansprachen, Predigten, Reden, Briefe 1865–1917. Hg. v. *Johannes Harder*. Bd. 1–3. Neukirchen 1978; Politik aus der Nachfolge. Der Briefwechsel zwischen Howard Eugster-Züst und Christoph Blumhardt 1886–1919. Hg. v. *Louis Specker*. Zürich 1984;

Der Frage, in welcher Weise die Begründer der Inneren Mission die Ereignisse ihrer Zeit nicht verstanden haben, muß gerechterweise die Frage zur Seite gestellt werden, wo denn der blinde Fleck vieler damaliger Demokraten gelegen habe. Wenn etwa der *Beobachter*, eine in Stuttgart erscheinende liberale Tageszeitung mit dem Untertitel *Ein Volksblatt aus Württemberg*, die Befreiung des Menschen aus der Bevormundung durch absolutistischen Staat und Kirche auf seine Fahne schreibt, so ist dies ehrenwerte Bemühen nicht frei von rationalistischer Oberflächlichkeit. In den Jahren nach 1844 wird die Möttlinger Erweckung, eine Befreiung im Sinne geistlichen Neuanfangs, als Verdummung der Leute denunziert, die von Blumhardt betonte Notwendigkeit der Buße und eines geheiligten Lebens als Manipulation und Scheinheiligkeit. Die in Möttlingen geschehenden Heilungen verspottet man; Blumhardt wird vor die Wahl gestellt, entweder ein Verrückter oder ein Betrüger zu sein.[67] Die Konzeption einer säkularen Gesellschaft „befreiter“ Menschen, einer Gesellschaft, die sich nicht mehr von einer außerhalb ihrer selbst liegenden Instanz richten und heilen lassen will, deutet sich hier an; sie hat im 20. Jahrhundert ihr Fiasko erlebt. Wie sagte Blumhardts Sohn Christoph – trotz oder gerade wegen seines Eintretens für die Sozialdemokratie: „Es wird schließlich Gottes Reich heißen, nicht sozialdemokratisches Reich.“[68]

Christian Troebst, Dieter Ising: Christoph Blumhardt 1842–1919. Mahner zwischen den Fronten. Weißenhorn 1992.

[67] U. a. Beobachter, Nr. 138, vom 23.5.1846; Nr. 149, vom 4.6.1846.

[68] Christoph Blumhardt an Howard Eugster-Züst, 7.7.1904, 17.8.1906, 18.2.1908. In: *Spekker* [s. Anm. 66], 173, 233, 264.

Ute Gause

Frauen und Frömmigkeit im 19. Jahrhundert: Der Aufbruch in die Öffentlichkeit

1. *„Feminisierung des Religiösen" im 19. Jahrhundert?*

„Feminisierung des Religiösen" lautet in der neueren Forschung eine mittlerweile fast schon zum Schlagwort mutierte These zur Entwicklung der Frömmigkeit im 19. Jahrhundert.[1] Diese These impliziert im besonderen zwei aufeinanderfolgende und genuin zusammengehörende Entwicklungen der religiösen Situation im 19. Jahrhundert: Zum einen kommt es zu einem Übergewicht femininer Attribute im Vollzug von Religion. Dieser geht mit einer Familiarisierung der Religion einher, insofern als die Frau als ihre Tradentin im privaten Raum der Familie wirkt und nun auch auf diesen Raum verpflichtet wird. Dadurch kommt es zu einer Aufwertung der Rolle der Frau in diesem Kontext. Zum anderen vollzieht sich schon bald darauf ein im weitesten Sinne emanzipatorischer Vorgang: die Frauen gewinnen durch ihre eigene religiöse Identität das Selbstbewußtsein, den ihnen zugeschriebenen Raum der Familie zu verlassen und sich den öffentlichen, bisher Männern vorbehaltenen Raum zu erschließen.[2]

Ausgehend von einer Untersuchung Barbara Welters für Amerika[3] wurden die beiden skizzierten Entwicklungen als Deutungsmuster in die Forschungsdiskussion über Religion und Religiosität im 19. Jahrhundert in Deutschland übernommen. Für den katholischen Bereich sind bereits verschiedene Facetten einer „Feminisierung" herausgearbeitet worden. Es läßt sich verifizieren, daß eine besonders gefühlvolle, weibliche Religiosität entwickelt und gefördert wurde, die Frauen die Bindung an die

---

[1] Vgl. *Irmtraut Götz von Olenhusen:* Die Feminisierung von Religion und Kirche im 19. und 20. Jahrhundert: Forschungsstand und Forschungsperspektiven (Einleitung). In: Frauen unter dem Patriarchat der Kirchen. Katholikinnen und Protestantinnen im 19. und 20. Jahrhundert. Hg. v. *Irmtraud Götz von Olenhusen [u. a.].* Stuttgart 1995, 9–21; hier, 9 Anm. 1, grundlegende Hinweise zur Literatur.

[2] Vgl. *Olenhusen*, Feminisierung [s. Anm. 1], 12.

[3] Vgl. *Barbara Welter:* „Frauenwille ist Gotteswille". Die Feminisierung der Religion in Amerika 1800–1860. In: Listen der Ohnmacht. Zur Sozialgeschichte weiblicher Widerstandsformen. Hg. v. *Claudia Honegger* [u.] *Bettina Heintz.* Frankfurt/M. 1981, 326–355.

Amtskirche erleichterte. Das weibliche Geschlecht sollte seine eigentliche Bestimmung im demutsvollen Dienst für Familie und Frömmigkeit finden und erfüllen;[4] dabei diente vor allem die Gottesmutter Maria als Vorbild.[5] Dadurch kommt es zu einer Privatisierung von Religion; die Familie wird zur „Heimstatt" der Religiosität in der Moderne.[6] Das enge Verhältnis von Frauen zu Kirche und Religion ergibt sich einerseits aus den Rollenerwartungen an die Frauen, die als „Zivilisationshüterinnen" gelten:[7] Im Raum der Frömmigkeit finden sie Möglichkeiten, ihre Rolle als Dienende und Aufopferungsvolle zu sublimieren und dafür Anerkennung zu erlangen. Andererseits ermöglicht es diese Form der Religiosität, mit den spezifischen, durch das Geschlecht gegebenen sozialen und physischen Gefährdungen, wie Verlust eines Kindes oder Tod im Kindbett, umzugehen.[8] Religiosität wird innerhalb dieser Ansätze weitgehend als Kontingenzbewältigung oder auch „Sinnressource"[9] beschrieben bzw. auf ihre Funktion zur Stabilisierung von Frauen reduziert. Diese Untersuchungen beschränken sich allerdings bisher auf den katholischen Raum.

Die zweite Entwicklung bezüglich des angenommenen Feminisierungsprozesses ist ungleich schlechter belegt. Allerdings wird sie explizit als Prozeß innerhalb der protestantischen Kirche beschrieben: Während die Veränderungen innerhalb des familiären Raumes der Identitätsbildung der Frauen dienten, führen sie anschließend aus dem nicht-öffentlichen Raum zur Bildung religiöser Frauenvereine und der Gründung von Diakonissenanstalten.[10] Interessanterweise werden dabei die Unter-

---

[4] Vgl. *Lucian Hölscher:* „Weibliche Religiosität"? Der Einfluß von Religion und Kirche auf die Religiosität von Frauen im 19. Jahrhundert. In: Erziehung der Menschen-Geschlechter. Studien zur Religion, Sozialisation und Bildung in Europa seit der Aufklärung. Hg. v. *Margret Kraul* [u.] *Christoph Lüth.* Weinheim 1996 (Frauen- und Geschlechterforschung in der Historischen Pädagogik, 1), 45–62; hier: 51.

[5] Vgl. *Rudolf Schlögl:* Sünderin, Heilige oder Hausfrau? Katholische Kirche und weibliche Frömmigkeit um 1800. In: Wunderbare Erscheinungen. Frauen und katholische Frömmigkeit im 19. und 20. Jahrhundert. Hg. v. *Irmtraud Götz von Olenhusen.* Paderborn [u. a.] 1995, 13–50; hier: 17.

[6] Vgl. *Rudolf Schlögl:* Glaube und Religion in der Säkularisierung. Die katholische Stadt – Köln, Aachen, Münster – 1700–1840. München 1995, 291.

[7] Vgl. *Rebekka Habermas:* Weibliche Religiosität – oder: Von der Fragilität bürgerlicher Identitäten. In: Wege zur Geschichte des Bürgertums. Hg. v. *Klaus Tenfelde* [u.] *Hans-Ulrich Wehler.* Göttingen 1994, 125–148, hier: 130.

[8] Vgl. *Lucian Hölscher:* Bürgerliche Religiosität im protestantischen Deutschland des 19. Jahrhunderts. In: Religion und Gesellschaft im 19. Jahrhundert. Hg. v. *Wolfgang Schieder.* Stuttgart 1993, 191–215, hier: 207 f.

[9] *Thomas Mergel:* Die subtile Macht der Liebe: Geschlecht, Erziehung und Frömmigkeit in katholischen rheinischen Bürgerfamilien 1830 bis 1910. In: Frauen unter dem Patriarchat der Kirchen [s. Anm. 1], 22–47, hier: 43.

[10] Vgl. die bisher einzige Studie von *Catherine M. Prelinger:* Charity, Challenge and Change. Religious Dimensions of the Mid-Nineteenth-Century Women's Movement in Germany. New York [u. a.] 1987. Prelinger untersucht nicht nur Amalie Sievekings Wirken in Hamburg

suchungen, die sich bisher nur auf den katholischen Bereich beziehen und die These von einer Integration der Religiosität in die weibliche Einflußsphäre Familie vertreten, auf die protestantische Situation übertragen. Rebekka Habermas versucht eine Antwort darauf zu geben, wie es kommt, daß die Frauen den ihnen neu zugeschriebenen und religiös aufgewerteten Bereich des Hauses schon bald darauf verlassen. Sie ist der Meinung, daß neben dem Bedürfnis nach eigenen Anerkennungs- und Kommunikationsformen und dem Wunsch des Zugangs zur Öffentlichkeit, die am ehesten über die Religion herzustellen war, sich hier nun ein Ort „weiblicher Religiosität" erschloß, der den Frauen außerdem „mit Macht ausgestattete neue Handlungsräume" bereitstellte.[11] Letztlich zeigt ihr Fazit der Gesamtentwicklung allerdings Inkonsistenzen, denn sie muß „scheinbar paradoxe Entwicklungen" harmonisieren: „Zu Beginn des Jahrhunderts führt eine neue, geschlechtsspezifische Rollenverteilung im Bereich Religion zur Eroberung der Innenräume [...] und zur Aufwertung der Frau als Zivilisationshüterin innerhalb der Familie. Just auf dieser Basis der neuen Identität als ‚Zivilisationshüterin' wird wieder mittels der Religion die Eröffnung von kurz zuvor erst als männlich definierten Öffentlichkeiten erreicht und schließlich das Eindringen in die neue, qua Entlohnung, definierte Berufssphäre ermöglicht."[12] Wie soll eine Identität, die ausschließlich auf Kompetenzen im nicht-öffentlichen Raum ausgerichtet ist, zu solchen Konsequenzen führen? Zeigt nicht gerade der Aufbruch in die Öffentlichkeit, daß die Identifizierungsmöglichkeiten, die den Frauen durch Kirche und Gesellschaft bereitgestellt wurden, sich gar nicht erst im vollen Maße durchgesetzt haben?

Der bisherige Befund läßt vermuten, daß Katholizismus und Protestantismus die Rolle der Frau in Kirche und Gesellschaft jeweils unterschiedlich definiert haben und daß die bisherige Forschung ihre Ergebnisse vielleicht zu schnell auf den protestantischen Raum ausgedehnt hat.[13] Die „Feminisierung des Religiösen" im katholischen Bereich war deshalb erfolgreich, weil sie eine Aufwertung der verheirateten Frau in ihrer Funktion als Bewahrerin der Religion in Haus und Familie darstellte. Sie bildete damit ein Korrelat zur bisherigen Höherwertung der Jungfräulichkeit in der katholischen Kirche. Diese Höherwertung hatte aller-

---

und die Entstehung von Kaiserswerth, sondern widmet sich ebenfalls der deutsch-katholischen bzw. freichristlichen Bewegung in Hamburg und der Gründungsgeschichte der Hochschule für das weibliche Geschlecht in Hamburg. Vgl. außerdem *Dies.*: Die deutsche Frauendiakonie im 19. Jahrhundert: Die Anziehungskraft des Familienmodells. In: Frauen in der Geschichte VI. Hg. v. *Ruth-Ellen B. Joeres* [u.] *Annette Kuhn*. Düsseldorf 1985, 268–285.

[11] Vgl. *Habermas*, Weibliche Religiosität [s. Anm. 7], 133–139.

[12] *Habermas*, Weibliche Religiosität [s. Anm. 7], 139.

[13] Vgl. ähnlich *Hugh MacLeod:* Weibliche Frömmigkeit – männlicher Unglaube? Religion und Kirchen im bürgerlichen 19. Jahrhundert. In: Bürgerinnen und Bürger. Geschlechterverhältnisse im 19. Jahrhundert. Hg. v. *Ute Frevert*. Göttingen 1988, 134–156, hier: 146.

dings dazu geführt, daß es für katholische Frauen, die nicht heiraten konnten oder wollten, im kirchlichen Bereich Alternativen zu Ehe und Familie gab. Genau diese Möglichkeiten stellte der Protestantismus bis ins 19. Jahrhundert hinein nicht bereit. Hier herrschte ausschließlich ein einziges Modell: Frausein wurde über Ehe und Mutterschaft definiert.[14]

Gleichzeitig erlebten jedoch gerade die bürgerlichen Frauen das 19. Jahrhundert mit seiner zunehmenden Industrialisierung als mittlere Katastrophe. Der Aktionsbereich Haus beschränkte sich mehr und mehr auf organisatorische Fähigkeiten, die handwerklichen Arbeiten der Nahrungsmittelproduktion wurden nicht mehr gebraucht, und so verbrachten die bürgerlichen Frauen und ihre Kinder die Tage mit Näh-, Stick- und Häkelarbeiten. Während die Jungen jedoch noch auf den Übertritt ins Berufsleben vorbereitet wurden und man ihnen eine entsprechende Schulbildung zukommen ließ, waren die jungen Mädchen dazu verdammt, sittsam im Hause auf ihre zukünftigen Ehemänner zu warten.[15]

Konträr zur These von einer Feminisierung des Religiösen, die den Frauen größere Identifikationsmöglichkeiten mit Frömmigkeit und Kirche bieten sollte und dies vorzugsweise im nicht-öffentlichen Raum – wobei für den Protestantismus in Deutschland eine solche Untersuchung noch aussteht – vollzieht sich im Protestantismus des 19. Jahrhunderts eine Entwicklung, die diese These zumindest teilweise in Frage stellt: Es beginnt der „Eintritt der Frau in die Liebesarbeit".[16] In der Gründung der weiblichen Diakonie, weiblicher Armen- und Krankenpflegevereine und Gefängnisbesuchskreise, die zu einem großen Teil von Frauen initiiert wurden, kommt es bei gleichzeitiger Inanspruchnahme der Vorstellung eines besonderen weiblichen Geschlechtscharakters zu einem Aufbruch der Frauen in die Öffentlichkeit. In der diakonischen Liebesarbeit finden sie einen Bereich, der ihnen männlicherseits als spezifisch weibliche Domäne zugestanden wird und der zugleich beträchtliche emanzipatorische Folgen hat. Daß die Initiatorinnen dieser neuartigen Berufsmöglichkeiten von Frauen immer wieder verunsichert und von Selbstzweifeln geplagt waren, ist darauf zurückzuführen, daß sie hin- und hergerissen waren zwischen ihrer Überzeugung vom Guten und christlich Gebotenen ihrer Sache und der Diskrepanz, die sich damit zum herrschenden Rollenbild der protestantischen Frau ergab.

---

[14] Wie sich dies im wissenschaftlichen Diskurs niederschlägt, bedarf dringend einer Untersuchung.

[15] Vgl. *Elisabeth Gnauck-Kühne:* Die soziale Lage der Frauen (1895). In: Frauen in der Kirche. Hg. v. *Annette Kuhn.* Düsseldorf 1985, 36 f.

[16] *Erich Beyreuther:* Geschichte der Diakonie und inneren Mission in der Neuzeit. Berlin ³1983, 59. Vgl. ebenfalls den sprechenden Titel bei *Hermann Schauer:* Frauen entdecken ihren Auftrag. Weibliche Diakonie im Wandel eines Jahrhunderts. Göttingen 1960.

In einer konsequenten Trennung von einer Geschlechtsidentität, die keinerlei Eigenständigkeit zuließ, sondern die Frauen ausschließlich über ihren Status als Gattin, Mutter und Hausvorsteherin definierte, und der durch ihren christlichen Glauben ja eigentlich legitimierten Aufgabe der Diakonie lag wohl für diese Frauen die einzige Möglichkeit, tätig zu werden. Dabei reflektierten sie zunächst nicht, inwiefern dieser spezifisch weibliche Geschlechtscharakter eine gesellschaftliche Festschreibung war. Durch Organisationstalente wie Elizabeth Fry, Amalie Sieveking und Friederike Fliedner, um nur einige zu nennen, wurde nun allerdings umgeschrieben, was Weiblichkeit im spezifisch christlichen Sinne bedeuten kann und zu leisten vermag.

Dabei kann eine interessante Komplementarität festgestellt werden: Einerseits führte das partielle Aufgeben der spezifisch weiblichen Rolle in Unsicherheiten, andererseits fand es seine Legitimation in der christlichen Religion. Insbesondere die Frauen, die eine Familie besaßen, litten darunter, daß ihre organisatorischen Aufgaben dazu führten, daß sie ihre eigene Familie und damit die von ihrem Geschlecht erwartete Aufgabe des ausschließlichen Hausfrau- und Mutterseins oft in den Hintergrund stellen mußten. Dies ist wiederum ein Indiz dafür, daß die gesellschaftlichen Rollenerwartungen durchaus prägend blieben. Hier war ihnen aber gerade der Glaube eine Möglichkeit der Selbstvergewisserung und der Befreiung von den traditionellen Rollenmustern. Dazu trug gerade die Vergewisserung der Legitimität des eigenen Handelns durch das Gebet und die in der Erweckungsbewegung besonders gepflegte stille Frömmigkeit bei. Es ist m. E. kein Zufall, daß die von mir im folgenden behandelten, im diakonischen Bereich tätigen Frauen auf die eine oder andere Weise zu den unterschiedlichen Ausprägungen der Erweckungsbewegung intensiven Kontakt hatten. Es sollen die Motive transparent werden, die diese Frauen dazu bewogen haben, in die Öffentlichkeit zu gehen. Gleichzeitig wird dabei eine Form der Religiosität sichtbar, die über die eingangs beschriebenen Erklärungen weiblicher Frömmigkeit als „Sinnressource“ hinausgeht und der These von einer zunehmenden „Feminisierung“ oder auch „Familiarisierung“[17], Subtile Macht [s. Anm. 9], 46. des Religiösen widerspricht.

2. Erweckte Frömmigkeit und der Aufbruch der Frauen: Elizabeth Fry – Amalie Sieveking – Friederike Fliedner

Wegweisend auch für die Diakonie im deutschsprachigen Raum wurde die Quäkerin Elizabeth Fry (1780–1845) in ihren unermüdlichen Bemühungen um die Reform der Gefängnisfürsorge. Sie setzte sich für

[17] *MergelD*

konkrete Verbesserungen in den Gefängnissen ein, vor allem für die Lebensbedingungen weiblicher Sträflinge, und initiierte die Gründung von Frauenbesuchskreisen („Ladies' Committees"), die die Umsetzung solcher Forderungen kontrollieren sollten und außerdem die Gefangenen mit religiösem Schrifttum versorgten. Elizabeth Fry setzte stark auf die Eigenverantwortlichkeit der Gefangenen, die zu einer eigenständigen Veränderung ihrer Lage angeregt werden sollten. Sie kümmerte sich ebenfalls um die Situation auf den Schiffen, die weibliche Gefangene in Strafkolonien sandten, und erwirkte zahlreiche Verbesserungen. In ganz Europa besuchte sie Gefängnisse und plädierte für eine menschenwürdige Behandlung der Gefangenen.

Ihre Tagebücher offenbaren den inneren Zwiespalt zwischen ihrem öffentlichen Engagement und der Erwartung an sich selbst, sich als Ehefrau und Mutter uneingeschränkt der Familie zu widmen. Ihre Frömmigkeit führt jedoch im Zwiegespräch mit Gott zu einer Selbstvergewisserung, die sie ermutigt, aus den vorgegebenen Rollenbildern auszubrechen. Die Diskrepanz zwischen den Erwartungen an sie, die sie sich immer wieder zu eigen macht, und ihrer christlich motivierten Öffentlichkeitsarbeit verunsichert sie dennoch immer wieder erneut: „Have I authority for leaving my home and evident duties? What leads me to believe I have! for I need not doubt that when away, and at times greatly tried, this query is likely to arise. The prospect has come in that quiet, yet I think powerful way, that I have never been able to believe I should get rid of it; indeed hitherto I have hardly felt anything but a calm cheerfulness about it, and very little anxiety. It seems to me as if in this journey I must be stripped of outward dependencies, and my watchword appears to be, – 'My soul, wait thou ONLY upon God; for my expectation is from Him.'"[18]

Elizabeth Fry sieht sich durch die Losung, daß ihre Seele allein auf Gott warten soll, veranlaßt, äußerliche Abhängigkeiten hinter sich zu lassen und darauf zu vertrauen, daß ihre Sendung gottgewollt ist. An dieser Einstellung hält sie auch fest, als ihr vorgeworfen wird, sie handle aus Eitelkeit und politischen Motiven und vernachlässige ihre Familie.[19] Selbstvergewisserung findet Elizabeth Fry nicht nur im privaten Gebet zu Gott, das sich unmittelbar in ihren Tagebüchern niederschlägt,[20]

---

[18] Memoir of the Life of Elizabeth Fry with Extracts from her journals and letters. Bd. 1. London 1847, 184; ebenfalls zitiert bei *Dale A. Johnson:* Women in English Religion 1700–1925. New York [u. a.] 1983, 119.

[19] Memoir [s. Anm. 18], 322: „Although I have had much support from many of my fellow-mortals, and so much unity expressed with me in and out of our Society – yet I believe many Friends have great fears for me and mine; and some not Friends, do not scruple to spread evil reports, as if vanity or political motives led me to neglect a large family. I desire patiently to bear it all, but the very critical view that is taken of my beloved children, grieves me much."

[20] Vgl. z. B. Memoir [s. Anm. 18], 75.

sondern auch in den speziellen Gottesdiensten der Quäker, in denen es auch Frauen erlaubt ist zu predigen – eine Möglichkeit, von der jedoch nur Gebrauch macht, wer sich vom Heiligen Geist dazu beauftragt sieht.[21] Auch diese Predigttätigkeit verleiht ihr die Gewißheit, daß ihr ungewöhnliches Anliegen und Auftreten mit Gottes Willen vereinbar ist.[22] Dabei ist sie sich ihrer Ausnahmerolle als predigende Frau stets bewußt.

Ihre Tagebücher spiegeln gelegentlich auch die Unzufriedenheit mit ihren häuslichen Aufgaben, die sie nicht ausfüllen.[23] Ständig ist sie um Perfektionierung ihres Lebenswandels im Sinne einer völligen Ausrichtung auf Gott bemüht.[24] Um ihren Aufgaben gerecht zu werden, formuliert sie für sich Fragen zur Gewissenserforschung. Sie dienen zum einen der Ausrichtung auf Gott in der Tagesplanung, zum anderen der korrekten Erfüllung ihrer Mutter- und Haushaltspflichten, die sie sehr ernst nimmt. An diesem Bemühen wird deutlich, daß Elizabeth Fry ihr öffentliches Auftreten nicht als persönliche Emanzipationsbestrebungen gesehen hat. Sie war durchaus den an sie gestellten Rollenerwartungen verpflichtet: „Hast thou endeavoured to perform thy relative duties faithfully: been a tender, loving, yielding wife, where thy own will and pleasure were concerned; a tender, yet steady mother with thy children, [...] a kind, yet honest mistress, telling thy servants of their faults."[25] Als ihre sozialen Aktivitäten zunehmen, stellt sie sich häufiger die Frage, ob sie ihren privaten Pflichten noch zur Genüge nachkommt.[26] Ihre Reisen im Dienste von Gefängnisreformen sind in den meisten Fällen verknüpft mit dem Besuch anderer Quäker und der Teilnahme an deren Gottesdiensten. Ohne diese religiöse Unterstützung hätte Elizabeth Fry ihr häufiges Fernsein nicht legitimieren können. Sie ist jedoch überzeugt davon, daß auf ihrer Aufgabe der Segen Gottes liegt.[27] Wenn sie ihre Hausfrauenpflichten mit ihrer Arbeit in den Gefängnissen vergleicht, kann sie sich auch eingestehen, daß sie die Gefängnisarbeit für die sinnvollere hält,

---

[21] Elizabeth Fry spricht das erste Mal 1809 bei der Beerdigung ihres Vaters; vgl. Memoir [s. Anm. 18], 146.

[22] Vgl. *Johnson*, Women [s. Anm. 18], 121.

[23] Vgl. Memoir [s. Anm. 18], 99 u. 105.

[24] Vgl. Memoir, 90 u. 120: „How greatly I desire that all I do, may be done to the glory of God, rather than to my own self-satisfaction."

[25] Memoir, 130.

[26] Memoir, 158: „May my being led out of my own family, by what appear to me duties, never be permitted to hinder my doing my duty fully towards it, or so occupy my attention, as to make me in any degree forget or neglect home duties [...] Be pleased then, O Lord! Thou who knowest my heart, and all its temptations; be pleased to preserve me, and enable me if Thou seest meet [me?], to do Thy will, in strength and in weekness, when it leads to the hardest crosses, so well as into the way of rejoicing."

[27] Memoir, 289: „A remarkable blessing still appears to accompany my prison concerns; perhaps the greatest apparent blessing on my deeds, that ever attended me."

auch wenn sie ihr Pflichtgefühl den Haushalt nicht vernachlässigen läßt.[28] Es bedrückt sie, als auch einige Quäker ihrer Arbeit gegenüber Vorbehalte äußern, aber unbeirrbar hält sie an ihr fest.[29] Der Antrieb ihrer Aktivitäten kommt dabei stets aus der Gewißheit um die Übereinstimmung mit dem göttlichen Willen. 1826 unterstützen mehrere Quäkerversammlungen die Reise Elizabeth Frys und ihres Bruders nach Irland, auf der die beiden ebenfalls für Gefängnisreformen eintreten wollten. Die Irritationen über Elizabeth Frys Aktivitäten wurden demnach nicht von allen Quäkern geteilt. Die sehr existentialistische Frömmigkeit, die Elizabeth Fry kultivierte, führte auch zu einer bemerkenswerten Unabhängigkeit gegenüber den Gruppenzwängen der Quäker, über die sie sich freimütig äußert: „[...] bitter experience has proved to me, that Friends do rest too much on externals; [...] then I believe that we should be as a people less in bonds, and partake more of the glorious liberty of the children of God."[30] Dennoch leidet sie darunter, als sich mehrere ihrer Kinder von den Quäkern abwenden, und ist besorgt um deren spirituelles Wohlergehen, weswegen sie sie regelmäßig zu religiösen Zusammenkünften mit ihr einlädt.[31] Die Frauenkreise, die Elizabeth Fry initiierte, setzten sich für eine Verbesserung der Bedingungen der weiblichen Gefangenen sowie für deren Evangelisierung ein. Stets standen soziales Engagement und Christianisierung nebeneinander. Der Mut zu ihren zahlreichen Reisen in das europäische Ausland kam stets aus der Vergewisserung ihres Auftrags durch das Gebet.[32] Sie reiste nur, wenn sie durch das Gebet die Gewißheit erlangt hatte, dem göttlichen Willen konform zu handeln.[33] Unterstützend kam hinzu, daß ihr Mann ihre Aufgabe stets akzeptierte und sie häufig auch auf Reisen begleitete. Dieser Rückhalt innerhalb der Familie bedeutete ihr viel.

---

[28] Vgl. Memoir [s. Anm. 18], 378.

[29] Vgl. Memoir, 410 f.

[30] Memoir of the Life of Elizabeth Fry. Bd. 2. London 1847, 108 f.; vgl. Memoir Bd. 2, 390; auf einer Versammlung äußert sie dezidierte Kritik am Lebenswandel der Quäker, denen sie falsche Sicherheit und „deficiencies in faith and practice" vorwirft.

[31] Memoir Bd. 2 [s. Anm. 30], 256.

[32] Reflexion und Gebet gehen oft ineinander über; vgl. Memoir Bd. 2, 298 f.: „How earnestly do I desire and pray, that my Lord would clearly point out my work in this place; that He would enable me by His own Power and Spirit, to perform it in simplicity to His praise, the good of others, and my own peace. Lord, regard Thy servant in her low estate, and if it be Thy holy will, give some token, by Thy presence, Spirit and Power, that Thou art with us [...]. Answer this cry, I beseech Thee, and give Thy poor servant a quiet, patient trustful spirit, only dependent upon the fresh pourings forth of Thy Spirit and the incoming of Thy love. Amen."

[33] Memoir Bd. 2, 292: „I now desire to leave all to the further openings of Providence, as when to go, who is to go with me, and where to go. I desire to leave it all to my most holy and gracious Head and High Priest, my All and All, my Lord and my God."

Elizabeth Frys Organisation der Gefängnisfürsorge wirkte beispielhaft und findet zahlreiche Nachahmungen unter anderem in Kaiserswerth bei Theodor Fliedner, ja in ganz Europa. Und ganz erstaunlich erscheint dabei das Selbstbewußtsein, mit dem die innerlich doch häufig verunsicherte Frau auftritt und das viele ihrer Zuhörerinnen und Zuhörer beeindruckte. In einem Bericht aus den „Fliegenden Blättern des Rauhen Hauses" wird sie folgendermaßen dargestellt: „Mrs. Fry ist groß, sie trägt das lange, etwas schleppende Quäker-Gewand, das sie noch größer erscheinen läßt, die schlichte Haube, unter der die glatten Haare vorne kurz geschnitten sind. [...] Eine unbeschreibliche Ruhe liegt in ihrem ganzen Wesen. Obgleich jetzt zum ersten Mal in Paris, scheint es, als sei sie zwanzig Jahre hier gewesen. Aufregung und Verlegenheit sind ihr fremd. Wer sie bei der Abreise sah, fand sie so ruhig wie bei der Ankunft. Sie empfing uns wie alte Bekannte, und verlor keinen Augenblick mit unnützen Vorreden. Sie sagte, sie sei gekommen, um die Gefängnisse, Schulen und wohlthätigen Anstalten zu sehen, um sich zu belehren, und im Nothfall guten Rath zu erteilen. Ich habe nie weder eine solche Einfachheit, noch einen solchen Ernst bei einer Frau gefunden. Nichts Enthusiastisches ist in ihrem Gesicht, augenblickliche Rührung ist offenbar nicht die Triebfeder ihrer Unternehmungen."[34] Die Charakterisierung läßt das Erstaunen über das so souveräne Auftreten einer Frau durchblicken. Gleichzeitig betont der Bericht die christliche und ökumenische Gesinnung von Elizabeth Fry[35] sowie die tiefe Frömmigkeit ihrer Verkündigung.

Großes Sendungsbewußtsein strahlt auch ihre Hauptschrift aus, in der sie alle Frauen dazu auffordert, „trifling and unprofitable pursuits" aufzugeben und sich sinnvollen Beschäftigungen zuzuwenden. Hierunter versteht sie die Fürsorge für das eigene Geschlecht als vordringliche Aufgabe. Dadurch würden sie „faithful, humble, devoted, followers of a crucified Lord, who went about DOING GOOD."[36] Mit dieser Aufforderung ist kein emanzipatorischer Anspruch verbunden. Indem jedoch dazu aufgefordert wird, weibliche Tätigkeiten auch im außerhäuslichen Raum auszuüben, verlassen die Frauen den ihnen zugewiesenen Platz. Gerade die den Frauen zugeschriebenen Eigenschaften der Sanftheit, der Nächstenliebe, der religiösen Offenheit qualifizieren sie für Tätigkeiten der Fürsorge; dies besonders für die „helpless, the ignorant, the afflicted, or the depraved, of their own sex."[37] Damit geht es ihr einerseits um sinn-

---

[34] Fliegende Blätter 6, 1849, 33 f.

[35] „Sie erkundigt sich nicht nach der Religion der Gefangenen. ‚Es kommt mir nicht darauf an', sagt sie, ‚ob es Protestanten, Katholiken oder Juden sind.' Doch spricht sie Allen vom Evangelium. Die Liebe Christi ist ihr Leben [...]"; Fliegende Blätter 6, 1849, 35.

[36] *Johnson*, Women [s. Anm. 18], 166: Observations on the Visiting, Superintending, and Government, of Female Prisoners. London 1827.

[37] *Johnson*, Women [s. Anm. 18], 167.

volle Tätigkeiten für Frauen; andererseits um die Beseitigung sozialer Mißstände. In diesem Bemühen ist sie für Europa wegweisend geworden. Nicht nur Theodor Fliedner und seine Frau, sondern auch Amalie Sieveking äußern sich bewundernd über die von ihr erreichten Reformen und nehmen sie sich zum Vorbild.[38]

Elizabeth Frys Wirken ist nur verstehbar auf dem Hintergrund ihrer Frömmigkeit. Bei allem organisatorischen Talent und ihren präzisen Kenntnissen des europäischen Gefängniswesens ist ansonsten ihre Anteilnahme an politischen oder intellektuellen Debatten ihrer Zeit eher als gering zu veranschlagen. Dies gilt nicht für Amalie Sieveking (1794–1859)[39]. die von allen drei Frauen sicherlich die höchste Bildung besaß und sich den geistigen Hintergrund ihrer Zeit angeeignet und ihn kritisch durchdacht hat. Genau wie bei Elizabeth Fry gehen bei ihr existentielle Frömmigkeit und Nächstenliebe eine untrennbare Verbindung ein. Im Gegensatz zu Elizabeth Fry ist es Amalie Sieveking jedoch ein direktes Anliegen, eine Emanzipation des weiblichen Geschlechts im christlichen Sinne zu fördern.[40] Dabei ist sie sich jedoch der Tatsache bewußt, daß diese Bestrebungen in christlichen Kreisen eher Skepsis hervorrufen würden. Genau wie Elizabeth Fry kann sie ihren „Aufruf an die christlichen Frauen und Jungfrauen Deutschlands" jedoch christlich legitimieren: „Einen Gnadenruf des Herrn an unser Geschlecht meine ich in der Neuzeit vernommen zu haben, und diesen Ruf euch, meinen Mitjüngerinnen, ans Herz zu legen, das ist der Zweck dieser Blätter."[41]

Um keinerlei Verdacht aufkommen zu lassen, daß es ihr um eine Emanzipation der Frau auf Kosten der Männer gehen könnte, grenzt sie sich sowohl von der Frauenemanzipation im „antichristlichen" Kommunismus wie von den Frauen ab, die die Gleichheit und Ebenbürtigkeit mit den Männern betonen.[42] Stattdessen betont sie die Andersartigkeit der Frau gegenüber dem Mann und akzeptiert auch die Unterordnung

---

[38] Elizabeth Fry erwähnt die Begegnungen mit den beiden ebenfalls in ihrem Tagebuch; vgl. Memoir Bd. 2 [s. Anm. 30], 374 f. u. 401.

[39] Vgl. zu ihr: *Rainer Postel:* Amalie Sieveking. In: Gestalten der Kirchengeschichte. Die neueste Zeit. Hg. v. *Martin Greschat.* Bd. 9,1. Stuttgart [u. a.] 1985, 233–242, u. *Theodor Kuessner:* Die Erweckungsbewegung in Hamburg im Spiegel der Briefe, Tagebücher und theologischen Schriften Amalie Sievekings. Hamburg 1986 (Arbeiten zur Kirchengeschichte Hamburgs, 16). Bisher fehlt eine Arbeit, die eine präzise theologische Einordnung der (Laien-) Theologie Sievekings vornimmt.

[40] *Amalie Sieveking:* Aufruf an die christlichen Frauen und Jungfrauen Deutschlands (1850). In: Amalie Sieveking. Eine Vorkämpferin der christlichen Frauenbewegung. Hg. v. *Richard Remé.* Hamburg 1911, 41.

[41] *Sieveking*, Aufruf [s. Anm. 40], 41. Vgl. bereits ihren „Aufruf an christliche Seelen" (1831), in dem es heißt: „[...] müssen wir denn nicht auch alle auf gewisse Weise als Missionare und Missionarinnen uns ansehen, verordnet zur Verkündigung der herrlichen Tugenden des, der uns berufen hat zu seinem wunderbaren Lichte [...]" (34).

[42] *Sieveking*, Aufruf, 41.

der Frau unter den Mann. Sie glaubt jedoch, daß Paulus mit Gal 3, 28 sagen will, „daß in den Augen des Herrn das Weib nicht ein Wesen sei geringerer Art, als der Mann, schwächer allerdings, aber darum nicht geringer zu schätzen."[43] Sie wünscht „keine Aufhebung der natürlichen und von Gott selbst angeordneten Beschränkungen "[44]. Indem sie so dargelegt hat, daß ihre Bestrebungen für das herkömmliche Rollenmodell keinerlei Gefährdung darstellen, kann sie aber dennoch nicht umhin, die Rolle der Gattin, Hausfrau und Mutter einer kräftigen Revision zu unterwerfen. Sie kritisiert den Mangel an „geregelter Tätigkeit"[45] und das Vergeuden kostbarer Zeit mit der Beschäftigung mit Kleidung, Handarbeiten und Romanlektüre. Sie tritt für eine vernünftige Organisation der Hausarbeit ein, die dann auch für caritative Tätigkeiten Zeit läßt. Statt Handarbeit wünscht Amalie Sieveking, daß die Frauen sich „höheren, geistigen Interessen"[46] zuwenden. „Die Hauptsachen wären etwa folgende: Beschäftigung mit göttlichen Dingen, verständige Leitung des Hauswesens, ins Detail eingehend, wenn die beschränkten Verhältnisse des Mannes es erfordern, bei höherer Stellung desselben wird es nur eine Oberaufsicht sein müssen [. . .], Ausbildung des Geistes, damit die Frau dem gebildeten Manne mehr sein könne, als bloße Haushälterin oder gar nur seine Spielpuppe, damit sie fähig sei, die Interessen seines Berufes zu teilen, und um ihm eine Gehilfin zu sein im schönsten Sinne des Wortes, damit ihre Unterhaltung ihm eine Erholung gewähre von seinen ernsten Geschäften und Sorgen, Auferziehung der Kinder in der Zucht und Vermahnung zum Herrn, und endlich Beteiligung an irgend einer gemeinnützigen Wirksamkeit."[47]

Sehr geschickt verbindet sie also die Forderung nach mehr religiöser Bildung für die Frauen mit den Vorteilen, die eine solche Ausbildung für jeden verständigen Ehemann haben wird. Sie entkräftet damit den Vorwurf, daß sie die Frau „dem häuslichen Wirkungskreise entfremden" wolle.[48] Im Gegenteil ist sie der Meinung, daß mehr religiöse Bildung zu einer viel ernsthafteren Erfüllung der Hausfrauen- und Mutterpflichten führen könnte. Indem sie so eventuellen Kritikern zuvorgekommen ist, versucht sie die Frauen für ihr eigentliches Anliegen, das Eintreten für Notleidende, zu gewinnen. Daß diese Tätigkeiten erst recht für unverheiratete Frauen sinnvolle Berufsfelder bieten, erwähnt sie eigens und äußert die feste Gewißheit, daß Gott nicht nur einen Segen für die Hausfrau und Mutter hat. Amalie Sieveking hält eine solche Tätigkeit auch

[43] *Sieveking*, Aufruf [s. Anm. 40], 42.
[44] *Sieveking*, Aufruf, 43.
[45] *Sieveking*, Aufruf, 43.
[46] *Sieveking*, Aufruf, 44.
[47] *Sieveking*, Aufruf, 45.
[48] *Sieveking*, Aufruf, 45.

für ein junges Mädchen vor der Ehe für geeignet. Jedoch muß sie sich dabei gegen das Vorurteil zur Wehr setzen, daß die jungen Mädchen durch eine solche eigenständige Tätigkeit zu selbständig würden, was ein Ehehindernis bedeute. Amalie Sieveking ist bewußt, daß ihre Vorstellungen nicht unbedingt dem herkömmlichen Ideal der Weiblichkeit entsprechen, doch sie bemüht sich geschickt, dies nicht zu deutlich werden zu lassen.[49] Hier zeigt sich ein ausgesprochener Sinn für die Machbarkeit von Veränderungen.

Es ist deutlich spürbar, daß Amalie Sieveking sich genau darüber im klaren war, daß eine Änderung der Frauenrolle nur mit der Akzeptanz der Männer durchsetzbar ist. Daher rührt ihre entsprechende Argumentation. Darum tritt sie auch vehement gegen eine politische Betätigung von Frauen ein.[50] Das Arbeitsgebiet der Frau liegt für sie im Bereich der praktischen Nächstenliebe, die aus christlichem Glauben geschieht. So schließt sie den Aufruf an ihre Geschlechtsgenossinnen mit dem Appell: „Wohlauf denn, ihr Jüngerinnen des Herrn, treten wir zusammen in einen heiligen Bund des Glaubens und der Liebe! Das Gelübde unseres Bundes aber ist, daß wir zunächst den Kreis unserer Familie, aber dann auch darüber hinaus alles, soweit unser Einfluß irgend reicht, mit den Himmelskräften der Liebe durchdringen wollen, als Dienerinnen der ewigen Liebe willig uns hingebend dem Dienste auch unserer ärmsten und schwächsten Brüder."[51] Es ist wohl kein Zufall, daß hier in großer Nähe zur Dienstanweisung der Kaiserswerther Diakonissen formuliert wurde.[52] Damit wird ein Bezug zu einer weithin vom Protestantismus akzeptierten Berufstätigkeit von Frauen hergestellt.

Amalie Sieveking hat sich jedoch nicht nur der caritativen Tätigkeit von Frauen verpflichtet gesehen, wie er in der Gründung des Weiblichen Vereins für Armen- und Krankenpflege 1832 zum Ausdruck kommt. Sie hat sich ab ihrem 19. Lebensjahr auch für die Mädchenbildung eingesetzt und dies ein Leben lang.[53] Dabei kämpfte sie durchaus mit Selbstzweifeln,

---

[49] *Sieveking*, Aufruf [s. Anm. 40], 50: „Nehmen wir dagegen das Mädchen, das sich an eine ernste, geregelte Tätigkeit gewöhnt hat, so setzt das ja eben schon etwas voraus bei ihr, das sie gewiß geschickter macht, dem vernünftigen Willen des Mannes sich zu unterwerfen. Sie muß ja gelernt haben, sich selbst zu beherrschen, ihren eigenen Willen zu brechen, und willig wird sie auch dem edlen Manne sich unterordnen!"

[50] *Sieveking*, Aufruf, 51.

[51] *Sieveking*, Aufruf, 57.

[52] In der Dienstanweisung heißt es: „Was nun die Diakonissen für Krankenpflege zunächst betrifft, so haben sie, wenn sie den Beruf im evangelischen und apostolischen Geiste erfüllen wollen, vor allem zu bedenken, daß sie die Kranken pflegen müssen als Dienerinnen, was auch ihr Amtsname (‚Diakonissen') bedeutet, und zwar: 1) als Dienerinnen des Herrn Jesu, 2) als Dienerinnen der Kranken, um Jesu willen, 3) als Dienerinnen untereinander"; s. Innere Mission. Hg. v. *Martin Gerhardt*. Gladbeck 1949, 13.

[53] Sie ist sich der Tatsache bewußt, daß zur Veränderung des Frauenbildes eine bessere Ausbildung der Mädchen unumgänglich ist. Es heißt bei ihr: „Aber da meine ich nun, daß für die

weil ein solcher Einsatz einer unverheirateten Frau ungewöhnlich war und dem Frauenbild der Zeit nicht entsprach.[54] Genau wie Elizabeth Fry gelingt es ihr aber, durch ihre existentielle Frömmigkeit diese Zweifel zu überwinden[55] und eine sinnvolle Lebensführung als unverheiratete Frau für sich zu gestalten und selbstbewußt auch für andere zu fordern.[56] Dies kann sie sogar christlich legitimieren: „Freilich mag es süß sein, von einem trefflichen Mann mit der vollen Kraft seiner Seele geliebt zu werden, und sich ihm ganz hinzugeben; ich ahne das wohl und bin nicht unempfindlich für das Glück der Gattin und Mutter; ihre Freuden scheinen mir vielmehr zu den süßesten und edelsten auf Erden zu gehören. Aber ich kenne doch ein Glück, das noch höher ist: ich meine das Glück, eine Christin zu sein.“[57]

Diese feste Bindung an den christlichen Glauben, der durch den Einfluß der Erweckungsbewegung noch verstärkt worden ist, ermöglichte Amalie Sieveking zum einen eine Abgrenzung von den bürgerlichen Positionen der Zeit, die die einzige Bestimmung der Frau in der Ehe sahen – explizit erwähnt sie, daß sie Joachim Heinrich Campes Schrift „Väterlichen Rath für meine Thochter“ nicht für sich akzeptieren konnte.[58] Zum anderen hat sie sich wohl durchaus bemüht, andere literarische Entwürfe weiblicher Lebensgestaltung kennenzulernen. In ihren Unter-

---

Entwicklung der Intelligenz bei unserem Geschlechte oft zu wenig geschieht. Woher sonst bei den Frauen oft so viel Mangel an Logik, so viel Unklarheit und Verwirrung der Begriffe?“; s. *Amalie Sieveking:* Unterhaltungen über einzelne Abschnitte der heiligen Schrift. Leipzig 1855, 477.

54 So schreibt sie 1816 an ihren Bruder: „Es war seit einiger Zeit der beunruhigende Zweifel in mir entstanden, ob auch mein jetziges Wirken mich zu weit von meiner eigentlichen weiblichen Bestimmung abführe [...] ob ich auch wohl in meiner jetzigen größeren Ausbreitung meines Unternehmens mich ganz in meiner Weiblichkeit behaupten könne?“; s. Denkwürdigkeiten aus dem Leben von Amalie Sieveking. Hg. v. *Emma Poel.* Hamburg 1860, 31.

55 Denkwürdigkeiten [s. Anm. 54], 87: „O, dieser holde, freundliche Glaube! ja, ich fühl's, er wird sich mir immer fester und fester in's Herz legen, er wird sich auch mir immer mehr und mehr beweisen als eine Kraft Gottes, selig zu machen“; vgl. auch *Sieveking,* Unterhaltungen [s. Anm. 53], 212 f.: „Und doch ist der wahre Glaube etwas so Hohes und Heiliges; er ist eine Kraft Gottes im Menschen, durch die ein ganz neues Leben, ein Leben aus Gott, in ihm gewirkt wird, in der er Größeres auszurichten vermag, als in irgend einer nur natürlichen Kraft, durch die ihm gewissermaßen die ganze sichtbare Natur unterthan wird: denn Denen, die Gott lieben, müssen alle Dinge zum Besten dienen; (Röm 8,28) – es ist die Kraft, die als ein starkes Band ihn verknüpft mit einer höheren Ordnung der Dinge, die ihn mit dem Allmächtigen selbst in einen Bund treten läßt.“

56 „Es mag auch in unserer protestantischen Kirche die Unverehelichte eine Würde finden und ein Glück, wodurch die tiefsten Bedürfnisse ihres Herzens befriedigt werden; Mittel und Weg aber ist die dienende Liebe“; s. *Sieveking,* Unterhaltungen [s. Anm. 53], 244.

57 Denkwürdigkeiten [s. Anm. 54], 101. Vgl. auch Denkwürdigkeiten, 116 f.: „Mir aber schien es immer klarer, daß der so reiche Herr unmöglich nur auf Einen Stand seinen Segen könne gelegt haben, sondern denselben für alle, auch für die so verschrieenen alten Jungfern sich vorbehalten.“

58 Vgl. Denkwürdigkeiten, 116.

haltungen über einzelne Abschnitte der heiligen Schrift äußert sie sich negativ über Jean-Jacques Rousseaus Menschenbild.[59] Daß diese negative Einschätzung im Zusammenhang mit Rousseaus Beschreibung der Frau in seinem „Emile" steht, liegt nahe. Positiv wird im selben Buch dagegen Theodor Gottlieb Hippel erwähnt,[60] dessen Schrift „Über die bürgerliche Verbesserung der Weiber" ihr demnach bekannt gewesen ist. Auch war Hippel ja ein ausgesprochener Befürworter der Mädchenbildung. Es spricht wiederum für ihren diplomatischen Sinn, daß sie hier die Positionen der Erwähnten nicht wiedergibt.

Bis hierhin entsprechen die Resultate von Amalie Sievekings Wirken weitgehend denen von Elizabeth Fry, erscheinen jedoch reflektierter in dem, wie sie über die Veränderungen des Frauenbildes der Zeit nachdenkt. Auch wenn sie ihre Kritik nur verhalten vorbringt, wird doch ganz deutlich, daß ihr das herrschende Bild mißfällt.[61] Wie unabhängig sie von den gängigen Vorstellungen war, zeigt sich gleichfalls an ihrer laientheologischen Tätigkeit, die an Traditionen der Erbauungsliteratur anschließt, wie sie im Pietismus gepflegt wurden. Ihre Publikationen, bei denen es sich um auf die Gegenwart bezogene, fromme Bibelauslegungen handelt, suchen dezidierten Anschluß an Spener und Francke, an die Frömmigkeitstraditionen gelehrter Laien wie die Quäker, die Herrnhuter, die Methodisten und an Gerhard Tersteegen.[62] Dabei steht sie mit ihrer Theologie auf dem Boden der lutherischen Kirche und versucht mit ihrer existentialisierenden Exegese, die biblische Botschaft vor allem für Frauen anschaulich zu machen. Dabei kommt es allerdings zu keinerlei „Feminisierung des Religiösen". Weder ändert sich das Gottesbild in irgendeine femininere Richtung noch exegesiert sie besonders gefühlvoll. Im Vorwort der Unterhaltungen beschreibt sie ihre eigene Methode folgendermaßen: „In Allem, was ich glaube, suche ich mich zu begründen in der heiligen Schrift; aber über die heilige Schrift hinaus will ich nicht. Nach menschlichen Systemen frage ich wenig, und da mag es denn wohl kommen, daß, während Einige über die Strenge meines Dogmas sich beschweren, die Andern allerlei ketzerischer Lehren mich beschuldigen. Die aber das Wort Gottes hoch halten als Quell des ewigen Lebens, woraus die Erkenntnis göttlicher Wahrheit fließt, die Jesum Christum lieb haben als den wahrhaftigen Sohn Gottes, der in unendlicher Huld herabgestiegen auf unsere arme Erde, uns zu versöhnen mit Gott, die mit sehnsüchtigen Verlangen danach trachten, zu wachsen in

---

[59] *Sieveking*, Unterhaltungen [s. Anm. 53], 397.

[60] *Sieveking*, Unterhaltungen, 44.

[61] Denkwürdigkeiten [s. Anm. 54], 325: „Aber freilich ist die echte Weiblichkeit in meinen Augen auch etwas ganz anderes, als was von manchen dafür ausgegeben wird, und das mir fast nur als ein Gemisch von Schwäche und Eitelkeit erscheinen will. Ich glaube an die Kraft des Weibes, wie ich an die des Mannes glaube, wenn auch jene anders modificirt ist."

[62] *Sieveking*, Unterhaltungen, 6 f.

der Heiligung und ihr Erdenleben sich verklären zu lassen durch den Aufgang aus der Höhe, die, meine ich, werden den Schwesternamen mir nicht versagen, zu welcher äußern Kirche immer sie gehören."[63]

Bei Elizabeth Fry und Amalie Sieveking kann man durchaus von geglückter Veränderung weiblicher Lebensperspektiven mit Hilfe des Glaubens sprechen. Beide vermochten die biographischen Umstände ihres Lebens – die eine als Verheiratete und Mutter von elf Kindern, die andere als Unverheiratete, die diese Lebenssituation für sich als befriedigend ansah – mit ihrem ungewöhnlichen Lebensentwurf zu vereinbaren. Das letzte Beispiel für einen von Frauen initiierten Aufbruch in die Öffentlichkeit, Friederike Fliedner geb. Münster (1800–1842),[64] vermittelt einen anderen Eindruck: Die im Alter von 42 Jahren an den Folgen einer Totgeburt gestorbene Friederike Fliedner brachte zwar ganz ähnliche Voraussetzungen und Vorstellungen in ihr Lebenskonzept ein wie Elizabeth Fry und Amalie Sieveking, mußte aber für ihre berufliche Tätigkeit einen vielleicht zu hohen Preis zahlen. Ebenfalls von der Erwekkungsbewegung beeinflußt, hatte auch Friederike Münster zunächst versucht, sich eine unabhängige Existenz im caritativen Bereich aufzubauen. Ihre Tätigkeit in der Rettungsanstalt des Grafen von der Recke-Volmerstein mußte sie aufgeben, weil dort organisatorische Unregelmäßigkeiten aufgetreten waren und die Anstalt in Mißkredit geriet.[65] Ihre Familie erlaubte ihr nicht, eine Tätigkeit als Gefängnisseelsorgerin in Düsseldorf aufzunehmen. Als einzige Möglichkeit bot ihr eine befreundete Familie an, dort in der Haushaltsführung zu helfen und damit eine für unverheiratete Frauen typische Tätigkeit auszuüben. In dieser Situation warb der Kaiserswerther Pfarrer Theodor Fliedner um sie. Sowohl sein Werbebrief wie auch ihre Antwort darauf vermitteln den Eindruck, daß es sich um eine Vernunftehe handelte. Der Pfarrer suchte eine Frau, die eine hingebungsvolle Pfarrfrau sein würde;[66] Friederike Münster sah in der Ehe einen Ausweg aus ihrer notvollen Situation.

---

[63] *Sieveking*, Unterhaltungen [s. Anm. 53], VII.

[64] *Anna Sticker:* „... und doch möchte ich nur meinem Sinn folgen ...". Offenbach 1986, hat die bisher einzige Biographie über Friederike Fliedner verfaßt und dabei auch auf Archivmaterial in Kaiserswerth zurückgegriffen. Eine historisch-kritische Arbeit zu Friederike Fliedner liegt bisher nicht vor.

[65] Vgl. *Sticker*, 18.

[66] Vgl. seinen Werbebrief, in dem es heißt: „Die Achtung, die mir das einstimmige Lob Ihrer Bekannten schon vorher gegen sie eingeflößt hatte, verwandelte sich nun in hohe Verehrung, als ich Ihre unermüdete Berufstreu und Ihren aufopfernden Sinn, für des Herren Ehre und der Seelen Heil zu wirken, Ihr gläubiges Festhalten an seiner Gnade mit weiser Besonnenheit gepaart, erkannte"; s. Friederike Fliedner und die Anfänge der Frauendiakonie. Ein Quellenbuch. Hg. v. *Anna Sticker*. Duisburg 1961, 13.

Bereits im Werbebrief brachte Theodor Fliedner zum Ausdruck, daß er von seiner Frau in der Ehe Unterordnung erwartete,[67] die ihm auch bis zur völligen Selbstaufopferung seiner Frau für die Belange der Familie und für die Kaiserswerther Anstalten zuteil wurde. Während ihrer 14jährigen Ehe gebar Friederike Fliedner elf Kinder, von denen fünf bereits kurz nach der Geburt starben. Neben Strapazen dieser Schwangerschaften und Geburten, die aufwendige Haushaltsführung des Pfarrhauses und die Kindererziehung traten ab 1833 ihre Mitwirkung bei der Gründung des Asyls für entlassene weibliche Gefangene und ab 1836 ihre Tätigkeit als Vorsteherin der Diakonissenanstalt. Auch die Ausgaben der Kaiserswerther Anstalten wurden von Friederike Fliedner verwaltet. Ihre Tagebuchaufzeichnungen zeigen, daß ihr die Last dieser Verantwortung oft sehr schwer wurde, sie sie aber als gottgewollte Aufgabe akzeptierte.[68] Auch war die Ehe durch die aufreibende Berufstätigkeit beider Eheleute belastet. So schreibt Friederike Fliedner am 22. November 1838 an ihren Mann, der sich auf Reisen befand, um Geld für die Diakonissenanstalt zu sammeln: „Der Herr segne und behüte dich. Er gieße in uns seinen Heiligen Geist, da er uns so viel befohlen hat. Die Anstalt liegt mir wie ein schwerer Zentner auf der Seele. Ich weiß, daß es der Herr nicht tut, um mich zu drücken, sondern um Nutzen dadurch zu schaffen für meine Seele und für die Anstalt. Daß Christus doch durch alles in mir eine feste Gestalt gewinnen möge, darum bitte und bete ich. Er kennt alles Zerrissene und Verwundete in mir. Er möge es heilen und mich Gnade finden lassen vor seinen Augen und auch vor deinen Augen, denn ohne deine Liebe soll ich ja hier auch nicht leben. Und doch fühle ich sie so oft zerrissen."[69]

---

[67] Vgl. Frauendiakonie [s. Anm. 66], 15.

[68] „Herr Jesu Christe, du wollest mein Weg, meine Wahrheit, mein Leben sein. Du wollest selbst mich führen und meines Fußes Leuchte und ein Licht auf meinem Weg sein. [. . .] So erleuchte du mich und zeige mir meine wahre Gestalt. Auch zeige mir mit Klarheit, wie ich zur Diakonissenanstalt stehen soll. Das wollest du aus Gnade geben. Manches Dunkel liegt auf mir. So laß mich still tragen, hoffen und harren, daß du alles wohlmachen werdest. [. . .] Stärke auch wieder meinen Glauben. Laß mich mein Haupt getrost emporheben. Denn du bist mein König und sitzt im Regiment"; s. Frauendiakonie [s. Anm. 66], 145, Aufzeichnung vom Oktober 1838.

[69] Vgl. Frauendiakonie [s. Anm. 66], 149, ferner 59: Friederike Fliedner schreibt dort an eine Freundin am 21.2.1833: „Ich bin sehr angegriffen und gereizt und schwach, habe beständig gegen Empfindlichkeit und Heftigkeit zu kämpfen. Dabei habe ich jetzt keine Seele, der ich mein Herz darlegen darf. Du darfst dies nicht als Klage annehmen, ich sage es Dir nur, damit du wissen kannst, wie mein Herz gestellt ist. Fliedner sitzt tief in seinen Büchern. Ich muß hart gegen mich kämpfen, damit ich alles zufrieden bin in meinem Innern und mich ganz in Gottes Willen ergebe, dabei Freudigkeit des Geistes habe und Gelassenheit des Gemüts. Ich habe noch gar nicht die willenlose Aufopferung, meine liebste Hoffnung ganz dahinzugeben, mit meinem lieben Mann in jener innigen Gemeinschaft zu leben, wo einer des andern Herz in Händen hat, in der Gemeinschaft der Heiligen."

Gewisse Konflikte resultierten auch aus den unterschiedlichen Vorstellungen der Fliedners über das Amt der Vorsteherin. Friederike Fliedner sah das Vorsteherinnenamt über die Diakonissen in Selbständigkeit zum Vorsteher und Direktor der Anstalt und hatte Schwierigkeiten mit ihrer Berichtspflicht über die Schwestern, weil sie dies als illoyal empfand und der Meinung war, daß der Vorsteher die Situation nicht einschätzen könne: „Der Rapport an den Vorsteher ist der schwerste Teil. Da er wahrhaftig sein muß, kann sie die Schwächen und Mängel neben dem Guten nicht verschweigen. Der Vorsteher kann nur mit Männeraugen richten, was mit Frauenaugen geschehen müßte. [...] Im Blick, daß er auch irren kann, lasse er die Vorsteherin nicht bloßstehen; er spalte auch das Zutrauen zu ihr nicht."[70] Hier hat es anscheinend Konflikte gegeben. Theodor Fliedner sah nämlich die Ämterfolge als hierarchisches Verhältnis mit einer Gehorsamspflicht der Untergebenen; dies kam auch in seinen Instruktionen für die Vorsteherin zum Ausdruck.[71] Friederike Fliedners geistige Unabhängigkeit ihrem Mann gegenüber zeigt sich auch darin, daß sie den Vorschlag macht, man solle neben der Diakonissenausbildung eine Ausbildung zur weltlichen Krankenpflege anbieten, da nicht alle Frauen die geistlichen Fähigkeiten zu diesem Beruf hätten.[72] Mit dieser Vorstellung setzte sie sich jedoch bei ihrem Mann nicht durch.

Genau wie ihr Mann unternahm auch Friederike Fliedner Dienstreisen, um von ihr ausgebildete Diakonissen in neue Wirkungsfelder einzuführen. So fuhr sie 1840 nach Kirchheim, um ihre Diakonissen in ein neugebautes Krankenhaus einzuweisen, und 1841 nach Kreuznach und Saarbrücken. Während ihrer Reise 1841 erkrankten zwei ihrer Kinder an Typhus. Die ältere, die 9jährige Simonette, starb am 1. November, als die Mutter noch nicht wieder zu Hause war. Die nach Hause kommende Mutter war so erschüttert vom Tod ihrer Tochter, daß sie an der Beerdigung nicht teilnehmen konnte.[73] Die 4jährige Johanna starb am 17. November. Am 11. Dezember 1841 schreibt Friederike Fliedner an ihre Eltern: „Für den Trost und für die Teilnahme danke ich euch. Ich bin ruhig, obwohl ich viel weine. Ich gönne meinen Kindern alles Glück. Ich weiß sie in Heilands Armen."[74]

Die pausenlose aufreibende Doppelbelastung, die nicht einmal Zeit ließ zum Trauern, ein Ehemann, der viel abwesend war, um für seine Diakonissenanstalten zu werben, und der in seinen Briefen vor allem Aufträge an seine Frau weitergab, zermürbten die auch körperlich angegriffene Friederike Fliedner. Eine weitere Totgeburt führte schließlich

[70] Vgl. Frauendiakonie [s. Anm. 66], 140.
[71] Vgl. Frauendiakonie, 144.
[72] Vgl. Frauendiakonie, 162 f.
[73] Vgl. Frauendiakonie, 278.
[74] Vgl. Frauendiakonie, 281.

zu ihrem Tod am 22. April 1842. Noch am Krankenbett hatte ihr ihr Mann seine Predigt für den Landesbußtag „Von der Selbstverleugnung" vorgetragen. Von Friederike Fliedner ist überliefert, daß sie darauf antwortete: „Ja, Selbstverleugnung ist das Eine, was not tut."[75] Dieser Satz hinterläßt im Kontext dieses aufopferungsvollen Lebens ein zwiespältiges Gefühl. Es scheint, daß Friederike Fliedner die völlige Hingabe des gemeinsamen Lebens an die Sache der Diakonissenanstalten zwar zu ihrer Aufgabe gemacht, aber sich gleichzeitig ein anderes Ehe- und Familienleben gewünscht hat, das aufgrund der beiderseitigen Arbeitsbelastung nicht stattfinden konnte. Theodor Fliedner hat dies anscheinend bis zuletzt nicht als Defizit empfunden.[76]

Auch Friederike Fliedner steht hier als eine Frau, die dem Aufbruch der Frauen in die Berufstätigkeit den Boden bereitet hat; sie tat dies allerdings unter erschwerten Bedingungen. Verglichen mit Amalie Sieveking und Elizabeth Fry forderte ihre Berufstätigkeit, insofern sie den Zielen ihres Mannes stets untergeordnet blieb und nicht autonome Entscheidung war, viel stärkere Anpassungsleistungen. Zudem war der Aufbau der Kaiserswerther Anstalten sicherlich eine bei weitem stärker absorbierende Tätigkeit als die der anderen Frauen. Diese Belastung, verbunden mit den familiären Verpflichtungen und der körperlichen Belastung durch ihre zahlreichen Schwangerschaften, haben den frühen Tod Friederike Fliedners sicherlich mitverursacht. Hier entfaltete der existentialisierende Glaube, indem er mit dem Ideal der Selbstaufopferung verbunden wurde, geradezu zerstörerische Kraft.

3. Fazit

Bei allen drei Frauen zeigen sich charakteristische Ähnlichkeiten in Frömmigkeit und daraus resultierender Handlung. Der existentielle Zugang zur Religion ermöglicht eine Sicherheit, die es erlaubt, von den für Frauen traditionell vorgesehenen Bahnen abzuweichen. Schlüssel für dieses Tätigwerden ist in allen Fällen ein besonderes Ernstnehmen der praxis pietatis. Dabei findet keinerlei „Feminisierung" statt. Auch dient nicht die Kirche als Medium für den Aufbruch in den öffentlichen Raum. Es kommt hier zu einer auch für den Pietismus typischen Existentialisierung des Glaubens. Inwiefern dieser frauenspezifisch und besonders typisch für das 19. Jahrhundert ist, soll hier nicht beurteilt wer-

---

[75] Vgl. Frauendiakonie [s. Anm. 66], 312.

[76] Dazu auch *Sticker* [s. Anm. 64], 141: „Sie wiederholte die Worte ihres Mannes. Und doch ist es keine Wiederholung. Mit den wachen Sinnen einer Sterbenden gab sie ihrer Sorge um das Managertum ihres Mannes Ausdruck, der sich zerarbeitete in dem Vielerlei seiner Unternehmungen und darüber nicht merkte, weder was jetzt ihr noch was ihm nottat."

den. Es ist nämlich nicht ausgeschlossen, daß weitere Untersuchungen zur weiblichen Frömmigkeitsgeschichte Kontinuitäten im Verhalten von Frauen beispielsweise im Pietismus des 17. und 18. Jahrhunderts herstellen können. Mir scheint es jedoch ein plausibleres Deutungsmuster, daß Frauen aus eher am kirchlichen Rand stehenden Bewegungen, die auf Verifizierung des Glaubens dringen, wenn sie hervortreten, stärker auffallen als Männer. Wenn sie Religiosität in Öffentlichkeit umsetzen, geschieht dies sozialisationsbedingt vielleicht auf femininere Art und zum Teil aus taktischen Gründen mit Hilfe der Argumentation von einem spezifisch weiblichen Geschlechtscharakter. Daraus aber den Schluß zu ziehen, daß die Religiosität im protestantischen Raum im 19. Jahrhundert „weibliche Züge" bekommt, scheint nach dem hier Gezeigten wenig wahrscheinlich.

Die untersuchten Äußerungen der von mir vorgestellten Frauen zeigen, daß sie versucht haben, ohne Identitätsverlust neue Berufsfelder für bürgerliche Frauen zu erschließen. Allerdings ist dies kein emanzipatorisches Motiv, sondern eine Reaktion auf die veränderte häusliche Lage, die den Frauen keine sinnvollen Beschäftigungen mehr bot. Dieses Sinndefizit und eine gesteigerte Sensibilität gegenüber der sozialen Frage waren Auslöser für die beschriebenen Vorstöße. Der starke Zugang zu existentialistischer Frömmigkeit wirkte hier als Motor für den Vorstoß in die Öffentlichkeit. Dieser Vorgang war jedoch nicht verursacht durch eine Familiarisierung der Religion, sondern stellt geradezu eine Gegenbewegung dar: Religion wurde in den öffentlichen Raum hinein verbreitet. Alle drei Frauen legen großen Wert auf Evangelisierung der Personen, denen sie sich zuwenden. Die sich aus dieser Tätigkeit zwangsläufig ergebenden Unsicherheiten im eigenen Rollenverhalten werden mit Hilfe des Glaubens bewältigt und meist selbstbewußt überwunden. Dieser intensiven Frömmigkeit kommt dabei besondere Bedeutung zu. Sie ist weitgehend unabhängig von kirchlicher Vermittlung und setzt Handlungsmöglichkeiten frei, die zwar langfristig eine Emanzipation der christlichen Frauen befördern helfen, die dabei aber keinesfalls mit Säkularisierung verbunden sind.

Eberhard Zwink

Otto Hahn (1828–1904)

Stationen auf dem Lebensweg eines Hahn-/Paulus-Nachkommen. Der swedenborgische Einfluß des Großvaters Karl Heinrich Ernst Paulus und Otto Hahns Bestrebungen im Bruderhaus Gustav Werners in Reutlingen

Im Nachlaß des Swedenborgianers Johann Gottlieb Mittnacht[1] (1831–1892) in der Württembergischen Landesbibliothek Stuttgart (Cod. hist. fol. 944) befindet sich von Dr. Otto Hahn ein Brief,[2] der seither so unbeachtet blieb wie sein Verfasser auch. Nun wurde 1991 antiquarisch ein Brief Mittnachts an Hahn[3] erworben, was Anlaß gab, weiteren Spuren, die der Swedenborgianer Otto Hahn hinterlassen hat, nachzugehen. Daß es sich nicht um den namensgleichen weltberühmten Chemiker handelt, dem 1938 die erste Atomkernspaltung gelang, ist offenkundig. Umgekehrt spricht die fürsorgliche, aber unbegründete Warnung eines Kollegen der Universitätsbibliothek Kiel für die alle Fachgrenzen sprengende Weite der Hahnschen Interessen: „[. . .] es ist aber wohl anzunehmen, daß der Verfasser unseres Briefes im Nachlaß Lorenz von Stein nicht mit dem von Ihnen gesuchten Otto Hahn identisch ist."[4]

Doch! Dr. Otto Hahn, Rechtsanwalt, Nationalökonom, Literat, Geograph, Geologe, Mitglied in gelehrten Gesellschaften, namentlich Meister des Freien Deutschen Hochstifts in Frankfurt am Main, vor allem

[1] Zu Johann Gottlieb Mittnacht, dem die Württembergische Landesbibliothek Stuttgart die bedeutende Swedenborg-Sammlung verdankt, am ausführlichsten bei *Eberhard Zwink*: Gustav Werner und die Neue Kirche. Die Auseinandersetzung mit dem Swedenborgianer Johann Gottlieb Mittnacht. Reutlingen, Stuttgart 1989 (Swedenborg in der Württembergischen Landesbibliothek, 2), bes. 38–42. – Zur Sammlung Mittnacht s. *Otto Leuze*: Eine Sammlung von Swedenborg-Literatur in der Württembergischen Landesbibliothek. In: BWKG 37, 1933, 83–87. – Der Bestandskatalog sämtlicher Swedenborgiana jetzt im Internet: http://www.wlb-stuttgart.de/~www/referate/theologie/swedkat.html.

[2] „Dr. Otto Hahns Erwiderung an die Berliner auf ihr Gesuch um Mitgliedschaft bei der [Deutschen] N[eu]k[irchlichen] G[esellschaft] vom Mai 1888" (Cod. hist. fol. 944, I, k).

[3] Brief von Johann Gottlieb Mittnacht an Otto Hahn vom 29. Februar 1880 über die Lage der Neuen Kirche und Hahns Unentschlossenheit über seinen weiteren Lebensweg (Cod. hist. fol. 944, V).

[4] Begleitschreiben der Universitätsbibliothek Kiel bei Sendung des erwähnten Briefes in Kopie vom 24.01.1997.

aber eigenwilliger Anhänger der swedenborgischen Neuen Kirche, hinterließ als Kritiker seiner Zeit in religiösen, ökonomischen, sozialpolitischen und naturwissenschaftlichen Fragen ein vielfältiges Schrifttum[5] so-

---

[5] Gedruckte Werke von *Otto Hahn* (chronologisch): Recht und Licht: das Gottleben in der Natur und im Menschen rhythmisch dargestellt. Stuttgart 1861; ein in Distichen abgefaßtes Gedicht mit Anspielungen auf Begriffe und Personen, u. a. auch K. H. E. Paulus (72).– Religion im Recht. Eine auf die Seelenlehre gebaute Untersuchung des Rechts. Tübingen, Rottenburg 1862.– Amerika: der Bauer und Arbeiter in Schwaben und Amerika. Tübingen 1866.– Das Handelsrecht nach dem allgemeinen deutschen Handelsgesetzbuch. Nebst Anhang über das französische Recht und das Seerecht. Stuttgart 1870 (Bibliothek der Gesammten Handelswissenschaften).– Anwendung des Mikroskops in der Geologie. In: Württembergische naturwissenschaftliche Jahreshefte [WNJ] 30, 1874, 28–33.– Giebt es ein Eozoon canadense? Eine mikrogeologische Untersuchung. In: WNJ 32, 1876, 132–155 (eingereicht im Oktober 1875).– Anwendung des Gesetzes des mechanischen Aequivalents der Wärme auf die Nationalöconomie. In: WNJ 33, 1877, 54–58.– Canada. Meine Reise an den Nipissing (Ontario) und die Schweizercolonie. Reutlingen 1878.– Gibt es ein Eozoon canadense? Erwiderung auf Dr. C. W. Gümbels u. Dr. Carpenters Entgegnung. In: WNJ 34, 1878, 155–177.– Das Speculations-Geschäft der Banken an einem Specialfall erörtert. Reutlingen 1878.– Die Urzelle. Nebst dem Beweis, daß Granit, Gneiss, Serpentin, Talk, gewisse Sandsteine, auch Basalt, endlich Meteorstein und Meteoreisen aus Pflanzen bestehen: die Entwicklungslehre durch Thatsachen neu begründet; mit 30 lithographirten Tafeln. Tübingen 1879.– Canada. Ein Auswanderungs-Ziel für Deutsche. Reutlingen 1880.– Eophyllum canadense aus dem Serpentinkalk des Laurentian-Gneises von Canada. In: WNJ 36, 1880, 71–74.– Die Meteorite (Chondrite) und ihre Organismen. Tübingen 1880.– Die Noth unserer Bauern und ihre Ursachen: I. die Volksvermehrung: II. die Güterzerstückelung, Zwergwirthschaft: III. der Eisenbahntarif; nebst einem Anhang: die Gesetze der Arbeit. Reutlingen 1880.– Der Weinbau in Reutlingen und seine Zukunft. Reutlingen [1881].– Bericht über zwei Gallertmeteoritenfälle. In: WNJ 38, 1882, 85–91.– Die bisherige Auslegung des § 65 Ziff. 1 des Unterstützungswohnsitzes. In: Württembergisches Archiv für Recht und Rechtsverwaltung mit Einschluß der Administrativ-Justiz 23, 1882, 54–68.– Canada. Die Berichte der vier deutschen Delegirten über ihre Reise nach Canada im Herbst 1881. Reutlingen 1882.– Canada. Die Berichte der vier deutschen Delegirten über ihre Reise nach Canada im Herbst 1881. Nebst einem Anhang über Canada aus Dr. Lorenz von Stein „Die drei Fragen des Grundbesitzes und seiner Zukunft". Reutlingen [2]1882.– Voltaire am Hofe Friedrichs II. Ein Schauspiel. Stuttgart 1882.– Canada. Vortrag. In: Jahresbericht des Württembergischen Vereins für Handelsgeographie und Förderung Deutscher Interessen im Auslande 1/2, 1882/84 [1884], 10–14.– Die Frau auf dem Gebiete der Arbeit. Die Pflicht des Staats für die Frauen; die Frauen-Arbeit & -Erziehung durch Frauenarbeitsschulen. Reutlingen 1884.– König Maximilian I. in Reutlingen. Ein Volksschauspiel. Stuttgart 1885.– Das Recht auf Arbeit. Staatsrechtlich und volkswirtschaftlich auf Grund der Kaiserlichen Botschaft vom 17. November 1881 erörtert. Stuttgart 1885.– Denkschrift betreffend die Erstellung einer Eisenbahn von Reutlingen nach Ulm. Im Auftrag des Handelsvereins und Gewerbevereins Reutlingen verfaßt. Reutlingen 1887.– Das deutsche Markenschutzgesetz. Sowie Vorschläge zur Aenderung desselben auf Grund der bisherigen Erfahrungen. Im Auftrage hervorragender Industrieller verfaßt. Stuttgart 1887.– Perpetua. Ein Trauerspiel aus der Zeit der ersten Christen. Reutlingen 1887 („Gedicht, das ich im Jahre 1875 schon entworfen", VI).– Die Philosophie des Bewußten. Grundzüge der Naturphilosophie der Gegenwart unter Berücksichtigung der Kirchenlehren. Tübingen 1887.– Reformationsblätter. Antwort auf die Frage: Bedürfen unsere Kirchen einer Reformation? Zugleich Aufforderung zur Bildung einer wahren evangelischen, der freien deutschen Kirche. Reutlingen [1887].– Wanderung, Auswanderung, Kolonien. In: Jahresbericht des Württembergischen Vereins für Handelsgeographie und Förderung Deutscher

wie einen verstreuten Nachlaß, den der Verfasser inzwischen vermutlich weitgehend zusammengetragen hat. Hier soll vorab mitgeteilt werden, aus welchem Umfeld Otto Hahn stammt und welche Rolle er bei Gustav Werner in Reutlingen spielte.

Eine an versteckter Stelle, in den „Jahresberichten des Württembergischen Vereins für Handelsgeographie und Förderung deutscher Interessen im Ausland" abgedruckte Autobiographie[6], ist auf die an Landeskunde und Kolonialwesen interessierten Leser abgestimmt und keinesfalls so gewichtet, wie es die inzwischen erschlossenen Quellen anzeigen. Das Wichtigste scheint ihm da gewesen zu sein, daß er seine Auswanderungsempfehlungen auf Grund eigener Erfahrungsberichte und denen einiger Freunde wissenschaftlich zusammenfaßte. Die Rastlosigkeit des „Alleskönners", der sich immer wieder auf neuen Gebieten versuchte, läßt sich letzten Endes auch mit der eschatologischen Enttäuschung der Swedenborgianer[7] begründen, die an die umfassende Erneuerung von Kirche und Religion im Gefolge der scheinbaren[8] „Neuoffenbarung" Swedenborgs geglaubt haben.

Seine Zufriedenheit erlangte Otto Hahn erst, als er die Verhältnisse in Deutschland, die ihm wegen der restaurativen Tendenzen im Kaiserreich seit den achtziger Jahren immer unerträglicher wurden, hinter sich gelassen hatte und mit seiner Familie nach Kanada ausgewandert war, wo er zunächst Glied der Neuen Kirche wurde, seiner offensichtlichen Zufriedenheit wegen aber nichts Überdauerndes außer seiner Autobiographie von 1890 zu Papier gebracht hat.

Otto Hahns Herkunft

In Württemberg läßt der Familienname „Hahn" aufhorchen; und in der Tat stammt Otto Hahn väterlicherseits aus der verzweigten Familie[9]

Interessen im Auslande 5/6, 1886/88 [1888], 1–21.– Hinzu kommen zahlreiche Beiträge in der von Johann Gottlieb Mittnacht herausgegebenen Zeitschrift „Neukirchenblätter."

[6] Im 8. und 9. Jahresbericht (Stuttgart 1890, 106–109) beschreibt Otto Hahn im Rahmen eines Mitgliederverzeichnisses mit Kurzbiographien sein bisheriges Leben: zit. als *Hahn*, Autobiographie.

[7] *Zwink*, Gustav Werner [s. Anm. 1], 40.

[8] Vgl. *Eberhard Zwink*: Swedenborg – ein „Neuoffenbarer"? Oder: Läßt sich der Seher Swedenborg durchschauen? Vortrag [gedruckt]. Stuttgart 1997.

[9] Vgl. *Immanuel Hahn*: Geschichte der Sielminger Hahn. Bearb. v. *Heinrich Raithelhuber*. Stuttgart 1929.– Zu familiengeschichtlichen Fakten und Zusammenhängen, Ergänzungen und Verbesserungen hat mir Herr Werner Paulus (Esslingen), 1. Vorsitzender der Familiengemeinschaft Gebhardt – Paulus – Hoffmann, aus seinen unveröffentlichten Unterlagen Hilfe und Beratung zuteil werden lassen. Ihm sei vielmals dafür gedankt!

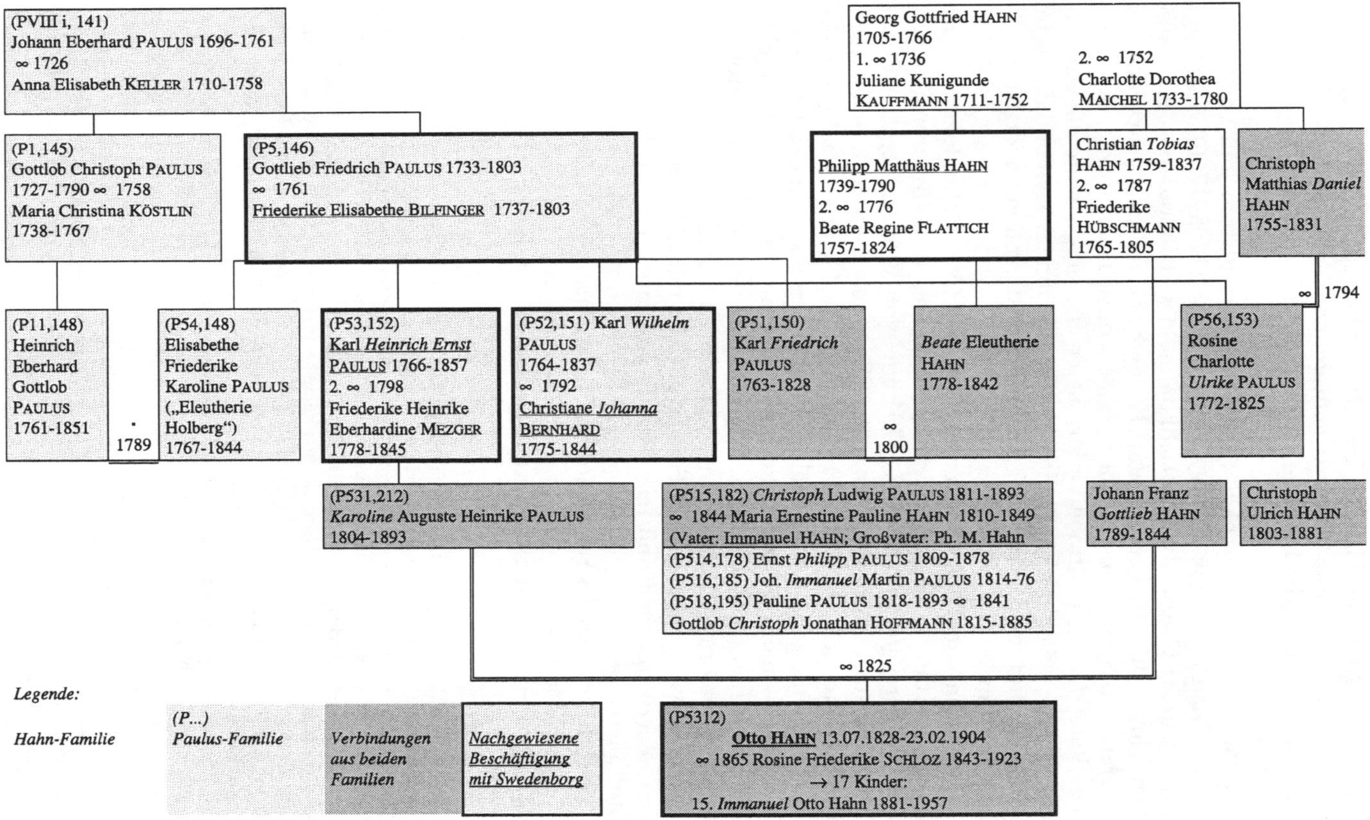
(PVIII i, 141)
Johann Eberhard PAULUS 1696-1761
∞ 1726
Anna Elisabeth KELLER 1710-1758
Georg Gottfried HAHN
1705-1766
1. ∞ 1736
Juliane Kunigunde
KAUFFMANN 1711-1752
2. ∞ 1752
Charlotte Dorothea
MAICHEL 1733-1780
(P1,145)
Gottlob Christoph PAULUS
1727-1790 ∞ 1758
Maria Christina KÖSTLIN
1738-1767
(P5,146)
Gottlieb Friedrich PAULUS 1733-1803
∞ 1761
Friederike Elisabethe BILFINGER 1737-1803
Philipp Matthäus HAHN
1739-1790
2. ∞ 1776
Beate Regine FLATTICH
1757-1824
Christian Tobias
HAHN 1759-1837
2. ∞ 1787
Friederike
HÜBSCHMANN
1765-1805
Christoph
Matthias Daniel
HAHN
1755-1831
∞ 1794
(P11,148)
Heinrich
Eberhard
Gottlob
PAULUS
1761-1851
1789
(P54,148)
Elisabethe
Friederike
Karoline PAULUS
(„Eleutherie
Holberg“)
1767-1844
(P53,152)
Karl Heinrich Ernst
PAULUS 1766-1857
2. ∞ 1798
Friederike Heinrike
Eberhardine MEZGER
1778-1845
(P52,151) Karl Wilhelm
PAULUS
1764-1837
∞ 1792
Christiane Johanna
BERNHARD
1775-1844
(P51,150)
Karl Friedrich
PAULUS
1763-1828
∞
1800
Beate Eleutherie
HAHN
1778-1842
(P56,153)
Rosine
Charlotte
Ulrike PAULUS
1772-1825
(P531,212)
Karoline Auguste Heinrike PAULUS
1804-1893
(P515,182) Christoph Ludwig PAULUS 1811-1893
∞ 1844 Maria Ernestine Pauline HAHN 1810-1849
(Vater: Immanuel HAHN; Großvater: Ph. M. Hahn
(P514,178) Ernst Philipp PAULUS 1809-1878
(P516,185) Joh. Immanuel Martin PAULUS 1814-76
(P518,195) Pauline PAULUS 1818-1893 ∞ 1841
Gottlob Christoph Jonathan HOFFMANN 1815-1885
Johann Franz
Gottlieb HAHN
1789-1844
Christoph
Ulrich HAHN
1803-1881
∞ 1825
(P5312)
Otto HAHN 13.07.1828-23.02.1904
∞ 1865 Rosine Friederike SCHLOZ 1843-1923
→ 17 Kinder:
15. Immanuel Otto Hahn 1881-1957
Legende:
Hahn-Familie
(P...)
Paulus-Familie
Verbindungen
aus beiden
Familien
Nachgewiesene
Beschäftigung
mit Swedenborg

um Philipp Matthäus Hahn (1739–1790).[10] Die auf S. 330 f. dargestellte und aufs Notwendigste verkürzte genealogische Übersicht, welche einige Verflechtungen der Familien Hahn und Paulus darstellt, mag das Folgende schematisch erläutern.

Otto Hahn ist ein Urenkel des Scharnhäuser Pfarrers und Vaters von Philipp Matthäus Hahn, Georg Gottfried Hahn (1705–1766). Allerdings stammt unser Otto Hahn als Nachkomme des Halbbruders von Philipp Matthäus, Christian Tobias Hahn (1759–1837), aus der zweiten Ehe des Pfarrers von Scharnhausen. Aber gerade Tobias Hahn wurde, da er seinen Vater Georg Gottfried verlor, als er erst sieben Jahre alt war, im Hause seines Halbbruders Philipp Matthäus Hahn erzogen und dort sehr gefördert und stand später als Vikar in Echterdingen in ständigem Kontakt mit ihm.[11]

Der Sohn von Tobias Hahn und Vater von Otto Hahn, Johann Franz Gottlieb Hahn (1789–1844), wurde in Kematen (Oberösterreich) geboren, wo der Vater von 1783 bis 1791 eine von Württemberg aus versehene Pfarrstelle innehatte. Der spätere Kameralverwalter in Reutlingen verehelichte sich 1825 mit Karoline Auguste Heinrike Paulus (1804–1893). Damit gehört Otto Hahn mütterlicherseits auch – oder besser: besonders – in die große Familie Paulus hinein,[12] und zwar in die direkte Nachkommenschaft des Oberamtmanns von Schorndorf und Hofrats, Gottlieb Friedrich Paulus (1733–1803), der als Stammvater einer herausragenden württembergischen Familie gilt, die mit all ihren Verheiratungen, Verzweigungen und religiösen Expositionen reichen historischen Stoff bietet.

Der dritte Sohn des Schorndorfer Oberamtmanns, Karl Heinrich Ernst Paulus (1766–1857), von dem noch die Rede sein muß, war der Vater von Otto Hahns Mutter und zugleich Bruder von Karl Friedrich Paulus

---

[10] Aus der zahlreichen Literatur zu Philipp Matthäus Hahn wird für den neuesten Forschungsstand verwiesen auf den umfangreichen Ausstellungskatalog „Philipp Matthäus Hahn 1739–1790“. Ausstellungen des Württembergischen Landesmuseums Stuttgart und der Städte Ostfildern, Albstadt, Kornwestheim, Leinfelden-Echterdingen. Stuttgart 1989. Teil 1: Katalog; Teil 2: Aufsätze (Quellen und Schriften zu Philipp Matthäus Hahn, 6/7); zit. als Ausstellungskatalog Hahn 1 bzw. 2; ferner: *Martin Brecht:* Philipp Matthäus Hahn 1989/1990. Wissenschaftliche Bilanz eines Jubiläums. In: PuN 17, 1991, 164–177. Zur Theologie Hahns s. *Walter Stäbler:* Pietistische Theologie im Verhör. Das System Ph. M. Hahns und seine Beanstandung durch das württ. Konsistorium. Stuttgart 1992 (QFWKG, 11).

[11] Zum neuesten Forschungsstand s. auch *Hans-Volkmar Findeisen*: Der Breite und der Schmale Weg. Die Geschichte der Familie Hahn. In: Ausstellungskatalog Hahn 2 [s. Anm. 10], 77–98, hier: 87; zu Christian Tobias Hahn s. auch die Erwähnung in diesem Band bei *Walter Stäbler:* Nürtingen als Zentrum des von Bengel und Oetinger geprägten Pietismus, Anm. 60, S. 225f.

[12] Vgl. *Richard Paulus*: Familienbuch der Familie Paulus. Pforzheim 1931, 212, sowie handschriftliches Material bei Werner Paulus (Esslingen); ferner *Hahn/Raithelhuber* [s. Anm. 9], 66; schließlich *Rudolf F. Paulus*: Genealogica Pietistica. Beiträge zur Familiengeschichte Hahn – Hoffmann – Paulus. In: BWKG 66/67, 1966/67, 163–246.

(1763–1828), des Ehemanns von Beate Eleutherie Hahn (1778–1842)[13]. Sie, die willensstarke Tochter aus zweiter Ehe Philipp Matthäus Hahns mit Beate Regine Flattich, brachte als eine herausragende Frau Farbigkeit in die württembergische Kirchengeschichte hinein.

Als direkte Onkel und Tanten hatte Otto Hahn demnach die Söhne und Töchter von Beate Paulus, nämlich z. B. Ernst Philipp (1809–1878) und Johann Immanuel Martin Paulus (1814–1876), die das von ihrer durchsetzungsfähigen Mutter in Korntal gegründete und auf dem Salon bei Ludwigsburg weiterbetriebene Knabeninstitut leiteten und dort als Lehrer wirkten. Mit der Enkelin von Philipp Matthäus Hahn, Maria Ernestine Pauline Hahn (1810–1849)[14], wiederum verheiratet war Christoph Ludwig Paulus (1811–1893). Er und Gottlob Christoph Jonathan Hoffmann (1815–1885), verheiratet mit Pauline Paulus (1818–1893), waren die Gründungsväter der Tempelgemeinde.[15] Sie wanderten nach Palästina aus und zogen manchen Sproß der Paulusfamilie nach sich.

Otto Hahns Großonkel zweiten Grades, Heinrich Eberhard Gottlob Paulus (1761–1851)[16], heiratete seine direkte Cousine Elisabethe Friederike Karoline Paulus, die sich später als Dichterin das Pseudonym „Eleutherie Holberg“ zulegte. „HEG“ Paulus, Bibelwissenschaftler und Orientalist in Jena und Heidelberg, gilt der Theologiegeschichte als leidenschaftlicher und konsequenter Rationalist, in dem sich Vernunft und Biblizismus paarten.[17]

Wie aus den zahlreichen bekannten Quellen und Publikationen zu den Nachkommen der Beate Paulus und ihrer Verbindung zu der Korntaler Familie Hoffmann bekannt ist, verbanden sich bei ihnen aus dem Erbe Hahns pietistische Frömmigkeit, Reich Gottes-Streben mit einer in Aktion sich auswirkenden Eschatologie und ansatzweise theosophischer Spekulation. Auch ihnen war, gemessen an der biederen kirchlichen Geradlinigkeit, die Heterodoxie nicht fremd.

Hofrat Paulus in Schorndorf und seine Frau Friederike Elisabethe geb. Bilfinger (1737–1803) ihrerseits legten den Samen für eine aufkläreri-

---

[13] Zu Beate Paulus ist seit der Philipp-Matthäus-Hahn-Ausstellung noch eine wichtige und kritische Monographie erschienen: *Dietrich Steck*: Beate Paulus. Eine mutige Frau. Kornwestheim 1991.

[14] *Hahn/Raithelhuber* [s. Anm. 9], 37 u. 42.

[15] Zur Geschichte der Templer und zu den Gründungsvätern der Tempelgemeinde s. Templer-Handbuch. Zusammengestellt [...] v. *Peter Lange*. Stuttgart 1992 (mit Bibliographie).

[16] Zum „Rationalisten“ H. E. G Paulus ausführlich in: ADB 25, 287–295.

[17] H. E. G. Paulus darf man natürlich nicht mit seinem Vetter K. H. E. verwechseln: „H.E.G. Paulus stammte aus einem Hahn nahestehenden Schorndorfer Pietistenhaus“; so *Martin Brecht*: Der Spätpietismus – ein vergessenes oder vernachlässigtes Kapitel der protestantischen Kirchengeschichte. In: PuN 10, 1984, 125. Erstens stammte der „Rationalist“ nicht aus der Schorndorfer Hofratsfamilie, und zweitens war diese alles andere als pietistisch, wie die folgenden Darlegungen zu zeigen versuchen.

sche, rationale, der pietistischen Enge fern stehende Gedankenwelt. Zur Beschäftigung innerhalb der Familie mit der Gegenwartsphilosophie wiederum, z. B. der Kants, hatte besonders die gebildete Mutter beigetragen. Der Vater war eher ein Praktiker der Aufklärung. Ernst Arnold Paulus, der Herausgeber des Familienbuches Paulus, drückte in einer Fußnote seine Sorge aus, ob denn der Hofrat „einer der damals aufblühenden württembergischen Freimaurerlogen angehörte", und forderte, es bedürfe „noch näherer Untersuchung".[18] Dem kann recht einfach erwidert werden: Natürlich war der Hofrat Paulus Freimaurer. Im Familienbuch wird das Familienwappen[19] beschrieben, das vor Hofrat Gottlieb Friedrich Paulus in dieser Form nie aufgetaucht ist, also wohl auf ihn zurückgeht. Es endet nach dem Rahmenspruch „Sig[ellum]: Theophili Friederici Pauli Juris Utriusque Licentiatus" mit dem Dreipunktesymbol (∴), das im Schrifttum der Freimaurer seit dem 18. Jahrhundert oft vorkommt. Es leitet sich aus emblematischen Bildern rosenkreuzerischer oder freimaurerischer Provenienz vom dreifachen hebräischen Jod ab und kennzeichnet den dreifachen Jahwe-Namen.[20] Ein Blick auf die signalisierende Handhaltung des Hofrats, wie wir sie auf dem am meisten bekannten Bild[21] von ihm sehen, läßt keine Zweifel mehr offen. Dem gesellschaftlichen Ansehen entsprach es in dieser Zeit durchaus, daß Fürsten, leitende Beamte, Wissenschaftler, Künstler, Literaten, Musiker usw. Logenangehörige waren. Das muß hier wirklich nicht näher untersucht werden. Das geistige Umfeld wird jedoch deutlich. Aus der Paulusfamilie kommt das Korrektiv zum Hahnschen Pietismus und gibt ihm Weite und historische Würde.

Das Familienbuch[22] beschreibt allerdings das aufklärerische Umfeld in der Schorndorfer Hofratsfamilie immer nur im Blick auf den künftigen Ehemann von Beate Hahn, Karl Friedrich Paulus, der natürlich auch unter dem Einfluß seines berühmten Vetters Heinrich Eberhard Gottlob Paulus stand: „Wir dürfen uns nicht wundern, daß auch Karl Friedrich dem Rationalismus anhing, aber dessen ungeachtet in steter Verbindung mit [Philipp Matthäus] Hahn blieb und in gewohnter Weise mit diesem sich über theologische Fragen auseinander setzte. Gegen Ende der Studienzeit beschäftigte sich Karl Friedrich auch mit Swedenborgs Schriften

---

[18] Familienbuch 1931, 63.

[19] Abgebildet im Familienbuch 1931, [1]; s. dazu auch *Werner Paulus*: Das Wappen der Familie Paulus. In: Rundbrief der Familiengemeinschaft Gebhardt – Paulus – Hoffmann 25, 1984, 19–32.

[20] Vgl. Art. „Drei Punkte". In: Freimaurerlexikon. München 1932 (Nachdr. Graz 1965), 380 f.

[21] Z. B. nach Familienbuch, 62; übernommen von *Findeisen* im Ausstellungskatalog Hahn 2 [s. Anm. 10], 82.

[22] Familienbuch, 68.

und wir wissen, daß selbst seine Mutter [Friederike Elisabethe geb. Bilfinger] daran den regsten Anteil nahm ...“[23].

Allerdings scheint das Swedenborg-Studium bei Karl Friedrich keine bemerkenswerten Spuren hinterlassen zu haben.

Anders steht es mit Otto Hahns Großvater, Karl Heinrich Ernst Paulus, dem dritten Sohn des Schorndorfer Hofrats. Seine Biographie ist in Kurzform aus dem Familienbuch herauszulesen: „Herzogl. Württ. Pfleger zu Knittlingen 1793 [vermutlich schon 1792], Stabskeller zu Hohenasperg 1806, Staatskassier zu Stuttgart 1816, Kgl. Finanzrat zu Stuttgart 1820, zu Ulm 1827, Pensionär zu Augsburg – geb. Balingen 16.3.1766, gest. Augsburg 15.7.1857“[24]. Über ihn fährt das Familienbuch im Anschluß an die oben erwähnte Stelle fort: „Karl Wilhelm und Karl Heinrich Ernst beschäftigten sich damals ebenfalls mit philosophischen und theologischen Studien, schon angeregt durch die Mutter. So war sein [Karl Friedrichs] damaliger Aufenthalt im Elternhause keineswegs ohne Nahrung. Ja wenn er im Gespräch mit seinen Söhnen darauf zurückkam, erzählte er ihnen gerne, wie in seinem Elternhause alle Religionen beisammen gewesen seien, denn es war wohl sein Bruder Karl Heinrich Ernst, der sich sogar für die Religionen Zoroasters und des Königs Fohi[25] interessiert und begeistert hatte. Da war die Mutter dann so jung wie ihre Kinder selbst und disputierte mit und ließ sich in alle Gebiete geistiger Beschäftigung mit hineinziehen.“[26]

Weitere Hinweise auf die Swedenborg-Lektüre in der Familie Paulus finden sich in der Autobiographie des zweiten Vorstehers der Tempelgemeinde in Palästina und des vormaligen württembergischen Bergkadetten, dann naturwissenschaftlichen Lehrers auf dem Salon in Ludwigsburg, bei Christoph Ludwig Paulus (1811–1893)[27], dem fünften Kind der Beate Paulus. Wegen einer guten Schulausbildung lebte auch Christoph

---

23 Wann und in welchem Maße sich Philipp Matthäus Hahn mit Swedenborg auseinandersetzte, ihn exzerpierte und rezipierte, entnimmt man dem Aufsatz von *Walter Stäbler*: Hahns Verhältnis zu Swedenborg. In: Ausstellungskatalog Hahn 2 [s. Anm. 10], 341–356.

24 Familienbuch, 152.

25 Gemeint ist der mythologische „Urkaiser“ Chinas, Fu Hsi, der die höhere Kultur in China eingebracht haben soll. Er gilt als „Erfinder der Künste und Handwerke“; vgl. *C. P. Fitzgerald:* China. Von der Vorgeschichte bis zum 19. Jh. München 1967, 25 f.– Im 18. Jahrhundert war folgende Monographie bekannt: *Johann Thomas Haupt*: Neue und vollständige Auslegung des von dem Stifter und dem ersten Kaiser des chinesischen Reiches Fohi hinterlassenen Buches Je-Kim [I-Ging, Yijing] genannt. Rostock, Wismar 1753. In der zeitgenössischen „Allgemeinen Encyklopädie des Wissens und der Künste“ v. *J. S. Ersch* u. *J. G. Gruber*, T. 46, 1847, 104 f., wird im Art. „Fo-hi“ auf dessen Erkenntnis der Lehre von „J[i]n“ und „Jang“ verwiesen. Damit ist Heinrich Ernst Paulus Swedenborg nahe gewesen; vgl. Anm. 40 u. 41.

26 Familienbuch, 68.

27 *Christoph Paulus*: Göttliche Führungen. Eine Veröffentlichung der Familiengemeinschaft Gebhardt – Paulus – Hoffmann. Esslingen 1994. Zuerst in Fortsetzungen abgedruckt in: Die Warte des Tempels 1884/1885.

zeitweilig in Stuttgart bei „Onkel Helm" und „Tante Hanne" (das sind Karl Wilhelm Paulus, 1764–1837, und Christiane Johanna geb. Bernhard, 1775–1844)[28] und besuchte dort wegen seiner naturwissenschaftlichen Neigungen die Realschule.

Den Mittagstisch nahm man bei „Onkel Heiner"[29] (Karl Heinrich Ernst Paulus) ein. Er „hatte als Finanzrath eine angesehene Stellung, [. . .] [er] unterhielt einen Kosttisch [. . .]. Onkel Helm war mir ein zweiter Vater, seine Frau, die Tante Hanne, eine zweite Mutter [. . .]. Der Geist im Hause des Onkels Helm war freisinnig religiös, nicht rationalistisch, aber weder kirchlich noch pietistisch. Die Kirche wurde nur ausnahmsweise bei besonderen Anlässen besucht, von der Theilnahme am Abendmahl war keine Rede; mit pietistischen Kreisen fand kein Verkehr statt. Die Tante Hanna hatte sich der Lehre Swedenborgs angeschlossen und las die hieraufbezüglichen Schriften, wodurch sich die Apathie gegen die Kirche erklärt."[30]

Die Einschätzung des jungen Realschülers trifft zu. Wie damals in nicht vom oberflächlich-naiven Rationalismus bestimmten Kreisen üblich, glaubte man durchaus an die Existenz einer geistigen Überwelt, ob mit oder ohne Swedenborgs Hilfe. Als Exponenten drängen sich auf: Friedrich Christoph Oetinger, Johann Friedrich Oberlin, Johann Heinrich Jung-Stilling, Justinus Kerner, Gustav Schwab[31] u. a. Auch im Hause sowohl des einen Onkels von Christoph Paulus, bei Wilhelm, als auch beim anderen, bei Heinrich Ernst, ging man mit Traumerfahrungen und Telepathie unverhohlen um. Der junge Christoph hatte eine Traumserie, deren Inhalt er auch zu Papier brachte. „Onkel Heiner, ein eifriger Anhänger Swedenborgs, hat zwar einige derselben abgeschrieben oder vielmehr mit seinen Ideen in Verbindung zu bringen gesucht und sie hienach gemodelt aufgezeichnet, und zwar beziehen sich seine Aufzeichnungen, die mir später mitgetheilt wurden, nur auf solche Träume, die er in seinem Sinn, d. h. zu Gunsten Swedenborg's Lehre deuten konnte."[32]

Wer und wie war dieser Großvater von Otto Hahn, von dem die familieninterne Historiographie so offensichtlich schweigt? Zum Glück hat der „Kgl. Finanzrath" und nachmalig als Pensionär in Ulm und Augsburg noch aktiv publizierende Swedenborgianer manche Kleinschrift[33] verfaßt,

---

28 *Paulus*, Göttliche Führungen [s. Anm. 27], 54 ff.

29 *Paulus*, Göttliche Führungen, 54 ff.

30 *Paulus*, Göttliche Führungen, 54 u. 55.

31 Wie *Christoph Paulus*, der bei Gustav Schwab Religionsunterricht hatte, hier ebenfalls mitteilt, 57.

32 *Paulus*, Göttliche Führungen, 60.

33 Unter ihnen konnte zusätzlich ermittelt werden: Versuch einer Abhandlung über die Beschaffenheit eines woleingerichteten Staats. Tübingen 1791.– Ueber den Einfluß der swedenborgischen Lehre auf die gegenwärtige und künftige Zeit. Von einem Freunde der Wahrheit.

wovon besonders eine ins Auge sticht: „Grundzüge wahrer Staats- und Religionslehre, in besonderen Materien beleuchtet. Blaubeuren 1837". Sie handelt, wie meist die anderen Arbeiten von Karl Heinrich Ernst Paulus auch, von der durch Swedenborg erneuerten Theologie und Ethik, die ihre Auswirkungen in der sittlichen und ästhetischen Gestaltung eines neuen Staatswesens finden solle. Im zehnten Kapitel teilt Paulus „Gedanken über Einiges aus dem Leben(sgang) des Verfassers"[34] mit. Dieser Abschnitt gibt nicht nur einen Einblick in den oft beschränkten Aufgabenbereich eines württembergischen Staatsbeamten und seine anfänglich niedrige Besoldung, sondern auch in die Geradlinigkeit eines Laientheologen, der bei Swedenborg seine die Vernunft achtende Erfüllung gefunden hat. Mit seinen optimistischen, rationalen theosophischen und politischen Ideen hatte Paulus weniger Probleme als mit seinem Alltag.

Paulus skizziert das Schorndorfer Familienleben in Übereinstimmung mit den anderen Quellen als gesittet, aber geistig freizügig. Hierfür sorgte insbesondere die Mutter, Tochter des Großsachsenheimer Pfarrers Karl Friedrich Bilfinger (1706–1766). Paulus bemerkt in echt swedenborgischer Diktion: „Was mir aus dem Leben dieses Groß-Vaters [des Urgroßvaters von Otto Hahn] und dessen eigenhändigen Anmerkungen zu seiner Hand-Bibel geworden ist, so war er im wahren Sinn ein Christ, dem es um Wahrheit zu thun war und welcher erkannte Wahrheit im Leben übte"[35]. Ähnliches kommt dann auf ihn selbst, über die Mutter: „[Sie] hatte mehr Empfänglichkeit für einen geistig-religiösen Sinn; es war ihr eine ernste Angelegenheit, über die Wahrheiten der Religion, namentlich über das Wesen Gottes, über die Dreieinigkeit Gottes, über die Person Christus, über sein Wirken und über den Zustand im Himmel und in der Hölle beruhigende Aufschlüsse zu erhalten. Anfangs glaubte sie diese durch den Pietismus zu finden; da sie aber weder im Leben seiner Anhänger noch in dessen Grundsätzen selbst das Gesuchte gefunden hat, so verließ sie denselben in späteren Jahren, beschränkte ihren Umgang auf wenige Redliche, deren Gesinnungen den ihrigen am meisten entsprochen haben und hielt sich an die Quelle aller Erkenntniß – an die heilige Schrift, für welche beide Eltern eine Hochachtung hatten"[36].

Tübingen 1825.– Ueber die Unsterblichkeit des Menschen und den Zustand des Lebens nach dem Tode, auf den Grund der Vernunft und göttlicher Offenbarung. 2. Aufl. Reutlingen 1831.– Zeitgemässe Darstellung über die Nothwendigkeit einer Verbesserung der Lutherischen Glaubenslehre. Göppingen 1831.– Ueber die Neue Theologie, Homöopathie, Sonnenbau und Landes-Verschönerung. Blaubeuren 1837.– Gebete und geistliche Unterhaltungen. Nebst einem Anhang über die Onken'sche Wiedertaufe im Nekar-Flusse bei Cannstadt. Ulm 1839; 2., verb. u. verm. Aufl. Tübingen 1849.

[34] *Karl Heinrich Ernst Paulus*: Grundzüge wahrer Staats- und Religionslehre, in besonderen Materien beleuchtet. Blaubeuren 1837. Kap. 10: Lebensgang, 273–326.

[35] *Paulus*, Lebensgang [s. Anm. 34], 277.

[36] *Paulus*, Lebensgang, 277 f.

Auch während seiner Studienzeit in Tübingen ließ der junge Karl Heinrich Ernst Paulus das Thema Religion, weniger als religiöses Erleben denn als Religionsphilosophie, nicht außer acht.[37] Nicht gerade mit Begeisterung studierte er die Rechtswissenschaften. Dann schloß sich eine Ausbildung auf der Hohen Karlsschule in Stuttgart an, wo er 1788 das Examen als Kanzlei-Advokat[38] ablegte. In Schorndorf hat er dann „unter der Leitung des Vaters"[39] praktiziert. Kirchlich-fromm war Paulus niemals, eher ein rationaler Zweifler, der suchte, aber nicht fand, bis er im Bücherschrank im elterlichen Hause ein Buch von Emanuel Swedenborg entdeckte: „De amore conjugiali"[40] (Über die eheliche Liebe), eines der farbigsten Bücher Swedenborgs, in dem er die Entsprechungslehre auf die gegenseitige Ergänzung des Männlichen und Weiblichen bezieht, insbesondere die Lehre von der Fortdauer der Ehen im Himmel ausbreitet! Das umfangreiche Werk, das damals noch keineswegs übersetzt war,[41] wurde zur Lektüre und Einführung in die swedenborgische Theosophie. Ihm zur Seite trat dann Swedenborgs Dogmatik, „Vera Christiana Religio", die „Wahre Christliche Religion".[42] Swedenborg wurde ihm zur Rettung aus religiöser Skepsis, zur Heilung seines zwiespältigen Charakters: „[. . .] auf der einen Seite Stolz auf eigene Einsicht, Eitelkeit auf meine Person und meine äußeren Verhältnisse, Liebe zur Welt und zur Sinnlichkeit, auf der anderen Seite, Sinn für das Religiöse und Ernste"[43].

Die Strebsucht nach einer gut dotierten Stelle konnte lange nicht gestillt werden. Paulus wurde 1792 „Pfleger in Knittlingen", an der Peripherie des Herzogtums. Eine nicht genannte einflußreiche Person bei Hofe versprach ihm baldiges Emporkommen. Nach dem Tode Karl Eugens (24. Oktober 1793)[44] gab es aber für ihn keine Protektionen mehr,

---

[37] *Paulus*, Lebensgang [s. Anm. 34], 287.

[38] *Paulus*, Lebensgang, 288.

[39] *Paulus*, Lebensgang, 288.

[40] *Paulus*, Lebensgang, 288 f.– Der exakte Titel lautet: Delitiae sapientiae de amore conjugiali. Post quas sequuntur voluptates insaniae de amore scortatorio ab Emanuele Swedenborg, Sueco. Amstelodami: [s. n.] 1768. 328 S. 4°.

[41] Deutsche Erstausgabe: Die Wonnen der Weisheit betreffend die eheliche Liebe: dann die Wollüste der Thorheit betreffend die buhlerische Liebe. Aus der lateinischen Urschrift erstmals in's Deutsche übersetzt von *J. F. Immanuel Tafel*. Tübingen 1845. Neuausgabe: Die eheliche Liebe und ihre Perversionen. Übers. v. *Friedemann Horn*. Zürich 1995.

[42] Exakter Titel: Die wahre christliche Religion, welche die gesamte Gottesgelahrtheit der Neuen Kirche enthält, wie solche vom Herrn beym Daniel Kap. VII. 13. 14 und in der Offenbarung Kap. XXI. 1. 2. vorher gesagt worden von Emanuel Swedenborg, einem Knechte des Herrn Jesu Christi. Ins Deutsche übersetzt im Jahr 1784. Altenburg 1784.– Dem Zitat nach hat Paulus wohl diese erste anonym erschienene Übersetzung gekannt.

[43] *Paulus*, Lebensgang [s. Anm. 34], 293.

[44] „Kaum bekleidete ich jene Stelle ein Jahr, als der damalige Regent von der Welt abberufen wurde [. . .]"; *Paulus*, Lebensgang, 294.

so daß er bis 1806, 14 lange Jahre, fernab in Knittlingen zu amten hatte. Ein viel zu geringes Einkommen bestimmte das äußere Leben. Dann traf ihn der Tod seiner ersten Frau Christiana geb. Arnold 1797. Persönliches Glück hatte er allerdings seit 1798 mit der zweiten Ehefrau, Friederike Heinrike Eberhardine Me(t)zger, der Tochter des Amtmanns von Grunbach.

Paulus, der Pfleger von Knittlingen, der Ortsvorsteher sozusagen als Vertreter des Oberamtmanns von Maulbronn, wurde in eine der gefährlichsten Rebellionen in Württemberg um 1800 hineingezogen. Knittlingen, die Geburtsstadt des Dr. Faustus, war schon immer ein schwieriges Terrain gewesen. Im Jahr 1800 brach ein gewaltsamer Protest aus, der sich inhaltlich auf die Weigerung der Einwohner, Steuern zu zahlen, und die eigenmächtige Festlegung der Weinlesezeiten in den Weinbergen konzentrierte. Nahezu die gesamte Bevölkerung stand geschlossen gegen die Obrigkeit. Alexander Geßmann, der 1991 den Bericht des Oberamtmanns von Maulbronn, Johann Karl Ludwig Seubert, über die Vorgänge von 1801 in Knittlingen erschlossen hat, weist dem Amtmann K. H. E. Paulus eine eher untergeordnete Rolle zu.[45] Geßmann bezeichnet ihn als „unfähigen Beamten"[46]. Ferner ergeben sich aus der tendenziösen Quelle keine Hinweise, daß der Aufruhr von französischer Seite geschürt war. Geßmann bemerkt eher, daß die zwei Hauptangeklagten „Knodel und Hähnle" mit dem pietistischen Separatismus in Verbindung gebracht werden müßten. Paulus schildert jedoch aus seiner Sicht:

„Zu diesem Kriegs-Ungemach gesellte sich auch noch eine in damaliger Zeit unter französischer Begünstigung unter der Orts-Bürgerschaft ausgebrochene Insurrection; Freiheitsbäume wurden errichtet, Cokarden in Menge gefertigt, Freiheit und Gleichheit von der Rathaus-Kanzel herab gepredigt, [...] den Orts-Beamten ohne Unterschied der Tod gedroht, die Sturm-Glocke angezogen, die Gerichts-Acten auf öffentlicher Straße im Ort verbrandt, [...] ein Polizeidiener mitten im Ort unter den Augen der Obrigkeit erschlagen, ein Zweiter auf den Tod verwundet und eine völlige Anarchie wurde nur dadurch verhindert, daß ich zufällig das Glück hatte, einen mir sehr achtbaren französischen General v. B. dahin zu vermögen, daß die damalen im Ort gelegenen und mit der Bürgerschaft im Einverständniß gestandene französische Garnison ihre Station plötzlich verlassen mußte, daß bald darauf nach deren Abzug der zwischen Oestreich und Frankreich zu Stande gekommene Friede bekannt wurde, die Zurückkunft des damals regierenden Churfürsten er-

[45] *Alexander Geßmann*: „Und es gibt doch noch eine Rebellion": Der, vorläufig, letzte Knittlinger Aufruhr im Herbst 1801. In: Volksunruhen in Württemberg 1789–1801. Stuttgart-Bad Cannstatt 1991 (Aufklärung u. Revolution, 2), 315–340; vgl. Hauptstaatsarchiv Stuttgart, A 213, Bü 8946.

[46] *Geßmann*, 321.

folgte und durch diesen höchst eigener Person die kräftigste Masregeln zu Wiederherstellung der Ordnung und Ruhe getroffen wurden."[47]

Der deutsche Swedenborgianismus hatte nie politisch-revolutionäres Potential. Außenseiter innerhalb der Neuen Kirche waren stets solitär. Religionsfreiheit war das einzige, was öffentlich gefordert wurde. Paulus und sein Enkel Otto Hahn verfaßten überdies zahlreiche Schriften zur Staatslehre oder zu sozialpolitischen Tagesfragen. Aber Umsturz war aus der Position des wohlsituierten Bürgers – und K. H. E. Paulus sollte es bald besser gehen – überhaupt keine politische Alternative.

Anders stand es mit Frankreich,[48] wo sich die „Nouvelle Église" eng mit den Freimaurern und den Illuminés d'Avignon verbündete. Die Untersuchungen von Reinhard Breymayer über Johann Daniel Müller (Elias Artista) beleuchten die Swedenborg-Rezeption bei den von Dom Antoine-Joseph Pernety begründeten Illuminés.[49] Die französischen Verhältnisse können nicht auf die deutschen oder englischen übertragen werden. Es sollte aber zu einer Auseinandersetzung kommen, ja sogar zu einer für Paulus gefährlichen Verschwörung unter swedenborgischem Einfluß: Paulus hatte in Frankreich Verbindungen zu dortigen (jakobinischen?) Swedenborgianern, die den Erneuerungsdrang allzu wörtlich nahmen und mit den Revolutionszielen in Einklang zu bringen suchten, auf „Ausrottung des geistlichen Standes und durch einen Umsturz der bestehenden Kirche" bedacht waren, „wobei weder Pulver noch Kanonen gespart werden dürften."[50] Paulus konnte sich der Sache entziehen, wobei er „aus den Swedenborgischen Schriften [. . .] überzeugt war, daß sie keinen andern Zweck haben, als den Menschen einzig und allein durch das Wort Gottes in seiner Reinheit nicht aber durch Pulver und Kanonen ihrer geistigen Bestimmung näher zu führen"[51].

1806 versetzte man ihn als „Stabskeller" auf den Hohenasperg.[52] Neben seiner Verantwortung für die Verwaltung des Gefängnisses und für die Versorgung der politischen und militärischen Gefangenen oblag ihm zusätzlich die Mitwirkung als „Auditör"[53] in der Militärgerichtsbarkeit, was ihn letztlich so beschäftigte, daß er sich um eine ordnungsgemäße

[47] *Paulus*, Lebensgang [s. Anm. 34], 296 f.

[48] Vgl. *Karl-Erik Sjödén*: Swedenborg en France. Stockholm 1985 (Acta Universitatis Stockholmiensis. Stockholm studies in history of literature, 27).

[49] *Reinhard Breymayer*: „Elias Artista". Johann Daniel Müller aus Wissenbach/Nassau, ein kritischer Freund Swedenborgs, und seine Wirkung auf die schwäbischen Pietisten F. C. Oetinger u. P. M. Hahn. In: Literatur und Kultur im deutschen Südwesten zwischen Renaissance und Aufklärung 1995 (Chloe, 22), 329–371; vgl. auch *Sjödén* [s. Anm. 48], 23–35: Pernety et les Illuminés d'Avignon.

[50] *Paulus*, Lebensgang [s. Anm. 34], 299.

[51] *Paulus*, Lebensgang, 300.

[52] *Paulus*, Lebensgang , 304.

[53] *Paulus*, Lebensgang, 305.

Rechnungslegung nicht mehr meinte kümmern zu können. Es kam zu Unregelmäßigkeiten, für die er sich zu verantworten hatte.[54] Er wurde sich seiner Ungerechtigkeit, besser Unzulänglichkeiten bewußt, grübelte darüber und stellte zunächst Gottes Gerechtigkeit in Frage, an der aber der Swedenborgianer nicht zweifeln kann. So kam er zu der Einsicht, „daß ich doch bei aller meiner Gerechtigkeit ungerechter sein müsse, als ich es selbst wüßte."[55] In einem Prozeß von Selbsterkenntnis verdichtete sich dem Swedenborgianer die Einsicht, in „die höchste Liebe und Weisheit Gottes; denn, ich erkannte ihn als Mittel, wodurch der Mensch nicht nur zu einem geistigen Denken und Wollen, sondern auch zu einem geistigeren Handeln geführt wird, ich erkannte ihn als Mittel der Stärkung des Vertrauens zu Gott, als Mittel der geistigen Wiedergeburt des Menschen, und daher als die höchsten Wohlthaten Gottes"[56].

Auf dem Wege einer geistigen Erneuerung sich befindend,[57] gelang es dem inzwischen nach Vaihingen/Enz versetzten Kameralbeamten, doch noch Karriere zu machen: Er wurde 1819 zum „Rath der dortigen Finanz-Kammer befördert, im Jahr 1822 in den Quieszenten-Stand versetzt, im Jahr 1823 zu Stuttgart bei der Königl. Acten-Ausscheidungs-Commission beschäftigt, im Jahr 1827 bei der hiesigen Finanz-Kammer als Rath wieder eingetheilt, im Jahr 1829 den 30. Dezember pensionirt und dadurch in den Stand gesetzt [. . .] [sein] Privatleben auf Arbeiten zu verwenden, deren öffentliche Mittheilungen [. . .] zu irgend einem Nutzen gereichen möchten."[58]

Es blieb nicht aus, daß Karl Heinrich Ernst Paulus als königlicher Beamter und Autor swedenborgischer Bücher in der großen „Familie" der Mitglieder der Neuen Kirche bekannt war.[59] Anläßlich einer neukirchlichen Taufe im Hause Otto Hahns[60] in Reutlingen am 19. November 1875 erwähnt der Herausgeber der „Neukirchenblätter", Johann Gottlieb Mittnacht, den Urgroßvater des Täuflings „Johann Gottlieb Walter" Hahn[61] und schreibt, indem er alsdann den Blick in seiner Abhandlung auf den Enkel und Vater Otto Hahn lenkt, folgendes: „Als Bemerkens-

---

[54] *Paulus*, Lebensgang [s. Anm. 34], 308–312.

[55] *Paulus*, Lebensgang, 314.

[56] *Paulus*, Lebensgang, 321 f.

[57] *Paulus*, Lebensgang, 305.

[58] *Paulus*, Lebensgang, 324.

[59] Zur Geschichte der Neuen Kirche in Deutschland s. u. a. *Eberhard Zwink*: Die Neue Kirche im deutschsprachigen Südwesten des 19. Jahrhunderts. Johann Friedrich Immanuel Tafel – Friede. Gustav Werner – Liebe. Johann Gottlieb Mittnacht – Lehre. Stuttgart 1993 (Forum Freies Christentum, 26).

[60] Otto Hahn und Rosine Friederike geb. Schloz hatten 17 Kinder; vgl. *Hahn/Raithelhuber* [s. Anm. 9], 66 f.

[61] Das Kind starb am 7. Februar 1879 „in Folge Krampfhustens"; vgl. Neukirchenblätter 5/10, 1879, 160.

werth können wir anführen, daß derselbe Urenkel ist des manchem Neukirchlichen wohlbekannten, †Finanzraths C. H. E. Paulus in Ulm, der einer der älteren Leser swedenborgischer Werke und ein eifriger Anhänger war, auch selbst einige Schriften in diesem Sinne herausgab. Unser Freund Hahn erzählte, daß er schon als Knabe einige Funken der neuen Lehre von seinem Großvater und aus dessen Büchern erhalten hatte, so daß er bei der Confirmation sich einiges Irrthümlichen, namentlich der Lehre von den drei Personen in der Gottheit, bewußt war und er kein geringes Mißbehagen empfand als gerade die Beantwortung der Frage aus dem Confirmationsbüchlein: „Wie viele Personen sind in der Gottheit"[62] ihm zur Beantwortung zufiel. Das habe, sagt er, ganz besonders auf ihn gewirkt, alles daran zu setzen, um diese Lehre zerstören zu helfen. Wir zählen unseren Freund Hahn unter unsere intelligentesten Mitglieder; er führt eine tüchtige, zuweilen aber etwas kühne und schneidende Feder; nur möchten wir ihn – er wird uns diese Bemerkung hier nicht verargen – oft etwas orthodoxer haben"[63].

Mittnacht selbst muß dem Außenstehenden als der Inbegriff des orthodoxen Neukirchlers anmuten, wie die vom Verfasser veröffentlichten Quellen zu Gustav Werner[64] eindeutig zeigen. Er war aber vermutlich deshalb aus Philadelphia zurückgekehrt, weil sich in den USA bei den Swedenborgianern eine bedenkliche Richtung breit machte, welche die Wiedertaufe und das Bischofsamt forderte. Es handelte sich bei diesen Personen um eine zweite Generation, die schon in Amerika geboren und nicht mehr im Heimatland Deutschland, England oder Schweden noch lutherisch oder anglikanisch erzogen worden war. In der Trennung in die General Convention of the New Church (gemäßigte Richtung, der auch die deutschen und schweizerischen Swedenborgianer angehören) und in die General Church of the New Jerusalem (mit weiteren Untergruppierungen) wird dies heute noch sichtbar. In Otto Hahn dürfen wir also einen Swedenborgianer erwarten, der nach verschiedenen Seiten kämpfte und zwischen den religiösen Fronten seinen Weg ging.

---

[62] „15. Fr.: Wie viel sind aber Personen in dieser einigen Gottheit? Antw.: Drei, der Vater, der Sohn und der heilige Geist[...]"; vgl. Evangelischer Confirmations-Unterricht in einer ausführlichen Erklärung des württembergischen Confirmations-Büchleins [...] von *Karl Mann*. Reutlingen 1842, 70.

[63] Neukirchenblätter 1/35, 1875, 575.

[64] *Zwink*, Gustav Werner [s. Anm. 1], bes. 49 ff.

Otto Hahn bei Gustav Werner in Reutlingen (1861–1864)

Vom Verfasser wurde wiederholt darauf hingewiesen, daß der Weg Gustav Werners (1809–1887) in Reutlingen wesentlich aus der Theologie und Ethik Swedenborgs bestimmt war, ohne daß man ihn einen echten Swedenborgianer nennen dürfte. Man wird Verständnis dafür aufbringen müssen, daß sein „Kryptoswedenborgianismus" heute gerne verschwiegen oder zumindest verharmlost wird, da man zum Vater einer großartig funktionierenden Einrichtung des Diakonischen Werkes, der Gustav Werner Stiftung zum Bruderhaus Reutlingen, doch keinen Ketzer haben darf. Nun waren die Umstände eben anders, aber nach der Quellenlage eindeutig. Werner verhüllte einerseits seine Abhängigkeit von Swedenborg, andererseits umgab er sich mit Leuten, die offene Bekenner Swedenborgs oder Mitglieder der Neuen Kirche waren, wie einige seiner Hausväter in den Zweiganstalten draußen im Lande.[65]

Nicht nur der Nestor der deutschen Swedenborgianer, Johann Friedrich Immanuel Tafel (1796–1863)[66], gehörte, wie jetzt bewiesen wurde, zeitlebens in den Umkreis Werners, sondern auch der Buchhändler „Neukirchlicher Schriften"[67], Johannes Rommelsbacher aus Stuttgart, ein lebenslanger Freund Werners. Er konnte – war erst Werners Trennung von der Landeskirche vollzogen – in Werners Organ, den „Sendbriefen", offen für sein Schrifttum werben; denn die meisten der ersten Leser waren ja Anhänger der Neuen Kirche. Dann muß man noch Gustav Werners Schwager, den Arzt Dr. Heinrich Landerer (1814–1877), nennen, der zunächst Theologie studiert hatte, sich aber dann der Psychiatrie zuwandte und im Christophsbad in Göppingen eine Heilanstalt für Geisteskranke betrieb. Auch er war „der Lehre Swedenborgs zugethan."[68] Vielleicht suchte er bei ihm eine Erklärung für die Wirksamkeit der bösen Geister im Irrsinn.[69] Der landeskirchliche Pfarrer Johann Jakob Wurster (1811–1875)[70] in Hohenstaufen, der Vater des Werner-Biographen und nachmaligen Professors für Praktische Theologie in Tübingen, Paul Wurster (1860–1923)[71], predigte in der Provinz oft gut swedenborgisch und erhielt manche Rüge vom Konsistorium.[72]

Nun lenkt sich der Blick auf eine weitere Person, die sich der Mitarbeit im Mutterhaus in Reutlingen verschrieben hatte: Otto Hahn. Sein

---

65 *Zwink*, Gustav Werner [s. Anm. 1], 100–114.

66 Vgl. *Walter Dreß*: J. Fr. Im. Tafel. Zürich 1979.

67 [*Gustav Werner:*] Sendbrief an die Brüder aus dem Mutterhause 6, 1854, 110 u. ö.

68 So Gustav Werner an Theodor Müllensiefen, den Senior der Neuen Kirche in den siebziger Jahren des letzten Jahrhunderts; vgl. *Zwink*, Gustav Werner [s. Anm. 1], 63.

69 *Zwink*, Gustav Werner, 30, bes. Anm. 80.

70 *Zwink*, Gustav Werner, 30 ff.

71 *Paul Wurster*: Gustav Werner's Leben und Wirken. Reutlingen 1888.

72 *Zwink*, Gustav Werner, 31.

Vater war Kameralbeamter in Reutlingen gewesen. So blieb es nicht aus, daß die Familie Hahn mit dem seit 1840 in Reutlingen tätigen Gustav Werner in Kontakt kam, überhaupt daß sich swedenborgisch Gesinnte in derselben Stadt gut kannten. Inwieweit solches Gedankengut bei den Eltern Johann Franz Gottlieb Hahn und seiner Frau Karoline Auguste Heinrike geb. Paulus gepflegt wurde, kann allerdings nicht nachvollzogen werden. Wir wissen aber, daß der Sohn Otto ja vom Großvater Karl Heinrich Ernst Paulus hierin unterwiesen wurde.

Der begabte Jurist verzichtete also auf eine Karriere im württembergischen Staatsdienst, wo er bereits im „Justizdepartement" dann im „Departement des Innern"[73] mehrere Jahre gedient hatte, und folgte seinen „religiösen Anschauungen"[74], die ihn in die ökonomische Unsicherheit der Wernerschen Kommunität führten. Seit wann Otto Hahn mit Gustav Werner zusammenarbeitete, erwähnt Paul Wurster in seiner Biographie nur uninteressiert ungenau: „Hahn, ein studirter Jurist, war einige Jahre zuvor [vor 1863] ins Bruderhaus eingetreten."[75]

Seit 1861 unterzeichnet ein gewisser „Hahn" in den „Sendbriefen an die Brüder aus dem Mutterhause" kurze Aufforderungen an die Leser, z. B. zur Abgabe von Berichten, Personenverzeichnissen („letztere wenigstens sollten immer auf einem besonderen Bogen Papier sein. Hahn"[76]), Kassenberichte u. a. Hier scheint einer das Heft in die Hand genommen und den äußerst notwendigen Geschäftsführerposten ausgefüllt zu haben. Dankbar vermerkt denn auch Gustav Werner selbst: „Durch die Uebersiedlung unsers J. Borst nach Heilbronn wurde deßen Stelle, in welcher er hauptsächlich die Centralbuchhaltung besorgte, erledigt. Diese hat nun seit einigen Wochen Otto Hahn früher Oberamtsgerichts-Actuar in Waiblingen, der vor einigen Wochen in unsern Kreis eingetreten ist, übernommen. Er hat sich aus freier Wahl und Ueberzeugung, und innerstem Herzensdrang unserer Sache angeschlossen, und ist vom redlichsten Eifer beseelt, derselben mit all seinen Kräften zu dienen. Er wird nun alle die Centralbuchhaltung betreffende Geschäfte besorgen, etwaige Rechtsangelegenheiten, die in unserm Kreise vorkommen; die Vorsteher der Anstalten wie die Kaßiere der Hülfsvereine ersuche ich hiemit besonders noch, alle Monate regelmäßig ihre Berichte einzusenden "[77].

---

[73] *Hahn*, Autobiographie [s. Anm. 6], 107.

[74] *Hahn*, Autobiographie, 107.

[75] *Wurster*, Gustav Werner [s. Anm. 71], 261. Paul Wurster, Zögling Gustav Werners und später erfolgreicher Theologieprofessor, ist es zuzuschreiben, daß das Bild von Werner, das der Nachwelt überliefert ist, landeskirchlich gereinigt und Werner dogmatisch akzeptabel wurde, wonach sich seine Anstalten leicht in den kirchlich-diakonischen Verband aufnehmen ließen.

[76] Sendbrief 2, Mitte Juli 1861, 312; vgl. Sendbrief 4, Ende December 1861, 72; vgl. ferner Sendbrief 5, 1862, 103 f.

[77] Sendbrief 24, Ende April 1861, 647.

Doch Otto Hahn war nicht nur damit beschäftigt, die Buchhaltung und das Finanzwesen in Ordnung zu halten. Er wollte mehr, setzte es aber nur teilweise in die Tat um.

In der mehrfach erwähnten kommentierten Edition des Briefwechsels zwischen Werner und Mittnacht hat der Verfasser darauf hingewiesen, daß es eine eigenartige Verflechtung gebe zwischen dem Sterbetag des aufrechten Swedenborgianers Johann Friedrich Immanuel Tafel am 29. August 1863 und der Datierung der „Verfassungsbestimmungen für die neue Brüder-Gemeinde" vom 30. August 1863.[78] Das Erbe Swedenborgs wird allenthalben sichtbar, erworben von unterschiedlichen Nachkommen, von Denkern und Frommen, von Theologen und Laien, von Praktikern, Pädagogen und Juristen. Wen nimmt es wunder, daß Suchende sich bei Gustav Werner trafen, weil er als einziger ein Werk der „Liebthätigkeit" aufgebaut hatte und zu erhalten suchte? Sein Kommunismus auf der einen Seite und sein Glaube an den Fortschritt durch die industrielle Produktion auf der anderen erforderten weitere Planungen, Entwürfe und Verwirklichung. In dem erwähnten Briefwechsel ging es darum, daß Mittnacht meinte, Werners Predigtgabe für die Zwecke einer dogmatischen, auf die rechte Lehre ausgerichteten Neuen Kirche nutzen zu sollen. Mittnacht riet ihm in einem Brief vom 23. Februar 1872: „Lassen Sie Ihre Anstalt u. Alles hinter sich! Sie haben sie gegründet u. Sie haben daran wohl gethan; aber Sie haben jetzt Leute um sich, welche dieselbe fortführen, u. so, diesen Nutzen erfüllen können! Widmen Sie sich einem höheren, ja dem höchsten Nutzzweck,[79] u. werden Sie Prediger der Neuen Kirche [. . .]!"[80] Wir wissen, daß sich Werner dem entzogen hat, verstand er sich doch als johanneischer Tatchrist und nicht als neukirchlicher Dogmatiker.

Ähnlich wie Mittnacht muß es auch mit Otto Hahn gegangen sein, der seine Idee in Gustav Werners Kommunität, nämlich die einer christlichen Kolonie in den Tropen, vorgebildet sah und sich seinerseits deren Ansatz zunutze machen wollte. In seiner Autobiographie deutete Hahn an, die „Neue Brüdergemeinde" sollte so verfaßt sein, daß sie in Costa Rica fern aller landeskirchlichen Beschränkungen ihrem Glauben leben könnte.[81] Aber es kam nicht dazu.

Unklar waren bisher immer noch die Argumente, warum Gustav Werner nicht selbst zum Vorstand dieser neuen Gemeinschaft von 1863

---

[78] *Zwink*, Gustav Werner [s. Anm. 1], 18–20.

[79] Der swedenborgische Begriff „usus", von J. F. I. Tafel als „Nutzwirkung" oder „Nutzzweck" übersetzt, ist die dritte Kategorie in der Trias von Swedenborgs Theosophie, in der sich die göttlichen Prädikate Amor und Sapientia aufklärerisch zu einem kosmologisch-heilsgeschichtlich-sittlichen Ganzen vereinigen.

[80] *Zwink*, Gustav Werner, 61.

[81] *Hahn*, Autobiographie [s. Anm. 6], 107.

wurde. Es scheint, als ob Heinrich Landerer und Otto Hahn gegen Werner arbeiteten, um sein patriarchalisches Prinzip zu brechen, um die Verantwortung aus der Hand eines unfähigen Organisators herauszulösen,[82] der finanziell so geschwächt war, daß er zu allerlei Zugeständnissen bereit sein mußte. Otto Hahn formulierte den Text einer Verfassung,[83] deren juristische Fachsprache sofort auffällt, deren Präambel aber auch deutlich auf Swedenborg hinweist. Sie ist ein Bekenntnis zum einigen Gott, zu einer impliziten Ablehnung der Dreipersonenlehre, wie sie ja schon der Konfirmand Otto Hahn als unerträglich empfunden hatte:

„Die neue Brüder-Gemeinde anerkennt die Liebe zu Gott, dem Einen, der sich in Christo geoffenbart hat, und zu dem Nächsten als das erste Gebot, in welchem alle übrigen enthalten sind. Jeder strebt dasselbe in seinem Kreise, die Gemeinde in dem ihrigen in Ausübung zu bringen."[84]

Umgekehrt hatte hier Gustav Werner wieder die Möglichkeit, sich hinter anderen Swedenborgianern zu verstecken, sie das sagen zu lassen, was er nicht gerne öffentlich von sich gab. So ließ er denn auch in den „Sendbriefen" oft einen „bekannten Freund" dogmatisch Eindeutiges schreiben, was er sich selbst nicht getraute.[85] Es ist anzunehmen, daß es sich hierbei um den Pfarrer von Hohenstaufen, Johann Jakob Wurster, handelte.

Die „Neue Brüder-Gemeinde" war gedacht als eine Gesellschaft, welche die Bruderhäuser Gustav Werners erwerben und verwalten sollte. Deshalb, hieß es, konnte Werner nicht selbst Vorsitzender dieser Gesellschaft sein. Er tritt nur als Leiter des Reutlinger Hauses auf, und zwar in dem von Otto Hahn an die Verfassung angehängten „Wahl-Vorschlag",[86] über den Heinrich Landerer zum Vorstand bestimmt wurde. Hahn fährt fort: „Daß G. Werner nicht zum Vorstand vorgeschlagen wird, mag Manchen befremden. Es ist dieß aber wegen der rechtlichen Stellung, die er als Eigenthümer der Anstalten zu der neuen Gemeinde hat, gerathen. Diese soll von ihm kaufen. Wäre er Vorstand, so könnte er nicht die Gemeinde und sich in einer Person vertreten. Sobald diese Verhältnisse geordnet sind, fällt diese Rücksicht weg: wir können dann auch unserem Herzen freien Lauf lassen."[87] Dies ist zwielichtig; denn Werner gehörte ja dem „Aeltestenrath" an, dessen Aufgabe im weitesten Sinne jede Art von Geschäftsführung war,[88] also etwa auch der vorgese-

[82] Vgl. *Wurster*, Gustav Werner [s. Anm. 71], 261 ff.

[83] Verfassungsbestimmungen für die neue Brüder-Gemeinde. In: Sendbrief an die Neue Brüdergemeinde 1, Reutlingen, Mitte September 1863, 22–32. Man beachte die Titeländerung!

[84] Sendbrief an die Neue Brüdergemeinde 1, 1863, 22.

[85] Vgl. *Zwink*, Gustav Werner [s. Anm. 1], 34 f.

[86] Sendbrie f an die Neue Brüdergemeinde 1, 1863, 29.

[87] Sendbrief an die Neue Brüdergemeinde 1, 1863, 30.

[88] Sendbrief an die Neue Brüdergemeinde 1, 1863, 25.

hene Erwerb der Anstalten Werners. Nur Landerer stand außerhalb. Auf alle Fälle zeigt sich hier eine deutliche Positionsschwäche Werners. So ist die Einschätzung des Verfassers, die er in der Edition des Briefwechsels Werner/Mittnacht geäußert hat, Werner selbst habe nach dem Tod Tafels die Chance wahrgenommen,[89] seinerseits eine ihm angemessene Form einer Neuen Kirche zu konstituieren, dahingehend zu ändern, daß wohl die treibenden Kräfte die beiden überzeugteren Swedenborgianer Landerer und Hahn waren. Denn trotz aller juristischer und ökonomischer Belange atmet die Verfassung stets den Geist neukirchlicher Dogmatik. Abgesehen von der Präambel bezeugt dies auch der darauf folgende Abschnitt „Aufgaben der Gemeinde": Die Reihenfolge lautet:

„[...] namentlich die Verbreitung des reinen Bibelworts; die Gründung von Anstalten zu Erziehung und Bildung der Jugend; die Versorgung von Arbeits-Unfähigen; die Beförderung allgemein nüzlicher Zwecke; – ausnahmsweise die Führung von Geschäften"[90].

Der Bezug auf das „reine Bibelwort" ist kein pietistisches Privileg. Die strengen Swedenborgianer sind in ihrem Sinne extreme Biblizisten, allerdings auf dem Hintergrund der spirituellen, der Korrespondenzlehre verpflichteten Bibelauslegung Swedenborgs. Wenn Johann Friedrich Immanuel Tafel von der „durchgängigen Göttlichkeit der heiligen Schrift" spricht,[91] ist dies konsequent und bestätigt die Ernsthaftigkeit, mit der Swedenborg seine Exegese betrieben hat.[92] Die zitierten Punkte

---

[89] Vgl. *Zwink*, Gustav Werner [s. Anm. 1], 18–20.

[90] Vgl. *Zwink*, Gustav Werner, 22.

[91] Vgl. das große apologetische Werk von *Johann Friedrich Immanuel Tafel*: Swedenborg und seine Gegner. Oder Beleuchtung der Lehren und Berichte Swedenborgs, gegenüber den Entstellungen und Angriffen seiner Gegner. Zugleich ein Beitrag zur Dogmatik und Dogmengeschichte. Teil 1. Die durchgängige Göttlichkeit der Heiligen Schrift. Oder der tiefere Schriftsinn, die Selbstbeglaubigung des Wortes Gottes und die innere Unhaltbarkeit sowohl der bloß buchstäblichen, als der natürlichen und mythischen Schrifterklärung [...]. 2. Ausg. Tübingen 1838.

[92] Als Beispiel sei das Werk Swedenborgs genannt: Doctrina Novae Hierosolymae de Scriptura Sacra. Amstelodami 1763.– Deutsch von *J. F. I. Tafel*: Die Lehre des Neuen Jerusalems von der Heiligen Schrift. Stuttgart 1876. Zugleich Teil [2] von: Die Vier Hauptlehren der Neuen Kirche. – Mit der Auslegung nach dem „inneren Wort" verbindet Swedenborg seine in der abendländischen Theosophie verwurzelten und an kabbalistische Elemente erinnernden Anschauungen eng mit dem christlichen Glauben, wobei die christologischen Spezifika von den drei Personen in der Trinität, von zwei Naturen und vom Sühnopfer, von der leiblichen Auferstehung und vom irdischen und zeitlichen Endgericht sowie die protestantischen Spezifika von der Erbsündenlehre und der Rechtfertigung aus Glauben umgebogen und hineinverwoben werden in ein großes, dem Verstand sich erschließendes System, das wesentlich bestimmt und kontrolliert ist von den Visionen Swedenborgs. Der sichtbaren Welt entspricht eine unsichtbare geistige Welt, eine Überwelt, die Movens alles Natürlich-Irdischen ist, in der die Toten leben als Geister und Engel, in der eine gestufte Beziehung besteht zu Gott dem Herrn, dem „Einen", der als Liebe und Weisheit emanativ einfließt in alles Seiende. Erlösung geschah nicht durch das Sühnopfer Jesu Christi, sondern durch Tod und Auferstehung des Herrn. Dies wird als kosmi-

des Aufgabenbereichs entsprechen genau der Trias der Kategorien Weisheit (Bibelwort), Liebe (tätige Nächstenliebe durch Versorgung und Erziehung) und „Nutzwirkung“ (was letztlich überhaupt Sinn macht). Otto Hahn ließ in der entsprechenden Nummer der „Sendbriefe“ einen weiteren Passus folgen, in dem er eine Reise nach Costa Rica ankündigte:

„Nach langen Berathungen und Erkundigungen wurde beschlossen, daß zwei Männer eine Reise nach Costa-rica in Central-Amerika machen sollen, um zu sehen, ob es dort Boden für uns gebe, um sodann einen Vertrag mit der dortigen Regierung auf unentgeldliche Ueberlassung eines größern Areals abzuschließen. Die schweizerische gemeinnüzige Gesellschaft, deren Mitvorstand Herr Diaconus Hirzel in Zürich ist, hat auf diese Weise 500,000 Morgen Land zugesagt erhalten. Das wäre nun freilich eine große Zweiganstalt. Aber man kann auch wieder von dem Land verkaufen und so seine Kosten herausschlagen. Das Klima dort ist herrlich. Es schwankt nicht weiter als zwischen 16° und 20°, also wie bei uns im Mai [. . .]. Die beiden Männer sollen im November gehen und ihren Reisebericht erstatten. Das Geld zur Reise haben Freunde der Sache versprochen. Je nachdem der Bericht ausfällt, geschehen weitere Schritte. Aber nicht weiter als eine Zweiganstalt soll es sein. Daß Niemand glaubt, wir wollen auswandern. Das geschähe nicht eher, bis uns das Vaterland fortschickte. Wir hoffen vielmehr, wie Herr Direktor v. Werner im Jahre 1842 der Regierung einen Plan hiezu vorlegte so die Arbeitskräfte nur nuzbringender für das Vaterland zu machen. Im nächsten Blatte werde ich die Sache noch weiter ausführen. Es soll dieß nur eine vorläufige Ankündigung sein, um euch von der Sache in Kenntniß sezen und falschen Gerüchten vorzubeugen.“[93]

Finanzkammerdirektor Johannes v. Werner (1782–1849), Gustavs Vater, hatte am 10. Juni 1842 vor der Abgeordnetenkammer des Königreichs Württemberg zum Thema Auswanderung und soziale Lage der deutschen Auswanderer Stellung genommen[94] und dazu einen Antrag[95]

---

sches Ereignis gedeutet, als ein Prozeß der Ordnung in der geistigen Welt, als Unterwerfung und Zurückdämmung der Höllengeister. Das Erlösungswerk in dieser Hinsicht bewirkt weniger die gnadenhafte Annahme des Sünders, sondern verlangt eher – dank des freien Willens – seine Mithilfe, damit er sich im Leben auf seinen Zustand in der Überwelt vorbereite. Er richtet sich durch sein Leben selbst. Gott ist nicht sein Richter. Diese Art „Weltverbesserung“, die auf ähnliche Weise bei Rudolf Steiner wiederkehrt, hat als einer von wenigen Swedenborgianern Gustav Werner konsequent gelebt. Seine Liebe ist nicht nur Mitleid oder soziales christliches Engagement. Sie ist Arbeit am Reich Gottes von geradezu kosmischer Dimension.

[93] Sendbrief an die Neue Brüdergemeinde 1, 1863, 30 f.

[94] Verhandlungen der Kammer der Abgeordneten des Königreichs Württemberg auf dem Landtage von 1841–42. Bd. 9. Stuttgart 1842. 114. Sitzung, 70–78.

[95] Verhandlungen [s. Anm. 94]. Bd. 17. Beilage 2, Abt. 1. 1843, 261: „Antrag des Abgeordneten v. Werner, die Bildung eines Emigrations- und Colonisations-Vereins betreffend [. . .]“ vom 6. November 1841.

eingebracht. Den Erläuterungen sind die „Statuten für einen Emigrations- und Colonisations-Verein“ beigefügt:

„Zweck des Vereins ist im Allgemeinen: die Berathung, Leitung und Unterstützung der württembergischen Auswanderer; im Besonderen: a) durch den Ankauf von Grundeigenthum in einem in klimatischer, politischer und kommerzieller Beziehung möglich vortheilhaft gelegenen Lande; b) durch vertragsgemäße Feststellung der staatsrechtlichen Verhältnisse der Einwanderer; c) durch Ueberwachung der Auswanderung vom Einschiffungsplatze an bis zur Ankunft am neuen Bestimmungsorte, [...] d) durch Unterstützung der ärmeren Auswanderer [...] e) durch Leitung der Ansiedlung selbst [...] f) durch Fürsorge für die zu religiösen und öffentlichen Zwecken nöthigen Anstalten und Einrichtungen“[96].

Es liegt nahe, daß sich gerade der Vater des Gründers einer separaten Kommunität mit eigenständiger Religionsauffassung diesem Problem gewidmet hat; hieß doch bei seinem Vortrag vor der Abgeordnetenkammer der erste Punkt der Begründungen für die „Vortheile, welche sich dort [in den Kolonien] schon vorfinden: [...] a) Vollkommene religiöse Freiheit, vollkommen gleiche Rechte mit den Eingeborenen“[97]. Johannes v. Werner verfolgte diesen Plan weiter. Vor der Verfassunggebenden Deutschen National-Versammlung in Frankfurt hielt er 1848 eine themengleiche Ansprache[98]: Otto Hahn griff später wohl diese Gedanken auf und machte sie sich zu eigen. Die Werke Hahns sind durchsetzt mit Abhandlungen[99] über Amerika, speziell Kanada, das als klimatisch, aber auch politisch und religiös geeignet für deutsche Siedler beschrieben und empfohlen wird. Hahn war mit seinen Kenntnissen und Interessen geradezu ideal für die Behandlung der wirtschaftlichen, sozialen und geographischen Belange in Sachen Auswanderung. Erst seine religionsphilosophischen und kirchenpolitischen Schriften lassen erkennen, welchen Impetus er hatte: die konfessionenüberschreitende „freie deutsche Kirche“[100]. Hier stand er in der Tradition von Johann Friedrich Immanuel Tafel, der 1852 in seiner Schrift „Friedenstheologie“[101] einen ökumeni-

---

[96] Verhandlungen [s. Anm. 94]. Bd. 17. Beilage 2, Abt. 1. 1843, 283.

[97] Verhandlungen, 114. Sitzung, 73.

[98] Gedanken über Leitung und Reglung der Auswanderung. Von Finanzkammer-Direktor Werner in Reutlingen, Mitglied des Nationalvereins für deutsche Auswanderung und Ansiedlung und Vorstand des württembergischen Zweigvereins. Reutlingen 1848.

[99] Vgl. Anm. 5 mit den Publikationen der Jahre 1866, 1878, 1880–1882 u. 1888.

[100] *Otto Hahn*: Reformationsblätter. Antwort auf die Frage: Bedürfen unsere Kirchen einer Reformation?; zugleich Aufforderung zur Bildung einer wahren evangelischen, der freien deutschen Kirche. Reutlingen [1887].

[101] *Johann Friedrich Immanuel Tafel*: Friedens Theologie (Irenik). Oder Untersuchung, in wie fern 1. bei aller Verschiedenheit der Ansichten eine innere Vereinigung aller wahren Christen schon besteht; 2. unter Beibehaltung der Verschiedenheiten in Lehren und Gebräuchen eine gewisse äußere Vereinigung der getrennten Religionsparteien sofort zu Stande kommen, und

schen Ansatz auf der Basis der swedenborgischen Theosophie formuliert hatte. Hahns Einsicht und Konsequenz war, daß es in Deutschland zu einer solchen Kirche niemals kommen könnte. Gustav Werner entgegnete dem Ansinnen seines Freundes in der erwähnten Nummer der „Sendbriefe" jedoch: „Vorstehendem möchte ich nur beifügen, daß ich diesem Plan in so ferne meine Zustimmung nicht versagen wollte, als sich in meinen Anstalten Manche finden, die in denselben nicht verbleiben wollen, und in einer fernen Kolonie ein zweckmäßigeres Unterkommen finden können. Ich selbst mit meiner Sache bleibe im Lande und halte fest am Vaterland. Die heilige, ergreifende Liebe, welche die alten Propheten, Christus, Paulus für ihr Volk fühlten, hat auch mein Herz gerührt; bis auf den jezigen Augenblick kann ich nicht von der Ueberzeugung lassen, daß für diese große, entscheidende Zeit dem deutschen Volk eine Hauptaufgabe geworden ist, zu deren Lösung auch mein Werk beitragen soll. [...] Es wurde mir erst kürzlich von einem Deutsch-Amerikaner[102] in einer sehr ermunternden Weise ein Antrag einer Auswanderung nach Nord-Amerika gemacht; er legte mir in ueberzeugender Weise dar, daß das religiös-sociale Element, welches ich hier, ohne Aussicht auf größeren Erfolg, vertrete, in den Vereinigten Staaten fehle [...], aber gegen all diese lockenden Stimmen höre ich in mir den Ruf: Die angebornen Bande knüpfe fest / An's Vaterland, an's theure, schließ' dich an, / Das halte fest mit deinem ganzen Herzen, Dort sind die Wurzeln deiner Kraft."[103]

Wie Otto Hahn in seiner Autobiographie[104] und Gustav Werner in vorstehender Stellungnahme durchblicken lassen, war zunächst davon ausgegangen worden, daß die Anstalten in Deutschland verkauft würden und man in Costa Rica neu siedeln wollte. Hahn sprach aber dann nur von der zusätzlichen Gründung einer Zweiganstalt, der Werner nicht mehr im Wege stehen wollte. Inwieweit bei Werners Zurückhaltung Patriotismus[105] im Spiel war oder nur Unsicherheit und Beharrung, sei dahingestellt.

---

3. eine innere und äußere Vereinigung auf den Grund einer und derselben Lehre allmählich angebahnt werden könnte und sollte; nebst einer Widerlegung der unrichtigen Darstellung dieser erweislich wahren christlichen Lehre in Dr. Möhlers Symbolik etc. (in zweiter, vermehrter und verbesserter Auflage). Tübingen 1852 (Swedenborg und seine Gegner, 4).

[102] Das kann nur J. G. Mittnacht gewesen sein.

[103] Sendbrief an die Neue Brüdergemeinde 1, 1863, 31 f.

[104] *Hahn*, Autobiographie [s. Anm. 6], 107.

[105] Zu Werners aufkeimendem Nationalismus um die Zeit des deutsch-französischen Krieges s. *Karlheinz Bartel:* Gustav Werner. Stuttgart 1990, 254–256, und eine der Quellen bei *Wurster*, Gustav Werner [s. Anm. 71], 342: „Ich betrachte Deutschland stets als das priesterliche Volk Gottes – Recht, Gerechtigkeit, Wahrheit, Liebe, Gesittung und Wissenschaft unter die Völker zu tragen[...]" (Brief vom 16. August 1870).

Der Plan mit Costa Rica erfüllte sich nicht. Die „Sendbriefe“ Gustav Werners hießen wieder „Sendbrief an die Brüder aus dem Mutterhause“[106], und Otto Hahn stieg 1864 aus dem „Verband“ aus. In Reutlingen ließ er sich als erfolgreicher Rechtsanwalt nieder, erfolgreich deshalb, weil er sich zum Beispiel um teilweise viele Tausend RM Gesteinsproben für seine späteren geologischen Forschungen aus aller Welt leisten konnte. Bald begab er sich jedoch „auf Anraten von Freunden in London, statt nach Costarica, nach Venezuela“[107]. Und wie er weiter mitteilt, ist er dann 1878 nach Kanada gereist, um dort geologische Studien zu treiben, vor allem aber das Terrain für die eigene Emigration und die (neu)kirchlichen Verhältnisse zu erkunden. Er berichtete seinen Glaubensbrüdern im Januar 1879 über die Gemeinde in Berlin (Ontario):

„Was ich in Canada von der N[euen] K[irche] sah, ergriff mich im Innersten. Allerdings haben die allgemeinen kirchlichen Verhältnisse auch ihren Theil an diesem Eindruck. Es entspricht offenbar kein anderes Verhältniß, als das der vollsten kirchlichen Unabhängigkeit und Freiheit. Die Religion, aus dem Innersten des Menschen fließend, und blos mit dem Sittlichen, also der geistigen Freiheit sich beschäftigend, muß in ihrer Gesammt-Lebensäußerung so frei sein, als der Einzelne in derselben. Die Kirche kann nur das Ergebniß des freien Entschlusses sein. Daneben aber fühlte ich die Sphäre der N. K., jenes beseligende Gefühl der Uebereinstimmung in der Wahrheit. So kurz ich mit unsern Freunden zusammensein konnte, so reichte die Zeit doch hin, dieses mit vollstem Grade zu empfinden. [...] Was ich insbesondere unsern hiesigen Mitgliedern ans Herz legen möchte, ist, doch einmal sich recht klar zu sein, was sie eigentlich wollen, oder wollen sollen, und dann das zu thun, was sie als wahr erkannt haben. Dazu gehört vor Allem ein offenes freudiges Bekenntniß der Wahrheit. Dieses ist der Anfang der inneren Wahrheit. Wer Jahr aus Jahr ein schwankend fortlebt, es nicht einmal dahin bringt, nur die Wahrheit zu bekennen, wie viel weniger wird er sie thun.“[108]

Aber erst 1888 verließ er das zu eng gewordene Deutschland und ließ sich mit seiner Familie in Toronto[109] nieder.

Jüngst angestellte Nachforschungen von Herrn Werner Paulus bei den kanadischen Nachkommen der Familie Hahn/Paulus führten zu folgendem Ergebnis: Erstens gibt es dort einige Ölbilder der Paulus-Vorfahren, die Otto Hahn aus Familienbesitz mit nach Amerika genommen hat. Unter ihnen befindet sich ein Porträt von Hahns Mutter, Karoline Paulus, gemalt von Ludovike Simanowiz. Zweitens teilte eine Enkelin Otto Hahns, Quennefer Wood-Hahn verh. Browne mit: „Dr Hahn intro-

---

106 Vgl. *Zwink*, Gustav Werner [s. Anm. 1], 115.
107 *Hahn*, Autobiographie [s. Anm. 6], 107.
108 Neukirchenblätter 5/1, 1879, 14.
109 Neukirchenblätter 5/1, 1879, 108 f.

duced his children in Toronto to the Unitarian Church. He did not have Swedenborgian defiliations in Canada that I know of. Emanuel[110] and Walter Hahn became members of the Unitarian Church in 1902 (when Emanuel was 21)“[111]. Die vom Verfasser geknüpften Kontakte zu Mitgliedern der Neuen Kirche in Berlin (Ontario) blieben deshalb negativ. Einen Otto Hahn kennt man da nicht. Auch in Kanada hatte er, wie zu vermuten ist, nicht die rechte Heimat für seine freie Religion gefunden. Er blieb sich aber seit seiner Konfirmation in der Auffassung von der nur immanenten, innergöttlichen Trinität treu, was ihn schließlich den Unitariern näherbrachte.

Genaueres wissen wir aus der Zeit zwischen 1864 und 1888. Hahns zahlreiche Aufsätze und Briefe, die thematisch ebenso vielfältig sind wie seine Bücher, harren aber noch einer systematischen Auswertung. Hahn hatte sich vom Bruderhaus in Reutlingen zurückgezogen, damit er um so intensiver in der von Johann Gottlieb Mittnacht 1875 in Stuttgart gegründeten Deutschen Neukirchlichen Gesellschaft wirken konnte. In den Folgejahren geriet er in die Auseinandersetzung mit dem Londoner Professor Rudolph Leonhard Tafel (1831–1893) hinein, dem Neffen von J. F. Immanuel Tafel. Der radikale Neukirchler forderte die dogmatische Anerkennung einer priesterlichen Autorität aufgrund der Offenbarungen Swedenborgs und die Wiedertaufe in der Neuen Kirche. Hahn widersprach in einer langen Artikelserie.[112] Er muß zu den liberalen und weitsichtigeren Swedenborgianern gezählt werden. Umgekehrt hatte er gegen eine libertinistische Vorstellung in der Berliner Gemeinde der Neuen Kirche anzukämpfen, wo man die Vorwegnahme der eigentlichen und letztgültigen „Ehen im Himmel“[113] durch Partnertausch praktizierte und ausprobierte.[114]

Seit etwa 1870 erforschte Otto Hahn mit Hilfe des Mikroskops – eine Neuerung – Dünnschliffe von magmatischem und vulkanischem Gestein, um den Nachweis zu erbringen, die überwiegende Menge der Nichtsedimentgesteine seien organischen Ursprungs, ja Meteoritfunde deuteten auf organische Substanzen außerhalb der Erde. Swedenborg, den Hahn vermutlich mit seinen empirischen Forschungen belegen wollte, war mit seiner Anschauung im 18. Jahrhundert[115] nicht alleine. Die Auffassung, auf den Planeten existiere Leben, hat sich bis heute gehalten.[116]

---

[110] Immanuel Otto, Bildhauer, 15. Kind Otto Hahns (1881–1957); vgl. Anm. 122.

[111] Brief von Frau Quennefer Browne vom Dez. 1994, im Familienarchiv Werner Paulus.

[112] In: Neukirchenblätter 1875, passim.

[113] Vgl. Anm. 40 u. 41.

[114] In diesen Zusammenhang gehört auch der in Anm. 2 genannte Brief Hahns.

[115] *Ernst Benz*: Außerirdische Welten. Von Kopernikus zu den UFOs. Freiburg/Br. ²1990 (Edition 2000).

[116] Im August 1996 wiederholten Forscher der NASA sozusagen die Hahn'sche These mit Untersuchungen von Meteoriten vom Mars, die 1984 in der Antarktis gefunden wurden; die

Mit der Arbeit über das „Eozoon canadense“[117] von 1876 bzw. 1878 erwarb sich Hahn den Dr. sc. nat. (h. c.) der Universität Tübingen. Der Jurist mit dem naturwissenschaftlichen Doktortitel wurde 1880 Meister des Freien Deutschen Hochstifts in Frankfurt am Main, wo er mit dessen „Obmann“, Dr. G. H. Otto Volger[118], ebenfalls Jurist und Geologe, seine Thesen über Petrogenese diskutierte und von ihm wenigstens teilweise Anerkennung erhielt. Auch Charles Darwin[119] soll ihm zustimmend geschrieben haben.

Als die „von allen dynastischen Bindungen freie“[120] Akademie in den achtziger Jahren immer mehr das Ideal der Freiheit aus der 1848er Zeit zugunsten eines überheblichen Nationalismus opferte und Volger, Hitzkopf und Pazifist zugleich, seines Postens entledigt wurde,[121] gab es für Hahn weder wissenschaftlich noch politisch noch religiös etwas, das ihn in der Heimat hätte halten können. Er sah sie jedoch kurz wieder. Während eines Besuches in Stuttgart ist Otto Hahn am 23. Februar 1904 gestorben.[122]

Forscher meinten, subzellares Material entdeckt zu haben. Quellen: die Tagespresse seit dem 7. August 1996 und im Internet: http://www.pbs.org/newshour/bb/science/mars_kwame_8-7.html.

117 Vgl. in Anm. 5 die Arbeiten von 1876 bzw. 1878.

118 Dr. iur. Georg Heinrich Otto Volger gen. Senckenberg (1822–1897), Geologe und erster Obmann des Freien Deutschen Hochstifts; vgl. DBA, Mikrofiche 1315, 212–213, u. *Fritz Adler*: Freies Deutsches Hochstift. Seine Geschichte. Erster Teil 1858–1885. Frankfurt/M. 1959.

119 Briefe Otto Hahns an G. H. Otto Volger vom 17.11.1880 und vom 28.12.1880; in letzterem heißt es: „Zugleich sprach sich Darwin aus: es sei eine der wichtigsten Erklärungen, welche je gemacht worden seien“ (Volger-Nachlaß, Freies Deutsches Hochstift).

120 *Ernst Beutler*: Neunzig Jahre Freies Deutsches Hochstift. Frankfurt 1949 (FDH Vorträge u. Schriften, 13), 9.

121 *Adler*, Freies Deutsches Hochstift [s. Anm. 118], bes. 193 ff.

122 *Hahn/Raithelhuber* [s. Anm. 9], 66; dort wird allerdings das falsche Jahr 1914 angegeben! Bereits im „Abendblatt“ der „Schwäbischen Kronik“ (Nr. 88 v. Dienstag, 23. Februar 1904, 6) wird gemeldet: „Gestorben: 23. Febr. zu Stuttgart Otto Hahn (Württ.), Dr. phil. aus Kanada, 75 J. a.“. Eine Traueranzeige erschien im Stuttgarter Neuen Tagblatt 45, Mittwoch, 24. Februar 1904, 8. Sie ist unterschrieben: „[. . .] im Namen der Familie der tieftrauernde Sohn: Emanuel Hahn, die Schwestern: Marie und Richilde Hahn. [. . .] Olgastraße 100, 3 Tr.“ Die Beerdigung war am 24. Februar auf dem Pragfriedhof. Die Danksagung folgte „[. . .] auch im Namen der in der Ferne weilenden Familie [. . .]“ am Samstag, 27. Februar (Stuttgarter Neues Tagblatt 48, 8).

Reinhard Breymayer

Mit dem Herzen gesehen: visuell-verbale Rhetorik in einer schwäbisch-pietistischen Erbauungsstunde

Zu den wichtigsten Merkmalen des heute noch vor allem in Württemberg und Westfalen nachlebenden Pietismus gehört seit der Entstehung des Spenerschen Collegium pietatis in Frankfurt am Main 1670 (das wiederum auf zahlreichen Vorformen fußt) die Privatversammlung, in der Erbauungsstunden (Bibelbesprechstunden) gehalten werden. Hier ergreifen als „redende Brüder" nicht nur formal gebildete Männer, etwa Pfarrer und Lehrer, das Wort, sondern auch und vor allem z. B. Bauern und Handwerker. Durch die Beteiligung der Laien an der Verkündigung im Konventikel gewinnt die Rede eine zentrale Bedeutung im Pietismus, und es läßt sich zeigen, daß die rhetorische Tradition im Pietismus zwar immer wieder umgestaltet wird, aber nie ganz abbricht. Wegen der Wechselwirkung zwischen akademischer (Predigt-)Rhetorik und der durch Predigthören und Lektüre von Erbauungsliteratur erworbenen „stillschweigenden Kenntnis" rhetorischer Mittel bei den Laienpredigern ist es zulässig und sinnvoll, Laienpredigten aus pietistischen Erbauungsstunden mit Hilfe der wissenschaftlichen Rhetorikforschung zu würdigen.[1] Hinzu kommt ja auch die Tatsache, daß Laienpredigt wie die Predigt der ordinierten Theologen auch in Wechselwirkung mit der Alltagsrhetorik steht und aus dieser profanen Rhetorik viele Anregungen

---

[1] Vgl. *R. Breymayer*: Die Erbauungsstunde als Forum pietistischer Rhetorik. In: Rhetorik. Beiträge zu ihrer Geschichte in Deutschland vom 16.–20. Jahrhundert. Hg. v. *Helmut Schanz*. Frankfurt a. M. 1974 (Schwerpunkte Germanistik), 87–104; *Ders.*: Pietistische Rhetorik als eloquentia nov-antiqua. Mit besonderer Berücksichtigung Gottfried Polykarp Müllers (1684–1747). In: Traditio – Krisis – Renovatio aus theologischer Sicht. FS *Winfried Zeller*. Hg. v. *Bernd Jaspert* u. *Rudolf Mohr*. Marburg 1976, 258–272; *Ders.*: Die Beredsamkeit einer Taubstummen. Zur Bedeutung des Ethos-Bereichs für die Rhetorik der pietistischen Leichenrede. In: Leichenpredigten als Quelle historischer Wissenschaften. Bd. 2. Hg. v. *Rudolf Lenz*. Marburg 1979 (2. Marburger Personalschriftensymposium), 213–234, dazu 567–569; *Ders.*: Andreas Adam Hochstetter (1668–1717). Pietistischer Theologe und Rhetoriker. In: 500 Jahre Tübinger Rhetorik. 30 Jahre Rhetorisches Seminar. Katalog zur Ausstellung im Bonatzbau der Universitätsbibliothek Tübingen v. 12. Mai bis 31. Juli 1997. Hg. v. *Joachim Knape*. Tübingen 1997, 80–86.

gewinnt; die Kenntnis der Alltagsrhetorik wird aber von jedem hinreichend sprechfähigen native speaker bereits beim Erwerb der Muttersprache zu einem guten Teil miterworben.

Einen reizvollen Einblick in die Redeweise, die in der „Stunde" geübt wird, geben die Ansprachen, die am 22. September 1968 im schwäbischen Albdorf Hülben im Rahmen einer Jubiläumsstunde gehalten wurden.[2] Der Betrachtung legen wir hier eine Kurzansprache von Lektor Karl Jud (1898–1983)[3], Handschuhmacher aus Metzingen (Württemberg), dem damaligen Leiter der Brüderkonferenz Hülben, zugrunde. Karl Jud war nicht irgend jemand. Er war einer der profiliertesten Vertreter des Altpietismus im Uracher Bezirk und überzeugte durch seine persönliche Frömmigkeit und Friedfertigkeit. Altlandesbischof D. Theo Sorg hat bekannt, daß er Karl Jud für sein geistliches Leben viel verdanke.

Ansprache von Karl Jud (Text der Jubiläumsstunde: Röm 5, 1–11)

Über unserem Kapitel, das wir gehört haben, da steht ein feines Wort, nämlich: „Herrliche Früchte der Gerechtigkeit aus dem Glauben."

Da darf ich kurz etwas sagen, was mir sehr wichtig ist heute: Ich sah vor mir eine ganze lange Kette durch ein gewisses Tor eingehen, an dem stand: „Freier Zugang". Vorne, da war ein Kreuz, und vor diesem Kreuz, da kamen lauter müde Pilger an – keiner wußte weiter, was er mit seiner Not und mit seiner Schuld tun sollte, ob er zusammenbrechen muß. Und da stand über dem Kreuz, so sah ich's, ein wunderbares Wort, das heute noch steht, das heißt: „Kommet her zu mir alle, die ihr mühselig und beladen seid, ich will euch erquicken!" Und alle, die diesen Ruf verstanden haben, denen ist der Zugang eröffnet worden: Sie durften durch eine wunderschöne Türe eingehen. Und als sie durch diese Tür eingegangen

[2] Vgl. Zweihundert Jahre Kullenstunde in Hülben (Altpietistische Gemeinschaftsstunde) 1768–1968. Hg. v. *R. Breymayer* u. *Karl Buck*. Metzingen ²1979, 42–66; „Jubiläumsstunde". Der Pietismus in Hülben wurde vor allem von Johann Ludwig Fricker (1729–1766), 1762–1764 Diakonus, d. h. 2. Pfarrer, von Dettingen an der Erms und Pfarrer in Hülben, einem Schüler Friedrich Christoph Oetingers, angeregt. Die tatsächliche Gründung der Erbauungsstunde in Hülben läßt sich bisher zeitlich nicht absolut sicher fixieren; die früheste „Stunde", die nachweislich in Hülben abgehalten wurde, datiert aus dem Jahre 1784. Zu den Trägern der Hülbener „Kullenstunde" aus der Lehrersfamilie Kullen vgl. *[Julius] Rauscher*: Art. „Kullen". In: ²RGG 3, 1929, 1337; *Eberhard Kullen*: Hülben und der Pietismus. In: Hülben. Ein Gang durch die Geschichte. Hg. v. d. Gemeinde Hülben. Red.: *Irmtraud Betz*. Hülben 1987, 282–295; *Karl Knauß*: Art. „Kullen, Christian Friedrich". In: BBKL 4, 1992, 804 f.; *Ders*.: Art. „Kullen, Johannes d.Ä.". In: BBKL 4, 1992, 805–807; *Ders*.: Art. „Kullen, Johannes". In: BBKL 4, 1992, 807 f. – Weitere Lit. s. bei *R. Breymayer*: Anhang. In: Zweihundert Jahre Kullenstunde, 67–70, hier: 68–70.

[3] Vgl. Lektor *Karl Jud* von Metzingen [Kurzansprache]. In: Zweihundert Jahre Kullenstunde [s. Anm. 2], 44–46.

sind, da sahen sie ein Meer, ein kristallenes, kristallreines Meer, nämlich das Meer der Gnade.

Die wunderbare Tür heißt Jesus Christus, die auch heute – dieser Jesus Christus als die Türe, wo wir zum Eingang wieder gerufen werden – offensteht, *noch* offensteht, *noch* steht darüber: „Freier Eingang"! Wohin denn? Zu dieser Gnade, darin wir stehen, Menschen, die begnadigt sind. Alle diese großen Sünder, die vor uns eingegangen sind und mit uns eingehen und eingegangen sind durch dieses Tor hindurch, sie lebten alle von der Gnade, und die Gnade reichte aus für sie: Die Gnade ist allgenugsam. Freien „Zugang zu dieser Gnade, darin wir stehen"! In der Gnade stehen heißt, in der einzigartigen Glückseligkeit, die Gott uns Menschen durch Jesus Christus bereitet hat, stehen zu dürfen, einen lebendigen Wurzelgrund, aus dem jeder Begnadigte durch immer erneute Buße und Beugung vor diesem Herrn aus dieser Gnade heraus leben darf.

Und nun möchte ich etwas aufgeben zum Schluß: ein kleines Verslein, das mir eben wichtig geworden ist in diesen Tagen, und mir scheint so ein Verslein dann aufgenommen zu werden, wenn es uns zu einer gewissen Selbstprüfung führen möchte, und das sagt ein Dichter:

„Das sei alle Tage
Meine Sorge, meine Frage,
Ob der Herr in mir regiert,
Ob ich in der Gnade stehe,
Ob ich nach dem Ziele gehe,
Ob ich folge, wie er führt!"

Analyse der Ansprache

1. Pietistische Exordialtopik: Verbindung von Bescheidenheit und Selbstbewußtsein

An der Einleitung, die Karl Jud für seine kurze Ansprache gewählt hat, fällt sogleich eine Besonderheit auf, die Goethe bei dem pietistischen Prediger Friedrich Wilhelm Krummacher angemerkt hat: Auch die Kapitelüberschrift, die nicht zum Bibeltext gehört, wird in die Ansprache einbezogen.[4] Das von Luther gern gebrauchte Wort „fein" wurde nach August Langen „zu einem pietistischen Lieblingsausdruck"[5], auch nannten sich pietistische Kreise z. T. „die Feinen"[6].

---

[4] Goethe: [Rez. von] *D. Krummacher.* Blicke in's Reich der Gnade. Sammlung evangelischer Predigten. Elberfeld 1828. In: *Goethe*: Werke [Weimarer Ausgabe]. [Abth. 1] Bd. 42, Abth. 1. Weimar 1904, 16–19, hier: 17: „Sogar die Überschriften der Kapitel dienen ihm zum Texte.".

[5] *August Langen*: Der Wortschatz des deutschen Pietismus. Tübingen ^{2}1968, 355.

[6] Vgl. *Langen*, 355.

Der Redekern beginnt mit dem Satz: „Da darf ich kurz etwas sagen, was mir sehr wichtig ist heute". Bemerkenswert sind hier pietistisches brevitas-Ideal und die Verbindung von Bescheidenheit („darf") und individualistischem Selbstbewußtsein. Auch der pietistische Homiletiker Philipp David Burk, der 1763 in einer Betrachtung über Lk 14, 1 ff. aus dem dort geschilderten Verhalten Jesu bei einer Einladung ableitet, „wie man sich im Umgang mit grossen, mit vornehmen, mit reichen, auch mit stolzen Leuten zu verhalten habe"[7], empfiehlt eine Verbindung von Selbstbewußtsein („Große Leute sind eben auch Menschen."[8] „Rede getrost."[9]) und Bescheidenheit: „Rede lieber fragweise: ‚Darf man? Kann man?' und so fort; als daß du so gleich wolltest decisive sprechen."[10] Die pietistische Schriftstellerin Magdalene Muntschick stellt in dem Kapitel „Wider und für die Bescheidenheit" ihrer Schrift „Mit dem Herzen gesehen. Beobachtungen und Gedanken"[11] fest: „Im übrigen gehört zu unserem üblichen Sprachgebrauch das Wörtchen ‚dürfen' sehr häufig, wo andere Leute frisch und fröhlich erzählen, was sie getan haben und was dabei gelungen ist."[12] Lichtenberg spricht in diesem Sinne von „pietistischer Dünnigkeit"[13].

Die eigentümliche, für pietistische Konventikelrhetorik charakteristische Verbindung von modestia und gravitas, die im exordium von Karl Juds Ansprache aufscheint, wird in der peroratio wieder aufgenommen und verstärkt: Im Schlußteil findet sich das Syntagma „ein kleines Verslein, das mir eben wichtig geworden ist in diesen Tagen".

Die ritualisierte Betonung der Wichtigkeit des eigenen Anliegens im Sinne pietistischer Affektenlehre, die Hervorhebung der „Jemeinigkeit" der eigenen Empfindungen – um mit Heidegger zu reden –, der Einmaligkeit des Individuums, ist für einen Pietisten typisch. Karl Barth sagt dazu: „[...] glauben [...] heißt für ihn eben dies: ernstnehmen unter dem Gesichtspunkt und nach Maßgabe des Sich-selber-ernstnehmens."[14]

---

[7] *Philipp David Burk*: Evangelischer Fingerzeig auf den wahren Verstand und heilsamen Gebrauch der gewöhnlichen Sonn- Fest- und Feyertäglichen Evangelien, zur gründlichen Erbauung aufmerksamer Christen hg. Bd. 5, Th. 2. Leipzig 1763, 650.

[8] *Burk*, 650.

[9] *Burk*, 651.

[10] *Burk*, 651.

[11] *Magdalene Muntschick*: Mit dem Herzen gesehen. Beobachtungen und Gedanken. Hg. v. *Magdalene Traugotte Fritzsche*. Bad Salzuflen 1963, 13–15: Wider und für die Bescheidenheit.

[12] *Muntschick* [s. Anm. 11], 13.

[13] *Georg Christoph Lichtenberg*: Gesammelte Werke. Hg. u. eingel. v. *Wilhelm Grenzmann*. Wormerveer 1949, 182.

[14] *Karl Barth*: Die protestantische Theologie im 19. Jahrhundert. Ihre Vorgeschichte und ihre Geschichte. Zürich ³1960, 94. In diesem Sinne spricht z. B. Lavater von seiner „unendlich wichtigen Untersuchung"; vgl. *Johann Kaspar Lavater*: Ausgewählte Schriften. Hg. v. *Johann Kaspar Orelli*. Bd. 5. Zürich ²1844, 123, und es ist amüsant, in einem Brief des pietistisch erzogenen Friedrich Engels aus dem Jahre 1838 zu lesen: „Um nun gleich von einer bedeutend

Dieser zu Beginn nachdrücklich bekundete pietistische Ernst wirkt sich in der phonetischen Realisation der ganzen vorliegenden Rede aus, in der feierlichen Intonation, die sich durch große Intervalle auszeichnet – in dem sogenannten Stunden-Tönle. Friedrich Bernritter hebt dieses Merkmal pietistischer Sprache besonders hervor: „Eben so eigen, wie die Sprache selber, ist der Ton. Weinerlich, sanft und leise wimmert oder seufzt vielmehr der arme Pietiste sein Anliegen hervor.“[15] Bernritter malt sich aus, wie „in einem grossen Gewölbe“ verschiedene Konfessionen zusammen Andacht halten, und da auch „ein Pietiste im heiligen selbstgenügsamen Eifer an seine Brust schlagend und seufzend, daß es im Tempel widerhallt.“[16] Pietistischer Ernst wirkt sich sogar in der Realisation einzelner Phoneme aus: Das Phonem /b/, im Schwäbischen gewöhnlich als stimmlose Lenis [b̥] realisiert, findet sich hier bei Karl Jud im Anlaut in der Variante als unaspirierte stimmlose Fortis: [ˈpu:se ˈund ˈpɔyguŋ]. Der Redner fällt auch durch sein mehrschlägiges koronales [r] (‚Zun̊gen[spitzen]-r‘) auf. Der Stuttgarter Journalist Jürgen Offenbach schreibt darüber:

„Das Bindeglied aber zwischen dem lieben Gott und ihm selber – den Glauben – nimmt der Schwabe sehr ernst. So ernst, daß sich viele, die sonst eine andere Zunge sprechen, eigens für die Stond’ ein rollendes ‚r‘ zulegen, ein phonetisches Zeichen von Strenge und Autorität, ein heiliges ‚r‘, das gottesmächtig rollt wie der Donner an den Hängen der Schwäbischen Alb.“[17]

Ein pietistischer Rhetoriker unserer Tage, der aus Ostfriesland stammende Wahlschwabe Friso Melzer, fordert für die Aussprache des *sakralen* Wortes „Herr“ ein solches mehrschlägiges koronales [r], von ihm phonetisch unrichtig – nach dem Schriftbild – als „Doppel-r“ bezeichnet:

„Kirchenlieder der alten Zeit haben noch die Wortgestalt ‚Herre Gott‘, entweder im Nominativ [. . .] oder im Vokativ [. . .]. Diesen alten herben Klang ‚Herre‘ im inneren Gehör, sollten wir im Sprechen deutlich unterscheiden: das zerredete Wort Herr als ‚Häᵃ‘ für den Menschen (‚Häᵃ Sowieso‘), aber das volle Wort, mit Doppel-r gesprochen, nur für den Herrn aller Herren. Wie jämmerlich, wenn am Altar oder auf der Kanzel der Allerhöchste mit ‚Häᵃ‘ angeredet wird! Das Wort muß den

---

wichtigen Sache zu reden, will ich Euch erzählen, daß meine spanische Romanze durchgefallen ist; der Kerl scheint ein Antiromantiker zu sein“; vgl. *Friedrich Engels*. Werke und Schriften bis Anfang 1844 nebst Briefen und Dokumenten. In: *Karl Marx*, *Friedrich Engels*: Historisch-kritische Gesamtausgabe. Werke. Schriften. Briefe. Hg. v. *D. Rjazanov [d.i. David Borisovič Goldenach]*. Abt. 1, Bd. 2. Berlin 1930, 486.

15 [*Friedrich Bernritter*]: Wirtemberg. Pietismus. Schreiber. Schulen. Und Erziehung und Aufklärung überhaupt. [Stuttgart] 1787, 24.

16 *Bernritter* 24 f.

17 *Knitz* [Pseudonym]: Glaube auf schwäbisch. In: „Hungern nach Gerechtigkeit“. Eine Publikation zum 14. Deutschen Evangelischen Kirchentag Stuttgart 1969. Hg. v. *Carola Wolf*. Stuttgart 1969, 7–10, hier: 9.

vollen Ton haben. Sagen wir dagegen ‚Hä^{a}', so bleibt diese Silbe stets unbetont. Das unbetonte Wort meint etwas grundlegend anderes als das betonte. Das betonte Wort gebrauchen wir in weltlicher Rede nur, wenn wir entrüstet sind: ‚Herrrr, was erkühnen Sie sich!?' In dieser Lautgebung, aber in Ehrfurcht gesprochen, sollten wir vom höchsten Herrn sprechen, doch so auch nur von Ihm (richtiger: zu Ihm)! Auf diesem Wege können wir uns auch von dem Unwort ‚Herrgott' lösen."[18]

2. Visuell-verbale Rhetorik: Schilderung der Vision

Karl Jud erzählt nach den wenigen einleitenden Worten jetzt – süddeutschem Schwanken des Tempusgebrauchs in hochsprachlicher Entsprechung – bald im Präteritum, bald im Perfekt und zugleich im „Stützenstil" („Vorne, da ... Vor diesem Kreuz, da ...") eine Vision, die im zweiten Abschnitt gedeutet wird:

„Ich sah vor mir eine ganze lange Kette durch ein gewisses Tor eingehen [...]. Vorne, da war ein Kreuz, und vor diesem Kreuz, da kamen lauter müde Pilger an – keiner wußte weiter, was er mit seiner Not und mit seiner Schuld tun sollte." Vgl. unten: „Alle diese großen Sünder [...]. Und da stand über diesem Kreuz, so sah ich's, ein wunderbares Wort".

Auch zu dieser Schilderung gibt es Parallelen, wie ein Beispiel aus dem Schrifttum der Gemeinschaftsbewegung vom Jahre 1913 zeigt:

„Wir sahen folgendes Nachtgesicht: Der Sieger von Golgatha stand in strahlender Kreuzes-Herrlichkeit auf hoher Bergeshöhe. Die Wundenmale Seiner Golgathaliebe funkelten wie Diamanten. Es war der schöne Gottesberg Zion, wo das Lamm stand. [Vgl. Offb 14,1: „Und ich sah das Lamm stehen auf dem Berg Zion und mit ihm hundertundvierundvierzigtausend."] Am Fuß des Berges strömten von allen Seiten die Pilger[19] der Höhe zu."[20]

Auch bei Karl Jud klingen wie in dieser literarischen Vision Motive aus den Visionen der Johannesapokalypse an: „Darnach sah ich, und siehe, eine Tür war aufgetan im Himmel [...]. Und siehe, ein Stuhl war gesetzt im Himmel [...]. Und vor dem Stuhl war ein gläsernes Meer gleich dem Kristall" (Offb 4,1f.6).

Das Kreuzesmotiv aber steht in einer besonderen homiletischen Tradition; zu seinem Verständnis ist von Gal 3, 1 auszugehen. In Luthers Übersetzung lautet die Stelle: „O ihr unverständigen Galater, [...] welchen Christus Jesus vor die Augen gemalt war, als wäre er unter euch kreuzigt?" Der „aufgeklärte Pietist" Friedrich Carl von Moser bezieht

---

18 *Friso Melzer*: Evangelische Verkündigung und Deutsche Sprache. Ausgewählte Vorträge und Aufsätze. Tübingen 1970, 66.

19 Vgl. 1Petr 2,11.

20 *F[riedrich] Herrmann*: Der Zeitgeist – eine Gefahr für die Gemeinde Gottes. Neumünster in Holstein 1913, 9.

sich in seiner Schrift „Die schöne Wissenschaften und Künste im Bunde und Glanz der Religion" auf diesen Ausdruck: „[...] ein Zeuge der Wahrheit [...] darf, nach Pauli Ausdruck, Christum den Gecreuzigten vor Augen *mahlen* [sic]."[21] Das bedarf einer Rechtfertigung, da der Protestantismus vielfach, vor allem in seiner reformierten Ausprägung, der Bildlichkeit und hier wiederum besonders der Kruzifix-Andacht mißtrauisch gegenübersteht. Martin Scharfe spricht in seiner außerordentlich materialreichen und aufschlußreichen Dissertation davon, daß im Protestantismus „das Kruzifix nicht immer ganz ohne Bedenken zum Anlaß einer geistlichen Betrachtung genommen wurde."[22] Friedrich Carl von Moser klagt deshalb in seiner erwähnten Schrift: „Wann man [...] bey Standes-Personen unserer Kirche ein Crucifix im Schlafgemach erblikken sollte, würde da nicht die so gewöhnliche aber auch so ungeschickte Frage seyn: Ist der Herr etwa catholisch?"[23] Scharfe faßt zusammen: „Wie ein Trauma lastete die Frage auf den Protestanten, ob man bei der Andacht vor dem Kruzifix auch den ‚rechten' Christus vor Augen habe."[24] Die Stelle Gal 3, 1 wirkte hier beruhigend und konnte zugleich als homiletische Anweisung verstanden werden.

Ako Haarbeck schildert in dem Kapitel „Das Öffnen der Augen" seines Buches über Ludwig Hofacker[25] hierzu sehr aufschlußreich „die bildhaft-meditative Predigtweise Hofackers"[26]: Der pietistische Erwekkungsprediger Hofacker „denkt [...] nicht gerichtet, linear, sondern bildhaft, anschaulich. Diese Eigentümlichkeit gestaltet seine Predigt zu einer Art ‚Anschauungsunterricht': dem in Sünden blinden Menschen sollen die Augen geöffnet werden für die Herrlichkeit Jesu und für das eigene Elend."[27] (Vgl. bei Karl Jud: „Die wunderbare Tür [oben: „wunderschöne Türe"] heißt Jesus Christus", und: „mit seiner Not und mit seiner Schuld"). Haarbeck referiert weiter: „Was ein Mensch in der Lehre der Wahrheit lernen soll, ist im Grunde nichts anderes als eben das Sehen. Denn ‚wer den am Kreuze gesehen hat – nicht mit Fleischesaugen, sondern mit den Augen des Geistes, der ist wiedergeboren.'"[28]

---

[21] *Friedrich Carl von Moser*: Die schöne Wissenschaften und Künste im Bunde und Glanz der Religion. In: Gesammelte moralische und politische Schriften. Bd. 2. Franckfurt a. M. 1764, 367–536, hier: 496.

[22] *Martin Scharfe*: Evangelische Andachtsbilder. Studien zu Intention und Funktion des Bildes in der Frömmigkeitsgeschichte vornehmlich des schwäbischen Raumes. Stuttgart 1968 (Veröffentl. d. Staatl. Amtes f. Denkmalpflege Stuttgart. Reihe C: Volkskunde, 5), 113.

[23] *Moser*, Die schöne Wissenschaften [s. Anm. 18], 493 f.

[24] *Scharfe*, Andachtsbilder [s. Anm. 22], 113.

[25] *Ako Haarbeck*: Ludwig Hofacker und die Frage nach der erwecklichen Predigt. Neukirchen 1961 (Zeugen und Zeugnisse, 8), 85–88.

[26] *Haarbeck*, 87.

[27] *Haarbeck*, 85.

[28] *Haarbeck*, 85.

Martin Scharfe gibt in seinem verdienstvollen Buch wichtige Hinweise auf diese Tradition der „Kruzifix-Andacht“ im Protestantismus:

„Eine erbauliche Abhandlung aus dem Jahre 1885 über die Darstellung des Gekreuzigten in der mittelalterlichen Kunst bezeichnet am Schluß als das Wichtigste bei solcher Kunstbetrachtung die Schärfung der ‚Geisteaugen‘, vor die der Gekreuzigte ‚gemalt‘ werden müsse; in klassischer Einfachheit hat das Johannes Kullen (1787–1842) seinem Söhnlein beigebracht, indem er es auf das über seinem Bett hängende Bild hinwies und dazu sagte: ‚und siehe, im Himmel ist er auch.‘“[29]

So erscheint auch hier in der Ansprache Karl Juds beim Jubiläum der Kullen-Stunde als Ziel das Sehen: „Und als sie durch diese Tür eingegangen sind, da sahen sie ein Meer, ein kristallenes, kristallreines Meer, nämlich das Meer der Gnade.“ Haarbeck faßt die – von Martin Scharfe nicht aufgezeigte – Anspielung auf das Pauluswort Gal 3, 1 zusammen: „Die Predigt hat darum die Aufgabe, Jesus vor Augen zu malen. Tatsächlich ist Hofackers Predigt stellenweise einfach Bildbeschreibung des Kreuzesgeschehens.“[30] Bei Karl Jud findet sich nur die Vorstellung des Kreuzes (ohne Erwähnung des Corpus), da für Jesus selbst schon das Bild von der Tür steht. Aber auch für die Deutung des vorliegenden Textes wichtig ist die Bemerkung Haarbecks über die Funktion des bildhaften Denkens bei Hofacker:

Es „entspricht seinem Glauben an den personhaft gegenwärtigen Christus. Es ist nicht ein Blick in uralte Zeiten, nicht das Anschauen eines längst vergilbten Bildes, sondern ein Schauen des gegenwärtig wirkenden Herrn, das die Besonderheit seiner meditativ zu nennenden Predigt ausmacht. [. . .] Jesus lebt, und die Zeit der Wunder ist nicht aus, er ist noch der nämliche wie vor 1800 Jahren [. . .].‘ [. . .] Durch die bildhaft-meditative Predigtweise Hofackers wird eine erstaunliche Gleichzeitigkeit mit der biblischen Geschichte erreicht.“[31]

Ein Vorredner von Karl Jud, Pfarrer Kuno Wanderer, hatte in seiner Predigt ganz Ähnliches gesagt:

„Hatte Paulus denn einen andern Gott und Herrn als wir? Einen andern Christus damals im Gefängnis im Jahre 62 als wir in Hülben im Jahre 1968? Er hatte keinen andern, wir haben den gleichen. Hier und heute in Hülben [. . .] hat Jesus Christus noch dieselbe Kraft und Macht. Gestern, heute, morgen und in Ewigkeit ist Jesus Christus derselbe.“[32]

Dieser Gedanke der Vergegenwärtigung findet sich auch bei Jud: „Und da stand über dem Kreuz [. . .] ein wunderbares Wort, das heute

---

[29] *Scharfe* [s. Anm. 22].

[30] *Haarbeck* [s. Anm. 25], 85.

[31] *Haarbeck*, 87.

[32] *Kuno Wanderer*: Festpredigt. In: Zweihundert Jahre Kullenstunde [s. Anm. 2], 23–33, hier: 29 f.

noch steht [. . .]. Die wunderbare Tür heißt Jesus Christus, die auch heute [. . .] offensteht, *noch* offensteht".

Vergangenheit und Gegenwart durchwirken sich gegenseitig, was im Nebeneinander von Vergangenheits- und Gegenwartstempora zum Ausdruck kommt:

„[. . .] stand [. . .], steht [s. o.] [. . .]. Alle diese großen Sünder, die vor uns eingegangen sind und mit uns eingehen und eingegangen sind. [. . .] sie *lebten* alle von der Gnade [A], und die Gnade *reichte* aus für sie [B]: Die Gnade *ist* allgenugsam, [B'] [. . .] aus dem jeder Begnadigte [. . .] aus dieser Gnade heraus leben darf [A']."

Nach Haarbeck ist Hofacker als Prediger hinsichtlich der bildhaft-meditativen Predigtweise „am ehesten mit dem Bußprediger Johannes zu vergleichen, der die Menge auf Jesus wies: Sehet, das ist Gottes Lamm."[33] Auch hier, wo es ebenfalls um „Buße und Beugung"[34] geht, wird der Hinweischarakter der Ansprache in Demonstrativpronomina und in Präpositionen, die eine Richtung angeben, deutlich:

„vor *diesem* Kreuz [. . .] ‚Kommet her zu mir alle [. . .]' [. . .] diesen Ruf [. . .] durch diese Tür [. . .] dieser Jesus Christus [. . .] zum Eingang wieder gerufen [. . .] Wohin denn? Zu dieser Gnade [. . .] diese großen Sünder [. . .] durch dieses Tor [. . .] ‚Zugang zu dieser Gnade [. . .]' [. . .] vor diesem Herrn aus dieser Gnade heraus [. . .]".

Dem theologischen Gedanken der Vergegenwärtigung des Kreuzesgeschehens entspricht die rhetorische Strategie der repraesentatio durch bildhaftes Reden. Mit Recht führt Haarbeck in seine theologische Dissertation über Hofacker auch rhetorische Gesichtspunkte ein: „Die Anschaulichkeit gehört zu den größten Vorzügen" von Hofackers Predigt nicht nur in theologischer, sondern auch in rhetorischer Hinsicht.[35] Ernesto Grassi weist in seinem Buch „Macht des Bildes: Ohnmacht der rationalen Sprache. Zur Rettung des Rhetorischen" auf die Beziehungen zwischen Bild und Redekunst hin. Nach Grassi enthält die „Lobrede auf Helena" des Sophisten Gorgias „die in der ganzen abendländischen Tradition früheste ausführliche theoretische Erörterung über die pathetische Macht der Bilder im Bereich der Rede."[36]

In gedrängterer Form, aber in mancher Hinsicht mehr Information über das Wesen der Rhetorik vermittelnd, referiert Klaus Dockhorn in

---

[33] *Haarbeck* [s. Anm. 25], 87.

[34] *Jud*, Kurzansprache [s. Anm. 3].

[35] *Haarbeck*, 88.

[36] *Ernesto Grassi*: Macht des Bildes: Ohnmacht der rationalen Sprache. Zur Rettung des Rhetorischen. Köln 1970, 149; vgl. auch: Die Sprache der Zeichen und Bilder. Rhetorik und nonverbale Kommunikation in der frühen Neuzeit. Hg. v. *Volker Kapp*. Marburg 1990 (Ars Rhetorica, 1).

seinem wichtigen Aufsatz „‚Memoria‘ in der Rhetorik“[37] über diese Zusammenhänge:

„Daß bildhafte Erfahrung, das Sprechen in Bildern, die Vergegenwärtigung eines Gesehenen, Repraesentation des vor den Augen sich Bewegenden ein Pathos ist und, dargestellt, Pathos hervorruft, ist eine Einsicht, die immer wieder diskutiert wird. Bildhaftes Sprechen, Reden in Metaphern, [. . .] ist für die Rhetorik höchste Qualität des Redens, das Leidenschaften zu erregen vermag.“[38]

Bei Quintilian geschieht „das ‚Affiziertwerden‘, das Mitgerissenwerden durch die Rede durch die Erregung von Bildern vor dem sehenden Auge der Seele.“[39] Dockhorn beruft sich auf die Quintilian-Stelle:

„Quas φαντασίας Graeci vocant (nos sane visiones appellemus), per quas imagines rerum absentium ita repraesentantur animo, ut eas cernere oculis ac praesentes habere videamur, has quisquis bene conceperit, is erit in adfectibus potentissimus“ (6, 2, 29) „Insequitur ἐνάργεια, quae a Cicerone inlustratio et evidentia nominatur, quae non tam dicere videtur, quam ostendere; et adfectus non aliter quam si rebus ipsis intersimus, sequentur.“ (6, 2, 32)

Dockhorn schildert die beherrschende Stellung dieser Gedankengänge in der rhetorischen Tradition: „Daß das ‚Vor die Augen Stellen‘, das Erfassen in Bildern, die höchste Kraft des Dichters, die Folge echt erlebter Leidenschaft sei, wird in der Rhetorik hundertfach bezeugt: ‚ut pictura poesis‘ hat diesen affektivischen Sinninhalt.“[40]

Heinz Otto Burger bezieht in seinem Buch „Renaissance, Humanismus, Reformation. Deutsche Literatur im europäischen Kontext“[41] in erfreulicher Weise die Rhetorik in seine Darstellung ein. Der „Rhetorik als ars movendi“[42] stellt er die „Malerei als ars movendi“ zur Seite, wie sie Leon Battista Alberti in seinem 1435 in Florenz begonnenen Traktat „Della pittura“ sehe, „der zum erstenmal die Grundbegriffe der Rhetorik – ‚inventio, dispositio, elocutio‘ – auf die Malerei übertrug. Auch diese ist eine ‚ars movendi‘: durch Figurengestik und Farbenkomposition muß der Beschauer innerlich bewegt werden. Vielleicht kannte Alberti die Stelle bei Quintilian, wo als Beweis für die Macht der Gesten die Malerei angeführt wird, die mit ihnen ‚sic in intimos penetrat adfectus, ut ipsam vim dicendi nonnumquam superare videatur.‘“[43]

---

37 *Klaus Dockhorn*: Macht und Wirkung der Rhetorik. Vier Aufsätze zur Ideengeschichte der Vormoderne. Bad Homburg [u. a.] 1968 (Respublica Literaria, 2), 96–104.

38 *Dockhorn*, 102.

39 *Dockhorn*, 102.

40 *Dockhorn*, 102 f.

41 Bad Homburg [u. a.] 1969.

42 *Heinz Otto Burger*: Renaissance, Humanismus, Reformation. Deutsche Literatur im europäischen Kontext. Bad Homburg [u. a.] 1969 (Frankfurter Beiträge zur Germanistik, 7), 24 f.

43 *Burger* [s. Anm. 42], 83; vgl. *Quintilian,* Institutio oratoria 11, 3, 67.

Dafür, daß das „Kreuzes-Motiv" im Sinne der antiken Rhetorik zur Erregung von Leidenschaften verwendet wird, gibt Johannes Reuchlin in seinem „Liber congestorum de arte predicandi"[44] ein Beispiel:

„Demonstratione rem ipsam oculis subijcere [!] possumus. vt si contra iudęos ostendamus cruentum sudarium et spineam coronam christi. et clauos et crucem et econtratio serta. palmam. miracula. honorem."[45]

Reuchlin, der sich in seiner Homiletik auf „Quintilianus & Cicero"[46] als Autoritäten beruft, folgt hier dem von Quintilian (Institutio oratoria 6, 2, 31) beschriebenen Verfahren:

„Hominem occisum queror: non omnia, quae in re praesenti accidisse credibile est, in oculis habebo? non percussor ille subitus erumpet? non expavescet circumventus? exclamabit vel rogabit vel fugiet? non ferientem, non concidentem videbo? non animo sanguis et pallor et gemitus, extremus denique expirantis hiatus insidet? Insequitur."

Albrecht Schöne schildert im Kapitel „Ut pictura poesis" seines Buches „Emblematik und Drama im Zeitalter des Barock", wie die Parallelisierung von Malerei und Wortkunst im Barock nachwirkt:

„Das von Plutarch überlieferte Diktum des Simonides über die Malerei als stumme Poesie, die Poesie als redende Malerei und die zur ‚Ut pictura poesis'-Formel verkürzte (damit durchaus mißverstandene) Bemerkung des Horaz wird bezeichnenderweise ebenso von den Emblematikern wie von den Dramentheoretikern aufgenommen."[47]

In der vorliegenden Ansprache des Laienpredigers („Lektors") Karl Jud, eines Handschuhmachers, findet sich also die affektivische Figur der „evidentia" (ἐνάργεια), wobei die durch diese „lebhafte Detaillierung"[48] vorausgesetzte „gleichzeitige Augenzeugenschaft"[49] durch ein „visionäres Phantasie-Erlebnis"[50] (φαντασία, visio) erzeugt wird. Darüber hinaus finden sich in der Ansprache Spuren volkstümlicher pietistischer Emblematik: Man erkennt eine Dreiheit von Bild („Tor", „Kreuz", „Meer der Gnade"), inscriptio („Freier Zugang" – Variante: „Freier Eingang" – bzw. „Kommet her zu mir alle, die ihr mühselig und beladen seid, ich will euch erquicken!") und subscriptio: die Ausdeutung, die mit dem Satz beginnt: „Die wunderbare Tür heißt Jesus Christus" und mit dem Wort „darf" endet.

---

[44] Phorce [d. i.: Pforzheim] 1504.

[45] *Joannes Reuchlin*: Liber congestorum de arte predicandi. Phorce 1504, 22.

[46] *Reuchlin*, 25.

[47] *Albrecht Schöne*: Emblematik und Drama im Zeitalter des Barock. München ²1968, 205.

[48] *Heinrich Lausberg*: Elemente der literarischen Rhetorik. Eine Einführung für Studierende der klassischen, romanischen, englischen und deutschen Philologie. München ²1963, 119.

[49] *Lausberg*, 119.

[50] *Lausberg*, 119.

Das Bild von den Pilgern[51] entspricht pietistischer Deutung des irdischen Lebens als Durchgangsstation zum himmlischen Leben – ein klassisches Vorbild dafür ist John Bunyans Buch „The Pilgrim's Progress", das auch in Deutschland eine sehr große Verbreitung erlangt hat, worüber die Arbeit von Auguste Sann, „Bunyan in Deutschland. Studien zur literarischen Wechselbeziehung zwischen England und dem deutschen Pietismus",[52] handelt. In der Theologie der letzten Jahrzehnte wird das Bild vom Pilger wieder aufgewertet, so in Ernst Käsemanns Buch „Das wandernde Gottesvolk"[53]. Jürgen Moltmann spricht in seiner „Theologie der Hoffnung" davon, die Hoffnung halte den Menschen „in statu viatoris [...]. Diese Hoffnung macht die christliche Gemeinde zu einer beständigen Unruhe in menschlichen Gesellschaften, die sich zur ‚bleibenden Stadt' stabilisieren wollen."[54]

An das Stichwort „Zugang" aus dem besprochenen Bibeltext (Röm 5, 2) knüpft sich die im Pietismus beliebte, ebenfalls aus der Bibel geschöpfte Türmetaphorik an. So sagt Jesus in Joh 10,9 von sich: „Ich bin die Tür." In der bereits angeführten Stelle Offb 4 findet sich die Verbindung von Tür- und Wassermetaphorik: „Darnach sah ich, und siehe, eine Tür war aufgetan im Himmel. [...] Und vor dem Stuhl war ein gläsernes Meer gleich dem Kristall" (Offb 4,1.6).

Aus dem Satz „da sahen sie ein Meer, ein kristallenes, kristallreines Meer, nämlich das Meer der Gnade" wird jene mystische Intensität, die sich bemüht, das Unaussprechliche auszusprechen, schon in Lexikon und Syntax deutlich. Semantische Überhöhung („kristallrein") trifft sich mit der dreifachen Wiederholung von „Meer". Die Intensität ergibt sich auch aus der Wortwahl des übrigen Textes: „ein feines Wort", „herrliche Früchte", „sehr wichtig", „eine ganze lange Kette", „lauter müde Pilger", „ein wunderbares Wort", „eine wunderschöne Tür", „die wunderbare Tür", „alle diese großen Sünder", „die Gnade ist allgenugsam", „in der einzigartigen Glückseligkeit", „durch immer erneute Buße und Beugung". Die Vokabeln „all" und „ganz" sind im Pietismus besonders beliebt.[55]

Viele rhetorische Figuren dienen der Hervorhebung; besonders wichtig sind nicht-lineare, zyklische Strukturen wie die Epanodos, ein Sonderfall des Chiasmus: „Die wunderbare Tür heißt Jesus Christus – dieser Jesus Christus als die Türe, wo wir zum Eingang wieder gerufen wer-

---

[51] Vgl. 1Petr 2,11.

[52] Gießen 1951.

[53] *Ernst Käsemann*: Das wandernde Gottesvolk. Eine Untersuchung zum Hebräerbrief. Göttingen 1939 (FRLANT, N. F. 37).

[54] *Jürgen Moltmann*: Theologie der Hoffnung. Untersuchungen zur Begründung und zu den Konsequenzen einer christlichen Eschatologie. München ^{4}1965 (BEvTh, 38), 17.

[55] Vgl. *Langen* [s. Anm. 5], 462, ferner 224 u.ö.

den.“ Die Form ist dem Inhalt angemessen: Der Ruf zur Rückkehr wird durch die rhetorische Figur der Epanodos verdeutlicht – der Gedanke kehrt zum Ausgangspunkt zurück. Leisegang sagt zu dieser Denkform: „Die typische Form mystischer Rede stellt einen Kreislauf des Gedankens dar, der von einem Begriff ausgeht, andere anschließt und zum Ausgangsbegriff zurückkehrt.“[56] Ein Beispiel dafür ist in unserem Text auch die zyklische Definition „In der Gnade stehen heißt [. . .]“, deren Bestandteile selbst wieder den zu definierenden Begriff Gnade enthalten: „jeder Begnadigte“ und zuletzt „aus dieser Gnade heraus“.

Den Effekt einer solchen zyklischen Definition schildert der schwäbische Pietist Johann Albrecht Bengel, der die Rhetorik als hermeneutisches Hilfsmittel sehr schätzt, in handschriftlichen Bemerkungen zu § XXIV („Figurae aliquot“) der Praefatio seines „Gnomon Novi Testamenti“, die von Oscar Wächter publiziert wurden, so: „Ploce, Duplicatio: e. gr.: [. . .] Gnade ist Gnade. Das Zweite ist allemal *significantius*.“[57] Heinrich Lausberg bezeichnet die πλοκή als „monologische Realisierung der Bedeutungsverschiedenheit wiederholter Satzglieder durch Emphase der Zweitsetzung“[58], als „figure de rhétorique où l'on répète un mot déjà employé en lui donnant une nouvelle nuance de signification“[59]. Das wiederholte Satzglied werde „gegenüber der Erstsetzung emphatisch angereichert.“[60]

Gerade der Emphase hat pietistische Hermeneutik bei August Hermann Francke und seinem Umkreis, so besonders bei Johann Jakob Rambach in seinen „Institutiones Hermeneuticae Sacrae“, ihre Aufmerksamkeit zugewendet; es bildete sich geradezu eine „Emphasiologie“ heraus, mit dem Ziel, die Affekte der biblischen Autoren und damit die feinsten Bedeutungsnuancen des göttlich inspirierten Evangeliums zu erfassen.[61]

Innerhalb der zyklischen Definition der Gnade in unserem Text verdient die Kasusangleichung „einen lebendigen Wurzelgrund“ Beachtung. „Lebendigen Wurzelgrund“ ist Apposition zum Syntagma „in der einzigartigen Glückseligkeit“, richtet sich aber im Kasus nicht nach dieser sogenannten Stütze des Relativsatzes im Hauptsatz, sondern nach dem

---

[56] *Hans Leisegang*: Denkformen. Berlin ^{2}1951, 197 f.

[57] *Johann Albrecht Bengel*, zit. in: Beiträge zu J.A. Bengels Schrifterklärung und Bemerkungen desselben zu dem Gnomon Novi Testamenti aus handschriftlichen Aufzeichnungen mitgetheilt von *Oscar Wächter*. Leipzig 1865, 40; vgl. *Ernst Ludwig:* Schriftverständnis und Schriftauslegung bei Johann Albrecht Bengel. Stuttgart 1951 (BWKG, Sonderh. 9), 61.

[58] *Lausberg* [s. Anm. 48], 95.

[59] *Lausberg*, 95 Anm. 1.

[60] *Lausberg*, 94.

[61] Vgl. *Erhard Peschke*: Studien zur Theologie August Hermann Franckes. Bd. 2. Berlin 1966, 97–110: „Die Affekte“; vgl. auch 30 f. Peschke verkennt aber den Zusammenhang der hermeneutischen Affektenlehre mit der Rhetorik, die ja ebenfalls eine Affektenlehre kennt.

Kasus des Relativums. Diese „attractio inversa" ist auch in der mittelhochdeutschen Dichtung anzutreffen, z. B. in Hartmanns Gregorius: „den schaz, den in ir vater lie, der wart mit ir geteilet hie."[62] Ein weiteres Beispiel findet sich oben: „[...] alle, die diesen Ruf verstanden haben, denen ist der Zugang geöffnet worden."

Blicken wir vom Schluß her auf das Ganze zurück, so läßt sich die schon für den Kernteil der Ansprache[63] beobachtete emblematische Struktur auch für den ganzen Text feststellen: Die Kapitelüberschrift fungiert als inscriptio des Textes, die in Erzählform geschilderte Vision samt ihrer bildhaft vorgetragenen Deutung als pictura, an die sich als drittes Element die sechszeilige Strophe als epigramma (subscriptio) anschließt. Wie oben[64] erwähnt, nimmt die peroratio Karl Juds mit dem gravitas-Signal („das mir eben wichtig geworden ist in diesen Tagen") das entsprechende Signal am Anfang („was mir sehr wichtig ist heute") gemäß einer Art Ringkomposition wieder auf, gleichzeitig auch das an zentraler Stelle ausgesprochene Angebot der Gnade. In sprachlich dichter Form führt die Strophe zur Selbstprüfung: Die ständige Überprüfung des eigenen Ichs durch Introspektion ruft den Gnadenstand und den geraden Weg zum Ziel ins Bewußtsein. Die in der Vision breiter ausgemalte Botschaft wird in einem Schlußappell, der den weltlichen „Merke!"–Formeln lehrhafter Beispielerzählungen entspricht, prägnant zusammengefaßt.

Literaturhinweis:

Zum Gedenken: Karl Jud geboren 16. Dez. 1898 gestorben 14. Jan. 1983 in Metzingen. [Hg. von *Otto Stahl.]* [Metzingen/Württemberg 1983.] – 22 S. (S. 1 Porträtfoto)

---

62 *Hartmann von Aue*: Gregorius, 635 f.; vgl. das einer anderen Lesart folgende Zitat bei *Hermann Paul, Walter Mitzka*: Mittelhochdeutsche Grammatik. Tübingen [19]1966 (Sammlung kurzer Grammatiken germanischer Dialekte, A 2), 255 f. § 345,2.

63 Vgl. oben 355 f. – Die im Teil und im Ganzen nachweisbare emblematische Struktur erinnert hinsichtlich ihrer ‚Selbstähnlichkeit' an ein aus der modernen Mathematik bekanntes Fraktal, für das gilt: Jeder noch so kleine Ausschnitt eines Ganzen ähnelt bei entsprechender Vergrößerung dem Gesamtobjekt.

64 Vgl. oben 356 f.

Personen- und Ortsregister

Abel [bibl.] (142)
Abraham [bibl.] 132, 182
Abtswind 120
Achitophel [bibl.] (265)
Adam [bibl.] 41, 42, 143, 144, 147, 158
Adelung, Johann Christoph (101)
Adler, Fritz (353)
Adler, Johannes (81)
Affelmann, Johannes (72), 78
Agrippa von Nettesheim, Heinrich Cornelius 49, 52
Aischylos 52
Aland, Kurt (36), (72), (77), (96), (97), (98), (114), (115)
Alberti, Leon Battista 363
Altenburg (338)
Altona (100)
Amelung, Peter (102), (188)
Amsterdam 99, (110), (338)
Andreae, Jakob (83)
Andreae, Johann Valentin 10, 48–64, 132, 279
Andresen, Carl (66)
Antes, Gerhard (224)
Antonia, Prinzessin von Württemberg 130–159, 217, (251)
Antwerpen 49
Apollonius von Tyana 54
Apuleius von Madaura 52
Aristoteles 52, 91
Arndt, Johann 32–47, 159, 173, 174, 176, 179, 183, 205, 269 f., (270), 279
Arnheim 32
Arnold, Gottfried 88–94, 167
Arnold, Günter (264)
Aspacher, Carl (119)
Atzenweiler/Niederelsaß 33
Auenbrugger, Leopold 263
Augsburg 62, (131), 335, 336
August, Herzog von Braunschweig-Lüneburg (95), 182
Augustinus, Aurelius 200, 203
Aurifaber, Johannes 68, 81
Bacmeister, Lucas d.Ä. 69, 70, 71, 77, 79, 80, 81, 82, 83, (84)
Bad Boll (287), (295), (304)
Bad Teinach 130–159
Bader, Regine 184
Bär, Johann Paul 123, 125
Bahrdt, Carl Friedrich (115)
Balingen 217, 218, 335
Bamberg 118
Barby a.d. Elbe (116)
Bartel, Karlheinz (350)
Barth, Christian Gottlob (128), 271–285, (287), 293, 295, (296), 297, (298), (299), 301, (302), (303), 304
Barth, Fritz (293)
Barth, Karl 357
Barton, Peter F. (227)
Basel (110), 273, 282, 288, 289, 298, (301)
Basilius von Caesarea 79
Baumgart, Peter (65), (72), (74)
Baumgarten, Siegmund Jacob (102)
Baur, Ferdinand Christian (88)
Baur, Jörg (88)
Baur, Samuel (267)
Bayer, Oswald (71), (72)
Bebenhausen 162
Beda, Noel 62
Beneken, Friedrich Burchard (267)
Bengel, Barbara Sophia geb. Schmidlin (251)
Bengel, Johann Albrecht 22, 33, 34, 95, 97, 104, 106, 108, 111, 112, 113, 114, (115), 134, 151, (194), 205, 216–251, 273, 282, 290, 291, 366
Bennack, Jürgen (266)
Benrath, Gustav Adolf (65), (298)
Benz, Anna Magdalena (240)
Benz, Anna Maria 240
Benz, Catharina Rosina geb. Brothag 240

Benz, Christina Regina (240)
Benz, Ernst (352)
Benz, Friedrich Gottlieb 223, 229, 240–242, 247
Benz, Johann Friedrich (240)
Benz, Johann Jakob (240), 242
Berding, Helmut (86)
Berghausen 302
Berleburg (100), 108, 109, 110, (115)
Berlin 163, 166, 215, 283, 292
Berlin/Ontario 351, 352
Bernd, Adam (259), 260, (263), (269)
Bernhard von Clairvaux 149
Bernhardt, Claudius 220
Bernritter, Friedrich 358
Bertholdsdorf (116)
Bertsch, Lothar (140)
Besigheim 248, 251
Besold, Christoph 49
Bethsaida 211
Betz, Irmtraud (355)
Betz, Otto (131), (132), (133), (134), (135), (139), (140), (141), (142), (144), (148), (150), (156), (251)
Beuggen 301
Beutler, Ernst (353)
Beuys, Barbara (196)
Beyreuther, Erich (105), (107), (116), (117), (312)
Beyschlag, M.G.W. 34
Bidembach, F. (175)
Biet, Peter (252), (253)
Bilefeld, Johannes Christoph 166, 167, 168
Bilfinger, Anastasia geb. Dertinger (225)
Bilfinger, Karl Friedrich 225, 337
Binder, Christian 244
Bischoff, Johannes (204)
Blaubeuren (232), 243, 246
Blaufuß, Dietrich (165)
Blumhardt, Christoph (298), 307, 308
Blumhardt, Doris geb. Köllner 293, 296, (298), (307)
Blumhardt, Johann Christoph 11, 275, 282, 286–308
Blumhardt, Theophil (290)
Boccalini, Trajano 48, 49
Bö[c]k, August Friedrich 237
Böhme, Jakob (102), 103, 132, 134, 136, 159, 248, 249
Bogatzky, Karl-Heinrich von (270)
Boileau, Jean-Jacques (202)
Bonlanden [a.d. Fildern] 225
Boockmann, Hartmut (85)
Borst, J. 344
Bosshard, Heinrich 228
Boudarin [Bischof] 62
Brady, Thomas A. (87)
Bragmardo, Janotus de 51
Brakelmann, Günter 301, (302), (307)
Brant, Sebastian 49
Braunschweig (100)
Brecht, Martin 11, 20–22, (65), (72), (73), (79), (87), (104), (108), (110), (124), (128), (140), 159, (160), (161), (163), (183), (186), (194), 214, (216), (226), 250, 254, (284), (285), (332), (333)
Bremen (254)
Brentano, Lorenz 287, 297, 298
Brenz, Johannes 10, 11, 20, 21
Breymayer, Reinhard (132), (140), (157), (159), (203), (212), (216), (217), (225), (251), 340, (354), (355)
Brothag [Helfenberger Pfarrer] 240
Browne, Quennefer geb. Wood-Hahn 351, (352)
Brühl 118
Brüssel (202)
Buber, Martin 130
Buch [Franken] 120
Buchrucker, Christian Friedrich 128
Buck, August (65)
Buck, Karl (355)
Buddeus, G. 91
Bueble, Rita (224)
Büdingen (105), (107)
Bürckle [Esslinger Fam.] 228
Bürsigger, Max (187)
Buijtenen, Marie P. van (124)
Bundschuh, Johann Kaspar (118)
Bunk [Repetent] 243
Bunyan, John 365
Burger, Georg Matthäus (216), (237)
Burger, Heinz Otto 363
Burghaslach 120
Burk, Christian 160
Burk, David Philipp (111), 113
Burk, Johann Christian Friedrich (104), 192
Burk, Philipp David 357
Burkhardt, Immanuel Gotthelf (300)
Busch, Philipp (122)
Butzbach 165

Cajetan, Jakob de Vio 62

Calvin, Johannes 63
Calw 279, 287, 293, 295, 301
Cambridge 163
Campe, Joachim Heinrich 321
Carl Eugen, Herzog von Württemberg 224
Carpzov, Johann Benedikt 176
Castell [Franken] 120
Castell-Remlingen, Ludwig Friedrich Graf zu 119, 120, 121, 122, 123, 124, 127, 128
Castellio, Sebastian 110
Chemnitz, Martin 77, 84
Chorazin 211
Christoph, Herzog von Württemberg (220)
Chytraeus, David 69, 70, 71, 72, 73, 74, 75, 76, 77, 78, 79, 84
Chytraeus, Nathan 78
Cicero, Marcus Tullius 52, 79, (198), 363, 364
Claus, Wilhelm 160
Coccejus, Johannes 176
Cölln, Ludwig Friedrich August von 255, 261
Colonna, Francesco 49, 53
Comenius, Johann Amos 214, 215
Corvinus, Johann Friedrich 88–94
Cotta, Johann Friedrich (88)
Cotta, Johann Georg (97), (204)
Couturier, Pierre 62
Crailsheim 32
Crusius, Christian August 261, (265), (266)

Daniel [bibl.] 45
Dann, Christian Adam 273
Danzig (98)
Dapfen 225
Darlow, T.H. (100)
Darmstadt 165, 168, 169
Darwin, Charles 353
David [bibl.] 169, 275
David, Christian 121
Decker-Hauff, Hansmartin (140), (284)
Decot, Rolf (65)
Deghaye, P. (134), 135
Dehlinger, Gottfried (301)
Demosthenes 52, 79
Denkendorf (228), 229, (234), 246
Deppermann, Klaus 21, (104), (124), (160), (254)
Descartes, René 88
Dessau (263)
Dettingen 246, (355)
Deubler, Heinrich Jakob 33
Dietenberger, Johann (95)
Dieterich, J.W. (164)
Dieterlen, Christoph 306
Dieterlen, Julie (306)
Dietlen [auch: Dietlinus], Christoph Jacob 32–47
Dietlen, Georg Friedrich 33, 34
Dietlen, Heinrich Ludwig 32, 33
Dietlen, Johann Friedrich 34
Dietlen, Johanna Salomea geb. Majer 33
Dingel, Irene (68), (86)
Dinkel, Chr. (229), (231), (233), (234), (236), 244, 247, 249, (250)
Dinkelsbühl 33
Diogenes 50, 52
Dippel, J.C. 167
Dittus, Gottliebin 290
Dobbek, Wilhelm (264)
Dockhorn, Klaus 362, 363
Doerfel, Marianne (214)
Draconites, Johannes 68
Dresden (183), 286
Dreß, Walter (343)
Du Chesne, Nicolas 62
Duchhardt, Heinz (65)
Dülmen, Richard van (256)
Düsseldorf 286, 323
Duisburg (266)
Dukek, W. (224)
Dumas, Jean (258)
Duncker, Christoph (227)
Durkheim, Émile 252
Durlach 287, 302

Eberhard V., Graf von Württemberg 281
Eberhard d.J., Herzog von Württemberg 277
Eberhard III., Herzog von Württemberg 132, 276, 277
Eberhard im Bart, Herzog von Württemberg 179, 277
Eberhard Ludwig, Herzog von Württemberg 160, 163, 164, 165, 179, 183, 193, 277, 278, 280
Ebersdorf 103, 117, 120
Eberstadt 210
Echterdingen 216, (218), 224–229, (237), 248, 251, 332
Eck, Johann 62, (95)

Eckartshausen [b. Büdingen] (127)
Ehmann, Karl Chr. Eberhard (128), (206)
Ehmer, Hermann (227)
Eichfeld [Franken] 120
Eifert, Karl Maximilian (293)
Eisenbach [Vikar] (227)
Eisenloher, Theodor (193)
Eisleben (65), (81)
Elberfeld 286
Elias Artista [Pseud.] 340
Elisabeth [bibl.] 188
Elisabeth Dorothea, Landgräfin von Hessen-Darmstadt 165, 167, 168, 184
Elsmann, Thomas (66)
Emser, Hieronymus (95)
Engels, Friedrich (357), (358)
Enosch [bibl.] (142), 154
Epiktet 52
Erasmus, Desiderius 49, 50, 60, 61, 62
Erbe, Hans-Walter (121), (123), (124), (127)
Erbe, Johann Jakob 228
Ernst der Fromme, Herzog von Sachsen-Gotha 165, 169
Ernst Ludwig, Landgraf von Hessen-Darmstadt 165
Ersch, J.S. (335)
Esslingen (214), 219, 224, 228, 279, (330)
Ettlingen 287
Eugster-Züst, Howard (307), (308)
Eva [bibl.] 156
Ewald, Johann Ludwig 254, 255, 261, 262, 263, 264, 265, 266, 267, 268, 269
Ezechiel [bibl.] (274)

Faber [Stuttgarter Konsistorialrat] 232
Faber, Daniel Benjamin (98)
Faber, Ferdinand Friedrich (251)
Faber, Jakob Stapulensis 60, 62
Fabri, Friedrich (304), 305, (306)
Färber, Johann 223
Fausel, Heinrich 190
Faustus, Dr. 339
Febvre, Lucien (62), 63
Fecht, Johann (99)
Fehleisen, Johann Philipp 246
Fell, John 97, 100
Findeisen, Hans-Volkmar (332), (334)
Fink, Ernst Friedrich 302
Fischart, Johann 48, 49
Fischer [Arndt-Herausgeber] 41
Fischer, Adam Friederich (246)
Fischer, Benjamin Gottlob (242), (243)
Fischer, Benjamin Theodor Gottlob 246
Fischer, Catharina Beate (246)
Fischer, Christiane Wilhelmine (246)
Fischer, Christina Barbara geb. Fehleisen 246
Fischer, Eberhard Friedrich (246)
Fischer, Friederike Christiane 246
Fischer, Johann Georg 223, 224, 229, 241, 242, 244, 245–247
Fischer, Johanna Augusta 246
Fischer, Regina Barbara geb. Herdlen 246
Fischer, Wilhelmine Friederike (246)
Fischlin, L.M. (175)
Fitzgerald, C.P. (335)
Flachmann, Holger (85)
Flattich, Beate Regine 333
Flattich, Helena 226, 248
Flattich, Hermann 228
Flattich, Johann Friedrich (227)
Fliedner, Friederike geb. Münster 313–326
Fliedner, Johanna 325
Fliedner, Simonette 325
Fliedner, Theodor 317, 318, 323, 324, 325, 326
Florenz 363
Fohi [d.i. Fu Hsi, chin. Kaiser] 335
Folengo, Girolamo 48
Foucault, Michel (253)
Francius, Wolfgang 46
Francke, August Hermann 96, 97, 98, 115, (151), 213, 279, 322, 366
Franeker 164
Frank, Michael (262)
Frankfurt a. M. (88), (89), (96), (110), (117), (126), (129), 159, 195, (199), (206), (211), (212), (214), 266, 286, 292, 296, 299, 328, 349, 353, 354, (360)
Franz, Marie-Luise von (54)
Fresenius, Johann Philipp 117, 126, 127, 129
Freudenstadt 33, (230)
Frevert, Ute (311)
Freylinghausen, Johann Anastasius (149), 151, (270)
Freysinger, Johann Christoph 242, (243)

Freysinger, Johann David 229, 240, 242–243, (250)
Freysinger, Johann Friedrich 243
Freysinger, Maria Veronika geb. Rumpp 243
Fricker, Johann Ludwig (355)
Friedensburg, Walter (77)
Friederich, Johann Jakob 273
Friedrich I., König von Preußen 89
Friedrich II., König von Preußen (268)
Friedrich Karl, Herzog-Administrator von Württemberg 163, 164, 165
Friedrich Wilhelm, Kurfürst von Brandenburg 169
Friedrich, König von Württemberg 277, 278
Frisch, Johann David (211)
Fritz, Friedrich (160), 161, (162), (163), (164), (166), (168), (169), (173), (175), (176), (181), (184), (186)
Fritzsche, Magdalene Traugotte (357)
Fry, Elizabeth 313–326
Fuchs, Thomas (78)

Gaeta 62
Geier, Martin 176, (183)
Geiges, R. (195)
Geiler von Kaisersberg, Johannes 49
Gelber, Jacob (83)
Gell, Robbert (100), 110
Gellert, Christian Fürchtegott (260)
Georg [engl. Prinz] 163
Gera (268)
Gerhardsson, Birger (152)
Gerhardt, Martin (320)
Gerhardt, Paul 173
Germersheim 287
Gernsbach 293
Gerok, Karl 282
Geßmann, Alexander 339
Gießen 161, 162, 164, 165, 166, 167, 168, 169, 184, 185, 190, 192
Gikatilla, Joseph (131), (141), 143, 152, (153)
Glaser, Karl (67), (68)
Glüsing, Johann Otto (100)
Gnauck-Kühne, Elisabeth (312)
Gnilius, Johann Andreas (262)
Göppingen 194, 343
Goethe, Johann Wolfgang von (127), 214, (257), (260), 267, 356
Göttingen (115), (262)
Götz von Olenhusen, Irmtraud (309), (310)
Götze, Johann Melchior (101), 102
Goldenach, David Borisovič gen. Rjazanov (358)
Gontard, Rosalie (306)
Gorgias 362
Goschen-Gottstein, M. (131)
Goslar (98)
Goßmann, Klaus (214)
Gradmann (232)
Gräfenneuses 120
Graetz, Heinrich (130)
Grävenitz, Christiane Wilhelmine von 183
Grävenitz, Graf von 220
Graff, Johann Michael (122), 123
Grane, Leif (66), (75)
Grassi, Ernesto 362
Gregor, Bernd (187)
Greiffenhagen, Martin (193)
Greifswald (181)
Greiselbach 33, (36)
Grenzmann, Wilhelm (357)
Greschat, Martin (195), (318)
Greuth 120
Großgebauer, Theophil 175
Großsachsenheim 337
Gruber, Eberhard Ludwig 184
Gruber, J.G. (335)
Gruber, Johann Friedrich 132
Gruibingen 243
Gundert, Hermann 284
Guyon, Jeanne Marie 110

Haag, Georg Friedrich (298)
Haarbeck, Ako 360, (361), 362
Habermaß, Rebekka (310), 311
Häberlin, G.H. (164)
Häußermann, Friedrich 130, (131), (132), (134), (157), (159), (217)
Hagemann, Johann Georg (100), (102), (111)
Hahn (220), (232), (341), (353)
Hahn, Anna Maria (226)
Hahn, Beata Regina geb. Flattich (226), (248)
Hahn, Beate 334
Hahn, Beate Eleutherie 333
Hahn, Christian Tobias 226, 227, 332
Hahn, Christoph 227
Hahn, Georg Gottfried 332
Hahn, Immanuel (330), (332), (333)

Hahn, Immanuel Otto 352, (353)
Hahn, Jacob 227
Hahn, Johann Franz Gottlieb 332, 344
Hahn, Johann Gottlieb Walter 341
Hahn, Karoline Auguste Heinrike geb. Paulus 344, 351
Hahn, Maria Ernestine Pauline 333
Hahn, Marie (353)
Hahn, Michael 136, 159, 248, 280
Hahn, Otto 328–353
Hahn, Philipp Matthäus 20, 140, 159, 204, 216–251, 254, 332, 333, 334, (335)
Hahn, Richilde (353)
Hahn, Rosine Friederike geb. Schloz (341)
Hahn, Walter 352
Halle 32, 33, 34, 35, 97, (98), (102), 128
Hamann, Johann Georg (264)
Hamberger, Julius (206)
Hamburg (101), 163, 164, (181), (310), (311)
Hamm, Berndt (87)
Hammer, Wilhelm (71), (84)
Hammerstein, Notker (65)
Hanneken, Philipp Ludwig 165, 166
Hannover (266)
Harder, Johannes (298), (307)
Hartfelder, Karl (66), (71)
Hartmann von Aue 367
Hartmann, Joachim Heinrich (121)
Hartmann, Julius 284
Hasse, Hans-Peter (86)
Haug, Friedrich (151)
Haug, Johann Friedrich 109
Haupt, Johann Thomas (335)
Hauschild, Wolf-Dieter 21
Hechtlein, Johann Christoph (121)
Heck, Georg Christian 123
Hecker, Johann Julius (214)
Hedinger, Christiana geb. Schübel 162
Hedinger, Christina Barbara geb. Zierfuß 165, 186–196
Hedinger, Johann Reinhard 97, 160–185, 186–196
Hedinger, Johann Reinhard d.Ä. 162
Heermann, Johann 173
Heidegger, Martin 357
Heidelberg (254), 298, 333
Heidenheim a.d. Brenz 33, 34, 35
Heil, Johann Lorenz 125
Heilbronn 164, 201, 203, (206), 344
Heinsius, Wilhelm (298)
Heintz, Bettina (309)
Hejnic, Josef (81)
Heller, Heinrich Wilhelm 266, (267)
Helmstedt 74, (101)
Henhöfer, Aloys 298
Herbrechtingen 160
Herder, Johann Gottfried 254, (264)
Herdlen, Johann Ferdinand 246
Herkommer, Hanne (252)
Herkommer, Sebastian (252)
Hermann [Nürtinger Bürger] 226
Hermann, Otto (289)
Hermelink, Heinrich (160), 166, (175), (238)
Herodot 52
Herrenberg 204, (208), (209), (210), 304, 305
Herrmann, Friedrich (359)
Herrmann, Gotthard Friedrich 195
Herrmann, Hans-Peter (257)
Herrnhaag 117, 118, 122, 123, 124, 125, 126, 127, 129
Herrnhut 33, (104), 119
Hertel, Johann Georg (119), 120
Herzog, Jakob Friedrich 242
Heshusius, Tileman 68
Heyd (232)
Hillenius, Johann 32
Hiller, Philipp Friedrich 212
Hillerbrand, Hans J. (68)
Hilpert, Johann Adam (122)
Hinckelmann, Abraham 164
Hiob [bibl.] 268
Hippel, Theodor Gottlieb 322
Hirsau 162, (164)
Hirsch, Emanuel (81)
Hirsch, Johann Konrad 125
Hirzel [Diakon] 348
Hirzel, Stephan (196)
Hochstetter, Andreas Adam 179, 180, 183
Hochstetter, Johann Andreas 161, 184
Hochstetter, Johann Friedrich (164), (172), 190, 192
Hochstraten, Jakob 61
Hölderlin, Friedrich 218, (225), 234, 236, 237, 246, 251
Hölscher, Lucian (310)
Hör[r]mann, Georg Michael (226), 245
Hofacker, Ludwig 273, 360, 361, 362
Hoffmann, Christoph 296
Hoffmann, Gottfried 179

Hoffmann, Gottlieb Wilhelm 273
Hoffmann, Gottlob Christoph Jonathan 333
Hoffmann, Wilhelm 283
Hofmann, Martin (108)
Hohenasperg 163, 335, 340
Hohenstaufen 343, 346
Hohentwiel (227), 277
Hohlfelder, Martin Karl (121), 125
Holberg, Eleutherie [Pseud.] 333
Holbig, Anna [Johanna] Margaretha geb. Sonnenleiten 118, (129)
Holbig, Georg 118
Holbig, Georg Matthäus 116–129
Holbig, Johanna Magdalena 118
Honegger, Claudia (309)
Horaz 364
Horche, Heinrich 97
Horn, Friedemann (338)
Hornburg 88
Huberty, Michel (123)
Hülben 355, 361
Hülsemann, Johann 176
Hüttengesäß [b. Ronneburg] (127)
Hutchison, William R. (282)
Hutten, Johann Georg (250)

Ilefeld (98)
Ingolstadt 62
Isaak [bibl.] (142)
Isenburg 99
Iserlohn 293
Isidor von Sevilla 94
Ising, Dieter (287), (290), (292), (308)

Jacobs, Wilhelm (237)
Jäger, Johann Wolfgang 180
Jäger, Philipp Friedrich 220
Jannasch, W. (134)
Jaspert, Bernd (354)
Jena (72), (98), 333
Jeremia [bibl.] 169
Jerobeam [bibl.] 276
Jerusalem 275
Jesaja [bibl.] 142
Jesus Christus 37, 38, 39, 40, 41, 42, 43, 44, 45, 46, 47, 80, (89), 90, (91), 93, 101, 105, 106, 125, 136, 138, 140, 141, (142), 144, 145, 147, 148, 149, 150, 151, 153, 154, 155, 156, 157, 158, 177, 185, 191, 202, 205, 207, 208, 209, 211, 212, 213, 221, 222, 223, 234, 263, 265, 268, 269, (274), 288, 290, 291, 292, 295, 297, 302, 303, 304, 305, (320), 322, 324, 337, 346, (347), 350, 356, 357, 359, 360, 361, 362, 364, 365
Jetter, Werner (81)
Jöcher, Christian Gottlieb (89), (101)
Jödler [Jüdler], Johann Christoph (203)
Jödler [Jüdler], Johann Friedrich 203
Joeres, Ruth-Ellen B. (311)
Johann Friedrich, Prinz von Württemberg 163
Johannes der Täufer [bibl.] 147, 362
Johnson, Dale A. (314), (315), (317)
Josaphat [bibl.] 169
Josef [bibl.] 277
Josephus, Flavius 207
Josua [bibl.] 147
Jud, Karl 355–367
Judas [bibl.] 265
Junckherrot, Johann Jakob 98, 101, 102
Jung, Carl Gustav (52), (54), (55)
Jung, Martin H. (84), (103), (182)
Jung-Stilling, Johann Heinrich 254, 264, 265, 336
Juntke, Fritz (34)
Justin der Märtyrer 90
Justinian I., Kaiser 92

Käsemann, Ernst 365
Kain [bibl.] (142)
Kairo 275
Kaiser (232)
Kaiserswerth (311), 317, 320, 323, 324, 326
Kalkutta 275
Kant, Immanuel 334
Kantzenbach, Friedrich Wilhelm (160), (289)
Kapernaum 211
Kapff, Sixt Karl 282, 296, 304, 305, 306, 307
Kapp, Volker (362)
Karl Alexander, Herzog von Württemberg 277, 278
Karl Eugen, Herzog von Württemberg 278, 338
Karl Rudolf, Prinz von Württemberg 163
Karlsruhe (254), 267, 287, 297
Katharina, Königin von Württemberg 302
Kaufmann, Thomas (66), (69), (72), (77), (78), (82), (84)

Kayser, Johann 102, 103, (106)
Keerl, Philipp Friedrich 298
Kehl 293
Keil, Gundolf (66)
Keller, Rudolf (69), (78)
Kematen/Oberösterreich 226, 332
Kerner, Justinus 336
Kiel (181), 328
Killy, Walther (101)
Kimchi (143)
Kirchentellinsfurt (238)
Kirchheim 325
Kirchheim u.T. 165, 190, 194, 195, 246
Kirn, Hans-Martin (254)
Kirn, Otto (259)
Kittel[ius], Johannes 68, (70)
Kittelson, James M. (65)
Kleinmann, Dieter (302)
Klemm, Jakob Friedrich 159, 216, 217, 217 f., 225, 226, 227, 228, 229, 233
Klimbert [Rehweiler Bürger] 125
Klopfer, Christoph 167
Klüpfel [Eberstädter Pfarrer] 210
Kluge, Friedrich (187)
Knape, Joachim (354)
Knapp, Albert 160, (162), (163), 164, (169), (173), 190, 275
Knapp, Hermann (187)
Knapp, M.K.F.W. 35
Knauß, Karl (355)
Knittlingen 335, 338, 339
Knorr von Rosenroth, Christian 134
Koch, Ernst (78)
Kocher, K. (224), (225), (227), (228), (232), (236), 237
Köhle-Hezinger, Christel (187), (195)
Köhler, Walther (165), (166), 167
Köllner, Karl (293), (297), (307)
Köllner, Nathanael 297
Köln 61, (110)
Königsberg (83), 89, 269
Königsbronn a.d. Brenz 34, 35
Köster, Beate (95), (96), (115), (178), 179, (180), (181)
Köstlin [auch: Köstlen, Köstlein, Diakon] 225, 228, 229, 241
Köstlin [Fam.] 227
Közle, Gottlob (206)
Kolb, Christoph (160), (178), 179, 180, (182), (184), (188), (194), (195)
Kopenhagen 163, 164
Koppmann, Karl (68)
Korntal 273, 304, 333
Kornwestheim 216, 218, 224–229, 245, 250
Krabbe, Otto Karsten (66), (68), (69), (71)
Krakau 300
Kraul, Margret (310)
Kraz, Elisabetha Friederike geb. Planck 235, (236)
Kraz, Jacob Heinrich 239
Kraz, Johann Jacob 229, 234–239
Kraz, Maria Rosina geb. Walerin (235)
Kreuznach 325
Krummacher, Friedrich Wilhelm 356
Kürßner, Johannes (97)
Kuessner, Theodor (318)
Kuhn, Annette (311), (312)
Kuhr, Georg (120), (121)
Kullen, Eberhard (355)
Kullen, Johannes 361
Kulpis, Johann Georg von 194

Lampoldshausen (243)
Landerer, Heinrich 343, 346, 347
Lang, Gottlieb Christian (236)
Lange [Prälat] (183)
Lange, Peter (333)
Langen, August 356, (365)
Langenberg 120
Lassenius, Johann 164
Lau, Samuel (128)
Lauffen a.N. (225), (236)
Launoy, Bonaventura de 99
Lausberg, Heinrich (364), 366
Lavater, Johann Kaspar 254, 264, (357)
Layritz, Paul Eugen (214)
Leber, Adam (250)
Ledderhose, C.F. (162), 164, (181)
Leguerrier, Augustin (202)
Lehmann, Hartmut (160), (162), (164), (175), (273), (282), (284), (285), (295), (306)
Leipold [Neuenbürger Oberamtmann] (293)
Leipzig (69), (83), (89), 97, (98), (101), (115), (129), 176, (195), (199), (206), (210), (211), (212), (214), (258), (259), (261), (262), (265), (268), (269), (357)
Leisegang, Hans 366
Lemcke, Johann Christoph (121)
Lemgo (262), (265), (266), (269)
Lenz, Rudolf (191), (354)
Leonberg 242, (243), 246, 273, 297

Leopold I., deutscher Kaiser 164
Leopold, Großherzog von Baden 287
Lepenies, Wolf (253)
Leß, Gottfried 262, (268)
Leube, Hans (162), (175)
Leuze, Otto (328)
Lichtenberg, Georg Christoph 357
Liebing, Heinz (194)
Lietz, Hanno (66), (67), (68)
Lindenmeyer, Friedrich Gustav 287
Lippe-Detmold (254), 255
Lörrach 298
Lötsch, Gerhard (302)
Löwe, Heinz (285)
Lohse, Bernhard (66)
London (100), (116), 252, 273, 351, 352
Lorch 33
Lubahn, E. (141)
Ludwig XIV., König von Frankreich 163
Ludwig, Ernst (366)
Ludwigsburg (240), 246, 296, 299, 333, 335
Lüneburg 32, 69, (95), 182
Lüth, Christoph (310)
Lütkemann, Joachim 176, (183)
Lukian von Samosata 48
Lullus, Raimundus 50
Luther, Martin 21, 37, 50, 58, 59, 60, 61, 62, 63, 67, 68, 70, 71, 73, 74, 75, 76, 77, 78, 79, 80, 81, 82, 83, 84, 85, 86, 92, 95, 96, 97, 98, 99, 100, 101, 104, 106, 107, 108, 111, 114, 115, 137, 139, 141, 155, 173, 178, 180, 183, 204, 206, 356, 359
Luzzato, David (130)
Lyon 49, 62

MacDonald, Michael 252, (268), (269), 270
Mack, Rüdiger (160), 164, (165), 166, 167, (168), (169), 190
MacLeod, Hugh (311)
Mälzer, Gottfried (98), 104, (111), (180), 190, (194), (195), (197)
Magdalena Sibylle, Herzogin von Württemberg 163, (164), 165, 168, 173, 183
Magdeburg (82)
Mager, Inge (68), (83)
Magirus, David 48
Mahlberg 298
Mahler, Johann Jakob 125
Maier, Johann (130)
Maier, Michael 56
Maimon, Salomon (256)
Maimonides, Moses 138
Mainz 287
Mann, Karl (342)
Mannheim 228
Marbach a.N. 11
Marburg 97
Marchant, Lambert (202)
Maria [bibl.] 154, 156, 310
Marienborn 117, 121, 123, 125, 127, (214)
Markgröningen 220, 242
Martin, Irmfried (88)
Martin, Jean 49
Martini, Andreas 69
Marx, Karl (358)
Mau, Rudolf (72)
Maukisch, Johann 173
Maulbronn 218, 229, 339
Mauritii, Johann Martin 118
Maximilian I., deutscher Kaiser 277
May, Gerhard (65)
May, Johann Heinrich 164, 165, 166, 167
Mayer (220), (232)
Mayer, Johann Friedrich 180 f.
Me(t)zger [Grunbacher Amtmann] 339
Meinders, Franz von (96)
Meiser, Hans (160)
Melanchthon, Philipp 67, 68, 69, 70, 71, 72, 73, 74, 75, 76, 77, 78, 79, 80, 81, 82, 83, 84, 85, 86
Melzer, Friso (187), 358, (359)
Mergel, Thomas (310), (313)
Merian, Hans (124)
Metzger, Johann Daniel (269)
Metzingen 355
Metzler, Johann Benedict 111, (113)
Meyer, Dietrich (104), (124), (214), (254)
Meyer, Gerhard (105), (116), (117), (119)
Meyer, Wilhelm (82)
Micha [bibl.] 142
Michaelis, Johann David (115), 262
Michaelis, Johann Heinrich 97
Miller, Johann Peter 261
Mittnacht, Johann Gottlieb 328, 330, 341, 345, 347, (350), 352
Mitzka, Walter (367)

Moeller, Bernd (66), (67), (85), (87)
Mögling, Hermann (289)
Mögling, Theodor (289)
Möttlingen 273, 287, 290, 293, 294, 296, 298, 299, (300), 302, 303, 306, 307, 308
Mohr, Rudolf (354)
Moltmann, Jürgen 365
Mon[n]ica [Mutter Augustins] 203
Montesquieu, Charles de Secondat, Baron de 257, (258)
Moritz, Karl Philipp 256, 269, (270)
Morus, Thomas 49, 64
Mose [bibl.] 45, 132, 147
Moser, Friedrich Carl von 280, 359, 360
Moule, H.F. (100)
Mühlhausen a.d. Würm 298
Müllensiefen, Theodor (343)
Müller, Gerhard (68)
Müller, Hans-Martin (81)
Müller, Heinrich 176
Müller, Johann Daniel 340
Müller, K. (162), (163)
Müller, Nikolaus (81)
München 292
Münchingen 226, 248
Münsingen 304
Münster 21, 22
Muntschick, Magdalene 357
Murphy, Terence R. 252
Murrhardt (208), (209), (215)
Musberg 227

Nagold 22
Nazareth 211
Neisser, Friedrich Wenzel (121)
Nestle, Eberhard (101)
Neuenburg (293)
Neukematen/Oberösterreich 227
Neuser, Wilhelm H. 21
Nicolai, Philipp 149
Niedereggenen 298
Niewöhner, Friedrich (165)
Nikolaus von Kues 50
Nürtingen 216–251

Oberensingen 228, 229, (232), 233, 235, 236, 238
Oberlin, Johann Friedrich 336
Oberman, Heiko Augustinus (65)
Oberscheinfeld 118, (122)
Oberwälden [b. Göppingen] 194
Oehmig, Stefan (65)
Oetinger, Christiane Dorothea geb. Linsenmann (251)
Oetinger, Eberhardina Sophia (198)
Oetinger, Friedrich Christoph 10, 11, 104, 127, (111), (128), 130, 131, 132, 135, 136, 140, 141, 148, (150), 151, 159, 195, 197- 215, 216–251, 280, 336, (355)
Oetinger, Halophilus Irenäus 198
Oetinger, Johann Friedrich 198
Oetinger, Wilhelm Ludwig 198
Oetisheim (164)
Offenbach a. M. 99, 101, (254), 269
Offenbach, Jürgen 358
Ohly, Konrad (206)
Onstmettingen 217, 218, 219, (226)
Oppenheimer, Joseph Süß 277
Oppenweiler 228
Orelli, Johann Kaspar (357)
Orléans 61
Osiander, Johann Adam 162
Osnabrück 277
Ostdorf (227)
Otte, W.-D. (183)
Oxford (97), 100, 163

Paracelsus [Theophrast Bombast von Hohenheim] 53
Paris 60, 61, 62, (202), (203), 289, 317
Pasquinus [Satiriker] 50
Patze, Hans (67)
Paul, Hermann (367)
Pauli, Simon 69, 70, 71, 77, 79, 82, 83
Paulus 60, 61, 79, 80, 141, 147, 157, 189, 221, 319, 350, 360, 361
Paulus, Beate 333, 335
Paulus, Christiana geb. Arnold 339
Paulus, Christiane Johanna geb. Bernhard 336
Paulus, Christoph 336
Paulus, Christoph Ludwig 333, 335
Paulus, Elisabethe Friederike Karoline 333
Paulus, Ernst Arnold 334
Paulus, Ernst Philipp 333
Paulus, Friederike Elisabethe geb. Bilfinger 333, 335
Paulus, Friederike Heinrike Eberhardine geb. Me(t)zger 339
Paulus, Gottlieb Friedrich 332, 333, 334
Paulus, Heinrich Eberhard Gottlob 333, 334

Paulus, Johann Immanuel Martin 333
Paulus, Karl Friedrich 332, 334, 335
Paulus, Karl Heinrich Ernst 328–353
Paulus, Karl Wilhelm 335, 336
Paulus, Karoline Auguste Heinrike 332
Paulus, Pauline 333
Paulus, Richard (332)
Paulus, Rudolf E. (140)
Paulus, Rudolf F. 20, (216), (332)
Paulus, Werner (330), (332), (334), 351, (352)
Pausanias 52
Payer, Konrad Friedrich 242
Pechmann, Wilhelm von (160)
Perikles 79
Pernety, Antoine-Joseph 340
Peschke, Erhard (366)
Peters, Christian 21
Petersburg 195, 300
Petersen, Johann Wilhelm 167, 194, 195
Petersen, Johanna Eleonora geb. von Merlau 194, 195
Petrus [bibl.] 181, 188
Pettke, Sabine (66), (67), (69), (78)
Pezel, Christoph (82)
Pfeiffer, Gerhard (119)
Pforzheim 130, 131, 287, 297, 298, (364)
Pico della Mirandola, Giovanni 131, (141), (143)
Piscator, Johannes 100
Pitz, Ernst (74)
Plag, Albrecht (219)
Planck, Carl Immanuel (236)
Planck, Christiane Friederike (236)
Planck, Elisabeth Dorothea (236)
Planck, Georg Jakob 235, (236)
Planck, Gottlieb Jacob (236)
Planck, Jakob Heinrich (236)
Platon 54, 152
Plattenhard[t] 225
Pliezhausen (235), 237, 238, 239
Plutarch 364
Pockels, Karl Friedrich (256)
Podczeck, Otto (97)
Poel, Emma (321)
Pöschel, Johannes 120, 121
Polansdorff, Amandus Polanus von (95)
Posselius, Johannes (69)
Postel, Rainer (318)
Potsdam (268)
Prag (262)
Pregizer, Christian Gottlob 280
Prelinger, Catherine M. (310)
Prichsenstadt 120
Priero, Silvestro Mazzolini de 62
Prinsterer, Willem Groen van (289)
Prühl 120
Pufendorf, Samuel 164
Pythagoras 52

Quack, Jürgen (108)
Quenstedt, Johann Andreas 78
Quintilian 363, 364

Rabelais, François 48–64
Raff, Gerhard (149)
Raisig, Gerhard Johann (117)
Raith, Balthasar 132, 134
Raithelhuber, Heinrich (330), (332), (333), (341), (353)
Rambach, Johann Jakob 213, 366
Ranke, Leopold von 86
Rapp [Württ. Pietist] 280
Raschi (143)
Rastatt 287, 297, 298
Rauscher, Julius (355)
Recke-Volmerstein, Adalbert Graf von der 323
Regensburg 163
Rehweiler 118, 119, 120, 121, 122, 123, 124, 125, 126, 127, 128
Reil, Fritz (216), (246)
Reinhard, Wolfgang (72)
Reitz, Johann Heinrich 98, 99, 100, (110)
Remé, Richard (318)
Reu, Johann Michael (69)
Reuchlin, Chr. (164)
Reuchlin, Johannes 61, 131, 132, (134), 135, 137, 138, 139, (141), 142, 143, 144, 147, 148, 149, 153, 154, 155, 158, 159, 364
Reuß [Kanzler] 280
Reuß-Ebersdorf, Heinrich XXIX., Graf (119), 123
Reutlingen 328–353
Reyscher, August Ludwig (193)
Rhasis [arab. Alchimist] 56
Rhein, Stefan (67), (68)
Riccius, Paulus (131)
Richter, Christian Friedrich 150
Rieger, Georg Konrad 260
Riethmüller, Otto (204), (206)
Riga 41, (115)

Rist, Johann 173
Ritschl, Albrecht 20, (160)
Rochow, Friedrich Eberhard von 266
Rock, Johann Friedrich 194
Rodenberg, O. (141)
Röhr, Johann Friedrich 288, (289)
Römer 299
Rössler, Dietrich (81)
Rößlin, Christian Gottlieb (179)
Rom 58, 60
Rommelsbacher, Johannes 343
Ronneburg 117, 118, 123, 124, 125, 126, 127
Roos, Magnus Friedrich (260), 280
Rosenbach, Johann Georg 184
Rosenkreuz, Christian 56, 57
Rost, Hans (253)
Rostock 65–87, 175, (335)
Roth, Christoph Friedrich (250)
Rousseau, Jean-Jacques 257, (258), 322
Rückert, Hanns (194)
Rückleben, Hermann (298)
Rüdenhausen 120
Rüger, Hans Peter (131)
Rümikon [b. Winterthur] (228)
Rümmelin, Johann Bernhard 225, 227
Rümmelin, Johann Jakob (225), (227)
Rulandus 55
Rumpp, Johann Caspar 243

Saarbrücken 325
Sacharja [bibl.] 142
Salomo [bibl.] 143, 147, 169, 201, 202, 276
Salzer [Berghäuser Pfarrer] 302
Sann, Auguste 365
Saubert, Johann d.J. (95)
Saul [bibl.] (264), (265)
Schäfer, Gerhard 9–12, 20, (132), 159, (186), 190, 197, (216), (217), (273), (288), (297), (306), (307)
Schäfer, Volker 236, 237, 250
Schäffer, He[i]nrich Christian 101
Schär, Markus 253
Schaitberger, Joseph 35, 36
Schanz, Helmut (354)
Scharfe, Martin 360, 361
Scharnhausen 332
Scharten (227)
Schattenmann, Paul 33, (34), (36)
Schauer, Hermann (312)
Schauffler, Irmgard (102), (188)
Scheibe, Siegfried (260)
Scheible, Heinz (65), (66), (68), (71), (77), (82)
Scheibler, Luise von (292), 293, (294), (296), (298), (299), (302), (305)
Schelhorn, Johann Georg (83)
Schelling, Friedrich Wilhelm Joseph 218, 234, 236, 237, 251
Schering, Ernst A. (195)
Schian, Martin (78)
Schieder, Wolfgang (310)
Schiller, Friedrich 12
Schilling, Heinz (86)
Schlaitdorf (227)
Schlatter, Kaspar 298
Schleiermacher, Friedrich Daniel Ernst 254
Schlögl, Rudolf (310)
Schlözer, August Ludwig von (263)
Schmaltz, Karl (66), (68)
Schmid [Denkendorfer Pfarrer] (234)
Schmid, Johanna Augusta 238
Schmidlin, Catharina Barbara (220)
Schmidlin, Christian Lorenz (220)
Schmidlin, Johann Friedrich 218, (220)
Schmidlin, Johann Laurentius 132, 134, 136, 139, 140, (142), (149), 154, 155, 157, (158), 220
Schmidlin, Philipp Friedrich (220)
Schmidlin, Rosine Margarete geb. Jäger 220
Schmidlin, Wolfgang Wilhelm 218–223, 229, 230, 244, 251
Schmidlin, Wolfgang Wilhelm d.J. 218, (220)
Schmidt, Johann (162)
Schmidt, Johann Lorenz (115)
Schmidt, Martin (134), (150), 166
Schmidt, Roderich (67)
Schmidt, Sebastian 175 f.
Schmoller, Christian Gottfried 162, 179
Schmoller, Johann Bernhard 162
Schneeberg/Unterfranken (245)
Schneider, Hans (165)
Schneider, Hermann 9
Schnell, Heinrich (66)
Schnell, Uwe (79), (80)
Schnöger, Hanns Michael (122)
Schnurrer [Professor] 243
Schoberth, Wolfgang (200)
Schöffler, Herbert (65), (67)
Schönaich, Kanzler von 65
Schöne, Albrecht 364
Schönland, Samuel Theodor (99)

Scholder, Klaus (194), (302)
Scholem, Gerschom 130, (131)
Scholl, Johann Georg Andreas (251)
Scholl, Regina Maria geb. Oetinger (251)
Scholl, Wolfgang Wilhelm (251)
Schomberg, Jeanne de, Duchesse du Plessis-Liancour (202)
Schorn-Schütte, Luise (75)
Schorndorf 220, 332, 333, 334, 335, 337, 338
Schott, Christian Friedrich 230
Schott, Heinrich (101)
Schrader, Hans-Jürgen (99), (100), (101)
Schröder, Jakob [von] (161)
Schubert, Gotthilf Heinrich von 198, (237)
Schübel, Johann 162
Schultz, Stephan (183)
Schulz, Thomas (250)
Schwab, Gustav 336
Schwäbisch Hall (200)
Schwager, Johann Moritz (267)
Schwarz, Reinhard (183)
Schwarzburg, Ludämilie von 173
Schwenkel (216)
Schwenningen 300
Scriver, Christian 176
Seebaß, Gottfried (68)
Seebold, Elmar (187)
Seidemann, Martin 81
Seifert, Arno (65)
Selnecker, Nikolaus (83)
Seth [bibl.] (142), 154
Seubert, Johann Karl Ludwig 339
Siebel, Tillmann (301)
Sieden, Julius (69)
Sielmingen 225, 227, 234, 236
Sieveking, Amalie (310), 313–326
Sigel, Christian (242), 246
Signori, Gabriela (252)
Simanowiz, Ludovike 351
Simon, Matthias (118 f.), (121)
Simonides 364
Sjödén, Karl-Erik (340)
Smedenstedt, Heinrich 68
Sommer, Wolfgang (171)
Sonderegger, Stefan (95)
Sonnenleiten, Balthasar 118
Sontheim a.d. Brenz 240
Sorg, Theo 190, 355
Spangenberg, August Gottlieb 196
Specker, Louis (307), (308)
Speitkamp, Winfried (86)
Spener, Philipp Jakob 36, 72, 74, 96, 115, 128, 132, 134, 135, 139, 150, 151, 159, 164, 165, 166, 175, 176, 184, (194), 195, 279, 322, 354
Spieß, Christian Heinrich 262
Spindler, David Wendelin 194
Spindler, Guntram (151)
Spinoza, Baruch 88
Spittler, Christian Friedrich 301
Spitz, Lewis W. (65), (77)
Spöck 298
Stäbler, Walter (218), (224), (228), (332), (335)
Stackelberg, Jürgen von (88)
Stackmann, Karl (67)
Stahl, Otto 367
Stahlecker (216), (220), (221), (223), (229), (234), (240), 244
Stammheim 301
Stäudlin, Carl Friedrich 252, (262)
Steck, Dietrich (333)
Steiger, Johann Anselm (79), (254)
Stein, Lorenz von 328
Steiner, Rudolf (348)
Steinmetz, Johann Adam 213
Sticker, Anna (323), (326)
Stier, R. 110, 113
Stierhöfstetten 117, 118, 120, 121, 122, 126
Stockholm 163
Stöhr, Johann Christoph 104, (107)
Stolberg-Wernigerode, Christian Ernst Graf von 128
Stolberg-Wernigerode, Ferdinande Adriane Gräfin von 128
Storr, Gottlob Christian 280
Sträter, Udo (175)
Straßburg 134, 150, 176, 301
Strauß, David Friedrich 282
Strölin, Johann Jakob (131), 132, 134
Strohm, Stefan (102), (188)
Stucke, Sigismund (123)
Stupperich, Martin (68)
Sturmfeder d.J., von 228
Sturmfeder, von [Mannheimer Kammerherr] 228
Stuttgart 9, 11, 21, 34, 97, (98), 102, 103, 104, 110, 111, (113), 132, (134), 160–185, (188), 190, 191, 192, 193, 194, 202, 204, 205, (211), 218, (220), (221), (226), 232, 234, 235, (240), (256), (260), 273, 274,

(284), (291), 296, 298, 299, 302, 303, 308, 328, 335, 336, 338, 341, 343, 352, 353, 358
Sultzer [Winterthurer Apotheker] 225
Sulz a.N. (242), 246
Sutor, Georg Jacob (126)
Swedenborg, Emanuel 330, 334, 336, 337, 338, 340, 343, 345, 346, 347, 352
Szittya, Emil (253)

Tafel, Johann Friedrich Immanuel (338), 343, 345, 347, 349, 352
Tafel, Rudolph Leonhard 352
Teller, Romanus (115)
Tenfelde, Klaus (310)
Tersteegen, Gerhard 322
Theile, K.G.W. 110, 113
Thielisch [Schartener Geistlicher] 227
Thieneman, K. (284)
Thiersch, Heinrich W.J. (301)
Tholuck, August (162)
Tietzen, R. (225)
Tiffern, Michael (220)
Tischby, Jeschajahu 130, (152)
Toronto 351, 352
Transue, Pamela (65)
Trautwein, J. (136)
Trautwein, Veronika (227)
Trautwein, Wilhelm Friedrich (227)
Triller, Caspar Ernst 98, 99
Troebst, Christian (308)
Trossingen 245
Trunk, Christina Philippina (245)
Trunk, Johann Nicolaus 223, 229, 244–245
Trunk, Johann Wilhelm (245)
Trunk, Katharina Sabina (245)
Trunk, Maria Rosina (245)
Trunk, Maria Sigismunda 245
Trunk, Regina Dorothea (245)
Trunz, Erich (257)
Tübingen 9, 10, 21, 22, 34, 48, 51, 61, (97), (113), 121, (131), 132, 134, 161, 162, (179), (180), (182), 184, 198, 199, 202, 204, 205, (208), (210), 211, 212, (214), (218), (219), 220, (223), (226), 229, (230), (232), 235, 237, 238, (240), (242), 243, 244, 245, (246), 247, 272, 279, 304, (336), 338, 343, 353
Tusen, Winfried (66)
Tuttlingen (289)

Uffenheim (122)
Ulenberg, Caspar 100
Ullmann, Hans-Peter (86)
Ulm (83), (88), 279, 335, 336, 342
Ulrich V., Graf von Württemberg 276 f.
Ulrich, Graf von Württemberg 275
Unterensingen 228
Uppsala 163
Urach 220, (251), 281
Urlinger, Josef (103), (106), (108), (109), (110)
Urlsperger, Samuel 183

Väterlein, Christian (187)
Vaihingen a.d. Enz 341
Valentini, M.B. 166
Valentinus [Gnostiker] 54
Valparaiso/Ind. 21
Varenbüler, Johann Conrad 277
Varenius, Heinrich (72)
Veiel, Elias (88)
Veitsweiler [b. Weiltingen] 34, 35
Venedig 53
Venediger [Venetus], Georg 68
Vitringa, Campegius 164
Völkner, Daniel (270)
Vogel, Conrad 238
Vogel, Katharina Friderica 238
Vogel, Maria Catharina geb. Balz 238
Volger, Georg Heinrich Otto gen. Senckenberg 353
Vollmer, Franz X. (299)
Voormann, Jürgen (292)

Wächter, Oscar 366
Wagner, Heinrich David 244
Waiblingen 344
Walch, Johann Georg (98), 99
Wallmann, Johannes (72), (74), (111), (160), (161), 166, (172), (182)
Wanderer, Kuno 361
Wandsbek 100
Wartenberg, Günther (65)
Wehler, Hans-Ulrich (310)
Weidenbach [Nürtinger Bürger] 226
Weidenbach, Christina geb. Benz (247)
Weidenbach, Friedrich Gottlieb 229, (236), 240, 241, 244, 247–250, 251
Weidenbach, Jakob Friedrich 240
Weidenbach, Johann Christoph (247)
Weigelt, Horst (119), (120), (121), (128), (248)

Weil im Schönbuch 235
Weiltingen [b. Dinkelsbühl] 33, 34, 35
Weimar (120), 288
Weinsberg (207), (208), (209), (210), (211), (215)
Weismann, Christoph (211)
Weller, Hieronymus 73
Welter, Barbara 309
Wendebourg, Dorothea (87)
Wendehorst, Alfred (119)
Weng, Gerhard (84)
Wernberger, Johann Christoph 121, 122, 126
Werner, Georg Andreas (250)
Werner, Gustav 328–353
Werner, Johannes von 348, 349
Werner, Karl (273), 274, 275, (283), (298)
Werner, Major von 299
Wernigerode 128
Wernle, Paul (228)
Westphalen, Ernst Joachim de (69)
Wettstein, Johann Jakob (104)
Wetzel, Richard (82)
Weyer, Adam (303), (307)
Weyer-Menkhoff, Martin (197), (206)
Wichern, Johann Hinrich 283, 301, 302, 303, (304), 307
Widerhold, Conrad 277
Widmann, Louis 295
Widmannstadt, J.A. 144, 147
Wieden, Helge bei der (67)
Wien (262), (284), 292
Wiesenbronn [Franken] 120
Wildbad 33
Wilhelm I., König von Württemberg 278, 282, 285, 302
Wilhelm Ludwig, Herzog von Württemberg 163
Winterthur (217), 225, (228), (264)
Wismar (335)
Wittenberg 46, 65–87, (98), 283
Witzenhausen, Josel 100
Wolf, Carola (358)
Wolfenbüttel (183)
Wolff, Christian 213
Wolff, Georg Heinrich 232
Wriedt, Klaus (67)
Wriedt, Markus (65)
Wurm, Beata Christina geb. Wolff 231 f.
Wurm, Elisabeth geb. Werner 229
Wurm, Gottlieb Friedrich 228, 229–234, 235, 236, 241
Wurm, Immanuel Gotthilf (232)
Wurm, Jakob Gottlieb (232)
Wurm, Johann Friedrich 229, 232, 234, 243
Wurm, Johanna Christiana (232)
Wurm, Johanna Katharina geb. Ziegler 232
Wurm, Johannes 229
Wurm, Justina Friederica (232)
Wurm, Rosina Berta (232)
Wurm, Theophil 10, 11
Wurm, Wilhelm Friedrich (232)
Wurster, Johann Jakob 343, 346
Wurster, Paul 343, (344), (346), (350)

Ysenburg-Büdingen, Ernst Casimir Graf von 124

Zacharias [bibl.] 188
Zedler, Johann Heinrich (98), 99, (106)
Zeller, Christian Heinrich 301
Zeller, Hermann (306)
Zeller, Winfried (35), (354)
Zierfuß, Johann Georg 165, 190
Zimmermann, F. (34)
Zimmermann, Johann Georg (268)
Zimmermann, Karl Josef Anton 298
Zinzendorf, Erdmuthe Dorothea geb. Reuss-Ebersdorf 123, 196
Zinzendorf, Nikolaus Ludwig Graf von 33, 34, (100), 102, 103, 104, 105, 106, 107, 108, (114), 115, 116, 117, 119, 120, 121, 126, 129, 135, 150, 195, 196, 214
Zizishausen [b. Nürtingen] 233
Zoroaster [Zarathustra] 54, 335
Zosimus von Panopolis 52, 55
Zündel, Friedrich 296
Zürich 225, 254, 348
Zwink, Eberhard (102), (188), (250), (328), (330), (341), (342), (343), (345), (346), (347), (351)